Acionistas e Governação das Sociedades

Acionistas e Governação das Sociedades

2019

Paulo Câmara (*Coordenação*)
Ana Perestrelo de Oliveira
Rui Cardona Ferreira
Manuel Sequeira
Abel Sequeira Ferreira
José Pedro Fazenda Martins
Orlando Vogler Guiné
Francisco da Cunha Ferreira
Joana Torres Ereio
Paulo Bandeira
Tiago dos Santos Matias
Sofia Vale
Erik Oioli
Evandro Fernandes de Pontes
José Romeu Garcia do Amaral
Raquel Spencer Medina
Telmo Ferreira
Kiluange Tiny
Vanessa Mendes
Bernardo Correia Barradas

ALMEDINA
GOVERNANCE LAB

ACIONISTAS E GOVERNAÇÃO DAS SOCIEDADES

COORDENAÇÃO
Paulo Câmara

EDITOR
EDIÇÕES ALMEDINA, S.A.
Rua Fernandes Tomás, nºs 76-80
3000-167 Coimbra
Tel.: 239 851 904 · Fax: 239 851 901
www.almedina.net · editora@almedina.net

Design de colecção: FBA.
Capa: Edições Almedina

PRÉ-IMPRESSÃO
EDIÇÕES ALMEDINA, SA
IMPRESSÃO E ACABAMENTO
PAPELMUNDE

Outubro, 2019
DEPÓSITO LEGAL
462370/19

ALMEDINA | GRUPOALMEDINA

BIBLIOTECA NACIONAL DE PORTUGAL – CATALOGAÇÃO NA PUBLICAÇÃO

ACIONISTAS E GOVERNAÇÃO DAS SOCIEDADES

Acionistas e governação das sociedades / coord.
Paulo Câmara. - (Governance lab)
ISBN 978-972-40-8149-6

I - CÂMARA, Paulo, 1967-

CDU 347

SIGLAS UTILIZADAS

AGMVM – Auditoria Geral do Mercado de Valores Mobiliários (Cabo Verde);
Art. – artigo;
AP – acordo parassocial;
BNA – Banco Nacional de Angola;
CC – Código Civil (Portugal);
Ccom – Código Comercial de Moçambique, aprovado pelo Decreto -Lei n.º 2/2005, de 27 de dezembro e alterado pelo Decreto- -Lei n.º 2/2009, de 24 de abril e pelo Decreto-Lei, n.º 1/2018, de 4 de maio;
CEC – Código das Empresas Comerciais (Cabo Verde);
CIRE – Código da Insolvência e da Recuperação de Empresas (Portugal);
CMC – Comissão do Mercado de Capitais (Angola);
CMVM – Comissão do Mercado de Valores Mobiliários (Portugal);
CSC – Código das Sociedades Comerciais (Portugal);
CVM Código dos Valores Mobiliários (Portugal);
DSR – Direito das Sociedades em Revista;
LSC – Lei das Sociedades Comerciais (Angola);
NIC – Normas Internacionais de Contabilidade;
p. – página;
RDS – Revista de Direito das Sociedades;
SPV – *special purpose vehicle*
ss. – seguintes
STJ – Supremo Tribunal de Justiça
vol. – volume

APRESENTAÇÃO

PAULO CÂMARA

Em termos internacionais, encontra-se atualmente instalado um intenso debate em torno da posição ocupada pelos acionistas no governo das sociedades anónimas. De um lado, a mais recente crise financeira mundial (e um certo eclipse acionista então verificado nas instituições financeiras), as críticas à visão acionista de curto prazo e o aumento do peso dos investidores institucionais na estrutura de titularidade acionista relançaram o olhar da comunidade empresarial e científica sobre o ativismo acionista. De outro lado, diversas intervenções normativas marcaram a agenda no que respeita à influência acionista na governação, como é caso do *Stewardship Code* britânico (2010) e da revisão da Diretiva dos Acionistas (Diretiva (UE) 2017/828, do Parlamento Europeu e do Conselho, de 17 de maio de 2017). Por fim, tem-se afirmado crescentemente a tendência que relativiza ou secundariza os interesses dos acionistas na governação societária, em benefício dos interesses dos demais stakeholders (clientes, trabalhadores e a comunidade onde a sociedade se insere). Neste plano merece nomeadamente atender à difusão do conceito de "propósito societário", (*corporate purpose*) que incorpora a superação mais clara do paradigma clássico de relevo exclusivo do interesse dos acionistas. Procurou-se, por estes motivos, reunir num só volume um conjunto de estudos sobre os acionistas e governação, numa perspetiva lusófona. Tal o objetivo do presente livro.

Como constitui traço característico das intervenções do Governance Lab, esta obra procura não apenas uma leitura descritiva do tema dos acionistas, no sistema de poder societário mas também visa uma apreciação crítica do mesmo – a culminar com a formulação de sugestões como contributos para reformas futuras.

Este livro encontra-se dividido em duas partes: a Parte I é dedicada a estudos gerais respeitantes à posição dos acionistas na governação societária, ao passo que foi reservada a Parte II para estudos sistemáticos e transversais por país, de acordo com a perspetiva lusófona já utilizada em livros anteriores do Governance Lab.

A Parte I inicia-se como uma análise de Paulo Câmara relativa às tendências de mudança verificadas nos últimos anos no tocante ao quadro de influência dos acionistas em relação à governação de sociedades anónimas. São sucessivamente percorridos: as alterações na estrutura de titularidade acionista; a proliferação de uma visão de curto prazo; a erosão do princípio *one-share, one-vote*; as novas manifestações de ativismo acionista; o relevo dos deveres dos acionistas; as novas áreas de influência acionista; e a vinculação da sociedade a interesses extra-acionistas. O exame dos deveres dos acionistas é subsequentemente complementado através da exposição de Ana Perestrelo de Oliveira sobre os deveres de lealdade (Capítulo 2), onde se conclui em termos convincentes pelo seu reconhecimento "na generalidade das sociedades, a cargo de todo o sócio, independentemente do peso que este assume". Segue-se o Capítulo 3, a cargo de Rui Cardona Ferreira, tendo por objeto o direito aos lucros – que preconiza uma reabilitação do lugar central do que considera o "fundamentalíssimo direito dos sócios ao lucro".

Os acordos parassociais e os mecanismos indiretos de controlo são, por seu turno, tratados desenvolvidamente por Manuel Sequeira, com incidência particular nos acordos de natureza transmissiva relativos a participações sociais (Capítulo 4). Subsequentemente, é apresentada uma Breve nótula sobre duas propostas da AEM em matéria de votos dos acionistas (Capítulo 5). O texto é co-assinado pelo Diretor Executivo da AEM, Abel Sequeira Ferreira, de parceria com José Pedro Fazenda Martins e Orlando Vogler Guiné. São aí formuladas e amplamente fundamentadas propostas importantes relativas à admissibilidade de voto plural (cuja atual proibição portuguesa relega o sistema nacional para uma posição de isolamento internacional, como o mais recente Corporate Governance Factbook da OCDE o documentou) e ao reconhecimento de ações de lealdade (*L-shares*): constituiria sinal positivo se estas sugestões legislativas pudessem ser em breve aproveitadas.

Por seu turno, o Capítulo 6 é ocupado com o estudo sobre Transações entre partes relacionadas realizado por Francisco da Cunha Ferreira e Joana

Torres Ereio. O tema é percorrido em toda a sua extensão, incidindo quer sobre as normas vigentes (no plano contabilístico, societário e mobiliário) quer sobre as alterações em perspetiva à luz da Diretiva (UE) 2017/828, que modifica a Diretiva dos Direitos dos Acionistas de sociedades cotadas.

Subsequentemente, é-nos apresentada a exposição de Tiago dos Santos Matias, Diretor de Supervisão Contínua da CMVM, sobre a atuação dos fundos de investimento enquanto investidores institucionais (Capítulo 7). No seu texto, é consignada uma direta exortação para as regras dirigidas a investidores institucionais (tais como os fundos de investimento) serem proporcionais e equilibradas, "evitando a previsão de deveres e, ou encargos desajustados", atentos os deveres fiduciários perante os seus clientes.

A Parte I deste volume encerra com o capítulo (Capítulo 8) dedicado ao Estado enquanto acionista, relatado a partir da experiência brasileira, sendo da autoria de Evandro Pontes.

A Parte II do livro é preenchida com estudos sobre cada jurisdição lusófona. Não sendo estudos de direito comparado, incluem muita informação que habilitam o leitor a retirar conclusões de índole comparatística.

Esta Parte inicia-se com o retrato do regime jurídico dos sócios e da governação de sociedades em Angola, a cargo de Sofia Vale (Capítulo 9). Segue-se a análise dos Direito dos acionistas na sociedade anônima brasileira, sob o exame atento de Erik Oioli, José Romeu Amaral e Evandro Pontes (Capítulo 10). Raquel Medina regressa às edições do Governance Lab com a análise sobre Acionistas e governação de sociedades em Cabo Verde, no Capítulo 11. Por seu turno, é Telmo Ferreira que nos dá a conhecer o regime moçambicano nesta matéria, no Capítulo 12. O Capítulo 13, sobre Acionistas e governação de sociedades em São-Tomé e Príncipe, é rubricado por Kiluange Tiny e Vanessa Mendes. Por fim, o livro encerra com a exposição de Bernardo Correia Barradas sobre Acionistas e governação de sociedades em Timor-Leste.

*
* *

Este volume é organizado pelo Governance Lab – grupo dedicado à investigação e à reflexão crítica sobre temas relacionados com o governo das organizações, sejam estas privadas ou públicas, procurando, desta forma, contribuir ativamente para o progresso das práticas, das recomendações e das regras jurídicas aqui envolvidas.

Trata-se da décima primeira obra do Governance Lab, precedida por Código das Sociedades Comerciais e o Governo das Sociedades, (2008), *Conflito de Interesses no Direito Societário e Financeiro. Um balanço a partir da crise financeira*, (2010), *O Governo das Organizações. A vocação expansiva do Corporate Governance* (2011), *Código de Governo das Sociedades Anotado* (2012), *O Governo da Administração Pública* (2013), *A Governação das Sociedades Anónimas nos Sistemas Jurídicos Lusófonos* (2013) e *A Designação de Administradores* (2015), *A Governação dos Bancos nos Sistemas Jurídicos Lusófonos* (2016), *O Novo Direito dos Valores Mobiliários-I* (2017) e *O Novo Direito dos Valores Mobiliários – vol. II* (2019), todos editados pela Almedina.

À semelhança do sucedido nas obras referidas, cada contributo para o presente livro é individual, e não vincula os demais co-autores, nem as instituições a que uns e outros pertençam ou a que estejam associados.

O Governance Lab assume-se como um projeto independente, internacional e sem finalidade lucrativa, revertendo as receitas das suas iniciativas para instituições de solidariedade social. As receitas provenientes da venda deste volume serão exclusivamente destinadas ao projeto Um Pequeno Gesto, que apoia crianças desfavorecidas em Moçambique (http://umpequenogesto.org).

As iniciativas e as reflexões dos autores do Governance Lab são divulgadas e sujeitam-se a comentários através do sítio da Internet disponível em www.governancelab.org.

PARTE I
ESTUDOS GERAIS

CAPÍTULO 1
GOVERNAÇÃO SOCIETÁRIA E INFLUÊNCIA ACIONISTA: SINAIS DE MUDANÇA

Paulo Câmara

1. Os catalisadores da mudança

I – O quadro de influência dos acionistas em relação à governação de sociedades anónimas encontra-se, em termos internacionais, a atravessar uma fase de profunda transformação. Revela-se importante compreender todos os fatores de mudança que se manifestam e se entrecruzam, na medida em que estes por seu turno também projetam sinais de alterações futuras.

Como é próprio da análise de governo societário, a análise que se fará aqui reveste um cunho eminentemente funcional, procurando antever de que modo as alterações registadas produzem um impacto no funcionamento das sociedades e no seu desenvolvimento[1]. Assim, não se fará uma reconstituição interpretativa de todas as normas jurídicas aqui envolvidas.

II – Apresenta-se preliminarmente o quadro das principais tendências que importa avaliar a este propósito seja do lado de novos desafios, seja das respostas que têm sido encontradas para lhes fazer face.

Da banda dos novos desafios, registam-se importantes alterações na estrutura de titularidade acionista, a revelarem uma percentagem maior de

[1] Reinier Kraakman/ John Armour/ Paul Davies/ Luca Enriques/ Henry Hansmann/ Gerard Hertig/ Klaus Hopt/ Hideki Kanda/ Mariana Pargendler/ Wolf-Georg Ringe/ Edward Rock, *The Anatomy of Corporate Law: A Comparative and Functional Approach*[3] (2017), 3-4.

ações na titularidade de investidores institucionais[2]. Daqui resultam preocupações quanto ao grau de envolvimento acionista, que em certa medida se agravam com a proliferação de uma visão acionista de curto prazo (*short-termism*)[3] e a crescente erosão do princípio *one-share, one-vote*[4]. Paradoxalmente, porém, são também detetadas novas manifestações de ativismo acionista[5].

Do lado das novas respostas, têm vindo a assumir renovado relevo os deveres dos acionistas[6], entre os quais os deveres de lealdade[7] e o dever de adoção de política de envolvimento, a cargo dos investidores institucionais[8]. Registam-se ainda novas áreas de influência acionista[9] e a vinculação da sociedade a interesses extra-acionistas e a ponderações relacionadas com o propósito societário e a sustentabilidade[10].

O quadro apresentado combina tendências que se manifestam de modo contrastante, e em certos casos em sentido contrário entre si. O diminuído ativismo acionista em relação aos bancos por ocasião da crise financeira contrasta com a nova vaga de maior ativismo na última década e com o surgimento de novas áreas de influência acionista. Por seu turno, a proliferação de uma abordagem acionista segundo interesses de curto prazo (*short-termism*) procura ser contrariada através da vinculação a deveres de lealdade e a deveres de fixação de políticas de envolvimento, que são estruturalmente de longo prazo.

Cada uma destas vertentes é, por si, merecedora de atenção. É por esta ordem de análise que se prossegue.

2. Alterações na estrutura de titularidade acionista: a hegemonia dos intemediários

I – O primeiro estudo de referência sobre estrutura de titularidade acionista e a sua relação com a governação societária (intitulado *The Modern*

[2] Cfr. *infra*, 2 e 3.
[3] Cfr. *infra*, 4.
[4] Cfr. *infra*, 5.
[5] Cfr. *infra*, 6.
[6] Cfr. *infra*, 7.
[7] Cfr. *infra*, 8.
[8] Cfr. *infra*, 2. e 7.
[9] Cfr. *infra*, 9.
[10] Cfr. *infra*, 10.

Corporation and Private Property) retratou os EUA nos anos 1920 e edificou as bases da discussão sobre governação durante o resto do século. O relato feito por Berle e Means[11] documentava um quadro de acentuada pulverização acionista e uma consequente separação entre a titularidade acionista e o controlo. Como foi notado nessa obra emblemática: "*separation of ownership and control has become effective – a large body of security holders has been created who exercise virtually no control over the wealth they or their predecessors in interest have contributed to the entreprise*"[12].

As sociedades com estas características (muitas vezes apelidadas de *sociedades Berle/ Means*) apresentam feições próprias e implicam problemas de governação específicos. Ressalta, a um tempo, a insuficiência dos mecanismos de escrutínio ao alcance dos acionistas, a tendencial hipertrofia dos poderes dos membros da administração (*strong managers, weak owners*)[13] e o risco de divergência entre os interesses destes e os interesses dos acionistas[14]. Destes traços decorre ainda, do lado dos acionistas, um tendencial absentismo no exercício dos direitos sociais (*apatia racional*, em função da escassa percentagem do capital social detida), dificuldades de coordenação (problemas de atuação coletiva) e mimetismo em relação às posições assumidas pelos acionistas profissionais (*free riding*)[15].

[11] Adolph A. Berle/ Gardiner Means, *The Modern Corporation and Private Property*, New Jersey (reedição de 1991, edição original de 1932).

[12] Adolph A. Berle/ Gardiner Means, *The Modern Corporation and Private Property*, cit., 6. Os comentários a esta obra são múltiplos, incluindo designadamente os seguintes: Henry Manne, *The publicly-held company as a market creation*, em *Collected Works of Henry Manne*, (2009; artigo original é de 1981), 209-214; William Bratton, *The Modern Corporation and Private Property Revisited: Gardiner Means and the Administered Price*, ECGI Law WP n. 443/2019 (2019); Roberta Romano, *Metapolitics and Corporate Law Reform*, Stanford LR Vol. 36 (1984), 923-1016 (936-1016); Brian Cheffins/ Steven Bank, *Is Berle and Means Really a Myth?*, ECGI Law WP 121/2009 (2009); Jennifer Hill, *Then and Now: Professor Berle and the Unpredictable Shareholder* , ECGI – Law WP 163/2010 (2010).

[13] Mark Roe, *Strong Managers, Weak Owners. The Political Roots Of Corporate Governance* (1994).

[14] *The separation of ownership from control produces a condition where the interests of the owner and of ultimate manager may, and often do, diverge*: Adolph A. Berle/ Gardiner Means, *The Modern Corporation and Private Property*, cit., 7. Sobre o tema, cfr. ainda Stephen Bainbridge, *Shareholder Activism in the Obama Era*, UCLA School of Law, Law-Econ Research Paper No. 09-14 (2009), 5-10.

[15] *Given that monitoring is costly, each shareholder will free-ride in the hope that other shareholder will do the monitoring*: Oliver Hart, *Firms, Contracts, and Financial Structure* (1995), 127. Cfr. ainda Bernard Black, *Shareholder Passivity Reexamined*, Michigan Law Review, Vol. 89, (1990) 520-608.

Esta tipologia de sociedades com fragmentação da titularidade acionista deteta-se sobretudo nos EUA e no Reino Unido, embora neste país tenha surgido mais tardiamente, apenas na segunda metade do século XX[16].

Não podemos desvalorizar a importância desta tipologia societária e da separação entre a titularidade acionista e o poder da administração[17], que representou o objeto de análise da maior parte dos estudos de corporate governance do século XX[18].

II – Na Europa Continental (incluindo em Portugal), o quadro acionista sempre se mostrou distinto, revelando uma concentração de blocos acionistas, seja em empresas familiares[19], seja mesmo em sociedades admitidas à negociação em mercado regulamentado (ditas sociedades *block-holder model*)[20].

Estas características implicam tradicionalmente problemas de governação de cariz diferente. Em vez de défice de incentivos do lado acionista, sobressaem neste caso os riscos associados à tensão entre os acionistas maioritários e os minoritários (*strong shareholders, weak outside investors*)[21].

Além disso, na Europa a coordenação entre acionistas resulta mais facilitada. Em muitos sistemas jurídicos, a votação de membros dos órgãos sociais é feita por listas (como sucede usualmente também em Portugal: cfr. Art. 423.º-C n.º 2 CSC), o que pressupõe uma articulação entre os maiores

[16] Brian Cheffins, *Corporate Ownership and Control – British Business Transformed*, Oxford, (2008); Id., *The rise of corporate governance in the UK: when and why*, ECGI WP 293 (2015), 9-13.

[17] Alfonso Martínez-Echavarría critica a formulação de Berle/ Means (separação entre propriedade e controlo), preferindo falar em separação entre controlo e administração (*Shareholding and Regulating Shareholders' duties*, in Hanne S. Birkmose (ed.), *Shareholders' Duties*, Kluwer Law International, (2017), 44-45, 49-50). Sucede que as sociedades examinadas pelos autores norte-americanos são despojadas de controlo acionista, pelo que esta formulação não é também isenta de reparos. Por seu turno, Paul Davies prefere falar em gestão centralizada das sociedades, porque considera em aberto a questão da manutenção do controlo nas mãos dos accionistas (*Introduction to Company Law*, Oxford (2002), 111).

[18] Ronald Gilson, *A Structural Approach to Corporations: The Case Against Defensive Tactics in Tender Offers*, *Stanford LR* n.º 33 (1981), 819; Roberta Romano, *The Genius of American Corporate Law*, 1.

[19] Wolf-George Ringe, *The Deconstruction of Equity. Activist shareholders, decoupled risk and corporate governance*, Oxford (2016), 12.

[20] Para um retrato global, acentuando a peculiaridade norte-americana e britânica: Marc Goergen, *International Corporate Governance*, Essex (2012), 25-39. Uma avaliação do efeito dos acionistas significativos: Andrei Schleifer/ Robert W Vishny, *Large Shareholders and Corporate Control*, Journal of Political Economy 94 (3) (1986), 461-488.

[21] Maria Gutiérrez/ Maribel Saéz, *Strong shareholders, weak outside investors* (2017).

acionistas[22]. Além disso, a celebração de acordos parassociais revela-se também relativamente frequente – com menor incidência apenas em sociedades cotadas, dadas as implicações nestas presentes do ponto de vista do regime de imputação de direitos de voto relevante para determinação do dever de lançamento de OPA (*acting in concert*)[23].

III – Entretanto, a partir da década de 1980, o cenário nos EUA e Reino Unido também viria a sofrer uma viragem importante em direção à formação de blocos acionistas na titularidade de grandes investidores institucionais ("*reconcentration of equity ownership*"). Gilson e Gordon batizaram este fenómeno de *agency capitalism* (capitalismo de intermediários)[24].

Entre os investidores institucionais contam-se sobretudo fundos de investimento[25], mas também fundos de pensões, seguradoras, bancos e investidores representantes de Estados estrangeiros (nomeadamente fundos soberanos)[26].

O fenómeno revela, de resto, manifestações em termos globais. Um levantamento recente da Bloomberg documenta que os IPO's realizados na Europa nos últimos 20 anos mostram uma distribuição de titularidade de 70% para investidores institucionais e de apenas 30% para clientes individuais[27].

Todavia, esta renovada fisionomia da titularidade acionista surge acompanhada de novos riscos ao nível da governação, sobretudo quanto à possível divergência entre os interesses dos intermediários e dos seus clientes (conflito de interesses horizontais)[28].

[22] Paulo Câmara, *Introdução: designação de administradores e governo das sociedades, em* Paulo Câmara (coord.), *A Designação de Administradores*, (2015), 19-22.

[23] Paulo Câmara, *Manual de Direito dos Valores Mobiliários*[4], (2018), 612-624.

[24] Ronald J. Gilson/ Jeffrey Gordon, *The Agency Costs of Agency Capitalism: Activist Investors and the Revaluation of Governance Rights* (2013), ECGI – Law Working Paper n. 197; Ronald J. Gilson/ Jeffrey Gordon, *Agency Capitalism: Further Implications of Equity Intermediation* (2014), ECGI Working Paper n. 239/2014; Ronald J. Gilson, *Leo Strine's Third Way: Responding to Agency Capitalism*; Journal of Corporation Law vol. 33 (2007), 47-56.

[25] Tiago dos Santos Matias, *O olho do dono engorda o cavalo: algumas questões atuais dos fundos de investimento enquanto investidores insttucionais*, neste volume.

[26] Wolf-George Ringe, *The Deconstruction of Equity. Activist shareholders, decoupled risk and corporate governance*, Oxford (2016), 18.

[27] A fonte é a Bloomberg e tem por base 6.847 IPOs executados entre 1 janeiro de 1999 e julho de 2019. Estes dados foram obtidos através da colaboração dos Drs Pedro Wilton e Isabel Vidal (da Euronext), a quem se agradece.

[28] Ronald J. Gilson/ Jeffrey Gordon, *The Agency Costs of Agency Capitalism: Activist Investors and the Revaluation of Governance Rights* (2013), ECGI – Law WP n. 197/2013; sobre conflito de agências

A par de problemas de conflito de interesses, depara-se um risco adicional de nível reduzido de zelo revelado pelos intermediários no acompanhamento das empresas em que investem[29]. Por um lado, os maiores gestores de ativos mundiais (ex: Blackrock, Vanguard, State Street Global Advisors, Fidelity) poderiam condicionar o mercado de governação societária, mas concentram-se sobretudo na gestão passiva dos fundos geridos (*index funds*), o que significa replicar os índices sem cuidar de acompanhar criticamente as empresas que os integram[30]. Por outro lado, a concorrência entre fundos pode induzir ao *free riding* ou à apatia racional, em vez de estimular o exercício informado de direitos sociais[31]. Por fim, diversas categorias de intermediários financeiros mostram-se avessos ao recurso à litigância judicial na efetivação dos seus direitos enquanto acionistas[32].

Por estes motivos, a alteração descrita de estrutura acionista veio, por seu turno, a ditar um maior enfoque de política regulatória dos *standard setters* internacionais na fixação um amplo conjunto de deveres aos investidores institucionais, adiante analisado[33]. Tal envolve nomeadamente a fixação de regras sobre política de envolvimento dos investidores institucionais e gestores de ativos. Os exemplos mais acabados desta tendência encontram-se no Stewardship Code britânico (2010) e subsequentemente, por influência deste, na revisão da Diretiva europeia sobre Direitos dos Acionistas (Diretiva (UE) 2017/828 do Parlamento Europeu e do Conselho de 17 de maio de 2017).

horizontais: Usha Rodrigues, *Corporate Governance in an Age of Separation of Ownership from Ownership*, Minnesota Law Review, Vol 95 (2011), 1822-1866.

[29] Entre nós, a obra de referência é de Carlos Francisco Alves, *Os Investidores Institucionais e o Governo das Sociedades: disponibilidade, condicionantes e implicações*, (2005), que analisa diversas causas para uma reduzida disponibilidade dos investidores institucionais para o escrutínio acionista.

[30] Lucian Bebchuk/ Scott Hirst, *Index Funds and the Future of Corporate Governance: Theory, Evidence, and Policy*, ECGI – Law Working Paper No. 433/2018; Dorothy Lund, *The Case Against Passive Shareholder Voting, University of Chicago Coase-Sandor Institute for Law & Economics Research Paper* n. 829 (2018); Giovanni Strampelli, *Are Passive Index Funds Active Owners? Corporate Governance Consequences of Passive Investing*, San Diego Law Review, 2018; Bocconi Legal Studies Research Paper No. 3187159 (2018).

[31] Luca Enriques/ Alessandro Romano, *Institutional Investor Voting Behavior: A Network Theory Perspective*, ECGI – Law Working Paper No. 393/2018.

[32] Para uma análise da reduzida litigância iniciada por fundos de investimento: Sean Griffith/ Dorothy Lund, *Toward a Mission Statement for Mutual Funds in Shareholder Litigation*, ECGI – Law Working Paper No. 468/2019.

[33] Cfr. *infra*, 7.

IV – Importa ainda assinalar que a estruturação de titularidade acionista assenta crescentemente em cadeias de intermediários, que combinam sucessivos níveis de registos transmissivos e de direitos relativos a valores mobiliários[34].

Este fenómeno de titularidade intermediada (*intermediated securities*) conduz a que as posições acionistas frequentemente apresente pontos de conexão com diversos sistemas jurídicos, colocando desafios suplementares à efetividade dos direitos dos acionistas e à questão da determinação da lei aplicável [35]. A propósito deste último tema, convém notar que o princípio PRIMA se encontra acolhido na legislação europeia sobre caráter definitivo da liquidação e sobre garantias financeiras: o mesmo, todavia, não sucedendo com a solução atualmente plasmada no Artigo 41.º CVM. Eis um desafio de coerência legislativa interna que deveria ser ponderado em futura reforma do Código dos Valores Mobiliários.

V – É interessante notar, por fim, que esta hegemonia dos intermediários financeiros era já vaticinada como um desenvolvimento provável na obra de Berle e Means. No prefácio da obra, na edição de 1967, lê-se: *The rapidity of their growth [of intermediate institutions] – especially striking in case of pension trusts – indicates that this form of stockholding is likely to become dominant in future years* [36]. Cumpre-se, assim, mais uma profecia de Berle e Means – e a sombra da sua influência continua a pairar.

3. Fundamento da diversidade de estruturas de titularidade acionista

I – Os recentes desenvolvimentos na estruturação da titularidade acionista também comportam implicações nas abordagens ensaiadas para pro-

[34] André Figueiredo, *O Negócio Fiduciário Perante Terceiros – com aplicação especial na gestão de valores mobiliários*, (2012), 363-405.

[35] Maria João Matias Fernandes, *Waiting for Godot: Notas breves a propósito de uma Comunicação da Comissão Europeia, de 12 de Março de 2018, sobre a legislação aplicável aos efeitos patrimoniais de transacções de valores mobiliários*, RDS (2019); André Figueiredo, *O Negócio Fiduciário Perante Terceiros – com aplicação especial na gestão de valores mobiliários*, cit., 385-405; Law Commission, *Intermediated securities – Call for evidence*, (2019).

[36] Adolph A. Berle, *Property, production and revolution, in* Adolph A. Berle/ Gardiner Means, *The Modern Corporation and Private Property*, cit., xxxiii.

curar explicar a descrita heterogeneidade de estruturas de propriedade acionista, à escala global.

As primeiras reflexões sérias a este propósito sustentaram que o surgimento de sociedades com uma fragmentação do capital social não decorreria espontaneamente do desenvolvimento económico, antes resultando de um complexo de circunstâncias (*path dependency*)[37]. O ponto de partida para esta análise reconduz-se à constatação – que se assume como pacífica – que as instituições constituem um produto da história[38]. Assim, a evolução de formas societárias é determinada pelas instituições culturais e políticas de cada Estado, a que acrescem outros eventos (caóticos) que por acaso ocorram[39].

A dependência de estruturas pretéritas pode apresentar-se de diversas formas: como dependência *fraca*, quando a opção passada, não estando embora legitimada por razões de eficiência, não é em si ineficiente; dependência *média*, quando a escolha pretérita se revela ineficiente, mas os custos da mudança superam os benefícios respectivos; e dependência *forte*, revelada nos casos em que a decisão tomada no passado se mostra ineficiente, sendo vantajoso proceder à sua modificação[40].

II – A questão adquiriu maior visibilidade com o surgimento de explicações normativas para a estrutura de titularidade acionista. Partindo de um campo empírico (ao menos aparentemente) ambicioso, estas procuram relacionar o grau de dispersão acionista com a qualidade da protecção conferida aos accionistas minoritários: refiro-me à corrente *Law and Finance* inaugurada por Rafael La Porta et al.

Esta abordagem faculta diversos níveis de leitura, a conduzir a uma apreciação desigual entre si. A primeira leitura, que é isenta de controvérsia, prende-se com o reconhecimento da importância do enquadramento

[37] Mark Roe, *Strong Managers, Weak Owners. The Political Roots Of Corporate Governance* (1994), 5-8; Id., *Political Preconditions to Separating Ownership from Corporate Control. Stanford Law Review*, Vol. 53, p. 539, 2000, 539-ss; Andrei Shleifer/ Robert W. Vishny, *A Survey of Corporate Governance*, The Journal of Finance, Vol. 52, No. 2 (jun.-1997), 737-783 (já reconhecendo o relevo do ambiente jurídico para o padrão de governação).

[38] Mark Roe, *Some Differences in Corporate Structure in Germany, Japan, and the United States, Yale LJ* 102 (1993) 1992.

[39] Mark Roe, *Chaos and Evolution in Law and Economics*, cit., 646-647.

[40] Utiliza-se aqui, com ligeiras adaptações, a classificação apresentada por Mark Roe, *Chaos and Evolution in Law and Economics*, Harvard Law Review, Vol. 109 (1996), 646-652.

normativo (*law matters*) para ditar as escolhas dos investidores e das empresas[41]. Traduz igualmente a ideia de que as decisões legislativas no domínio do governo das sociedades apresentam implicações, não apenas científicas, mas também políticas[42].

III – No entanto, ultrapassando estas considerações genéricas, deparam-se aspectos mais sensíveis nesta construção.

A crítica principal que deve ser apontada aos estudos liderados por La Porta é a de que aponta um percurso evolutivo único, em que se mostram mais avançados os Estados com uma estrutura de titularidade accionista mais dispersa – numa sorte de darwinismo do domínio societário[43]. Embora não haja espaço aqui para esgotar o debate entre convergência e divergência de modelos de governação, há, contudo, que reconhecer o atual descrédito científico das teorias ditas Darwininistas sobre evolução do domínio societário.

De um lado, como vimos[44], cabe sublinhar que nos anos mais recentes a evolução norte-americana (e até global) depõe no sentido de uma concentração de titularidade acionista em investidores insitucionais, não obstante o aumento significativo do nível de proteção dos acionistas. Não é aceitável, assim, o ponto de partida de discussão da questão, tal como por vezes colocada, contrapondo "sistemas melhores" e "sistemas piores", e fazendo equivaler àqueles, numa lógica Darwiniana, os mercados com maior dispersão acionista.

De outro lado, uma demonstração da não superioridade do modelo difuso pode nomeadamente chamar à colação as vantagens que muitas sociedades, mesmo em contexto anglo americano, em certas ocasiões vêem méritos nas operações de saída do mercado.

A acrescer, importa referir igualmente que na literatura já se fez a demonstração de pelo menos um caso em que a disseminação do capital accionista não foi historicamente deteminado por factores normativos. Trata-se do exemplo do Reino Unido, em que o aparecimento de socieda-

[41] O principal texto de referência é Rafael La Porta / Florencio Lopez-De-Silanes/ Andrei Schleifer/ Robert Vishny, *Investor Protection and Corporate Governance*, Journal of Financial Economics 58 (2000), 4-12 e *passim*. Cfr., antes deste, Andrei Shleifer/ Robert W. Vishny, *A Survey of Corporate Governance*, The Journal of Finance, Vol. 52, No. 2 (jun.-1997), 737-783.

[42] Brian Cheffins, *Il Diritto Societario e La Separazione di Proprietà e Controllo*, cit., 186.

[43] Mark Roe, *Chaos and Evolution in Law and Economics*, cit., 641-643.

[44] *Supra*, 2.

des de capital disperso se iniciou em finais da década de 1950. Apesar de propiciada pelo *Companies Act* de 1948, foi demonstrado por CHEFFINS que a alteração da estrutura do capital das sociedades britânicas se deveu sobretudo a causas extra-legais: a começar, credita-se a uma cultura financeira muito desenvolvida, com muitos profissionais experimentados na captação de aforro junto do público; além disso, influiu nesse cenário uma política de dividendos usualmente generosa praticada pelas sociedades; valeu, por fim, o mimetismo em relação às práticas norte-americanas e das suas exigências de qualidade, designadamente na montagem e colocação de ofertas de distribuição de acções[45].

Por fim, os trabalhos de LA PORTA, LOPEZ DE SILANES, SCHLEIFER e VISHNY, que procuraram apontar para um padrão rígido e único, sobrelevando as vantagens do enquadramento de *common law*, foram sujeitos a intensas críticas metodológicas[46]. Ainda que se tivesse sido provada uma correlação entre a disseminação do capital social e o grau de protecção dos investidores, não se afigura evidente que esta seja um efeito daquele, e não o contrário. A partir destes dados, sempre importaria equacionar a hipótese de ser a dispersão de acções – e, com isso, o relevo económico do financiamento através da emissão de valores accionistas – a sugerir e a forçar a intensificação da protecção normativa dos aforradores[47].

IV – Percebe-se, em suma, que a corrente "Law and Finance" se deve considerar atualmente superada[48].

[45] BRIAN CHEFFINS, *Corporate Ownership and Control: British Business Transformed* (2008), *passim*; Id., *Il Diritto Societario e La Separazione di Proprietà e Controllo*, cit., 189-192, 194-196.

[46] As maiores objeções aos resultados apresentados por estes grupos de estudiosos prendem-se, de um lado, com a natureza dicotómica das respostas aceites (que não escapavam ao espartilhante sim/não), com o desconhecimento de uma porção significativa do enquadramento jurídico envolvente e com a escolha pouco criteriosa das questões efetuadas nos levantamentos empíricos realizados. Além disso, há quem aponte a sua escassa base empírica, já que tomam por base apenas as 20 maiores empresas dos 27 países ponderados; detetam-se lapsos do ponto de vista metodológico, sendo a deficientemente captada a diversidade de formas de estruturação do domínio na Europa. MARCO BECHT/ COLIN MAYER, *Introduction*, in FABRIZIO BARCA/ MARCO BECHT, *The Control of Corporate Europe*, Oxford, (2001), 2-3, 38-40. Os problemas metodológicos apontados, aliás, são frequentemente reiterados em outros exercícios de avaliação do governo das sociedades.

[47] REINIER KRAAKMAN / PAUL DAVIES/ HENRY HANSMANN/ GÉRARD HERTIG/ KLAUS HOPT/ HIDEKI KANDA/ EDWARD ROCK, *The Anatomy of Corporate Law*, cit., 46, n. 58.

[48] Como contributo alternativo: JOHN ARMOUR/ SIMON DEAKIN/ PRABIRJIT SARKAR/ MATHIAS SIEMS/ AJIT SINGH, *Shareholder Protection and Stock Market Development: An Empirical Test of the Legal Origins Hypothesis*, ECGI – Law Working Paper n. 108/2008, (2008).

A proteção de acionistas pode apresentar-se como um elemento necessário para a dispersão de titularidade acionista, enquanto componente relevante do ecossistema mobiliário, mas de modo algum se pode considerar uma condição suficiente para determinar a disseminação acionista[49]. As transformações estruturais em matéria de titularidade acionistas são provocadas por diversos fatores entre si relacionados – não apenas o regime jurídico, mas também a pujança do sistema financeiro, a relação entre banca e mercado de capitais, o apetite dos investidores para o investimento mobiliário, a literacia financeira de investidores e gestores, entre outros. Em suma: todo o sistema de governação interage entre si para desembocar na estrutura de dispersão dominante em cada momento e em cada Estado. Os desenvolvimentos mais recentes encarregaram-se de o confirmar em definitivo.

4. O predomínio de uma visão de curto prazo (*short-termism*)

I – O debate sobre a função acionista no governo das sociedades tem sido dominado por uma preocupação de atuação dos titulares de participações acionistas, dos titulares dos órgãos de administração e dos gestores de ativos de atuação segundo uma perspetiva de curto prazo (*short-termism*)[50].

Do lado das empresas, a visão de curto prazo implica uma diminuição do investimento em áreas que contribuem para aumentar o valor a longo prazo das empresas (desenvolvimento de produtos, R&D, formação) – com o correlativo enfoque na sobre-reação em temas operacionais e com objetivos temporais mensuráveis em períodos anuais ou infra-anuais[51].

[49] Mathias Siems, *With Great Power Comes Great Responsibility: Ideal and Real Types of Shareholders*, in Hanne S. Birkmose (ed.) *Shareholders' Duties*, (2017), 74-75. Para uma visão alternativa, tendo em conta fatores culturais, v. nomeadamente Amir Licht/ Renée Adams, *Shareholders and Stakeholders Around the World: The Role of Values, Culture, and Law in Directors' Decisions*, ECGI – Law Working Paper No. 459/2019

[50] Mark Roe, *Corporate Short-Termism – In the Boardroom and in the Courtroom, Business Lawyer* (Aug.-2013); Lucian A. Bebchuk, *The Myth That Insulating Boards Serves Long-Term Value,* Columbia Law Review, Vol. 113, (Oct.-2013); ESMA, *Survey on undue short-term pressure on corporations from the financial sector. Explanatory note*, (jun.-2019).

[51] John Kay (coord.), *The Kay Review Of Uk Equity Markets And Long-Term Decision Making*, (2012), 10; Lynne Dallas, *Short-Termism, the Financial Crisis, and Corporate Governance*, Journal of Corporation Law, Vol. 37 (2011), 264-363. Rui Cardona Ferreira considera como inválida a cláusula estatutária que obrigue à distribuição da totalidade de lucros distribuíveis de cada exercício, ao

São diversas e multifacetadas as causas para este fenómeno. Em causa está, em primeiro lugar, o efeito dos mercados de valores mobiliários e a pressão da evolução de cotações bolsistas sobre as sociedades cotadas. Além disso, releva a coloquialmente designada *Wall Street Rule*, que traduz a inclinação dos investidores "votarem com os pés", isto é, exprimirem o seu desagrado com a administração através da alienação das ações de que são titulares[52].

Também relevam, neste contexto, o predomínio dos investidores institucionais, atrás explorado[53], e o dever fiduciário de gerar mais-valias a partir dos ativos geridos, para evitar resgates. Acresce a proliferação da negociação intra-diária (*day trading*) e o aumento da negociação algorítmica (*high-frequency trading*)[54], a envolver em ambos os casos períodos de titularidade acionista muito curtos.

No seu todo, estes fatores exponenciam comportamentos oportunistas por parte dos investidores, tornam mais escasso o capital paciente e diminuem o grau de compromisso nas sociedades, especialmente quanto às sociedades cotadas. A esta luz, as ações são encaradas unicamente como produto de investimento com horizonte temporal curto e não como instrumento de intervenção acionista[55].

II – Cada uma das causas indicadas merecerá certamente respostas separadas. Quanto ao comportamento dos investidores institucionais, é importante cuidar dos mecanismos de alinhamento de interesses entre gestores e investidores. Cabe nomeadamente assegurar a adequada aplicação

ser contrária ao interesse social, "por ser expressão de *short-termism*" (*O direito aos lucros*, neste volume).

[52] Louis Lowenstein, *Beating the Wall Street Rule with a Stick and A Carrot*, Ann. Rev. Banking L. vol. 7 (1988), 251-s; John C. Coffee, Jr., *Liquidity Versus Control: The Institutional Investor as Corporate Monitor*, Columbia.LR vol. 91 (1991), 1277-s; e o clássico Albert Hirschmann, *Exit, Voice, and Loyalty: Responses to Decline in Firms, Organizations, and States*, Cambridge/ London (1970), 21-29.

[53] Cfr. *supra*, 2.

[54] Miguel Santos Almeida, *A evolução da negociação de instrumentos financeiros: em especial, a negociação de alta frequência*, Lisboa, (2015), 31-102; Id., *Introdução à Negociação de Alta Frequência, Cadernos MVM* n.º 54 (2016), 1-14; Id., *High frequency trading – regulamentação e compliance no contexto da nova DMIF II*, em Paulo Câmara (coord.) *O Novo Direito dos Valores Mobiliários* (2017), 427-445; Teresa Mira Oliveira, *"High frequency trading": o novo paradigma de negociação automatizada*, RDS 2 (2018), 319-361.

[55] Karen Kunz/ Jena Martin, *When the Levees Break: Re-visioning regulation of the securities markets*, Lanham (2017), xii-xiii, 73-89.

das regras gerais sobre gestão de organismos de investimento coletivo e gestão de carteiras ao abrigo das Diretivas UCITS, AIFMD e DMIF II[56]. Vale ainda prestar atenção à novidade da política de envolvimento na Diretiva (UE) 2017/828, ao cumprimento dos objetivos enunciados no Livro Verde da Comissão Europeia sobre Financiamento de Longo Prazo da Economia Europeia[57] e na Proposta de Princípios da OCDE sobre Financiamento de Longo Prazo por Investidores Institucionais[58].

Quanto à salvaguarda da integridade dos mercados financeiros, além das implicações que tal exibe no conteúdo das atuais diretivas sobre abuso de mercado e mercados de instrumentos financeiros (MAR e MiFID II) e seus atos normativos complementares, é necessário atender que uma visão de curto prazo das administrações pode por seu turno ser condicionada pela pressão de divulgação frequente de informação financeira. Assim, esta reflexão já conduziu a uma alteração do regime da publicação de informação trimestral a cargo das sociedades cotadas, que presentemente é facultativo e não obrigatório: tal uma decorrência da Diretiva da Transparência II (Directiva 2013/50/EU, transposta através do Artigo 246.º-A n.º 2 CVM)[59].

Para um envolvimento maior dos acionistas, importa também afinar os mecanismos de voto à distância e clarificar o regime de data de referência, que consente ainda leituras e práticas bastante díspares em Portugal[60].

[56] Desenvolvidamente: Paulo Câmara, *Manual de Direito dos Valores Mobiliários*[4], (2018), 875-914.

[57] European Commission, *Green Paper Long-Term Financing Of The European Economy*, COM/2013/0150 Final, (2013).

[58] OECD, *Draft report on High-level Principles on Long-Term Investment Financing by Institutional Investors* (2013).

[59] Também neste sentido se pronunciou entre nós a AEM, *Iniciativa AEM para o Mercado de Capitais. 24 Recomendações para a Dinamização do Mercado Português*, (2013), 35-36. Contra a abolição das contas trimestrais, numa perspetiva norte-americana: John Coffee Jr, *What Really Drives "Short-Termism"?*, CLS Blue Sky Blog (27 aug 2018).

[60] Menezes Cordeiro, *A Directriz 2007/36, de 12 de Julho (Accionistas de Sociedades Cotadas): Comentários à Proposta de Transposição*, cit., 542-545; Paula Costa e Silva, *O conceito de accionista e o sistema de record date*, Vol. VIII (2008), 447-460; João Sousa Gião, *Notas sobre o anunciado fim do bloqueio de acções como requisito do exercício do voto em sociedades cotadas, Cadernos MVM*, n.º 21 (Agosto 2005), 49-56; Francisco Mendes Correia, *Anotação às Recomendações I.2.1 e I.2.2* em Paulo Câmara (coord.), *Código do Governo das Sociedades Anotado*, (2011); Paulo Câmara, *Manual de Direito dos Valores Mobiliários*[4], (2018), 627-628; André Figueiredo, *Notas sobre o Exercício de Direitos de Voto nas Sociedades Cotadas: Breve Balanço da Vigência da Diretiva 2007/36/CE e Perspetivas de Revisão* in *III Congresso Direito das Sociedades em Revista* (coord. Pedro Pais de Vasconcelos, J. M. Coutinho de Abreu e Rui Pinto Duarte), (2014).

Por fim, tenha-se presente que as regras e recomendações sobre remunerações favorecem ou obrigam à adopção de critérios de desempenho de longo prazo e ao diferimento de parte da remuneração variável e impõem o alinhamento da política remuneratória com os valores e os interesses de longo prazo[61], o que procura precisamente contrariar uma atuação empresarial guiada por incentivos de curto prazo[62].

III – Um ponto importante a esclarecer nesta matéria é o de que esta visão de curto prazo não pode servir de argumentário para uma restrição dos direitos dos acionistas. Com efeito, já se demonstrou que o envolvimento acionista na governação societária apresenta benefícios no curto e longo prazo[63].

Além disso, importa igualmente ter presente que a liquidez do mercado não é adversária a uma abordagem de longo prazo pelos acionistas e pelos órgãos de administração das sociedades[64].

IV – Como resulta da exposição antecedente, o espectro da visão de curto prazo não pode ser dissociado da evolução mais recente dos mercados financeiros.

Apesar da heterogeneidade dos investidores acionistas, diversas instituições exercem frequentemente o seu activismo accionista com base em direitos inerentes a acções detidas em empréstimos de ações, reportes ou em instrumentos negociais baseados em instrumentos financeiros derivados (v.g. *equity swaps*), como alternativa assumida à titularidade direta de participações sociais[65].

[61] Artigo 92.º, n.º 2 b) da Diretiva 2013/36/UE do Parlamento Europeu e do Conselho, de 26 de junho de 2013 e Artigo 9.º-B introduzido pela Diretiva (UE) 2017/828 do Parlamento Europeu e do Conselho, de 17 de maio de 2017..

[62] Paulo Câmara, *Remuneração e Governo das Sociedades: uma nova agenda*, em Instituto Português de Corporate Governance, *Volume Comemorativo do XV Aniversário*, (2018), 267-284.

[63] Lucian A. Bebchuk, *The Myth That Insulating Boards Serves Long-Term Value*, Columbia Law Review, Vol. 113, (Oct.-2013), 48 e *passim*.

[64] Nas palavras do atual Presidente da SEC, "*I don't believe that to have effective liquidity you need a short-term focus*": Jay Clayton, *SEC Chairman Clayton Kicks Off SEC Roundtable on Short-Termism*, CLS Blue Sky Blog (22-jul-2019).

[65] Marcel Kahan/ Edward B. Rock, *Hedge Funds in Corporate Governance and Corporate Control*, ECGI – Law Working Paper n.º 76/2007, 47-53; Martin Lipton, *Shareholder Activism and the "Eclipse of the Public Corporation"*, (2007), 2.

Esta técnica de participação determina que a influência desta classe de investidores esteja muitas vezes desligada do risco típico inerente à participação acionista.

Em algumas situações esta prática encontra-se associada ao propósito de evitar a aplicação das regras sobre divulgação de partuicipações qualificadas[66]. Porém, a revisão da Diretiva europeia da Transparência ditou a imposição de regras adicionais de transparência em relação a direitos indexados as ações e com efeito económico similar ao dos instrumentos financeiros a estas relativos, quer deem ou não direito a liquidação física, o que frustra tal propósito[67].

Por fim, a associação da utilização dos instrumentos derivados à participação assembleia geral, tem recebido a reveladora designação de voto vazio (*empty voting*)[68]. Esta designação retrata a dissociação entre a titularidade formal do direito de voto e os benefícios económicos daqui decorrentes.

Embora seja o epicentro de intensa investigação jurídica, note-se que entre nós esta dissociação não conduz à invalidade do voto. No sistema português, é titular de ações aquele que beneficia de registo de titularidade a ser favor (Artigos 74.º e 80.º CVM). Segundo a lógica, eminentemente formal, deste sistema de titularidade, irreleva se o titular mantém o não o risco económico associado à participação social.

5. Erosão do princípio uma ação/ um voto (*one-share, one-vote*)

I – Uma das mais tradicionais discussões em torno da posição acionista respeita a saber se deve haver uma imposição do princípio uma ação/ um voto.

O ponto de partida consiste na atribuição de um voto por ação (entre nós, Artigo 384.º, n.º 1 CSC). Por um setor da literatura, esta regra é erigida

[66] Wolf-Georg Ringe, *The Deconstruction of Equity Activist Shareholders, Decoupled Risk, and Corporate Governance*, Oxford (2016).

[67] Artigo 13.º e 13.º-A introduzidos pela Diretiva 2013/50/EU, de 22 de outubro de 2013. Cfr. a propósito Madalena Perestrelo de Oliveira, *Instrumentos financeiros com função de garantia e exercício de direitos sociais*, RDS III (2013), 537-602; Id., *Direito de voto nas sociedades cotadas: da admissibilidade de categorias de ações com direito de voto plural às L-shares*, RDS n.º 2 (2015), 449-450.

[68] Henry Hu/ Bernard S. Black, *The New Vote Buying: Empty Voting and Hidden (Morphable) Ownership*, *Southern California Law Review* Vol. 79 (2006) 811-908.

em ícone da "democracia acionista", como instrumento de escrutínio eficaz sobre a administração e de limitação dos benefícios privados do controlo.

Observa-se, contudo, que o modelo de *one-share/one-vote* representa um perfil de governação; mas não o único. A prossecução do interesse social e o ambiente de confiança junto dos investidores podem ser atingidos em estruturas de governação que não sejam acompanhadas de proporcionalidade entre o direito de voto e as participações sociais.

Além disso, já foi amplamente demonstrada a impropriedade em se falar em democracia acionista, nomeadamente tendo em atenção que o número de votos se afere pelo número de ações de que cada acionista é titular e que é legítima a criação de diversas categorias de ações com direitos dissemelhantes entre si[69].

II – Na Europa, a Comissão Europeia chegou a encomendar estudos para testar a possível adoção de uma regra europeia de *one share-one vote*[70]. Esta iniciativa acabou por ser abandonada em 2007, por se ter demonstrado então não haver méritos na fixação legislativa de uma regra absoluta de proporcionalidade entre participação social e direito de voto.

O certo é que são conhecidos diversos desvios[71] a uma pura proporcionalidade entre participações sociais e direito de voto[72] – nomeadamente

[69] J. M. Coutinho De Abreu, *Notas sobre o Poder nas Sociedades Anónimas* in *O Direito e o Futuro O Futuro do Direito* (coord. António José Avelãs Nunes e Jacinto Nelson de Miranda Coutinho), Coimbra, Almedina, (2008), 352-353; Charles Nathan, *The fallacy of shareholder democracy, Corporate Secretary* (Jun. – 2010), 20-22.

[70] Shearman & Sterling/ ISS/ ECGI, *Proportionality Between Ownership and Control in EU Listed Companies External Study Commissioned by the European Commission* (2007); Mike Burkart/ Samuel Lee, The One Share – One Vote Debate: A Theoretical Perspective, ECGI – Finance Working Paper n.º 176/2007; Renée Adams/ Daniel Ferreira, One Share, One Vote: The Empirical Evidence, ECGI – Finance Working Paper n.º 177/2007. Posição muito crítica à iniciativa da Comissão Europeia foi expressa por Guido Ferrarini, *Armonizzare il governo societário in Europa, Riv. Società* 2-3 (2004), 560; Id., *One Share – One Vote: A European Rule?*, ECGI WP 58/2006. Em sentido dissonante, rotulando o Plano de Ação como ponderado e realista no tocante ao tratamento conferido quanto à democracia accionista, cfr. João Soares da Silva, O Action Plan *da Comissão Europeia e o Contexto da* Corporate Governance *no Início do Séc. XXI*, Cad. MVM n.º 18 (2004), 78.

[71] José Engrácia Antunes, *An Economic Analysis of Portuguese Corporation Law* in EH Manuel Henrique Mesquita, vol. I, Coimbra, (n.º 95 da coleção Studia Iuridica do BFDUC), 181-182.

[72] Neste sentido, um estudo encomendado pela Association of British Insurers dava conta de apenas 69% das sociedades cotadas em bolsa respeitar o princípio uma acção/ um voto (DEMINOR RATING, *Application of the One Share-One Vote Principle in Europe*, (2005) [mas utilizando dados de

participações recíprocas, usufruto e penhor de ações, impedimentos de voto por conflito de interesses ou por motivos sancionatórios, limitações estatutárias ao exercício do direito de voto (*voting caps*: Artigo 384.º, n.º 2 b) CSC)[73] estruturas piramidais[74] e ações preferenciais sem voto (Artigos 341.º-345.º CSC), entre outros. Basta, aliás, a simples existência de ações próprias para faltar uma proporcionalidade entre participação social e direito de voto, dada a suspensão imposta por lei dos direitos de voto inerentes a ações próprias (Artigo 324.º, n.º 1 CSC).

III – Na última década dois desenvolvimentos principais servem de erosão suplementar ao princípio uma ação/ um voto: as grandes sociedades cotadas norte-americanas de raiz tecnológica e as ações de lealdade.

A um tempo, nos EUA no século XXI viria a sugir um fluxo importante de sociedades cotadas com dualismo de estrutura de capital, combinando uma categoria de ações ordinárias com uma categoria distinta de acões com voto múltiplo, reservada aos acionistas fundadores. São disso exemplos as admissões da *Google* (2004), *Facebook Inc.* (2012) *e Snap* (2017).

O debate originado por esta tendência mantém-se em aberto: para reter um exemplo, o *Council of Institutional Investors* lidera o esforço de tornar obrigatórias cláusulas que fixam vigência temporária (*sunset clauses*) das estruturas de capital duais. Diversos índices bolsistas, por seu turno (S&P Dow Jones e FTSE), adotaram medidas restritivas à entrada de novas ações nos seus índices se não cumprirem a regra da proporcionalidade entre capital e voto[75].

2004]). Tal estudo, todavia, apenas incidia sobre 297 das empresas europeias cotadas, todas do índice FTSE Eurofirst 300 Index – das quais apenas 4 sociedades de direito português são consideradas. Segundo este, as excepções mais importantes ao princípio de proporcionalidade são o voto múltiplo e as limitações ao exercício do direito de voto (op. cit., 10-14).

[73] Em sentido largamente favorável: João Soares da Silva, *Voting caps em sociedades cotadas: algumas reflexões*, em *A propósito de Corporate Governance e de direito das sociedades e dos valores mobiliários: escritos vários*, (2018), 87-103; visão mais moderada é expressa por Paulo Olavo Cunha, *Direito das Sociedades Comerciais*[7], (2019), 382.

[74] Steven Bank/ Brian Cheffins, *The Corporate Pyramid Fable, Business History Review*, Vol. 84, No. 3, (2010) 435-58; Marcello Bianchi/ Magda Bianco, *Italian corporate governance in the last 15 years: from pyramids to coalitions?* (2006), 10-11; Id., *Capitale industriale e capitale finanziario nell'economia globale* (2006), 4-5; Id., *L'evoluzione della governance dei gruppi quotati italiani* (1996); Fabio Fortuna, *Corporate governance: soggetti, modelli e sistemi*, (2001), 159-160.

[75] Council of Institutional Investors, *Dual-class stock*, (2018).

O tema deve ser analisado sob todos os ângulos relevantes. É certo que o dualismo de categorias de ações implica uma menor exposição ao mercado de controlo societário e, por esse motivo, um menor grau de monitorização pelos acionistas. Em contrapartida, porém, aumenta o número de sociedades cotadas com núcleos acionistas controladores estáveis, faculta uma proteção dos fundadores (que de outro modo recusariam os IPO e as admissões no mercado bolsista) e possibilita um planeamento empresarial de longo prazo. As regras informativas, por seu turno, asseguram decisões de investimento esclarecidas nomeadamente quanto ao menor grau de contestabilidade de domínio das empresas em causa. Não se vislumbram, pois, razões para uma proscrição.

IV – A outro tempo, cabe referir nomeadamente as ações de lealdade (*Loyalty shares* ou *L-shares*) como modalidade crescente de mecanismo de aumento de influência (*control-enhancing mechanism*) por parte dos acionistas com titularidade superior a um ano[76]. Trata-se de um novo sub-tipo de ações reconhecido em França, Itália e Espanha que procura premiar a titularidade acionista de longo prazo[77].

Portugal assiste a esta discussão partindo de uma nítida desvantagem, dada a proibição vigente de ações com voto múltiplo. Já foram publicamente apresentadas propostas a este propósito para remoção deste obstáculo no regime das sociedades anónimas[78], mas o Artigo 384.º n.º 5 CSC mantém-se ainda em vigor[79].

A este propósito, devemos alinhar ao lado das posições reformistas. Com efeito, há um mérito claro na flexibilidade societária. Deste ponto de

[76] Madalena Perestrelo de Oliveira, *Direito de voto nas sociedades cotadas: da admissibilidade de categorias de ações com direito de voto plural às L-shares*, RDS n.º 2 (2015), 435-470 (sustentando uma interpretação restritiva e a não aplicação do 384.º, n.º 5 CSC às sociedades cotadas); João Vieira dos Santos, *Ações de lealdade. A primazia dos interesses de longo prazo da empresa social*, RDS (2014), 445-480; Diogo Drago, *Loyalty shares: um meio de controlo ou o acentuar de conflitos no seio societário?*, RDCom n.º 2 (2017), 432-455; Patrick Bolton/ Frederic Samama, *L-Shares: Rewarding Long-Term Investors*, ECGI – Finance Working Paper n. 342/2013.

[77] Em sentido crítico, quanto ao ordenamento jurídico espanhol: Aurelio Gurrea-Martínez, *Un análisis crítico sobre la posibilidad de permitir las acciones de lealtad en las sociedades cotizadas españolas*, Instituto Iberoamericano de Derecho y Finanzas Working Paper Series 4/2019 (2019).

[78] Abel Sequeira Ferreira/ José Pedro Fazenda Martins/ Orlando Vogler Guiné, *Breve nótula sobre duas propostas da AEM em matéria de votos dos acionistas*, neste volume.

[79] O regime anterior ao CSC permitia o voto duplo nas anónimas: cfr. a propósito Paulo Olavo Cunha, *Direito das Sociedades Comerciais*[7], (2019), 387-388.

vista, a admissibilidade de ações com voto múltiplo permitiria nomeadamente acomodar a situação dos fundadores societários e deste modo serviria de ferramenta para abrir o mercado a um leque mais amplo de sociedades e projetos.

6. Novas manifestações de ativismo acionista

I – Os últimos anos testemunharam igualmente o surgimento de um universo de acionistas dedicados ao ativismo acionista. O ativismo acionista corresponde à designação genérica de iniciativas, formais ou informais, dos acionistas dirigidas ao exercício de influência na adoção de deliberações ou de outras modificações societárias relativas à governação como mecanismo de defesa dos interesses dos acionistas intervenientes[80].

Este fenómeno revela-se bastante heterogéneo. A literatura contrapõe ativismo defensivo e ativismo ofensivo, consoante seja dirigido respetivamente à preservação ou ao incremento de valor acionista[81]. O ativismo pode também ser exercido em termos públicos, com grau de agressividade verbal variável, pode envolver litigância judicial ou pré-judicial, ou ao invés manifestar-se em contactos discretos, que não alcançam em momento algum o radar dos media ou sequer dos demais acionistas ("*quiet negotiations*")[82].

O exercício ativo de direitos dos acionistas pode ainda envolver manifestações de voz acionista (*voice*) combinadas com ameaças de transmissão e ações e saídas da sociedade (*exit*)[83], o que pode produzir um efeito negativo nas cotações em mercado regulamentado.

Em suma, o ativismo acionista, assim amplamente entendido, pode envolver o recurso a iniciativas que escapam ao catálogo de direitos sociais encontrado no Artigo 21.º do Código das Sociedades.

[80] Iris C. Chiu, *The Foundations and Anatomy of Shareholder Activism*, Oxford/ Portland (2010); Massimo Belcredi/ Guido Ferrarini, *Corporate boards, incentive pay and ahsreholder activism in Europe: main issues and policy perspectives*, in Massimo Belcredi/ Guido Ferrarini(ed.), *Boards and Shareholders in European Listed Companies*, Cambridge (2013), 39.

[81] Iris C. Chiu, *The Foundations and Anatomy of Shareholder Activism*, cit., 8-9.

[82] Bernard Black, *Shareholder Activism and Corporate Governance in the United States, in The New Palgrave Dictionary of Economics and the Law*, vol. 3, pp. 459-465, (1998), 461.

[83] Hanne Birkmose/ Florian Möslein, *Introduction: Mapping Shareholders' Duties*, in Hanne S. Birkmose (ed.), *Shareholders' Duties*, Kluwer Law International, (2017), 10.

II – O ativismo acionista pode também originar divergência de interesses na esfera da comunidade acionista. Nem sempre o grupo acionista ativo representa ou tem em conta os interesses típicos dos demais acionistas[84].

Na Europa, mercê do papel central do financiamento bancário nas empresas, um papel importante de monitorização é confiado aos bancos. Em Portugal era relativamente frequente haver representantes de bancos na administração de sociedades cotadas, o que reduz o índice de ativismo que seja do conhecimento público.

III – Não pode dizer-se que o ativismo acionista seja uma tendência recente, mas tem adquirido manifestações diferentes nos tempos mais próximos.

Em Portugal, o regime societário facilita o ativismo sob a forma da apresentação de propostas para deliberação ou de inclusão de assuntos na ordem do dia, dado ter uma fasquia que em termos comparativos é baixa para o exercício destes direitos (2%)[85].

Como ilustrações referentes a Portugal, importa referir os casos dos acionistas do BES (2014 em diante), da impugnação da alienação do BFA por acionistas do Banco BPI (2017 em diante), da contestação movida por acionistas dos CTT (2018-2019) e o caso da Elliott/ EDP (2019), entre muitos outros.

IV – O ativismo envolve preparação, *know-how* e custos, pelo que é usualmente exercido por instituições financeiras. Neste âmbito, têm-se destacado nomeadamente os hedge funds[86].

Os pequenos acionistas não têm usualmente os incentivos, a capacidade financeira ou a capacidade de coordenação coletiva para desencadearem formas de ativismo com sucesso. Retenha-se nomeadamente que, em Portugal, os custos cobrados pelos intermediários financeiros pela emissão de certificado para exercício de direitos (Artigo 78.º CVM) são usualmente suportados pelos próprios acionistas. São raras as sociedades que assumem tais despesas.

[84] Massimo Belcredi/ Guido Ferrarini, *Corporate boards, incentive pay and ahsreholder activism in Europe: main issues and policy perspectives*, cit., 39.

[85] O exemplo português tem paralelo no Japão, Coreia e Espanha. Soluções substancialmente mais restritivas vigoram na Bélgica (20%), Colômbia e Costa Rica (25%) (OECD, *Corporate Governance Factbook* (2019), 63-64).

[86] Iris C. Chiu, *The Foundations and Anatomy of Shareholder Activism*, cit., 71-92.

Todavia, detetam-se casos de ativismo promovido por pessoas singulares: é o que ocorreu nomeadamente em Portugal no rescaldo da resolução do BES e do Banif. Neste caso, porém, o ativismo não se dirigiu a temas de governação, mas antes à recuperação de créditos em bancos submetidos a processos de resolução bancária. Não pode dizer-se que tenha sido em vão: os protestos deram origem ao regime sobre fundos de recuperação de créditos, ao abrigo do qual uma percentagem relevante de fundos foi efetivamente recuperada[87].

V – Um ponto tradicionalmente controverso é o de saber que papel deve desempenhar a regulação no estímulo concedido ao ativismo acionista.

De um lado, sabe-se existirem detratores do ativismo acionista, com a alegação de que este pode incorporar uma visão de curto prazo ou implicar custos que não são ultrapassados pelos respetivos benefícios[88].

À partida, porém, o ativismo implica um escrutíno mais intenso sobre a governação societária, pelo que deve ser valorado como positivo.

Do exercício ativo dos direitos sociais decorrem, aliás, efeitos que aproveitam ou podem aproveitar aos demais acionistas. Como refere Oliver Hart, "*Monitoring is a public good: if one shareholders' monitoring leads to improving company performance, all sharehoders benefit*"[89]. A externalização dos benefícios do ativismo acionista, por seu turno, corre o risco de apresentar consequências perversas, se conduzir a uma retração de ativismo, por via do efeito de *free riding*[90].

VI – O ativismo acionista concedeu espaço ao surgimento de instituições especializadas no apoio aos acionistas no exercício dos direitos de voto[91].

[87] Lei n.º 69/2017, de 11 de agosto.

[88] Stephen Bainbridge, *Shareholder Activism in the Obama Era*, UCLA School of Law, Law-Econ Research Paper No. 09-14 (2009), 11-20 (considerando que o ativismo acionista não resolve as limitações decorrentes da separação entre propriedade e controlo e implica custos excessivos).

[89] Oliver Hart, *Firms, Contracts, and Financial Structure* (1995), 127.

[90] Observando o fenómeno nos investidores institucionais: Luca Enriques/ Alessandro Romano, *Institutional Investor Voting Behavior: A Network Theory Perspective*, ECGI – Law Working Paper No. 393/2018.

[91] Juliano Ferreira, *Os proxy advisors – os consultores em matéria de votação*, em Paulo Câmara (coord.), *A Designação de Administradores* (2015), 201-227; Filipa Costa Cabral, *Proxy Advisors e Governo Societário*, (2018), disponível em www.governancelab.org.

Os *proxy advisors* passaram a ser regulados através da Diretiva dos Direitos dos Acionistas, a partir da revisão ensaiada pela Diretiva (UE) 2017/828. Em causa estão os deveres de adoção de códigos de conduta e de divulgação de informação, nomeadamente sobre conflito de interesses[92].

Os *proxy advisors* assumem-se claramente como guardiões do sistema e a sua consultoria especializada pode revelar-se útil no plano da governação. O problema reside em que por vezes a influência internacional destes consultores em matéria de votação contrasta com os modelos de decisão pré-determinados subjacentes que não levam devidamente em linha de conta especificidades de cada regime societário nacional.

7. Relevo dos deveres dos acionistas

I – A qualidade de acionista resulta da titularidade de participações sociais, a que estão associados direitos e deveres[93].

A este propósito, a posição tradicional limitava-se a sobrevalorizar as posições ativas associadas à participação social, ou seja, os direitos inerentes às ações detidas, sejam de exercício individual ou coletivo[94]. Cabe lembrar nomeadamente Berle e Means que na sua obra seminal sentenciavam: "*It has often been said that the owner of a horse is responsible. If the horse lives he must feed it. If the horse dies he must bury it. No such responsiblity attaches to a share of stock*"[95].

O certo, porém, é que a participação social incorpora também deveres[96]. A ilustração central[97] respeita ao dever de realizadas das entradas (Artigo

[92] Artigo 3.º-J DDA introduzido pela Diretiva (UE) 2017/828 do Parlamento Europeu e do Conselho, de 17 de maio de 2017.

[93] Evaristo Ferreira Mendes, *A Transmissibilidade das Ações* (1989), I, 101-149; Pedro Pais de Vasconcelos, *A Participação Social nas Sociedades Comerciais*, (2005), 472-480 e *passim;* João Labareda, *Das Ações das Sociedades Anónimas*, Lisboa (1988) 133-224; Paulo Olavo Cunha, *Direito das Sociedades Comerciais*[7], (2019), 305-327.

[94] Paulo Olavo Cunha, *Os poderes dos sócios*, em Fábio Coelho/ Maria Fátima Ribeiro, *Questões de Direito Societário em Portugal e no Brasil*, (2012), 189-215.

[95] Adolph A. Berle/ Gardiner Means, *The Modern Corporation and Private Property*, cit., 64.

[96] Hanne Birkmose/ Florian Möslein, *Introduction: Mapping Shareholders' Duties*, in Hanne S. Birkmose (ed.), *Shareholders' Duties*, Kluwer Law International, (2017); Iman Anabtawi/ Lynn Stout, *Fiduciary Duties for Activist Shareholders*, UCLA Research Paper n.º 8-02 (2002).

[97] Giuseppe Ferri Fr, *Investimento e Conferimento*, Milano (2011); entre nós, Armando Triunfante, *O Regime das Entradas na Constituição de Sociedades Por Quotas e Anónimas*, 157-469 (2014).

277.º CSC): na falta do cumprimento integral deste dever, as ações não liberadas estão impedidas de ser admitidas à negociação em mercado (Artigo 204.º, n.º 1 a) CVM).

A lei societária apresenta outras ilustrações de deveres de sócios: o dever de comunicação de aquisições e alienações de quotas ou acções em caso de relação de simples participação (Artigo 484.º, n.º 1 CSC); o dever de identificação de participações recíprocas (Artigo 485.º, n.º 5); e o dever de o acionista solicitante comunicar a recusa de representação em assembleia geral (Artigo 381.º, n.º 4 CSC). Os estatutos podem ainda impor o cumprimento de prestações acessórias (Artigo 287.º CSC). Somam-se os deveres ligados à identificação e registo do beneficiário efetivo, entendido como a pessoa singular que, ainda que indiretamente ou através de terceiro, "detém a propriedade ou o controlo efetivo das sociedades"[98]. Além disso, a disciplina relativa ao conflito de interesses tem implícito um dever de informação à sociedade sobre os factos que fundam a fonte do conflito[99]. Por fim, deve ter-se presente os deveres de lealdade dos acionistas: a serem tratados autonomamente, mais à frente[100].

II – De outro lado, o direito dos valores mobiliários acolhe um corpo consolidado de deveres jurídicos impostos sobre os acionistas de sociedades cotadas.

Como ilustrações, deve referir-se os deveres de comunicação de participações qualificadas (Artigos 16.º e seguintes CVM), os deveres de comunicação de acordos parassociais (Artigo 19.º CVM), os deveres de divulgação de acordos parassociais em prospetos e os deveres de lançamento de OPA em caso de transição de controlo de sociedade aberta (Artigos 187.º e seguintes CVM)[101].

[98] Sob referência está o Regime Jurídico do Registo Central do Beneficiário Efetivo, aprovado pela Lei n.º 89/2017, de 21 de agosto.

[99] David de Oliveira Festas, *Das Inibições de Voto dos Sócios por Conflito de Interesses com a Sociedade nas Sociedades Anónimas e por Quotas*, Lisboa (2017), 917-920.

[100] Cfr. *infra*, 7.

[101] Karsten Engsig Sørensen, *Shareholders' duty to disclose*, in Hanne S. Birkmose (ed.), *Shareholders' Duties*, cit., (2017), 307-330; Paulo Câmara, *Manual de Direito dos Valores Mobiliários*[4], (2018), 624-626, 713-754.

Cabe ainda acrescentar que a Diretiva (UE) 2017/828 faculta o direito de as sociedades cotadas poderem proceder à identificação dos seus acionistas[102].

III – Importa ainda dar notícia de que os investidores institucionais estão sujeitos a uma regulação mais intensa, por virtude dos recentes desenvolvimentos europeus.

De um lado, a regulação das gestoras de organismos de investimento coletivo dedica tratamento desenvolvido ao exercício de direitos de voto por conta dos fundos geridos. Com efeito, as entidades gestoras de organismos de investimento coletivos (OICVM e OIA) devem adotar políticas e procedimentos adequados e eficazes relativos ao tempo e ao modo de exercício dos direitos de voto associados aos instrumentos financeiros que integram o património dos fundos geridos, em benefício exclusivo dos respetivos participantes[103]. Neste contexto, a lei obriga igualmente as entidades gestoras a proceder à divulgação da política de voto ao mercado e à CMVM[104]. Por fim, deve ser disponibilizada aos investidores, mediante pedido, uma descrição sumária das estratégias relativas ao exercício do voto e pormenores das medidas tomadas com base nessas estratégias[105].

De outro lado, a Diretiva (UE) 2017/828 também estabeleceu novos deveres jurídicos ligados à política de envolvimento dos investidores institucionais e dos gestores de ativos[106]. Esta política deve descrever de que forma efetuam o acompanhamento das sociedades participadas no que se refere às questões relevantes, incluindo a estratégia, o desempenho financeiro e não financeiro e o risco, a estrutura de capital, o impacto social e ambiental

[102] Artigo 3.º-A DDA introduzido pela Diretiva (UE) 2017/828 do Parlamento Europeu e do Conselho, de 17 de maio de 2017 e Regulamento de Execução (UE) 2018/1212 da Comissão, de 3 de setembro de 2018.

[103] Artigos 90.º e 159.º n.º 2 h) RGOIC e artigo 37.º do Regulamento Delegado (UE) n.º 231/2013, da Comissão, de 19 de dezembro de 2012.

[104] Artigos 55.º, n.º 1 e) e 90.º RGOIC e artigo 37.º do Regulamento Delegado (UE) 231/2013 da Comissão, de 19 de dezembro de 2012.

[105] Artigo 37.º n.º 3 do Regulamento Delegado (UE) 231/2013 da Comissão, de 19 de dezembro de 2012.

[106] Simone Alvaro/ Marco Maugeri/ Giovanni Strampelli, *Institutional Investors, Corporate Governance and Stewardship Codes: Problems and Perspectives*, CONSOB Legal Research Papers (Quaderni Giuridici) n.º 19, (Jan.-2019); António Garcia Rolo, *As alterações à Diretiva dos Direitos dos Acionistas das Sociedades Cotadas: novidades e perspetivas de transposição*, Revista de Direito das Sociedades, n.º 3, (2017).

e o governo das sociedades, de que forma dialogam com as sociedades participadas, exercem os direitos de voto e outros direitos associados às ações, cooperam com outros acionistas, comunicam com as partes interessadas das sociedades participadas e gerem os conflitos de interesses reais ou potenciais no que respeita ao seu envolvimento.

Note-se que a técnica não é a de prescrever determinado nível de ativismo, mas é antes a de obrigar os investidores institucionais a informar perante os seus clientes que nível e que tipo de ativismo acionista pretendem prosseguir.

IV – Interessa ter presente, a este propósito, que os deveres de estabelecimento de política de envolvimento fixados neste diploma europeu incidem sobre intermediários que podem não ser tecnicamente acionistas.

Os gestores de carteiras, os gestores de organismos de investimento coletivo e os gestores de fundos de pensões[107] sujeitam-se a estas regras em virtude do poder que lhes é conferido, através de mandato de gestão, individual ou coletivo, de tomar decisões relativas ao exercício de direitos sociais das ações integrantes das carteiras dos seus clientes ou fundos geridos. Todavia, não são por esta via titulares de ações, nem diretos, nem indiretos.

Manifesta-se aqui, pois, uma extensão de deveres em razão da posição fiduciária ocupada por estes intermediários, com o objetivo de atingir um exercício mais cuidadoso dos direitos ligados à esfera acionista.

8. Deveres de lealdade dos acionistas

I – Uma análise sobre o conteúdo da posição de acionista na governação societária não pode descurar a análise sobre a existência e âmbito dos *deveres de lealdade* dos acionistas[108]. Sendo objeto de viva discussão, sobretudo nos ordenamentos alemão e norte-americano[109], o tema também abre divi-

[107] Em referência estão as categorias terminológicas introduzidas pelo Artigo 1.º, n.º 2 b) da Diretiva (UE) 2017/828.

[108] Retoma-se, com atualizações e aprofundamentos, o tratamento do tema dispensado no meu *Parassocialidade e Transmissão de Valores Mobiliários*, (1996).

[109] De entre as mais significativas ilustrações doutrinárias do problema, cf. na Alemanha, para além das obras gerais citadas à frente, M. Dreher, *Treuepflichten zwischen Aktionären und Verhaltenspflichten bei der Stimmrechtsbündelung*, in *ZHR* 157 (1993), 150-171; Andreas Fillmann, *Treuepflichten der Aktionäre*, Frankfurt/Bern/New York/Paris, (1991); Marcus Lutter, *Zur Treuepflicht*

sões na literatura nacional[110]. Em causa está o reconhecimento de deveres de lealdade enquanto deveres laterais de conduta[111], implícitos à relação societária.

O ponto de partida para a admissibilidade de deveres de acionistas não é aceite sem contestação, dada a ideia tradicional de que a qualidade de acionista apenas funda direitos perante a sociedade, e não direitos entre si[112]. Durante largos decénios julgou-se, com efeito, que a personalidade jurídica das sociedades anularia qualquer relação jurídica entre sócios, motivo suficiente para rejeitar qualquer dever de lealdade entre eles existente. Por outras palavras, pretendia-se que a personalidade coletiva significasse o total obnubilamento da esfera privada do associado[113].

Por esse motivo, o reconhecimento dos deveres de lealdade tem vindo a processar-se lenta e paulatinamente: para uma ilustração do que ficou dito, é forçoso recorrermos ao exemplo do desenvolvimento do instituto no ordenamento alemão.

des Grossaktionärs, in *JZ* (1976), 225-ss.; Id., *Die Treuepflicht des Aktionärs*, in *ZHR* 153 (1989), 446-471; Thomas Baumgärtner, *Rechtsformübergreifende Aspekte der gesellschaftsrechtlichen Treuepflicht im deutschen und angloamerikanischen Recht*, Peter Lang, Frankfurt/ Bern/ New York, Paris, (1990), 116-126, 205-224 e *passim*; M. Winter, *Mitgliedschaftliche Treuebindungen im GmbH-Recht*, München, (1988), *passim*; H. Henze, *Zur Treuepflicht unter Aktionären*, in *Festschrift für Alfred Kellermann*, Walter de Gruyter, Berlin-New York, (1991), 141-152; em Itália, L. Mossa, *Trattato del Nuovo Diritto Commerciale.IV. Società per Azioni*, Cedam, Padova, (1957), 283-295; Carlo Angelici, *La Società Nulla*, Giuffrè, Milano, (1975), 127-ss.; Id., *Note in teme di raporti contrattuali tra soci e società*, in *Il Contratto – Silloge in onore di Giorgio Oppo – Vol.II*, 569, (1992), CEDAM, 569-590 (579-ss.); Id., *Le Azioni*, in *Commentario al Codice Civile.Artt. 2346-2356*, dir. P. Schlesinger, Giuffrè, Milano, (1992), 141-ss..

[110] Na literatura nacional, em sentido favorável: Ana Perestrelo de Oliveira, *Dos fundamentos dos deveres de lealdade dos acionistas*, neste volume; Evaristo Ferreira Mendes, *A Transmissibilidade das Acções*, 16, nota 11; Menezes Cordeiro, *Da tomada de sociedades (*takeover*): efectivação, valoração e técnicas de defesa, cit.*, 775. Em sentido negativo: Paulo Olavo Cunha, *(Acerca da) Inexistência do dever (específico) de lealdade dos sócios e acionistas*, V Congresso DSR, (2018) 17-31; Id., *Direito das Sociedades Comercais*[7], (2019), 297-300; Brito Correia, *Direitos Inderrogáveis dos Accionistas*, cit., 100-101.

[111] Marcus Lutter, *Zur Treuepflicht des Grossaktionärs*, in *JZ* (1976), 226.

[112] Assim, Brito Correia, *Direitos Inderrogáveis dos Accionistas*, cit., 100-102; Paulo Olavo Cunha, *Os Direitos Especiais nas Sociedades Anónimas: As Acções Privilegiadas*, cit., 13.

[113] Marco decisivo na defesa da posição tradicional foi um famoso escrito de A. Hueck, *Der Treugedanke im modernem Privatrecht*, München, (1947), 14-ss. e *passim*. Para uma ilustração de como tais teses se encontram superadas, v. por exemplo Carlo Angelici, *Note in teme di raporti contrattuali tra soci e società*, in *Il Contratto – Silloge in onore di Giorgio Oppo – Vol.II*, 569, (1992), CEDAM, 579-ss; Id., *Le Azioni*, 142-ss.; Herbert Wiedemann, *Gesellschaftsrecht*, cit., 432-433.

II – O dever de lealdade na Alemanha foi primeiramente reconhecido em relação às sociedades de pessoas e em relação às sociedades por quotas; a sua penetração no regime das sociedades anónimas deu-se apenas em fase posterior, e de modo progressivo. Esta receção tardia pressupunha a suficiência da boa fé para reger os laços entre acionistas, atenta o menor significado da componente pessoal em tais relações[114]. Esta evolução encontra-se, em larga medida, marcada pelo percurso que o tratamento dos deveres de lealdade foi merecendo nos tribunais: por isso vale a pena esboçar brevemente a linha evolutiva da jurisprudência germânica sobre esta matéria.

Inicialmente, as decisões de pleitos entre acionistas ou entre estes e a administração das sociedades eram decididas com base nas regras gerais da boa fé e da responsabilidade civil. Nessa perspetiva, os deveres de lealdade correspondiam tão-somente a uma aplicação de institutos já conhecidos; apenas gradualmente, vão ganhando autonomia como zona de vinculações mais intensas que os genéricos deveres de boa fé, ainda que inicialmente apenas ante a própria sociedade[115].

Históricas, a este propósito, são as decisões jurisprudenciais da 2.ª instância e do *Bundesgerichtshof* no caso Audi/NSU[116]. Este processo Audi/NSU documenta um caso curioso de *evolução científica provocada por uma reação a decisões jurisprudenciais*. Com efeito, o aresto foi tornado célebre, por ser unânime a doutrina em negar acerto à solução encontrada, nomeadamente por não atribuir relevo aos deveres de informação que impendiam sobre a VW no sentido de dar a conhecer aos restantes acionistas o andamento das negociações que culminaram na nova e melhorada proposta de aquisição de ações: os sócios que procederam entretanto à alienação (ao preço inicial) seguramente que o não teriam feito se tivessem conhecimento exato da proposta em preparação, que lhes teria sido mais vantajosa.

[114] Thomas Raiser, *Recht der Kapitalgesellschaften*[2], cit., 65; T. Baumgärtner, *Rechtsformübergreifende Aspekte der gesellschaftsrechtlichen Treuepflicht im deutschen und angloamerikanischen Recht*, cit., 116-120 (117); H. Henze, *Zur Treuepflicht unter Aktionären*, cit., 142.

[115] V. nomeadamente RG 21.09.1938 (*RGZ*, vol. 158, 254). Thomas Raiser, *Recht der Kapitalgesellschaften*[2], cit., (1992), 67; Thomas Baumgärtner, *Rechtsformübergreifende Aspekte der gesellschaftsrechtlichen Treuepflicht im deutschen und angloamerikanischen Recht*, cit., 116-118; H. Henze, *Zur Treuepflicht unter Aktionären*, cit., 142-143; A. Gambino, *Il Principio do Corretezza nell'Ordinamento delle Società per Azioni. Abuso di Potere nel Procedimento Assembleare*, Giuffrè, Milano, (1987), 39.

[116] Sobre este acórdão, v. nomeadamente Jens Kuhlmann/Erik Ahnis, *Konzern- und Umwandlungsrecht*[4], Heidelberg (2016), 101; Jan Wilhelm, *Kapitalgesellschaftsrecht*[3], 331-334; Thomas Raiser, *Recht der Kapitalgesellschaften*[2], cit. 67-68; Marcus Lutter, *Zur Treuepflicht des Grossaktionärs*, in *JZ* (1976), 225-226; Andreas Fillmann, *Treuepflichten der Aktionäre*, cit., 190-ss..

A onda de rejeição à solução aplicada no caso Audi/ NSU preparou claramente a viragem jurisprudencial que se seguiria. Uma mudança significativa no âmbito da jurisprudência começou por ser anunciada na decisão ITT proferida pelo BGH em 5 de junho de 1975, onde já se reconhecia que o exercício do direito de voto numa GmbH poderia estar condicionado por deveres de lealdade vinculantes nas relações entre sócios[117]. Oito anos mais tarde, no dia 1 de fevereiro de 1988, o denominado acórdão *Linotype* viria a consumar este avanço jurisprudencial, na medida em que o Tribunal Federal Alemão decidiu aceitar a existência de deveres de lealdade entre acionistas[118]. O reconhecimento destes deveres, estendido às sociedades de capitais, tornava-se, então, definitivo.

III – De acordo com o que se supõe ser pacífico nesta matéria, pode em resumo afirmar-se que os deveres de lealdade desempenham funções no âmbito societário, sobretudo a dois níveis. *Em relação à sociedade*, trata-se de uma medida que serve para preencher o conteúdo de direitos sociais e para integrar lacunas na definição da posição do acionista, determinando, em consequência, direitos e deveres de atuação positiva e de omissão[119]. *Nas relações entre sócios*, os deveres de lealdade comunicam especiais cautelas de colaboração inter-associados, apelando para a consideração dos interesses dos co-sócios, como emanação da essência associativa[120].

[117] Duas considerações principais estariam na base de tal decisão: por um lado, ensaiou-se uma aproximação desse tipo societário à sociedade de pessoas; por outro lado, vincou-se a necessidade de a maioria ter em consideração interesses da minoria. Cf. H. Henze, *Zur Treuepflicht unter Aktionären*, cit., 141, 144-ss.

[118] O fundamento de tal aresto, contrariando as decisões de todas as instâncias inferiores, foi relativamente desenvolvido por forma a não gerar equívocos sobre o sentido da inflexão jurisprudencial. Genericamente, assentava na constatação de o sócio ter poder para lesar interesses alheios, o que bastaria para lhe exigir que tais interesses fossem respeitados na sua conduta social. Cfr Marcus Lutter, *Die Treuepflicht des Aktionärs*, cit., 446-471; H. Henze, *Zur Treuepflicht unter Aktionären*, cit., 141-144; Thomas Raiser, *Recht der Kapitalgesellschaften*[2], cit., 67-68; Dreher, *Treuepflichten zwischen Aktionären und Verhaltenspflichten bei der Stimmrechtsbündelung*, cit., 152-153.

[119] Herbert Wiedemann, *Gesellschaftsrecht*, cit., 431.

[120] Em sentido não totalmente coincidente, Lehmann considera que o âmbito dos deveres de lealdade se esgota na limitação à actuação dos sócios, sendo raras as vezes em que implica deveres de actuação positiva (H. Lehmann, *Gesellschaftsrecht*, 3.ª edição actualizada por Rolf Dietz, Franz Vahlen, Berlin-Frankfurt, (1970), 364). Também distante da síntese defendida no texto é a concepção de Angelici, que reconduz os deveres de lealdade a meros esquemas procedimentais, apontando para o seu carácter instrumental em relação à participação social (*La Società Nulla*, cit. 127-129; *Le Azioni*, cit., 143-144). Em sentido contrário a esta posição do autor, sublinha-se que ela

Concretização mais relevante dos deveres de lealdade é, neste âmbito, a de proteção das minorias nas deliberações sociais[121]. Neste âmbito, um dos domínios mais significativos em que se ensaia uma aplicação dos deveres de lealdade são as deliberações maioritárias: estas poderão ser, regra geral, objeto de um controlo material quanto à conformidade com os deveres de lealdade[122]. A doutrina levanta, no entanto, compreensíveis exceções a esta regra em relação às deliberações sobre liquidação, transformação e fusão de sociedades[123].

A violação dos deveres de lealdade através de deliberação maioritária oferece dois meios de tutela aos acionistas: o recurso à via indemnizatória ou o recurso à impugnação das deliberações[124]. Os deveres de lealdade oferecem, por isso, uma tutela intensa da posição jurídica dos sócios e até da própria sociedade[125]. Este ponto releva para fundamentar a autonomia do instituto em face de figuras próximas, a ensaiar adiante.

IV – É quase inevitável estabelecer-se um paralelo entre o tratamento dado nos ordenamentos continentais, e em particular no alemão, aos deveres de lealdade, e os *fiduciary duties* dos sistemas anglo-saxónicos, sobretudo nos ordenamentos norte-americanos[126]. Um exemplo de uma conquista

se mostra excessivamente impressionada com o funcionamento da *prova de resistência* no domínio das invalidades assembleares (art. 2373 c.c. ou, entre nós, os Artigos 176.º n. 2 CC e 58.º n.º 1.b) CSC); é facto que tal condiciona o regime dos deveres de lealdade: mas fá-lo pela consideração de factores ditados pela lógica assemblear.

[121] H. Wiedemann, *Gesellschaftsrecht*, 431-ss.; K. Schmidt, *Gesellschaftsrecht*², cit., 486; Marcus Lutter, *Zur Treuepflicht des Grossaktionärs*, in *JZ* (1976), 226; Id., *Die Treuepflicht des Aktionärs*, cit., 449-452.

[122] Andreas Fillmann, *Treuepflichten der Aktionäre*, cit., 139-160.

[123] Andreas Fillmann, *Treuepflichten der Aktionäre*, cit., 163-182. No mesmo sentido se pronunciou o BGH na sentença Linotype: cf. em sentido concordante Marcus Lutter, *Die Treuepflicht des Aktionärs*, cit., 448-449.

[124] Herbert Wiedemann, *Gesellschaftsrecht*, cit., 431; Andreas Fillmann, *Treuepflichten der Aktionäre*, 265-268. Segundo este último autor, a acção indemnizatória pode dirigir-se quer contra outros accionistas, quer contra a sociedade (op.cit., 220-ss.).

[125] Lutter defende que a indemnização por lesão de deveres de lealdade pode ser reclamada quando a própria sociedade é, em primeira linha prejudicada com uma medida da maioria – o que traz reflexamente prejuízos à minoria (Marcus Lutter, *Zur Treuepflicht des Grossaktionärs*, in *JZ* (1976), 226).

[126] O sistema jurídico inglês mostra-se tradicionalmente mais comedido na introdução de restrições à actuação do sócio em função do seu interesse próprio. Expressão máxima deste entendimento foi o acórdão *Greenhalgh v. Ardene Cinemas Ltd.* (1950) em que se decidiu que "*it is not necessary to require that persons voting for a special resolution should, so to speak,* dissociate themselves

da elaboração anglo-saxónica é a da distinção crucial, neste âmbito, entre os deveres de lealdade (*fiduciary duties* em sentido restrito), moldados sob a matriz dos deveres dos *trustees*, dos *duties of care and skill*, que assumiriam natureza mais técnica[127]. Semelhante contraposição foi acolhida no Artigo 64.º, n.º 1 b) CSC, a partir da reforma de 2006.

Sobrelevam inúmeros pontos de contacto entre a dogmática dos *fiduciary duties* anglo-saxónicos e a doutrina dos deveres de lealdade continentais: a exigência de *fiduciary duties* é mais densa em relação a sócios maioritários[128] e mais acentuada em sociedades de estrutura fechada (*close corporations*)[129]; o fundamento destes deveres é, tal como o dos deveres de lealdade do Velho Continente, a articulação concertada entre poder societário e responsabilidade[130]; e, finalmente, os *fiduciary duties* manifestam-se quer entre sócios, quer entre sócios e a sociedade[131].

altogether from the prospect of personal benefit *and consider whether the proposal is for the benefit of the company as a going concern*"(sublinhado nosso). Admite-se, no entanto, crescentemente tais constrangimentos, sobretudo no exercício do direito de voto. Como informa C. Schmitthoff, as limitações sentir-se-ão principalmente em três áreas: por influência de juízos de "*equity*", nas assembleias especiais de accionistas e na protecção de minorias (*Die Treuepflicht des englischen Gesellschafters*, in *Festheft für Hans Würdinger*, *ZGR*, (1978), 447-455. Em termos comparatísticos, cf. a obra fundamental de Thomas Baumgärtner (*Rechtsformübergreifende Aspekte der gesellschaftsrechtlichen Treuepflicht im deutschen und angloamerikanischen Recht*), 116-224 e *passim*.

[127] Easterbrook, Frank H./ Fischel, Daniel, *L'Economia delle Società per Azioni*, cit., 121-ss.; Gower, *Gower's Principles of Modern Company Law*[5], cit, 571-ss.; sobre *duties of care*, cf. também cary, William L., *Federalism and corporate law: reflections upon Delaware*, in *The Yale Law Journal*, Vol.83 n.º 4, (1974), 683-684).

[128] Sobre o sistema norte-americano, v. Hetherington, *Defining the scope of controlling shareholders' fiduciary responsabilities*, in *CPComm.* (1988-1989), 299-330; Henn, Harry G./ Alexander, John R., *Law of Corporations*[3], cit., 735; Kaplan, Elliot M./ Young, David B., *Corporate "Eminent Domain": Stock Redemption and Reverse Stock Splits*, in *CPComm.* (1989-1990), 296-297, 303-ss.; Ravelle, James J., *Corporate mergers and the reemergence of fiduciary obligations in Delaware*, cit., 179-ss.; no Reino Unido, existe generalizadamente uma maior moderação neste domínio: cf. Xuereb, Peter G., *The rights of shareholders*, Londres, BSP Professional, (1989), 91-101; sobre o instituto inglês da *fraud against the minority*, cf. C. Schmitthoff, *Die Treuepflicht des englischen Gesellschafters*, cit., 453-454.

[129] B. Nicholson, *The fiduciary duty of close corporation shareholders: a call for legislation*, in *ABLJ* Vol. 30/1 (1992), 513-536; Hetherington, *Defining the scope of controlling shareholders' fiduciary responsabilities*, cit., 311-ss; Easterbrook, Frank H./ Fischel, Daniel, *L'Economia delle Società per Azioni*, cit., 278-ss; Elson, Alex, *Shareholders' agreements, a shield for minority shareholders of close corporations*, 449-ss..

[130] Thomas Baumgärtner, *Rechtsformübergreifende Aspekte der gesellschaftsrechtlichen Treuepflicht im deutschen und angloamerikanischen Recht*, cit., 124-126.

[131] C. Schmitthoff, *Die Treuepflicht des englischen Gesellschafters*, cit., 454-455.

À semelhança do que sucede no ordenamento alemão, o reconhecimento dos deveres de lealdade anglo-saxónicos apenas pode ser explicado por recurso ao tratamento jurisprudencial da matéria, o que pode compreender-se de modo mais nítido em sistemas de *case law*[132].

Nesta medida, interessa atender a alguns arestos em que estes deveres de lealdade são reconhecidos. No caso *Revlon Inc. v. MacAndrews & Forbes* (1986), o Supreme Court do Estado de Delaware entendeu que a celebração de um *lock-up arrangement* com uma empresa (uma *white knight*) seria violadora do *fiduciary duty* para com os acionistas[133].

Em *Helms v. Duckworth* estava em causa uma situação em que dois sócios celebraram um acordo de transmissibilidade de ações, clausulando que o preço da alienação seria anualmente revisto por consenso escrito das partes. Sucede que um dos sócios, que era 33 mais velho do que o outro, acabou por falecer sete anos após ser firmado o contrato sem que o preço (que, entretanto, sofreu um aumento equivalente a oito vezes o preço inicial) tivesse alguma vez sido objeto de revisão. O tribunal considerou que o sócio sobrevivo não poderia prevalecer-se do estipulado contratualmente, por ter havido uma violação de deveres fiduciários, na medida em que o sócio omitiu um dever de comunicar à contraparte a intenção de atualizar o preço fixado no contrato[134].

Finalmente, apresenta-se o exemplo da decisão *Savings and Loans Association*: o factualismo em causa tinha que ver com uma instituição de crédito imobiliário que tinha ações com um elevado valor nominal, sem possibilidades de cotação em bolsa. Tal conduziu os sócios maioritários desta *close corporation*, detentores de 90% do capital, a constituir uma sociedade holding, tendo a sua prestação de entrada sido realizada com a entrega das

[132] A linha jurisprudencial norte-americana sobre *fiduciary duties* é por regra extremamente severa, e por isso submetida por vezes a fortes críticas doutrinárias, que questionam a bondade da equiparação dos deveres dos administradores e dos accionistas maioritários aos deveres dos *trustees*: cf. a propósito HETHERINGTON, *Defining the scope of controlling shareholders´ fiduciary responsabilities*, cit., 303, ss (chegando a afirmar: *the fiduciary doctrines enunciated by the courts provide little or no basis to account for these limitations on the scope of managerial and majority shareholder fiduciary responsability* (p.303)).

[133] Trata-se de um dos acórdãos mais célebres da Jurisprudência norte-americana: cfr. nomeadamente Thomas Lee HAZEN, *The Law of Securities Regulation*[2], 572; STEPHEN BAINBRIDGE, *The Geography of Revlon-Land*, Fordham Law Review, vol. 81 (2013), UCLA School of Law, Law-Econ Research Paper No. 12-13 (2013); GUHAN SUBRAMANIAN, *The Drivers of Market Efficiency in Revlon Transactions*, Journal of Corporation Law, vol. 28 n.º 4 (2003).

[134] HENN, Harry G./ ALEXANDER, John R., *Law of Corporations*[3], cit., 768.

ações da Savings and Loans Association. As ações representativas do capital social desta sociedade holding foram admitidas à negociação em bolsa de valores, o que permitiu aos respetivos sócios a alienação das ações de que eram titulares, a um preço particularmente favorável. Os acionistas minoritários da Savings and Loans Association, por seu turno, viram o valor das suas participações reduzir drasticamente, o que, dado o seu valor nominal relativamente alto, tornaria tais ações praticamente inalienáveis. Na sua decisão, o Supreme Court da Califórnia sublinhou que o plano dos acionistas da holding apenas teve êxito dada a sua qualidade de acionistas maioritários na *Savings and Loan Association* – e que tal conduta determinou uma perda do valor das ações da minoria. Neste contexto, o aresto reconheceu que haveria que dar cumprimento, não apenas a um dever de lealdade perante a sociedade, mas também que observar um dever de lealdade perante as minorias[135].

V – O dever de lealdade deduz-se dogmaticamente da qualidade de sócio – quer em relação à sociedade, quer nas relações entre sócios[136]. Assim sendo, revela-se por vezes difícil distinguir os deveres de lealdade no sentido exposto em relação à observância do *interesse social*[137]. Embora não sejam indistintos, há uma clara proximidade entre os dois institutos, porque o conteúdo dos deveres de lealdade em relação à sociedade é determinado em grande parte pelo interesse social[138].

Apontam-se, contudo, diferenças manifestas: os deveres de lealdade entre sócios ganham autonomia em zonas em que o interesse da sociedade não está sequer posto em causa[139]. Por outro lado, os deveres de lealdade fundamentam deveres de actuação em função de uma comunhão corporativa, para defesa dos sócios e da sociedade; o interesse social, por seu turno,

[135] MARCUS LUTTER, *Zur Treuepflicht des Grossaktionärs*, in *JZ* (1976), 225-ss.

[136] ANDREAS FILLMANN, *Treuepflichten der Aktionäre*, 59-94(88-ss.); MARCUS LUTTER, *Zur Treuepflicht des Grossaktionärs*, in *JZ* (1976), 226.

[137] Parecendo pretender conciliar as duas vertentes, v. GIORGIO OPPO, *Le Convenzioni Parasociali tra Diritto delle Obligazioni e Diritto delle Società* in *Diritto delle Società. Scritti Giuridici*, II, Cedam, Padova, (1992), 187.

[138] HOFFMANN-BECKING, *Der Einfluss schuldrechtlicher Gesellschaftervereinbarungen auf die Rechtsbeziehungen in der Kapitalgesellschaft*, cit., 458-459; M. WINTER, *Mitgliedschaftliche Treuebindungen im GmbH-Recht*, cit., 121-123.

[139] Martin WINTER, *Mitgliedschaftliche Treuebindungen im GmbH-Recht*, cit., 130-ss.

atende não só aos interesses da sociedade, como também aos interesses dos trabalhadores e de terceiros[140].

Outra zona em relação à qual importa afirmar autonomia dos deveres de lealdade é a aplicação geral dos ditames da *boa fé*. A necessidade de distinção advém por a doutrina indicar um fundamento comum a um e a outro instituto: o da protecção da confiança[141]. A sintética descrição feita sobre a evolução dos deveres de lealdade permite chegar à conclusão que a distinção entre boa fé e vínculos de lealdade se pode considerar historicamente consolidada.

VI – Não pode construir-se em moldes rígidos uma delimitação do grau de atuação dos deveres de lealdade dos acionistas. O instituto não comporta ainda uma elaboração dogmática ou jurisprudencial exaustiva sobre as várias aplicações destes deveres[142].

A maior dificuldade que se nos depara é a de avaliar até que ponto é que o interesse individual do sócio se pode manifestar, e a partir de que limite é que a sua prossecução implica uma material violação do interesse da sociedade. Podemos recorrer à teorização sobre o interesse social para obter uma resposta: o dever de lealdade do sócio, ao pressupor a observância do interesse objetivo da associação, é lesado quando se mostrem prosseguidos interesses individuais em detrimento dos societários. Mas esta formulação não esgota o problema: há sempre uma certa margem de poder discricionário na gestão da sociedade e no exercício de direitos sociais, sendo por vezes difícil encontrar o limite em que prevalece a necessidade de evitar o risco de prejuízo para a sociedade e para o sócio[143]. Esse limite dependerá sempre das circunstâncias do caso concreto; para a sua concretização será útil examinar alguns critérios elaborados para o efeito pela doutrina.

Ponto essencial para a delimitação do grau destes deveres é o reconhecer a estrita dependência do âmbito dos deveres de lealdade em relação à estrutura societária em que se insere.

[140] Essa é a concepção acolhida no art. 64.º CSC, como adiante se retoma. Em sentido concordante, cf. C. Schmitthoff, *Die Treuepflicht des englischen Gesellschafters*, cit., 447, 454.

[141] Por essa razão, nos anos trinta, discutia-se ferverosamente na Alemanha se o abuso do direito não retiraria espaço à aplicação de deveres de lealdade. Cf. H. Henze, *Zur Treuepflicht unter Aktionären*, cit., 148-150. Em geral, sobre o papel da tutela da confiança na boa fé, cf. por todos Menezes Cordeiro, *Da Boa Fé no Direito Civil*, cit., II, 1234-ss.

[142] Herbert Wiedemann, *Gesellschaftsrecht*, cit., 434.

[143] Andreas Fillmann, *Treuepflichten der Aktionäre*, cit., 101-ss..

Em primeiro plano, e pese embora a evolução histórica permita entrever deveres de lealdade em relação a todos os tipos societários, como foi notado, não pode pretender-se que esta apresente a mesma intensidade em relação a todos os tipos de sociedades existentes. Com efeito, tendencialmente será mais intensa a sua aplicação nas sociedades de pessoas do que nas sociedades de capitais, bem como será mais forte a sua atuação nas sociedades por quotas do que nas sociedades anónimas[144]. Quanto mais personalizada for a sociedade, maior será o investimento de confiança que o sócio realiza em relação aos demais associados.

Todavia, nessa ordem de ideias, o tipo societário, por si, não se apresenta como critério suficiente de exigência dos deveres de lealdade. Para além disso, neste plano funcionará o *critério da estrutura real* (*Realstruktur*) ou do *tipo real da sociedade* (*Realtyp*)[145]. Segundo as apreciações doutrinárias que lhe deram origem, relevará na determinação do âmbito dos deveres de lealdade a situação efetivamente existente na sociedade: em consequência, os deveres de lealdade terão alcance mais modesto nas grandes empresas societárias e serão ampliados nas pequenas sociedades, independentemente da forma por estas utilizada[146].

VII – Para além do critério mencionado, relevante é igualmente a *posição relativa do sócio no contexto da sociedade*. Assim, mais exigente será o dever de lealdade em relação a grandes acionistas e a grupos de acionistas mais estáveis[147]. Fala-se, neste contexto, em *duplo papel* dos sócios dominantes, que atuam como representante dos seus interesses próprios e, mercê da influência que gozam na sociedade, também como representante de interesses alheios[148].

[144] H. Lehmann, *Gesellschaftsrecht*[3], Franz Vahlen, Berlin-Frankfurt, (1970), 364; H. Henze, *Zur Treuepflicht unter Aktionären*, in *Festschrift für Alfred Kellermann*, Walter de Gruyter, Berlin-New York, (1991), 142.

[145] Mathias Siems, *With Great Power Comes Great Responsibility: Ideal and Real Types of Shareholders*, in Hanne S. Birkmose (ed.) *Shareholders' Duties*, (2017), 74-79.

[146] M. Winter, *Mitgliedschaftliche Treuebindungen im GmbH-Recht*, cit., 185-189; Thomas Baumgärtner, *Rechtsformübergreifende Aspekte der gesellschaftsrechtlichen Treuepflicht im deutschen und angloamerikanischen Recht*, cit., 120-126; Thomas Raiser, *Recht der Kapitalgesellschaften*[2], cit., 65; K. Schmidt, *Gesellschaftsrecht*[2], cit., 484-485.

[147] Thomas Raiser, *Recht der Kapitalgesellschaften*[2], cit., 67; Andreas Fillmann, *Treuepflichten der Aktionäre*, cit., 120-122; Herbert Wiedemann, *Gesellschaftsrecht*, cit., 433-434; Carlo Angelici, *Note in teme di raporti contrattuali tra soci e società*, in *Il Contratto – Silloge in onore di Giorgio Oppo – Vol. II*, 569, (1992), CEDAM, 579.

[148] Herbert Wiedemann, *Gesellschaftsrecht*, cit., 434.

Na aplicação prática deste critério torna-se mais difícil – embora não impossível – autonomizar deveres de lealdade aos pequenos acionistas[149]. Neste perímetro dos pequenos acionistas, reconhece-se um grupo de situações em que se mostra mais fácil destacar a cominação de deveres de lealdade: tal ocorre quando o sócio desenvolva atividade empresarial ou seja um investidor profissional, caso em que se justificará a utilização de critério mais rigoroso[150].

VIII – A receção do instituto dos deveres societários de lealdade no espaço jurídico português é hoje plenamente justificada. Superadas, no Direito comparado, as resistências doutrinárias que se opunham à admissibilidade da figura, não se vislumbram razões para opor entraves à figura à luz da ordem nacional.

Dada a profunda assimilação do conceito de interesse social nos textos legislativos nacionais, a utilidade dos deveres de lealdade será mais apagada nas relações com a sociedade, justificando-se sobretudo, embora não exclusivamente, nas relações entre sócios. Neste âmbito, não pode pretender-se que a personalidade jurídica das sociedades comerciais precluda o reconhecimento de laços jurídicos entre sócios inerentes à socialidade[151].

Tão-pouco fica impedida a generalização do instituto com a previsão do art. 58.º n.º 1.b) CSC sobre deliberações abusivas: semelhante preceito encontra-se também na Alemanha, não se opondo aí ao desenvolvimento dos deveres de lealdade como figura geral[152]. A disciplina referida conduz até a conclusão inversa: basta reparar no regime próprio para as deliberações abusivas para daqui se admitir, à luz da nossa ordem jurídica, o reconhecimento normativo de relações jurídicas entre sócios, próprias da esfera da socialidade, cujo desrespeito pode inquinar a validade da deliberação.

[149] Thomas Raiser, *Recht der Kapitalgesellschaften*[2], cit., 67.

[150] No mesmo sentido: Andreas Fillmann, *Treuepflichten der Aktionäre*, cit., 122.

[151] Cozian e Viandier propuseram uma metáfora para a caracterização da personalidade colectiva das sociedades, que funcionaria como écran, em certos aspectos *opaco* (e o texto dos autores francesas acentua ainda, ao que parece em demasia, esta "opacidade"), mas em certas ocasiões *transparente* – permitindo tomar em consideração, para certos fins limitados, os sujeitos que actuam por detrás desta (cozian, Maurice/ Viandier, Alain, *Droit des Sociétés*[8], cit., 85).

[152] V. §243 Abs. 2 AktG: cf. a propósito Herbert Wiedemann, *Gesellschaftsrecht*, I, cit., 436-437; Marcus Lutter, *Die Treuepflicht des Aktionärs*, cit., 451.

O desafio coloca-se sobretudo às empresas e à jurisprudência, na medida em que os deveres de lealdade representam um fecundo instrumento de aplicação do Direito e de desenvolvimento das bitolas de sã governação societária.

9. Novas áreas de influência acionista

I – Paralelamente, recentes intervenções legislativas têm ampliado as competências acionistas em temas centrais para a governação. Os exemplos mais importantes situam-se no voto da assembleia geral sobre a política remuneratória (*say on pay*) e no escrutínio acionista de transações entre partes relacionadas.

O conteúdo das intervenções legislativas em matéria de voto acionista sobre a política remuneratória também não é uniforme em termos comparativos. Em alguns sistemas o voto é vinculativo, ao passo que noutros apresenta natureza consultiva[153].

No tocante ao escrutínio das transações materialmente relevantes com partes relacionadas[154], a Diretiva admite que o mesmo seja realizado pela assembleia geral ou pelo órgão de administração ou pelo órgão de fiscalização todavia, a opção nacional foi a de afastar a competência da assembleia geral do processo autorizativo interno, à semelhança da solução vertida no Artigo 397.º n.º 2 CSC.

II – Um ponto relevante atinente aos poderes acionistas prende-se com o perímetro de competências da assembleia geral.

Em Portugal, vigora um princípio de tipicidade das competências da assembleia geral, segundo o qual os acionistas deliberam sobre as matérias que lhes são especialmente atribuídas pela lei ou pelo contrato e sobre as que não estejam compreendidas nas atribuições de outros órgãos da sociedade (Artigo 373.º n.º 2 CSC). Além disso, sobre matérias de gestão da

[153] Paulo Câmara, *El say on pay português*, Revista de Derecho de Mercado de Valores n.º 6 (2010); Id., *Say on Pay: O dever de apreciação da política remuneratória pela assembleia geral*, Revista de Concorrência e Regulação n.º 2 (2010), 321-344.

[154] Reenvia-se para Francisco da Cunha Ferreira/ Joana Torres Ereio, *Transações entre partes relacionadas*, neste volume.

sociedade, os acionistas só podem deliberar a pedido do órgão de administração (Artigo 373.º n.º 3 CSC)[155].

Todavia, há operações materialmente equivalentes a fusões ou cisões que podem não envolver deliberação de assembleia geral – p. ex: aquisição ou transferência de ativos na própria sociedade ou em sociedades dominadas. Entre nós, o tema foi muito debatido a propósito da alienação da participação da Portugal Telecom na Vivo, em 2010. À altura, embora o órgão de administração tivesse poderes para deliberar a alienação daquela participação, foi pressionado a submeter o tema a deliberação da assembleia geral: e foram os acionistas a tomar a decisão final na matéria[156].

III – Por fim, há que notar existir uma variação concreta dos poderes dos acionistas, em razão da natureza de sociedade.

A título de exemplo, as empresas familiares implicam usualmente o reforço de direitos dos acionistas. Por seu turno, nas instituições de crédito, do regime europeu decorre uma clara amputação dos direitos dos acionistas em caso de crise bancária, em virtude dos institutos de intervenção corretiva, administração extraordinária e resolução bancária. Por fim, é comum que no *equity crowdfunding* se encontre um poder acionista mais concentrado nos fundadores (nomeadamente através de *dual-class shares*).

As intervenções legislativas moldam de perto a estrutura de poderes dos acionistas, o que obriga a ponderar cuidadosamente as especificidades tipológicas e setoriais em cada momento vigentes.

10. Ponderação de interesses extra-acionistas: propósito societário e sustentabilidade

I – É importante avaliar em que termos os interesses dos acionistas vinculam a governação societária.

[155] José Engrácia Antunes, *An Economic Analysis of Portuguese Corporation Law* in Estudos em Homenagem ao Prof. Doutor Manuel Henrique Mesquita, vol. I, Coimbra, Coimbra Editora (n.º 95 da coleção Studia Iuridica do BFDUC), 180-181.

[156] O que envolveu nomeadamente o exercício da golden share do Estado: cfr. Ana Rita Morais Araújo, *Momentos Marcantes No Percurso Da Portugal Telecom À Luz Do Corporate Governance*, FEUP, Porto, (2017), 75-81.

As soluções encontradas são extremamente diversas em termos internacionais. Nos EUA, por exemplo, persiste uma efervescente discussão entre os autores que defendem a primazia dos interesses acionistas (*shaheholder primacy*)[157], entre os que preconizam o alargamento da autonomia dos administradores (*director primacy*)[158] e os que favorecem a primazia dos interesses dos *stakeholders*[159].

Debates paralelos decorrem na Europa[160], embora com enquadramentos societários diversos e poderes atribuídos aos acionistas em moldes diferentes dos vigentes no contexto norte-americano[161].

II – A este propósito, adquire especial importância a doutrina do propósito societário (*corporate purpose*), que procura superar a visão da governação societária baseada no exclusivo interesse acionista. Concebida pelo Professor Colin Mayer[162] com o apoio do debate ocorrido nas últimas décadas, esta abordagem foi assumida no projeto britânico sobre o futuro das sociedades[163] e tem vindo a conhecer um leque crescentemente alargado de defensores. Neste âmbito, o propósito societário é tido como o conjunto de finalidades prosseguidas pela sociedade, em cumprimento dos interesses de clientes, de trabalhadores, e da comunidade, e tendo em consideração os

[157] Lucian Bebchuk, *The Myth that Insulating Boards Serves Long-Term Value*, Columbia Law Review, Vol. 113, No. 6 (oct.-2013), 1637-1694; Id., *The Case for Increasing Shareholder Power*, Harv. L. Rev. Vol. 118 (2005), 833.-s; Id., *The Case for Shareholder Access to the Ballot*, Bus. Law. Vol. 59 (2003), 43-ss; Id., *The Myth of the Shareholder Franchise*, Va. L. Rev. 93 (2007), 675-s.

[158] Stephen Bainbridge, *Preserving director primacy by managing shareholder interventions*, in Jennifer Hill/ Randall Thomas (ed.), *Research Handbook on Shareholder Power*, Cheltenham/ Northhampton, (2015), 231-247; Id., *Response, Director Primacy and Shareholder Disempowerment*, Harv. L. Rev. 119 (2006), 1735-ss; Id., *The Case Against Board Veto in Corporate Takeovers*, U. Chi. L. Rev. 69 (2002), 973-ss.

[159] Lynn Stout, *The Shareholder Value Myth: How Putting Shareholders First Harms Investors, Corporations, and the Public* (2012).

[160] Para uma crítica britânica à primazia dos interesses acionistas: John Armour/ Simon Deakin/ Suzanne J. Konzelmann, *Shareholder Primacy and the Trajectory of UK Corporate Governance*, University of Cambridge Working Paper n.º 266, (2003); Colin Mayer, *Prosperity. Better business makes the geater good*, Oxford (2018); Id., *Firm Commitment*, Oxford (2013).

[161] Sofie Cools, *The Real Difference in Corporate Law between the United States and Continental Europe: Distribution of Powers*, Delaware Journal of Corporate Law, Vol. 30, n. 3, (2005), 697-766.

[162] Cfr. do autor *Prosperity. Better business makes the greater good*, Oxford (2018); Id., *Firm Commitment*, Oxford (2013). Para citar apenas um exemplo, Lynn Stout já se referia ao propósito societário na sua obra de 2012 (*The Shareholder Value Myth*, cit.).

[163] British Academy, *Reforming Business for the 21st Century. A Framework for the Future of the Corporation* (2018).

seus contributos para causas sociais ou interesses públicos. Uma importante e recente tomada de posição em defesa da governação baseada no propósito societário foi adotada pela Business Roundtable, uma importante associação empresarial norte-americana, através de uma declaração (*Statement on the Purpose of the Corporation*, de 2019) em favor da governação societária conduzida em benefício de todos os stakeholders – aqui incluindo não apenas os acionistas, mas também os trabalhadores, clientes, fornecedores e a comunidade em que cada sociedade se insere. Esta declaração implica um compromisso assumido por CEO's de 181 grandes empresas americanas, em quatro dimensões (i) criar valor para os clientes; (ii) investir nos trabalhadores; (iii) tratar ética e justamente os fornecedores; (iv) apoiar as comunidades em que trabalham; e (v) gerar valor de longo prazo para os acionistas, que facultam o capital para as empresas investirem, crescerem e inovarem. Merece, neste contexto, sublinhar a ampla representatividade dos líderes empresariais subscritores desta concisa declaração, assim como a ordenação dos objetivos societários na mesma plasmada, que coloca em quinto plano a defesa do valor acionista. O preâmbulo do documento vinca igualmente a importância da dignidade do trabalho, da sustentabilidade da economia, da inovação e do ambiente que propicie oportunidades económicas para todos[164].

Resta agora saber até que ponto estamos a assistir, não apenas a uma inflexão de intenções, mas também a uma alteração efetiva de prioridades na gestão e governação empresarial. O tempo o dirá.

III – Em Portugal, a este propósito, o Código das Sociedades[165] contém duas proposições distintas, determinando que: (i) os administradores devem *atender* aos interesses de longo prazo dos sócios; e que (ii) os administradores devem *ponderar* os interesses dos outros sujeitos relevantes para a sustentabilidade da sociedade, tais como os seus trabalhadores, clientes e credores.

Esta distinção oferece uma relevância capital na economia do preceito. Através desta contraposição, a lei distingue duas categorias de interesses: (i) o interesse primário a que o administrador deve obediência; e (ii) os inte-

[164] Michael Peregrine, *Business Roundtable's Statement on Corporate Purposes Has Noble Aims but Creates Uncertainty*, CLS Blue Sky Blog, (30-ag.-2019).

[165] Artigo 64.º n.º 1 b) CSC. Aproveito para aqui retomar e desenvolver algumas ideias constantes do meu *O governo das sociedades e a reforma do Código das Sociedades Comerciais*, em *Código das Sociedades Comerciais e Governo das Sociedades*, Coimbra (2008), 37-40.

resses secundários que devem também ser ponderados[166]. A mensagem legislativa é clara: quando se mostre em conflito com o interesse dos restantes *stakeholders*, é o interesse de longo prazo dos sócios que deve prevalecer[167].

O sistema português acolhe, assim, um claro modelo de primazia acionista na determinação dos interesses vinculantes para a governação.

IV – Os fundamentos da primazia dos interesses dos sócios assentam tradicionalmente em critérios jurídicos e em critérios financeiros.

Quanto aos primeiros, sublinhe-se que os acionistas dão causa à génese da sociedade e contribuem financeiramente para a sua atividade, através da realização da obrigação de entrada: correspetivamente são investidos no direito de voto que *inter alia* determina coletivamente a conformação dos estatutos e, direta ou indiretamente, a designação dos titulares dos órgãos sociais. Em termos financeiros, sobreleva o facto de os sócios suportarem o risco da empresa, sendo reembolsados, em caso de liquidação da sociedade, apenas após o pagamento aos credores (*residual claimants*).

Neste ponto essencial é semelhante, embora não idêntica, a lógica do *Companies Act* britânico de 2006, segundo o qual os administradores devem visar, a título principal, o bem dos sócios como um todo. Tal não obsta que o mesmo texto normativo britânico adiante que, ao *fazê-lo*, os administradores devem ponderar outros elementos, nomeadamente: as consequências das decisões a longo prazo; os interesses dos trabalhadores; as necessidades em promover as relações com fornecedores e clientes; o impacto das operações societárias na comunidade e no ambiente; a desejabilidade na manutenção de elevada reputação em termos da condução de negócios; e o tratamento equitativo entre membros da sociedade (§ 172)[168].

[166] Cfr., no mesmo sentido fundamental, IPCG, *Livro Branco sobre Corporate Governance*, (2006), 141-142.

[167] Alexandre Soveral Martins, *Cláusulas do Contrato de Sociedade que Limitam a Transmissibilidade de Acções. Sobre os Artigos 328.º e 329.º do CSC*, Coimbra (2006), 636; e Armando Manuel Triufante, *Código das Sociedades Comerciais Anotado*, Coimbra, (2007), 63.

[168] Já a *Company Law Reform Bill* anunciava esta orientação básica, embora denotasse ligeiros desvios em relação ao texto que veio a ser crismado como definitivo, dado estabelecer de um lado que os administradores estão vinculados ao bem dos sócios como um todo (§ 156 (1), mas de outro lado adiante que devem ter em consideração (na medida em que seja razoavelmente praticável), entre outros elementos, os interesses dos trabalhadores e a necessidade de estimular relações empresariais com fornecedores, clientes e outros (§ 156 (3)). Sobre este texto: Daniel Attenborough, *The Company Law Reform Bill: an analysis of directors' duties and the objective of the company*,

A vinculação do Artigo 64.º CSC aos interesses dos sócios *de longo prazo* procura servir a subsistência da sociedade e a sua criação de riqueza, em termos duráveis. Retira-se da nova redacção do normativo que os interesses dos sócios de curto prazo, embora devam ser sopesados em plano superior em relação aos dos demais *stakeholders*, são subalternizados em relação aos interesses dos sócios de longo prazo. Como é fácil de notar, esta parte da norma apresenta também um certo paralelo no *Companies Act* de 2006, no fragmento atrás invocado, a obrigar que o administrador pondere as consequências das decisões no longo prazo (§ 172 (1 a)). Estas afirmações nos códigos societários português e britânico são importantes, numa época em que proliferam os investidores apenas preocupados com o encaixe financeiro decorrente da rentabilização, a curto prazo, do investimento accionista efectuado – onde se incluem tipicamente os accionistas intra-diários (*day traders*)[169] e os *hedge funds*.

Esta, pois, a constelação de accionistas que o art. 64.º CSC vem discriminar negativamente em relação aos accionistas de longo prazo, reconhecendo a diversidade de interesses, de objectivos e do grau de correspondência com o interesse social subjacentes em um e no outro caso.

V – Nos anos mais recentes, tem vindo a impor-se o reconhecimento de que as sociedades devem atender não apenas à satisfação financeira dos seus acionistas e demais *stakeholders* (clientes, trabalhadores e credores), mas também a interesses relacionados com a sua sustentabilidade.

O conceito de sustentabilidade aqui tido em conta reporta-se ao desenvolvimento da atividade societária que corresponde aos interesses do momento presente sem comprometer a aptidão de as futuras gerações satisfazerem as suas próprias necessidades[170].

Company Lawyer (2006), 27 n.º 6, 162-169; Jonathan Rushworth/ Danielle Harris, *Role and Responsibilities of Directors,* in Danielle Stewart/ Warraner Stewart (ed.), *A Practitioner's Guide to the Company Law Review*, Surrey (2001), 125-134.

[169] No mesmo sentido: Institute Of Directors, *Corporate Governance. What the Government Should be Doing,* (2005), que apela ao encorajamento de um conceito de sucesso societário de longo prazo.

[170] O que corresponde à formulação clássica encontrada no Relatório Brundtland (United Nations. Report of the World Commission on Environment and Development, *Our Common Future* (1987)). Cfr. a propósito Luís Lobo Xavier, *O nosso compromisso para com as gerações futuras: como vamos repartir o bolo que nos resta?*, em *Ensaios Impertinentes/ Brotéria*, Lisboa, (2018), 361-362.

Na ótica da governação, esta evolução prende-se, de um lado, com a perspetiva de longo prazo que deve ser tida em conta na governação societária e, por outro lado, e em termos mais gerais, pela consolidação de uma visão da governação societária como envolvendo necessariamente uma estrutura de colaboração com os *stakeholders* e os fatores ambientais[171].

O recente agravamento da crise climática no globo[172] serve de fator adicional a justificar esta orientação[173].

Em última análise, podemos até assumir que esta visão serve na verdade os interesses de longo prazo dos acionistas. Todavia, esta evolução apresenta um conteúdo autónomo que transcende *summo rigore* a criação de valor acionista[174].

Neste contexto, deve reconhecer-se em termos claros que o corporate governance se mostra apto a servir de instrumento de sociedades mais sustentáveis.

Aliás, é agora usual deparar com a componente de governação societária a ser assimilada aos elementos sociais e ambientais relativos às empresas sob a designação comum de fatores ESG – *Environmental, Social and Governance*. Previna-se, todavia, que esta designação não pode nem deve servir para esbater as fronteiras entre os fatores de natureza ambiental, social e de governo das sociedades, mas sobretudo para realçar a importância simétrica das três vertentes para as empresas.

[171] MARTIN LIPTON, *The New Paradigm: A Roadmap for an Implicit Corporate Governance Partnership Between Corporations and Investors to Achieve Sustainable Long-Term Investment and Growth,* (2016); Id., *It's Time to Adopt the New Paradigm*, Harvard Law School Forum on Corporate Governance and Financial Regulation (2019); EVARISTO FERREIRA MENDES, *Governança Societária e Justiça Intergeracional,* em GONÇALO DE ALMEIDA RIBEIRO/ JORGE PEREIRA DA SILVA (coord.), *Justiça Intergeracional e Sustentabilidade,* (2017).

[172] As intervenções públicas do Secretário-Geral da ONU documentam amplamente este ponto. Cfr. nomeadamente ANTÓNIO GUTERRES, *Remarks to Climate Summit Preparatory Meeting* (30-jun.-2019), disponível em https://www.un.org/sg/en/sg-speech-topics/cambio-clim%C3%A1tico. Em Portugal, a Resolução da Assembleia da República n.º 125/2019, de 29 de julho de 2019, recomendou ao Governo que declare o estado de «emergência climática» e a Resolução do CM n.º 130/2019, de 2 de agosto, aprovou o Programa de Ação para a Adaptação às Alterações Climáticas (sem que este apresente referências a temas de governação societária).

[173] Casos emblemáticos a este propósito são os da BP/ Deepwater (2010) e da VW/ escândalo das emissões (2015).

[174] REINIER KRAAKMAN/ JOHN ARMOUR/ PAUL DAVIES/ LUCA ENRIQUES/ HENRY HANSMANN/ GERARD HERTIG/ KLAUS HOPT/ HIDEKI KANDA/ MARIANA PARGENDLER/ WOLF-GEORG RINGE/ EDWARD ROCK, *The Anatomy of Corporate Law: A Comparative and Functional Approach*[3] (2017), 92-94 (94).

Esta abordagem tem vindo a ser crescentemente relevante para a comunidade de investidores, não apenas para afastar da mira de investimento empresas que não cumprem critérios ESG (triagem negativa) mas também como fator de aproximação de empresas que cumpram os fatores ESG (triagem positiva)[175] e que possam, por seu turno, servir de exemplo inspirador a ser seguido por outros.

Na densificação das orientações nesta sede a serem seguidas por investidores, têm conquistado alguma proeminência os Princípios da ONU em matéria de Investimento Responsável (PRI)[176]. Trata-se de um conjunto de recomendações a que a comunidade de investidores pode aderir, através de um compromisso formal.

Estes seis Princípios postulam: 1.) uma incorporação dos fatores ESG nos processos de análise de investimento e decisórios; 2.) uma assunção de titularidade ativa e a incorporação de fatores ESG nas políticas de titularidade (*ownership policies*); 3.) o empenho na divulgação de informação relacionada com fatores ESG por parte das empresas em que são feitos investimentos; 4.) a promoção da aceitação e da adoção dos Princípios pela indústria de investidores; 5.) o empenho no trabalho conjunto para aumentar a eficácia da adesão dos Princípios; e 6.) o reporte das atividades e dos progressos em relação à adoção dos Princípios. As Nações Unidas apresentam complementarmente sugestões de iniciativas que podem dar corpo a cada um dos referidos Princípios[177].

Destaca-se nomeadamente que nesta concretização dos Princípios (em particular dos Princípios 2 a 4) está associado um grau de ativismo acionista na promoção dos fatores ESG e da sua adequada divulgação.

VI – Como ponto igualmente merecedor de atenção, um dos elementos estruturantes na ligação da governação societária aos temas de sustentabilidade prende-se com os deveres de gestão de riscos que possam afetar as empresas e a sua atividade. A ideia de base é a de que qualquer empresa pode ser afetada por fatores relacionados com a sustentabilidade, mas o grau de exposição varia em função da indústria em questão. Como refere a

[175] CMVM, *Perguntas e Respostas sobre Finanças Sustentáveis*, (2018), 16.
[176] United Nations, *Principles for Responsible Investment*, (2006).
[177] UNEP Finance Initiative/ UN Global Compact, *Principles For Responsible Investment An Investor Initiative In Partnership With Unep Finance Initiative And The UN Global Compact*, (2019).

CMVM: *a introdução de fatores ESG nas decisões das empresas e investidores, juntamente com o fator económico-financeiro, procura contribuir para diminuir os riscos financeiros (por exemplo, os associados a indústrias poluentes), preservar o mercado e potenciar o retorno financeiro e o desenvolvimento empresarial e dos mercados*[178].

Outra das propostas recentemente discutidas prende-se com a evolução da função do administrador com pelouro financeiro (*Chief Financial Officer*) para uma função que acompanhe, em termos integrados, os temas de criação de valor, passando a ser assumido como *Chief Value Officer*[179]. Esta proposta não deve ser entendida enquanto mera alteração semântica, mas antes enquanto reconhecimento estruturante da necessidade de assegurar funcionalmente a coordenação dos temas de criação de valor em termos integrados.

VII – Em confirmação do exposto, diversas intervenções legislativas têm demonstrado preocupações dirigidas a uma agenda relacionadas com interesses extra-acionistas na governação societária.

De um lado, trata-se de uma diretriz acomodada na parte final da alínea a) do n.º 1 do Artigo 64.º CSC, na sequência do que foi notado. Através deste preceito, a lei portuguesa já consagra expressamente a atendibilidade dos interesses dos outros sujeitos relevantes para a sustentabilidade da sociedade[180].

De outro lado, já é imposta a divulgação de informação não-financeira nas sociedades de elevada dimensão (Artigos 65.º, 66.º, n.º 2, 66.º-B, 451.º n.ºs 6 e 7 e 508.º-G CSC), em transposição da Diretiva 2014/95/UE do Parlamento Europeu e do Conselho, de 22 de outubro de 2014[181].

Em desenvolvimento das regras descritas, o Plano recente da Comissão Europeia sobre Financiamento do Crescimento Sustentável procura salva-

[178] CMVM, *Perguntas e Respostas sobre Finanças Sustentáveis*, (2018), 4.

[179] Mervyn King/ Jill Atkins, *Chief Value Officer: Accountants Can Save the Planet*, 72-114, *New York* (2016); Accountancy Europe, *10 Ideas to Make Corporate Governance a Driver of a Sustainable Economy*, (jun.-2019).

[180] Ricardo Costa, Artigo 64.º em Coutinho de Abreu (coord.), *Código das Sociedades Comerciais em Comentário*, Coimbra Vol I (2010), 744-745.

[181] Maria Lucia Passador/ Federico Riganti, *Less is More in the Age of Information Overload: The Paradigm Shift from a Shareholder- To a Stakeholder-Oriented Market*, New York University Journal of Law and Business, Vol. 15, No. 3, 2019.

guardar a sustentabilidade e a visão a longo prazo nas empresas[182] nomeadamente através de adicionais medidas legislativas. Embora o Plano apresente um enfoque no sistema financeiro, não deixa de incluir objetivos ligados ao corporate governance, preconizando que as sociedades comerciais devam adotar uma estratégia de sustentabilidade, bem como estabelecer metas mensuráveis em matéria de sustentabilidade.

VIII – A ponderação de interesses ambientais na governação societária deve, contudo, ser conduzida com equilíbrio e sem desembocar num novo frenesim legislativo. Os instrumentos normativos fundamentais estão já em vigor: deveres fiduciários, deveres de informação, fiscalização e controlo interno – o sistema de governação, em suma. O papel fundamental é agora confiado às empresas e aos decisores empresariais.

Admite-se que as alterações climáticas passem a estar no centro das políticas públicas deste milénio. Concebe-se que, nesse âmbito, seja conferido algum desenvolvimento ao dever de preparação, discussão, aprovação e execução da estratégia de sustentabilidade. Não é, contudo, necessária uma radical vaga legislativa para acolher esta orientação na governação societária. Futuras regras legislativas que venham a ser propostas, discutidas e aprovadas para cimentar a sustentabilidade através do governo societário devem ser excecionais e firmemente ancoradas no princípio de proporcionalidade.

[182] European Commission, *Communication – Action Plan: Financing Sustainable Growth*, Brussels, 8.3.2018 COM(2018) 97 final.

CAPÍTULO 2
DOS FUNDAMENTOS DOS DEVERES DE LEALDADE DOS ACIONISTAS

Ana Perestrelo de Oliveira

1. Sentido geral dos deveres de lealdade dos sócios

A vinculação dos sócios a deveres de lealdade é hoje, em geral, reconhecida como contrapartida do seu poder na sociedade e como "técnica fundamental de graduação e de alinhamento de interesses"[1]. Indo mais longe, existe um consenso razoavelmente alargado em torno da sujeição dos sócios a estes deveres, integrantes do *status socii*, independentemente da concreta posição de poder que cada um assume na sociedade. Ultrapassou-se a tradicional ideia de que apenas os administradores conheceriam tais vinculações e, além deles, quando muito, os sócios maioritários, cujo papel social acabava por se assimilar ao dos primeiros, justificando-se o controlo da sua atuação por via dos deveres de lealdade[2].

Contudo, para além da proibição de o sócio agir em conflito de interesses com a sociedade (arts. 251.º e 384.º/6 do Código das Sociedades Comerciais[3]) ou da proibição do voto abusivo (art. 58.º/, 1, *b)*), por exemplo, os afloramentos jurídico-positivos da lealdade circunscrevem-se, praticamente – pelo menos no que respeita ao direito jus-societário geral –, às sociedades de pessoas, prevendo-se, quanto a estas, um dever de não concorrência do

[1] Paulo Câmara, *Conflito de interesses no direito financeiro e societário. Um retrato anatómico*, em *Conflito de interesses* cit., 9-74 (61).

[2] Cf., desenvolvidamente, Menezes Cordeiro, *A lealdade no direito das sociedades*, ROA 66 (2006), 1034-1065. Sobre o tema, cf. também Ana Perestrelo de Oliveira, *Grupos de sociedades e deveres de lealdade*, Coimbra, 2012, *passim*.

[3] Todos os artigos sem indicação de fonte pertencem ao Código das Sociedades Comerciais.

sócio (art. 180.º), que constitui talvez a expressão positiva mais nítida do vínculo de lealdade perante a sociedade, dotado de especial intensidade no contexto das sociedades de estrutura personalística[4]. Também não existe, diversamente do que sucede com os administradores, uma previsão de âmbito geral. O fenómeno – que não deve causar surpresa – não é exclusivo do ordenamento jurídico português: também na Alemanha, por exemplo, onde maior desenvolvimento obtiveram os deveres de lealdade, não se prevê senão regras de conduta singulares a partir das quais foi possível, por labor interpretativo, extrair um princípio jurídico mais vasto.

Estes deveres surgem nuclearmente como uma proibição de causar danos, intensificada em relação à proibição geral decorrente do princípio do *neminem laedere*, assumindo, *prima facie*, conteúdo tipicamente passivo (o dever de omitir). Aproximam-se, nessa medida, dos deveres de proteção, o que não se estranha considerando que "os deveres de proteção são (...) já o precipitado jurídico das exigências de lealdade"[5]. Por exemplo, no ordenamento alemão, onde antes da entrada em vigor da lei da modernização do direito das obrigações os deveres de proteção (*Schutzpflichten*) eram expressamente delimitados face aos deveres de lealdade (*Treupflichten*)[6], a distinção veio a revelar-se incompatível com o § 241 II BGB[7]. A separação, de tipo funcional, normalmente estabelecida entre deveres de proteção e deveres de lealdade dificilmente convence: basta pensar que aquilo que é exigível a uma das partes para prevenir danos para a outra pode consistir,

[4] Sobre as sociedades civis como origem dos deveres de lealdade dos sócios, cf. Ana Perestrelo de Oliveira, *Sociedades civis e deveres de lealdade dos sócios: ponto de partida de uma construção unitária dos deveres de lealdade das sociedades civis e comerciais,* em curso de publicação no volume comemorativo dos 50 Anos do Código Civil, organizado pela Faculdade de Direito da Universidade de Lisboa.

[5] Carneiro da Frada, *Contrato e deveres de protecção,* Coimbra, 1994, 266.

[6] Os primeiros seriam dirigidos à proteção da outra parte, intervindo mais ativamente no *status* legal do devedor do que a lealdade, e o seu objetivo seria diverso: os deveres de lealdade serviriam a compensação de uma particular possibilidade de interferência nos interesses da outra parte; o dever de lealdade traduzir-se-ia em promover o propósito visado, o fim em causa. Cf. Dirk Olzen, em *Staudingers Kommentar zum Bürgerlichen Gesetzbuch mit Einführungsgesetz und Nebengesetzen*, II, 12.ª ed., Berlin, 2005, § 241. A relação entre os deveres de proteção e o fim da obrigação, por seu lado, é de tipo meramente indireto: estes deveres evitam que o fim prosseguido através da obrigação seja desvalorizado por danos paralelos causados pela respetiva execução. Cf. Hans Christoph Grigoleit, *Leistungspflichten und Schutzpflichten,* em *Festschrift für Claus-Wilhelm Canaris zum 70. Geburtstag,* I, München, 2007, 275-306 (277).

[7] Nos termos dessa norma, "a relação obrigacional pode, dependendo do seu conteúdo, vincular as partes a respeitar os direitos, bens jurídicos e interesses da outra parte".

simplesmente, num comportamento leal[8]. Assim, embora o alcance dos deveres de lealdade ultrapasse, de forma decisiva, o dos deveres de proteção, não há como recusar essa parcial coincidência de conteúdos.

Adicionalmente, os deveres de lealdade têm também um conteúdo ativo, correspondente ao dever de prossecução do fim ou do interesse social. Apresentado normalmente como barreira negativa, o conteúdo de afetação positivo do fim social tem sido também trabalhado enquanto máxima compulsória de atuação: se a sociedade é criada em função da realização de um dado fim, este constitui, plausivelmente, padrão vinculante de alinhamento do comportamento dos diversos sujeitos envolvidos. A vinculação ao fim é, pois, componente inalienável do estado de sócio, como o é do estado de administrador (ainda que aí integre o próprio dever funcional de administrar), o que resulta, em última análise, da natureza da sociedade como associação finalística.

A lealdade tem um fundamento comum quer se trate de deveres dos administradores quer dos sócios. Não se justifica uma distinção tradicional entre "lealdade orgânica" (*organschaftliche Treuepflicht*), "lealdade da maioria" (*mehreitsbezogene Treuepflicht*) e "lealdade social" (*mitgliedschaftliche Treuepflicht*)[9]. Deve afirmar-se a identidade da natureza da lealdade dos administradores e dos sócios, em rejeição da tradicional e radical separação do dever de lealdade do sócio – de intensidade menor, marcado pelo direito ao desinteresse empresarial – face ao dever de lealdade do administrador – obrigado a prosseguir o interesse da sociedade e dos sócios. Não é legítimo, na verdade, considerar que "a lealdade da administração e a lealdade dos sócios em comum só têm o nome"[10] ou que "a lealdade dos sócios e a lealdade da administração são essencialmente diferentes na sua natureza (...): são diversos os seus fundamentos, função, conteúdo e consequências"[11]. Nem se apoie Wiedemann, quando, pensando na tripartição atrás apontada, enfaticamente afirma "lealdade: uma palavra – três mundos!".

A lealdade do administrador e do sócio têm, *ultima ratio*, fundamentos equivalentes, tornando possível afirmar a unidade essencial dos deveres de

[8] Cf. Carneiro da Frada, *Contrato* cit., 42.

[9] Wiedemann, *Zu den Treupflichten im Gesellschaftsrecht*, em *FS für Theodor Heinsius zum 65. Geburtstag*, Berlin, New York, 1991, 949-966.

[10] Michael Lower, *Good faith and the partly-owned subsidiary*, JBL 2000, Mai., 232-253 (254)

[11] Röhricht, *Treupflichten der Aktionäre, insbesondere des Mehrheitsgesellschafters*, em Hommelhoff/Hopt/von Werder (orgs.), *Handbuch Corporate Governance*, Köln, 2003, 513-547 (514).

lealdade, confirmada pela identidade do ponto de partida dogmático, consubstanciado pelo princípio da boa fé e pelo critério base de operatividade jurídica: a existência de uma "ligação especial", independentemente da respetiva fonte, como vemos de seguida. As diferentes manifestações e intensidade dos deveres de lealdade do administrador e do sócio não alteram a conclusão[12].

Não se nega – nem poderia negar-se – a diversidade evidente de posição destes sujeitos na estrutura societária: quanto ao sócio, o direito de voto (forma típica de intervenção na sociedade) é, hoje, aceite como verdadeiro e próprio direito, que pode, salvo restrições precisas, ser exercido no sentido mais conveniente para os seus interesses egoístas, sendo, inclusive, o sócio livre para o vincular contratualmente, embora com as restrições constantes dos n.os 2 e 3 do art. 17.º. A liberdade de voto, associada ao direito do sócio ao desinteresse empresarial, não deixa de marcar, decisivamente, a configuração dos respetivos deveres de lealdade (sem, todavia, os excluir). Os administradores, pelo contrário, têm a seu cargo a gestão social, estando, naturalmente, adstritos – entre nós, legalmente – a um mais amplo ou mais intenso dever de lealdade, *maxime* devido à situação de poder em que se encontram e à possibilidade de, por essa via, lesarem os interesses dos sócios e da sociedade. Não obstante, o acionista controlador ocupa – bem se compreende – posição de poder paralela (porventura superior) àquela em que o administrador está funcionalmente investido. Mesmo os sócios minoritários, em situações definidas, adquirem, como a jurisprudên-

[12] Cf., entre nós, Carneiro da Frada, *A business judgement rule no quadro dos deveres gerais dos administradores*, em *Jornadas sociedades abertas, valores mobiliários e intermediação financeira*, Coimbra, 2007, 201-242 (210), que escreve que "(...) o dever de lealdade do administrador perante a sociedade ultrapassa certamente a medida de conduta genericamente reclamada em nome da boa fé pelo art. 762 n.º 2 do Código Civil. Este visa promover apenas uma forma de concordância prática de interesses contrapostos das partes numa relação de troca. Não proíbe que se prossigam interesses próprios: tal não faria sentido nos contratos onerosos ou com interesses opostos. Apenas impõe padrões e limites de razoabilidade, atenta a existência concomitante de interesses de outrem". Deste modo, "a boa fé de que possa aqui falar-se não tem portanto como finalidade estabelecer limites à prossecução de interesses próprios (ou modos de o fazer), mas garantir a sobreordenação dos interesses da sociedade e as condições da sua prossecução" (p. 211). Segundo o autor, o administrador encontra-se, assim, na sua relação com a sociedade, colocado numa situação de lealdade qualificada, diversa da lealdade imposta pelo art. 762.º/2, do CC. Já na sua relação com os sócios, valeria o padrão geral de lealdade que resulta desta norma: a lealdade devida seria a lealdade comum, ainda que, dependendo do tipo e intensidade da relação, ela possa ser especialmente exigente (pp. 213 e 214).

cia reconhece, poder de influência sobre os interesses alheios com intensidade equivalente à do acionista controlador ou do administrador. Tal equivalência, pelo menos no que respeita aos sócios controladores, é admitida inclusivamente pela mais restritiva jurisprudência anglo-saxónica, como veremos.

A lealdade tem sempre o seu fundamento no princípio da boa fé. As tentativas de "emancipação" da lealdade no direito das sociedades comerciais multiplicam-se, tanto no que toca à lealdade dos sócios como em relação à lealdade dos administradores mas a recondução dos deveres de lealdade à boa fé constitui dado histórico que não pode abandonado. Não existe autonomia dos deveres de lealdade societários. Estes são feitos operar em concreto perante situações em que se identifica uma "ligação especial" que dá origem a um dever de respeito intensificado face àquele que resulta do princípio geral do *neminem laedere*.

Assim se ultrapassam as dificuldades inerentes ao reconhecimento, em geral, de deveres de lealdade dos sócios perante a sociedade e entre si, ao qual se oporia – segundo conceção em declínio crescente – a inexistência de qualquer vínculo contratual entre sócios e, mais do que isso, o anonimato que muitas vezes caracteriza a relação e a consequente insuscetibilidade de delimitação, de antemão, do universo dos beneficiários. A integração na sociedade cria uma ligação especial entre os sócios (e não apenas entre os sócios e a sociedade), importando um particular poder de influência sobre a esfera jurídica alheia, com a consequente imposição de um dever de prevenção de danos agravado em relação ao *neminem laedere* e, em determinadas hipóteses, deveres positivos provenientes do princípio da lealdade[13]. O que determina a atuação em concreto dos deveres de lealdade, integrantes do *status socii*, não é o princípio da confiança, como defendemos noutra sede, mas sim o poder de influência sobre a esfera jurídica alheia (*Einflussmoglichkeit*) que tanto pode resultar de uma posição maioritária como de outros fatores, que colocam o sócio numa posição especialmente propícia para causar danos à sociedade ou aos demais sócios, justificando a intervenção destes deveres. Esta função exercida pelos deveres de lealdade no controlo da possibilidade de influência dos sujeitos em posição de causar danos tem levado alguns autores a falar numa lealdade orientada pela pro-

[13] Sob esta perspetiva, a vinculação a deveres de lealdade não pressupõe o conhecimento do universo dos beneficiários, como seria, naturalmente, exigível caso aquela resultasse de uma relação de confiança entre as partes.

dução de efeitos, um *wirkungsbezogenen Treupflicht*[14]. E, sobretudo, é tradução do princípio geral, vigente no nosso ordenamento jurídico, da correlação poder–responsabilidade.

A dificuldade de exposição abstrata do conteúdo do dever de lealdade tem levado a doutrina e a jurisprudência a construírem grupos de casos típicos de aplicação do princípio da lealdade. Desde que devidamente conjugada com o esforço de precisão dogmática, não há que obstar a esta técnica, a qual tem vantagens de aprendizagem. Assim, surgem diversas áreas nucleares de relevância da lealdade[15]: o controlo das deliberações da maioria e do exercício do voto, incluindo pelas minorias; a limitação do exercício de outros direitos sociais (*v.g.*, direito de ação); a imposição de deveres na aquisição e alienação de participações sociais e deveres de conduta no mercado de capitais[16]; os deveres de não concorrência e de não apropriação de oportunidades de negócios que, em certos casos, recaem sobre os sócios e que são concretizações clássicas da lealdade. São meros exemplos.

[14] Cf., *v.g.*, DREHER, *Treupflichten zwischen Aktionären und Verhaltenspflichten bei der Stimmrechtsbündelung*, ZHR 157 (1993), 150-171 (156).

[15] Cf. *v.g.*, LUTTER, *Treupflichten und ihre Anwendungsprobleme*, ZHR 162 (1998), 164-185 (166 ss.) e *Die Treupflicht im GmbH-Recht als Beispiel der Rechtsfortbildung*, ZHR 151 (1987), 422-443 (458 ss.); RÖHRICHT, *Treupflichten* cit., 514; TIMM, *Treupflichten im Aktienrecht*, WM 12/91, 481-528 (482); THOMAS ZWISSLER, *Treugebot – Treugebot – Treuepflicht – Treuebindung. Die Lehre von den mitgliedschaftlichen Treuepflichten und Treuebindungen und ihre Anwendungsfelder im Recht der Aktiengesellschaft*, Frankfurt a. M., Berlin, Bern, Bruxelles, New York, Oxford, Wien, 2002, 138.

[16] Em especial, o caso particular da "venda do controlo" (*sale of control*) merece ser estudado sob a perspetiva dos deveres de lealdade e, mais amplamente, de aquisição de participação maioritária por terceiro, os casos de *lock-in* (ou *einmauern*) e porventura alguns problemas de *insider trading* não resolvidos por lei. Referindo, embora sem aprofundar, a hipótese de, pelo menos em parte, se resolverem os problemas *inter partes* do *insider trading* com recurso à ideia de violação da lealdade (proibição de o sócio obter vantagens especiais para si próprio), cf. LUTTER, *Die Treupflicht* cit., 458.

2. O processo de consolidação dos deveres de lealdade dos sócios

2.1. A afirmação generalizada dos deveres de lealdade a cargo de todos os sócios maioritários e minoritários nos diferentes tipos sociais. O contributo da jurisprudência alemã

Se tradicionalmente os deveres de lealdade eram restritos aos administradores das sociedades e não aos sócios, hoje reconhece-se deveres de lealdade na generalidade das sociedades, a cargo de todo o sócio, independentemente do peso que este assume[17].

A jurisprudência alemã teve o papel decisivo neste processo evolutivo. Não se pretende traçar aqui, pormenorizadamente, a evolução das sentenças dos tribunais germânicos na matéria mas deve apontar-se que foi o BGH[18] que teve o mérito inegável de firmar os deveres de lealdade como componente inalienável do atual direito societário. Partindo do reconhecimento da lealdade nas sociedades de pessoas, o Tribunal alemão avançaria depois para a sua afirmação nas sociedades de responsabilidade limitada (GmbH) e, finalmente, nas sociedades anónimas (AG), inicialmente com dependência de uma concreta estrutura personalística e apenas em relação ao sócio maioritário, depois abdicando desse requisito e estendendo a lealdade também aos sócios minoritários. Na evolução da jurisprudência do BGH, distinguem-se, com clareza, dois períodos: aquele que antecede

[17] São já raras as vozes dissonantes. Entre nós, Cassiano dos Santos, *Estrutura associativa e participação societária capitalística*, Coimbra, 2006, 527 ss, por exemplo, nega tais deveres, por falta de fundamento dogmático válido. As críticas do autor vão ao encontro de alguma doutrina estrangeira. São tipicamente três as objeções que se levantam à figura da lealdade societária, como resulta do que vimos dizendo: a falta de conteúdo dispositivo autónomo (o apelo direto à posição de sócio seria suficiente), a diminuta determinação (e determinabilidade) dos respetivos contornos e limites e, finalmente, o caráter duvidoso do seu fundamento dogmático. Paulo Olavo Cunha, *Direito das sociedades comerciais*, 6.º ed., Coimbra, 2016, 290, escreve que "não há um dever geral de lealdade dos acionistas que os obrigue a assumir e praticar determinados atos, embora, em certos casos, o interesse social justifique amplamente o sacrifício dos seus interesses pessoais, como sucede em situações de insolvência e de providências específicas de recuperação de empresas". Sobre os deveres de lealdade dos sócios, cf. também Coutinho de Abreu, *Curso de direito comercial*, vol. II, Das sociedades, 5.ª ed., Coimbra, 2015, 286 ss.

[18] Papel decisivo em matéria de lealdade coube a W. Stimpel, juiz do BGH e seu presidente de 1978 a 1985, justamente apelidado como "pai da lealdade" ("*geistige Vater der Treupflicht*") no direito das sociedades de capitais (cf. Lutter, *Treupflichten* cit., 164).

a sentença ITT (1975), caracterizado pela admissão formal do dever de lealdade mas simultânea ausência de significado prático do mesmo para as decisões concretas[19], e o que se segue a esta sentença, marcado pelo efetivo assumir de relevância operativa da lealdade na resolução dos casos em juízo.

(i) No caso ITT[20], uma sociedade de responsabilidade limitada (GmbH) participada em 85% pela sociedade ITT controlava 60% de outras duas sociedades, sendo os restantes 40% detidos pelo sócio minoritário da primeira sociedade; ao mesmo tempo, estas duas sociedades controlavam outras três sociedades. As cinco concluem, entretanto, um contrato de prestação de serviços com uma terceira, totalmente participada pela ITT, nos termos do qual se obrigavam a transferir 1% dos seus lucros brutos para a mesma, sem que esta se tivesse vinculado a realizar qualquer contraprestação. O sócio minoritário da primeira sociedade demanda o sócio maioritário (ITT) com fundamento em abuso de poder maioritário em prejuízo da minoria: a posição do BGH foi no sentido de que o sócio maioritário violara o dever de lealdade face à sociedade e face aos sócios. Esta sentença representou o ponto de viragem no reconhecimento dos deveres de lealdade nas sociedades de capitais, não obstante a ulterior sentença AUDI/NSU (1976), que negou a relevância dos mesmos nas sociedades anónimas[21].

(ii) Na sentença *Linotype*[22], os deveres de lealdade dos sócios maioritários seriam confirmados e estendidos às sociedades anónimas: o BGH considerou que, na jurisprudência anterior, a relevância da forma legal fora sobrestimada, admitindo que a concreta estrutura da sociedade anónima crie uma organização personalística, de tal modo que se justificaria reconhecer deveres de lealdade em todos os tipos societários, apenas variando a sua intensidade em função da estrutura da sociedade. A sociedade anónima D. Stempel AG era uma sociedade em bom funcionamento e com lucros confortáveis, cujo capital social era detido, em 96%, pela Linotype GmbH

[19] Cf. Flume, *Die Rechtsprechung des II. Zivilsenats des BGH zur Treupflicht des GmbH-Gesellschafters und des Aktionärs*, ZIP 4/96, 161-167 (162).

[20] BGH 5-jun.-1975, II ZR 23/74.

[21] BGH 16-fev.-1976, JZ 1976, 561.

[22] BGH 1-fev.-1988 (BGHZ 103, 184 = ZIP 1988, 301).

(hoje, Linotype AG), estando os restantes 4% dispersos pelo público. A sociedade-mãe Linotype pretendia reestruturar e transferir as operações da AG dependente para o seu próprio âmbito. A fusão, todavia, necessitava, nos termos da lei, do acordo de todos os acionistas. Não logrando obter este consentimento unânime, o acionista maioritário optou por liquidar a sociedade-filha. A decisão veio a ser questionada judicialmente, com base em falta de fundamento e em abuso de maioria: o acionista maioritário não pretenderia uma "verdadeira liquidação" mas antes uma exclusão dos acionistas minoritários e a destruição da sociedade para haver para si o negócio com o respetivo substrato empresarial (os bens da empresa). A argumentação acabaria, no caso concreto, por ser rejeitada pelo tribunal: ocorrera uma verdadeira liquidação, na qual todos os acionistas tinham sido considerados em igual medida.

(iii) A sentença *Girmes* (1995)[23] alargou o dever de lealdade aos sócios minoritários das sociedades anónimas. Perante a situação de falência iminente da Girmes, AG, foi apresentado um plano de recuperação que, contando com o apoio dos bancos e de um grupo de acionistas, seria capaz de obstar à insolvência da sociedade, de outro modo inevitável. O plano, que consistia, essencialmente, numa redução de capital na proporção de 5:2, carecia de uma maioria de 3/4 para a sua aprovação, nos termos da lei vigente. Contra as medidas de recuperação tomou partido o editor do jornal do mercado de capitais *Effecten-Spiegel* (editado pela empresa em causa), Bolko Hoffmann, que conseguiu persuadir mais de 25% dos acionistas a votarem contra a deliberação. Os acionistas, representados por Hoffmann, votaram efetivamente contra e exigiram uma redução de capital na proporção de 5:3. Os maioritários consideraram a proposta irrealista. A recusa de aprovação das medidas conduziu a sociedade à insolvência. O tribunal afirmou que os sócios (mesmo que minoritários) estão vinculados a deveres de lealdade e que não podem causar danos não justificados à sociedade, *maxime* pela recusa de aprovação de uma medida que é, nas circunstâncias consideradas, a única que é capaz de salvar a sociedade.

[23] II ZR 205/94, ZIP 1995, 819 (20-mar.-1995).

Foi, pois, à jurisprudência alemã que se ficou a dever o reconhecimento alargado dos deveres de lealdade dos sócios. Para terminar, resta acrescentar que os deveres de lealdade existem mesmo que a sociedade não tenha outros sócios.

O reconhecimento de deveres de lealdade do sócio único perante a sociedade por si totalmente detida, embora controverso, conta no ordenamento germânico – aquele onde a questão tem conhecido mais profundo tratamento – com uma razoável corrente doutrinária favorável[24]. Na sua base está a ideia de que é possível identificar um interesse próprio da sociedade unipessoal distinto do interesse do sócio único: o sócio único estaria vinculado, consequentemente, a prosseguir tal interesse, preferindo-o ao seu interesse individual, com o qual não se confundiria[25].

Porém, não se trata, rigorosamente, de saber se existe um interesse próprio da sociedade, como pretende a maioria da doutrina. A circunstância de a sociedade não ter outros sócios não exclui o surgimento de deveres de lealdade perante a própria. É a personalização da sociedade e a sua autonomia face aos sócios que sustentam a conclusão: negar neste caso deveres para com a sociedade levaria, por razões de coerência, a afirmar, nas hipóteses de pluralidade de sócios, que os deveres de lealdade apenas existiriam perante os sócios e não perante a sociedade em si, conclusão que é inaceitável. Também a ausência de sócios minoritários não poderia afetar a tutela indireta dos credores, que beneficiam dos deveres de lealdade em face da sociedade e são tão ou mais dignos de proteção, aqui, do que na sociedade pluripessoal, razão pela qual se apela, por vezes, para a introdução de uma "*corporate governance* protetora dos credores"[26], particularmente relevante na falta do "corretivo" constituído pela presença de minorias. Em suma, os deveres de lealdade do sócio não são eliminados em virtude da unipessoa-

[24] Cf. a resenha de posições doutrinárias efetuada por Schneider/Burgard, *Treuepflichten im mehrstufigen Unterordnungskonzern*, em *FS für Peter Ulmer zum 70. Geburtstag*, Berlin, 2003, 579-603 (579, nota 1). No direito norte-americano, foi estabelecido na jurisprudência que a sociedade-mãe não tem deveres fiduciários para com as subsidiárias integrais, pelo que os contratos entre si celebrados não se submeteriam à exigência de *fairness* [cf. *Trenwick Am. Litig. Trust v. Ernst & Young L.L.P.*, 906 a.2nd 168 (Del. Ch. 2006)].

[25] Uma breve súmula das principais visões doutrinárias e da jurisprudência sobre "interesse próprio" da sociedade pode encontrar-se em Martin Winter, *Eigeninteresse und Treupflicht bei der Einmann-GmbH in der neueren BGH-Rechtsprechung*, ZGR 4/1994, 570-594 (570-580).

[26] Burgard, *Die Förder- und Treupflichten des Alleingesellschafters einer GmbH*, ZIP 19/2002, 827-839 (828).

lidade, sendo apenas, neste caso, mais claramente funcionalizados à tutela dos credores sociais, também incluídos no respetivo âmbito de proteção.

2.2. O direito inglês

O papel dos *fiduciaries duties* no direito inglês é bem menor, sendo fortemente problemática a admissibilidade de deveres de lealdade dos acionistas, inclusive dos acionistas controladores.

Como ponto de partida, tome-se a regra, firmada em *Foss v. Harbottle*[27], de não interferência do tribunal na gestão da sociedade ou nas deliberações dos acionistas seguindo a maioria exigida, bem como a regra, resultante, *v.g.*, do caso *Carruth v. Imperial Chemical Industries, Ltd.*[28], segundo a qual o direito de voto é um direito de propriedade, que *prima facie* pode ser exercido pelo acionista em função do seu próprio interesse. Apesar de não ter caráter absoluto, são limitadas as exceções a este princípio que se identificam na jurisprudência e na doutrina. Existem, contudo, duas hipóteses fundamentais de limitação da atuação dos sócios maioritários, com vista à proteção das minorias.

A primeira exceção consiste na situação de "fraude" ou "opressão", que ocorre quando a maioria utiliza o seu poder de controlo de forma tal que conduz (ou é provável que conduza) a perdas financeiras ou a tratamento injusto e discriminatório (*unfair or discriminatory treatment*) dos sócios. O *leading case* na matéria é *Menier v. Hooper's Telegraph Works, Ltd.*[29]: uma sociedade havia sido criada para instalar um cabo telegráfico transatlântico, fabricado pela Hooper's Telegraph Works, Ltd., acionista maioritária. Verificando que podia obter maiores proveitos optando pela venda do cabo a outra sociedade – que condicionava a compra à transmissão da licença para a instalação –, Hooper instigou o *trustee* com poderes para o efeito a transferir a licença para a segunda sociedade. Para evitar a proposição de uma ação para recuperar a licença, Hooper conseguiu dissolver a sociedade e fazer com que fosse nomeado um liquidatário que não proporia a ação.

[27] 1843, 2 Hare 461.

[28] 1937, A.C. 707.

[29] 1874, 9 Ch App 350.

O tribunal considerou que ocorrera uma ilícita expropriação (*wrongful expropriation*) dos acionistas minoritários[30]-[31].

A segunda exceção à regra de não interferência ocorreria por aplicação de regras de equidade (*equitable rules*). Os *equitable principles* poderiam reger as relações entre os sócios das sociedades descritas, por vezes, como *quasi-partnership*, conforme comprova o caso *O'Neil v. Phillips*[32]. Em concreto, pelo menos nas situações de exercício do direito de voto no contexto de uma deliberação tendente à alteração dos estatutos, existiria uma obrigação de agir de boa fé, como resulta, *v.g.*, dos casos *Allen v. Gold Reefs of West Africa, Ltd.*[33]; *Re Western Mines Ltd.*[34]. Muitas das considerações que dimanam da equidade são afinal deveres de lealdade impostos aos acionistas controladores. No caso *Allen Gold Reefs of West Africa* essa forma de colocação da questão é particularmente clara: fixando o teste básico de validade das deliberações de alteração dos estatutos, o tribunal considerou que "(...) o poder (...) deve, como todos os outros poderes, ser exercido com respeito pelos princípios da lei e da equidade aplicáveis a todos os poderes conferidos às maiorias e que permitem obrigar as minorias. Ele deve ser exercido, não apenas pela forma exigida por lei, mas também de boa fé para benefício da sociedade como um todo (*bona fide for the benefit of the company as a whole*) e não deve ser excedido"[35].

O conceito de "sociedade como um todo" resulta particularmente claro nos casos subsequentes que recorreram ao critério firmado em *Allen*. Assim, no caso *Brown v. British Abrasive Wheel Company Limited*, acima referido, o capital social encontrava-se dividido em 50 000 ações. Dois acionistas

[30] Cf. também *Kerry v. Maori Dream Gold Mines Ltd.* [(1898) 14 T.L.R. 402]. Sobre estes casos, cf., *v.g.*, Pennington, *Pennington's company law* cit., 804 ss.

[31] No âmbito das hipóteses de "*fraud on the minority*" é possível separar os casos de expropriação da propriedade da sociedade pela maioria [cf., *v.g.*, *Cook v. Deeks*, (1916) 1 A.C. 554 (P.C.)] e os casos de expropriação da propriedade da minoria pela maioria [cf., *v.g.*, *Brown v. British Abrasive Wheel Co. Ltd.*, (1919) 1 Ch. 290]. Assim, Zipora Cohen, *Fiduciary duties of controlling shareholders: a comparative view*, 12 U. Pa. J. Int'l Bus. L. (1991), 379-410.

[32] W.L.R 1092, HL.

[33] 1900, 1 Ch 656.

[34] 1975, DLR (3d) 307.

[35] Sobre este caso, cf., desenvolvidamente, David Chivers/Ben Shaw, *The law of majority shareholder power. Use and abuse*, Oxford, 2008, 2 ss., que aponta as dificuldades e as dúvidas que a aplicação do critério suscitou na jurisprudência posterior, que, além de escassa, é dificilmente conciliável entre si: por explicar fica, designadamente, o conceito de "sociedade como um todo" ou o grau de objetividade do conceito de *bona fides*.

detinham, em conjunto, 49 119 ações, sendo as restantes detidas por outros cinco acionistas. Perante a enorme necessidade de capital adicional em que a sociedade se encontrava, os dois acionistas maioritários declararam-se dispostos a avançar os fundos necessários contanto que pudessem adquirir as ações detidas pelos minoritários. A alternativa a esta proposta era a dissolução da sociedade. Tendo os administradores convocado a assembleia geral com vista a deliberar sobre a permissão de aquisição das ações, um dos minoritários, titular de 50 ações, propôs uma ação judicial pedindo ao tribunal que impedisse a realização da referida assembleia, uma vez que a deliberação, a ser aprovada, não seria para "benefício da sociedade como um todo" mas apenas para benefício dos sócios maioritários. O tribunal considerou que "o benefício da sociedade como um todo" significava a sociedade como conjunto dos acionistas (*atuais*), de tal maneira que deu razão ao autor.

No caso *Sidebottom v. Kershaw Leese and Company Limited*[36], a maioria das ações era detida pelos administradores, que aprovaram uma deliberação que introduzia nos estatutos uma disposição que permitia a transferência compulsiva das ações por um preço razoável (*fair value*), tendo em vista levar a cabo a aquisição das participações de um acionista que desenvolvia uma atividade concorrente. Apesar de a primeira instância se ter pronunciado no sentido da invalidade, a decisão foi alterada em recurso, sendo entendimento do tribunal que o "benefício da sociedade como um todo" significa os interesses da sociedade como entidade comercial, não sendo necessário que beneficie todos os acionistas. Ora, seria interesse comercial da sociedade negar aos concorrentes conhecimento dos negócios da empresa. Em *Greenhalgh v. Arderne Cinemas Limited and Others*[37], por seu lado, estava em causa uma alteração aos estatutos que retirava o direito de preferência de que beneficiavam os sócios. O administrador executivo pretendia, na realidade, vender as suas ações a um terceiro, pelo que propôs a referida alteração, que foi aprovada pelos acionistas maioritários, tendo o tribunal julgado a alteração válida, pois estes acreditavam honestamente que a modificação era no benefício da sociedade como um todo.

Também no direito inglês, cabe ainda notar que, no que toca ao problema da objetividade/subjetividade do critério da *bona fides*, a oscilação jurisprudencial é evidente: em *Allen v. Gold Reefs of West Africa*, a solução não é

[36] 1920, 1 Ch 154.
[37] 1951, Ch 286.

clara; em *Brown v. British Abrasive Wheel Company Limited*, seguiu-se uma abordagem objetiva; já em *Sidebottom v. Kershaw Leese & Co.* o critério é subjetivado, o mesmo sucedendo em *Greenhalgh v. Ardene Cinemas Limited*.

Dissemos, atrás, que, neste direito, a lealdade surge como princípio derivado da equidade. Em rigor, existem duas vias para a imposição de deveres de lealdade aos acionistas controladores: uma primeira, baseada nos *equitable principles*, que entende que aquele que se encontra em posição de superioridade e tem capacidade de influenciar os interesses de outrem é um fiduciário (via direta); uma segunda que consiste em extrair dos deveres dos diretores e administradores, por analogia, deveres equivalentes para os acionistas de controlo (via indireta). De qualquer modo, a *company law* inglesa admite que, em casos determinados, o exercício do direito de voto dos acionistas deve respeitar uma regra de boa fé.

Problema diferente é saber se esta regra deverá – e deve[38] – ser estendida ao exercício de outros direitos, afirmando-se, em consequência, o princípio geral segundo o qual os acionistas controladores estão vinculados por um dever geral de lealdade. A jurisprudência apenas hesita no reconhecimento formal de tal dever: cf., *v.g.*, *Clemens v. Clemens Bros, Ltd.*[39], em que o tribunal escreve, significativamente, que "Miss Clemens não pode exercer o seu direito maioritário de voto de qualquer maneira. A dificuldade está em encontrar um princípio, e obviamente expressões como 'boa fé em benefício da empresa como um todo' [*bona fide for the benefit of the company as a whole*], 'fraude contra a minoria' [*fraud on a minority*] ou 'opressão' [*oppression*] não ajudam a formular um princípio. Cheguei à conclusão que seria imprudente tentar encontrar esse princípio uma vez que as circunstâncias de cada caso são infinitamente variadas. Iria, segundo julgo, dizer apenas que Miss Clemens não está autorizada a exercer o seu voto como um acionista comum e como entender. Para usar a expressão de Lord Wilberforce, tal direito está "sujeito a consideração equitativas (...) que podem tornar injusto (...) exercê-lo de uma forma particular".

Apesar da assumida timidez da jurisprudência, mesmo no ordenamento inglês, os sócios das sociedades de capitais não permanecem isentos de vínculos fiduciários em face da sociedade e dos outros sócios, não podendo, de resto, esquecer-se que a restritividade da compreensão dos deveres de

[38] Cf., *v.g.*, LOWER, *Good faith* cit., 238; COHEN, *Fiduciary* cit., 382 ss.
[39] 1976, 2 All E.R. 268 (Ch.).

lealdade dos sócios tem de ser considerada no contexto mais vasto do ordenamento em que se insere: como é sabido, tradicionalmente, o direito inglês aceita com maiores dificuldades a vinculação dos sujeitos a um dever de boa fé[40].

2.3. O direito norte-americano

No direito norte-americano, à semelhança do inglês, o ponto de partida é o entendimento segundo o qual a posição de sócio não envolve, por si ou por natureza, uma obrigação de lealdade[41]. O sócio seria livre para exercer os seus direitos sociais no sentido que lhe aprouvesse, não se encontrando vinculado a deveres análogos àqueles a que o administrador está sujeito. Diferentemente do direito inglês, nos Estados Unidos reconheceu-se, desde cedo, que em determinadas situações o acionista deveria estar obrigado em termos paralelos ao administrador a respeitar um dever de lealdade (*duty of loyalty*) ou mesmo um dever de cuidado (*duty of care*), ambos integrantes de um dever fiduciário (*fiduciary duty*). Se em princípio tais deveres fiduciários se limitam ao administrador, encontrando o seu fundamento na posição de poder ou na relação de agência estabelecida com os sócios, a verdade é que se verifica, por vezes, considerável analogia entre a posição dos administradores e a de determinados acionistas: *maxime*, os acionistas controladores, que dispõem de poder idêntico ou superior ao dos administradores na estrutura de governo da sociedade, sobretudo quando esses acionistas são sociedades[42]. Assim, pelo menos os sócios de controlo estariam vinculados a um dever de lealdade[43]. Por acionista controlador entende-se, neste ordenamento, não só aquele que dispõe de maioria formal na assembleia (por

[40] Cf. Dário Moura Vicente, *Da responsabilidade pré-contratual em direito internacional privado*, Coimbra, 2001, 274 ss.

[41] Cf., *v.g.*, entre muitos outros, *Rothchild v. Memphis & C.R. Co.*, 113 F 476; *Gottesman v. General Motors Corp.*, 279 F Supp 361.

[42] Cf. Erin Seiler/Daniel M. Taitz/Ellen A. Harnick, *Issues relating to controlling shareholders*, em *Doing deals: understanding the nuts and bolts of transactional practice*, Practising Law Institute (1995), 459-479 (479).

[43] cf. *Jones v. H.F. Ahmanson & Co.*, 460 P.2d 464 (1969); *Sinclair Oil Corp. v. Levien*, 280 A.2d 717 (1971); *Paramount Communications, Inc. v. QVC Network*, 637 A.2d (1974); *Weinberg v. UOP, Inc.*, 457 A.2d 701 (1982)] e ainda, eventualmente, a um (mais problemático) *duty of care* [cf. *Swinney v. Keebler Co.*, 480 F.2d 573 (4th Cir. 1973); *Summa Corp. v. TWA*, 540 A.2d 403 (1987); *Abraham v. Emerson Radio Corp.*, 901 A.2d 751 (2006)].

deter mais de metade do capital social) como também aquele que apenas goza de uma "maioria de facto"[44]. Todavia, no caso de sócio minoritário, recairá sobre o autor da ação o ónus da prova da qualidade de acionista controlador que ao primeiro assiste. Os deveres do acionista controlador são reconhecidos, especialmente, no contexto das sociedades fechadas (devido à relação de maior proximidade entre os sócios) e nas hipóteses de *freeze-out mergers*, por implicarem ou se traduzirem, em última análise, na venda forçada das ações dos minoritários a um preço injustamente baixo. Porém, nem por isso deve restringir-se o campo de aplicação aos casos referidos. Porventura não será sequer razoável supor que a imposição de deveres de lealdade é mais facilmente justificável, por exemplo, no caso dos sócios das sociedades fechadas, pois não haverá razões para que o tratamento dos acionistas não seja o mesmo nas sociedades abertas e nas fechadas[45].

No que toca ao acionista maioritário, a relevância dos deveres de lealdade não oferece, hoje, dúvidas no direito norte-americano: os *Principles of Corporate Governance*, do ALI, regulam, aliás, como é sabido, tais deveres a par dos deveres de lealdade dos administradores. A parte V dos *Principles*, para além de estabelecer princípios gerais relativos ao dever de lealdade dos administradores, membros do conselho geral e acionistas, define regras especificamente referentes a estes e ainda, num nível superior de especialização, aos deveres de lealdade em situação de transferência de domínio sobre a sociedade. O que se afirma não significa que não seja, por vezes, questionada a necessidade e conveniência dos referidos deveres fiduciários: em particular, já se tem apontado que as obrigações fiduciárias são suscetíveis de prejudicar um comportamento eficiente e maximizador da riqueza.

Também ao acionista minoritário não deixa de se imputar deveres de lealdade: os casos *Donahue v. Rodd Electrotype Co.*[46] e *Smith v. Atlantic Properties Co.*[47] demonstram-no. No primeiro, foi admitida a existência de deveres de lealdade dos acionistas minoritários através da formulação do seguinte princípio geral: "os acionistas não podem agir motivados por avareza ou interesse próprio em violação do seu dever de lealdade para com os outros

[44] Cf. os casos *Cysive, Inc.*, 836 A.2d 531 (2003), *Kahn v. Lynch Communications Systems, Inc.*, 638 A.2d 1110 (1994)].

[45] Como apontam Easterbrook/Fischel, *Close corporations and agency costs*, 38 Stan. L. Rev. (1986) 271-301.

[46] 328 N.E.2d 505 (1975).

[47] 422 N.E.2d 798 (1981).

acionistas e a sociedade". A regra era construída de forma suficientemente ampla para abranger os acionistas maioritários, o que viria a ser confirmado pelo caso *Smith v. Atlantic Properties, Inc.*, no qual o tribunal considerou que a exigência de aprovação da deliberação em causa por 80% dos votos invertia a relação maioria-minoria ("tinha o efeito de inverter substancialmente os habituais papéis dos acionistas maioritário e minoritário").

Também nos EUA acabaria por se tornar clara a importância de reequacionar a tradicional restrição dos deveres de lealdade aos acionistas controladores, seja pela direta imposição de tais deveres, seja pelo alargamento do conceito de controlo, abrangendo todas as situações em que um acionista pode influenciar, formal ou informalmente, as decisões da sociedade, não sendo necessário que essa influência atinja o grau da relação *puppeteer-puppet* por vezes exigido.

Em suma, se hoje é irrecusável o poder que o sócio minoritário pode obter no contexto da sociedade (inclusive, *v.g.*, através da ameaça de proposição de ações judiciais), há que reconhecer – em coerência com o princípio vigente no ordenamento norte-americano na matéria[48] – que os minoritários, ao menos quando obtenham poder de influência na sociedade, se encontram vinculados a deveres de lealdade.

3. O fundamento dos deveres de lealdade dos sócios

3.1. O princípio da boa fé

A lealdade societária é decorrência inelutável do princípio da boa fé[49]. Surgiram, é certo, mesmo entre nós, tentativas de autonomização dos deve-

[48] Cf., *v.g.*, *Kavanaugh v. Kavanaugh Knitting Co.*, 123 N.E. 148, 152 (1919): "quando os acionistas exercem um poder societário, estão a agir para a sociedade e uns para os outros, e não podem usar o poder que têm de má fé ou para obter vantagens ou fins individuais".

[49] Na falta de argumentos científicos contrários convincentes, a lealdade mantém-se como dever dogmaticamente derivado do mais amplo dever de boa fé. A genérica afirmação da especificidade das exigências do sistema societário não é bastante para justificar a sua autonomização: o direito das sociedades comerciais não constitui subsistema fechado a considerações e princípios do direito comum, e, sobretudo, o princípio da boa fé, tal como surge no nosso direito, é dotado da flexibilidade necessária para se moldar aos diferentes setores em que a sua atuação se reclame, sem perda de identidade ou surgimento de um novo princípio ético-jurídico. Também a comummente invocada maior intensidade dos deveres de lealdade nas sociedades não permite retirar os

res de lealdade societários[50] ou até de abandono do esforço de fundamentação dogmática a favor de um puro sistema de grupos de casos[51]. Todavia, a lealdade tem como base necessária aquele princípio jurídico, beneficiando da sua evolução e aprofundamento dogmático. O pensamento da lealdade, no direito das sociedades (*lato sensu*), não pode, pois, prescindir desse enquadramento geral, nem deve ignorar a concretização dos vetores essenciais do sistema que foi sendo paulatinamente alcançada e que a boa fé, justamente, exprime[52]. A definição do papel da lealdade no direito das sociedades remete-nos, deste modo, para a compreensão do sistema em si, enquanto conjunto dos valores fundamentais constitutivos da ordem jurídica[53], convocando, *ultima ratio*, o problema dos limites do pensamento sis-

deveres de lealdade da alçada do princípio da boa fé, mesmo no que respeita aos administradores. Aliás, essa diferença de intensidade é carente de mais funda demonstração: "(...) será pelo menos duvidosa a afirmação segundo a qual os deveres de lealdade do mandatário perante o mandante ou de um pequeno agente perante um principal são revestidos de menor intensidade e extensão do que aqueles que vinculam um administrador de uma sociedade anónima" (NUNO TRIGO DOS REIS, *Os deveres* cit., 415). A própria suscetibilidade de afirmar a existência de "lealdades qualificadas" é duvidosa. PAIS DE VASCONCELOS, *A participação social nas sociedades comerciais*, 2.ª ed., Coimbra, 2006, 312 ss. («no âmbito da sociedade, os sócios relacionam-se entre si e com a sociedade. Este relacionamento está sujeito ao princípio da boa fé. Os sócios, cada um dos sócios, devem, no seu relacionamento interno, agir com lealdade»), por CALVÃO DA SILVA, *Corporate governance* cit., 53 («E quanto à lealdade devida, – escreve o autor – sabemos bem ser ela decorrente do princípio da boa fé e tutela da confiança: dever de nortear a gestão e a fiscalização pelo interesse da sociedade, servindo esta como fiduciário (*Treuhänder*) e não servido-se dela») e ainda por NUNO TRIGO DOS REIS, *Os deveres* cit., 419 [«cremos que (...) a lealdade se reconduz sempre a conceitos nucleares do direito civil, como sejam a confiança e a correcção da conduta no cumprimento de promessas (...). E parece ser no regresso às proposições de base da boa fé, e à analogia com lugares pararelos no direito civil, que serão encontradas as respostas para os problemas de fronteira»].

50 Referindo-se também à tendência para a autonomização dos deveres de lealdade em relação à boa fé, cf. JOSÉ FERREIRA GOMES, *Conflitos de interesses entre acionistas nos negócios celebrados entre a sociedade anónima e o seu acionista controlador*, em *Conflito de interesses* cit., 75-213 (131 e 132).

51 Em termos mais amplos, lembre-se que, na linha de Hueck, e à semelhança do que se pretendeu no domínio da relação laboral, também a relação de socialidade – entre sócio e sociedade – chegou a ser considerada como uma relação comunitária-pessoal, que ultrapassaria o âmbito geral da relação obrigacional, justificando deveres de lealdade intensificados em face dos deveres resultantes do princípio geral da boa fé: lealdade e boa fé, apesar de surgirem como áreas de integração entre ética e direito, teriam autonomia; a lealdade a que estão vinculados os sócios não seria, pois, decorrência da boa fé, antes nasceria a seu lado e com exigências mais amplas (cf., para mais referências sobre esta conceção, ANA PERESTRELO DE OLIVEIRA, *Grupos* cit., 204 ss.).

52 Cf. naturalmente, em particular, a obra de MENEZES CORDEIRO, *Da boa fé no direito civil* (3.ª reimpr. da ed. de 1984), Coimbra, 2007.

53 CANARIS, *Pensamento sistemático e conceito de sistema na ciência do direito* (trad. da 2.ª ed. alemã de 1983), Lisboa, 1989, 66 ss.

temático, em particular perante as contradições e incompletudes do ordenamento positivo.

Se a imposição de deveres de lealdade aos sócios decorre, *ultima ratio*, de exigência da boa fé, esta é chamada a atuar em concreto pelo poder de ingerência do sócio na esfera da sociedade e dos restantes sócios, que cria uma conexão ou ligação especial das partes: esta *Sonderverbindung* ultrapassa em intensidade as normais relações em sociedade, regidas pelo princípio geral do *neminem laedere*, justificando-se a imposição de deveres de lealdade aos sócios (e, simultaneamente, à própria sociedade). O *status socii* importa, em si e por si, essa relação específica, justificando que sobre todo o sócio, independentemente da participação que detenha, recaiam deveres de lealdade, que, em concreto, atuam com vista a balizar o exercício do poder de ingerência que a relação especial cria. Quando dizemos que os deveres de lealdade dos sócios derivam do seu "estado de sócio" não estamos a afirmar que tais deveres são decorrência do contrato de sociedade – mesmo que visto como contrato de organização – que dá origem à relação de socialidade: não se trata de fundar no contrato a relação social especial – até porque esta pode ter fonte distinta – mas sim de colocar esses deveres no âmbito da posição social complexa.

A derivação dogmática da lealdade da boa fé e a sua inclusão no *status socii* tornam clara a não circunscrição dos deveres de lealdade às sociedades civis ou, mais amplamente, às sociedades de pessoas, pois não é só nestas que a boa fé encontra aplicação. Enquanto princípio geral de direito, esta percorre todo o ordenamento, não estando a ela imune qualquer setor jurídico: condição é apenas que se identifique uma justificação para a sua concreta atuação. Na verdade, a afirmação de que os deveres de lealdade são expressão da boa fé é importante mas não suficiente. A precisa determinação da razão de ser da operatividade em concreto dos deveres de lealdade impõe-se.

3.2. O fundamento operativo da boa fé no caso concreto

3.2.1. O princípio da proteção da confiança

O percurso evolutivo de identificação dos deveres de lealdade correspondeu ao progressivo abandono do princípio da proteção da confiança como fundamento operativo dos deveres de lealdade. Enquanto se consideraram assentes numa relação de confiança entre os sócios, tais deveres permaneceram naturalmente circunscritos às sociedades civis e às sociedades comerciais de pessoas. Simplesmente a evolução da doutrina da lealdade levaria ao abandono da confiança enquanto seu fundamento, tendo em conta a necessidade de introduzir limitações ao comportamento dos sócios não decorrentes da lei positiva em circunstâncias em que faltava essa relação de confiança. À medida que se foi avançando no reconhecimento de que a lealdade não depende da confiança, os deveres de lealdade foram-se expandido para as sociedades de capitais, incluindo as sociedades por ações[54].

Na verdade, nem mesmo o recurso a uma "confiança típica"[55] permitiria, nas sociedades de capitais, fundar a imposição de deveres de lealdade. Não é a presunção ou a ficção de confiança que releva quando se trata de fazer operar a lealdade. Para ser dogmaticamente aproveitável, a atitude de confiança teria de poder ser reconhecida individualmente, perante o caso

[54] Assim, da cedência da confiança como base dogmática da lealdade de modo algum pode concluir-se qualquer perda de relevância autónoma da boa fé no domínio comercial, discordando-se de Cassiano dos Santos, *Estrutura* cit., 529, quando escreve que "o relevo da boa fé, ou, ao menos, o seu relevo autónomo, está obviamente associado à relação de proximidade social entre os sujeitos, transformando-se ou perdendo-se com a transição para a economia mercantil". As relações mencionadas pelo autor (*relações especiais*, diríamos, no sentido germânico tradicional das *Sonderverbindungen*), não se perdem no domínio jus-mercantil, nem a boa fé vê reduzido o seu papel: bem ao contrário, a função desta – sob as vestes do dever de lealdade – encontra no direito comercial e societário espaço privilegiado de atuação, atendendo à incapacidade das normas jus-positivas para afrontarem, em cada momento, todos os problemas suscitados nestes ramos do direito. Como lapidarmente escreve Menezes Cordeiro, *Da boa fé* cit., 1255: "compreende-se (...) a vocação marcada que a boa fé, desde as origens até hoje, com insistência nos períodos históricos de mudança, tem apresentado, para facultar soluções novas nas áreas de crescimento que, carecidas de regras específicas, devam, não obstante, ter solução dogmática e, ainda, nos pontos em que se verifique uma inadequação das regras existentes, as quais, por modificações ambientais ou sistemáticas, mais não provoquem do que saídas assentes em justificações formais". Trata-se de chamada de atenção com particular interesse perante o problema da lealdade dos sócios. Seja como for, a confiança, essa, recua seguramente enquanto fonte dos deveres de lealdade entre os sócios, reconhecendo-se deveres deste tipo onde ela falha, *maxime* invocando um dever de prossecução do fim social ou fazendo apelo à função de controlo do poder de influência do sócio que se sobreporia à função de proteção da confiança, surgindo, não raramente, ambos os fundamentos conjugados: o dever de lealdade do sócio seria resultado da soma dos dois fatores – *i.e.*, do dever de prossecução do fim comum e do princípio da correlação entre poder e responsabilidade –, conduzindo à afirmação de um dever de exercício dos direitos sociais com respeito pelo interesse da sociedade e dos demais sócios. De qualquer modo, os deveres de lealdade dos sócios não podem, seguramente, ser negados.

[55] No sentido referido por Carneiro da Frada, *Teoria* cit., 474.

concreto[56]. Ora, quando em causa está reconhecer deveres de lealdade nas sociedades, estes não podem ficar dependentes da apreciação caso a caso dos requisitos da tutela individual da confiança[57], antes surgem deveres de lealdade sem que ocorram tais pressupostos, o que permite prescindir da sua análise. É artificial a menção da confiança: materialmente, não se está a fundar os deveres de lealdade na expectativa do comportamento. Diferentemente, o que está em jogo é a necessidade de contrabalançar o poder de ingerência na esfera jurídica alheia.

Assim se ultrapassam as dificuldades inerentes à aceitação, em geral, de deveres de lealdade dos sócios perante a sociedade e destes entre si, não obstante a inexistência de qualquer vínculo contratual entre sócios e o anonimato que muitas vezes caracteriza as relações societárias.

Em todo o caso, ainda que não seja fundamento exclusivo da vigência de deveres de lealdade, sempre que exista confiança existem deveres de lealdade. Apenas o inverso não é verdadeiro[58]-[59].

[56] Cf., sobre o tópico, CARNEIRO DA FRADA, *Teoria* cit., 474.

[57] Cf. MENEZES CORDEIRO, *Da boa fé* cit., 1248.

[58] Será, pois, a posição de fiduciário ocupada pelo administrador que justificará a confiança da sociedade e, consequentemente, a imposição de deveres de lealdade. Por essa razão pode dizer-se, com MENEZES CORDEIRO, *Os deveres fundamentais dos administradores das sociedades*, ROA 66 (2006), 443-488 (485), que "(...) abreviando, podemos considerar que se trata de deveres fiduciários, que recordam estar em causa a gestão de bens alheios. Os administradores são leais na medida em que honrarem a confiança neles depositada", exigindo ainda a lealdade "condutas materialmente conformes com o pretendido: não meras conformações formais". Também se dirá, agora com CARNEIRO DA FRADA, *Business* cit., 209, que "a relação de administração é uma daquelas relações que implica um *especial* dever de lealdade, decorrente de a curadoria do interesse de alguém estar atribuída a outrem, de este sujeito estar investido numa posição cujo exercício pode ser prejudicial ou para o qual não há prevenção ou controlo suficiente, etc. Pode exprimir-se a situação dizendo que a relação de administração constitui uma daquelas relações fiduciárias ou de confiança que manifestam uma textura de comportamentos exigíveis em nome da lealdade particularmente densa (relação *uberrimae fidei*)". A qualificação da relação de administração como relação fiduciária constitui ponto que atrás já abordámos e a que não cabe agora retornar, senão para confirmar que, em termos gerais, decorre da posição orgânica (do *status* de administrador) um dever de lealdade, fundamentando, *ultima ratio*, a confiança da sociedade num correto desempenho das funções.

[59] Em especial, no caso dos membros do órgão de administração, importa reconhecer que a expectativa de um comportamento reto e leal dos administradores da sociedade, na sua qualidade de gestores de bens alheios, constitui *ratio* primeira dos deveres consagrados no art. 64.º/1, *b)*. Entre nós, sublinha a suscetibilidade de conjugação de diferentes fundamentos dogmáticos, no que toca à lealdade dos administradores, MENEZES CORDEIRO, *A lealdade* cit., 1062: "na actuação dos administradores, está em causa uma gestão de bens alheios. Tal gestão pressupõe uma específica lealdade, à qual podemos atribuir natureza fiduciária: todos os poderes que lhes sejam concedidos devem ser exercidos não no seu próprio interesse, mas por conta da sociedade. Eles são dobrados

3.2.2. O dever de prosseguir o interesse ou o fim social

Surgem, por outro lado, tentativas (infrutíferas) de fazer derivar o dever de lealdade do sócio de um dever de prossecução do interesse social. Porém, nem mesmo o (mais concreto) dever de prossecução do fim social permite alicerçar deveres de lealdade dos sócios. Mesmo que seja possível reconhecer-se tal dever nas diferentes sociedades, este, ao invés de ser fundamento do dever de lealdade, constitui antes sua decorrência, surgindo ainda duvidosa a sua eficácia na relação entre sócios[60]. Ora, se nem um dever de prossecução do fim permitiria fundar os deveres de lealdade, muito menor aptidão apresenta para o efeito o conceito de interesse, com as flutuações e incertezas que consabidamente comporta.

3.2.3. Da correlação poder-responsabilidade à "ligação especial"

O dever de lealdade é, em boa medida, reflexo da correlação *poder–responsabilidade*. As críticas formuladas à invocação deste princípio a respeito da fundamentação dos deveres de lealdade dos sócios não colhem ou só colhem parcialmente. Seguramente não procede a ideia de que as premissas desta conceção são ideológicas e não jurídicas[61]: em causa estaria uma orientação de matriz liberal que veria na sociedade uma espécie de mercado, nos sócios os concorrentes e na situação estável de domínio um monopólio capaz de pôr em risco o livre jogo do concurso de vontades (*i.e.*, o interesse social), que teria subjacente uma desconfiança relativamente ao grande acionista, suspeito de intentar a instrumentalização da sociedade em seu proveito com prejuízo dos demais sócios[62]. Por outro lado, além de estas premissas falharem, é inequívoco o relevo do princípio da correlação

pelo vínculo de confiança que dá corpo à lealdade", tudo no quadro mais amplo do princípio da boa fé, sem prejuízo das especificidades ditadas pelo direito das sociedades.

[60] Com outras críticas à afirmação de um dever de lealdade dos sócios proveniente do dever de prossecução do fim social, cf., entre nós, Cassiano dos Santos, *Estrutura* cit., 530 ss.

[61] Cf. Cassiano dos Santos, *Estrutura* cit., 538 e 539.

[62] Anote-se, todavia, que a apontada "desconfiança" em relação ao "grande acionista" (*Grossaktionär*) é fundada do ponto de vista jurídico (não ideológico), e comprovada jurisdicionalmente. Não pode, por isso, concordar-se com a ideia de que o sócio dominante teria uma menor tendência para instrumentalizar a sociedade, prejudicando os demais sócios, na medida em que é ele quem arrisca mais nas operações sociais

entre poder e responsabilidade no direito português em geral. Contra o recurso a esta interligação poder–responsabilidade não se diga também que assim se desvincula o sócio em geral ou se estabelece a menor intensidade, sem razão aparente, do dever quando não se trate de sócio maioritário: devido ao caráter transversal do princípio da boa fé, todo o sócio, pelo facto de o ser, vê a sua atuação limitada por deveres de lealdade, os quais integram o *status socii*. Só que a atuação *in concreto* do princípio da boa fé, enquanto exigência de prevenção de danos, dá-se quando o sócio está em posição de causar danos à sociedade ou aos outros sócios, *i.e.*, quando, no contexto societário, adquire uma posição intensificada de poder, com a consequente possibilidade de ingerência na esfera jurídica alheia. Tendo em conta a função do princípio da boa fé e, assim, dos deveres de lealdade societários, não se vê que possa objetar-se à conclusão que se alcança. Pela mesma razão, não se compreende também a ideia de que o mesmo sócio poderia estar ou não vinculado por deveres de lealdade consoante o caso concreto em apreço, ou a afirmação segundo a qual a conceção em causa deixaria por explicar o dever de boa fé em relação à sociedade[63]: a boa fé constitui princípio geral de direito, naturalmente aplicável também no direito societário, cuja eficácia operativa é alcançada quando está em causa a prevenção de danos na esfera dos sócios ou da sociedade, *maxime* provenientes da posição de poder em que se encontra investido o sócio, na sua relação com os demais sócios ou com a própria sociedade.

As críticas apresentadas não são, em suma, procedentes, cabendo afirmar, de pleno, a legitimidade do recurso ao princípio da correlação poder-responsabilidade para fundamentar os deveres de lealdade dos sócios. Pode apontar-se, todavia, a insuficiência deste princípio, indubitavelmente imanente à nossa ordem jurídica, enquanto fundamento operativo dos deveres de lealdade: por um lado, em termos gerais, este tem valor dogmático limitado, pouco acrescentando na tarefa de concretização da lealdade. Assim, necessita de ser complementado para obter efetiva valência operativa. Essa tarefa já foi empreendida em termos gerais, através da identificação de uma conexão especial (*Sonderverbindung*), correspondente a "relacionamentos específicos", que determinariam um "parâmetro qualificado de conduta"[64]: a individualidade e o caráter isolado da relação garantiriam

[63] Cf. Cassiano dos Santos, *Estrutura* cit., 540.

[64] Carneiro da Frada, *Uma "terceira via" no direito da responsabilidade civil?*, Coimbra, 1997, 53.

a função de limitação do risco da responsabilidade[65]. As relações de socialidade entre sócio e sociedade, nas sociedades de pessoas mas mesmo nas sociedades de capitais, são ligações especiais, de tal maneira que a lealdade societária apareceria como mero caso aplicativo da lealdade existente em geral nas situações de relações especiais.

Em suma, a integração na sociedade cria uma ligação especial entre os sócios (e não apenas entre os sócios e a sociedade), importando um particular poder de influência sobre a esfera jurídica alheia, com a consequente imposição de um dever de prevenção de danos agravado em relação ao *neminem laedere* e, em determinadas hipóteses, deveres positivos provenientes do princípio da lealdade[66]. Tal dever é componente inalienável do *status socii,* seja qual for o tipo social considerado.

[65] Cf. Carneiro da Frada, *Contrato* cit., 229 ss.

[66] Sob esta perspetiva, a vinculação a deveres de lealdade não pressupõe o conhecimento do universo dos beneficiários, como seria, naturalmente, exigível caso aquela resultasse de uma relação de confiança entre as partes.

CAPÍTULO 3
O DIREITO AOS LUCROS

Rui Cardona Ferreira

Sumário: 1. Enquadramento e razão de ordem. 2. O direito ao lucro. 2.1. Aspetos gerais. 2.2. O critério de partilha dos lucros 3. Lucro distribuível e distribuição de lucros. 3.1. Lucro distribuível. 3.2. Exigibilidade do lucro não distribuído. 3.3. Distribuição antecipada de lucros. 3.4. Distribuição de lucros a terceiros. 4. Conclusão

1. Enquadramento e razão de ordem

I – O direito aos lucros gerados pela atividade social está intrinsecamente ligado ao próprio perfil orgânico e à finalidade lucrativa das sociedades comerciais, apresentando-se como um dos mais relevantes elementos que integram a posição jurídica do sócio.

No entanto, quer a definição da política de dividendos, quer a efetiva distribuição destes, dependem da previsão quanto ao desenvolvimento e do êxito dos negócios sociais, bem como, logicamente, do enquadramento jurídico pertinente. Neste último, e como adiante se verá, confluem questões relacionadas com a dialética entre o interesse social e o interesse individual dos sócios, ou a articulação dos interesses destes entre si, os limites da autonomia da vontade na conformação do pacto social, a relação entre sócios e a Administração ou a relação entre a sociedade (ou a coletividade dos sócios) e outros *stakeholders*.

II – Razões de sobra, portanto, para a escolha do tema, que em seguida se percorre com alguma brevidade e numa perspetiva estritamente jurídica, tendo particular enfoque no tratamento desta matéria nas sociedades de capitais e, muito em especial, nas sociedades anónimas.

2. O direito ao lucro

2.1. Aspetos gerais

I – O artigo 21.º, n.º 1, do Código das Sociedades Comerciais ("CSC")[1] consagra, logo na sua alínea a), o direito de *todo o sócio* a quinhoar nos lucros, direito este que integra como elemento fundamental a participação social, entendida como a globalidade de posições jurídicas ativas e passivas indissociáveis da qualidade de sócio[2]. A esse direito se reconduzirá, em larga medida, a vertente dos direitos *patrimoniais* que, a par da vertente dos direitos *administrativos* ou *políticos*, compõe essa noção de participação social[3].

Aliás, o destaque que o mencionado preceito legal do CSC confere ao direito ao lucros encontra-se, desde logo, em linha com o artigo 980.º do Código Civil, o qual define o *contrato de sociedade* como *"aquele em que duas ou mais pessoas se obrigam a contribuir com bens ou serviços para o exercício em comum de certa atividade económica, que não seja de mera fruição, a fim de repartirem os lucros resultantes dessa atividade"*.

Sem entrarmos, nesta sede, no tema da personalidade jurídica e natureza das sociedades civis, basta aqui assinalar o escopo lucrativo e o correspondente direito ao lucro como marca identitária de todas as sociedades e, particularmente, das sociedades comerciais, dado que tem reflexos em diversos aspetos da configuração institucional destas últimas – desde logo, na delimitação da respetiva capacidade, nos termos do artigo 6.º – e na proteção conferida pela lei a este direito dos sócios.

II – Os ganhos acumulados pelo exercício da atividade comercial têm, assim, um destino natural predeterminado, qual seja a sua distribuição

[1] Os preceitos legais adiante referidos sem indicação de fonte legal pertencem ao CSC.

[2] Cf. Pedro Pais de Vasconcelos, *A Participação Social nas Sociedades Comerciais*, 2.ª ed., Coimbra, 2006, p. 69. Em sentido próximo, Coutinho de Abreu alude a uma *"conjunto unitário de direitos e obrigações atuais e potenciais do sócio (enquanto tal)"* – cf. *Curso de Direito Comercial*, vol. II, *Das Sociedades*, 6.ª ed., Coimbra, 2019, p. 203.

[3] Cf. Pedro Pais de Vasconcelos, *A Participação Social...*, cit., pp. 70 ss. e 367 ss..

pelos sócios. E, permitindo aos sócios não ter de aguardar pelo termo da atividade empresarial – em linha com a prática corrente de constituição das sociedades comerciais por tempo indeterminado (cf. artigo 15.º, n.º 1) –, a lei consagra também uma regra de anualidade na distribuição dos lucros gerados pela sociedade – cf. artigo 294.º, n.º 1. Não significa isto, todavia, que todos os lucros gerados em determinado exercício possam ser distribuídos, conforme se referirá na secção seguinte.

Haverá, pois, que distinguir, adentro do *direito a quinhoar nos lucros*, um direito ao lucro, de um direito ao lucro distribuível e, ainda, de um direito ao dividendo já deliberado.

Como assinala Filipe Cassiano dos Santos, o direito (abstrato) ao lucro corresponde *"ao direito diretamente derivado do próprio conceito de sociedade e que consiste pelo menos no direito de todo o sócio a participar na distribuição dos lucros obtidos com o exercício da atividade social"*[4]. O direito ao lucro distribuível traduz-se no direito de que dispõe, em princípio, o sócio das sociedades por quotas e anónimas – cf. artigos 217.º, n.º 1, e 294.º, n.º 1 – de exigir uma efetiva distribuição dos lucros do exercício que sejam distribuíveis, na percentagem prevista naquelas disposições legais – com ressalva de diferente disposição estatutária ou de deliberação no sentido da retenção desses lucros, tomada com os votos correspondentes a pelo menos 3/4 do capital social – e na medida que lhe corresponda. Finalmente, o direito ao dividendo já deliberado consiste no direito de crédito constituído da esfera jurídica do sócio em virtude da deliberação social de distribuição de dividendos, direito este a uma quantia certa e líquida, que se vence e pode ser exigida da sociedade nos termos legais – cf. artigos 31.º, n.º 2, 217.º, n.º 2, e 294.º, n.º 2 – e que se autonomiza da posição de sócio, podendo ser livremente transacionado[5].

III – Como elemento matricial da posição do sócio e reflexo da atividade social, a *efetividade* do direito ao lucro é, tal como essa atividade, marcada pela incerteza ou aleatoriedade, dependendo do bom desempenho da sociedade.

[4] Cf. *A Posição do Acionista face aos Lucros de Balanço – O Direito do Acionista ao Dividendo no Código das Sociedades Comerciais*, Coimbra, 1996, p. 19.

[5] A dissociação entre a qualidade de sócio e o direito ao recebimento de quantias a título de lucros, que pode ser transmitido para terceiros, encontra-se, aliás, contemplada no artigo 34.º, n.º 2.

A essa luz se compreende a proibição legal de exclusão de um sócio da comunhão nos lucros ou da participação nas perdas da sociedade, salvo o disposto quanto a sócios de indústria – cf. artigo 22.º, n.º 3[6] –, a par da proibição de *"toda a estipulação pela qual deva algum sócio receber juros ou outra importância certa em retribuição do seu capital ou indústria"* (cf. artigo 21.º, n.º 2)[7].

2.2. O critério de partilha dos lucros

I – Como critério supletivo, o artigo 22.º, n.º 1, determina que os sócios partilham nos lucros e nas perdas da sociedade *segundo a proporção dos valores das respetivas participações no capital*, ou seja, de acordo com o peso relativo da respetiva participação no capital social, tenha essa participação valor nominal ou não[8].

Conforme resulta da parte inicial da mesma disposição legal, a lei admite, todavia, *preceito especial ou convenção em contrário*, redação que parece suficientemente ampla para acomodar solução diferente fundada no contrato de sociedade ou em mera deliberação social[9]. No entanto, a adoção de

[6] Complementarmente, determina o n.º 4 do mesmo preceito legal que *"é nula a cláusula pela qual a divisão de lucros ou perdas seja deixada ao critério de terceiro"*. Trata-se aí de *não deixar entrar pela janela* a solução a que o n.º 3 *fecha a porta*.

[7] A violação da primeira das proibições legais referidas no texto é expressamente sancionada com a nulidade da estipulação em causa, devendo entender-se que essa nulidade não *contamina* o contrato de sociedade em que se insira e que encontrará aplicação, nesse caso, o regime supletivo do n.º 1 do artigo 22.º (neste sentido, cf. Paulo de Tarso Domingues, in *Código das Sociedades Comerciais em Comentário*, coord. Coutinho de Abreu, vol. I, 2.ª ed., Coimbra, 2017, p. 388). Apesar da menor clareza do artigo 21.º, n.º 2, parece-nos que, por identidade ou maioria de razão, a respetiva violação há de estar sujeita, efetivamente, ao mesmo regime do artigo 22.º, n.ºs 3 e 4, não havendo que suscitar dúvidas sobre a subsistência do contrato de sociedade *reduzido*. Aliás, a formulação destas proibições legais é suficientemente ampla para fulminar com a sanção da nulidade a mesma estipulação constante de qualquer outra convenção, nomeadamente de acordo parassocial (também neste sentido, pelo menos quanto às proibições constantes do artigo 22.º, n.ºs 3 e 4, cf. Paulo de Tarso Domingues, *ibidem*, p. 387, nota 24).

[8] No caso das ações sem valor nominal, a percentagem de participação do acionista nos lucros da sociedade será, logicamente, proporcional ao peso relativo das ações por si detidas na totalidade do capital social.

[9] A admissibilidade de tal deliberação social parece carecer, todavia, de habilitação estatutária expressa para a derrogação de preceitos legais dispositivos, nos termos gerais do artigo 9.º, n.º 3, do CSC – neste sentido, cf. Coutinho de Abreu, *Curso...*, cit., , p. 121, nota 233, e Maria Elisabete Ramos, in *Código das Sociedades Comerciais em Comentário*, vol. I, cit., pp. 190-191.

solução diferente com caráter de permanência apenas poderá resultar do contrato de sociedade, na medida em que constitui um direito especial.

Com efeito, o artigo 24.º determina que só por estipulação do contrato de sociedade podem ser criados direitos especiais de algum sócio (cf. n.º 1), sendo que nas sociedades anónimas os direitos especiais só podem ser atribuídos a categorias de ações, transmitindo-se (necessária e independentemente da vontade de transmitente e transmissário) com estas.

II – Um aspeto delicado, no entanto, é a determinação das maiorias exigíveis para a tomada da referida deliberação social ou para a aprovação da mencionada alteração estatutária, porquanto se acha aí implicada a ablação, ainda que meramente parcial, e com caráter pontual ou duradouro, de um direito essencialíssimo dos sócios *prejudicados* pelo desvio à regra supletiva da repartição *igualitária* (no sentido de proporcional à participação no capital social) dos lucros gerados pela sociedade.

Esta circunstância levou Raúl Ventura a sustentar que, quando esteja em causa a alteração do contrato de sociedade destinada a adoção de direitos especiais, *"(...) a deliberação de alteração do contrato deve ser tomada por unanimidade dos sócios, uma vez que um direito especial contraria o princípio da igualdade de tratamento dos sócios e este princípio só pode ser afastado por vontade de todos eles"*[10]. Em sentido diferente, Paulo Olavo Cunha tomou posição no sentido de que *"(...) será suficiente para deliberar a criação de ações privilegiadas (ou de novas ações privilegiadas) a maioria normalmente necessária para deliberar alterações estatutárias"*, desde logo porque *"(...) nem para a supressão de privilégios já existentes se impõe a unanimidade dos seus titulares (...)"*, tendo em conta que a lei atribui à assembleia especial de acionistas, aparentemente mediante deliberação tomada nos termos gerais do artigo 389.º, n.º 2, o consentimento para a eliminação de direitos especiais[11]. E parece ser também esta a opinião de Alexandre de Soveral Martins, quando afirma que *"(...) o princípio da igualdade de tratamento é garantido no momento da própria votação da alteração do contrato de sociedade que conduza à introdução do direito especial"*[12].

[10] Cf. "Direitos especiais dos sócios", in *O Direito*, 1989, tomo I, p. 215.

[11] Cf. *Os Direitos Especiais nas Sociedades Anónimas: as Ações Privilegiadas*, Coimbra, 1993, p. 184. Mais recentemente, Paulo Olavo Cunha reitera esta posição no seu *Direito das Sociedades Comerciais*, 6.ª ed., Coimbra, 2016, p. 443.

[12] Cf. *Código das Sociedades Comerciais em Comentário*, vol. I, cit., p. 431.

Posição *intermédia* é adotada por COUTINHO DE ABREU, sustentando que uma deliberação dos sócios viola o princípio da igualdade de tratamento "*(...) quando dela resulte um tratamento (formal ou materialmente) desigual de um ou mais sócios relativamente a outros sem que para tanto exista justificação objetiva (...)*", pelo que bem pode suceder que "*(...) uma deliberação tomada por maioria qualificada introduza no contrato uma cláusula conferindo direito especial apenas a um ou a alguns sócios – e sem qualquer violação do princípio do igual tratamento, exatamente porque o interesse social impõe ou recomenda essa alteração estatutária*"[13].

III – Pela nossa parte, atrevemo-nos a pensar que tinha razão RAÚL VENTURA, não sendo admissível a introdução no contrato de sociedade de direitos especiais sem que os sócios cuja posição relativa é degradada deem o seu acordo a essa alteração.

Por um lado, julgamos que a argumentação de PAULO OLAVO CUNHA não procede porque não são axiologicamente equiparáveis as situações de *reversão* de direitos especiais, com a inerente reposição da igualdade entre os sócios, e a constituição de direitos especiais que vêm, precisamente, colocar em crise essa igualdade. Note-se, aliás, que o princípio da igualdade dos acionistas, além de constituir uma refração do princípio entronado no artigo 13.º da Constituição, tem hoje acolhimento genérico expresso, para as sociedades abertas, no artigo 15.º do Código dos Valores Mobiliários.

Ao que acresce que o artigo 389.º, n.º 2, até por razões operativas e pragmáticas, assenta numa lógica de exercício coletivo ou conjunto de direitos especiais enquanto direitos individuais homogéneos que incorporam ações de uma mesma categoria, constituindo norma especial cuja *ratio* não é transponível para outras situações e, em particular, não autoriza a degradação do direito fundamental ao lucro sem acordo do sócio prejudicado, na falta de norma legal explicitamente habilitante. Com efeito, no quadro do artigo 389.º, n.º 2, a supressão de direitos especiais não deixa de depender do consentimento dos sócios prejudicados, o que sucede é que tal consentimento não se forma juridicamente através da manifestação da vontade individual de cada um dos sócios em causa, mas através de uma tomada de posição coletiva para a qual não se exige unanimidade – coisa em todo o

[13] Cf. *Curso...*, cit., p. 209.

caso muito diversa, portanto, de uma *dispensa* de consentimento dos sócios prejudicados.

Por outro lado, também não vemos, sem quebra do respeito devido, como acompanhar a posição de Coutinho de Abreu. Desde logo, fazer depender a exigência de consentimento dos sócios prejudicados da concreta verificação, ou não, de um interesse social justificativo da postergação desse consentimento parece-nos um critério fluido que em nada favorece a segurança jurídica e que pode ser dificilmente sindicável pelos tribunais[14].

E também não nos parece que, na falta de norma legal habilitante, um direito tão fundamental como o direito ao lucro possa ser sacrificado apenas sob invocação do interesse social. Isto, naturalmente, sem prejuízo da convocação, caso a caso e nos termos gerais, do instituto do abuso do direito plasmado no artigo 334.º da nossa lei civil.

Na verdade, perante o nosso CSC, onde expressamente se comina com a ineficácia as alterações ao contrato de sociedade que envolvam o aumento de prestações dos sócios e não tenham sido consentidas por estes – cf. artigo 86.º, n.º 2 –, e em que o legislador *sentiu necessidade* de autorizar expressamente a supressão do direito de preferência em aumentos de capital – cf. artigo 460.º, n.os 2 e 3 –, não pode deixar de se afigurar *estranha* e mesmo intolerável a ablação (parcial) do direito ao lucro, mediante o benefício de uns e o detrimento de outros, sem norma legal habilitante e sem o consentimento dos sócios prejudicados.

Consentimento esse que, portanto, não poderá, quanto a nós, deixar de ser exigido, sob pena de invalidade da deliberação social modificativa do contrato de sociedade ou, simplesmente, de deliberação social que, num dado exercício, determine a afetação dos lucros distribuíveis segundo um critério diferente do legal ou estatutariamente aplicável e que resulte na diminuição da quantia que um dos sócios teria direito a receber, em benefício de outros sócios[15].

[14] Como se afere, na verdade, qual o *tipo* ou a *medida* do benefício do interesse social justificativo da alteração da posição relativa dos sócios no que concerne aos lucros gerados pela atividade social?

[15] Acompanhamos, assim, Paulo de Tarso Domingues quando refere, a este propósito, que *"(...) a deliberação social que afaste o regime do art. 21.º, n.º 1 deve obrigatoriamente ser aprovada por todos os sócios"* – in *Código das Sociedades Comerciais em Comentário*, vol. I, cit., p. 383.

3. Lucro distribuível e distribuição de lucros

3.1. Lucro distribuível

I – Tal como já adiantado, apesar da consagração de uma regra legal de anualidade na distribuição de resultados – cf. artigo 294.º, n.º 1 –, nem todos os lucros gerados em cada exercício podem ser distribuídos aos sócios. A determinação do lucro distribuível resulta, em geral, dos artigos 32.º e 33.º.

Nos termos do artigo 32.º, n.º 1, "*(...) não podem ser distribuídos aos sócios bens da sociedade quando o capital próprio desta, incluindo o resultado líquido do exercício, tal como resulta das contas elaboradas e aprovadas nos termos legais, seja inferior à soma do capital social e das reservas que a lei ou o contrato não permitem distribuir aos sócios ou se tornasse inferior a esta soma em consequência da distribuição*".

Para uma adequada compreensão deste preceito legal, importa ter presente a distinção entre as várias noções de lucro: o lucro final, o lucro de exercício e o lucro de balanço ou distribuível.

Assim, considera-se lucro final ou de liquidação o lucro apurado quando da extinção da sociedade, traduzindo-se na parte do património social líquido que exceda o valor do capital social. Note-se que o capital social corresponde à soma das entradas realizadas em dinheiro ou em espécie pelos sócios e, portanto, traduz o respetivo investimento, razão pela qual só pode haver lucro na parte que acresça ao investimento inicial.

Contudo, porque as sociedades têm hoje, via de regra, duração indeterminada ou podem ter duração muito longa, a lei permite que se proceda periodicamente, em função de cada exercício, ao apuramento de lucros (lucro de exercício), que constitui pressuposto da remuneração do investimento dos sócios durante a vida da sociedade. Em termos sintéticos, pode afirmar-se que há lucro num dado exercício quando o valor do património líquido da sociedade seja, no termo do exercício, superior ao valor determinado no início do mesmo exercício. Esta noção de lucro abstrai, portanto, do confronto com o *investimento* dos sócios, tal como expresso ou conformado pelo capital social, e pode não traduzir um saldo verdadeiramente positivo da atividade social tomado no seu conjunto e segundo uma perspetiva cronologicamente linear.

II – Não surpreende, portanto, que a noção de lucro que subjaz ao artigo 32.º, embora arrancando do racional económico inerente ao conceito de lucro final, não se confunda nem com este, nem com o mero lucro de exercício.

Para os efeitos do artigo 32.º, na verdade, o que conta é o lucro de balanço ou distribuível, ou seja, o excedente patrimonial sobre o montante do capital social sucessivamente acumulado pela sociedade ao longo do tempo. Mais concretamente, como sintetiza PAULO DE TARSO DOMINGUES, o lucro de balanço traduz *"(...) a diferença entre o património líquido da sociedade, por um lado, e a soma do capital e das reservas indisponíveis (reservas legais e estatutárias), por outro"*[16]. Ao pressuposto da *superação* do limiar do capital social que caracteriza a ideia de lucro final, e sem a qual não há verdadeiro lucro, vê-se, assim, que o lucro de balanço ou distribuível, a que alude o artigo 32.º, reclama ainda a *superação* dos valores das reservas legais e estatutárias *indistribuíveis*. Ou, como sintetiza PAULO CÂMARA, pode afirmar-se que *"(...) a medida do lucro é o capital próprio – aqui incluindo o resultado líquido – excedente do capital e das reservas. A referência ao resultado líquido obriga a abater o passivo. Em consequência, os bens que sejam necessários para solver as dívidas não podem ser distribuídos aos sócios (...)"*[17].

III – No apuramento do lucro distribuível jogam uma função decisiva, portanto, quer o capital social, quer as reservas indisponíveis.

Quanto ao capital social, o apuramento dos lucros distribuíveis está subordinado, como se viu, à ideia de intangibilidade daquele. Esta ideia de intangibilidade do capital social não se presta, senão limitadamente, à tutela de terceiros, porquanto o valor do património líquido da sociedade pode evidentemente descer abaixo do montante do capital social, e frequentemente desce em certas fases da vida da sociedade, sem que a isso obste tal *intangibilidade*.

Tal fenómeno é, aliás, reconhecido pela lei no artigo 35.º, que alude, impropriamente, à *perda de metade do capital social*. A formulação desta última norma é, realmente, infeliz, na medida em que, enquanto mera cifra, o capital social não é *perdível*. O que pode *perder-se*, naturalmente, são os ativos em que tal cifra encontrava correspondência, caso os negócios sociais não

[16] Cf. *Código das Sociedades Comerciais em Comentário*, vol. I, cit., p. 525.

[17] Cf. *Código das Sociedades Comerciais Anotado* (coord. ANTÓNIO MENEZES CORDEIRO), 2.ª ed., Coimbra, 2014, p. 167.

decorram como seria desejável e quando, onde deveria haver *ganho*, haja *perda* de investimento.

Ainda que com uma função limitada, porém, o capital social sempre tutela, de algum modo, os terceiros que se relacionam com a sociedade e que destes sejam credores, constituindo o património social a garantia geral das obrigações desta, pois a intangibilidade do capital social não deixa de *"(...) impedir que o património líquido da sociedade desça abaixo da cifra do capital social em virtude da (auto-)atribuição de bens aos sócios – enquanto sócios e não enquanto terceiros, esclareça-se – de valores de qualquer natureza"*[18]. Isso mesmo se consagra no citado n.º 1 do artigo 32.º.

Já quanto às reservas, dispõe o artigo 33.º, n.º 1, que não podem ser distribuídos aos sócios os lucros do exercício que sejam necessários para cobrir prejuízos transitados ou para formar ou reconstituir reservas impostas pela lei ou pelo contrato de sociedade. Este preceito convoca, em especial, a aplicação do artigo 295.º, em cujo n.º 1 se prescreve que *"uma percentagem não inferior à vigésima parte dos lucros da sociedade é destinada à constituição da reserva legal e, sendo caso disso, à sua reintegração, até que aquela represente a 5.ª parte do capital social"*.

Ainda de acordo com aquilo que explicita o n.º 1 do artigo 295.º, o contrato de sociedade pode exigir percentagem e montante mínimo da reserva legal mais elevados do que os aí previstos. O n.º 2 do mesmo preceito, por sua vez, estatui que ficam sujeitas ao regime da reserva legal as reservas constituídas, nomeadamente, pelos *(i)* ágios obtidos na emissão de ações, obrigações com direito a subscrição de ações, ou obrigações convertíveis em ações, *(ii)* saldos positivos de reavaliações monetárias que forem consentidos por lei (na medida em que não forem necessários para cobrir prejuízos já acusados no balanço) e *(iii)* importâncias correspondentes a bens obtidos a título gratuito, quando não lhes tenha sido imposto destino diferente.

Como se referiu, o apuramento dos lucros distribuíveis pressupõe a *dedução* das quantias destinadas à constituição de reservas legais, as quais são de utilização *vinculada*, podendo ser afetas unicamente às finalidades que expressamente contempla o artigo 297.º.

[18] Cf. Paulo de Tarso Domingues, in *Código das Sociedades Comerciais em Comentário*, vol. I, cit., p. 522.

IV – Em todo o caso, o apuramento de lucros de balanço ou distribuíveis num dado exercício não se confunde com o lucro distribuído ou o direito ao dividendo.

Com efeito, uma coisa é a suscetibilidade abstrata de distribuição de lucros, outra coisa é um direito de crédito ao lucro efetivamente distribuído, que constitui já um crédito autónomo e separável da participação social.

Uma vez deliberada a distribuição de lucros, tal direito (concreto) ao lucro, ou dividendo, integra a esfera jurídica de cada acionista, que deve ser pago pela sociedade, através de decisão da respetiva Administração, no prazo de 30 dias após a deliberação social respetiva (cf. artigos 217.º, n.º 2, e 294.º, n.º 2). Este prazo pode, todavia, ser prorrogado por um período máximo de 60 dias, com fundamento em falta de liquidez ou outra circunstância excecional e desde que não se trate de sociedade cotada, parecendo que, no caso das sociedades anónimas, é ao órgão de administração que compete a decisão sobre a prorrogação do prazo (cf. artigo 294.º, n.º 2)[19].

Afigurando-se-nos que o direito ao dividendo constitui a vertente ativa de uma obrigação pecuniária, configuração que parece estar claramente subjacente à disciplina legal e é a única compatível com a plena efetividade do *essencialíssimo* direito ao lucro – sob pena de fazer incorrer o sócio no risco de alienação do bem que constituísse objeto de um pagamento em espécie para obter a liquidez correspondente –, há de ser pago em dinheiro. E mesmo a dação em pagamento, nos termos gerais e obtido o acordo do sócio, é de muito duvidosa admissibilidade, desde logo tendo em conta os riscos de *distorção* da igualdade dos sócios perante a distribuição de dividendos – que só não se colocaria se todos os sócios fossem *pagos* com bens em espécie idênticos e divisíveis proporcionalmente ao dividendo que a cada um cabe – e de atribuição aos sócios em causa de um benefício patrimonial efetivo superior ao limite do lucro distribuível que lhes competiria (nomeadamente, quando o valor de mercado possa diferir do valor contabilístico do bem objeto de dação em pagamento)[20].

[19] Neste sentido, cf. Paulo de Tarso Domingues, in *Código das Sociedades Comerciais em Comentário*, vol. I, cit., p. 531. Diversamente, nas sociedades por quotas, o artigo 217.º, n.º 2, expressamente comete essa decisão à assembleia geral, que delibera por maioria simples.

[20] Em sentido diferente, começando por afirmar que *nada impede o pagamento de lucros através da atribuição de bens em espécie*, mas rodeando-o de cautelas que vão até à eventual exigência de uma avaliação por revisor oficial de contas, por aplicação analógica do artigo 28.º, cf. Paulo de Tarso Domingues, in *Código das Sociedades Comerciais em Comentário*, vol. I, cit., pp. 531-532. Salvo o devido respeito, supomos que a não previsão legal dessas exigências e dessa avaliação, que neces-

V – No entanto, mesmo o pagamento em dinheiro do dividendo, cuja decisão de *execução* compete à Administração – a esta só compete a decisão sobre a própria distribuição de lucros nos casos de distribuição antecipada (cf. artigos 31.º, n.º 1, e 297.º) –, nem sempre é possível. Na verdade, nos termos do n.º 2 do artigo 31.º, a deliberação social de distribuição de dividendos não pode ser executada pela Administração quando haja *fundadas razões* para crer que *(i)* essa deliberação viole o disposto nos artigos 32.º ou 33.º, *(ii)* tal deliberação se fundou em contas aprovadas pelos sócios, mas enfermando de vícios cuja correção implicaria a desconformidade entre essa deliberação e os artigos 32.º ou 33.º, ou *(iii)* alterações supervenientes ocorridas na património social tornariam tal deliberação ilícita, nos termos do artigo 32.º[21].

Os membros do órgão de Administração encontrar-se-ão aqui numa situação delicada, jogando um papel decisivo o critério da existência de *fundadas razões* para suster o pagamento do dividendo: é que tanto o pagamento como o retardamento indevido do pagamento de dividendos são suscetíveis de gerar responsabilidade civil dos administradores perante os sócios, nos termos gerais do artigo 79.º, e mesmo responsabilidade penal (cf. artigo 514.º).

O pagamento do dividendo também não pode ser efetuado quando a sociedade seja citada para ação de invalidade de deliberação de aprovação do balanço ou de distribuição de lucros ou de reservas, nos termos do n.º 4 do artigo 32.º, e sem prejuízo ainda dos efeitos previstos na lei de processo civil quando seja intentada providência cautelar de suspensão de deliberação social.

Fora das circunstâncias descritas no artigo 32.º, o acionista pode exigir o pagamento dos seus dividendos e demandar a sociedade para o efeito, que, incorrendo em mora, não deixará de estar sujeita ao pagamento de juros, também nos termos gerais.

sariamente se imporiam, apenas confirmam que o pagamento do dividendo em espécie não foi contemplado, nem tido como admissível, pelo legislador.

[21] Como assinala Filipe Cassiano dos Santos, estas circunstâncias não parecem constituir mais do que uma suspensão da exigibilidade do crédito, que deve ser satisfeito logo que possível – cf. "O direito aos lucros no Código das Sociedades Comerciais (à luz de 15 anos de vigência)", in AA.VV., *Problemas de Direito das Sociedades*, Coimbra, 2002, p. 190.

3.2. Exigibilidade do lucro não distribuído

I – O tema da exigibilidade pelo sócio de lucro não distribuído tem suscitado polémica na doutrina e mostra-se de grande relevância prática, nomeadamente da perspetiva da tutela dos interesses de sócios minoritários, que tenham investido capital no negócio da sociedade mas que não disponham de controlo algum sob a decisão de distribuição de dividendos.

Assim, quando existam lucros de balanço e lucros de exercício em princípio distribuíveis, nos termos do artigo 32.º, nem por isso o sócio tem direito a exigir da sociedade o pagamento do *quinhão* que lhe competiria. Na verdade, o entendimento dominante vai no sentido de que apenas com a deliberação social de distribuição de lucros se constitui na esfera jurídica do sócio uma verdadeira posição creditícia, que se autonomiza, aliás, da participação social e que é exigível da sociedade, nos termos acima expostos.

Nos termos do artigo 294.º, porém, os sócios podem ter direito à distribuição de metade dos lucros distribuíveis, caso não exista disposição estatutária em sentido diferente, nem os sócios deliberem solução diversa com maioria de 3/4 do capital social. Em tal cenário, Paulo de Tarso Domingues admite que, após aprovação das contas, o órgão de administração *"(...) deverá proceder ao pagamento de metade do lucro de exercício distribuível, independentemente de uma deliberação dos sócios nesse sentido (...)"*[22]. No mesmo sentido, refere Coutinho de Abreu que a *"(...) a sociedade fica obrigada a distribuir aos sócios metade do lucro de exercício (...)"*, se os estatutos não dispuserem diferentemente, nem houver deliberação, com a necessária maioria, que afaste o regime do artigo 294.º, desde que o balanço aprovado evidencie a existência de lucros distribuíveis[23].

II – No que respeita à disciplina plasmada no artigo 294.º – que, recorde-se, consagra no seu n.º 1 um direito dos acionistas à distribuição de metade do lucro do exercício que seja distribuível, salvo disposição

[22] Cf. Paulo de Tarso Domingues, in *Código das Sociedades Comerciais em Comentário*, vol. I, cit., p. 514. Aparentemente em sentido diferente, não dispensando uma deliberação social atributiva do dividendo devido, cf. Evaristo Mendes, "Direito ao lucro de exercício no CSC (Arts. 217/294)", in AA.VV., *Estudos Dedicados ao Prof. Doutor Mário Júlio de Almeida Costa*, Lisboa, 2002 (487-543), pp. 518 ss.

[23] Cf. *Curso...*, cit., p. 436. Também assim, cf. Maria Elisabete Ramos, *Direito Comercial e das Sociedades – entre as Empresas e o Mercado*, Coimbra, 2018, p. 248.

estatutária em sentido diferente ou deliberação tomada por maioria de três quartos dos votos correspondentes ao capital social em assembleia geral convocada para o efeito –, têm-se suscitado algumas dúvidas em torno do respetivo *âmbito de imperatividade*.

Mais precisamente, pode questionar-se, desde logo, se *(i)* a medida da distribuição obrigatória pode ser modificada estatutariamente (em particular, se pode ser imposta uma distribuição de todos os lucros distribuíveis ou se, pelo contrário, o direito a essa distribuição obrigatória pode ser totalmente suprimido) e se *(ii)* a maioria exigível para a deliberação social que afaste o direito à distribuição pode ser modificada, quer no sentido de a tornar mais exigente, quer no sentido de abaixamento da fasquia deliberativa prevista neste preceito legal.

A relevância prática destes diversos aspetos para a vida societária e, nomeadamente, para a tutela dos sócios minoritários é por demais evidente.

III – Previamente a estas questões, e como ponto de partida, parece-nos ser de sublinhar, com Paulo de Tarso Domingues, que o direito (ainda que abstrato) à distribuição periódica de lucros é um direito inderrogável, não sendo admissível disposição estatutária, quer originária, quer superveniente, que relegue para o termo da vida da sociedade a distribuição de lucros, solução que contrariaria a disciplina consagrada, imperativamente, nos artigos 376.º, n.º 1, alínea b), e 65.º[24].

No entanto, uma eventual proibição de distribuição periódica de lucros e a mera ablação do direito à distribuição de parte dos lucros distribuíveis em cada exercício são coisas substancialmente distintas. Com efeito, uma disposição estatutária com este último sentido não faz mais do que repor a plena autonomia *deliberativa* dos sócios relativamente à distribuição em cada exercício e pode encontrar fundamento, em geral, na autonomia privada de que sempre emana o pacto social, parecendo-nos que a formulação do artigo 294.º, n.º 1, não aponta no sentido da invalidade de uma disposição estatutária com este teor[25].

[24] Cf. Paulo de Tarso Domingues, in *Código das Sociedades Comerciais em Comentário*, coord. Coutinho de Abreu, vol. V, 2.ª ed., Coimbra, 2018, pp. 286-287.

[25] Neste mesmo sentido se pronuncia Filipe Cassiano dos Santos, quando afirma que o regime estabelecido no artigo 294.º, n.º 1 – e também, para as sociedades por quotas, no artigo 217.º, n.º 1 – não deixa de revelar como traço essencial *"(...) o irredutível espaço de autonomia dos sujeitos, que podem no contrato ou ulteriormente (mesmo sem alteração dele) impedir a distribuição necessária (...)"* –

E à mesma conclusão se chega, supomos, da perspetiva da afirmação das razões materiais que subjazem àquela disposição legal, que manifestamente se reconduzem à tutela do *investimento* dos sócios minoritários. É que tais razões materiais mantêm-se salvaguardadas quando a disposição estatutária em causa tenha sido originariamente adotada (resultando do consenso de todos os sócios) ou quando, sendo superveniente, a deliberação de alteração estatutária tenha sido votada por unanimidade ou obtido o consentimento dos sócios *prejudicados*.

Esta exigência de unanimidade ou consentimento afigura-se-nos *conatural* ao *sacrifício de valor* – o valor da participação social não pode deixar de levar em conta a rendibilidade expectável – ou à ablação de um direito legalmente estabelecido para tutela da posição dos sócios minoritários, sendo aflorada, embora noutros contextos e noutros moldes, nomeadamente, nos artigos 86.º, n.º 2, e no artigo 328.º, n.º 3[26].

cf. *Estrutura Associativa e Participação Societária Capitalística*, Coimbra, 2006, pp. 466-467. Também assim, Evaristo Mendes, *loc. cit.*, p. 497. No sentido, porém, de que os estatutos nao podem fixar percentagem mínima de distribuição inferior à prevista no artigo 294.º, cf. Paulo Olavo Cunha, *Direito das Sociedades...*, cit., p. 348.

[26] Neste sentido, refere Filipe Cassiano dos Santos: *"(...) se a sociedade foi constituída com atribuição aos sócios do direito à distribuição necessária (...) é defensável (...) a necessidade de consentimento dos sócios cujo direito venha a ser afetado por nova cláusula estatutária"* – cf. "O direito aos lucros...", cit., p. 198. Aparentemente em sentido contrário apontariam as considerações de Armando Manuel Triunfante em torno da *consagração plena do princípio maioritário* nas sociedades anónimas – cf. *A Tutela das Minorias nas Sociedades Anónimas – Quórum de Constituição e Maiorias Deliberativas (e autonomia estatutária)*, Coimbra, 2005, pp. 496 e ss. Já Fátima Gomes sustenta que não há um direito subjetivo individual afetado e que *"(...) a alteração visada modifica a situação jurídica dos sócios em termos semelhantes aos determinados pelo afastamento anual da norma supletiva do art. 294.º, no caso, realizada por alteração dos estatutos que projeta os seus efeitos nos anos seguintes, e não apenas em um exercício anual"* – cf. *O Direito aos Lucros e o Dever de Participar nas Perdas nas Sociedades Anónimas*, Coimbra, 2011, p. 334 –, pelo que faz depender a alteração estatutária de uma deliberação tomada *apenas* por 3/4 dos votos correspondentes ao capital social. Mas, da nossa perspetiva, uma alteração *permanente* da maioria exigível para eliminar o direito à distribuição dos lucros não pode bastar-se com a maioria estabelecida para a *ocasional* postergação desse direito. Todavia, Evaristo Mendes afirma mesmo que, pelo menos no caso de sociedades cotadas ou que pretendam sê-lo, *"(...) a regra legal especial de distribuição do art. 294.1 do CSC revela grandes inconvenientes e, por isso, a referida autonomia estatutária no sentido da admissibilidade das cláusulas derrogatórias da mesma, cometendo à assembleia geral a tarefa de, nos termos gerais, decidir sobre o destino a dar aos lucros, apresenta-se plenamente justificada. Mas mais do que isso: pretendendo uma sociedade anónima vinculada pela regra abrir o capital ao investimento público, mostra-se premente aceitar a possibilidade da sua eliminação através da alteração dos estatutos, sem observância da maioria de 3/4 prevista para a derrogação «concreta»"* – *loc. cit.*, p. 513.

IV – Diversamente, não nos parece juridicamente admissível uma disposição estatutária que obrigue à distribuição da totalidade dos lucros distribuíveis em cada exercício.

Uma tal solução constituiria expressão do *short-termism* que tão maus resultados tem dado na gestão recente de grandes empresas nacionais e estrangeiras, nos mais diversos sectores de atividade, e tornaria indispensável o recurso ao financiamento bancário para "alavancar" a promoção e expansão dos negócios sociais, o que pode não ser viável ou ter custos elevados.

Desta perspetiva, essa disposição mostra-se necessariamente contrária ao interesse social, devendo ter-se por inválida.

V – Já quanto à maioria exigível para a tomada da deliberação social que afaste o dever de distribuição de parte dos lucros distribuíveis, parece ser de admitir solução menos exigente do que a legalmente prevista, quando a disposição estatutária em causa conste da versão originária dos estatutos ou, sendo superveniente, resulte a alteração estatutária respetiva de deliberação social unânime (exigência esta decorrente das mesmas razões em que fundamos a posição adotada relativamente à eliminação da própria obrigatoriedade de distribuição de lucros).

Quando o sentido da disposição estatutária seja o inverso, ou seja, quando se torne ainda mais exigente a maioria necessária para impedir a distribuição de lucros que em princípio seria obrigatória, também admitimos que tal seja viável – inclusivamente, que se possa convencionar a exigência de deliberação unânime[27] –, reforçando-se a tutela dos *investidores* minoritários e sem prejuízo de as deliberações concretamente tomadas poderem, nos termos gerais, revelar-se inválidas por abuso do direito de voto de sócios minoritários que não atendam ao interesse social – cf. artigo 58.º, n.º 1, alínea b).

[27] Era essa, aliás, a solução plasmada neste artigo 294.º antes da redação introduzida pelo Decreto-Lei n.º 280/87, de 8 de julho, não se vislumbrando na previsão legal da maioria de 3/4 dos votos correspondentes ao capital social uma implícita proibição de maioria mais exigente estatutariamente instituída. Em sentido contrário, porém, não admitindo a previsão estatutária de maioria mais exigente do que 3/4 dos votos correspondentes ao capital social, cf. Paulo Olavo Cunha, *Direito das Sociedades...*, cit., p. 348 e nota 543.

3.3. Distribuição antecipada de lucros

I – Como resulta do que vimos de expor, a distribuição de lucros constitui, em princípio, matéria reservada à *soberania* dos sócios[28]. Neste mesmo sentido dispõe, aliás, a parte inicial do n.º 1 do artigo 31.º.

Cabe ressalvar desse regime, todavia, as situações de distribuição antecipada de lucros, regulada no artigo 297.º, em cujo n.º 1 se dispõe que o contrato de sociedade pode autorizar que, no decurso de um exercício, sejam feitos aos acionistas adiantamentos sobre lucros, desde que observadas as seguintes regras:

a) O conselho de administração ou o conselho de administração executivo, com o consentimento do conselho fiscal, da comissão de auditoria ou do conselho geral e de supervisão, resolva o adiantamento;
b) A resolução do conselho de administração ou do conselho de administração executivo seja precedida de um balanço intercalar, elaborado com a antecedência máxima de 30 dias e certificado pelo revisor oficial de contas, que demonstre a existência nessa ocasião de importâncias disponíveis para os aludidos adiantamentos, que devem observar, no que seja aplicável, as regras dos artigos 32.º e 33.º, tendo em conta os resultados verificados durante a parte já decorrida do exercício em que o adiantamento é efetuado;
c) Seja efetuado um só adiantamento no decurso de cada exercício e sempre na segunda metade deste;
d) As importâncias a atribuir como adiantamento não excedam metade das que seriam distribuíveis, referidas na alínea b).

O n.º 2 deste mesmo preceito legal esclarece ainda que, se o contrato de sociedade for alterado para nele ser concedida a autorização prevista no n.º 1, o primeiro adiantamento apenas pode ser efetuado no exercício seguinte àquele em que ocorrer a alteração contratual.

[28] Soberania esta bastante *limitada*, todavia, quando se entenda, como sustenta Diogo Costa Gonçalves, que a deliberação dos sócios está sempre balizada pela proposta de distribuição de resultados formulada pela Administração, não podendo a assembleia geral, *"(...) em circunstância alguma, deliberar sobre uma concreta distribuição de lucros sem que a proposta lhe haja sido submetida pela Administração da sociedade"* – cf. "Adiantamentos sobre o lucro de exercício – Breves reflexões", *Revista de Direito das Sociedades*, 2010, n.ºs 3/4, p. 589.

II – O regime de distribuição antecipada de lucros está, portanto, disciplinada em termos claros e bastantes restritivos, que não justificam, nesta sede, maior desenvolvimento. Limitamo-nos, por isso, a sublinhar aqui quatro aspetos.

Em primeiro lugar, o que está em causa é uma distribuição *por conta* dos lucros do exercício em curso, daí se compreendendo a exigência de um balanço intercalar. Não estão em causa os lucros de balanço (transitados de exercícios anteriores), sobre cuja distribuição os sócios – e apenas os sócios – podem a todo o tempo deliberar, observados os limites em geral aplicáveis[29].

Em segundo lugar, e em estreita conexão com o aspeto acabado de referir, a competência para esta distribuição antecipada é reservada à Administração. Na verdade, como assinala Paulo de Tarso Domingues, *"(...) do que se trata aqui é apenas de uma antecipação do lucro do exercício, i.e., de adiantamentos por conta do lucro que a sociedade conta alcançar nesse ano – que cabe ao órgão de administração decidir e executar –, pelo que, no final do exercício, nos dividendos a que os sócios tenham direito, haverá que tomar em consideração e abater aquelas importâncias intercalarmente distribuídas"*[30].

Em terceiro lugar, mais do que um mero *parecer* do órgão de fiscalização, exige-se o *consentimento* do conselho fiscal, da comissão de auditoria ou do conselho geral e de supervisão para que possa proceder-se à distribuição antecipada de lucros.

Por fim, refira-se ainda que, naturalmente, a distribuição antecipada de lucros está sujeito aos mesmos limites e condições que, em geral, regem a distribuição de bens aos sócios, nos termos dos artigos 32.º a 34.º.

[29] Neste sentido, cf. Paulo Olavo Cunha, *Direito das Sociedades...*, cit., p. 358, e Fátima Gomes, *ob. cit.*, p. 262. Em sentido diferente, alargando a competência do Conselho de Administração ao abrigo desta norma aos lucros de balanço, cf. António Menezes Cordeiro, *Código das Sociedades Comerciais Anotado*, cit., p. 846, e Diogo Costa Gonçalves, *loc. cit.*, p. 614.

[30] Cf. *Variações sobre o Capital Social*, Coimbra, 2009, p. 307. Admitindo, porém, a competência dos sócios para deliberar sobre a distribuição antecipada de lucros, cf. Diogo Costa Gonçalves, *loc. cit.*, p. 620. Segundo este último Autor, a iniciativa da distribuição caberá sempre à Administração (tanto nos casos de distribuição ordinária dos resultados do exercício transato, como nos casos de distribuição antecipada de lucros do exercício em curso ou ainda de distribuição *extemporânea* de lucros transitados), mas, formulada essa proposta, a assembleia geral pode deliberar no sentido da distribuição de *quaisquer* lucros, observados os limites gerais dos artigos 32.º e 33.º.

3.4. Distribuição de lucros a terceiros

I – No que respeita à distribuição de lucros a terceiros, ou seja, a não acionistas, colocam-se, paradigmaticamente, dois grupos de destinatários: os administradores, situação regulada no artigo 399.º; demais terceiros, em especial trabalhadores.

II – No que concerne ao artigo 399.º, dispõe o respetivo n.º 2 que *"a remuneração pode ser certa ou consistir parcialmente numa percentagem dos lucros de exercício, mas a percentagem máxima destinada aos administradores deve ser autorizada por cláusula do contrato de sociedade"*. Já o n.º 3 do mesmo preceito legal vem clarificar que a percentagem dos lucros a atribuir aos administradores *"não incide sobre distribuições de reservas nem sobre qualquer parte do lucro do exercício que não pudesse, por lei, ser distribuída aos acionistas"*.

O regime legal parece, assim, bastante claro, na sua própria formulação literal. Por um lado, está em causa não a distribuição de lucros enquanto tal, que são indissociáveis da qualidade de sócio, mas uma remuneração das funções de administração efetuada parcialmente através de uma percentagem dos lucros de exercício. Por outro lado, a fixação parcial da remuneração nestes moldes depende de disposição estatutária habilitante[31]: aliás, se a percentagem *máxima* destinada aos administradores deve constar do contrato de sociedade, a determinação de *qualquer* percentagem depende, logicamente, da prévia existência de um limite estatutário dentro do qual se contenha a percentagem concretamente fixada.

Além disso, embora com carácter de remuneração e não de dividendo, as quantias em causa apenas podem ser pagas aos administradores mediante *dedução* às reservas ou aos lucros do exercício que podem, em geral, ser distribuídos aos acionistas. É esta a solução expressamente consagrada no n.º 3 deste preceito legal e que resulta da *indexação* desta componente variável da remuneração dos administradores ao regime dos lucros dos acionistas: essa remuneração será maximizada perante o bom desempenho da atividade social e minimizada ou mesmo *anulada* quando a atividade social se revele menos lucrativa ou não gere lucro.

Tratando-se do cumprimento de uma obrigação social, os lucros efetivamente distribuíveis aos acionistas serão, naturalmente, os que resultarem

[31] Salientando esta exigência, Paulo Olavo Cunha, *Direito das Sociedades...*, cit., p. 357.

dos limites em geral aplicáveis e da *subtração* dos montantes devidos aos administradores, nos termos fixados pela assembleia geral ou por uma comissão de remunerações por aquela nomeada (cf. n.º 1 do mesmo preceito legal). Em todo o caso, nos termos do n.º 3 do artigo 294.º, os pagamentos aos administradores apenas podem ser feitos depois de postos a pagamento os lucros dos acionistas.

III – Já quanto ao pagamento a trabalhadores ou a outros terceiros de quantias *indexadas* aos lucros distribuíveis, podemos estar perante pagamentos *devidos* (em especial, quando se trate da remuneração variável de trabalhadores convencionalmente estabelecida) ou de verdadeiras liberalidades.

Tratando-se de pagamentos *devidos*, parece não oferecer dúvida que, nos termos gerais, é à Administração da sociedade que compete deliberar e promover o respetivo pagamento, colocando-se a questão nos mesmos termos em que, em geral, se coloca o cumprimento das demais obrigações legais e contratuais que impendam sobre a sociedade, não se tratando aqui senão de custos ou gastos da sociedade a subtrair ao montante dos lucros distribuíveis aos sócios[32].

Estando em causa meras *liberalidades*, pode questionar-se se pode a assembleia geral, observados os requisitos gerais do n.º 2 do artigo 6.º, deliberar no sentido da sua atribuição e, em caso afirmativo, com que maioria.

Sobre esta última questão, importa começar por salientar que inexiste qualquer norma legal especificamente habilitante da intervenção da assembleia geral, mesmo quanto à atribuição avulsa ou não convencionada de prémios de desempenho aos trabalhadores ou outras liberalidades.

Não obstante a ausência de norma legal habilitante, a orientação doutrinária dominante admite que a assembleia geral delibere, por maioria simples e ao abrigo do artigo 376.º, n.º 1, alínea b), atribuir parte dos lucros a trabalhadores ou quaisquer terceiros, desde que sejam observados os limites do artigo 6.º, os lucros não sejam atribuídos integralmente a terceiros e, nos termos gerais, a deliberação não se revele abusiva[33].

[32] Neste sentido, cf. COUTINHO DE ABREU, *Curso...*, cit., p. 432.

[33] Cf. COUTINHO DE ABREU, *Curso...*, cit., pp. 432-433. Substancialmente no mesmo sentido, cf. PAULO DE TARSO DOMINGUES, *Variações...*, cit., pp. 293 e ss, e FÁTIMA GOMES, *O Direito aos Lucros...*, cit., pp. 516 e ss.

É certo que, nos termos do mencionado artigo 376.º, n.º 1, alínea b), compete aos acionistas deliberarem *"sobre a proposta de aplicação de resultados"* e que, pela nossa parte, não nos parece que a liberdade de decisão dos acionistas esteja, neste matéria, condicionada pela proposta da Administração ao ponto de tal liberdade se achar confinada à aceitação ou rejeição dessa proposta[34]. Da mesma forma, também não hesitamos em acompanhar Coutinho de Abreu quando afirma que *"(...) a aplicação dos resultados (seja ela qual for) é matéria de gestão (...) e, não obstante isso, é (tal como outras matérias de gestão) da competência deliberativa dos sócios (...)"*[35], não se justificando aqui uma reserva absoluta de competência da Administração[36].

No entanto, com ressalva do respeito devido, e em coerência com a posição acima adotada quanto à essencialidade do direito aos lucros, parece-nos duvidoso que a assembleia geral possa deliberar a atribuição de liberalidades, a trabalhadores ou quaisquer terceiros e ainda que observados os limites dos artigos 6.º e 294.º, mediante maioria simples. Com efeito, o que estará aqui em causa será sempre uma *renúncia* a parte dos lucros distribuíveis, pelo que deveria, da nossa perspetiva, tal deliberação ser tomada por unanimidade ou depender do consentimento dos sócios cujo ganho fica assim amputado, sob pena de *a maioria poder dispor, pelo menos parcialmente*[37], *daquilo que caberia a todos e a cada um dos sócios.*

Na verdade, uma coisa é a retenção de lucros na sociedade, que não consubstancia uma irremediável ablação do direito aos lucros distribuíveis, e outra coisa será a definitiva *perda*, a favor de terceiro, da quantia (ou parte dela) que a cada sócio competiria em função da sua participação nos lucros e correspondente remuneração do seu investimento.

[34] Cf., todavia, nota 28 *supra*.

[35] Cf. *Curso...*, cit., p. 432, nota 1066.

[36] Sustentando, todavia, que *"(...) os acionistas da sociedade anónima não gozam do poder de, em assembleia geral, deliberar atribuir a trabalhadores parte dos lucros do exercício, pois que a realização de liberalidades a favor de trabalhadores é um ato de gestão social que, como tal, é da* competência reservada *da administração da sociedade"*, *vide* Carlos Osório de Castro / Gonçalo Andrade e Castro, "A distribuição de lucros a trabalhadores de uma sociedade anónima", in *O Direito*, 2005, I (57-80), p. 79.

[37] Estando em causa não *parte*, mas a *totalidade* dos lucros distribuíveis, sempre haveria *nulidade* da respetiva deliberação social, nos termos dos artigos 21.º, n.º 1, alínea a), e 56.º, n.º 1, alínea d), como a mais autorizada doutrina não deixa de reconhecer (cf. Coutinho de Abreu, *Curso...*, cit., pp. 432-433). O ponto está em que, até ao limite da totalidade dos lucros distribuíveis, aos sócios minoritários *despojados* dos seus lucros pela maioria não quedará outra tutela senão aquela que lhes é *debilmente* outorgada pelo abuso do direito – cf. artigo 58.º, n.º 1, alínea b).

E nem se diga que há neste entendimento contradição com a admissibilidade de a própria Administração decidir atribuir prémios aos trabalhadores ou outras liberalidades, nos termos gerais do artigo 6.º. Esse dado é uma decorrência inevitável da dissociação entre a titularidade do capital social e a gestão dos negócios sociais, podendo sempre haver lugar, sendo caso disso, a responsabilidade civil dos administradores ou destituição destes com justa causa. Mas quando a Administração coloque à disposição dos acionistas a determinação do destino de lucros distribuíveis, tendemos a considerar que tais lucros não podem ser *desviados* do seu destino natural – a remuneração dos sócios ou a retenção na sociedade – sem uma deliberação unânime ou o consentimento dos sócios.

4. Conclusão

Em jeito de conclusão, pode afirmar-se que a matéria do direito aos lucros continua a suscitar dúvidas e divergências na doutrina, a par de alguns aspetos que, a nosso ver, careceriam de aperfeiçoamento no sentido de uma mais completa e inequívoca afirmação do fundamentalíssimo direito dos sócios ao lucro. Regista-se ainda uma tendência doutrinária no sentido de uma relativização da preponderância desse direito, que na generalidade dos casos constituirá a principal ou a única motivação da participação dos sócios na formação e promoção dos negócios sociais, relativização essa que, quanto a nós, se acha, nalguns aspetos, desprovida de base legal habilitante ou razões materiais justificativas.

CAPÍTULO 4
ACORDOS PARASSOCIAIS E MECANISMOS INDIRETOS DE CONTROLO

Manuel Sequeira*

Sumário: *1. Enquadramento: Aptidão dos Acordos Parassociais para o exercício de controlo sobre uma sociedade; 2. Mecanismos de controlo tipicamente previstos em acordos parassociais;* 2.1 Mecanismos diretos de controlo – controlo do governo da sociedade (em especial da administração). Breve referência; 2.2 Acordos de bloqueio como mecanismos limitativos de comportamentos de aproveitamento de oportunidades; 2.2.1 Acordos de bloqueio como limitações à transmissão de participações sociais nas sociedades anónimas e por quotas; 2.2.2 Continuação. Cláusulas *lock up* e cláusulas *key man*; 2.2.3 Direito de preferência (preferências próprias e impróprias); 2.3 Acordos de transmissão conjunta e de transmissão forçada como mecanismos limitativos de comportamentos de aproveitamento de oportunidades ; 2.3.1 Cláusulas *drag along* (venda forçada) e *tag along* ou *piggy back* (venda conjunta); 2.3.2 Cláusulas *shoot-out*; 2.3.3 Cláusulas de opção de compra e de opção de venda compra com desconto; *3. Incumprimento de acordos parassociais e obstáculos à eficaz execução dos mecanismos indi-*

* Lista de abreviaturas: A./AA. – Autor(es); AP(s) – Acordos Parassociais; CC – Código Civil, aprovado pelo Decreto-Lei n.º 47 344, de 25 de novembro de 1966, na redação resultante da Lei n.º 48/2018, de 14 de agosto, uma vez que as alterações promovidas pela Lei n.º 49/2018, de 14 de agosto ainda não entraram em vigor; CIRE – Código da Insolvência e da Recuperação de Empresas, aprovado pelo Decreto-Lei n.º 53/2004, de 18 de março, na redação conferida pela Lei n.º 8/2018, de 2 de março; CRCom. – Código do Registo Comercial; aprovado pelo Decreto-Lei n.º 403/86, de 3 de dezembro, na redação conferida pelo Lei n.º 89/2017, de 21 de agosto; CSC – Código das Sociedades Comerciais, aprovado pelo Decreto-Lei n.º 262/86, de 2 de setembro, na redação conferida pela Decreto-Lei n.º 89/2017, de 28 de julho, uma vez que as alterações promovidas pela Lei n.º 49/2018, de 14 de agosto ainda não entraram em vigor; CVM – Código dos Valores Mobiliários, aprovado pelo Decreto-Lei n.º 486/99, de 13 de novembro, na redação conferida pela Lei n.º 35/2018, de 20 de julho; DSR – Direito das Sociedades em Revista; IVM – Instituto dos Valores Mobiliários; p./pp. – página(s); proc. – processo; ROA – Revista da Ordem dos Advogados; RDS – Revista de Direito das Sociedades; SPV – *special purpose vehicle*; STJ – Supremo Tribunal de Justiça; TRL – Tribunal da Relação de Lisboa; TRP – Tribunal da Relação do Porto; vol. – volume.

retos de controlo; 3.1 Incumprimento da obrigação de prestação negativa: não transmissão de participações sociais; 3.2 Incumprimento das obrigações de prestação positiva: transmissão/aquisição forçada, preferência e transmissão/aquisição potestativa; 3.2.1 Incumprimento das obrigações de transmissão / aquisição forçada; 3.2.2. Prevenção da discussão em torno do incumprimento(?) de opções de compra (*call*) e venda (*put*): o caso especial da sujeição jurídica; *4. Conclusões*

1. Enquadramento: aptidão dos acordos parassociais para o exercício de controlo sobre uma sociedade

Os acordos parassociais («**APs**») dispensam apresentações[1]. É muito frequente a sua celebração entre investidores, pois permitem a conformação da relação societária, num clima contratual sigiloso e sem sujeição às apertadas disposições legais previstas para o contrato de sociedade. Por várias razões, através da celebração de APs, os sócios estabelecem regras sobre interesses específicos referentes à vida societária, que não pretendem estipular no contrato de sociedade ou porque disso estão impedidos. O AP traduz-se num contrato autónomo e independente, embora seja complementar face ao contrato de sociedade[2]. Estas circunstâncias possibilitam, todavia, que,

[1] Atribuindo-se a sua origem aos ordenamentos jurídicos anglo-americanos, os APs têm ganhado crescente importância nacional doutrinária e legislativa, tendo as disposições sobre a matéria ultrapassado o âmbito do CSC e existindo já no âmbito de outros ramos – *v.g.* direito dos valores mobiliários, bancário e dos seguros. Por motivos de ordem prática, não iremos realizar um enquadramento histórico dos APs que começaram a ser objeto de discussão em Portugal a propósito da Sociedade Industrial de Imprensa, SARL, tendo o TRL, por acórdão de 18.05.1955 decidido no sentido da invalidade dos APs de voto – ideia que se foi mantendo pela jurisprudência portuguesa até à entrada em vigor do CSC. Sobre o acórdão do TRL, *vide*, em especial, Raúl Ventura, «Acordos de Voto: Algumas questões depois do Código das Sociedades Comerciais», *in O Direito*, ano 124, 1992, pp. 23 e ss.. Por outro lado, sem prejuízo de referências ocasionais, também não se irá fazer um enquadramento comparativo por referência a outros ordenamentos jurídicos, já que a experiência nacional é já bastante ampla e reflete muitas vezes o pensamento estrangeiro sobre o assunto. Para explorar os temas (incluindo a experiência alemã), veja-se, entre outros, Menezes Cordeiro, «Acordos Parassociais», *in ROA*, ano 61, 2001, pp. 529-542 e *Manual de Direito das Sociedades*, vol. I, 3.ª edição, Almedina, 2011, pp. 687 e ss., onde o A. destaca (respetivamente, pp. 532 e ss. e pp. 691 e ss.) que a experiência nacional é referida como curiosidade no estrangeiro por ter replicado a redação inicial da Proposta de Quinta Diretiva, de 19 de agosto de 1983, a qual foi ligeiramente alterada em 1989 (mas muito criticada), quando a Diretiva nem chegou a ser adotada pelos Estados Membros.

[2] O acórdão TRL, de 25.10.2001, disponível em CJ XXVI, tomo IV, 2001, pp. 132 [130-134], classifica o AP como de «natureza acessória» face ao contrato social, pela existência de «uma ligação funcional ao mesmo», embora concordemos com Paulo Câmara, *Parassocialidade e Transmissão*

através dos APs, os investidores possam usurpar as regras societárias, envolvendo o desequilíbrio nas posições jurídicas *interpartes*, entre os sócios, ou mesmo estes e terceiros, muitas vezes credores dos sócios ou da sociedade[3].

Tornou-se comum a celebração de contratos mistos ou verdadeiras uniões de contratos, com características típicas de contratos de investimento ou de contratos-promessa (em que se programa um investimento numa determinada sociedade ou grupo) que estabelecem as relações entre partes antes da aquisição de participações, e de APs regulando as relações no desenvolvimento do investimento e atividade da sociedade. Os sócios recorrem a terceiros (*e.g.* a um fundo ou um SPV deste) para que invistam na sua sociedade[4], concedendo-lhe uma participação social após a conclusão de um AP,

de Valores Mobiliários, Dissertação de Mestrado em Ciências Jurídicas, 1996, p. 54, quando destaca que a «secundarização» do papel dos APs é «flagrantemente contestada pela prática». Também Carneiro da Frada se pronunciou neste sentido em «Acordos parassociais "omnilaterais" – um novo caso de 'desconsideração' da personalidade jurídica», *in DSR*, ano I, vol. II, Almedina, 2009, p. 118 [97-135]. É frequente a aposição de uma cláusula no âmbito da qual se estabelece que, se durante a vigência do AP surgir um conflito entre as suas disposições e as do contrato de sociedade, nas relações entre os contraentes prevalecerão as primeiras. Indo mais além, as partes muitas vezes assumem o compromisso de realizar as necessárias alterações ao contrato social de modo a garantir o pontual cumprimento do AP. Qualificando o contrato social como a «base negocial» do AP, Ana Filipa Leal, «Algumas notas sobre a parassocialidade no Direito português», *in* RDS, ano I, vol. 1, 2009, p. 171 [135-183].

[3] Muitos investidores dedicam-se ao investimento através da concessão de financiamento, o que, conjuntamente com crescente dependência de crédito por parte das sociedades nacionais (devido à falta de liquidez no mercado), bem como o desenvolvimento e afinação dos mecanismos contratuais de controlo e reação a situações de incumprimento, originou um crescente envolvimento dos financiadores na atividade das entidades financiadas, que ocupam uma posição privilegiada face aos restantes credores, e mesmo em relação aos sócios daquelas entidades. Como destacou Gabriela Figueiredo Dias, «*Financiamento e Governo das Sociedades (Debt Governance): o terceiro poder*», *in III Congresso de Direito das Sociedades*, Almedina, p. 367 [359-383], este privilégio de certos credores regista-se, tanto numa dimensão informativa, como numa perspetiva de reação e intervenção perante factos que revelem impacto na condição financeira do financiado.

[4] O âmbito subjetivo dos APs pode ser extravasado, sendo comum a sua celebração entre sócios e terceiros (vulgarmente futuros sócios a preparar a sua entrada na sociedade), tal como permitido, aliás, pelo artigo 17.º, n.º 1. Já foi discutida na doutrina a questão de saber se os APs podem ser celebrados entre sócios e terceiros, embora nos pareça que hoje em dia, a maioria da doutrina admite a possibilidade de os APs serem celebrados com terceiros, ainda que por analogia. Destacando este aspeto, entre outros, Adelaide Menezes Leitão, "Acordos parassociais e *corporate governance*", *in Estudos em Homenagem a Miguel Galvão Teles*, vol. II, Coimbra editora, 2011, p. 576 [575S-589]. Sobre as teses minimalistas, maximalistas e intermédias quanto ao âmbito subjetivo dos APs, *vide*. Paulo Câmara, «Acordos parassociais: estrutura e delimitação», *Estudos em Memória do Professor J. L. Saldanha Sanches*, vol. II, Coimbra Editora, 2011, 813-817 [783-817], optando também o A. pela tese maximalista.

que prevê os direitos e compromissos assumidos durante o período (por regra limitado) de investimento[5]. Já se tinha constatado[6] a necessidade de se definir regras de *debt governance*, para limitar os poderes dos credores nas relações com os seus devedores e estabelecer a responsabilização daqueles pelo condicionamento sobre estes (por vezes, controlo). O fenómeno foi comparado ao do *corporate governance*, verificando-se uma preocupação com a previsão de *covenants* nos contratos de financiamento[7], a par da preocupação com a dissociação entre titularidade de participações sociais e controlo das sociedades (os APs são um dos principais instrumentos potenciadores dessa dissociação). Contudo, neste caso, trata-se da utilização dos APs para regular relações de financiamento pensado como recurso a capitais

[5] Tipicamente, os APs contêm um conjunto de cláusulas *standard* que regulam matérias tão diversas como (i) o governo da sociedade ao nível dos diversos órgãos sociais, (ii) o financiamento da atividade desta e do respetivo plano de investimentos, (iii) mecanismos de resolução de impasses em caso de turbulência durante a vida da sociedade, (iv) mecanismos de saída na verificação de determinadas circunstâncias, (v) limitações à transmissão de participações sociais, ou (v) limitações a transações da sociedade com partes relacionadas. Para uma panóplia das matérias vulgarmente reguladas num acordo parassocial, vide RUI PINTO DUARTE, «Formas Jurídicas da Cooperação entre Empresas», *in Escritos Jurídicos Vários 2000-2015*, Almedina, 2015, pp. 442 e ss. [425-451].

[6] Exemplificando, GABRIELA FIGUEIREDO DIAS, «*Financiamento e Governo... cit.*, ANA PERESTRELO OLIVEIRA, «Os credores e o governo societário: deveres de lealdade para os credores controladores?», *in RDS*, ano I, n.º I, Almedina, 2009 pp. 119-126 e em *Manual de* Corporate Finance, Almedina, 2015, e ainda, ROGÉRIO DE AZEVEDO, «O Governo dos Credores – Considerações sobre o financiamento societário; as formas de controlo das sociedades devedoras pelos seus credores; e os desafios de *Corporate (Debt) Governance*», *in Estudos do Instituto dos Valores Mobiliárias*, 2015, pp. 35 e 36.

[7] Para os investidores não sócios, tipicamente qualificados, os *covenants* surgem como um instrumento poderoso, entre outros, através dos quais consegue gerir a vivência dos contratos, a segurança do crédito e a gestão do risco de incumprimento do contrato de financiamento, desempenhando uma função disciplinadora e alinhando os interesses do devedor com os do credor. Antecipa-se assim à natural propensão que os administradores teriam de agir no interesse dos *equityholders* – *v.g.* consubstanciados na maior distribuição de lucros – e não no interesse dos credores – concretizado no pagamento regular e pontual da dívida. ANA PERESTRELO DE OLIVEIRA, *Manual de* Corporate Finance, Almedina, 2015, p. 133. A imposição de *covenants* revela-se, pois, uma garantia, pois são instrumentos de gestão de dívida dos credores e funcionam como contrapartida da forte assimetria informativa que normalmente existe entre o investidor e as entidades financiadas. Seriam incomportáveis contínuas e exaustivas *due diligences* durante todo o período de investimento, pelo que a imposição de *covenants* permite minorar esta falha pela apertada monitorização da atividade da devedora. K. WHITEHEAD CHARLES, *Creditors and Debt Governance*, 2011, p. 5, disponível em http://scholarship.law.cornell.edu.

alheios, mas estruturado sob a forma de recurso a capitais próprios[8]: os credores procuram tornar-se sócios dos seus devedores na sociedade objeto de investimento.

Ao aportarem avultados montantes de capital a projetos, os investidores necessitam de garantias que diminuam o risco do não reembolso, especialmente em caso de impasse (*deadlock*) ou de rutura. A suscetibilidade de controlar a sociedade investida revela-se um instrumento essencial para o financiamento e o investidor, na medida em que tem o poder negocial (e monetário), consegue prever os mecanismos necessários a esse controlo. Se do prisma jurídico o controlo é tipicamente abordado por referência ao seu exercício através de estruturas jus-societárias ou detenção de participações (e direitos de voto) maioritárias, a verdade é que, conforme destacado e demonstrado pela prática, o controlo pode ser exercido de outras formas. A isto acresce que os incentivos económicos para o sócio controlador extrair benefícios especiais serão proporcionais à separação entre a titularidade e controlo, uma vez que, quanto maior a separação entre propriedade e controlo, maiores vantagens este retira da não partilha dos lucros com os restantes sócios, nomeadamente, a título de dividendos[9].

[8] Recorde-se que, enquanto capitais próprios «apresentam caráter definitivo, *i.e.*, não são objeto de restituição, de tal maneira que não têm prazo, não obrigam a pagamentos regulares que possam gerar incumprimento e são reembolsados, sendo caso disso, apenas após pagos os restantes credores» (veja-se os artigos 48.º, alínea *a)* e 49.º, n.º 2, alínea *a)* do CIRE, os instrumentos de financiamento com recurso a capitais alheios «têm em princípio pagamentos regulares associados e um prazo de vencimento e são pagos com prioridade relativamente aos capitais próprios». Ana Perestrelo de Oliveira, *Manual de* Corporate Finance... *cit.*, p. 39. No mesmo sentido, Rogério de Azevedo, «O Governo dos Credores... *cit.*, p. 9. O investidor, não obstante ficar investido na posição de sócio, que lhe dificulta a recuperação do seu investimento, tem poderes para defender a criação de valor dos recursos injetados na empresa.

[9] Se o sócio detém apenas 35% do capital social (sendo, ainda assim controlador), poderá extrair dos restantes acionistas benefícios especiais, no valor –, pelo exercício do controlo sobre uma sociedade. Caso se abstenha de extrair esse valor e o divida com os restantes sócios, apenas irá beneficiar de 35% do valor – no futuro, a título de dividendos. Na verdade, o controlador poderá nem receber nada, caso a sociedade não reúna os requisitos para a distribuição de dividendos e reservas voluntárias. Como notou João Dias Lopes, «Governo da sociedade anónima... *cit.*, p. 87 [77-165], «[*a*] remuneração ou reembolso do seu investimento apenas se verifica em momentos específicos [distribuição de lucros de exercício (artigo 33.º, n.º 1, 294.º e 297.º do CSC), distribuição de bens aos acionistas (artigo 32.º do CSC) ou com a liquidação da sociedade (artigos 146.º e ss.)] e desde que a posição dos credores sociais esteja salvaguardada através do cumprimento de requisitos de capital para a distribuição de lucros de exercício (artigos 33.º e 294.º e ss. do CSC) ou de bens de acionistas (artigos 32.º e 31.º do CSC)». A distribuição dos lucros do exercício aos sócios está desde logo limitada pelo princípio da intangibilidade do capital social (artigo 32.º do

Como notou Catarina Serra, «alguns investidores, sobretudo profissionais, tendem, de facto, a exercer um considerável poder de influência na gestão e na organização da sociedade, através do aconselhamento técnico relativo à viabilidade de projetos e à análise de estratégias de mercado, de produção e distribuição dos produtos e de *marketing*»[10]. Entre as várias finalidades que têm sido apontadas aos APs, destacamos[11] (i) a atribuição de direitos aos sócios que não seriam suscetíveis de execução se previstos no contrato de sociedade; (ii) a regulação de certas relações entre os sócios que não encontram ligação direta com o *governance* da sociedade; (iii) a proteção dos direitos das maiorias e das minorias[12], (iv) a sujeição das regras nele contidas a confidencialidade[13]; e (v) as funções ligadas ao controlo do investimento.

CSC), embora se verifique na lei uma tentativa de proteção dos sócios minoritários, na medida em que, ao abrigo dos artigos 217.º e 294.º do CSC, havendo lucros de exercício, pelo menos metade do lucro de exercício distribuível não poderá deixar de ser distribuído aos sócios, exceto se o contrário for previsto em cláusula contratual ou adotado mediante uma deliberação tomada por três quartos dos votos correspondentes ao capital social. Neste sentido, Paulo de Tarso Domingues, *Do capital social: noção, princípios e funções*, 2.ª edição, Coimbra Editora, 2004, p. 254.

[10] Catarina Serra, «Investimentos de capital de risco na reestruturação das empresas», *in IV Congresso de Direito das Sociedades em Revista*, Almedina, 2016, p. 332 [321-359].

[11] Sean Fitz Gerald e Graham Muth, *Shareholder's Agreements*, fith edition, Stweel & Maxwell, 2009, p. 4 e Paulo Câmara, *Parassocialidade... cit.*, pp. 86 e ss..

[12] Maria da Graça Trigo, *Os Acordos parassociais sobre o exercício do direito de voto*, 2.ª edição, Universidade Católica Portuguesa, Lisboa, 2011, p. 85. As minorias podem não corresponder necessariamente à parte «fraca» na relação jurídica. Devido ao já referido efeito da «dissociação entre titularidade e voto», pode inclusivamente verificar-se que as minorias de capital sejam maioritárias nos direitos de voto e, mesmo que assim não seja, possam controlar a sociedade. Neste sentido, a previsão dos direitos de minoria nos APs, permite-lhes proteger os seus direitos mais cabalmente, na medida em que subtraem quaisquer alterações a esses direitos ao princípio da maioria (típico do contrato da sociedade, ainda que se trate de uma maioria reforçada), para passar a submetê-los ao princípio da unanimidade, típico dos contratos. Sean Fitz Gerald e Graham Muth, *Shareholder's Agreements... cit.*, p. 4. De facto, se num contrato social são introduzidas, através de deliberações modificativas, disposições que não consistem em situações materialmente estatutárias, com o objetivo de vincular sócios sem o seu consentimento, não podem estes ficar vinculados por essa deliberação modificativa. Destacando este aspeto, Paulo Câmara, «Acordos parassociais... *cit.*, pp. 812 e ss., numa análise ao caso concreto do artigo 86.º, n.º 2 do CSC, em que a deliberação será eficaz (só não o será em relação aos sócios que não tenham dado a sua concordância), para retirar depois a partir desse preceito, a regra geral da admissibilidade das cláusulas estatutárias parassociais.

[13] Por essa razão, aliás, «é notório na caracterização do acordo parassocial o seu caráter secreto, sendo, muitas vezes, conhecido somente quando se recorre à barra dos tribunais. Note-se que esta característica do acordo parassocial, apesar de frequentemente ser o objetivo dos seus intervenientes, acarreta algum desconforto na prática jurídica». Alexandra Cruz Barrias, *Acordos*

Para garantir esse controlo, o investidor estabelece regras nos APs com dois grandes objetivos. Desde logo o de reservar o poder de controlar a atividade da sociedade investida, o que o faz através de mecanismos organizacionais e através de acordos de voto reguladores dos órgãos sociais. Uma vez que é o órgão de gestão que tem competências para gerir e representar a sociedade (artigo 252.º do CSC para a sociedade por quotas e artigo 405.º para a sociedade anónima), é normal que o investidor tente exercer o máximo de influência sobre esse órgão. Neste sentido, o AP «afirma-se (...) como instrumento para atingir, de modo estável, o controlo da sociedade»[14], ao permitir ao investidor participar, ainda que indiretamente, na gestão da sociedade, o que, no entanto, «encerra a possibilidade de desalinhamento entre os interesses dos investidores externos e os interesses dos restantes sócios (os "sócios-empresários")»[15] – os mecanismos diretos de controlo.

Contudo, o controlo da gestão pode não ser suficiente. A rutura ou impasse pode criar situações em que os próprios sócios, usando os poderes jurídicos ao seu dispor por assumirem essa qualidade, adotam comportamentos suscetíveis de prejudicar os pressupostos do investimento. Por isso, existe a preocupação de assegurar que são evitados comportamentos indesejados ou de aproveitamento de oportunidades negociais pelos parceiros, muitas vezes através da previsão de acordos de bloqueio, de saída conjunta ou de saída forçada, complementados por outras disposições – os mecanismos indiretos de controlo. Na medida em que permitem a regulação da orgânica da sociedade (permitindo a definição das principais regras que regerão as relações no futuro), o contrato social e os APs assumem uma grande relevância entre os instrumentos à disposição dos sócios. Estes mecanismos indiretos de controlo são cláusulas previstas no contrato social ou num AP que estabelecem obrigações de conduta que não vinculam diretamente os órgãos da sociedade (nomeadamente de gestão da sociedade), mas sim os seus sócios, constituindo os correspondentes direitos para os

Parassociais – Uma análise crítica do regime legal português, dissertação de mestrado Faculdade de Direito da Universidade do Porto, (versão policopiada), julho, 2002, p. 28 disponível em https://repositorio-aberto.up.pt.

[14] Paulo Câmara, *Parassocialidade... cit.*, p. 90.

[15] A expressão é de Catarina Serra, «Investimentos de capital de risco ... *cit.*, p. 333 [321-359], embora reportando-se aos investimentos de capital de risco, mas destacando que a existência de perigos decorrentes deste desalinhamento de interesses, nomeadamente o risco de *short-termism* e dos comportamentos ilícitos, «não é (...) um problema específico do capital de risco das empresas em dificuldades».

outros intervenientes[16]. E, portanto, por a previsão dos mecanismos indiretos de controlo no contrato social ser alternativa ou complementar à previsão desses mecanismos num AP, a análise realizada no presente estudo, embora por referência aos APs, terá sempre em conta o paralelismo da previsão desses mecanismos nos estatutos.

Ao contrário do contrato de sociedade, o AP tem maior estabilidade, na medida em que as previsões que nele sejam estabelecidas só poderão ser alteradas por unanimidade (salvo se convencionado de outra forma), o que garante o controlo das alterações das regras do jogo durante o período de investimento[17]. Por regra, o contrato de sociedade não irá regular todas as situações que poderão ocorrer durante o desempenho da atividade da sociedade e é neste âmbito que surgem as convenções referidas que são apostas nos APs, permitindo exercer controlo sobre o investimento e atuando a dois níveis, garantindo:

(i) *o cumprimento do acordado:* as cláusulas de transmissibilidade funcionam como coadjuvante de esquemas contratuais sobre o exercício de voto, pois são previstas consequências negativas e imediatas para a situação de incumprimento do AP ou impasse e, nesse sentido, são cláusulas dissuasoras. Se um sócio souber que ao adotar comportamentos de aproveitamento de oportunidades, retirando vantagens em prejuízo da sociedade (e restantes sócios), perderá a qualidade de sócio por um valor abaixo do mercado, a tendência será para a não adoção desses comportamentos (efeito *moral hazard*);

(ii) *uma saída rápida e eficiente do investimento:* imagine-se um caso de um investimento muito específico em tecnologia de ponta, que poderá ter um grande potencial, assumindo um grande valor para as partes, mas revelar-se pouco interessante para o mercado. Em caso de rutura, existirá falta de liquidez na venda da posição social, pelo que qualquer sócio terá de a vender necessariamente abaixo do valor investido ou justo. Se um sócio pretender sair, podem prever-se mecanismos para o fazer rapidamente, sem pre-

[16] Destacando esta correspondência e que o artigo 17.º, n.º 1 apenas permite a constituição de obrigações de conduta lícita, e, por essa razão, defendendo que os efeitos estabelecidos pelos AP são meramente obrigacionais, Raúl Ventura, «Acordos de voto: algumas questões depois do código das sociedades comerciais», *O Direito*, ano 124.º, I-II, 1992, p. 37.

[17] Paulo Câmara, *Parassocialidade... cit.*, p. 91.

judicar o investimento dos restantes e recebendo uma contrapartida mais justa[18].

Neste estudo, tomaremos em análise estes mecanismos indiretos de controlo (de limitação de comportamentos de aproveitamento de oportunidades), em APs típicos de sociedades fechadas[19], os quais têm vindo a assumir protagonismo, nomeadamente no âmbito dos investimentos em *venture capital*[20], *private equity* e em *joint ventures*[21], pela sua função de planeamento do investimento[22]. A elasticidade negocial de um AP permite-lhe que tenha um duplo caráter funcional relativamente ao controlo da sociedade: tanto pode servir para adquirir um novo bloco de controlo da sociedade, como para manter a posição de controlo dos sócios aquando da entrada do investidor[23], o que depende do que for negociado e da parte mais forte no processo negocial, pelo que os mecanismos que se apresentam de seguida não podem ser vistos senão como meramente exemplificativos, na medida em que as criações de autonomia privada ultrapassam, pela constante inovação, as limitações estabelecidas por lei e os cânones estabelecidos pela doutrina.

[18] Maria Isabel Sáez e Nuria Bermejo, «Inversiones específicas oportunismo y contrato de sociedad», *in InDret – Revista para el Análisis del Derecho*, 2007, disponível em www.indret.com, p. 5, dando como exemplo, fora do âmbito comercial, o matrimónio. Aproveitámos o exemplo fornecido pelas AA. do investimento de *venture capital* em tecnologia específica, mas muitos outros poderão ser concebíveis.

[19] Não se desconsidera, no entanto, a existência de normas reguladoras de APs em outros âmbitos, como por exemplo, o artigo 19.º do CVM, que dispõe regras específicas para sociedade com o capital aberto ao investimento do público («sociedades abertas»).

[20] *Vide*. Bárbara Godinho Correia e Tomás Almeida Ribeiro, em *Startups e os Acordos Parassociais*, publicado em 01-09-2016 na *StartUp Mag*, disponível em www.plmj.com.

[21] Não querendo entrar na densificação do conceito de *joint venture*, acompanha-se Rui Pinto Duarte, «Formas Jurídicas... *cit.*, p. 440 [425-451], quando afirma que este «é de contornos imprecisos. Num sentido amplo designa qualquer modo de colaboração entre empresas. Num sentido restrito abrange apenas empresas criadas por força da colaboração».

[22] Destacando que os APs podem servir para esta função, Diogo Costa Gonçalves, «Notas breves sobre a sociabilidade e a parassociabilidade», *in RDS*, ano V, n.º 4, 2014, p. 788 [779-799].

[23] Como destaca Paulo Câmara, *Parassocialidade... cit.*, pp 86 a 99, em especial pp. 92 e 93. Mais à frente, nas pp. 213 e 214, o A. dá o exemplo dos *stand still agreements* para demonstrar justamente a aptidão dos APs para condicionar a ampliação da participação societária e, consequentemente, impedir a aquisição do controlo.

2. Mecanismos de controlo tipicamente previstos em acordos parassociais

2.1. Breve referência aos mecanismos diretos de controlo do governo da sociedade

O controlo pode ser exercido através dos mais diversos instrumentos, desde instrumentos contratuais (institucionais ou económicos) a, designadamente, instrumentos *de facto*. O investidor visa o controlo, por confiar que a sua influência na gestão (ainda que indireta, pela mera capacidade de nomear os titulares do respetivo órgão) a conduzirá no sentido do crescimento económico e do maior retorno do seu investimento, normalmente visando mais do que a obtenção de lucros inerentes à detenção de mais participações sociais. A sociedade será controlada por quem «dominar o exercício dos direitos de voto, conducentes à formação da vontade juridicamente relevante dessa sociedade»[24], que é determinada pelos órgãos sociais (em especial o de gestão), daí que os APs muitas vezes prevejam regras detalhadas de governo dos órgãos. Neste âmbito, o artigo 17.º, n.º 2 do CSC (que proíbe que as regras dos APs sejam relativas «à conduta de intervenientes ou de outras pessoas no exercício de funções de administração ou de fiscalização») pretende garantir que a organização da sociedade se mantém como configurada na lei e no pacto social[25]. Contudo, como destaca Rui Pinto Duarte, «[n]a prática (isto é, apesar do obstáculo que o n.º 2 do art. 17.º do CSC constitui), tais acordos retiram poderes ao órgão de administração da sociedade, dando primazia ao plano das relações entre sócios, o mesmo é dizer, viabilizando que a sociedade possa ser um veículo de cooperação»[26].

[24] Paula Costa e Silva, «Sociedade aberta, domínio e influência dominante», *in* IVM, *Direito dos Valores Mobiliários*, vol. VIII, Coimbra Editora, 2008, p. 550 [541-571] e em «Domínio de sociedade aberta e respectivos efeitos», *in* IVM, *Direito dos Valores Mobiliários*, vol. V, Coimbra Editora, 2004, p. 334 [325-342]), sendo que *«o direito de voto se domina através da legitimidade para o respectivo exercício de modo discricionário»* (Paula Costa e Silva, «Sociedade aberta... *cit.*, p. 552, realçado no original).

[25] Menezes Cordeiro, «Acordos Parassociais...*cit.*, p. 541 [529-542] e *Manual de Direito das Sociedades*, vol. I., 3.ª edição, Almedina, 2011, p. 708, afirma que sem este n.º 2 do artigo 17.º, a «tipicidade societária perderia o seu sentido, uma vez que a verdadeira orgânica seria parassocial». Já José de Oliveira Ascensão, *Direito Comercial – Direito das Sociedades Comerciais*, vol. IV, Dislivro, 2000, p. 294, destaca que a *ratio* subjacente é a de evitar que «os titulares desses órgãos ou as forças que estes representem se perpetuem ou ganhem domínio absoluto sobre a sociedade, esvaziando outros órgãos».

[26] Rui Pinto Duarte, ««Formas Jurídicas... *cit.*, p. 441 [425-451].

Alguns limites legalmente previstos têm implicações na previsão de mecanismos diretos de controlo, quer diretamente (n.º 2 do artigo 17.º, referido), quer indiretamente, como é o caso do n.º 1 do artigo 17.º do CSC, que exige que não seja proibida por lei a conduta a que os sócios se obrigam nos APs, o que remete para os princípios prescritos nos artigos 280.º, 281.º e 294.º do CC[27], que devem e serão devidamente tomados em conta aquando da apresentação de cada um dos mecanismos. Assim, não pretendendo o presente estudo fazer uma análise aos mecanismos diretos de controlo, destacam-se no entanto os mecanismos mais comuns: (i) limitações à atividade da sociedade e controlo da composição dos órgãos sociais[28]; (ii)

[27] Neste sentido, MARIA GRAÇA TRIGO, «Acordos Parassociais – síntese das questões jurídicas mais relevantes», *Problemas do Direito das Sociedades*, IDET, Almedina, 2008, p. 176, PAULO OLAVO CUNHA, *Direito das Sociedades Comerciais*, 5.ª edição, Almedina, 2012, p. 171 e MARIA JOÃO CARAPINHA, «*Cláusula de preferência em acordo parassocial: que tutela para o sócio preferente?*», dissertação de mestrado apresentada na Faculdade de Direito da Universidade de Coimbra, 2015, disponível em https://estudogeral.sib.uc.pt, p. 15.
A propósito, note-se que PAULO OLAVO CUNHA, *Direito das Sociedades Comerciais... cit.*, p. 177, afirma que «se o acordo parassocial puser em causa, ainda que indiretamente, um princípio fundamental do Direito Societário, como seja o da igualdade de tratamento dos acionistas, então este princípio ir-se-á impor relativamente à cláusula parassocial que se deverá ter por não escrita». Não se discordando da afirmação, consideramos que, nessa apreciação, se deverá tomar em conta que as partes se situam no âmbito da autonomia privada e que os princípios são «comprimíveis» por natureza, desde que não se afete o seu conteúdo essencial. Aliás, isso mesmo demonstra, CARNEIRO DA FRADA, «Acordos parassociais "omnilaterais... *cit.*, pp. 114 e ss., relativamente a normas imperativas (mais rígidas), desconsiderando-as no caso dos acordos omnilaterias.

[28] Não podendo a conduta do administrador ser regulada nos termos do AP, tal como é prescrito pelo n.º 2 do artigo 17.º, é comum as partes preverem que cada uma delas assume a responsabilidade pela atuação comissiva ou omissiva das pessoas ou entidades por si indicadas para os diversos órgãos sociais da sociedade (mesmo quando são as próprias Partes indicadas para os diversos órgãos sociais). Neste sentido, uma atuação desses membros dos órgãos contrária ao disposto no AP é convencionada para efeitos jurídicos, como uma situação de incumprimento pela parte que tenha designado. E tanto mais que é comum a previsão nos APs de que as partes se obrigam, como obrigação de garantia e resultado, ainda, a promover tudo o que seja necessário para assegurar que o conteúdo do AP é integral e rigorosamente respeitado pelos seus representantes e administradores por si indicados. Assim, atribui-se responsabilidade solidária relativamente às condutas de pessoas que, por força dos acordos parassociais, sejam designadas para funções de administração, nos termos do artigo 83.º, n.º 1 do CSC. Conforme notou RUI PEREIRA DIAS, «o fim essencialmente visado pela norma, para além da *proteção do património da sociedade e dos acionistas*, ou da *defesa da integridade da conduta da administração*, ainda que estes sejam aqui atendíveis, parecer ser a proteção da *autonomia da formação da vontade da sociedade*, perante influências violadoras das *regras de repartição de competências entre órgãos sociais*», *in Código das Sociedades Comerciais em Comentário*, n.º 1, Almedina, 2010, p. 55. Há que destacar que a lei não condena a possibilidade de o sócio exercer, ainda que indiretamente, influência sobre a conduta de um administrador, mas apenas os

regras apertadas de designação e substituição[29] dos órgãos sociais (órgão de administração, órgão de fiscalização e mesa da assembleia geral); (iii) previsão de comités dentro dos órgãos; (iv) limitações à atividade deliberativa da assembleia geral, nomeadamente pelo estabelecimento de acordos de voto,[30] quóruns deliberativos ou constitutivos apertados, ou ainda matérias

danos emergentes dos atos adotados ao abrigo dessa influência. Por outro lado, também não condena que um sócio possa, em virtude de APs, ter o direito de designar ou destituir os membros da administração.

[29] A validade das regras de designação não é questionada pela doutrina, por não se enquadrar no âmbito do artigo 17.º do CSC. Sobre o assunto, *vide* Raúl Ventura, *Estudos Vários sobre Sociedades Anónimas / Comentário ao Código das Sociedades Comerciais*, Almedina, 1992, pp. 69 e ss. No âmbito da substituição, assume extrema importância, pela relevância prática, a cláusula *step in*, mediante a qual o sócio se reserva no direito de designar os membros do conselho de administração da sociedade, por forma a assumir o controlo. Tipicamente prevista para situações de violação *grave* ou reiterada do dever de gestão ou do incumprimento de pactos relativos à transmissão de participações, esta é exercida num momento em que as partes já se encontram em conflito. Por essa razão e de forma a garantir plena exequibilidade, é comum a outorga de procurações irrevogáveis ou cartas mandato em benefício do sócio não faltoso, de modo a que possa convocar uma assembleia com o propósito de promover uma assembleia geral para (i) destituição do conselho de administração e (ii) designação dos respetivos membros. Em alternativa, podem ser imediatamente outorgadas as cartas de renúncia dos membros, ficando depositadas em *fiel depositário*, para serem entregues ao sócio na verificação de determinados eventos.

[30] O n.º 3 do artigo 17.º do CSC diz respeito às convenções de voto – as que importam uma limitação à liberdade de voto de um titular de um direito de voto inerente a uma participação social. Quanto às alíneas do n.º 3, tem-se defendido uma interpretação restritiva da palavra «sempre» nas alíneas *a)* e *b)* do n.º 3 do artigo 17.º, para não perder alcance prático. Menezes Cordeiro, «Acordos Parassociais...*cit.*, p. 542 [529-542] e *Manual de Direito das Sociedades*, vol I., 3.ª edição, Almedina, 2011, p. 709 e António Pereira de Almeida, *Sociedades Comerciais – Valores Mobiliários, Instrumentos Financeiros e Mercados*, vol. 1, 7.ª edição, Almedina, 2013, p. 352. As referidas proibições do n.º 3 aparentam destinar-se a um mesmo objetivo, que é o de garantir que os sócios participem na formação da vontade social de uma forma reta e transparente, como nota Maria da Graça Trigo, *Os Acordos parassociais ... cit.*, p. 175. As duas primeiras proibições visam delimitar os interesses dos sócios e os interesses da sociedade – evitando que o sócio participe na formação da vontade da sociedade em função de interesses que não são definidos na esfera desta – e a terceira proíbe a chamada venda de voto, por forma a garantir uma formação não deturpada dos interesses dos sócios.

Sobre sindicatos de voto, em especial, Armando Manuel Triunfante, *A Tutela das Minorias nas Sociedades Anónimas – Direitos de Minoria Qualificada – Abuso de Direito*, Coimbra Editora, 2004, pp. 317 e ss.. Conforme denota Paulo Câmara, *Parassocialidade... cit.*, pp. 52 e ss., trata-se de um «termo plurívoco», designando várias realidades: «um acordo através do qual os sócios entregam as suas ações a um deles ou a um terceiro autorizado a representá-los na assembleia geral; um sindicato de voto; um contrato parassocial relativo à transmissão de ações; ou, finalmente, um contrato parassocial misto, que agrega uma convenção de voto e cláusula de transmissibilidade». A designação é conhecida nas várias ordens jurídicas, exceto em França, onde a expressão «convenções de bloqueio» designa os pactos sobre o exercício do direito de voto de

sujeitas a consentimento por maioria qualificada da assembleia geral ou do conselho de administração; (v) regras especiais de vinculação da sociedade; e (v) consentimento dos sócios (sócios determinados ou uma maioria destes) para prática de determinados atos.

2.2. Mecanismos indiretos de controlo: Acordos de bloqueio como limitadores de comportamentos de aproveitamento de oportunidades

2.2.1. Acordos de bloqueio como limitações à transmissão de participações sociais nas sociedades anónimas e por quotas

Os «acordos de bloqueio» são uma modalidade de pactos relativos à transmissibilidade de participações sociais que estabelecem limites à sua transmissão, indo para além do regime supletivo previsto na lei. A referida designação tem origem na associação destes acordos ao depósito dos títulos pelos obrigados pelo pacto ou, até, à respetiva transferência das participações para terceiro[31]. Através dos acordos de bloqueio, que têm sido intensamente utilizados na prática, por lhes serem reconhecidas múltiplas finalidades, os sócios-investidores conseguem manter a titularidade de participações sociais em pessoas de confiança (um «*núcleo duro*»[32]) ou com um concreto *know how* (essencial à atividade da sociedade), incentivando a participação ativa pelos seus titulares na atividade da empresa[33]. Além disso, como destacaram Maria Isabel Sáez e Nuria Bermejo[34], estes acordos permitem também evitar vendas ineficientes, garantindo que o desinvesti-

caráter sindical, *i.e.*, os designados sindicatos de voto. Cfr. Maria da Graça Trigo, *Os Acordos Parassociais... cit.*, pp. 18 e 19.

[31] Neste caso, o depósito *escrow* apresenta elevada relevância, como destacam Ana Filipa Leal, «Algumas notas... *cit.*, p. 179 e Carolina Cunha *in* Código das Sociedades Comerciais em Comentário, n.º 1, Almedina, anotação ao art. 17.º, p. 302 [286-318]. Para aprofundar sobre esta modalidade de depósito com funções de garantia, *vide* João Tiago Morais Antunes, *Do contrato de depósito escrow*, Almedina, 2007 e o nosso «Depósito *Escrow* – um contributo para o seu estudo», *in Temas de Direito Bancário II* – Cadernos O Direito, n.º 9, 2014, pp. 179-262.

[32] Paulo Câmara, *Parassocialidade... cit.*, p. 97.

[33] Neste sentido, as cláusulas *Key Man* funcionam simultaneamente como cláusulas de controlo dos órgãos sociais e como pactos de bloqueio.

[34] Maria Isabel Sáez e Nuria Bermejo, «Inversiones específicas ... *cit.*, p. 9.

mento não tem lugar durante período de incubação (num momento em que ainda não foi amortizado), através do estabelecimento de limitações à transmissão da posição até à verificação de determinados eventos (controlo sobre o investimento).

Os acordos de bloqueio assumem ainda uma função instrumental[35] de disciplina sobre os acordos de voto[36] funcionando como garantia e «complemento natural»[37] daqueles (com eles sendo muitas vezes conjuntamente convencionados). As condições restritivas da transmissão das participações garantem aos sócios que as obrigações assumidas (*e.g.* uma concertação de voto) não são defraudadas pela simples transmissão da posição[38] (controlo da sociedade). Contudo, do ponto de vista estratégico, os acordos de bloqueio apresentam uma fragilidade: os aumentos de capital por novas entradas por terceiros, que não abordaremos no presente estudo, mas que deverão merecer especial atenção aquando da previsão de mecanismos de bloqueio[39].

Atendendo ao caráter público do contrato de sociedade[40] (que é sujeito a registo) e às limitações legais existentes para a previsão de restrições à transmissão de participações sociais que sejam previstas no contrato social, recorrendo ao AP, as partes conseguem apor novas e diferentes cláusulas

[35] Alexandre Soveral Martins atribui outro significado ao valor instrumental destes acordos parassociais: «O pacto de bloqueio é, muitas vezes, meramente instrumental, na medida em que pode servir para condicionar o valor das acções, para assegurar aos intervenientes um controlo das assembleias ou para garantir o funcionamento de grupos de sociedades», *in* Alexandre Soveral Martins, "Notas sobre os acordos parassociais relativos à transmissão de ações (Em especial, os acordos ditos «de bloqueio»", *in Estudos em Memória do Professor J. L. Saldanha Sanches*, vol. II, Coimbra Editora, 2011, pp. 33 e 34 [29-56].

[36] Paulo Câmara, *Parassocialidade... cit.*, p. 47; Também, Alexandre Soveral Martins referindo-se à pretensão de «dar maior eficácia ao acordo de voto», *in* "Notas sobre os acordos parassociais... *cit.* p. 33.

[37] Cfr. Raúl Ventura, «Acordos de Voto: Algumas questões... *cit.*, p. 85; Ana Filipa Leal, «Algumas notas... *cit.*, p. 143.

[38] Cfr. Paulo Câmara, *Parassocialidade... cit.*, p. 47 e Raúl Ventura, «Acordos de Voto: Algumas questões... *cit.*, 1992, p. 84.

[39] Como nota Paulo Câmara, *Parassocialidade... cit.*, p. 87, o aumento de capital «representa, desta forma uma operação fundamental no autofinanciamento das sociedades anónimas. Todavia também lhe estão associados alguns inconvenientes: o alargamento da malha de participações sociais significa acréscimo de direitos "políticos" relativos à sociedade (*maxime* direitos de voto); e este, por seu turno, acarreta um risco de diluição do poder da sociedade anónima».

[40] Carneiro da Frada, «Acordos parassociais "omnilaterais... *cit.*, pp. 107 e 108.

de intransmissibilidade, cujo caráter transitório aqui melhor se integra[41], ou cuja validade poderia inclusivamente ser até questionada[42]. De facto, são vários os limites legalmente admitidos à transmissão das participações a ser previstos no contrato de sociedade, sendo distintos no âmbito das sociedades anónimas e das sociedades por quotas. Nestas, são válidas as cláusulas que proíbam a cessão de quotas, ainda que os sócios tenham, nesse caso, direito à exoneração, uma vez decorridos dez anos sobre a sua entrada na sociedade (artigos 228.º e 229.º do CSC). Já nas sociedades anónimas vigora a *regra da livre transmissibilidade das ações*, pelo que a sua transmissibilidade não pode ser absolutamente excluída pelo contrato de sociedade (ainda

[41] Destacando este aspeto, Diogo Costa Gonçalves, «Notas breves... *cit.*, pp. 785.

[42] Alexandre Soveral Martins, *in Código das Sociedades Comerciais em Comentário*, n.º 3, Almedina, 2011, p. 534 afirma perentoriamente que «[a]cláusula do contrato de sociedade [de uma sociedade anónima] que contenha uma limitação de transmissibilidade das ações que vá além do que a lei permitir será nula. Na verdade, o art. 328.º, 1, parece constituir uma norma de carácter imperativo. Trata-se de uma norma proibitiva que contém na sua letra claros indícios de que o regime dela constante não pode ser afastado pela vontade das partes», evidenciando a necessidade de também se analisar a validade do contrato onde essa cláusula esteja prevista. Antes de a emissão de ações ao portador ser proibida pela Lei n.º 15/2017, de 3 de maio, Alexandre Soveral Martins dava como exemplo os casos em que se pretendia limitar a transmissibilidade de ações ao portador, em "Notas sobre os acordos parassociais... *cit.*, p. 32. Já em *Cláusulas do contrato de sociedade que limitam a transmissibilidade das acções – sobre os arts. 328.º e 329.º do CSC*, Almedina, 2006, p. 498, Soveral Martins defende a impossibilidade de prever cláusulas de opção ou promessas unilaterais de venda no contrato de sociedade. Sobre a conversão de cláusulas nulas do contrato de sociedade em pactos parassociais, do mesmo A., "Notas sobre os acordos parassociais... *cit.*, pp. 43 e ss. Não pretendendo entrar aqui nesta complexa discussão, não poderá, contudo, deixar de se dar nota da existência de um entendimento diferente, que defende que, uma vez extravasadas as limitações legais aplicáveis às restrições à transmissão de ações previstas no n.º 2 do artigo 328.º do CSC ou se essas limitações não reunissem os requisitos necessários para a eficácia real ou oponibilidade geral típicas da sua previsão dos estatutos – como acontece quando a nova redação dos estatutos que passaram a ter uma cláusula de preferência ainda não foi registada –, a consequência não seria a sua nulidade, mas tão-só a perda da eficácia *erga omnes*. Neste entendimento, o n.º 1 do artigo 328.º determina que o contrato de sociedade pode limitar *a transmissibilidade* das ações (enquanto «caraterística intrínseca»), ou seja, a sua qualidade de bens em princípio livremente disponíveis, o que afeta a qualidade natural da sua transmissão e, consequentemente, a eficácia da sua transmissão, como destacou Evaristo Mendes, *Restrições à transmissibilidade das ações I*, dissertação, UCP, 1986, p. 24. Todas as restrições à transmissão que extravasam as limitações legais previstas no n.º 2 do artigo 328.º do CSC que não coloquem a estabilidade do capital e limitem apenas o modo de exercício do poder de dispor das ações pelos acionistas, mas que lhe potenciem uma alternativa de desinvestimento / saída, não afetando a transmissibilidade das ações em si, levaria apenas à sua inoponibilidade a terceiros e não à invalidade dessas cláusulas. Evaristo Mendes, *Restrições à transmissibilidade das ações I... cit.*, p. 16.

que durante um período limitado)[43], nem pode ir além do que a lei permite (artigo 328.º, n.º 1 do CSC), sob pena de não se produzir o efeito pretendido pelas partes.

Apesar de comummente classificada como sociedade de capitais, a doutrina tem destacado que a sociedade por quotas tem um *«caráter (tendencialmente) personalista»*[44], que se manifesta sobretudo na sujeição ao consentimento da sociedade (prestado mediante deliberação aprovada, em regra, por maioria), estabelecido no artigo 228.º, n.º 2 do CSC, para que a transmissão e aquisição de quotas *inter vivos* seja eficaz perante a sociedade[45]. Essa transmissão deve ser reduzida a escrito (nos termos do n.º 1 daquele preceito) e deverá ser comunicada por escrito à sociedade ou por ela reconhecida, expressa ou tacitamente[46] (nos termos do n.º 3). Optando os sócios por estabelecer cláusulas contratuais limitativas da transmissão de quotas, estas serão válidas (artigo 229.º, n.º 1, do CSC), mas os sócios terão direito à exoneração, uma vez decorridos dez anos sobre o seu ingresso na sociedade[47]. Contudo, o n.º 5 do artigo 228.º determina que «o *contrato de sociedade não pode subordinar os efeitos da cessão a requisito diferente do consentimento da sociedade mas pode condicionar esse consentimento a requisitos*

[43] Alexandre Soveral Martins, *in Código das Sociedades Comerciais em Comentário,* Almedina, n.º 5, 2012, anotação ao artigo 328.º, p. 522.

[44] Jorge Simões Cortez, «As Formalidades da Transmissão de Quotas e Ações no Direito Português: dos princípios à prática», *in Questões de Direito Societário em Portugal e no Brasil,* Almedina, 2012, p. 318 [313-343] e Maria João Vaz Tomé, «Algumas notas sobre as restrições contratuais à livre transmissão de ações», *in Direito e Justiça IV,* 1989/1990, pp. 213 e ss. [211-220].

[45] Alexandre Soveral Martins, *Cessão de quotas – Alguns problemas,* Almedina, 2007, p. 34. Segundo António Pereira de Almeida, *Sociedades Comerciais... cit.*, vol. I, pp. 375 e 376, nestes casos, a cessão de quotas produz efeitos entre as partes, todavia não produz efeitos em relação à sociedade enquanto não for consentida, pelo que não poderá ser registada. Como destacou Raúl Ventura, *Sociedades por Quotas,* vol. I, 4.ª reimpressão da 2.ª edição, Almedina, 2007, pp. 585-586, «a sociedade pode ignorá-la, tudo se passando como se nenhuma cessão tivesse existido: ao cedente e não ao cessionário exigirá a sociedade o cumprimento de obrigações e o cedente, não o cessionário, tem legitimidade para exercer os direitos sociais». Para evitar esta situação, os sócios podem dispensar o consentimento da sociedade em geral ou em determinadas situações (artigo 229.º, n.º 2) ou prever penalidades para a cessão de quotas sem o consentimento da sociedade (artigo 229.º, n.º 6). O consentimento não pode é ser sujeito a condições, nos termos do n.º 3 do artigo 230.º do CSC.

[46] Salvo a cessão de quotas entre cônjuges, entre ascendentes e descendentes ou entre sócios, que não está sujeita ao consentimento da sociedade (artigo 228.º, n.º 2), exceto se os sócios assim o preverem no contrato social (artigo 229.º, n.º 3).

[47] Destacando este aspeto, Maria João Carapinha, «*Cláusula de preferência ... cit.*, p. 30.

específicos»[48]*, desde que essa cessão não dependa (a) da vontade individual de um ou mais sócios ou de pessoa estranha, salvo tratando-se de credor e para cumprimento de cláusula de contrato onde lhe seja assegurada a permanência de certos sócios; (b) de quaisquer prestações a efetuar pelo cedente ou pelo cessionário em proveito da sociedade ou de sócios; (c) da assunção pelo cessionário de obrigações não previstas para a generalidade dos sócios.*

Já no que respeita às sociedades anónimas, a transmissibilidade das ações não pode ser absolutamente excluída nem pode ir além do que a lei permite (artigos 329.º, n.º 1 do CSC), mas pode ser objeto de restrições estabelecidas ou pela própria lei ou pelos próprios interessados no contrato de sociedade[49]. Conforme foi já destacado[50], a maioria dos ordenamentos jurídicos europeus (continentais) preveem um conjunto taxativo de limitações estatutárias à transmissibilidade de ações. Daqui decorre a proibição da intransmissibilidade das ações, sendo inadmissível, ou pelo menos discutível, a exoneração (*stricto sensu*) do acionista[51]. Ainda assim,

[48] Esta exceção é descrita como «estranha» por ALEXANDRE SOVERAL MARTINS, *Cessão de quotas... cit.*, p. 70, na medida em que a exceção é mais limitativa do que a permitida para as sociedades anónimas.

[49] Conforme destacou EVARISTO MENDES, *Restrições à transmissibilidade das ações I... cit.*, pp. 7-16, disponível em http://www.evaristomendes.eu/artigos.html, o exercício da liberdade de transmissão de participações pode ser restringido, desde que não atinja o conteúdo essencial dessa liberdade e que tal restrição corresponda a um interesse digno de proteção legal. No tipo de sociedades anónimas, a transmissibilidade das ações desempenha uma função de tutela do acionista (permitindo-lhe desinvestir e sair da sociedade) e constitui um elemento essencial do tipo definido pelo legislador, na medida em que aqui o exercício do direito de exoneração é inexistente ou, pelo menos, reduzido a casos absolutamente excecionais e uma relação contratual duradoura não pode ser perpétua. Ademais, como também evidenciou o A. (p. 18), o direito de saída «é um instrumento fundamental de pressão de minorias, um fator de equilíbrio e auto composição de interesses contrapostos no seio da sociedade» e, no caso da sociedade anónima, o direito de saída é tipicamente exercido através da transmissão das ações».

[50] PAULO CÂMARA, *Parassocialidade... cit.*, p. 46, denominando de *numerus clausus*.

[51] Já foi destacado que «[o] regime da exoneração é mais liberal nas sociedades de pessoas e mais restritivo nas de capitais». PEDRO PAIS DE VASCONCELOS, «Concertação de accionistas, exoneração e OPA obrigatória em sociedades abertas», *in DSR*, ano 2, vol. 3, Coimbra, Almedina, 2010, p. 15 [11-48]. O A. justifica a afirmação com a maior ou menor abertura do elemento pessoal da sociedade, uma vez que nas sociedades de pessoas, por haver um maior controlo por parte dos sócios sobre a entrada de novos sócios, haverá um regime menos rígido de exoneração. Deve ainda ser considerado o facto de no mercado se ter vindo a verificar que, por falta de procura, nem sempre o sócio consegue vender a sua participação social, criando depois vários conflitos burocráticos (sabemos que o direito à informação pode ser uma arma muito poderosa no que toca a estes combates) e judiciais, por forma a exercer pressão sobre os *insiders* para estes lhe comprarem a sua participação, como explicou o Autor (p. 16). Sobre as características essenciais do direito de

apesar de a sociedade anónima ser por excelência a sociedade de capitais, formada *intuitus pecuniae,* nem sempre a personalidade dos seus associados lhe resulta indiferente, *como destacou Maria João Vaz Tomé* [52]. *Neste sentido,* a lei admite, no artigo 328.º, n.º 2, *a)* e *c)* do CSC[53], que se possa subordinar a transmissão de ações nominativas, afetando a sua qualidade natural da livre transmissibilidade[54], ao consentimento da sociedade (cláusulas de consentimento) ou à existência de determinados requisitos, subjetivos ou objetivos[55], que estejam de acordo com o interesse social (*cláusulas de condicionamento*). Por outro lado, admite-se, no artigo 328.º, n.º 2, alínea *b)* do CSC a previsão de um direito de preferência a outros acionistas, o que será adiante abordado (nas cláusulas de preferência).

Contudo, esses limites são exclusivamente destinados à previsão de restrições à transmissão de quotas e de ações no contrato de sociedade e não à previsão de restrições à transmissão de participações sociais em geral, como sejam num AP. Concordamos com Paulo Câmara[56], quando afirma que a tipicidade das cláusulas limitativas encontra fundamento na oponibilidade

exoneração e sobre a querela doutrinal relativa ao apuramento e natureza das causas do direito de exoneração do acionista, *vide* Tiago Soares da Fonseca, *O Direito de Exoneração do Sócio no Código das Sociedades Comerciais,* Coimbra, Almedina, 2008, pp. 253-286, que distingue entre causas estatutárias e legais, por um lado, e causas típicas e atípicas, por outro.

[52] Maria João Vaz Tomé, «Algumas notas... *cit.,* p. 212. Também assim, Maria João Carapinha, «*Cláusula de preferência... cit.,* p. 33.

[53] João Labareda, *Das Ações das Sociedades Anónimas,* AAFDL, 1998, pp. 299 e ss., sobre as consequências do estabelecimento de uma cláusula cujos requisitos para a transmissão das ações não respeite o disposto no artigo 328.º, n.º 2, alínea *c)* do CSC. João Calvão da Silva, «Preferência societária e venda conjunta de acções por preço global», *in Estudos Jurídicos [Pareceres],* Almedina, 2001, p. 307, nota 4, defende que «A previsão legal da subordinação da transferência de acções a certos requisitos subjectivos – relativos, portanto, ao sujeito adquirente – que estejam de acordo com o interesse social sanciona a licitude de cláusulas que cinjam ou excluam a cessão de certas pessoas, com ou sem estas ou aqueloutras qualidades».

[54] E não o respetivo exercício do direito de transmissão, conforme explicou Evaristo Mendes, *Restrições à transmissibilidade das ações I... cit.,* p. 24.

[55] Sobre estes requisitos em concreto, Alexandre Soveral Martins, *Cláusulas do contrato... cit.,* pp. 529-546.

[56] Paulo Câmara, *Parassocialidade... cit.,* pp. 334 e ss.. Também parece ser desta opinião, Evaristo Mendes, *Restrições à transmissibilidade das ações I... cit.,* p. 25, para quem o interesse social tutelado pelo artigo 328.º confirma esta interpretação: «está em causa regular a composição pessoal da sociedade anónima de modo a garantir o seu funcionamento eficiente, a conservação da sua independência, identidade, etc», pelo que, sem a oponibilidade *erga omnes* das restrições previstas no contrato social (pelo menos que atingissem a sua eficácia perante a sociedade), esses interesses não seriam satisfatoriamente protegidos.

a terceiros resultante da sua previsão no contrato de sociedade após lhe ter sido dada a necessária publicidade[57]. Tanto é assim que nas sociedades anónimas se exige, além da publicidade do contrato social, que estas cláusulas devam ser transcritas nos títulos ou nas contas de registo das ações, «sob pena de serem inoponíveis a adquirentes de boa fé» (artigo 328.º, n.º 4 do CSC), o que significa, como já foi destacado, «que elas são oponíveis a adquirentes de boa-fé se transcritas no título e, também, implicitamente, que são oponíveis a adquirentes de má-fé, constem ou não do título e a adquirentes de boa ou má fé de ações não tituladas (...) [pois esta é uma] condição suplementar (especial) de eficácia das cláusulas apenas relativa às ações tituladas»[58].

2.2.2. Continuação. Cláusulas *lock up* e cláusulas *key man* ou *key executive clauses*

Ao investir numa sociedade, o investidor pode tentar imprimir um carácter pessoal ao seu investimento (*intuitos personae*). Para tal, negoceia num AP a previsão de uma cláusula que proíba a transmissão das participações sociais (*lock up*) e/ou que a dedicação e a participação empenhada do sócio seu parceiro na gestão da sociedade são consideradas essenciais para a celebração do acordo de investimento. Estas últimas são as denominadas cláusulas *key man* ou *key executive clauses*. A garantia da manutenção dos incentivos económicos ao longo da atividade constitui um forte incentivo a que o «sócio-chave» (o empreendedor) desempenhe o seu papel de gestão na sociedade com a maior diligência, pelo que é frequente a conjugação destas cláusulas, sendo-lhe exigida a manutenção de uma determinada percentagem do capital da sociedade (*lock up*, assegurando o incentivo na obtenção de lucros) e/ou a dedicação de uma percentagem do seu tempo de trabalho à gestão da sociedade, nomeadamente na qualidade de administrador (*key man*).

[57] Enquanto não tiver sido sujeita a registo a alteração ao contrato de sociedade e depositada na Conservatória do Registo Comercial a versão atualizada dos estatutos, as cláusulas de limitação à transmissão de participações sociais não poderão ser oponíveis a terceiros não sócios, na medida em que apenas com a publicidade legal dos estatutos, decorrente do seu registo público, se presume o conhecimento das respetivas cláusulas por um eventual adquirente. Evaristo Mendes, *Restrições à transmissibilidade das ações I... cit.*, pp. 28 e 30.

[58] Evaristo Mendes, *Restrições à transmissibilidade das ações I... cit.*, p. 24.

Para garantia do cumprimento, em paralelo com as garantias clássicas, as partes podem preocupar-se em estabelecer detalhadamente as consequências do incumprimento desta obrigação pelo *key man*[59], sendo possível estruturar várias soluções – nomeadamente os acordos de transmissão forçada abordados *infra*. Se a transmissão implicar uma concentração das participações sociais nos sócios investidores, será frequente terem o direito a adquirir de forma forçada a participação do inadimplente (em termos economicamente desfavoráveis a este) ou, ainda, a nomear a maioria dos membros do conselho de administração (direito de «*step in*»). Se por outro lado, a consequência for a de garantir o desinvestimento pelo sócio não faltoso, será frequente (i)a atribuição do direito a exercer uma opção de venda nos termos previstos (e penalizadores para o inadimplente), (ii) a prescrição de cláusulas *drag along* ou *tag along*; bem como (iii) cláusulas que atribuam um direito a resolver o AP com obrigação de devolução do investimento acrescido de uma penalização[60].

As cláusulas *lock in* são aquelas em que os sócios de uma sociedade se obrigam a não transmitir as suas participações. Entre as exceções à proibição de transmissão, encontram-se aquelas em que os sócios decidem subordinar a transmissão de participações ao consentimento (i) de apenas um sócio; (ii) da maioria de sócios (simples ou reforçada); (iii) de um qualquer sócio em concreto; (iv) do conjunto dos sócios (adotado por unanimidade); (v) de um órgão constituído, ou (vi) da sociedade. Porém, na celebração destas cláusulas, os sócios encontram-se numa situação potencialmente conflituosa, na medida em que cada sócio pretende controlar a saída de terceiros, mas teme a atribuição de um direito de veto sobre a alienação da sua posição a cada um dos seus sócios. Por essa razão, a previsão de uma maioria, para que exista esse consentimento pode ser uma solução a adotar, tipicamente, por escrito (para efeitos *ad probatorium*). Para conformar a vontade das partes, podem e são tipicamente previstas exceções ao *lock-up*,

[59] Para equilibrar os interesses das partes é frequente a previsão de exceções às cláusulas *key man*, como em caso de morte, invalidez permanente ou doença grave que impossibilitem o exercício das funções de gestão.

[60] Como nota Paulo Câmara, *Parassocialidade... cit.*, p. 209, «no leme dos acontecimentos temos a posição do sócio alienante, que mantém ampla liberdade de decidir se e em que condições pretende proceder à transmissão das suas ações mas que, ao decidir fazê-lo – nada pode fazer para impedir que os restantes o façam em idênticas condições. Posição diversa é a dos restantes sócios que se vinculam a só vender se e nas condições em que o sócio dominante o fizer». Aqui estamos perante uma cláusula de venda conjunta (dependendo da configuração), que abordaremos adiante.

permitindo-se a transmissão a familiares (para pessoas singulares) ou para sociedades em relação de domínio ou grupo (no caso de sociedades). Contudo, uma vez incluída num AP, esta modalidade de cláusulas encontra-se «largamente condicionada pela eficácia atribuída a estes acordos por via do artigo 17.º/1 CSC. (...) [A]quele preceito veda a possibilidade de opor a terceiros o conteúdo da cláusula de consentimento, no caso da transmissão se ter efectuado sem a sua obtenção»[61].

Os acordos de voto podem servir como instrumento para contornar as limitações da transmissibilidade de participações sociais, na medida em que o voto de acordo com os interesses ou instruções de terceiros (sócios ou não) pode na prática ter o efeito de permitir a transmissão a um terceiro não sócio[62]. No entanto, como destaca Alexandre Soveral Martins, aqui existe uma limitação já constante do artigo 17.º, n.º 2, alínea *c)* do CSC, nomeadamente, nos casos em que a transmissão das ações em causa e o acionista, em troca da obrigação assumida no acordo, recebe o preço ou uma parte do preço que seria devido se tivesse lugar a aquisição de ações[63].

2.2.3. Direito de preferência (preferências próprias e impróprias) na transmissão de participações

Em geral, o pacto de preferência é a «*convenção pela qual alguém assume a obrigação de dar preferência a outrem na venda de determinada coisa*» (artigo 414.º CC)[64]. Neste âmbito, apenas há uma especificidade no objeto[65]: o sócio vincula-se a dar preferência a outros sócios ou a terceiros, conforme o estipulado no acordo, aquando da transmissão[66] de parte ou da totalidade da sua participação social. A preferência sobre participações sociais serve um

[61] Paulo Câmara, *Parassocialidade... cit.*, pp. 200 e 201.

[62] Sobre o assunto Alexandre Soveral Martins, "Notas sobre os acordos parassociais... *cit.*, pp. 49 e ss.

[63] Alexandre Soveral Martins, "Notas sobre os acordos parassociais... *cit.*, pp. 53 e ss.

[64] Independentemente de se discutir se o pacto de preferência, a par da promessa com eficácia real, se trata de um direito real de aquisição ou um direito de crédito (devido à sua estrutura), é certo que a lei lhes confere «elementos reais». Menezes Cordeiro, *Tratado de Direito Civil*, VI, 2.ª edição, Almedina, 2012, p. 377.

[65] Paulo Câmara, *Parassocialidade... cit.*, p. 202.

[66] Conforme refere Coutinho de Abreu, «Direito de preferência em cessão de quotas», *in II Congresso do Direito das Sociedades em Revista*, Almedina, 2012, p. 150 [147-155], é necessário atender ao conteúdo concreto de uma cláusula para verificar se a preferência na cessão de quota compreende

duplo propósito[67]: o de os sócios não ficarem «prisioneiros» na sociedade, e o de poderem aumentar a sua posição relativa na sociedade com prioridade sobre terceiros, caso o investimento esteja a correr de acordo com as expectativas.

Parece-nos que, independentemente da natureza que se venha a atribuir às participações sociais[68] e de uma eventual discussão acerca da sua suscetibilidade de serem objeto de direitos reais, tais controvérsias não têm impacto na seguinte conclusão: tanto nas sociedades anónimas como nas sociedades por quotas são admissíveis cláusulas de preferência no contrato de sociedade, sendo por regra *consideradas válidas*. A introdução de um direito de preferência revela-se naturalmente mais protetora dos sócios se este for previsto no contrato de sociedade, que tem eficácia[69] e oponibili-

outros atos translativos. Sobre o problema, em especial quanto a espécies negociais que poderão suscitar maiores dúvidas, *vide* pp. 151-153.

[67] Raúl Ventura, «Acordos de Voto: Algumas questões... *cit.*, p. 85.

[68] As participações sociais, tal como têm sido definidas, levantam a questão de saber a sua qualificação e natureza jurídica, nomeadamente como «relação ou direito real, direito de crédito (ou feixe de créditos), expectativa jurídica (ou feixe de expectativas jurídicas), estatuto pessoal, bem imaterial objecto de direito absoluto, direito corporativo ou direito à qualidade de sócio, posição contratual, relação jurídica complexa, direito subjetivo complexo», como resumidamente destacou Coutinho de Abreu, *Curso de Direito Comercial*, vol. II, 5.ª edição, Almedina, 2016, p. 206. Sobre o assunto, *vide* Pedro Pais de Vasconcelos, *A Participação Social nas Sociedades Comerciais*, 2.ª edição, Almedina, 2006, pp. 386 e ss.. Para apurar das consequências da opção por determinada qualificação no regime jurídico aplicável à transmissão, *vide.* Jorge Simões Cortez, «As Formalidades da Transmissão... *cit.*, pp. 322 e ss. [313-343].

[69] Ana Filipa Leal, «Algumas notas ... *cit.*, p. 176, patenteia alguns desvios do AP à eficácia *erga omnes* do contrato social. Ambos os contratos diferem igualmente no que toca à aplicação das normas de validade dos contratos, na medida em que para o pacto social vigoram as regras específicas dos artigos 36.º a 52.º do CSC, enquanto para o AP vigoram as regras gerais de Direito Civil sobre a invalidade do negócio jurídico. Acresce o dito também para os casos de modificação e extinção dos contratos. Assim, para a alteração ou extinção do contrato de sociedade há que atender às regras gerais previstas nos artigos 85.º e ss. e 141.º e ss. do CSC e ainda àquelas específicas do tipo societário. Para o acordo parassocial vale o conjunto normativo de Direito Civil, sendo que o mesmo só por unanimidade das partes poderá ser alterado. Embora admitindo as dificuldades da sua aplicação prática, especialmente no que respeita às alterações e registo do contrato social, é interessante a posição de Paulo Câmara, «Acordos parassociais... *cit.*, pp. 791 e ss. que opta por fazer uma distinção entre as cláusulas materialmente estatuárias e cláusulas formalmente estatutárias, destacando, desde logo que a revogação de uma promessa de venda de ações por um determinado sócio a pessoa determinada, ainda que sócio, se inserida nos estatutos, não exigem um quórum deliberativo reforçado como é regra da modificação dos estatutos, pois não afeta os restantes sócios nem a sociedade – é uma cláusula meramente estatutária. Neste sentido, destaca Paulo Câmara que «[n]ão pode, todavia, sustentar-se que como elementos formais dos estatutos se qualifiquem todos os elementos facultativos. Em termos de conteúdo de tais cláusulas, foi já

dade *erga omnes*, pelo que vincula a própria sociedade, os seus órgãos, os sócios e é oponível a terceiros, o que resulta, nomeadamente, de todas as exigências legais de forma, registo e publicidade especialmente previstas pelas regras societárias (artigos 7.º a 19.º do CSC, bem como artigo 14.º, n.º 4 do CRCom)[70].

demonstrado que o alcance organizativo pode ser significativo, por outro lado, a nível teleológico, uma tese como a referida, com a pretensão de restringir substancialmente a margem de aplicação do regime dos estatutos, traria prejuízos profundos na esfera de terceiro» (p. 792), chegando à conclusão que é necessário distinguir, dentro das cláusulas formalmente estatutárias, «*entre as que consagram situações extra-sociais e as que fundam situações jurídicas parassociais*» (realçados no original, p. 793). Um dos exemplos dos direitos mencionados pelo A. é o de que «se no contrato de sociedade fixar enxertada uma vinculação de um sócio perante outro, a sua modificação far-se-á de acordo com as regras gerais de alteração contratual, reclamando o consenso dos contraentes – sem que a sociedade deva ou tenha possibilidade de interferir» – pois trata-se de um direito extra-social (*rectius*, associal) por oposição à dos direitos creditícios dos sócios (os que digam respeito a uma «vinculação assumida enquanto sócio»), na medida em que a lei não «atende de alguma sorte à pessoa do sócio». Contudo, como admite PAULO CÂMARA, o artigo 17.º não elimina a recondução dos vínculos parassociais à categoria dos «direitos creditícios dos sócios», ligados à pessoa do sócio. Esta posição torna, no entanto, menos claro aquilo que o legislador pretendeu que fosse absolutamente claro: as condições para alteração do contrato social, na medida em que essa maioria poderia varia consoante se tratasse de uma matéria social ou parassocial. A solução passará por, quando se trate de uma matéria parassocial, atribuir-lhe mera eficácia *interpartes*, não obstante a sua previsão nos estatutos. Para uma análise comparativa entre a socialidade e a parassocialidade, com especial enfoque nesta última, DIOGO COSTA GONÇALVES, «Notas breves *cit.*, pp. 779-799.

[70] Chama-se a atenção para que estes requisitos naturalmente incluem o registo e depósito na Conservatória do Registo Comercial, por forma a cumprir o requisito da publicidade exigido pelo artigo 413.º do CC para a eficácia real. Os outros dois requisitos são o da declaração expressa da eficácia real e o da forma do título da preferência real – a forma de escritura pública ou documento particular autenticado para a versão original do contrato de sociedade e, para versões posteriores, a forma de documento particular com reconhecimento de assinaturas. No caso de o direito de preferência ser previsto originalmente no contrato social, a sua assinatura será reconhecida na Conservatória do Registo Comercial, cumprindo-se o requisito de forma. No caso de o direito de preferência ser introduzido na sequência das alterações posteriores aos estatutos, esse reconhecimento formal é dispensado pelas regras societárias, que atribuem aos presidentes de mesa das assembleias gerais a competência de garantir a regularidade e veracidade da identidade dos sócios que adotam deliberações de alterações dos estatutos e a autenticação da redação final do contrato de sociedade, que será mais tarde entregue na Conservatória para registo. Acresce que o princípio do *favor negotii* sempre permitirá que, faltando apenas a assinatura da parte beneficiária da preferência, se aproveite as promessas ou preferências assumidas pela parte vinculada, pelo recurso à redução e conversão (artigos 292.º e 293.º do CC). Neste sentido, MENEZES CORDEIRO, *Tratado de Direito Civil*, VII, Almedina, 2016, p. 416. No que respeita à verificação do requisito de declaração expressa da eficácia real para que se constitua um verdadeiro direito real de aquisição na esfera do sócio preferente, a doutrina e a jurisprudência dividem-se entre (i) quem considera que esta declaração deverá ser expressamente prevista no contrato de sociedade e (ii) quem ou

Uma diferença determinante entre o contrato de sociedade e o AP reporta-se à respetiva produção potencial de efeitos. Segundo o disposto nos artigos 406.º, n.º 2 do CC, no ordenamento jurídico português vigora o princípio geral da eficácia relativa dos contratos. O n.º 1 do artigo 17.º do CSC veio precisamente confirmar a aplicação do regime geral de Direito Civil e, por isso, a eficácia relativa dos APs ao dispor que estes produzem efeitos entre os contraentes e que, com base neles, não podem ser impugnados atos da sociedade ou dos sócios para com a sociedade. Neste sentido, os efeitos do AP aparentam ser inoponíveis a terceiros, incluindo à própria sociedade e a sócios, que não sejam intervenientes no AP. A este respeito, desde já se coloca a questão de saber se bastará o respeito destes requisitos de publicidade previstos para o contrato de sociedade para que o direito de preferência goze de uma verdadeira eficácia real ou se, por outro lado, poderá ser necessária a verificação de outros requisitos, nomeadamente, no que respeita às próprias participações sociais, que são afinal, o verdadeiro objeto da preferência. A esta questão responderemos em instantes.

Do ponto de vista estrutural, a obrigação de preferência revela-se muito interessante, na medida em que vai sofrendo vicissitudes ao longo do desenvolvimento e cumprimento da obrigação: (i) num primeiro momento, constitui uma obrigação de prestação negativa, ou seja, o seu obrigado compromete-se a não transmitir as participações sociais detidas numa sociedade sem primeiro dar preferência ao titular do direito; (ii) num segundo momento, logo após ser dada a preferência e enquanto aguarda a resposta, o obrigado vê-se colocado numa sujeição jurídica; e finalmente (iii) tendo o direito de preferência sido exercido pelo respetivo titular, caso não se tenham verificado os requisitos para a perfeição do contrato definitivo[71], converte-se numa obrigação de contratar (obrigação de transmissão

dispensa este requisito ou o considera como tacitamente incluído. Para um resumo das diversas opiniões e jurisprudência, cfr. Joana Torres Ereio e Filipa de Aragão Homem, «Da aplicação do artigo 830.º do Código Civil na *praxis* societária – a execução específica de obrigações sociais e parassociais», *in RDC* I, 3, p. 667 nota 78 [639-699]. Destaca-se, contudo, que, independentemente de vir a ser eficaz perante terceiros, constituindo um verdadeiro direito de garantia, a inclusão estatutária do direito de preferência garante, pelo menos, a sua oponibilidade a terceiros, na medida em que permite a sua cognoscibilidade. Adiante tiraremos conclusões desta afirmação, aquando do estudo do incumprimento da preferência.

[71] A notificação para preferir deve ser qualificada como proposta de contrato e a resposta aperfeiçoa-a o contrato. Pires de Lima e Antunes Varela, *Código Civil Anotado*, vol. I, 4.ª edição, Almedina, p. 391. No caso da transmissão das ações, não esquecer a doutrina da tese constitutiva, conforme detalhada *infra*, em 3.2..

forçada), uma vez que passa a existir uma verdadeira obrigação de transmitir ao preferente.

Seguindo a dicotomia estabelecida pela lei, na análise da preferência entre sócios de sociedade por quotas e sócios de sociedades anónimas, verificamos que, não obstante a não previsão expressa nas regras do CSC que disciplinam a transmissão de quota (artigo 228.º do CSC), à previsão de um direito de preferência no contrato de sociedade pode ser atribuída eficácia real como resulta claramente do artigo 3.º, n.º 1, alínea *d)* do CRCom[72]. Portanto, a introdução da preferência no contrato de sociedade será admissível e válida *e esta situação só não se verificará se as mesmas* «subordinarem ou fizerem depender a eficácia da cessão de quota para com a sociedade do cumprimento, pelo cedente, da obrigação de preferência», *tal como dispõe o artigo 229.º, n.º 5 do CSC*[73]. Adotando uma interpretação ampla de bens móveis, as quotas constituem bens móveis sujeitos a registo[74], nos termos do

[72] Coutinho de Abreu, «Direito de preferência... *cit.*, p. 153, destaca que, quando previstos direitos de preferência no contrato social de uma sociedade por quotas, a oponibilidade a terceiros de tais cláusulas é garantida pelo registado das cláusulas (artigos 168.º do CSC e 14.º do CRCom) e pela aplicação, embora subsidiária, do exposto no CC nos artigos 414.º, 421.º e 423.º do CC. Assim, os direitos de preferência estabelecidos com eficácia real expressa em contratos sociais com forma legal e registados têm eficácia real, como nota Maria João Carapinha, «Cláusula de preferência... *cit.*, p. 35. António Pereira de Almeida, *Sociedades Comerciais... cit.*, vol. I, p. 379 considera que estas cláusulas têm eficácia real (com o fundamento de que o pacto social revestir forma escrita e está sujeito a registo) e, incumprindo a obrigação de dar preferência poderão os titulares do direito de preferência recorrer à ação de preferência ou de execução específica, nos termos gerais. Também assim, Alexandre Soveral Martins, *in Código das Sociedades... cit.*, n.º 3, pp. 472 e ss., embora por caminho diverso. O A. destaca (nota de rodapé 27) que o artigo 3.º, n.º 1, alínea *d)* do CRCom, determina estarem sujeitos a registo os pactos de preferência relativos a quotas «se tiver sido convencionado atribuir-lhes eficácia real», concluindo pela irrelevância entre «pacto» ou «cláusula» para essa eficácia, por maioria de razão. Contudo, como refere o A., o abrigo do regime do CSC este entendimento é mais discutível, pois nenhum regime legal prevê a eficácia real da preferência e o disposto no artigo 421.º do CC apenas respeita, também ele, ao pacto de preferência. Acresce o princípio da tipicidade dos direitos reais. Ainda assim, «pelo menos, quando fica clausulada expressamente essa eficácia real no próprio contrato de sociedade, que será registado», e atendendo a que a quota (na opinião do A.) um bem móvel e a sua cessão é sujeita a registo – tal como o é o contrato de uma sociedade por quotas –, a preferência deverá ser dotada de eficácia real. O titular do direito de preferência poderá, mediante transmissão a outrem e a consequente violação do seu direito, intentar a correspondente ação de preferência. Confirmando o entendimento do A., o s. do STJ de 24 de março de 1994, pr. 086206, acórdão do STJ de 12 de setembro de 2013, pr. 388/04.4TYLSB.L1.S1.

[73] Neste sentido, Maria João Carapinha, «*Cláusula de preferência ... cit.*, p. 30.

[74] Ou conforme já foi devidamente destacado, direitos objeto de factos sujeitos a registo. Joana Torres Ereio e Filipa de Aragão Homem, «Da aplicação do artigo 830.º ... *cit.*, p. 667.

artigo 413.º do CC, pelo que, a apresentação em registo do facto de as quotas se encontrarem sujeitas a direito de preferência (ainda que tal apenas conste do contrato de sociedade) não deixará dúvidas de que o titular da preferência se encontra munido de um verdadeiro direito real de aquisição, por se encontrarem reunidos os requisitos necessários[75].

A introdução da preferência no AP referente a sociedade por quotas, parece-nos legalmente admissível e poderá inclusivamente gozar de eficácia real[76] (nos termos do artigo 413.º *ex vi* artigo 421.º do CC), se respeitar os requisitos necessários para esse efeito, embora se admita que poderá levantar mais dúvidas do que acontece aquando da sua introdução no contrato de sociedade. Acresce que a natureza das quotas poderá levar a que, ao abrigo do princípio da tipicidade dos direitos reais, a sua eficácia real seja contestada[77]. Tal hipótese parece-nos, não obstante o disposto no o artigo 3.º, n.º 1, alínea *d)* do CRCom, muito rara na prática, dado o caráter tipicamente sigiloso de um AP numa sociedade fechada, incompatível com a publicidade exigida pela eficácia real.

No âmbito das sociedades anónimas, a previsão do direito de preferência no contrato de sociedade é admissível[78] nos termos da alínea *b)* do

[75] Previstos no artigo 410.º, n.º 2 do CC, por remissão do artigo 415.º. No sentido da interpretação extensiva da remissão para abranger o artigo 410.º, n.º 3, do CC, Ana Prata, *O contrato promessa e o seu regime civil*, Almedina, 2006, pp. 354 e 355.

[76] Pronunciando-se negativamente concretamente quanto à preferência real prevista num AP, Raúl Ventura, «Acordos de Voto: Algumas questões... *cit.*, pp. 37 e 38, com fundamento no facto de a sociedade não poder deixar de reconhecer, baseada no AP, a venda a terceiro.

[77] Alexandre Soveral Martins, *in Código das Sociedades... cit.*, n.º 3, p. 473.

[78] Se no caso das ações nominativas tal nunca foi questionado (por permissão legal expressa), sempre se julgou inadmissível a previsão do direito de preferência para as ações ao portador, cuja emissão passou a ser proibida pela Lei n.º 15/2017, de 3 de maio. Sobre o assunto, cfr. José de Oliveira Ascensão, «As ações», *in DVM*, vol. II, Coimbra Editora, 2000, p. 85 e Alexandre Soveral Martins, *Cláusulas do contrato... cit.*, p. 311, para quem o legislador considerou que «aqueles limites [de previsão no contrato social] não eram compatíveis com o regime da transmissão das ações ao portador», o que nos parece outrora aplicável *mutatis mutandis* ao caso das limitações se encontrarem previstas no AP. Para o A. era contraditório dizer que as ações representadas em título ao portador se transmitiriam pela entrega do título (nos termos do n.º 1 do artigo 101.º, hoje revogado) mas impedir essa transmissão devido à existência de um direito de preferência. A ser admitida a sua previsão no contrato social, estaríamos perante um direito de preferência insuscetível de ser exercido, na medida em que perante a facilidade de transmissão do regime das ações ao portador, estar-se-ia a criar situações em que, quando o preferente tivesse conhecimento da violação da obrigação de preferência, poderia ser impossível a reconstituição de todas as transmissões realizadas, com prejuízo do direito de preferência. O legislador optou por excluir o direito de preferência no âmbito do contrato social das sociedades anónimas, na medida em que tal seria

n.º 2 do artigo 328.º do CSC. Essas cláusulas estatutárias de preferência devem ser transcritas nos títulos ou nas contas de registo das ações, sob pena de inoponibilidade aos terceiros de boa-fé, nos termos do artigo 328.º, n.º 4 do CSC, pelo que se tratam de requisitos essenciais de publicidade para a eficácia real. Discute-se a suscetibilidade de as cláusulas estatutárias de preferência sobre ações serem dotadas uma eficácia real *próprio sensu*[79], mas parece-nos que perante a sua previsão não restará senão admitir-se o

inconciliável com o efeito típico da previsão no contrato social das preferências, cujos efeitos se expandem para terceiros, em função da referida publicidade.

[79] No que respeita à eficácia real de uma preferência introduzida no contrato de sociedade, como nota Maria João Carapinha, parece aceitar-se que as cláusulas de preferência gozam de eficácia real, *in* «Cláusula de preferência... *cit.*, p. 15. No Ac. TRL 06 de fevereiro de 2016, proc. 153-04.9TYLSB.L1-6, o Tribunal entendeu não ser legalmente exigível o uso da expressão «eficácia real», «bastando para tanto que se possa depreender do pacto que esse seria o alcance pretendido pelos outorgantes», pelo que, no caso concreto, concluiu «ser de atribuir "eficácia real" ao direito de preferência consignado no contrato social» Também favor da posição da admissibilidade da eficácia *erga omnes* do direito de preferência, Coutinho de Abreu, *Curso... cit.*, vol. II, p. 354 e Maria João Vaz Tomé, «Algumas notas... *cit.*, p. 217, nota 17, que defende que, uma vez que o artigo 328.º, n.º 4 do CSC não estabelece qualquer limite ou restrição à eficácia real da preferência, «onde a lei não distingue, não deve o intérprete distinguir». Ao ser atribuído o direito de preferência, deverão, pois, ser reguladas as condições do respetivo exercício. Ainda no sentido positivo, João Labareda, *Das Ações... cit.*, pp. 296 a 299 e António Pereira de Almeida, *Sociedades Comerciais... cit.*, vol. I, pp. 379 e 380.

Contudo, como destaca Alexandre Soveral Martins, *Cláusulas do contrato... cit.*, p. 524 e ss., defendendo que não se trata de uma eficácia *erga omnes*, a violação de uma preferência estatutariamente prevista e reproduzida nos títulos ou no registo de conta, torna lícita a recusa do registo da transmissão que violou o direito de preferência, pois poderá ser invocada perante terceiros, que não poderão invocar o seu desconhecimento, sem necessidade de recorrer à ação de preferência, porque as ações se mantêm na titularidade do alienante (artigos 80.º, n.º 1 e 102.º do CVM). Este foi justamente o caso do Ac. TRP de 29 de abril de 2013, proc. 776.09.0TBMDL.P1, disponível em https://jurisprudencia.csm.org.pt, em que o Tribunal concluiu que «a violação de uma cláusula do contrato de sociedade que limita a transmissibilidade das acções não só torna lícita a recusa do registo da transmissão das acções tituladas sujeitas ao regime constante do artigo 102.º do CVM e o registo da aquisição das acções escriturais nominativas ou subordinadas a esse regime, como também constitui a sociedade emitente, ou outra entidade registadora no dever de não efectuarem aqueles registos».

Em «As ações», *in DVM*, vol. II, Coimbra Editora, 2000, p. 86, José de Oliveira Ascensão chamou a atenção para que «a eficácia absoluta é a que resulta do título em si, independentemente do estado subjetivo de terceiros». Parece-nos ser justamente este o caso. Pronunciando-se contra a eficácia real de preferências sobre ações, quer previstas no contrato social, quer nos APs, Joana Torres Ereio e Filipa de Aragão Homem, «Da aplicação do artigo 830.º... *cit.*, p. 670 (e nota 90), por não constituírem «– nem sequer numa interpretação ampla de bens móveis – bens móveis sujeitos a registo (leia-se, registo público)».

recurso à ação de preferência, uma vez que essa eficácia decorre do registo público que é conferido aos estatutos[80] (a que acresce, nas ações tituladas, os requisitos de publicidade referidos). Não se encontrando preenchidos todos os requisitos de publicidade, existirá o risco de os sócios preferentes não poderem recorrer à ação de preferência, pelo que a preferência funcionará como um mero pacto de bloqueio com eficácia meramente obrigacional.

Já no âmbito do AP que tenha por referência uma sociedade anónima, a introdução de uma preferência sobre as respetivas ações poderá ser questionada em, pelo menos, duas frentes: por um lado, em virtude da inexistência de disposição legal que preveja a eficácia real de um eventual direito de preferência sobre ações; por outro, o disposto no artigo 421.º do CC apenas aparenta dizer respeito ao pacto de preferência previsto no artigo 414.º do CC, que dispõe que este é uma «convenção pela qual alguém assume a obrigação de dar preferência a outrem na venda de determinada coisa», pelo que a previsão pelas partes num AP de um direito de preferência (quer obrigacional, quer real) vê-se potencialmente prejudicada em virtude da discussão acerca da natureza jurídica da ação, atendendo à limitação do princípio da tipicidade dos direitos reais, como afirma Alexandre Soveral Martins. Parece-nos que estes obstáculos não são, ainda assim, totalmente impeditivos. Repare-se que, ainda que se entenda que as ações não são bens móveis, sempre poderão as partes negociar no AP, com eficácia *interpartes* e, ao abrigo da autonomia privada, tudo aquilo que não seja legalmente proibido. Deste modo, não se vê nenhuma restrição que impeça a constituição de um direito de preferência (ainda que de natureza «imprópria» ou «atípica») que, tendo eficácia meramente obrigacional, constitua uma parte de um AP na obrigação de dar preferência na transmissão da sua posição. Mais adiante daremos conta das principais preferências «impróprias» da prática societária.

Estruturalmente, ao d*ireito de preferência dos outros sócios correspondem obrigações por parte do sócio que pretende alienar*. Os titulares de direitos de preferência podem, por um lado, ser vários ou apenas um (configurando um direito especial desses sócios) ou, por outro lado, ser todos os sócios, caso em que deverá prever-se no AP a consequência para a situação em que todos exerçam o direito de preferência no momento da alienação por um deles – *e.g.* promovendo o rateio das ações a alienar na proporção das ações

[80] Evaristo Mendes, *Restrições à transmissibilidade das ações I... cit.*, p. 28.

possuídas por cada um dos preferentes[81] ou estabelecendo-se prioridades na preferência de cada um.

Com efeito, o sócio alienante tem o dever de comunicar o projeto da venda, com todos seus termos e condições, ao(s) beneficiário(s), como prescrito no artigo 416.º do CC. Neste sentido, a forma da comunicação, o respetivo prazo e o conteúdo – nomeadamente se deverá englobar uma proposta ou apenas as informações do negócio – são preocupações centrais na previsão deste direito num AP, na medida em que pode limitar ou mesmo obstar o exercício da preferência. Para que o preferente se tenha de pronunciar sobre o convite para preferir, será necessário ter recebido o projeto contendo os elementos essenciais da alienação pretendida. Recebida a comunicação, e já estando em condições de se pronunciar sobre a alienação pretendida, deve o titular do direito de preferência responder no prazo de 8 dias (e o obrigado à preferência aguardar a resposta[82]), salvo se outro tiver sido convencionado pelas partes. Caso não o faça dentro do prazo estabelecido, o direito caduca e o obrigado à preferência passa a estar livre para alienar as participações sociais a quem quiser, nos mesmo termos e condições propostas ao preferente. Diferente seria se o obrigado a dar preferência pretendia, de facto, alienar as participações sociais, mas não realizou qualquer ato material.

Geralmente, o processo de negociação é realizado por estádios, de confiança, em que as partes vão partilhando informação (análise preliminar da informação recebida) e realizam auditorias financeiras, jurídicas, fiscais, etc. à sociedade. Por outro lado, o processo de aquisição poderá ser mais ou menos formal, mas assiste-se, muitas vezes, à celebração de acordos preliminares (incluindo de confidencialidade), bem como apresentação de uma proposta vinculativa, que culminarão com a assinatura do contrato definitivo de venda. Trata-se de uma operação onerosa e longa, que implica um avultado investimento por parte do potencial comprador, sendo que a oferta concreta é normalmente um dos últimos passos desta operação de aquisição de participações sociais. Tendo em conta que o direito de preferência apenas pode ser exercido pelo titular quando já existe uma oferta concreta (*i.e.* preço, método e *timing* de pagamentos definidos), realizada por um putativo adquirente, a sua atribuição diminuiu (em alguns casos, substan-

[81] Considerando esta a solução que está mais respeita o princípio de igual tratamento dos acionistas, Maria João Carapinha, «*Cláusula de preferência... cit.*, p. 34.

[82] Alexandre Soveral Martins, *Cláusulas do contrato... cit.*, p. 504.

cialmente) a suscetibilidade da venda das referidas participações, na medida em que constitui um dissuasor para potenciais compradores que queiram evitar percorrer todo este caminho sem que consigam afinal fechar a operação, por força do exercício de um direito de preferência.

Por essa razão, tem sido considerada frequentemente pelas partes a aposição nos estatutos e nos APs de «preferências impróprias»[83] que, visando acautelar as mesmas preocupações, não implicam uma perda de «liquidez» das participações. São três as preocupações típicas que têm sido destacadas: (i) a manutenção da posição do beneficiário da preferência dentro da sociedade, sem que seja alterada contra sua vontade; (ii) «o interesse do sócio é não ficar preso, isto é, (...) poder abandonar a sociedade transmitindo a sua participação (....) realizando o respetivo contravalor» – um «meio de controlo societário da composição do substrato pessoal da sociedade»[84] da subscrição; e (iii) a prossecução o interesse da sociedade, pois é um «meio de controlo societário da composição do substrato pessoal da sociedade», principalmente em casos de investimentos específicos (como o tecnológico, em que a identidade dos sócios é fundamental).

Pela frequência da sua utilização, destacamos duas destas cláusulas. Desde logo, aquelas em que se atribui o direito de primeira recusa. Fundada nos sistemas anglo-saxónicos, a figura da opção de primeira recusa (*right-of-first-refusal*[85]), que pode ter várias variantes, estabelece que o sócio que pretenda vender parte ou a totalidade da sua participação social, deve oferecer a possibilidade de aquisição (com todas as condições essenciais), em primeiro lugar, aos restantes sócios titulares dessa preferência imprópria, independentemente de ter ou não já uma proposta de terceiro (neste último caso, por preço a determinar por terceiro independente[86]). Caso o titular

[83] Paulo Câmara, *Parassocialidade... cit.*, p. 206. O A. classifica de preferências impróprias aquelas cláusulas que, pelas variações que introduzem, já não podem ser consideradas preferências no sentido técnico-jurídico e de acordo com o desenho legal, também consagrado entre nós (artigo 414.º CC).

[84] Coutinho de Abreu, «Direito de preferência... *cit.*, p. 149.

[85] F. Hodge O'Neal, *Preventive Law: Tailoring the Corporate Form of Business to Ensure Fair Treatment of All, in Mississippi Law Journal*, Vol. 49 (1979), p. 547. Ao direito de primeira recusa contrapõe-se o direito de primeira oferta, que abordaremos adianta.

[86] Neste âmbito, é muito importante prever as regras de designação desse terceiro, incluindo regras de resolução de impasses nessa designação. Perguntou-se na doutrina nacional – embora no âmbito das preferências impróprias – se deverá ser aplicável o artigo 400.º do CC, que obriga a determinar a contrapartida segundo juízos de equidade. A esta pergunta respondeu negativa-

da preferência aceite o negócio, o obrigado deverá vender-lhe nos termos e condições aceites. Caso o titular do direito recuse o negócio, o sócio que fez a proposta entretanto recusada poderá propor essas condições a terceiros. Por outro lado, destacamos também as *preemption clauses* que têm por efeito não permitir que as participações sociais sejam transferidas a terceiros não-sócios, podendo um dos sócios adquirir essas mesmas participações sociais por um preço previamente determinado de acordo com as cláusulas dos estatutos ou do AP. As referências anglo-saxónicas às *preemption clauses* têm, assim, em vista *preferências com vínculo de preço*, que, por esse motivo, não consubstanciam verdadeiras preferências em sentido técnico (na medida em que o preço não resulta de uma prévia negociação com um terceiro)[87]. As formas de apuramento do preço podem ser as mais variadas (*e.g.* valor contabilístico, preço de mercado ou de preço justo), podendo inclusivamente prever-se a sua determinação por terceiro – tema que abordaremos adiante.

mente Paulo Câmara, *Parassocialidade... cit.*, pp. 207 e 208, por não estarmos no âmbito do desequilíbrio contratual, mas do «preço justo», pelo que na falta de outras soluções, o 105.º, n.º 2 do CSC cumprirá a função.
Questão diversa será a de saber se poderão as partes penalizar a contraparte estabelecendo que, em caso de incumprimento do AP, seja obrigada a vender a sua participação com desconto. Como já foi destacado no estrangeiro – e no âmbito nacional a situação é semelhante –, o ordenamento jurídico já protege a saída do sócio em várias situações, nomeadamente em caso morte, exclusão, amortização, determinando a avaliação da sociedade, nos termos do 105, n.º 2 do CSC. Encontrando-se as partes no âmbito da autonomia privada estabelecem no AP um equilíbrio contratual próprio, muitas das vezes com finalidades negociais (ou não negociais) ocultas. Se o sócio decidiu abdicar de negociar preço justo voluntariamente e delegar a sua determinação ao outro sócio, ou convencionou um preço (ainda que baixo), dever-se-á deixar à consideração das partes a escolha do que pretenderam. Para se defenderem, podem os sócios estabelecer um *floor* para o exercício do *drag* ou procurar no mercado uma oferta melhor, tentando dissuadir o sócio alienante a optar pela oferta mais justa. Alessandra Stabilini e Matteo Trapani, «Clausole di *drag along* e limiti all'autonomia privata nelle socieà chiuse», *in Rivista del Diritto Commerciale*, n.º 4, Anno CVIII, Piccin, 2010, p. 955 [949-1000].

[87] Paulo Câmara, *Parassocialidade... cit.*, pp. 206 e ss..

2.3. Mecanismos indiretos de controlo: Acordos de transmissão/aquisição forçada como limitativos de comportamentos de aproveitamento de oportunidades

2.3.1. Cláusulas *drag along* (venda forçada ou direito de arrastamento) e *tag along* ou *piggy back* (venda conjunta)

A cláusula *drag along* (também conhecida como *take along*) é aquela em que se prevê que quando um sócio (concreto ou qualquer um dos sócios, o "sócio alienante") receber uma proposta de aquisição da sua participação social e, se o terceiro interessado pretender adquirir todas as participações na sociedade *target*, esse sócio alienante – sendo beneficiário do *drag* – poderá forçar os outros sócios a vender ao terceiro (ou ao sócio alienante) as suas participações sociais nos mesmos termos e condições[88] (na *praxis*, trata-se de aquisições totalitárias em que se pretende adquirir todo o capital). Trata-se de uma modalidade de cláusulas de transmissão forçada, através das quais o sócio maioritário consegue obstar a eventuais abusos de minoria, na medida em que poderá ficar (dependendo da redação da cláusula) investido (i) de um direito potestativo em sentido técnico, não sendo necessário qualquer consentimento ou acordo pelos restantes sócios para que os possa «arrastar»; ou (ii) de uma obrigação de contratar com pessoa indeterminada. As cláusulas de transmissão forçada permitem, pois, minorar os riscos associados ao *hold up* e *free-riding*, em casos de vendas não eficientes, nomeadamente oposição de venda do minoritário com vista a negociar a maximização da sua participação (estratégia extorsionária)[89]. Alessandra Stabilini e Matteo Trapani destacam que o aproveitamento da minoria é muito provável quando esta retira vantagens da sociedade independentemente do valor da sua participação, dando o exemplo do sócio que tem um contrato de trabalho com a sociedade ou assume o cargo de administrador.

[88] Paulo Câmara e Miguel Brito Bastos, «O Direito da aquisição de empresas: uma introdução, Coimbra Editora, pp 52. Por facilidade de raciocínio e por ser também a situação mais comum, irá partir-se do pressuposto de que o sócio que exercita o *drag-along* é o sócio maioritário e que o sócio vinculado ao *drag* é o minoritário. Contudo, teoricamente, é possível conceber a relação inversa. Sobre as características desta cláusula, *vide* Maria Isabel S. Lacave, «Inversiones Específicas... *cit.*.

[89] Alessandra Stabilini e Matteo Trapani, «Clausole di *drag along*... *cit.*, p. 964 [949-1000], e Maria Isabel Sáez e Nuria Bermejo, «Inversiones específicas ... *cit.*, disponível em www.indret.com, p. 15.

Assim sendo, principalmente nos casos em que o investimento está temporalmente limitado – como acontece frequentemente no investimento em *venture capital*[90] – tal poderá constituir um grande entrave à venda das participações. O seu propósito é ainda o de impedir que uma saída de capital de uma sociedade pelo sócio investidor se atrase, ou venha até a ser impedida, devido à indisponibilidade de outro acionista da mesma sociedade para vender a sua participação social, o que será especialmente relevante nos casos em que o terceiro adquirente só esteja interessado em obter uma participação social superior à que o titular do direito de arrastamento tem para oferecer (*e.g.* quando o terceiro comprador apenas tem interesse em entrar na sociedade se puder obter o seu controlo).

Para o acionista beneficiário – que, sem o direito de arrastamento, veria a sua pretensão frustrada – é importante poder impor aos outros acionistas que vendam as suas participações sociais nas mesmas condições em que ele aceitou vender. Tal poderá potenciar o aumento da liquidez das participações, na medida em que o sócio beneficiário poderá alternativamente vender todas as participações sociais ou apenas as suas (conforme estiver estabelecido o seu direito no AP). Contudo, pode haver situações de abuso pelo titular do *drag*[91] – *e.g.* quando a venda a terceiro seja realizada por um preço artificialmente baixo, o que é compensado através de contrapartidas laterais (*kickbacks*) concedidas pelo terceiro[92] – aplicando-se as regras abuso de direito, negócios simulados, *exceptio doli*[93] ou mesmo dolo. Para evitar *ex ante* estes eventuais abusos, é frequente que estas cláusulas se façam acompanhar de cláusulas de direitos de primeira oferta, permitindo aos obrigados ao *drag* ter a oportunidade de dirigir uma primeira oferta para adquirir as participações sociais do sócio alienante, antes deste iniciar o processo de venda, só podendo este último transmiti-las a terceiros e /ou exercer o *drag* por preço superior. Se o preço de venda das ações for baixo, há um incentivo para as comprar, conseguido através do direito de preferência (impró-

[90] Em que, como nota Luca Rossano, «La natura e la validità della clausola *drag along*»», *in Rivista del Diritto Commerciale*, n.º 3, Anno CVIII, Piccin, 2010, p. 137 [124-147], o financiador tem interesse especulativo e patrimonial (e não um interesse de empreendedor e na gestão da sociedade a longo prazo).

[91] Maria Isabel Lacave, e Gutiérrez, Nuria, «Inversiones específicas, oportunismo y contrato de sociedad – A vueltas com los pactos de tag- e drag-along», *Revista para el Análisis del Derecho*, Barcelona, 2007, pp 12 e 13.

[92] Paulo Câmara e Miguel Brito Bastos, «O Direito da aquisição... cit., p. 52 [13-64].

[93] Luca Rossano, «La natura e la validità... *cit.*, pp. 146 e 147 [124-147].

prio). Para situações em que o direito de preferência não possa ser exercido, os restantes acionistas que se vinculam antecipadamente ao dever de arrastamento podem limitar o seu compromisso, definindo uma contrapartida mínima (*floor*) que deve ser assegurada, abaixo da qual a cláusula de *drag along* não poderá produzir os seus efeitos[94].

As cláusulas *tag along* ou *piggy back clauses* são aquelas em que se prevê que se um sócio decidir vender a sua participação a terceiro, os outros sócios têm o direito a que a sua participação também seja adquirida por esse terceiro, normalmente nos mesmos termos e condições[95]. Este mecanismo contratual procura colocar nas mãos de um sócio (por regra um sócio maioritário cuja presença na sociedade é determinante para os outros sócios) a decisão sobre o momento e as condições de alienação da sua participação social e, indiretamente, das participações dos restantes sócios afetos ao acordo[96]. A cláusula integra um dos acordos de venda conjunta e é apontada como sendo uma medida de proteção dos sócios minoritários, já que permite que estes vendam as suas participações sociais em condições semelhantes [97] às dos sócios maioritários, permitindo a divisão do prémio de controlo. Os acordos de transmissão conjunta permitem a um sócio garantir que a venda da sua participação na sociedade será realizada simultaneamente com a(s) de outro(s) sócio(s). Tipicamente o objetivo será garantir que a venda da sociedade seja realizada de forma totalitária (*i.e.* com a venda de todas as participações de todos os sócios), enquanto um «*share deal*», promovendo vendas eficientes e garantindo que nenhum sócio é prejudicado ou beneficiado pela venda da sociedade em partes[98]: ao minoritário permite-se que se junte (*tag*) ao investidor que pretende vender a sua participação. O preço pode ficar abaixo daquele que o obrigado considera

[94] Neste âmbito, é frequente utilizar fórmulas pré-definidas de valorização mínima da empresa, por exemplo, a valorização resultante de um múltiplo de EBITDA e posterior dedução da dívida líquida.

[95] Sobre o funcionamento destas cláusulas: Maria Isabel S. Lacave, «Inversiones Específicas... *cit.*, disponível em http://www.indret.com/pdf/415_es.pdf.

[96] Paulo Câmara, *Parassocialidade... cit.*, pp. 208 e 209.

[97] Graham Muth e Sean FitzGerald, *Shareholders' Agreements*, Sweet&Maxwell, Londres, 5.ª Edição, 2009, Glossary, p. 1.

[98] Quando a venda é realizada durante o período em que a atividade da empresa já se encontra em «velocidade de cruzeiro» e tem por objeto apenas parte das ações, tal poderá reduzir a participação de social dos sócios não alienantes a um valor residual, beneficiando o sócio alienante (em especial quando é maioritário ou controlador) pelo seu oportunismo, através do prémio de controlo. Maria Isabel Sáez e Nuria Bermejo, «Inversiones específicas ... *cit.*, p. 9.

o preço justo, mas é um preço igual para todas as partes, o que constitui um incentivo a realizar uma boa venda. Neste sentido, nenhum dos sócios extrai benefícios privados na alienação, pelo que evita ficar sujeito ao "*worst case scenario*", nomeadamente, ficando «preso» pela falta de liquidez da sua participação.

Deste modo, após convenção de um *tag along*, se uma das partes receber uma proposta de venda que pretenda aceitar, tem o dever de comunicar à contraparte o projeto de venda com todos seus termos e condições. Recebida a comunicação, e já estando em condições de se pronunciar sobre a alienação pretendida, deve o titular do direito de *tag* responder no prazo convencionado se pretende exercer o seu direito *tag*. Caso não o faça dentro do prazo estabelecido, o direito extingue-se e o obrigado alienante passa a estar livre para alienar ao terceiro interessado nas condições apresentadas. Caso comunique que pretende exercer o *tag*, o alienante fica obrigado vender a terceiro a sua participação em conjunto com a do titular do direito *tag*, não podendo vender apenas a sua.

As cláusulas *drag along* distinguem-se das cláusulas *tag along* em vários pontos e não devem ser mutuamente confundidas, nomeadamente quanto:

(i) *Conteúdo da obrigação constituída*: enquanto no *drag along*, o sócio compromete-se a vender a sua participação social (dever de prestar), nos mesmos termos e condições em que o seu sócio a venda; no *tag along* o sócio compromete-se a não vender sem os restantes (dever de omissão).

(ii) *Momento da decisão de venda das participações*: na cláusula *drag along* os sócios comprometem-se perante o beneficiário, na assinatura do AP, a vender as suas participações, num momento prévio ao conhecimento das condições do negócio e independentemente dessas condições; já na *tag along*, a decisão de vender as participações é tomada após o conhecimento das condições do negócio, que lhe devem ser previamente comunicadas.

(iii) *Efeitos reflexos em terceiros*: na *drag along* o terceiro fica com a faculdade de, em cooperação com o titular do *drag*, adquirir o total das participações sociais na sociedade; na *tag along*, este poderá eventualmente ficar sujeito ao ónus (ou dever geral? – veremos adiante) de respeitar o direito do beneficiário da *tag along*.

De facto, a questão dos efeitos destas cláusulas quanto a terceiros merece considerações adicionais, na medida em que o entendimento destes efeitos irá variar consoante o que se entenda ser a natureza jurídica das convenções referidas, o que abordaremos a propósito do seu incumprimento.

2.3.2. Cláusulas shoot-out

A cláusula *shoot-out* permite uma saída eficiente na verificação de uma situação de impasse (*deadlock event*)[99]. Existem diversas formas de *shoot-out clauses*, ainda que todas as modalidades se baseiem numa estrutura uniforme: ocorrendo uma situação de impasse, uma das partes desencadeia o processo de *shoot-out* (através de uma oferta de aquisição de todas as participações sociais do outro sócio ou sócios), e caberá à outra parte tomar uma decisão (compra/venda). De forma a evitar que as cláusulas *shoot-out* sejam desencadeadas de forma precipitada ou não ponderada, é recomendável a imposição de um período de negociação (*negotiation or cooling-off period*) antes do acionamento da cláusula. Caso o conflito não possa ser solucionado durante um período previamente estabelecido, o procedimento derivado da celebração da *shoot-out clause* pode ser seguido. O procedimento será, assim, diferente, consoante a modalidade de *shoot-out clause* convencionada.

Ainda que estas cláusulas sejam mais comuns nas situações em que duas empresas criam uma *joint venture*, este mecanismo também se afigura muito útil para as mais rudimentares formas de cooperação empresarial. Na prática, estas cláusulas são populares nas parcerias igualitárias: quando o capital é detido por dois sócios com participações iguais ou, havendo mais sócios, a estrutura societária esteja dividida em dois grupos homogéneos[100]. Podem ser ensaiadas variadas cláusulas *shoot-out*, embora estas aparentem ser as mais comuns[101]:

a) *Russian Roulette/Buy-Sell*: sendo a modalidade mais comum, prevê que um dos sócios (sócio A) – que pretenda sair ou controlar a socie-

[99] Os eventos desencadeadores (*triggers*) estão associados a situações de impasse relacionadas com matérias importantes na vida societária, nomeadamente, grandes decisões de gestão. É frequente o estabelecimento de maiorias qualificadas (por vezes, exigindo-se unanimidade), bem como direitos de veto para adoção de decisões estratégicas ao nível da assembleia geral e do conselho de administração da sociedade. O impasse verificar-se-á, em princípio, no seio destes órgãos.

[100] Holger Fleischer e Stephan Schneider, «Shoot-Out Clauses in Partnerships and Close Corporations – an Approach from Comparative Law and Economic Theory», *in Max Planck Private Law Research Paper n.º 11/13*, p. 3.

[101] Não só de acordo com a nossa experiência, mas também como confirmado por Holger Fleischer e Stephan Schneider, «Shoot-Out Clauses... *cit.*, pp. 4 e ss..

dade – inicie o procedimento mediante a oferta de (i) venda de todas as suas participações sociais ao outro sócio (sócio B); ou (ii) aquisição de todas as participações sociais do sócio B, por um determinado preço. O sócio B poderá decidir livremente se quer adquirir ou alienar.

b) *Texas shoot-out*: nesta cláusula, o sócio A faz uma oferta para a aquisição de todas as participações sociais detidas pelo sócio B, especificando um preço. O sócio B pode (i) aceitar a proposta; ou (ii) fazer uma contraproposta para adquirir as participações sociais do sócio A, por um preço superior. A mesma faculdade é posteriormente atribuída ao sócio A. Este procedimento de proposta/contraproposta poderá verificar-se tantas vezes quantas as partes desejarem, desde que cada oferta aumente o valor da proposta anterior numa percentagem (que deverá ser especificada no AP, para evitar abusos). Em alternativa a este procedimento (proposta/contraproposta), as partes podem acordar em submeter propostas fechadas (*sealed bids*) a um terceiro independente, adquirindo as participações sociais quem apresentar a proposta fechada mais elevada ou justa (no caso em que o terceiro seja um árbitro que avalie o valor correspondente à participação).

c) *Sale shoot-out*: esta é muito semelhante à *texas shoot-out*, funcionando nos mesmos termos, mas de forma invertida. O sócio A faz uma proposta de venda de todas as suas participações sociais ao sócio B. Caso este não pretenda adquirir, será obrigado a vender todas as suas participações sociais ao sócio A, por um preço mais baixo do que proposto pelo sócio A.

d) *Deterrent aproach*: esta cláusula implica a fixação de uma forma de determinação de um preço justo por ação, depois de uma das partes ser notificada do início do procedimento de *shoot-out*. Com base neste preço, o sócio B poderá adquirir as participações sociais do sócio A com um desconto pré-acordado (*v.g.*, 20%) ou vender as suas participações sociais por um preço com igual desconto. Este mecanismo serve para encorajar as partes a procurar soluções aceitáveis e impedi-las de encarar o *shoot-out* levianamente ou como forma de se escusar ao cumprimento das suas obrigações.

Apesar de apelativas, por serem um mecanismo muito eficiente de resolução de impasses, é necessário ter cuidado na redação das cláusulas *shoot-out*[102]. Desde logo, a previsão dos prazos e das consequências para a omissão de comportamentos no âmbito do procedimento: *e.g.* a não comunicação de uma decisão constituirá uma aceitação da oferta (de compra ou venda). Por outro lado, todas as suas modalidades apresentam uma *abertura* para o exercício abusivo, potenciada pela disparidade de capacidade financeira entre os coobrigados e materializada na exploração dessa fragilidade pela parte financeiramente mais forte. Na medida em que o sócio A saiba que o sócio B não consegue igualar ou fazer uma contraproposta para a aquisição das suas participações sociais, o *shoot-out* revelar-se-á como um mecanismo de exclusão de sócio, sem defesa possível[103].

2.3.3. Cláusulas de opção de compra e de opção de venda

Através destas cláusulas, os sócios submetem-se a uma situação de sujeição jurídica ao atribuírem aos outros sócios – tipicamente, mediante um acordo, mas poderá ser através de negócio unilateral[104] – o direito potestativo (aqui sim, em sentido técnico) de adquirir ou vender as suas participações sociais, ficando «a contraparte com o direito de concluir o negócio transmissivo, sem necessidade de obter para tal nova declaração de vontade do obrigado»[105], o que significa que «a opção, por mera declaração unilateral, dá azo ao contrato definitivo», que ficará «condicionado à vontade do beneficiário (*si volet*)»[106].

[102] Mesmo quando redigida com cuidado, o desfecho de uma cláusula *shoot-out* poderá ser uma surpresa. Pode acontecer que um sócio pretendendo sair da sociedade acabe por se tornar um sócio com domínio total. Holger Fleischer e Stephan Schneider, «Shoot-Out Clauses... *cit.*, p. 6.

[103] Holger Fleischer e Stephan Schneider, «Shoot-Out Clauses... *cit.*, p. 6. O problema enunciado poderá ser limitado mediante o estabelecimento de um prazo (*v.g.* 60-90 dias) para obter o financiamento necessário ou através do estabelecimento de um período de não exercício ou de exercício limitado (*«blackout period»*), conforme destacaram estes AA. (*Idem*, p. 15). Esta tem sido aliás, tanto quanto sabemos, a solução maioritariamente adotada.

[104] No Ac. do STJ de 27.09.2007, proc. 07B2372, disponível em www.dgsi.pt, o Tribunal analisa uma cláusula dos estatutos procurando determinar se esta teria a natureza de pacto de preferência ou de opção, tendo concluído por esta última, justamente, pelo direito potestativo que aquela conferia ao acionista.

[105] Paulo Câmara, *Parassocialidade... cit.*, p. 210.

[106] Por todos, Menezes Cordeiro, *Tratado..., cit.*, VII, p. 540.

Como destacou Menezes Cordeiro, «estas opções são frequentes no domínio de acordos que envolvam ações ou, mais latamente, valores mobiliários»[107], nas quais assumem naturalmente destaque a *call option* (opção de compra) e a *put option* (opção de venda), que «ocorrem no domínio de contratos parassociais, que ligam os sócios entre si, nessa qualidade». Estas cláusulas estabelecidas tipicamente como sanções para o incumprimento das disposições do AP, com penalização para a parte faltosa – *e.g.* perda da sua posição social por um preço com desconto; ou aquisição das posições dos sócios não faltosos com um prémio –, mas poderão, mais uma vez, ser estabelecidas como formas de saída do investimento pelo sócio investidor, na verificação de um evento previamente estabelecido (um termo ou condição ou uma situação de impasse)[108]. A opção é uma posição livremente disponível (porque potestativa), colocando o adstrito à opção numa situação de sujeição, sobre este recaindo «prestações secundárias e deveres acessórios, de modo a permitir, ao optante, o exercício eventual da opção»[109].

3. Incumprimento de Acordos Parassociais e obstáculos à eficaz execução dos mecanismos indiretos de controlo

Os mecanismos indiretos de controlo só poderão ser aptos a complementar os mecanismos diretos do controlo da sociedade se forem suscetíveis de aplicação efetiva em caso de situação de rutura, conflito, incumprimento ou impasse no âmbito do AP. Sendo cláusulas tipicamente previstas num AP, a sua aplicação depende da eficácia e oponibilidade das obrigações neles previstas e das implicações, ainda que reflexas, para outros sujeitos e a execução dos mecanismos indiretos de controlo dependerá do conteúdo das cláusulas, pelo que se exige cuidado na sua redação.

Pretendemos agora verificar as principais consequências em abstrato do incumprimento das cláusulas acima apresentadas, quando previstas num AP. Para esse efeito, deve ter-se em consideração qual a natureza das obrigações incumpridas, o seu funcionamento e os termos do incumprimento.

[107] Menezes Cordeiro, *Tratado..., cit.*, VII, p. 551.

[108] Neste sentido, Joana Torres Ereio e Filipa de Aragão Homem, «Da aplicação do artigo 830.º... *cit.*, p. 699, nota 166.

[109] Menezes Cordeiro, *Tratado..., cit.*, VII, p. 543.

Uma vez que os casos de incumprimento causados por atos da sociedade ou do sócio para com esta são objeto de regulação pelo artigo 17.º, n.º 1[110], terão de se distinguir os efeitos do incumprimento consoante a obrigação incumprida seja uma obrigação de não transmissão de participações sociais (típica dos acordos de bloqueio) ou uma obrigação de transmissão/aquisição de participações sociais (típicas dos mecanismos/aquisição de transmissão forçada) ou outra. Subsequentemente importa verificar se estamos perante atos da sociedade ou do sócio para com esta, ou se estamos perante atos entre sócios ou entre estes e terceiros. Contudo, outros fatores irão ter impacto na suscetibilidade da sua execução, nomeadamente, a redação em concreto da cláusula, a sua eficácia e oponibilidade que em concreto aquela obrigação tenha, bem como a sua suscetibilidade de execução específica.

3.1. Incumprimento da obrigação de prestação negativa: não transmissão de participações sociais

Como vimos, a obrigação de não transmissão de participações (prestação de conteúdo negativo) é assumida no âmbito das cláusulas parassociais de *lock up* e *key man*, bem como nas cláusulas *tag along* (e ainda, às cláusulas de preferência quando a venda ocorre sem que o obrigado tenha dado preferência). Nas primeiras, o sócio (alienante) obriga-se a não transmitir as suas participações sem a verificação de um requisito: o consentimento de um terceiro (sócios ou da sociedade); nas segundas, este obriga-se a não vender sem a permitir ao seu sócio vender em conjunto a sua participação nas mesmas condições.

Tendo um sócio se obrigado, perante os seus sócios, a não transmitir a sua participação social, o que acontece se ele incumprir a sua obrigação,

[110] Paulo Câmara, *Parassocialidade... cit.*, p. 423. Javier Ruiz-Câmara e Elena Torregrosa, «Nuevamente a vuletas com la eficácia sociedtaria de los pactos parasociales (a propósito de las Ssts de 6 de Marzo de 2009», *in Actualidad Jurídica Uría Menéndez*, n.º 24, 2009, p. 70, disponível em www.uria.com, defendendo que deveria, ao abrigo do princípio da economia processual, garantir-se que a ação de execução para cumprimento do AP (proposta contra os sócios) deveria ser conexa e analisada pelo mesmo tribunal que analisa a ação de impugnação dos AP (frente à Sociedade). Contudo denota o A. que, à semelhança do que se passa no ordenamento jurídico nacional, estas ações tipicamente pertencem a tribunais com competência material diferente.

vendendo as suas participações a um terceiro adquirente? O sócio alienante, verificados os demais pressupostos legalmente estabelecidos, será responsável perante os restantes sócios, nos termos dos artigos 798.º e 801.º do CC. Idealmente, aos sócios não incumpridores interessa garantir que aquela venda não produz efeitos de modo a que os danos causados sejam removidos (ou pelo menos reduzidos) e, quando tal não seja possível, obter uma indemnização dos sujeitos responsáveis pelo incumprimento – o sócio e/ou o terceiro adquirente. Porém, a grande dificuldade destas proteções reside na eficácia relativa (*interpartes*) do AP, especialmente, nos termos do artigo 17.º, n.º 1 do CSC[111], confirmando o disposto no artigo 406.º do CC[112]. Salvo casos concretos, perante a sociedade, estas vendas serão válidas e eficazes. É justamente com base no n.º 1 do artigo 17.º do CSC que a doutrina tem apontado, como se evidenciou, o efeito relativo (*interpartes*) dos APs[113], apesar de tal preceito não limitar a eficácia absoluta destes ou da respetiva eficácia perante terceiros, pelo menos expressamente. Por essa razão, a questão não será assim tão simples.

Para apurar o concreto efeito de uma proibição de transmissão prevista no AP, é necessário atender ao tipo de sociedade e à situação concreta das partes que celebraram o AP, nomeadamente, quando a sociedade é parte nesse AP (pelo que integra o âmbito de eficácia previsto no artigo 406.º do CC)[114] ou quando estamos perante acordos omnilaterais[115] (*i.e.* celebra-

[111] O n.º 1 do artigo 17.º do CSC determina que «*os acordos parassociais celebrados entre todos ou entre alguns sócios pelos quais estes, nessa qualidade, se obriguem a uma conduta não proibida por lei têm efeitos entre os intervenientes, mas com base neles não podem ser impugnados atos da sociedade ou dos sócios para com a sociedade*».

[112] No sentido de que os APs estão sujeitos às regras comuns dos contratos, como nota Coutinho de Abreu, *Curso... cit.*, vol. II, p. 149.

[113] Carolina Cunha *in Código das Sociedades... cit.*, p. 298.

[114] Contra, Raúl Ventura, «Acordos de Voto: Algumas questões... *cit.*, p. 21 e Carolina Cunha *in Código das Sociedades... cit.*, p. 299 [286-318].

[115] Construindo uma posição assente na desconsideração da personalidade jurídica, Maria da Graça Trigo, «Acordos Parassociais... *cit.*, p. 178. Para Carneiro da Frada, a eficácia relativa prevista no n.º 1 do artigo 17.º apenas visa acautelar interesses de terceiros alheios ao AP e que poderiam ser prejudicados pelo incumprimento das regras societárias. Não existindo quaisquer outros interesses de terceiros a considerar que não os dos subscritores do AP, o incumprimento deste, ainda que contenha regras parassociais violadoras de regras imperativas, não isenta o infrator das consequências, uma vez que «regulamentação de interesses [no AP], porque omnilateral, consente, em princípio, o afastamento de regras jussocietárias», *in* «Acordos parassociais "omnilaterais... *cit.*, pp. 109-114 e 130. Com dúvidas neste último caso, Tiago Manuel de Sousa Freitas e Costa, *Acordos Parassociais – O Tratamento da Desconsideração da Personalidade a Propósito*

dos por todos os sócios), pois em certos casos poderão gerar-se situações de oponibilidade à sociedade daquelas cláusulas numa manifestação de direitos ligados à socialidade[116]. Os efeitos do AP dependerão desde logo da posição relativa da sociedade quanto ao concreto AP (se nele participa ou não) e do terceiro, não só relativamente à sociedade (se é sócio desta) mas também relativamente ao AP (se nele é ou não parte). Por outro lado, atendendo ao conteúdo das regras previstas no AP, já se destacou a possibilidade de estes produzirem eficácia externa[117], nomeadamente quando: (i) o AP constitua um contrato a favor de terceiro (*in casu*, da sociedade), atribuindo direitos à sociedade conformados pelo disposto no artigo 443.º a 451.º do CC[118]; e (ii) por via da eficácia externa das obrigações[119].

Nos casos em que a sociedade seja parte no AP, nem estaríamos perante uma verdadeira exceção à eficácia relativa desses acordos, na medida em que a sociedade também se encontra vinculada ao cumprimento do AP, muitas vezes assumindo a obrigação de não consentir as transmissões ocorridas em violação do AP ou, pelo menos, não as registar/averbar nos documentos societários[120]. Estas obrigações assumem natureza social, na medida em que extravasam o âmbito parassocial, pela assunção de obrigações pela sociedade[121], caso em que, violando as suas obrigações, também a sociedade

dos Acordos Omnilaterais, Working Paper n.º 01/2014 do *Governance Lab*, 2014, disponível em www.governancelab.org, pp. 21 e 22, pois «[s]implesmente, aqui, do que se trata não é de densificar materialmente uma situação, mas de, a coberto da figura, ignorar o ente jurídico criado e as próprias regras de funcionamento dele. Dito de outra forma, e de um modo interrogativo, será que isto é bastante para se permitir que, a despeito do formalismo exigível e das regras registais, se lance mão de um conjunto de soluções que não seriam possíveis por via do pacto social?»

[116] Paulo Câmara, *Parassocialidade... cit.*, p. 418.

[117] Neste sentido, o artigo 19.º do CVM estabelece uma exceção a este princípio, contendo regras relativas às sociedades abertas e determinando como anuláveis as deliberações sociais tomadas com base em acordos parassociais não comunicados ou não publicados, salvo se os votos em causa não tiverem sido determinantes (ao abrigo de um teste de resistência).

[118] Ana Filipa Leal, «Algumas notas ... *cit.*, pp. 176 e 177, destacando os casos em que seja a sociedade beneficiária, embora, como nota a A., tal depende de aceitação da sociedade (448.º do CC).

[119] Paulo Câmara, *Parassocialidade... cit.*, p. 418 e ss. e Ana Filipa Leal, «Algumas notas ... *cit.*, pp. 176 e 177. Desenvolveremos o tema *infra* em 3.2.

[120] Esta é também a solução aplicável no caso da transmissão de ações que viole o condicionalismo estatutário restritivo. Evaristo Mendes, *Restrições à transmissibilidade das ações I... cit.*, p. 45.

[121] Solução inédita destacava Vasco da Gama Lobo Xavier, em «A validade dos sindicatos de voto no direito português constituído e constituindo», *in ROA*, Lisboa, ano 45, vol. III Dezembro 1985, p. 640 [639-653] era a existente no Brasil em que segundo o A., não só os acordos de voto eram amplamente reconhecidos como era entendido que estes, em alguns casos, poderiam vincular a própria sociedade. Até porque à data, como hoje em dia, as maiorias não surgem durante um

deve responder pela lesão dos direitos e obrigações emergentes do AP, nos termos acima descritos, respondendo solidariedade com o sócio alienante, na medida em que o seu próprio ato contribuiu para a existência de um dano causado aos restantes sócios. Ainda que não tenha assumido expressamente tal obrigação e seja apenas parte no contrato, será defensável que a sociedade tinha conhecimento do acordado, pelo que o registo da transmissão pela sociedade, que a torna eficaz perante esta, poderá traduzir-se num ato que auxilia a produção do dano. Contrariamente, nos casos em que a sociedade não seja parte no AP, determina o artigo 17.º que «*com base neles* [APs] *não podem ser impugnados atos da sociedade ou dos sócios para com a sociedade*». Daqui decorre que a deliberação de consentimento adotada em sede de AG não poderá ser impugnada, na medida em que o AP lhe é inoponível.

Sem prejuízo do afirmado, quando a sociedade não seja parte no AP, o principal instrumento dos sócios é o de propor uma ação de responsabilidade por incumprimento contra o sócio que não respeitou o acordo de não transmissão. Ora, verificando-se os pressupostos da responsabilidade civil, o sócio alienante ficará obrigado a reparar o dano causado aos sócios e, deverá, nos termos do artigo 562.º do CC, «reconstituir a situação que existiria, se não se tivesse verificado o evento que obriga à reparação»[122]. Contudo, as participações já não se encontram na titularidade do inadimplente pelo que, sendo a reconstituição natural impossível[123] para este, determina o artigo 566.º, n.º 1 do CC que a indemnização será fixada em dinheiro, «tendo como medida a diferença entre a situação patrimonial do lesado na data mais recente que puder ser atendida pelo tribunal, e a que teria nessa data se não existissem danos» (n.º 2 daquele preceito). Uma vez que o incumprimento definitivo já se verificou, estas obrigações não são suscetíveis de execução, nos termos gerais.

Apurada a responsabilidade do sócio alienante, estamos em condições de definir se os sócios não faltosos poderão ter outros mecanismos para

processo de esclarecimento que tenha lugar no âmbito da reunião, resultando de atos destinados «à gestão de interesses meramente patrimoniais».

[122] Como destacaram Joana Torres Ereio e Filipa de Aragão Homem, «Da aplicação do artigo 830.º ... *cit.*, p. 642, «o recurso aos meios processuais que lhe [ao credor] permitam obter uma compensação pecuniária pela prestação perdida deverá ser subsidiário, equacionando-se apenas caso tal realização coativa se frustre e não seja possível», enquanto ainda for possível a prestação e o credor nela mantenha o interesse.

[123] Trata-se de um caso de impossibilidade de reconstituição natural jurídica. Antunes Varela, *Direito das Obrigações*, vol. I, 10.ª edição, Almedina, 2008, p. 905.

impedir a produção de efeitos da alienação em incumprimento do AP e verificar se poderão assacar responsabilidade ao terceiro adquirente das participações do inadimplente. Desde logo, será necessário compreender se ele é parte do AP (e em que termos), pois poderemos chegar à conclusão de que ele viola também uma obrigação própria, quer principal, quer acessória. Sem prejuízo, numa análise abstrata, podemos adiantar que no caso em que ocorre a violação de um AP omnilateral em que o terceiro adquirente assume a qualidade de parte no AP e simultaneamente de sócio na sociedade, a venda não deverá ser eficaz perante a sociedade se, no caso concreto, não existirem outros interesses a considerar para além dos privativos dos sócios – elementos que têm sido considerados determinantes pela doutrina[124] para a oponibilidade social dos APs. Deste modo, os sócios poderão informar a sociedade de que a venda entre o sócio alienante e o sócio adquirente foi realizada em violação de um AP omnilateral, quando não estejam em causa, operando uma redução teleológica do artigo 17.º, n.º 1. O sócio adquirente tem conhecimento da obrigação do alienante para com os restantes sócios, pelo que contribuiu conjuntamente para o incumprimento do AP. Deste modo, também ele poderá ser responsabilizado pelo incumprimento[125] e, caso a sociedade venha a adotar os procedimentos materiais em conformidade com a venda proibida, tais atos poderão ser impugnados. A mesma solução deverá ser aplicável no caso da violação de um AP omnilateral quando o adquirente seja parte no AP, mas não seja sócio (na medida em que apenas os interesses do adquirente e os interesses privativos dos sócios estarão em jogo) ou, bem como, no caso em que o AP não seja omnilateral, mas quer o alienante, quer o adquirente, quer a sociedade sejam partes desse acordo. Por outro lado, não sendo o AP omnilateral e a sociedade não sendo nele parte, mas sendo o adquirente parte nesse AP, o adquirente responderá solidariamente com o sócio alienante, por tê-lo auxiliado na violação do direito da sua contraparte no AP, apesar de tal não ser oponível à sociedade.

[124] Carneiro da Frada, «Acordos parassociais "omnilaterais..." *cit.*, p. 124, destacando que neste caso «nenhuma razão há para a lei permitir que sejam eficazes actos que, embora conformes com o ordenamento societário, representam ilícitos contratuais».

[125] A reconstituição natural poderá revelar-se, todavia, demasiado onerosa para o devedor, nos termos do artigo 566.º, n.º 1, quando existir «manifesta desproporção» entre o interesse do lesado e o custo que a reparação envolve para o inadimplente. Nestes casos, fixar-se-á uma indemnização em dinheiro. Antunes Varela, *Direito das Obrigações... cit.*, p. 906.

No caso de o adquirente aparentemente não ter uma obrigação, principal ou acessória, de respeito pela obrigação de não transmissão (por exemplo, por não ser parte no AP e independentemente de ser sócio), estaremos já num caso em que poderá falhar relativamente a ele o pressuposto da ilicitude da responsabilidade civil. Em 1996, afirmava Paulo Câmara que «[n]os termos gerais em matéria de direito contratual, esse acto aquisitivo não pode ser impugnado, apenas havendo lugar a indemnização por incumprimento do contrato. É solução pacífica que não oferece dificuldades», por estar em «causa, acima de tudo a sua publicidade: os terceiros não gozarão, por princípio de possibilidades de conhecer o conteúdo do acordo parassocial»[126]. Por princípio, concordamos com esta posição, mas consideramos que existem situações em que poderá ser também exigível ao terceiro uma indemnização, conforme detalharemos *infra*, a propósito do incumprimento da obrigação de transmissão conjunta.

3.2. Incumprimento das obrigações de prestação positiva: transmissão/aquisição forçada, preferência e transmissão/aquisição potestativa

3.2.1. Incumprimento das obrigações de transmissão/aquisição forçada: obrigação de contratar

Diversas das situações acima tratadas são aquelas em que um sócio se obriga num AP, perante os seus sócios, a transmitir a sua participação social ou a adquirir a participação social destes verificados determinados pressupostos. Trata-se de obrigações assumidas no âmbito das cláusulas *drag along*, *shoot-out*, e numa preferência sem eficácia real[127]. Imagine-se que aquele sócio (o obrigado à transmissão) incumpre a sua obrigação abstendo-se de transmitir as suas participações ao sócio beneficiário da cláusula prevista no AP ou vendendo-as a terceiros, em violação do AP. Ou então, que aquele sócio transmitente, perante a verificação de um evento contratualmente relevante (desencadeador da obrigação de aquisição forçada), se recusa a

[126] Paulo Câmara, *Parassocialidade... cit.*, pp. 423 e 424.

[127] Neste caso, tomamos apenas em consideração a preferência sem eficácia real. O caso especial da preferência com eficácia real será analisado *infra*.

adquirir as respetivas participações nos termos parassocialmente previstos (o obrigado à aquisição). Pretende-se agora determinar a proteção que a introdução de tais cláusulas confere aos sócios que dela beneficiam, atendendo a que o seu direito é à prestação de conteúdo positivo pelo sócio obrigado. Antecipando, é importante verificar se se estará perante uma obrigação de contratar ou antes uma verdadeira sujeição jurídica (correlativa de um direito potestativo). Esta última, sendo mais difícil de convencionar e garantir a sua implementação imediata, é naturalmente mais protetora do investimento realizado, na medida em que a produção dos efeitos jurídicos pretendidos não fica dependente da prática de quaisquer atos pelas partes. Abordaremos neste momento os casos da existência de uma obrigação de contratar, deixando para adiante o tratamento dos casos em que estamos perante uma sujeição jurídica, como é típico das opções.

Verificando-se o incumprimento de uma obrigação de contratar, idealmente, aos sócios interessa desde logo garantir a execução da obrigação para que o incumprimento não lhes cause danos adicionais. Sendo prevista a obrigação da transmissão de participações – em que os sócios têm direito a prestação positiva (entrega das participações sociais) –, como é típico de uma cláusula *shoot-out*, ou ainda, de um *drag along*, no caso de o sócio obrigado se atrasar ou recusar[128] a transmitir a sua posição, mantendo as participações na sua titularidade, o cumprimento da obrigação (de prestação de facto infungível) ainda é possível e, portanto, será suscetível de execução específica, nos termos do artigo 830.º do CC[129,130],

[128] A mora ou a recusa no cumprimento são um dos pressupostos da execução específica, como tem sido destacado na doutrina, mas também na jurisprudência. Cfr., entre outros, o acórdão do TRL de 09.12.2015, proc. 1076/13.6TBMTA.L1-1, e o acórdão do TRC de 20.04.2004, proc. 3563/03, disponíveis em http://www.dgsi.pt.

[129] Encontramo-nos, pois, com a doutrina que considera como suscetíveis de execução específica os APs com obrigações sobre transmissibilidade de participações sociais, tendo em conta que o devedor pode ser substituído na realização da prestação em falta. Neste sentido, entre outros, António Pereira de Almeida, *Sociedades Comerciais... cit.*, pp. 351 e 354 (nomeadamente, nas «obrigações de transmissão»); Ana Filipa Leal, «Algumas notas ... *cit.*, p. 179 e ss., embora em concreto quanto ao contrato promessa de transmissão e participações sociais; Joana Torres Ereio e Filipa de Aragão Homem, «Da aplicação do artigo 830.º... *cit.*, pp. 653 e ss., com várias referências bibliográficas nas pp. 650 e ss.; Maria da Graça Trigo, «Acordos Parassociais... *cit.*, p. 181. Maria da Graça Trigos, especialmente afirma (cfr *Os Acordos parassociais sobre... cit.*, pp. 213 e ss., 217) que não sendo possível impugnar deliberações já adotadas, considera que «*salvo naqueles casos limitados em que a emissão do voto seja considerada um facto infungível, não será impossível utilizar a ação de execução específica em situação de incumprimento de vinculações de voto*». Contra a execução específica, embora nos pareça que apenas quanto aos acordos de voto, pronunciou-se Raúl

por não se opor a natureza da obrigação[131] e quando não se tiver sido convencionalmente excluída[132].

Contudo, terá de se atentar às especificidades de cada uma das obrigações previstas nas cláusulas. No que ao *drag along* diz respeito, cumpre veri-

Ventura, «Acordos de Voto: Algumas questões... *cit.*, p. 97 e Menezes Cordeiro, «Acordos Parassociais...*cit.*, p. 539 [529-542] e *Manual de Direito das Sociedades*... cit., p. 702. Este último A., apesar de se expressar quanto à impossibilidade de execução dos APs em geral, afirma-o na sequência de considerações acerca dos acordos de voto, onde, para o A., «admitir uma ação de cumprimento (o que teria, aqui, de ser uma execução específica, já que o voto é uma declaração de vontade que não sendo emitida pelo próprio, teria de ser pelo tribunal), seria conferir ao acordo parassocial, eficácia *supra partes*». Pronunciando-se pela «(in)admissibilidade», ou pelo menos, pela sua dificuldade Alexandra Cruz Barrias, *Acordos Parassociais – Uma análise crítica do regime legal português*, dissertação de mestrado Faculdade de Direito da Universidade do Porto (versão policopiada), 2002, pp. 48 e ss., disponível em https://repositorio-aberto.up.pt. Também manifestando dúvidas quanto à admissibilidade, Armando Manuel Triunfante, *A Tutela das Minorias... cit.*, p. 346, embora, também este A., quanto aos sindicatos de voto.

130 Cfr., entre outros, Ana Prata, *O contrato promessa... cit.*, pp. 897-900, Januário da Costa Gomes, «Contrato de mandato», reimpressão, AAFDL, 2007, p. 116, Joana Torres Ereio e Filipa de Aragão Homem, «Da aplicação do artigo 830.º... *cit.*, pp. 653 e ss., Menezes Cordeiro, «OPAs obrigatórias: pressupostos e consequências da sua não-realização», *in RDS* III, 2011, 4, pp. 975 e ss. [927-984], com referências à alteração da posição na doutrina e na jurisprudência e ainda em Menezes Cordeiro, *Tratado... cit.*, VII, pp. 434 a 437 e, concretamente sobre os APs, Ana Filipa Leal, «Algumas notas ... *cit.*, pp. 178 e ss., que defendem que seja aplicado por interpretação extensiva e atualista – ou ainda, caso assim não se entendesse, sempre o seria por aplicação analógica – a outras obrigações de contratar, como os negócios jurídicos unilaterais e declarações unilaterais. Destaque-se, contudo, que esta não tem sido a posição do STJ, conforme destacaram, criticamente, Joana Torres Ereio e Filipa de Aragão Homem, «Da aplicação do artigo 830.º... *cit.*, pp. 661 e 662, a quem nos juntamos.

Recorde-se, no entanto, que este problema não se coloca perante situações potestativas, como é o caso das opções de compra e de venda, em que exercido o poder potestativo, a execução será apenas a dos atos materiais subsequentes, já nos termos dos artigos 817.º do CC.

131 Isto, sem prejuízo da modificação do contrato prometido, nos termos do artigo 437.º do CSC, a requerimento do faltoso, nos termos do disposto no n.º 2 do artigo 830.º do mesmo diploma. Sobre este tema e acerca das situações em que é a natureza da obrigação que impede a execução específica, *vide* Ana Prata, *O contrato promessa... cit.*, pp. 956 e ss. e pp. 921 e ss..

132 Destaque-se que a convenção de uma cláusula penal funciona, nos termos do disposto no n.º 2 do artigo 830.º do CC, como uma presunção ilidível de que se excluiu o recurso à execução específica. Destacando este aspeto, Joana Torres Ereio e Filipa de Aragão Homem, «Da aplicação do artigo 830.º... *cit.*, p. 648. Caberá às partes no AP convencionar a sua não exclusão para que tal não constitua um obstáculo aos mecanismos de resposta ao incumprimento, caso em que, «para além do aspeto compulsivo, visarão compensar o lesado pela demora e pelas maiores despesas e incómodos que sempre advêm da necessidade de recorrer a tribunal [ainda que arbitral]», como afirma Menezes Cordeiro, *Tratado... cit.*, VII, p. 424.

ficar que o sócio se obriga perante os restantes sócios (ou perante um sócio concreto) a transmitir as suas participações a terceiro. Conforme a redação específica da cláusula, poder-se-á vir a concluir que existe um verdadeiro direito do sócio à venda das ações (semelhante a uma *put option*) pelo sócio obrigado[133] a um terceiro ou, em alternativa, um direito do terceiro à aquisição das ações deste[134]. Nas cláusulas *shoot-out*, deve existir a preocupação de atribuir efeito declarativo ao silêncio, para efeitos do artigo 218.º do CC, sob pena de este tornar o mecanismo de «expulsão» ou de «saída» inexequível ou, pelo menos, mais difícil: no caso de se prever uma alternativa, como acontece nas modalidades acima referidas (*russian roulette, texas shoot-out, sale shoot-out,* e *deterrent aproach*), vigora a regra geral prevista nos artigos 548.º, 549.º (e, por remissão 542.º), todos do CC, embora tal torne naturalmente o processo mais lento. Sendo ainda possível a execução específica, o tribunal emitirá uma sentença que produz a declaração negocial do faltoso.

Mais complexo aparenta ser o caso do incumprimento de uma obrigação de preferência prevista num AP. Não tendo sido conferida eficácia real à convenção no âmbito do AP, que será a situação mais comum, não poderão as partes recorrer à ação de preferência, pelo que a preferência funcionará como um mero pacto (obrigacional) de bloqueio ou, depois de ter sido dada e exercida a preferência, de transferência forçada. O incumprimento das cláusulas de preferência pode ter lugar em distintas situações[135], sendo

[133] O problema da respetiva execução do *drag along* e a respetiva construção no caso concreto remete para um tema muito interessante e pouco abordado pela doutrina nacional, que é o de saber quando é que ao sócio são atribuídos poderes para representação do sócio obrigado ou, antes, uma mera autorização para atuação sobre esfera alheia, através do qual o sócio atua em nome próprio, realizando ele o negócio autorizado. Sobre o tema, Pedro Caetano Nunes, *Dever de Gestão dos Administradores de Sociedades Anónimas*, Almedina, 2012, pp. 48 e ss.

[134] Neste último caso, a doutrina italiana tem equacionado a possibilidade de aplicação do regime do contrato a favor de terceiro (artigos 443.º e seguintes do CC), visto que, através do AP se forma um dever de contratar com terceiro. Conforme denota Luca Rossano, «La natura e la validità... *cit.*, p. 126 [124-147], a natureza jurídica do *drag* é muito discutida, desde *call option*, contrato a favor de terceiro, direito potestativo ou ainda contrato para pessoa a nomear. Parte ainda da doutrina concebe-a como uma «obrigação preliminar – à conclusão de um contrato definitivo com um terceiro a preço a definir *per relationem* – que o outro sócio beneficia no próprio tratamento com o terceiro adquirente» (tradução livre nossa da nota de C.F.Giampaolino ao «Lodo Arbitrale, 29 luglio 2008», *in Banca Borsa e titoli di crédito, 2008*, p. 532-533 *apud* Luca Rossano, «La natura e la validità... *cit.*, p. 131 [124-147]).

[135] Joana Torres Ereio e Filipa de Aragão Homem, «Da aplicação do artigo 830.º... *cit.*, pp. 664-671.

diversos os mecanismos de tutela do preferente para resposta ao incumprimento:

(i) Recusa pelo obrigado a dar preferência ao preferente na alienação das participações sociais, após a receção da notificação do exercício do direito: conforme já foi destacado, a comunicação para preferência, pela sua natureza e conteúdo obrigatório, já terá os elementos essenciais do negócio, pelo que uma vez recebida pelo titular do direito de preferência, constitui uma verdadeira proposta contratual. Através da notificação do exercício da preferência, a proposta é aceite e poder-se-á formar o contrato definitivo pela aceitação da proposta contratual incluída na preferência ou, pelo menos, se respeitados os requisitos do artigo 410.º, n.º 2 do CC, formar-se-á um verdadeiro contrato-promessa[136]. Caso se venha a concluir que o contrato formado é um contrato-promessa, este poderá ser sujeito a execução específica, se estiverem reunidos os requisitos de aplicação do artigo 830.º do CC[137].

(ii) Alienação a terceiros das participações sociais objeto de preferência, independentemente de a comunicação para preferência ter ou não sido realizada[138]: pela sua estrutura, cuja violação implica que necessariamente tenha ocorrido uma alienação pelo obrigado à preferência (trata-se de uma violação de uma obrigação de não transmissão), não nos parece que a preferência seja suscetível de execução específica sobre o obrigado, por as participações terem sido transmitidas e, deste modo, a prestação tornou-se impossível, na

[136] Esta é a tese dominante na doutrina nacional, conforme destaca ALEXANDRE SOVERAL MARTINS, *Cláusulas do contrato... cit.*, p. 510, nota 32.

[137] Assim JOANA TORRES EREIO e FILIPA DE ARAGÃO HOMEM, «Da aplicação do artigo 830.º... *cit.*, pp. 664-665, destacando que tal acontecerá por interpretação extensiva quando não sejam reunidos todos os requisitos de forma previstos no artigo 410.º, n.º 2. O que importa, pois, é a verificação dos requisitos do artigo 830.º do CC. Sobre estes, cfr. *Idem*, pp. 647 e ss.,

[138] Chama-se no entanto a atenção para no caso em que (i) não tenha existido uma comunicação para preferência e (ii) as participações sociais ainda não tenham sido transmitidas, o preferente poderá exigir, conforme destacam JOANA TORRES EREIO e FILIPA DE ARAGÃO HOMEM, «Da aplicação do artigo 830.º... *cit.*, p. 666, que o inadimplente lhe entregue um documento com as condições essenciais do negócio para que, tendo o negócio sido impugnado e encontrando-se em discussão em sede judicial, aquele possa exercer a preferência antes da prolação da sentença. É que enquanto não tenham sido comunicadas as condições essenciais do negócio, não existe uma verdadeira proposta contratual (suscetível de execução específica), e o exercício da preferência encontra-se prejudicado.

medida em que a preferência obrigacional não goza da característica da «sequela», típica dos direitos reais.

Perante a violação de uma obrigação de transmissão forçada, mais uma vez releva a distinção no objeto da obrigação (quotas ou ações), que poderá fazer diferença nos mecanismos de reação ao dispor do titular do direito à transmissão. Desde logo, há que atentar se estarão reunidos os pressupostos para a ação de execução específica. Contudo, para além de exigir o depósito do preço pelo requerente (artigo 830.º, n.º 5 do CC), podem ainda apresentar-se vários obstáculos à execução específica – que serão abordados aquando da análise ao incumprimento das opções de compra e venda –, essencialmente, de duas ordens[139]:

(i) Falta de verificação das condições necessárias para que a transmissão das participações sociais produza plenos efeitos;
(ii) Falta das formalidades legalmente estabelecidas para a transmissão[140]: é hoje em dia muito relevante, na medida em que as regras

[139] Destacando estes aspetos e pronunciando-se sobre a falta de consentimento da sociedade e das formalidades essenciais à transmissão no âmbito da execução específica, Joana Torres Ereio e Filipa de Aragão Homem, «Da aplicação do artigo 830.º... *cit.*, pp. 671-680. No que respeita à execução específica, que as AA. aplicam aos casos em que acabam por concluir no sentido (i) da desnecessidade do consentimento da sociedade no caso de uma sociedade por quotas apenas com dois sócios (cedente e preferente) ou, no caso de sociedade anónima, quando estes detenham a maioria dos direitos de voto; (ii) exigindo o consentimento prévio da sociedade quando os sócios não detenham maioria dos direitos de voto da sociedade (anónima ou por quotas), mesmo que ainda não tendo decorrido ainda o prazo previsto nos artigos 230.º, n.º 4 ou 329.º, n.º 3, alínea *b)* do CSC, na medida em que «nem a sentença, ao substituir a declaração negocial do sócio faltoso, permitiria obter os efeitos pretendidos pelas partes ("*os efeitos do contrato prometido*"), nem por outro lado, poderia a sentença substituir o ato de que depende a plena eficácia da transmissão, por tratar-se de um ato de terceiro de natureza discricionária, logo, insuscetível, ele mesmo, de execução específica».
Esta solução, contudo, poderá não ser aplicável aos casos em que a obrigação de transmissão decorra de um AP em que a própria sociedade é parte. Aqui, seria estranho que a sociedade pudesse impedir a verificação da transmissão quando se tinha vinculado a permitir o exercício dos direitos do AP.

[140] Enquanto que para a transmissão de quotas o artigo 228.º do CSC dispõe que esta (i) deverá ser reduzida a escrito, (ii) depende, salvo as exceções aí previstas, do consentimento da sociedade, e (iii) só se tornará eficaz perante esta quando lhe for comunicada por escrito (ou por ela expressa ou tacitamente reconhecida), a transmissão de ações encontra-se regulada nos artigos 80.º, e 102.º do CVM, nos seguintes termos: (a) a transmissão de ações escriturais ocorre com o registo na conta do adquirente; (b) a transmissão de ações tituladas nominativas, ocorre pela declaração de transmissão escrita no título a favor do adquirente, seguida de registo junto da sociedade transmitente.

estabelecidas para a transmissão de ações levantam a discussão entre a tese *declarativa* e *constitutiva* [do registo] da transmissão das ações, que procuram responder à questão de saber se bastará um contrato válido entre o transmitente e o adquirente (sistema do *título*, defendido pela tese declarativa) para que opere a transmissão das ações ou se será ainda necessário o cumprimento de determinadas formalidades adicionais (sistema do *título* e do *modo*, defendido pela tese *constitutiva*)[141].

A análise a cada um destes obstáculos deverá ser realizada aquando da negociação dos mecanismos de controlo e a garantia da sua eficácia dependerá do caso concreto: poderão existir regras legais ou estatutárias (*e.g.* exigência do consentimento da sociedade para a transmissão das ações) que, a par das formalidades exigidas para a transmissão das participações sociais, poderão obstar ou dificultar o sucesso desta ação constitutiva de execução específica[142]. Neste sentido, o melhor será as partes acautelarem, aquando da previsão destes mecanismos de controlo, o modo de garantir a sua plena eficácia.

[141] Estas teses, cujas designações foram construídas por referência à transmissão das ações escriturais e tituladas nominativas, já têm sido muito debatidas pela doutrina, pelo que não se justifica replicar aqui toda essa discussão, até porque, como destacou PEDRO ALBUQUERQUE, *Direito das Obrigações*, vol. I, tomo I, Almedina, 2015, p. 99, «[d]ividem-se aí os autores, parecendo haver lugar, em tese, para todo o tipo de opiniões (...)». A doutrina mais «severa» é a que considera as «*formalidades essenciais*» inerentes ao efeito translativo, sob pena de o «*contrato, por si só, não faz*[er] *nascer, na esfera jurídica do adquirente, o direito de propriedade sobre as acções, não sendo a mera celebração do contrato entre o transmitente e o adquirente, desacompanhada do «modo», suficiente para fazer operar a transferência para o adquirente da propriedade das acções*», como foi destacado no Acórdão do TRC, de 3.07.2012, proc. 688/11.7TBCNT.C1, disponível em http://www.dgsi.pt.
Sem pretensão de exaustividade, defendo a tese declarativa, PEDRO ALBUQUERQUE, *Direito das Obrigações... cit.*, pp. 99 a 113 (com um resumo de jurisprudência), PAULA COSTA E SILVA, «A transmissão de valores mobiliários fora de mercado secundário», *in Direito dos Valores Mobiliários,* vol. I, 1999, pp. 243 e ss. [217-252] (no âmbito da anterior legislação), MENEZES CORDEIRO, *Manual de Direito das* Sociedades, vol. II – Das Sociedades em Especial, *cit.*, p. 683. ANTÓNIO PEREIRA DE ALMEIDA, em *Sociedades comerciais e valores mobiliários*, vol. 2, 7.ª edição, Coimbra Editora, 2013, p. 37 e OLIVEIRA ASCENSÃO, «O atual conceito de valor mobiliário», *in ROA*, 2001, vol. I, p. 11. Pela tese constitutiva, entre outros, PAULO CÂMARA, *Direito dos Valores Mobiliários*, 3.ª edição, Almedina, 2016, p. 340, COUTINHO DE ABREU, *Curso... cit.*, vol. II, pp. 348-349 e ANDRÉ FIGUEIREDO, *Negócio Fiduciário perante Terceiros – com Aplicação Especial na Gestão de Valores Mobiliários*, Almedina, 2014, p. 411, este último com vasta referência bibliográfica (pp. 405 e ss). Denote-se, contudo, que os tribunais têm vindo a adotar a tese constitutiva, na sua maioria.

[142] Sobre estes temas em especial, *vide* JOANA TORRES EREIO e FILIPA DE ARAGÃO HOMEM, «Da aplicação do artigo 830.º... *cit.*, pp. 671-680.

Tornando-se definitivamente impossível o cumprimento, *i.e.*, quando o sócio vendeu a terceiro as participações que era obrigado a transmitir aos seus sócios, deixam de se encontrar reunidos os requisitos para a execução específica, pelo que o credor a ela não poderá recorrer. Ainda assim, na verificação dos pressupostos da responsabilidade civil, o instrumento principal dos sócios titulares do direito a obter a transmissão das participações a seu favor é o de propor uma ação de responsabilidade por incumprimento contra o sócio inadimplente. E, se verificados os demais pressupostos legalmente estabelecidos, este será responsável nos termos do artigo 798.º, e 801.º do CC.

Uma última nota para os casos – muitíssimos raros, dado o caráter tipicamente sigiloso dos APs – em que a cláusula de direito de preferência prevista no AP de uma sociedade por quotas gozar de eficácia real (artigo 413.º *ex vi* artigo 421.º, todos do CC e artigo 3.º, n.º 1, alínea *d)* do CCom), nos termos acima descritos, e o sócio obrigado tiver alienado a sua quota em desrespeito do AP. Neste caso, o direito de preferência, tratando-se de um direito real de aquisição, produzirá efeitos relativamente a terceiros[143]. Tal significa que o direito real de aquisição prevalece sobre qualquer direito (de crédito ou real) posterior – na emergência das características da inerência, da sequela e da prevalência, típicas dos direitos reais. Conforme destacaram Joana Torres Ereio e Filipa de Aragão Homem[144], no seguimento do incumprimento da obrigação de dar preferência com eficácia real, poderão os titulares do direito de preferência recorrer (i) à ação de preferência (artigo 1410.º do CC), onde opera uma modificação subjetiva do negócio de alienação (sem a respetiva anulação), substituindo o pre-

[143] Joana Torres Ereio e Filipa de Aragão Homem, «Da aplicação do artigo 830.º... *cit.*, pp. 668, destacam que o direito real de aquisição pode fundar-se, em tese, de duas construções: (i) um direito decorrente de um contrato-promessa com eficácia real ou; (ii) um direito de preferência com eficácia real. Contudo, perante as críticas que têm sido tecidas à execução específica do contrato-promessa com eficácia real quando o bem já foi transmitido a terceiro (em virtude da ilegitimidade deste último numa ação que se caracteriza por ser *interpartes*), consideramos, acompanhando as referidas AA., que a ação de preferência é o meio mais idóneo para proteger a parte do AP que, sendo titular de um direito de preferência real, vê o obrigado à preferência transmitir a terceiro, sem seu conhecimento ou autorização, as participações sociais objeto da preferência. Sobre as críticas referidas, *vide* Menezes Cordeiro, *Tratado... cit.*, VII, pp. 446 a 449 concluindo que tanto na promessa real (por analogia *iuris*), como na ação de preferência, intentar-se-á uma ação de reivindicação contra o atual possuidor da coisa, fundada num direito potestativo à aquisição.

[144] Joana Torres Ereio e Filipa de Aragão Homem, «Da aplicação do artigo 830.º... *cit.*, pp. 668 e ss.

ferente a posição jurídica do adquirente preferido, com efeitos à data da alienação; ou (ii) recorrer à execução específica, nos termos gerais e já referidos, demandando em litisconsórcio necessário o devedor alienante e o adquirente preferido no âmbito de uma promessa de contratar com eficácia real. Contudo, a ação de execução específica não logrará apagar da ordem jurídica o negócio de alienação ao terceiro, e a legitimidade passiva sugerida acima está longe de ser consensual[145]. Por essas razões, concordamos que a ação de preferência é a que melhor protege o titular do direito de preferência com eficácia real.

3.2.2. Prevenção da discussão em torno do incumprimento(?) de opções de compra (call) e venda (put): o caso especial da sujeição jurídica

Por último, cumpre fazer uma breve análise aos casos da previsão de uma opção de compra (*call*) e de venda (*put*). É certo que o que diferencia os negócios que podem ser objeto de opção daqueles em que isso se não pode verificar é a sua a «optabilidade»[146], sendo que se destaca como um dos casos de não-optabilidade, justamente o dos contratos *«que exijam, na conclusão, operações que transcendam a mera declaração unilateral do optante»*[147]. Assim, no caso de *calls* e *puts* sobre participações sociais[148], deveremos estar perante situações potestativas, pelo que aparentemente, já não nos situamos numa situação de incumprimento (mesmo que ainda suscetível de ser objeto de execução específica), na medida em que o efeito pretendido já haveria tido lugar – o contrato prometido já seria celebrado pelo exercício do poder potestativo.

Contudo, o problema que se levantou relativamente à execução específica de obrigações de transmissão potestativa, levanta-se também nesta

[145] Joana Torres Ereio e Filipa de Aragão Homem, «Da aplicação do artigo 830.º... *cit.*, pp. 669 e 670.

[146] Menezes Cordeiro, *Tratado... cit.*, VII, pp. 540-541.

[147] Exemplo disso seriam os contratos reais *quoad constitutionem*: «a hipótese de uma «opção» que, uma vez exercida, obrigaria a entregar a coisa para, assim, se completar o definitivo é lícita e eficaz... mas não é uma opção. Antes se perfila como uma figura atípica, dela próxima, mas que já não é de puro funcionamento potestativo». Menezes Cordeiro, *Tratado... cit.*, VII, pp. 540-541.

[148] Ou ainda, no caso de exercício de preferência em que a notificação para preferir e a respetiva resposta cumpriram os requisitos necessários para a perfeição do contrato definitivo.

sede, para apurar da eficácia ou produção de efeitos da opção. Conforme já foi destacado, «razões de segurança levam o Direito das Sociedades a prever, seja formas específicas para a validade da transmissão, seja formalidades subsequentes necessárias para que a mesma se torne eficaz ou, pelo menos, produza todos os seus efeitos»[149]. Assim, a especial preocupação da parte que negoceia uma opção num AP deve ser a de garantir a sua plena eficácia. Perante a previsão de uma opção de compra ou venda num AP em que se pretende que o efeito potestativo (a transmissão das participações sociais) tenha lugar pelo mero exercício do titular da opção, devem também as partes acautelar que conseguem cumprir, ainda que sem o auxílio da contraparte que se encontra em sujeição jurídica, as formalidades necessárias à produção do efeito pretendido. O foco deve, pois, ser o de garantir o cumprimento dos requisitos legais para a transmissão das participações sociais, de forma a evitar o litígio sobre a necessidade do cumprimento do *modo* para que se verifique o efeito real pretendido (a transmissão)[150].

Resulta do artigo 228.º, n.º 1 do CSC que o efeito *interpartes* da transmissão das quotas opera imediatamente, desde que tenha sido reduzida a escrito, pelo que deverão ficar contratualmente previstas as condições essenciais dessa transmissão para que os requisitos sejam verificados, bastando-se a comunicação, por escrito, do exercício da opção. E se, a comunicação por escrito da transmissão à sociedade depende apenas do titular da opção[151], na qualidade de adquirente ou transmissário, a eficácia da transmissão perante a sociedade, depende ainda do consentimento desta (artigo 228.ºs, n.º 2 e 3 do CSC). Por essa razão, deverão ser acauteladas as maiorias necessárias para ser assegurado este consentimento o mais rapidamente possível.

No que respeita à previsão de opções sobre ações, deve também atender-se ao enquadramento legal para a sua transmissão, que se encontra nos artigos 80.º e 102.º do CVM[152]. Quando estas incidam sobre ações escri-

[149] Menezes Cordeiro, *Manual de Direito das* Sociedades... cit., II, p. 683.

[150] Repare-se que não se pretende no presente artigo tomar posição sobre a referida problemática, mas apenas fazer um alerta quanto a esta questão, no momento da previsão do mecanismo de controlo do AP.

[151] A comunicação à sociedade pode ser feita tanto pelo cedente como pelo cessionário, devendo ser nessa comunicação solicitada à sociedade, quando necessária, a promoção do respetivo registo, nos termos dos artigos 242.º-A e 242.º-B, n.º 2, alínea *a)* do CSC. Coutinho de Abreu, *Curso... cit.*, vol. II, pp. 331 e 332.

[152] Destaque-se que, na sequência de termos excluído do objeto de estudo os mecanismos de controlo previstos em AP que tenham por referência sociedades abertas, também não fará sentido,

turais, o entendimento mais «severo» para o titular da opção é o de que a transmissão das ações ocorre pelo registo na conta do adquirente (artigo 80.º do CVM), um ato de registo de conteúdo vinculado e não discricionário, sendo que a lei determinaria que todos os efeitos serão apenas produzidos desde o momento desse registo. Assim, o mais prudente será realizar o pedido de registo à entidade registadora, em simultâneo com o exercício da opção. Em caso de recusa do registo na conta, poderá ser proposta uma ação de execução específica para garantir o seu cumprimento, por aplicação analógica do artigo 830.º do CC ou mesmo uma ação de prestação de facto, nos termos do artigo 827.º do CC. O pedido de registo aquando do exercício de opção garante que, em caso de sucesso na ação, o registo (ou lançamento a crédito na conta do adquirente) feito na sequência de reclamação para entidade registadora ou de recurso julgado procedente terá a data correspondente ao ato recusado (e a transmissão produz efeitos, pelo menos, desde este momento), nos termos do n.º 6 do artigo 69.º do CVM.

No mesmo sentido, no caso de ações tituladas nominativas, a Parte que pretender prever uma opção de compra ou de venda num AP quer evitar o confronto com os riscos inerentes à discussão da necessidade das formalidades essenciais à transmissão de valores mobiliários. Nesta modalidade de ações, o entendimento mais «severo» para o titular da opção é o de que a transmissão das ações ocorre com a redação da declaração de transmissão no título, seguida de registo junto da sociedade (realizado no suporte de registo de valores mobiliários), que apenas o transmitente terá legitimidade para o requerer nos termos da alínea *c)* do n.º 2 do artigo 102.º do CVM[153]. Tratando-se de uma *put*, o seu titular controla as formalidades para transmissão das ações, uma vez que pode requerer à sociedade a inscrição no título da transmissão ou requerê-la ao depositário. De seguida, poderá demandar o obrigado pelo incumprimento da obrigação de pagamento do preço, mas deste pagamento não depende a transmissão da propriedade, o que é confirmado artigos 408.º, 879.º e 886.º do CC. Mais complexa é a situação em que a parte no AP é titular de uma *call*. Se aquando do AP, a manutenção das ações na posse do seu titular não permite que (sem

nesta sede, analisar opções sobre ações admitidas à negociação em mercado regulamentado, uma vez que tal consiste num critério para qualificação de uma sociedade como «sociedade aberta», nos termos da alínea *c)* do n.º 1 do artigo 13.º do CVM.

[153] O depositário e o funcionário judicial competente também terão legitimidade, nos termos das alíneas *a)* e *b)* do n.º 2 do artigo 102.º do CVM, mas não relevam neste caso.

a sua cooperação) se proceda ao registo da transmissão no título, as dificuldades não diminuem quando o titular da opção assegure o depósito os títulos, devido à legitimidade prevista no CVM para requerer o registo ao depositário. As partes podem tentar contornar esta aparente falta de legitimidade convencionando no AP o diferimento para momento posterior, nas relações *interpartes*, do cumprimento das formalidades da transmissão (*e.g.*, o requerimento do registo na conta do adquirente, no caso de ações tituladas nominativas), colocando as formalidades no mesmo patamar da obrigação do pagamento do preço (do qual não depende, consabidamente, a transmissão da propriedade, o que é confirmado artigos 408.º, 879.º e 886.º do CC). Se assim o fazem, nomeadamente quando as ações se encontrem depositadas em *escrow*, é porque seria impossível ao titular da opção, sem a concordância do obrigado, promover o requerimento de registo da transmissão das ações na conta do depositário, na sequência do eventual exercício do seu direito de opção, por falta de legitimidade (cfr. n.º 5 do artigo 102.º do CVM)[154]. Todavia, já se estará a entrar na discussão que, enquanto investidor, se pretende evitar. Por essa razão, ao invés de discutir posição semelhante à de que «a transmissão das acções opera, em princípio, por força do contrato transmissivo, típico ou atípico, que te-

[154] Assim, uma vez exercida a opção e na tentativa da produção do seu *efeito interpartes*, ficaria o obrigado a opção (alienante forçado) adstrito a cumprir as formalidades subsequentes necessárias, por forma a conferir-lhe plena eficácia, *i.e. erga omnes*, através do requerimento da inscrição na conta do adquirente. Poder-se-ia defender que tendo em conta que o regime previsto no artigo 102.º, n.º 2 do CVM tem por objetivo proteger terceiro das consequências negativas resultantes das aquisições *a non domino* – através da publicidade inerente a esse registo –, a circunstância de não existirem terceiros a ser protegidos no caso concreto conduzira a que, pelo menos no plano da justiça material, a que a transmissão se realizasse de acordo com o previsto pelas Partes, por serem as únicas envolvidas. O aproveitamento daquela situação sempre seria contrário à boa fé e, consequentemente, abusivo (*rectius*, por contrariedade ao princípio da materialidade subjacente) em face do clausulado no AP e do que resultaria do sentido um declaratário normal, colocado na posição do real declaratário, depreenderia (artigo 236.º do CC). A este propósito, recorde-se a afirmação de Carneiro da Frada, «Acordos parassociais "omnilaterais... *cit.*, p. 105, que destaca que «[a]ssim, a possibilidade de celebrar acordos parassociais não envolve, por regra, a faculdade de contornar regras injuntivas de organização e funcionamento da sociedade, nem é aceitável, por princípio, que esses acordos conformam a uma violação da distribuição legal de competências. Só que a nossa questão é outra, particular: saber se tais asserções valerão sempre». Acresce que o artigo 17.º determinar que é uma «conduta não proibida por lei» e, portanto, impedindo as condutas violadoras de lei mas não o contorno de disposições formais. Considerando esta nota como «pouco relevante», Diogo Costa Gonçalves, «Notas breve... *cit.*, p. 781 e Carolina Cunha *in Código das Sociedades... cit.*, pp. 306 e 307.

nha sido concluído entre as partes», e por isso, «concluído o acordo transmissivo, desencadeiam-se os seus efeitos *inter partes*»[155], porque o direito potestativo é estruturalmente absoluto (na medida em que o seu titular «atua isoladamente»[156]), o melhor será garantir o depósito dos títulos junto do depositário, aquando da previsão da *call* e da *put* ou mesmo garantir a outorga de procuração irrevogável pelo obrigado, de modo a que ao titular da *call* sejam atribuídos, para em representação daquele, requerer o registo.

Assim se diminui o risco de incumprimento pelo obrigado sujeito a uma opção, pelo que a execução dos atos materiais subsequentes, já será em caso de incumprimento pelo depositário, a realizar nos termos dos artigos 817.º do CC, uma vez que o efeito jurídico pretendido – a transmissão das participações sociais – já se teria verificado. Isto claro, sem prejuízo da responsabilidade civil pelos danos que o incumprimento pelo depositário possa causar, nos termos gerais.

3.3. Reflexos em terceiros do incumprimento dos acordos relativos a transmissibilidade de participações sociais. A oponibilidade a terceiros dos mecanismos indiretos de controlo.

Qualquer uma das obrigações que temos vindo a estudar, (i) a obrigação de não transmissão; (ii) a obrigação de transmissão forçada; e (iii) a

[155] Menezes Cordeiro, *Manual de Direito das* Sociedades... *cit.*, p. 683 (sublinhado nosso). Este entendimento é subscrito, a título de exemplo, no acórdão do TRL, de 12.07.2007, pp. 2794/2007-1, disponível em www.dgsi.pt., quando se afirma que "quanto à forma a que está sujeito o negócio jurídico translativo da propriedade das acções, rege o princípio da autonomia privada, «pelo que os contratos de transmissão de valores mobiliários com natureza meramente obrigacional estão sujeitos à liberdade de forma consagrada no artigo 219.º do nosso Código Civil»". O TRL viria a acrescentar que «para efeitos probatórios e até para facilitar a existência de uma base documental que justifique o registo dos valores mobiliários escriturais, a forma escrita será aconselhável», salvaguardando, contudo, que «a sua falta não implica a invalidade do contrato celebrado». Conclui no sentido de que «a falta de (i) entrega, ou (ii) de declaração no título, ou (iii) do registo na conta do adquirente, ou (iv) de registo nos livros da sociedade não determina a invalidade do contrato celebrado, como resultaria do art. 220.º do Código Civil». Entendendo que, mesmo no caso das ações nominativas depositadas junto de depositário, o pedido de registo à sociedade "*não é condição de validade nem de eficácias nas relações entre o transmitente e o transmissário*", mas tão só requisitos de legitimação do requerente para o exercício de direitos sociais, António Pereira de Almeida, em *Sociedades comerciais e valores mobiliários*, vol. 2, 7.ª edição, Coimbra Editora, 2013, p. 37.

[156] Menezes Cordeiro, *Tratado... cit.*, VI, p. 371, descrevendo as diferenças estruturais entre a sujeição e a obrigação típica, com as consequências emergentes no que respeita ao regime aplicável.

obrigação de aquisição forçada, fazem nascer nas esferas das contrapartes verdadeiros direitos de crédito às respetivas prestações. Como notou Eduardo Santos Júnior[157], o direito de crédito é uma espécie de direito subjetivo que assenta num fenómeno de exclusividade do seu titular, visto que apenas este beneficia ou aproveita o *quid* valioso (o bem) do direito de crédito. Esta exclusividade traduz-se na suscetibilidade de o opor (na oponibilidade do direito) a terceiros, limitando-lhes a liberdade de agir, porquanto apenas ao titular cabe a atuação do bem que este lhe garante[158]. A eficácia dos direitos subjetivos de crédito, constituídos pelos mecanismos indiretos de controlo em APs deve pois, segundo Eduardo Santos Júnior[159], ser analisada na ótica da estrutura (para aferir da relatividade) e da eficácia (para a distinguir da oponibilidade), uma vez que pelo incumprimento da obrigação apenas responde diretamente o seu devedor. Assim, verificando-se os demais pressupostos da responsabilidade civil, o sócio alienante, ao praticar o ato de alienação, violará um dever específico de prestar e ficará obrigado a reparar o dano causado aos seus sócios. No entanto, na sequência dessa alienação, as participações ficarão em poder do terceiro que com o devedor contratou em violação do AP, e o terceiro não é dele parte[160], pelo que é necessário verificar o que dispõe o nosso ordenamento jurídico quanto à eficácia relativa e oponibilidade do direito de crédito das partes atribuídos pelo AP.

Mais uma vez, a dificuldade destas proteções reside na eficácia *interpartes* do AP, prescrita no artigo 17.º, n.º 1 do CSC, onde dispõe que o AP «tem efeitos entre as partes». Tal eficácia relativa é reforçada pela natureza con-

[157] Eduardo Santos Júnior, *Da Responsabilidade Civil de Terceiro por Lesão do Direito de Crédito*, Almedina, 2003, p. 463.

[158] Eduardo Santos Júnior, *Da Responsabilidade... cit.*, p. 464, que acrescenta que «[o]por o direito é afirmá-lo, enquanto tal, perante os outros, é **poder exigir dos outros que o respeitem**» (realçado no original) – e desta forma, podemos afirmar que existe um dever geral de respeito, inerente a qualquer direito subjetivo, que manifesta a eficácia do direito subjetivo em relação a terceiros, que não integram a relação jurídica. Menezes Cordeiro, *Direitos Reais*, Lex, 1993 (reimpressão de 1979), p. 221, retira também da noção de direito subjetivo, uma consequência positiva, e uma negativa – relativa a terceiro – que se concretiza no «respeito dos não titulares por essa utilização [do bem pelo titular do direito subjetivo]».

[159] Eduardo Santos Júnior, *Da Responsabilidade... cit.*, p. 466.

[160] Trata-se justamente do caso referido em abstrato por Eduardo Santos Júnior, *Da Responsabilidade... cit.*, pp. 459 e 460, quando afirma que terceiros podem «*participar com o devedor num acto que conduza ao incumprimento, (...) participando com o devedor num acto, que, por si mesmo gere, como efeito imediato, a impossibilidade de incumprimento por parte do devedor* (...)» (realces no original).

tratual do AP, pelo disposto no artigo 406.º, n.º 2 do CC, que determina que «[e]m relação a terceiros, o contrato só produz efeitos nos casos especialmente previstos na lei». A este respeito, Ana Filipa Leal destacou que perante terceiros, os efeitos poderão surgir «conforme se decida acerca do problema da eficácia externa das obrigações[161]», referindo que «poderá um direito ao ressarcimento pelos danos ser feito valer, também contra um terceiro adquirente de um lote de ações que tinham sido objeto de um pacto de preferência entre o alienante e outro sócio, se esse terceiro conhecia o facto que bloqueava as acções»[162].

Os direitos de crédito são estruturalmente relativos, na medida em que constituem uma relação jurídica entre o devedor e o credor[163] Esta relatividade distingue-se da oponibilidade, independentemente de se reservar o conceito de «oponibilidade» para a projeção do crédito *em relação a terceiros,* não incluindo na projeção o titular e o devedor»[164] ou de entender alargá-la ao próprio devedor[165]. O direito de crédito é oponível a terceiros, por força do dever geral de respeito prescrito no artigo 483.º do CC[166], que sobre eles recai e que limita a sua autonomia. Tratando-se da projeção do direito sobre terceiros, esta é atinente a uma ação indireta, ao dever que é imposto a todos os outros que não o devedor. Diferentemente, a relatividade reporta-se à relação jurídica estabelecida: «projecta-se (...) na eficácia do direito *versus* o sujeito passivo, aquele que, nessa relação, está especificamente adstrito a satisfazê-lo»[167].

[161] Sobre o tema, a obra de referência à data é a de Eduardo Santos Júnior, *Da Responsabilidade... cit.*, já referida. Contudo, para uma análise concisa da evolução da doutrina e da jurisprudência nacional sobre o assunto, *vide* Menezes Cordeiro, *Tratado... cit.*, VI, pp. 408 e ss. e 425 e ss..

[162] Ana Filipa Leal, «Algumas notas... *cit.*, pp. 177 e 178.

[163] Menezes Cordeiro, *Tratado... cit.*, VI, pp. 370 e ss..

[164] Eduardo Santos Júnior, *Da Responsabilidade... cit.*, p. 467.

[165] Menezes Cordeiro, *Tratado... cit.*, VI, pp. 375 e ss., que distingue três tipos de oponibilidade: a) *forte* (traduzida no poder de exigir a prestação/cumprimento), sendo esta, em regra, *interpartes* no direito de crédito; b) *média*, (exigir o acatamento de deveres instrumentais que permitam o aproveitamento do bem), sendo esta, em regra, *erga homnes*; e c) *fraca* (traduzida num dever geral de respeito, em direitos que pela sua natureza, sejam vulneráveis a terceiros), que não protege, em regra, os direitos de crédito.

[166] Menezes Cordeiro, *Tratado... cit.*, VI, pp. 386 e 406 e ss..

[167] O mesmo se diga em relação aos contratos. «O princípio da relatividade dos contratos nada mais significa – e não é pouco – que os específicos direitos e deveres decorrentes do contrato não apenas beneficiam e vinculam os contratantes ou, talvez melhor, as partes. Noutros termos, perante um contrato obrigacional, em princípio, somente as partes são credores e devedores», tratando-se o contrato a favor de terceiro de uma clara exceção. Por outro lado, a oponibilidade do

Apesar de teoricamente todos os direitos subjetivos serem oponíveis a terceiros, não basta o direito de crédito ser uma espécie daquele para ser *efetivamente* oponível perante terceiros – ao direito de crédito não basta a sua mera existência[168]. É, então, necessária uma condição concretizadora daquela oponibilidade. Na ausência de concretização destas situações pela lei, torna-se imperativo que os terceiros conheçam aquele direito realmente ou, pelo menos, que sejam suscetíveis de ser conhecidos[169], pois «a diferença que podemos observar, em matéria de oponibilidade, entre os direitos reais e os direitos de crédito, advém precisamente, da interligação oponibilidade–boa fé. Não pode estar de má fé quem ignore a existência do direito que está lesando, desde que não tivesse obrigação de o conhecer».

Os direitos reais incidem sobre coisas (as quais podem ser apropriadas) e a posse destas serve como meio de publicidade, operando uma presunção de titularidade do direito real correspondente, nos termos do artigo 1268.º do CC[170]. Por outro lado, existem meios de registos organizados que asseguram a publicidade (de direitos reais) – criando-se o ónus de terceiros tomarem conhecimento do registo. Já nos direitos de crédito não é tipicamente assim, pois não «beneficiam de uma identificabilidade decorrente do suporte físico sobre que recaem ou se reportam» e o seu objeto é «abstrato», em regra, mais invariável e efémero. Por esta razão, impor um dever de conhecimento dos direitos de crédito, ou seja, onerar terceiros com o dever de indagar a sua existência traduziria um encargo demasiadamente pesado. Contudo, existem exceções, como os títulos de crédito, os valores mobiliários (onde se integram as ações) e mesmo as quotas, que possuem uma publicidade integrada e garantida através do título ou do registo centralizado. Por outro lado, no âmbito das quotas, existem uma publicidade garantida através do registo público.

contrato já concerne ao dever geral que sobre terceiros impende de respeitar a relação jurídica constituída.

[168] Menezes Cordeiro, *Direitos Reais... cit.*, p. 314.

[169] Questiona-se, então, qual a natureza deste conhecimento efetivo do crédito. Constitui uma condição, não de oponibilidade a terceiros do direito de crédito, mas de efetivação ou concretização desta. Por outro lado, também a validade do contrato é condição da sua oponibilidade, na medida em que, sendo o contrato inválido, poderá a qualquer momento deixar de produzir efeitos (anulabilidade) ou, pior, nunca os ter produzido (nulidade), não podendo por isso ser oponível a terceiros. Exceção feita ao caso em que o direito a anular o contrato pertence ao credor, que quer opor o seu direito de crédito a terceiro.

[170] Destacando este aspeto, Menezes Leitão, *Direitos Reais... cit.*, p. 144.

A taxatividade das limitações à transmissibilidade das participações sociais (pelo menos, quanto à sua eficácia real) é especialmente prevista para o contrato de sociedade, não se pronunciando a lei sobre outras limitações, nomeadamente, as previstas noutros contratos, como em APs[171]. Tal decorre da oponibilidade *erga omnes* dos direitos previstos no contrato de sociedade e, portanto, a terceiros independentemente do conhecimento *efetivo*, porque, à semelhança do que acontece nos direitos reais, «*todos podem e devem conhecer da* [sua] *existência*»[172]. Nos casos em que as limitações se encontram previstas no contrato de sociedade, a *cognoscibilidade* do direito constitui a «condição de concretização» da oponibilidade do direito a terceiros e traduzir-se-á no dever específico a cargo do terceiro[173]. Cria-se assim um verdadeiro dever, ou pelo menos, um ónus do terceiro de consultar o contrato de sociedade para conhecer as eventuais limitações à transmissibilidade que ali sejam previstas, ainda que estas não se encontrem também inscritas nos títulos ou nas contas de registo das participações sociais[174]. Por essa razão, respeitando-se os limites legais à transmissão, a opção pela previsão no contrato de sociedade qualquer uma daquelas cláusulas que temos vindo a estudar, não obstante todas as exigências legais de forma, registo e publicidade, vincula a própria sociedade, os seus órgãos, os sócios e é oponível a terceiros.

Por contraposição, as limitações à transmissibilidade das participações sociais que sejam previstas em APs não constitui nos terceiros[175] (que não

[171] E não pode o contrato social tentar limitar, pelo menos no plano da validade, que estas cláusulas venham a ser previstas em APs, conforme retiramos em consequência da explicação de Ana Filipa Leal, «Algumas notas ... *cit.*, p. 169 a 173, sem se descurar, no entanto, a responsabilidade civil que o incumprimento do contrato social possa gerar, pois não existe «subordinação normativa» dos APs relativamente a este. Defendendo a subordinação normativa, Maria da Graça Trigo, *Os Acordos parassociais ... cit.* p. 191 e ss.

[172] Menezes Cordeiro, *Direitos Reais... cit.*, p. 315 (realçados no original).

[173] Eduardo Santos Júnior, *Da Responsabilidade... cit.*, p. 481.

[174] Sobre o assunto, e neste mesmo sentido, se pronunciou o Ac. TRC de 19 de janeiro de 2016, proc. 417/2010.2TBOHP.C1, disponível em www.dgsi.pt, para quem «o adquirente de boa fé é apenas aquele que ignorava, ao adquirir as acções, que lesava o direito de outrem (ou seja o direito da sociedade ou dos accionistas). O adquirente de má fé é aquele não ignorava, pelo contrário, tem conhecimento da falta de direito do alienante», com base na doutrina de Alexandre Soveral Martins, *Cláusulas do contrato... cit.*, pp. 332 e 333.

[175] Quando nos referimos a terceiro, neste âmbito, estamos a abranger todo e qualquer sujeito que não seja parte no AP ou no contrato social, dependendo de onde foram previstos os mecanismos de controlo. Sobre o conceito de terceiro para este efeito, Eduardo Santos Júnior, *Da Responsabilidade... cit.*, p. 447. Contudo, poderão ser terceiros aqueles que assumirem essa quali-

são partes nesses contratos) o referido dever ou ónus de conhecimento[176]. Para reunir uma condição concretizadora do direito de crédito resultante de um mecanismo de controlo, é necessário garantir o seu conhecimento, de modo a garantir a sua oponibilidade àquele terceiro em concreto. Assim, para que o terceiro tenha conhecimento, será necessário divulgar-lhe a existência de um direito do interessado, para que este possa saber que a sua conduta poderá resultar na violação de um direito de crédito. Devido às cláusulas típicas de confidencialidade, as partes num AP encontram-se, a maioria das vezes, proibidas de comunicar com terceiros a existência e o conteúdo do contrato. Caberá aferir, em cada caso, em função dos deveres de confidencialidade resultantes do AP, se valerá a pena incumprir essas obrigações com vista a garantir que terceiro tem conhecimento da existência dos direitos do eventual lesado. Assim, a par do sócio inadimplente, o terceiro deverá ser civilmente responsável pela violação do direito de crédito dos sócios beneficiários das cláusulas de transmissão se deles tinha conhecimento quando participou, com o devedor, no incumprimento[177,178].

dade na relação jurídica concretamente estabelecida entre as partes que sejam cumulativamente parte no contrato de onde resulta a relação jurídica, ou ainda que tenham uma relação qualificada com uma das partes, ou com todas, como é justamente o caso dos sócios. Assim Eduardo Santos Júnior, *Da Responsabilidade... cit.*, p. 451.

[176] Mesmo não se estabelecendo nenhum ónus (ou dever) de conhecer os direitos de crédito a oponibilidade dos direitos de crédito, traduzida num dever geral de respeito que potencialmente («*in potentia*») toca a todos os terceiros, necessita, no entanto, de ser concretizada, para poder produzir efeitos concretos na esfera jurídica de «certos terceiros» («*in actu*»). Como daqui se deduz, o critério da cognoscibilidade do direito ou, noutros casos, o conhecimento efetivo. Mas nem sempre o conhecimento é o critério: atente-se ao artigo 495.º, n.º 3 do CC, foi o escolhido pelo legislador para a oponibilidade real do direito de crédito. Por não serem cognoscíveis com a mesma facilidade com que o são os direitos reais («por via natural ou organizada»), só o verdadeiro conhecimento poderá relevar para efeitos da oponibilidade do direito de crédito. Eduardo Santos Júnior, *Da Responsabilidade... cit.*, pp. 482 e 483.

[177] Assim, poderemos distinguir três momentos para verificar os efeitos que os direitos de crédito poderão ter sobre terceiros. Desde logo, porque direitos subjetivos, são potencialmente oponíveis a terceiros. De seguida, quando se tem conhecimento do direito, verifica-se a oponibilidade «*in actu*» (em concreto, sem necessidade de nenhuma relação jurídica entre o terceiro e o titular do direito de crédito). Por último, em caso de violação do dever geral de respeito que concretamente foi imposto ao terceiro, forma-se então, desta vez, uma relação jurídica (portanto, eventual) de responsabilidade civil, se reunidos os pressupostos. Eduardo Santos Júnior, *Da Responsabilidade... cit.*, p. 486.

[178] Exceto se esse terceiro for a sociedade, em determinados casos. Ana Filipa Leal, «Algumas notas ... *cit.*, pp. 177 e 178 (e nota 193) refere, a nosso ver, bem, que o artigo 17.º constitui um obstáculo à oponibilidade do direito de crédito à sociedade, sendo as soluções (i) a participação da sociedade no AP; e (ii) a «de considerar que, neste tipo de situações, a sociedade não interage no

A diferença é que, enquanto o primeiro responde nos termos da responsabilidade contratual, o segundo responde nos termos da responsabilidade extracontratual[179], porque aquando da aquisição das participações sociais, ele não era parte do AP (ainda que venha a aderir ao AP posteriormente)[180]. Consistindo esta responsabilidade uma responsabilidade subjetiva, porque os terceiros não são partes no AP em que o direito do sócio foi constituído, encontramo-nos no campo da responsabilidade aquiliana ou extracontratual, quando se verifiquem os respetivos pressupostos.

Será então de verificar se existe alguma forma de reação da ordem jurídica que se possa traduzir, por via judicial, na realização do direito do credor através da execução específica (se aplicável) ou através de uma reconstituição em espécie. No que à execução específica diz respeito, pensamos que esta não poderá ser exigida a terceiro, na medida em que: (i) ele não era o devedor da obrigação de contratar, ficando apenas devedor da obrigação de indemnizar, quando preenchidos os pressupostos; (ii) a prestação ao abrigo do mecanismo de controlo tornou-se impossível, porque as participações sociais já não se encontram na esfera do obrigado a contratar[181]. Deste modo, o terceiro deverá, nos termos do artigo 562.º do CC, «reconstituir a situação que existiria, se não se tivesse verificado o evento que obriga à reparação»[182]. Se nos casos em da obrigação de transmissão forçada em que o sócio simplesmente se recuse a transmitir, a execução específica e a reconstituição natural ainda serão possíveis (não existindo um terceiro a quem ele tenha alienado a sua posição), cumpre verificar em que ter-

tráfego jurídico enquanto ente colectivo cuja essência reside na cooperação com vista à realização de um escopo comum, mas sim como qualquer outro terceiro, o que permite que a parte final do artigo 17.º não tenha, nesta sede, aplicação».

[179] Eduardo Santos Júnior, *Da Responsabilidade... cit.*, p. 500.

[180] Destacando este aspeto Rui dos Santos Vale, «As assembleias gerais e os acordos parassociais», *in RDS*, ano II, vol. 1/2, 2010, p. 371 [360 a 377].

[181] Apesar da tentação em seguir a solução proposta por Eduardo Santos Júnior, *Da Responsabilidade... cit.*, pp. 562 e ss. e 569 e ss., por ser materialmente mais justa, consideramos que a produção do efeito translativo se verifica no caso de venda a terceiro, ainda que de má fé, exceto quando existam causas de invalidade dos negócios jurídicos. A defesa de uma inoponibilidade do negócio, celebrado entre o devedor e o terceiro de má fé, ao credor da obrigação «*em sede da própria tutela dos direitos subjetivos, aqui, do direito de crédito*», sendo «*postulada como sanção necessária à consecução da execução específica*», por se tratar de uma sanção estabelecida de forma «*adequada e mínima*», parece-nos apenas característica dos casos em que ao direito de crédito tenha sido conferida eficácia real, nas situações taxativamente previstas na lei, casos em que, de facto, fará sentido atentar a essa inoponibilidade.

[182] Antunes Varela, *Direito das Obrigações... cit.*, pp. 903 e ss..

mos responderá o terceiro nos casos em que seja responsável pelo incumprimento. Parece-nos que o terceiro está em condições de realizar essa entrega das participações sociais nos seguintes casos: (i) violação de obrigação de não transmissão pela alienação da posição ao terceiro; (ii) violação de obrigação de transmissão forçada em que a participação foi alienada ao terceiro, em violação do mecanismo de controlo. Contudo, a admitir-se esta solução, levantar-se-ão questões de difícil resolução, nomeadamente na tentativa de reversão de efeitos produzidos (ou da sua inoponibilidade ao sócio lesado). Podem existir efeitos cuja reversão não seja possível, particularmente no caso de terem sido praticados atos pelo terceiro adquirente em benefício de terceiros de boa fé, pelo que se deverá atentar ao caso concreto.

Quando as participações já não se encontram na sua titularidade do sócio ou desse terceiro, ou quando a reconstituição natural se revela impossível (pense-se no exemplo de a sociedade ter sido entretanto dissolvida), determina o artigo 566.º, n.º 1 do CC que a indemnização será fixada em dinheiro[183], «tendo como medida a diferença entre a situação patrimonial do lesado na data mais recente que puder ser atendida pelo tribunal, e a que teria nessa data se não existissem danos» (n.º 2 daquele preceito).

4. Conclusões

Perante os vários argumentos que têm sido esgrimidos pela nossa melhor doutrina para defender que em certas situações os APs não terão apenas eficácia *interpartes*, cremos que a invocação da teoria clássica para rejeitar a eficácia externa dos APs já se revela insuficiente, sob pena de violação de princípios essenciais do nosso ordenamento jurídico como a segurança jurí-

[183] Convém, no entanto, destacar, como também o faz Eduardo Santos Júnior, em *Da Responsabilidade... cit.*, pp. 558 e ss., que, no caso da existência de uma cláusula penal (independentemente de ser moratória ou compensatória), estamos perante um contrato realizado entre o devedor e o credor. Respeitando o princípio da relatividade dos contratos, esta só terá eficácia *interpartes*, constituindo direitos e deveres entre partes, relativamente ao «*quid* valioso». Por essa razão, se o dano for superior ao montante fixado pela cláusula penal, apenas o devedor poderá beneficiar da limitação – o terceiro, não só não é parte na cláusula penal (e por isso não aproveita os seus efeitos) como também, para além disso, responde a título extracontratual, contrariamente ao devedor. Assim, a solidariedade tem por limite o estabelecido na cláusula penal. Já na situação inversa – o dano inferior à cláusula penal – também este limite não poderá ser oposto ao terceiro, pelas mesmas razões, que responderá até ao limite do dano concreto. A solidariedade da obrigação terá por limite os danos efetivamente causados.

dica, economia processual e unidade do ordenamento jurídico. Ao obrigar um demandante a seguir a ação de execução para cumprimento, exige-se que um sócio que é prejudicado pela violação de um AP, entre outros: (i) obtenha uma sentença declaratória e condenatória que declare incumprido o AP e determine o sócio faltoso ao cumprimento do AP; (ii) valendo-se desta sentença como título executivo[184], instar o sócio incumpridor a desfazer atos praticados ou mesmo a convocar uma AG e a praticar atos subsequentes; (iii) obter a participação dos sócios na AG para autorizar ou revogar os atos praticados na sequência da violação do AP; (iv) interpelar os sócios a cumprir todos os atos e diligências necessárias no sentido de repor a situação como se não existisse incumprimento e, falhando, propor uma ação para obter uma indemnização (v) praticar os atos devidos na tentativa de responsabilizar um eventual terceiro que tenha auxiliado / comparticipado com o sócio faltoso na violação do AP.

É preferível pois estabelecer no AP, complementarmente aos mecanismos de controlo dos órgãos sociais, mecanismos indiretos de controlo, com efeitos sobre os sócios, garantindo a permanência do sócio quando necessário ou impondo a sua saída ou, pelo menos, o *opt out* dos restantes em caso de incumprimento. No entanto, resulta do exposto que estes não são, por si só, infalíveis, pois as tentativas de garantir a sua execução poderão falhar em razão da natureza do ato – *e.g.* transmissão de participações sociais em violação do AP a terceiro de boa-fé[185], para além das restantes falhas já conhecidas no âmbito dos AP[186]. Por outras palavras, a previsão destes mecanismos em APs encontra-se limitada à eficácia relativa destes instrumentos contratuais e à sua restringida oponibilidade a terceiros, a qual depende do conhecimento por estes de que estão a violar o direito dos beneficiários do mecanismo.

[184] Reunindo os requisitos legalmente exigidos, o próprio AP poderá funcionar com título executivo, se não for resolvido. Sobre este assunto, *vide* o decidido pelo STJ em acórdão de 22.09.2011, proc. 44450/04.3YYLSB-A.L1.S1, disponível em www.dgsi.pt.

[185] Destacando este aspeto, Javier Ruiz-Câmara e Elena Torregrosa, «Nuevamente a vuletas com la eficácia... *cit.*, p. 68.

[186] Sobre estas, *vide* Carolina Cunha *in* Código das Sociedades... *cit.*, pp. 305 e 306 [286-318], que as apelida de casos de «incumprimento não sancionado» e destaca, pelo menos, as seguintes: (i) nulidade do AP; (ii) ausência de culpa; (iii) revogabilidade unilateral *ad nutum* das obrigações duradoras; (iv) a mera interpretação e integração do contrato; e (v) a prevalência dos estatutos como causa justificativa da ilicitude. Alertando especificamente para a revogabilidade unilateral, nomeadamente para opondo-se à invalidade de um eventual AP sem prazo, *vide*. Raúl Ventura, «Acordos de Voto: Algumas questões... *cit.*, pp. 41 e 42.

Deste modo, é muito frequente o estabelecimento de cláusulas complementares com o objetivo de garantir que, no seu funcionamento conjunto, o sócio controla a sociedade. Exemplos disso são o estabelecimento de verdadeiros penhores, de obrigações de depósito em terceiro, funcionando como *back up plan*, mas também de medidas que prevejam a tentativa de diluir a sociedade antes do exercício destes mecanismos, como acontece com os direitos de inspeção e direitos de informação[187]. Um mecanismo complementar típico é a previsão de uma cláusula penal, sem prejuízo de o direito de indemnização por danos e prejuízos excedentes causados pela situação de incumprimento, nem a aplicação de qualquer outra sanção ou penalidade prevista na lei ou no AP. António Menezes Cordeiro[188] destaca que «querendo conferir uma eficácia "absoluta" aos acordos parassociais, as partes têm, todavia, um caminho em aberto: o de estabelecer pesadas cláusulas penais. Cabe agora aos tribunais, através do exercício prudente e criterioso da faculdade de redução equitativa – artigo 812.º CC – moralizar esse procedimento, lícito à partida». Por outro lado, é ainda muito frequente a introdução de cláusulas de lei aplicável e foro, de acordo com os seus interesses, sendo cada vez mais frequente a escolha da arbitragem, uma vez que «os sócios pretendem uma justiça célere e eficaz, não compatível com um processo pouco especializado e demorado nos tribunais comuns»[189].

Por essa razão, é da maior importância o cuidado na redação de um AP, devendo tal labor ser encarado de forma semelhante à resolução do famoso *Rubik's Cube:* ou as cláusulas do AP se encontram devidamente encadeadas e interligadas, protegendo o controlador em todas as «frentes» ou então a paciência não se encontra resolvida e as partes estarão necessariamente desprotegidas.

[187] Rui dos Santos Vale, «As assembleias gerais... *cit.*, p. 375 integra os APs celebrados com este propósito de AP «sobre o exercício do direito à informação».

[188] Menezes Cordeiro, «Acordos Parassociais...*cit.*, p. 540 [529-542] e *Manual de Direito das Sociedades...* cit., p. 703. Também assim, Carolina Cunha *in Código das Sociedades... cit.*, p. 303 [286-318].

[189] Rita Mafalda Vera-Cruz Pinto, «Os acordos parassociais – breve caracterização», *RDS*, ano II, n.º 1/2, Almedina, 2010, p. 354 [333-358]. Também destacando esta cláusula, Raúl Ventura, «Acordos de Voto: Algumas questões... *cit.*, p. 48. No acórdão do TRL de 30.11.2005, proc. 7373/2005-8, e disponível em www.dgsi.pt, as partes vieram reclamar da decisão do Tribunal Arbitral que não admitiu o seu recurso interposto da decisão final, tendo o TRL entendido que a cláusula de um AP que prevê que «da decisão [arbitral] não cabe recurso para outra instância» constitui uma verdadeira renúncia ao recurso, que é um direito disponível. Contudo, sobre os problemas que se podem colocar no conflito no âmbito social e parassocial entre a previsão de tutela judicial (quer expressa, quer subsidiária) e de tutela arbitral, *vide* Diogo Costa Gonçalves, «Notas breve... *cit.*, p. 796 e ss..

CAPÍTULO 5
BREVE NÓTULA SOBRE DUAS PROPOSTAS DA AEM EM MATÉRIA DE VOTOS DOS ACIONISTAS

Abel Sequeira Ferreira, José Pedro Fazenda Martins e Orlando Vogler Guiné

Introdução

I – A existência de uma associação virtuosa entre um mercado de capitais desenvolvido e o crescimento mais rápido e sustentado da economia em que o mesmo se insere, é hoje unanimente reconhecida[1].

Neste contexto, é comum realçar-se que o acesso através da Bolsa a capitais próprios é especialmente importante para as empresas de média dimensão, as quais, em especial para novos produtos ou novos mercados, têm maior dificuldade em financiar um crescimento exclusivamente baseado no endividamento bancário.

[1] Em escritos anteriores, tivemos oportunidade de abordar extensivamente o tema; confirmar, sobre a evolução recente do mercado de capitais português, Abel Sequeira Ferreira, *O Futuro da Bolsa: uma Agenda para o Mercado de Capitais em Portugal in* O Novo Direito dos Valores Mobiliários – I Congresso Sobre Valores Mobiliários e Mercados Financeiros (coord. Paulo Câmara), Coimbra, Almedina, 2017, 457 e seguintes, onde se estudou com profundidade a evolução recente do mercado de valores mobiliários, os fatores que prejudicam o seu desenvolvimento, e alguma da mitologia em que assentam as razões que têm condicionado esse desenvolvimento; mais recentemente, atualizando e desenvolvendo aquela reflexão e os dados apresentados, agora com especial enfoque na relação, bilateral e recíproca, entre mercado de capitais e governo das sociedades, ver igualmente Abel Sequeira Ferreira, *Transição e futuro do Governo das Sociedades no quadro atual do mercado de capitais português, in* A Emergência e o Futuro do Corporate Governance em Portugal, volume II (coord. José Costa Pinto), Coimbra, Almedina, 2018, 13 e seguintes.

Esta observação é tanto mais importante quanto, na economia portuguesa, são notórias as dificuldades na captação e criação de capital, bem como é evidente a necessidade urgente de (re)capitalização das empresas.

Enquanto mecanismo de financiamento, o mercado de capitais pode assegurar ao tecido empresarial nacional soluções de financiamento com a natureza de capitais permanentes, suscetíveis de promover o crescimento das empresas, apoiar os seus processos de expansão, internacionalização e exportação, e contribuir para a criação de empregos.

Por outro lado, em comparação com as restantes formas de financiamento, o financiamento de capital através de *equity* é aquele que melhor permite suportar o risco da atividade empresarial de forma independente de qualquer retorno fixo e, nessa medida, o instrumento mais adequado à natural incerteza das iniciativas de empreendedorismo e às necessidades das empresas com maior potencial de crescimento e/ou das iniciativas com maior incerteza de resultados.

O alargamento e diversificação das fontes de financiamento, com ênfase para a utilização do mercado de valores mobiliários, permite que as empresas optem, em cada momento e atendendo à perspetiva futura da sua evolução, pelo modo de financiamento mais adequado a cada projeto de investimento, possibilitando aos aforradores a canalização do seu rendimento para as iniciativas económicas e investimentos disponíveis mais rentáveis, termos em que o mercado de capitais constitui igualmente um poderoso mecanismo de incentivo à inovação, crucial para o crescimento numa economia desenvolvida.

II – Na verdade, em particular para as empresas de dimensão intermédia, tendo em conta a natureza dos respetivos negócios, a sua dimensão, antiguidade e, primordialmente, estratégia futura e etapas expectáveis de crescimento, o empréstimo bancário não representará sempre a forma mais adequada de financiamento, constituindo o recurso a capital (*equity*), em muitos casos, a alternativa de financiamento mais apropriada.

Este tipo de capital, contudo, em Portugal, encontra-se dificilmente disponível para a generalidade das empresas em fases anteriores à dispersão inicial do capital em mercado (IPO – "initial public offerings"), pelo que se afigura necessário um esforço urgente e articulado no sentido de melhorar as condições para o aumento do número de IPO.

Porém, entre nós, tem existido um conjunto vasto de fatores, que talvez tenha na sua essência uma pronunciada ambivalência do poder político em relação aos mercados financeiros, que não favorece o desenvolvimento do mercado de capitais, o qual continua a assumir uma função residual no financiamento da economia e das empresas, em particular no que respeita às empresas de menor dimensão.

E, na verdade, quando se perspetivam as principais fases do desenvolvimento e ciclo de vida normal das empresas (*e.g.*, criação, crescimento, maturidade, e revitalização, ou declínio), parece evidente que as empresas portuguesas não têm podido contar com o mercado de capitais para a otimização das suas condições de financiamento e, por consequência, para a implantação de estratégias de crescimento e de reforço da respetiva base competitiva.

A escassa utilização do mercado, por conseguinte, e como é reconhecido, suscita um grave problema de ausência de alternativas na nossa economia, prejudicando as empresas, que dependem do acesso ao investimento para realizar o seu potencial, expandir negócios, inovar na atividade, e criar mais emprego.

III – Ora, existindo vasto consenso em Portugal quanto à necessidade de assegurar ao tecido empresarial nacional as soluções de financiamento, com a natureza de capitais permanentes, que possam promover o crescimento das empresas, apoiar a sua internacionalização e contribuir para a criação de emprego, a quase generalizada inércia nacional quanto ao processo de continuada perda de relevância da Bolsa portuguesa parece poder explicar-se, naturalmente entre outras razões, por algum fatalismo associado a uma certa mitologia que, permanentemente, procura justificar e desculpabilizar o contínuo subdesenvolvimento do mercado português e os correspondentes indicadores negativos sobre a sua evolução.

Nesse contexto, é comum encontrar quem defenda que o aumento do número de empresas cotadas na Bolsa portuguesa não seria viável porque as empresas nacionais, pela sua dimensão, não estão habilitadas a realizar a sua admissão em mercado, ou porque, ainda que o estivessem, os seus fundadores e acionistas são caraterizados por uma cultura de aversão ao capital e ao risco que impediria a concretização dessas operações de admissão.

Nesta última versão (da mitologia comum), estaríamos, pois, perante um problema cultural que afetaria especificamente, e exclusivamente, os empresários portugueses, aparentemente demasiado avessos à presença em mercado.

Noutro lugar, já tivemos oportunidade de desconstruir detalhadamente este e outros mitos do mercado de capitais português, pelo que aqui cumpre apenas apresentar uma breve síntese do argumento[2].

Existem cerca de 390.000 sociedades (não individuais) sediadas em Portugal, das quais 99% são pequenas e médias empresas (PMEs), devendo contudo notar-se que apenas cerca de 4% do total constituem verdadeiras pequenas e médias empresas já que a totalidade das restantes é qualificável como microempresa.

À semelhança do número global de empresas no mercado de capitais, a presença de PMEs em Bolsa é muito diminuta, praticamente insignificante quando comparado com a sua presença na economia real, e o seu peso tanto na criação de emprego como no volume total de negócios gerado e na criação de valor acrescentado bruto.

Mas as empresas, e os empresários, em inquérito recente do Fórum para a Competitividade que procurou conhecer da sua apetência pelo financiamento através dos mercados de capitais, mostram enorme abertura para considerar o financiamento através do mercado de valores mobiliários, apontando como principal razão para o não recurso ao financiamento através do mercado a circunstância de tal nunca lhes ter sido proposto ou apresentado[3].

As empresas notam igualmente que o acesso ao mercado se lhes afigura demasiado caro e excessivamente burocrático, quer quanto ao momento da admissão em Bolsa quer, talvez até sobretudo, quanto aos custos e exigências e obrigações excessivas com que teriam de confrontar-se durante a sua permanência como empresas cotadas, reflexão que não pode surpreender quem conhece o funcionamento do mercado de capitais em Portugal e os custos que lhe estão associados[4].

[2] Cfr. Abel Sequeira Ferreira, *O Futuro da Bolsa*.. cit., 464-474.

[3] O estudo "Mercado de Capitais Português: Enquadramento, Visão das Empresas e Tópicos para Reflexão", de Dezembro de 2015, do Fórum para a Competitividade, está disponível em: http://forumcompetitividade.org/wp-content/uploads/2016/02/Mercado-de-Capitais-Português-Enquadramento-e-Visão-das-Empresas.pdf

[4] O permanente avolumar dos custos sobre as empresas cotadas, no mercado português, conheceu um novo capitulo com o recente agravamento das taxas de supervisão cobradas pela CMVM, na sequência da publicação da Portaria n.º 342-A/2016 e da Portaria n.º 342-B/2016, ambas de 29 de Dezembro, e do Regulamento n.º 2/2018 da CMVM, de 27 de Junho.

IV – Portanto, questionando diretamente um mito antigo relativo ao mercado português, os dados recolhidos mostram que não existe em Portugal uma cultura de empresarialidade que recuse o recurso ao financiamento através do mercado; antes, e conforme espelhado nas suas próprias opiniões, no que respeita ao universo de empresas de dimensão intermédia suscetíveis de iniciar um processo de cotação em mercado, são as questões dos custos, excesso de obrigações legais, e instabilidade fiscal, entre outras, que se afirmam como especialmente importantes e principais obstáculos à admissão ao mercado.

O exposto, contudo, não significa que não seja igualmente necessário agir sobre obstáculos específicos, de natureza jurídica, que possam constituir elementos dissuasores da presença em Bolsa, como sejam o problema da partilha do controlo acionista e do ativismo acionista excessivamente focado no curto prazo[5].

E é neste ponto que a admissibilidade de voto plural nas sociedades anónimas, em articulação com a criação de ações de lealdade, num quadro de soluções mais equilibradas entre necessidades de financiamento das empresas e proteção dos investidores, à semelhança do que acontece em vários outros países europeus, poderá afirmar-se em Portugal como uma solução suscetível de ajudar a contrariar os receios de perda de controlo que possa permanecer em alguns acionistas fundadores.

Foi por esta razão que, entre várias outras medidas, a partir de 2016, a AEM – Associação de Empresas Emitentes de Valores Cotados em Mercado apresentou igualmente um conjunto de propostas no sentido da admissibilidade do voto plural e das ações de lealdade[6]-[7].

[5] Sobre as desvantagens e riscos associados ao short-termism, ver, mais recentemente, Martijn Cremers/ Ankur Pareek/Zacharias Sautner, *Short-Term Investors, Long-Term Investments, and Firm Value*, Junho de 2018, disponível em: https://ssrn.com/abstract=2720248 or http://dx.doi.org/10.2139/ssrn.2720248

[6] As propostas apresentadas pela associação que representa as empresas cotadas, tendo como mote principal a revitalização do mercado de capitais nacional, podem ser consultadas em: http://www.emitentes.pt/images/media/docs/257_logos_1600161116_AEM_EMCE_RevitalizacaoMercadoCapitais_PropostasRevisao_do_Regime_Legal_das_Accoes_articulado_para_EMCE.pdf Estas propostas seguiram-se àquelas que a AEM já havia apresentado em 2014, com a Proposta de Revisão do Regime Legal das Obrigações, a qual constituiu um contributo essencial para a reforma operada em 2015, por via do Decreto-Lei n.º 26/2015, de 6 de Fevereiro; sem prejuízo, em 2016, e para além das propostas em apreço na presente nótula, no que respeita ao regime jurídico das ações, a AEM voltou a apresentar novas propostas de aperfeiçoamento também quanto ao regime jurídico da emissão de obrigações, as quais podem ser consultadas aqui:

1. As Propostas da AEM sobre voto plural e ações de lealdade

A Proposta da AEM relativa ao voto plural e ações de lealdade, foi apresentada, designadamente, em *fora* como o Fórum CMVM/PME ou a Estrutura de Missão para a Capitalização das Empresas, bem como diretamente ao Governo de Portugal e à própria CMVM.

Nos termos enunciados, foi proposta a alteração do artigo 384.º do Código das Sociedades Comerciais e o aditamento de um novo artigo 384.º-A, conforme a seguir se desenvolve:

Artigo 384.º

1 – (...).
2 – (...).
3 – (...).
4 – O voto plural é admitido nos termos do artigo seguinte.
5 – (...).
6 – (...).
7 – (...).
8 – (...).
9 – (...).

e

Artigo 384.º-A
Pluralidade de voto

1 – Em derrogação do disposto no artigo anterior, o contrato de sociedade pode prever os seguintes direitos especiais:

https://emitentes.pt/wp-content/uploads/2018/01/258_logos_481161116_AEM_EMCE_RevitalizacaoMercadoCapitais_RevisaoRegimeObrigacoes_Propostas_articulado_para_EMCE.pdf

[7] As propostas apresentadas pela AEM assumem, sem o discutir, porque não lhe caberia fazê-lo, a relevância e essencialidade do voto como instrumento da participação dos sócios na vida da sociedade anónima; esta essencialidade, contudo, bem como os novos paradigmas do voto cada vez mais presentes na sociedade anónima, e, dessa forma, a eventual redução da relevância do voto, constitui hoje um tema de discussão incontornável e fundamental, cujos traços principais podem ser encontrados, por exemplo, em Ana Perestrelo de Oliveira, *Manual de Governo das Sociedades*, Almedina, 2017, 110 e seguintes.

a) Fazer corresponder um voto por cada ação de determinada categoria, cabendo a outras categorias de ações um só voto por um certo número de ações e desde que fique cabendo um voto, pelo menos, a [cada €1000 de capital / pelo menos [3] ações];

b) Fazer corresponder até [3] votos por cada ação de determinada categoria;

c) Nas sociedades com ações admitidas à negociação em mercado regulamentado ou sob condição dessa admissão, fazer corresponder [2] votos por cada ação detida há mais de dois anos de forma ininterrupta pelo seu titular.

2 – As ações integrantes de uma determinada categoria, a que não se aplicam as limitações de voto estabelecidas nas alíneas a) e b) do número 2 do artigo anterior, passam a integrar a categoria de ações ordinárias se aquelas foram alienadas a quem não se encontre em relação de domínio ou de grupo com o anterior titular daquelas, ou quem com ele se encontrava em relação de domínio ou de grupo, considerando nesta matéria as definições de grupo e de domínio constantes do Código dos Valores Mobiliários.

3 – A inclusão no contrato de sociedade dos direitos especiais mencionados nas alíneas a) e b) no número anterior, nas sociedades com ações admitidas à negociação em mercado regulamentado, depende de deliberação aprovada por uma maioria de três quartos dos votos emitidos e apenas poderá ocorrer no caso de a sociedade designar um ou mais acionistas, ou outro ou outros terceiros, que se disponibilizem a adquirir as ações detidas por aqueles que votaram contra a alteração do contrato social, nos termos dos n.ºs 3 e 4 do artigo 27.º do Código dos Valores Mobiliários.

4 – A inclusão no contrato de sociedade do direito especial mencionado na alínea c) do número 1, relativamente a sociedade que já tenha ações admitidas em mercado regulamentado, encontra-se sujeita ao quórum deliberativo mencionado no número anterior e, independentemente de ter ou não ações admitidas à negociação, os direitos de voto atribuídos nos termos dessa alínea só podem ser atribuídos caso as ações sejam nominativas, abrangem as ações atribuídas por qualquer aumento de capital por incorporação de reservas e cessam, em qualquer caso, pela sua transmissão entre vivos, sendo que, em caso de transmissão parcial, se consideram alienadas as ações mais recentemente adquiridas.

5 – Sem prejuízo do disposto no artigo 190.º do Código dos Valores Mobiliários, se, por via da atribuição de direitos de voto adquiridos pela detenção das ações há mais de dois anos de forma ininterrupta, nos termos da alínea c) do número 1, o titular das ações ultrapassar qualquer dos limiares relevantes para o efeito da obrigatoriedade de lançamento de oferta pública de aquisição, o referido titular poderá optar, no prazo mencionado naquele artigo, por renunciar, definitivamente, a direitos de voto que lhe tenham sido atribuídos por essa via no montante necessário para que tais limiares não sejam ultrapassados, mediante comunicação à Comissão do Mercado de Valores Mobiliários e à sociedade.

2. Fundamentação das Propostas da AEM

a. *Situação atual*

A regra prevista no artigo 384.º, n.º 1, do Código das Sociedades Comerciais, consagra um princípio geral de proporcionalidade dos votos à participação social, fazendo corresponder a cada ação um voto.

E, apesar de a lei admitir a existência de limitações estatutárias ao exercício do direito de voto, nos termos do atual n.º 5 do artigo 384.º, e ao contrário do que sucede nas sociedades por quotas, ainda que de forma limitada, nas sociedades anónimas constituídas após a entrada em vigor do Código não é admitido o voto plural[8].

Pelo contrário, no Direito comparado europeu encontram-se vários exemplos de admissibilidade do voto plural, em particular, em França (em especial admitindo-se a duplicação dos direitos de voto relativamente às ações detidas por períodos superiores a dois anos)[9], na Dinamarca, na Finlândia, na Hungria, na Holanda, em Itália (admitindo-se a duplicação dos

[8] Sobre o voto plural (voto duplo) nas sociedades por quotas, ver, por todos, Paulo Olavo Cunha, *Direito das Sociedades Comerciais*, 6.ª ed., Coimbra, Almedina, 2016, em especial, 368 e seguintes.
Sobre a evolução das ações com voto plural em Portugal, e notícia histórica da mesma evolução em jurisdições congéneres, para melhor compreensão da proibição do artigo 384.º, n.º 5, conferir Paulo Olavo Cunha, *Os direitos especiais nas sociedades anónimas: as ações privilegiadas*, Coimbra, Almedina, 1993, 31 e seguintes, e Pedro Maia, *Função e Funcionamento do Conselho de Administração da Sociedade Anónima*, Coimbra, Coimbra Editora, 2002, 122 (nota 189) e seguintes.

[9] Lei das Sociedades Comerciais Francesas, de 1966, na versão modificada pela Loi Florange, de 2014 (na sequência da publicação do Rapport Schweitzer/Ferrand, de 2012, disponível em http://tnova.fr/system/contents/files/000/000/832/original/Politique_de_competitivite_-_rapport_Terra_Nova_1.pdf?1436950887 e do Rapport Gallois, igualmente de 2012, disponível em http://www.ladocumentationfrancaise.fr/rapports-publics/124000591/index.shtml.
Sobre voto plural e ações de lealdade em França, ver, mais recentemente, Marco Becht/Yuliya Kamisarenka/Anete Pajuste, *Loyalty Shares with Tenure Voting – a Coasian bargain? Evidence from the Loi Florange Experiment*, Abril de 2018, disponível em: https://ecgi.global/working-paper/loyalty-shares-tenure-voting-coasian-bargain-evidence-loi-florange-experiment

direitos de voto relativamente às ações detidas por períodos superiores a dois anos, e, no caso, das novas empresas cotadas, podendo corresponder até 3 votos por cada ação)[10], na Noruega, na Suécia, no Reino Unido[11], ou na Polónia, entre outros[12].

Refira-se, todavia, que a Espanha e a Alemanha proíbem o voto plural[13].

b. Considerações gerais

I – O contrato social pode atribuir direitos especiais a determinadas categorias de ações, designadamente o de sujeitar deliberações sobre determinada matéria à aprovação de determinada categoria de ações[14].

Alguma doutrina pronunciou-se no sentido de que a existência de direitos especiais, independentemente da natureza pública ou privada dos seus titulares, contrariaria a liberdade de circulação de capitais e a liberdade de estabelecimento.

[10] Tal resulta de um conjunto de disposições do Codice Civile, após a alteração operada em 2014 e do artigo 127 "Texto Unico della Finanza", a qual permitiu aprofundar a margem do exercício da autonomia contratual societária tendo em vista a promoção do acesso ao mercado de capitais e, portanto, procurando, explicitamente, resolver problema (ainda que muito menos grave, no caso italiano) semelhante ao problema português.

[11] Ao abrigo do princípio fundamental da Lei das Sociedades Comerciais do Reino Unido, que determina que os direitos fundamentais dos accionistas derivam do disposto nos respectivos estatutos.

[12] Para um quadro completo dos diferentes regimes relativos aos votos dos acionistas, consulte-se OECD (2017), OECD Corporate Governance Factbook 2017, disponível em http://www.oecd.org/corporate/corporate-governance-factbook.htm

Note-se ainda que, no panorama internacional, um número crescente de empresas de elevado perfil, cotadas em mercados proeminentes, têm recorrido à adoção e emissão de diferentes classes de ações, designadamente, num esforço para evitar os efeitos negativos das pressões de curto ou curtíssimo prazo, e com o intuito de garantir aos seus fundadores ou investidores mais comprometidos com o seu sucesso de longo prazo direitos de votos especiais; são exemplos conhecidos desta prática, a Google, o Facebook, a LinkedIn, e, em geral, as companhias da área de Silicon Valley, com a atribuição de direitos de voto em alguns casos a superar em cerca de 150 vezes os direitos atribuídos aos investidores "de curto prazo".

[13] A proibição alemã, constante do artigo 12.º da AkGB, constituirá, talvez, a fonte direta da proibição ainda hoje vigente no Código das Sociedades Comerciais português.

Mas importa notar que, no caso alemão, a admissibilidade do voto plural, enquanto se manteve, tinha como justificação principal uma preocupação de proteção das empresas alemãs face às tentativas de aquisição por investidores estrangeiros, a qual, entretanto, foi considerada ultrapassada, não se encontrando em linha com o princípio europeu *one share, one vote*, que, durante um certo período de tempo (pelo menos, até 2007) se afigurava incontestado.

[14] Conforme disposto no artigo 24.º do Código das Sociedades Comerciais.

Refira-se, todavia, que apenas as *golden shares* detidas pelos Estados nas empresas têm sido objeto de censura do Tribunal de Justiça da União Europeia[15].

A existência de direitos especiais detidos por acionistas privados não tem sido questionada, justificando-se não só pela autonomia privada, como pela sua importância como um instrumento para cativar e reter investimento privado (e, nessa medida, permitir a melhor circulação do chamado "investimento de controlo").

Neste quadro, considera-se que o leque de direitos especiais não deve ser restringido por lei, cabendo a cada sociedade utilizar esses instrumentos da forma que os acionistas considerem mais adequada para satisfazer o interesse da sociedade e dos sócios.

E, no mesmo sentido, quaisquer considerações relativas ao bom governo das sociedades, do mesmo modo, não devem limitar o leque legal de direitos especiais.

De facto, não cumpre à lei rejeitar ou proibir certos tipos de direitos especiais com base em considerações relativas ao governo societário (invocando-se, por exemplo, a necessidade de evitar assimetrias entre capital investido e controlo ou, mais especificamente, os eventuais benefícios do princípio "uma ação um voto"), pois tal significaria subverter o funcionamento do sistema recomendatório de *comply or explain* em que assenta a implementação das boas práticas de governo das sociedades, transformando-o num rígido e cristalizado suporte legal que limitaria o "explain"[16].

II – Neste ponto, importa igualmente salientar que o próprio princípio "uma ação um voto" (*one share, one vote*) tem vindo a ser posto em causa, em especial ao longo da última década, e, crescentemente, a perder o seu estatuto de aparente "novo Santo Graal" ou de regra de ouro do governo das sociedades[17].

[15] Ver, por exemplo, Benjamin Werner, *National responses to the European Court of Justice case law on Golden Shares: the role of protective equivalents*, Journal of European Public Policy, 2017, 24:7, 989-1005, disponível em https://www.tandfonline.com/doi/abs/10.1080/13501763.2016.1184295.

[16] Para maiores desenvolvimentos sobre o princípio *comply or explain* e, mais em geral, sobre a *soft law* e o governo das sociedades como elementos constitutivos do Direito, ver Abel Sequeira Ferreira, *A soft law e a juridicidade dos códigos de governo das sociedades in* Revista de Direito das Sociedades, Ano X (2018), número 1, Livraria Almedina, 2018, 203 e seguintes.

[17] Ver Viviane de Beaufort, *One share-One vote, le nouveau Saint Graal*, 2006/12, ESSEC Working Papers, DR 06019, disponível em: http://www.academia.edu/11183890/One_share-One_vote_le_nouveau_Saint_Graal.

No contexto europeu, logo em 2002, o *Report of the High Level Group of Company Law Experts on Issues related to Takeover Bids*, apesar de suportar a bondade do princípio da proporcionalidade entre a titularidade de ações e os direitos de voto, concluiu serem em maior número as desvantagens em consagrar o princípio *one share one vote* como princípio obrigatório de aplicação geral a nível europeu, designadamente, em virtude das diferenças existentes relativamente aos mecanismos de controlo, financiamento e funcionamento das companhias nos vários Estados Membros[18].

Do mesmo modo, os Princípios de Governo das Sociedades da OCDE (2004), expressamente, não tomaram qualquer posição relativamente ao conceito "uma ação, um voto", considerando apenas que "dentro de uma mesma categoria todos os acionistas devem ter os mesmos direitos de voto".

E os Princípios de Governo das Sociedades do G20 e da OCDE (2016) admitem expressamente a utilização de "ações com direitos de voto limitados ou múltiplos para diminuir a capacidade dos acionistas não controladores de influenciar a politica empresarial", estabelecendo que "todos os acionistas da mesma categoria devem ser tratados igualmente" e que "as estruturas e mecanismos de capital que permitam que determinados

Note-se que, em termos institucionais, atualmente, o principal defensor da manutenção do princípio *one share one vote*, no mercado norte-americano mas igualmente com expressão em outras geografias, é o Council of Institutional Investors (CII), entidade que congrega os maiores investidores insticuionais do mundo, não se perspetivando pois que esteja em causa a adoção do *one share one vote* como modo de fomentar uma certa democracia acionista (muitas vezes, erradamente, confundida com a democracia de tipo parlamentar assente no princípio, completamente diferente, "uma pessoa um voto", mas antes uma tentativa de mover o pêndulo do poder sobre as companhias da esfera dos acionistas fundadores e de longo prazo para o âmbito do investimento ativista de curto prazo).

Sobre este tema, com uma defesa apaixonada do direito das companhias privadas à organização privada dos seus mecanismos contratuais de controlo, veja-se Bernard S. Sharfman, *A Private Ordering Defense of a Company's Right to Use Dual Class Share Structures in IPOs*, 63 Vill. L. Rev. 1 (2018), disponível em: https://digitalcommons.law.villanova.edu/vlr/vol63/iss1/1

[18] Também conhecido como Winter Report (adotando o nome do Presidente do Grupo, Jaap W. Winter) e disponível em: https://papers.ssrn.com/sol3/papers.cfm?abstract_id=315322.

Esta posição viria a ser reforçada pelo *Report on Proportionality in the European Union*, de Maio de 2007, preparado em co-autoria pela ISS, Shearman & Sterling and ECGI, disponível em: http://www.ecgi.org/osov/documents/study_report_en.pdf) e pelo *Paper of the European Corporate Governance Forum Working Group on Proportionality*, de Junho de 2007, disponível em: http:/ec.europa.eu/internal_market/company/docs/ecgforum/workinggroup_proportionality_en.pdf acionistas obtenham um grau de influência ou controlo desproporcional à sua participação no capital devem ser divulgados"[19].

A evidência científica, do mesmo modo, nunca logrou demonstrar que a eventual imposição genérica da regra *one share one vote* permitisse ganhos de eficiência económica relevantes[20].

Acontece que os sucessivos resultados inconclusivos dos estudos sobre o tema, tendo falhado na demonstração da alegada superioridade, e por essa via impedido a projetada imposição do princípio *one share one vote* como regra diretriz europeia, tiveram o mérito de aprofundar uma discussão que, *a posteriori*, iluminada pela nova ideia de sustentabilidade da empresa, assente nos interesses de longo prazo das sociedades, permitiria demonstrar as virtualidades, para as companhias e para os investidores, de mecanismos de controlo de voto que não obedeçam a estritas regras de proporcionalidade.

Nesse sentido, em 2011, o *Reflection Group on the Future of EU Company Law* viria a propor à Comissão Europeia que esta recomendasse aos Estados membros a adoção de ações de lealdade[21].

[19] Os Princípios de Governo das Sociedades do G20 e da OCDE (2016) podem ser consultados em: http://www.oecd.org/publications/principios-de-governo-das-sociedades-do-g20-ocde-9789264259195-pt.htm

[20] Confirmar, por todos, Guido Ferrarini, *One Share – One Vote: a European Rule?*, disponível em: https://papers.ssrn.com/sol3/papers.cfm?abstract_id=875620

Com muito interesse, conferir igualmente Alessio M. Pacces, *Corporate control and incentives in a dynamic perspective, in* Corporate Governance, Value Creation and Growth – The Bridge between Finance and Enterprise, OCDE, 2012, 41 e seguintes, defendendo que "entrepreneurship in corporate governance requires most often concentrated ownership" e Karl Hofstetter, *What makes controlling ownership different?, in* Corporate Governance, Value Creation and Growth – The Bridge between Finance and Enterprise, OCDE, 2012, 37 e seguintes, afirmando que "Dual-class shares might thus have an additional explanation, and legislators and regulators should be very careful in prohibiting these types of things following the slogan "one share, one vote". In not prohibiting dual-class share structures, the EU has at least changed its mind over recent years. Twenty years ago everyone was calling for one share, one vote but empirical evidence and conceptual rethinking have led to a mitigation of the dogmatic view; this also safeguards the incentive of companies with a control structure like family companies to stay listed or become listed."

[21] O relatório nota que "EU regulation should seek to secure that companies all across the EU have the option (clearly EU regulation would have an enabling character) to include clauses allowing for differential voting rights or additional profit distribution rights in their Articles of association." e que "Existing EU regulations may therefore be counter productive in as far as the goal is to further a long term orientation of the company and its shareholders. The Group recommends therefore that the existing EU regulations in the field of sharing information with insiders and concerted action rules be reviewed from the perspective of whether they unnecessarily limit the possibilities to align the company and its shareholders in respect of its long term objectives."

Pese embora a circunstância de esta recomendação ainda não ter sido acolhida, importa notar que a Comissão Europeia, na sequência do "Plano de Ação: Direito das sociedades europeu e governo das sociedades", de 2012, adotou, em Março de 2018, um "Plano de Ação: Financiar um crescimento sustentável", o qual, ainda que de forma não evidente, contém um conjunto de elementos com potencial impacto significativo na configuração da governação das sociedades cotadas, do que constitui exemplo a sua "Acção 10: Promover um governo sustentável das empresas e atenuar a visão de curto prazo nos mercados de capitais" que procura esclarecer as regras de acordo com as quais os administradores deverão agir em defesa dos interesses da empresa a longo prazo, bem como recolher elementos de prova sobre as pressões de curto prazo injustificadas dos mercados de capitais sobre as sociedades e, portanto, gerando um contexto favorável à adoção de mecanismos de controlo de voto do tipo do voto plural e ações de lealdade.

Por último, deve ainda observar-se que, em Portugal, a *soft law* já havia procurado integrar no quadro regulatório do governo das sociedades alguns elementos de flexibilização do princípio *one share one vote*.

O Código de Governo das Sociedades da CMVM, na versão de 2013, e ao contrário da versão que o antecedeu, já não consagrava a regra "uma ação, um voto"[22].

E, do mesmo modo, o novo Código de Governo das Sociedades (2018) do Instituto Português de *Corporate Governance*, na Recomendação II.1., refere que "A sociedade não deve fixar um número excessivamente elevado de ações necessárias para conferir direito a um voto, devendo explicitar no relatório de governo a sua opção sempre que a mesma implique desvio ao princípio de que a cada ação corresponde um voto", portanto, admitindo

O Relatório do Reflection Group on the Future of EU Company Law está disponível em: https://papers.ssrn.com/sol3/papers.cfm?abstract_id=1851654

[22] Mais recentemente, a Presidente do Conselho de Administração da CMVM, tomou igualmente posição sobre o assunto referindo que "a reconstrução do princípio one share one vote, incluindo a admissibilidade do voto múltiplo nas *loyalty shares*, destinadas a promover a fidelidade dos acionistas a um projeto de longo prazo, socialmente sustentável, pode ser inevitável", notando que, na perspetiva da autoridade de supervisão, "caberá fundamentalmente à autorregulação lançar esta discussão, e à soft law promover uma eventual flexibilização do princípio, instrumental do interesse de longo prazo da empresa" (cfr. a "Intervenção da Presidente da CMVM na conferência comemorativa dos 15 anos do IPCG: "Governo societário e responsabilidade social"", disponível em http://www.cmvm.pt/pt/Comunicados/Intervencoes-publicas/Pages/20181025r.aspx?v=).

expressamente a introdução de mecanismos de controlo de voto em divergência com aquele princípio[23].

III – Tudo visto, parece claro que as propostas apresentadas pela AEM se inscrevem num movimento de primazia da democracia acionista, e de sustentabilidade de longo prazo das sociedades, a que o princípio *one share one vote*, verificadamente, não dá resposta eficaz, desde logo porque, na sua essência, pretende ignorar que as sociedades comerciais constituem o resultado de múltiplas e diversas relações contratuais nas quais os diferentes agentes jurídicos participam de forma livre com o objetivo de maximizar o valor, coletivo e individual, subjacente à criação da companhia.

Termos em que, em qualquer caso, é (e deve ser) sempre aos acionistas que cabe ponderar o equilíbrio mais adequado, em cada sociedade, entre as boas práticas de governo e a eficiência dos mecanismos de controlo.

c. *Razões para a admissibilidade do voto plural nas sociedades anónimas*

I – É neste quadro que, antes de mais, devemos assinalar a inconsistência entre a possibilidade de, por exemplo, atribuir direitos de veto em certas deliberações a determinadas categorias de ações e a proibição de direitos de voto plural constante do n.º 5 do artigo 384.º do Código das Sociedades Comerciais.

Com efeito, e como tem sido certeiramente assinalado pela doutrina, esses mecanismos têm, em muitos casos, efeitos similares.

E, na verdade, a generalidade das justificações apresentadas para a proibição do voto plural parece assentar em considerações genéricas relativas a boas práticas de governo societário que, em última análise, poderiam igualmente servir de justificação para colocar em causa qualquer outro direito especial permitido por lei, bem como regras de outra natureza, tais como os designados tetos de voto, amplamente permitidos no nosso direito.

Assim, tendo em conta a necessidade, acima assinalada, de criar condições mais adequadas para que as empresas possam recorrer ao mercado de

[23] Não desconhecemos a alteração legislativa operada pelo Decreto-Lei n.º 20/2016, de 20 de Abril; sem prejuízo, entendemos que a emergência do referido diploma, o qual se aplica apenas às instituições de crédito, e tem por objeto específico a matéria dos tetos de voto e limitações à detenção de direitos de voto, não conflitua com as propostas apresentadas, que se referem aos mecanismos de atribuição dos diretos de voto, pelo que não se julga necessário abranger o referido diploma na presente discussão.

capitais para o seu financiamento, o caminho justo e adequado parece ser o de disponibilizar aos acionistas, em sede de direitos especiais, os mesmos mecanismos de que dispõem os acionistas das companhias em outros países da União Europeia com mercados de capitais crescentemente mais dinâmicos e melhor sustentados, aumentando a flexibilidade das soluções legais e potenciando os mecanismos disponíveis para os acionistas fundadores e para os futuros investidores.

No cenário atual em Portugal, o voto plural pode constituir um instrumento útil para promover a entrada (ou a manutenção) em Bolsa de empresas cujos titulares pretendam abrir o seu projeto empresarial a novos investidores, em condições de liquidez adequadas, mas sem abdicar do controlo que, precisamente, constitui a mais-valia desses projetos.

II – Esses fundadores e empresários encontram-se hoje confrontados com um dilema.

Se dispersam menos de um terço do capital, não asseguram liquidez suficiente no mercado nem uma dispersão suficientemente atrativa, ficando expostos a riscos acrescidos de penalização da cotação por esse facto.

Se dispersam mais de um terço do capital, arriscam perder as maiorias necessárias para assegurar a tomada de medidas estruturais relevantes na sociedade.

Assim, em nossa opinião, a consagração do voto plural constitui a solução mais simples e transparente para este dilema, permitindo um maior grau de dispersão de ações pelo público sem abdicar do controlo que, nestes casos concretos, os investidores também não reclamam.

III – Naturalmente, não se desconhece a existência de outras soluções possíveis, designadamente, assentes na interpretação sistemática do artigo 384.º, n.º 5, do Código das Sociedades Comerciais no sentido da sua não aplicação às sociedades cotadas; porém, trata-se de construções jurídicas difíceis, que implicam a aceitação da autonomia dogmática das sociedades cotadas, suscetíveis de suscitar oposição na sua concretização e, em si próprias, insuficientes para gerar a segurança indispensável aos acionistas fundadores no seu processo de decisão de abertura de capital[24].

[24] No sentido da não aplicação do disposto no artigo 384.º, n.º 5, às sociedades cotadas, ver Madalena Perestrelo de Oliveira, *Direito de voto nas sociedades cotadas: da admissibilidade de categorias*

A consagração legal do voto plural, e, como veremos, a sua articulação com mecanismos próprios das ações de lealdade, permitem resolver o problema sem necessidade de recurso a mais intrincadas soluções de interpretação ou aplicação da lei vigente.

E ademais, o voto plural afigura-se um instrumento mais adequado ao desiderato em causa do que outros que também poderiam ser ponderados tendo em vista idêntico objetivo, como seja a possibilidade de o contrato de sociedade estabelecer que, em caso de aumento de capital, o montante de subscrição pago pelos titulares de determinada categoria de ações seja alocado ao valor nominal ou preço de emissão das ações em maior proporção do que o montante de subscrição pago pelos titulares de outras categorias de ações (que seria levado em parte ou em maior parte a prémios de emissão).

Para além de apenas poder mitigar a problemática da diluição em sede de aumento de capital, esta hipótese teria também como grande desvantagem majorar as subscrições em aumentos de capital para além dos meros direitos políticos.

d. *Razões para a admissibilidade das ações de lealdade nas sociedades anónimas*

Considera-se a possibilidade de adoção, pelas empresas, de ações de lealdade que confiram voto duplo conforme o tempo de detenção das ações e que constituam um instrumento ao dispor das empresas que pretendam potenciar a estabilidade acionista, à semelhança do que já vimos que acontece, por exemplo, em França, Itália e Holanda, para citar apenas os casos mais relevantes que admitem a existência de ações de lealdade[25].

Trata-se de uma questão com especial pertinência para as sociedades cotadas, particularmente expostas ao *short-termism* de algumas categorias de investidores, razão pela qual se limitou a solução proposta às sociedades cotadas[26].

de ações com direito de voto plural às L-shares, in Revista de Direito das Sociedades, Ano VII (2015), número 2, Livraria Almedina, 2015, 435 e seguintes.

[25] Importa acrescentar que também na Bélgica se encontra em discussão uma proposta legislativa no sentido da admissibilidade das ações de lealdade.

[26] Sobre as ações de lealdade como instrumentos de alinhamento das perspetivas de longo prazo dos acionistas e da gestão, ver Patrick Bolton/Frederic Samama, *L-Shares: Rewarding Long-Term Investors*, 2012, disponível em: https://ssrn.com/abstract=2188661.

Também aqui a lógica subjacente à proposta apresentada é a de flexibilizar o leque de instrumentos ao dispor das sociedades, não caindo nos excessos que, por exemplo, têm sido assinalados e criticados em França.

Justifica-se, em qualquer caso, um regime de aprovação de alteração estatutária mais exigente, na linha do proposto para o voto plural.

As ações de lealdade não são consideradas uma categoria especial de ações, pelo que o direito que conferem a voto múltiplo cessa com a sua transmissão entre vivos.

Os problemas que poderiam suscitar-se com a alienação parcial podem ser adequadamente resolvidos com a aplicação do método "last in, first out" para efeitos da determinação do tempo de permanência das ações em carteira.

As ações de lealdade devem ser, necessariamente, nominativas e o seu exercício, contabilização e registo objeto de regulamentação própria.

e. *Proteção dos acionistas minoritários das sociedades cotadas*

A admissibilidade do voto plural poderá, em certas circunstâncias, exigir medidas de reforço da proteção dos acionistas minoritários, preocupação que tem especial pertinência no caso das sociedades cotadas.

Para o efeito, caso a sociedade já se encontre cotada, sugere-se que a alteração do contrato social que estabeleça o voto plural seja sujeita a um quórum deliberativo superior aos dois terços habituais (e em linha com o disposto no art.º 182.º-A do Código dos Valores Mobiliários) e só possa acontecer se existir um acionista, ou outro terceiro, que se disponha a adquirir as ações daqueles que se opuserem à alteração do contrato social, tal como previsto para a perda da qualidade de sociedade aberta.

Sem prejuízo, em qualquer caso, o exercício, contabilização e registo do voto plural deverá ser objeto de regulamentação própria.

Por outro lado, e de forma a alargar as opções de governo das sociedades ao dispor da generalidade das companhias, e bem assim por poder, em qualquer caso, configurar um instrumento interessante para sociedades não cotadas, abrangeram-se também as demais sociedades, e não apenas

Com uma perspetiva mais abrangente ver igualmente, com muito interesse, Lucian Bebchuk/Kobi Kastiel, *The Untenable Case for Perpetual Dual-Class Stock*, Virginia Law Review, Volume 103, pp. 585-631, June 2017; disponível em: https://ssrn.com/abstract=2954630 or http://dx.doi.org/10.2139/ssrn.2954630.

as sociedades cotadas, nesta proposta de alteração legal, pensando, por exemplo, nos casos de grandes empresas que, não pretendendo dispersar o seu capital, gostariam de atrair novos investidores financeiros para tomar a maioria do seu capital social, mas não a maioria dos direitos de voto.

3. A Proposta da AEM sobre atribuição de certos direitos de voto

Em complemento natural da proposta sobre voto plural, a AEM apresentou igualmente uma Proposta em matéria de funcionamento das ações de lealdade, apresentada, designadamente, em *fora* como o Fórum CMVM/PME ou a Estrutura de Missão para a Capitalização das Empresas, bem como diretamente ao Governo de Portugal e à própria CMVM.

Nos termos enunciados, foi proposta a alteração do artigo 391.º do Código das Sociedades Comerciais, conforme a seguir se desenvolve:

Artigo 391.º

(...)

1 – (...)

2 – (...)

3 – Em derrogação do disposto no número anterior, e sem prejuízo do direito de voto na eleição dos demais administradores nos termos gerais, o contrato de sociedade pode prever que o número de administradores seja pelo menos de seis e que os titulares de determinada categoria de ações tenham o direito a eleger até um sexto dos administradores, por deliberação tomada por maioria simples dos seus titulares, reunidos em assembleia especial.

4 – A inclusão no contrato de sociedade do direito especial mencionado no número anterior, nas sociedades com ações admitidas à negociação em mercado regulamentado, depende de deliberação aprovada por uma maioria de três quartos dos votos emitidos.

5 – Para além do disposto no número anterior, o contrato de sociedade pode prever que determinadas matérias, que não sejam de gestão corrente e se encontrem elencadas no contrato de sociedade, devam contar, para efeitos de deliberação favorável sobre as mesmas pelo órgão de administração, com o voto favorável também pela maioria dos administradores assim eleitos.

6 – O direito especial mencionado no número anterior apenas será aplicável a partir do momento em que outras categorias de ações da sociedade se encontrem admitidas à negociação em mercado regulamentado ou sistema de negociação multilateral e apenas poderá ser incluído no contrato de sociedade antes dessa admissão à negociação e de qualquer oferta pública ou privada de ações da sociedade realizada nesse contexto.

7 – (...)

8 – (...)

9 – (...)

10 – (...)

11 – (...)

4. Fundamentação da Proposta da AEM

a. *Situação atual*

Atualmente, o artigo 391.º do Código das Sociedades Comerciais dispõe sobre a designação em geral dos administradores, enquanto o artigo seguinte dispõe sobre a designação de administradores por minoritários.

Em ambos os casos, segue-se o princípio da designação por maioria, da generalidade dos acionistas ou dos minoritários.

Não se encontra associada a designação de administradores a determinadas categorias de ações, embora a lei preveja que podem ser atribuídos direitos especiais a categorias de ações.

Por outro lado, nas sociedades por quotas, é possível que os estatutos prevejam um direito especial à gerência de sócios.

b. *Explicação das soluções propostas*

I – Quanto à solução que aqui se propõe, de articulação com a eleição dos membros do conselho de administração, a mesma não é inovadora, pelo contrário, são várias as jurisdições em que pode encontrar-se plasmada a possibilidade de atribuição do direito a nomear membros do conselho a determinada categoria de ações.

Por exemplo, de acordo com o sistema jurídico holandês, o qual merece realce pela relevância do respetivo mercado regulamentar e impacto das suas práticas de governo das sociedades, é permitida a emissão de ações preferenciais que conferem ao seu titular o poder de emitir recomendações vinculativas quanto à composição do conselho de administração.

II – Com a solução proposta pretende-se mitigar o receio da perda efetiva de controlo por parte dos acionistas fundadores da sociedade, antes da admissão à negociação, permitindo que o contrato de sociedade preveja a possibilidade de estes (através das respetivas ações especiais) elegerem um administrador ou um sexto dos administradores, independentemente do percentual da participação social dessa categoria.

O limite de um sexto de administradores atém-se com o disposto no artigo 392.º, de forma a assegurar que, em qualquer caso, a maioria dos administradores seja eleita pela maioria dos acionistas, ainda que tanto esta nova norma como aquele artigo sejam simultaneamente aplicáveis.

Adicionalmente, e de forma a robustecer a sua posição, propõe-se que a aprovação de deliberações sobre determinadas matérias pelo órgão de administração deverá contar com o voto favorável desses administradores, sem colocar em causa o normal funcionamento da sociedade.

Quanto à primeira questão, e considerando o contexto das sociedades cotadas, sugere-se que uma alteração estatutária deste teor fique sujeita a quórum deliberativo mais severo, em linha com o disposto no artigo 182.º-A do Código dos Valores Mobiliários.

Quanto à segunda questão, não se recomenda qualquer regime transitório para as sociedades que já estejam cotadas poderem adotar esta solução, devido à dificuldade da sua conciliação com o regime das ofertas públicas de aquisição obrigatórias.

Este argumento, podendo valer em alguma medida para a primeira questão, é especialmente pertinente para a segunda.

De facto, a introdução de um mecanismo deste tipo nas sociedades cotadas já existentes pode ter como resultado que os titulares da nova categoria de ações possam aumentar significativamente o seu poder na sociedade, sem que o regime das ofertas de aquisição obrigatórias capte essa alteração, pelo que os termos da introdução desse mecanismo neste caso devem ser objeto de reflexão muito aprofundada, e que que aqui não cabe realizar.

Em qualquer caso, e em contraponto, importa igualmente notar que a introdução de um mecanismo deste tipo nas sociedades já cotadas pode mostrar-se particularmente benéfico no que concerne a determinados setores da atividade económica, nos quais a solidez do ecossistema em causa resulte particularmente reforçada através da introdução de uma maior proporção de acionistas de longo prazo.

5. Conclusão

O quadro legal e regulamentar da proteção dos investidores, em Portugal, em particular depois da Reforma de 2006, hoje já devidamente sedimentada e glosada, apresenta-se como reconhecidamente sólido e sustentado.

Nesse quadro, os receios que poderiam existir quanto à possibilidade de abusos resultantes da acumulação de direitos de votos em determinados acionistas, por um lado, não têm razão de ser face às necessidades específicas desses acionistas, e, por outro lado, podem ser completamente afastados pela via da regulamentação cuidadosa das matérias em causa, em particular nos casos em que a articulação entre mecanismos de voto plural e mecanismos de *L-shares* permita que todos os investidores de longo termo, a prazo, possam aceder aos direitos especiais conferidos pela passagem do tempo relativamente à detenção das ações.

Na verdade, na situação atual, o que verdadeiramente prejudica os investidores (em particular, no caso dos investidores institucionais, e, em geral, todos os que vêm limitadas as suas oportunidades de acesso a novas empresas com potencial de crescimento), é a inexistência de um mercado de capitais eficiente e dinâmico, no qual o investimento nas melhores companhias possa ser concretizado independentemente de restrições motivadas por uma regra de proporcionalidade entre ações e votos que não tem justificação ou função visível no enquadramento regulamentar atual.

Importando acrescentar, por fim, que a geometria das propostas apresentadas assenta no princípio de que, em qualquer circunstância, todas as ações devem ser acompanhadas dos respetivos direitos de votos, ainda que em número inferior, de modo a assegurar que, em qualquer situação, os respetivos titulares mantêm todos os direitos societários essenciais associados ao exercício do voto.

CAPÍTULO 6
AS TRANSAÇÕES ENTRE PARTES RELACIONADAS NO DIREITO PORTUGUÊS*

Francisco da Cunha Ferreira
Joana Torres Ereio

Sumário: 1. Introdução. 2. O regime aplicável às transações entre partes relacionadas; 2.1 O conceito de "parte relacionada"; 2.2. A divulgação de informação sobre partes relacionadas e transações com partes relacionadas; 2.2.1. A remissão para as NIC; 2.2.2. As regras previstas no CSC; 2.2.3. As regras previstas no CVM; 2.2.4. As recomendações do Código de Governo do IPCG; 2.3. Transações com membros do órgão de administração – o regime do artigo 397.º do CSC; 2.3.1. Negócios absolutamente proibidos; 2.3.2. Negócios sujeitos a autorização prévia; 2.3.3. Negócios celebrados com sociedades em relação de domínio ou de grupo com aquela em que o contratante é administrador; 2.3.4. A sanção para o desrespeito dos n.os 1 e 2 do artigo 397.º do CSC; 2.3.5. Negócios livres; 2.3.6. A aplicação do artigo 397.º do CSC às sociedades por quotas. 3. A Diretiva (UE) 2017/828.

1. Introdução

A problemática das transações entre partes relacionadas surge quando uma pessoa com poder de controlo sobre uma sociedade[1] – quer ao nível

[*] Artigo redigido em abril de 2018. Todas as indicações bibliográficas e referências a diplomas legais neste artigo são feitas a essa data.

[1] As transações entre partes relacionadas – e os riscos delas decorrentes – podem verificar-se não só no âmbito das sociedades comerciais, mas também no contexto de outras entidades como patrimónios autónomos, entidades públicas, associações e fundações. A análise que se segue limitar-se-á, porém, às transações entre partes relacionadas quando estejam em causa sociedades comerciais.

acionista, designadamente, por deter a maioria do capital social e/ou dos direitos de voto nessa sociedade, quer ao nível do respetivo órgão de administração, por ter poder efetivo de direção sobre a mesma –, tem a possibilidade de exercer esse controlo de forma abusiva em seu próprio benefício ou em benefício de terceiro, com a apropriação (efetiva ou potencial) de parte do valor da sociedade.

Em qualquer um dos casos está em causa o desalinhamento entre o interesse da sociedade – o chamado interesse social[2] –, e o interesse da parte relacionada que exerce o poder de controlo. No primeiro caso, tratar-se-á normalmente de uma atuação abusiva do(s) sócio(s) controlador(es)[3] e o segundo caso evidenciará os denominados problemas de agência[4]-[5].

Como consequência das transações com partes relacionadas realizadas de forma conflituante com o interesse social, os acionistas (todos os acionistas ou os acionistas minoritários), os demais *stakeholders* da sociedade, bem como a própria sociedade, podem incorrer em prejuízos.

[2] A este respeito, Jorge Manuel Coutinho de Abreu conclui pela inexistência de uma conceção unitária de interesse social, defendendo, nessa medida, a coexistência da conceção contratualista, no que concerne às relações dos sócios com a sociedade (nos termos da qual o interesse social corresponde ao "interesse comum dos sócios enquanto tais", subsumível "à causa comum do acto constituinte da sociedade", em regra, o escopo lucrativo), com a conceção institucionalista (moderada), no respeitante às relações dos administradores com a sociedade (significando, neste âmbito, o "interesse comum, não apenas aos sócios, mas também a outros sujeitos, nomeadamente os trabalhadores (...), os credores sociais e até a colectividade nacional") – cf. "Deveres de Cuidado e de Lealdade dos Administradores e Interesse Social", em AAVV., *Reformas do Código das Sociedades, Colóquios do IDET n.º 3*, Almedina, Coimbra, 2007, pp. 31 e ss.

[3] Esta atuação abusiva pode ser desenvolvida diretamente pelos sócios (o que será mais comum nas sociedades por quotas, em que os poderes da assembleia geral são, em regra, mais amplos) ou indiretamente, através dos membros do órgão de administração por si nomeados (que podem ser destituídos pelos sócios a todo o tempo – cf. o artigo 403.º, n.º 1, do CSC – e que, na prática, comummente recebem instruções dos mesmos).

[4] Os problemas de agência surgem em contextos de assimetria informativa quando o agente, dispondo de mais informação, não age no melhor interesse do principal que o contratou. A este respeito, cf., em particular, Michael C. Jensen e William H. Meckling, "Theory of the Firm: Managerial Behavior, Agency Costs and Ownership Structure", *Journal of Financial Economics*, outubro de 1976, V. 3, n.º 4, pp. 305-360.

[5] Como nota José Ferreira Gomes, este desalinhamento de interesses ao nível dos sócios assume uma importância fulcral nos mercados – como é o caso do mercado português – com níveis elevados de concentração acionista, enquanto nos mercados caracterizados por dispersão acionista o desalinhamento de interesses verifica-se sobretudo entre os interesses dos administradores e os da sociedade administrada – cf. "Conflitos de interesses entre accionistas nos negócios celebrados entre a sociedade anónima e o seu accionista controlador", em AAVV., *Conflito de Interesses no Direito Societário e Financeiro – Um Balanço a partir da Crise Financeira*, Almedina, Coimbra, 2010, p. 78.

Por este motivo, as transações entre partes relacionadas têm sido objeto de atenção crescente por parte das empresas, legisladores e reguladores nacionais e comunitários, bem como de entidades supranacionais como a OCDE[6] – designadamente, depois de revelados casos de transações abusivas entre grandes sociedades e as suas partes relacionadas que resultaram em escândalos financeiros à escala global e na perda de confiança nos mercados de capitais.

Neste contexto, em 21 de maio de 2003, a Comissão Europeia, em comunicado ao Conselho e ao Parlamento Europeu, apresentou um plano de ação intitulado "Modernizar o direito das sociedades e reforçar o governo das sociedades na União Europeia – Uma estratégia para o futuro"[7]-[8], com o grande objetivo de implementar "um direito das sociedades de elevada qualidade e boas práticas de governo das sociedades em todo o território da EU" como forma de "consolidar o mercado interno e criar um mercado de capitais integrado à escala europeia, bem como para maximizar os benefícios que advirão do alargamento para todos os Estados-Membros, actuais e futuros".

Os dois principais objetivos políticos da Comissão com este plano de ação foram o reforço dos direitos dos acionistas e da proteção de terceiros e o fomento da eficiência e da competitividade das empresas, através de um tratamento diferenciado para as diferentes categorias de empresas, com regras mais estritas para as sociedades cotadas e para as empresas que mobilizassem capitais junto do público e regras mais flexíveis para as restantes empresas.

[6] Cf., a título de exemplo, o relatório OECD (2012), *Related Party Transactions and Minority Shareholder Rights*, OECD Publishing, disponível em http://dx.doi.org/10.1787/9789264168008-en.

[7] Disponível em https://eur-lex.europa.eu/legal-content/PT/TXT/PDF/?uri=CELEX:52003DC0284&from=PT.

[8] Este plano de ação surgiu, por sua vez, na sequência da publicação, em novembro de 2002, do Relatório "*Um quadro regulamentar moderno para o direito das sociedades*", comummente conhecido por "*Relatório Winter II*", da autoria de um grupo de peritos em direito das sociedades, presidido por Jaap Winter e incumbido pela Comissão Europeia de apresentar recomendações para a modernização do direito europeu das sociedades, incluindo aspetos relativos ao governo das sociedades. Entre as regras de governo societário recomendadas no Relatório Winter II, muitas das quais já previstas de forma generalizada em códigos de governo dos Estados-Membros, constava a obrigatoriedade, para as sociedades cotadas, de uma declaração anual sobre o governo da sociedade. Este relatório está disponível em http://www.ecgi.org/publications/documents/report_en.pdf.

Ao formular as medidas necessárias para prosseguir os referidos objetivos, a Comissão procurou, tanto quanto possível, dar preponderância às obrigações de informação, por estas serem menos intrusivas para as empresas.

À luz destes referentes, a Comissão listou, como primeira medida a implementar, o reforço da divulgação de informações no domínio do governo das sociedades, designadamente, através de declaração anual sobre o governo das sociedades a incluir pelas sociedades cotadas nos seus documentos de prestação de contas[9]. De acordo com o plano de ação, essa declaração deveria descrever os principais elementos relativos à estrutura e práticas em matéria de governo das sociedades, incluindo, em particular, informação sobre a "composição e funcionamento do conselho de administração e dos respectivos comités", "a identidade dos principais accionistas, incluindo os seus direitos de voto e de controlo, bem como os *acordos mais importantes*", "*outros vínculos directos e indirectos entre estes accionistas principais e a empresa*" e "*quaisquer transacções significativas com outras partes conexas*" (sublinhados nossos) (cf. as pp. 13 e 14).

Além da imposição de obrigações de informação, existem outros mecanismos que são utilizados para fazer face aos riscos inerentes às transações entre partes relacionadas, aqui se incluindo quer regras procedimentais específicas, como as que exigem uma autorização prévia (aprovação) ou posterior (ratificação) para a celebração de negócios com partes relacionadas (seja em termos gerais, seja apenas para transações que preencham determinados requisitos de materialidade), quer regras de caráter geral, como as que impõem deveres de conduta às partes relacionadas (designadamente, o dever de lealdade de administradores e sócios).

O ordenamento jurídico português prevê já alguns destes mecanismos (em particular, no artigo 397.º do CSC, que já constava da versão inicial do CSC).

[9] Entre nós, a obrigação de divulgar anualmente informação sobre a estrutura e práticas de governo societário foi primeiramente introduzida pelo Regulamento da CMVM n.º 7/2001 (cuja versão inicial está disponível em http://www.cmvm.pt/pt/Legislacao/Legislacaonacional/Regulamentos/Documents/bebc67751c1e4df29cef171284e08a32Regulamento07_2001.pdf), embora já constasse, em formato de recomendação, das Recomendações sobre o Governo das Sociedades Cotadas aprovadas pela CMVM em 1999, tendo sido posteriormente desenvolvida pelos Regulamentos da CMVM que lhe sucederam (nomeadamente o Regulamento da CMVM n.º 4/2013, atualmente em vigor (disponível em http://www.cmvm.pt/pt/Legislacao/Legislacaonacional/Regulamentos/Pages/Reg_2013_04.aspx?v=). Em 2006 esta obrigação de divulgação foi consagrada no artigo 245.º-A do CVM, através do Decreto-Lei n.º 219/2006, de 2 de novembro.

Porém, esta matéria tem sido objeto de diversos desenvolvimentos (sobretudo ao nível do direito comunitário), os quais têm tido – e certamente continuarão a ter – reflexos na ordem jurídica portuguesa.

Vejamos então algumas das principais regras previstas no ordenamento jurídico português sobre transações entre partes relacionadas (em particular, as relativas às obrigações de divulgação de informação e o regime aplicável a transações com membros do órgão de administração constante do artigo 397.º do CSC) e que mudanças são expectáveis nesta sede.

2. O regime aplicável às transações entre partes relacionadas

2.1. O conceito de "parte relacionada"

A análise do regime aplicável às transações entre partes relacionadas reclama, antes de mais, aferir o que cabe no conceito de "parte relacionada".

Neste âmbito, pode constatar-se que nem o CSC nem o CVM nos fornecem essa definição. A mesma é dada pelas normas contabilísticas aplicáveis, o que se justificará, por um lado, pelo facto de as obrigações de publicidade vigentes nesta matéria se concentrarem nos documentos de prestação anual de contas e, por outro lado, pelo facto de tais obrigações terem um âmbito de aplicação que excede as sociedades comerciais e as entidades sujeitas ao CVM.

Em sede de normas contabilísticas aplicáveis, comecemos por analisar as normas internacionais de contabilidade (NIC)[10], para as quais remete o Decreto-Lei n.º 158/2009, de 13 de julho, que aprovou o Sistema de Normalização Contabilística[11]-[12].

[10] As NIC (que incluem os *International Accounting Standards* – IAS – e os *International Financial Reporting Standards* – IFRS – e as respetivas interpretações conexas) são preparadas pelo *International Accounting Standards Board* (IASB), órgão da Fundação IFRS, tendo sido inicialmente adotadas na Comunidade Europeia através do Regulamento (CE) 1725/2003 da Comissão, de 21 de setembro de 2003, nos termos do previsto no artigo 4.º do Regulamento (CE) 1606/2002 do Parlamento Europeu e do Conselho, de 19 de julho de 2002. As NIC inicialmente aprovadas têm vindo a ser objeto de sucessivas alterações em sede comunitária, seguindo as alterações aprovadas pelo IASB. Atualmente as NIC constam do Regulamento (CE) 1126/2008 da Comissão, de 3 de novembro de 2008, tal como alterado (as últimas alterações foram introduzidas pelo Regulamento (UE) 2018/519 da Comissão, de 28 de março de 2018).

[11] Por força do artigo 4.º do Decreto-Lei n.º 158/2009, de 13 de julho: (a) as entidades referidas no artigo 3.º (entre as quais se incluem as abrangidas pelo CSC) cujos valores mobiliários

Neste caso, a NIC de referência é a lAS 24 (Divulgações de Partes Relacionadas), tal como alterada pelo Regulamento (EU) n.º 2015/28, da Comissão, de 17 de dezembro de 2014 (muito embora seja necessário, como se verá, recorrer a outras NIC para interpretar os conceitos utilizados pela IAS 24)[13].

A IAS 24 define transação com partes relacionadas como "uma transferência de recursos, serviços ou obrigações entre uma entidade relatora [(entidade que está a preparar as suas demonstrações financeiras)] e uma

estejam admitidos à negociação num mercado regulamentado *devem* elaborar as suas demonstrações financeiras consolidadas de acordo com as NIC; (b) as entidades listadas no artigo 3.º que não tenham emitido valores mobiliários admitidos à negociação num mercado regulamentado *podem*, em alternativa às normas contabilísticas nacionais, optar por preparar as suas contas consolidadas (desde que as mesmas sejam objeto de certificação legal de contas), de acordo com as NIC; e (c) as entidades incluídas no âmbito da consolidação de ambos os grupos de entidades *podem* ainda optar por preparar as suas contas individuais de acordo com as NIC (caso em que essas contas ficam sujeitas a certificação legal de contas). Também de acordo com o referido artigo 4.º do Regulamento (CE) 1606/2002 do Parlamento Europeu e do Conselho, de 19 de julho de 2002, "Em relação a cada exercício financeiro com início em ou depois de 1 de Janeiro de 2005, as sociedades regidas pela legislação de um Estado-Membro devem elaborar as suas contas consolidadas em conformidade com as normas internacionais de contabilidade, adoptadas nos termos do n.º 2 do artigo 6.º, se, à data do balanço e contas, os seus valores mobiliários estiverem admitidos à negociação num mercado regulamentado de qualquer Estado-Membro (...)." (cf. a secção 2.2.1 infra para maiores desenvolvimentos).

[12] As entidades sujeitas à supervisão do Banco de Portugal, da Comissão do Mercado de Valores Mobiliários ou da Autoridade de Supervisão de Seguros e Fundos de Pensões ficam ainda, nos termos do artigo 5.º do Decreto-Lei n.º 158/2009, de 13 de julho, sujeitas às obrigações relativas à preparação de contas individuais e consolidadas previstas na regulamentação emitida por aquelas entidades de supervisão.

[13] Nos termos da IAS 24, "Os relacionamentos com partes relacionadas são uma característica normal do comércio e negócios (...). Nestas circunstâncias, a entidade tem a capacidade de afectar as políticas financeiras e operacionais da investida por via da presença de controlo, controlo conjunto ou influência significativa" (cf. o parágrafo 5). Esta norma tem como objetivo "assegurar que as demonstrações financeiras de uma entidade contenham as divulgações necessárias para chamar a atenção para a possibilidade de que a sua posição financeira e lucros ou prejuízos possam ter sido afetados pela existência de partes relacionadas e por transações e saldos pendentes, incluindo compromissos, com tais partes" (cf. o parágrafo 1). Isto porque as relações com partes relacionadas podem, de facto, ter impacto nos lucros ou prejuízos e na posição financeira de uma entidade – seja quando haja transações com essas partes (por exemplo, uma venda de bens a preço de custo ou, simplesmente, a um preço distinto do praticado entre partes não relacionadas, matéria a analisar à luz das regras fiscais dos preços de transferência), seja por força do mero relacionamento entre as partes, na medida em que o mesmo afete as transações da entidade com terceiros (cf. os parágrafos 6 e 7).

entidade relacionada, independentemente de haver ou não um débito de preço"[14].

Nos termos desta norma contabilística, uma parte relacionada é uma pessoa ou entidade relacionada com a entidade relatora, sendo que:

a. Uma pessoa ou um membro íntimo da sua família[15] é relacionado com a entidade relatora se:
   - "tiver o controlo[16] ou controlo conjunto[17] da entidade relatora;
   - tiver uma influência significativa[18] sobre a entidade relatora; ou
   - for membro do pessoal-chave da gerência[19] da entidade relatora ou de uma empresa-mãe dessa entidade relatora".

[14] Cf. o parágrafo 9 da IAS 24.

[15] "Membros íntimos da família de uma pessoa" são definidos como "aqueles membros da família que se espera possam influenciar ou ser influenciados por essa pessoa nos seus negócios com a entidade, incluindo: (a) os filhos e o cônjuge ou parceiro doméstico da pessoa em causa; (b) os filhos do cônjuge ou parceiro doméstico da pessoa em causa; e (c) os dependentes da pessoa em causa ou do seu cônjuge ou parceiro doméstico." (cf. o parágrafo 9 da IAS 24).

[16] Nos termos do parágrafo 6 da IFRS 10 (Demonstrações Financeiras Consolidadas), "Um investidor controla uma investida quando está exposto ou é detentor de direitos relativamente a resultados variáveis por via do seu relacionamento com a mesma e tem capacidade para afetar esses resultados através do poder que exerce sobre a investida". Concretizando esta definição geral, o parágrafo 7 da IFRS 10 dispõe que existirá controlo, se e apenas se, um investidor tiver, cumulativamente "(a) poder sobre a investida (...); (b) exposição ou direitos a resultados variáveis por via do seu relacionamento com a investida (...); e (c) a capacidade de usar o seu poder sobre a investida para afetar o valor dos resultados para os investidores (...).".

[17] De acordo com o parágrafo 3 da IAS 28 (Investimentos em Associadas e Empreendimentos Conjuntos), controlo conjunto é "a partilha contratualmente acordada do controlo sobre uma atividade, que apenas existe quando as decisões relativas às atividades relevantes exigem o consentimento unânime das partes que exercem o controlo partilhado".

[18] Nos termos do parágrafo 3 da IAS 28 (Investimentos em Associadas e Empreendimentos Conjuntos), influência significativa é "o poder de participar nas decisões de política financeira e operacional da investida, sem todavia exercer um controlo ou um controlo conjunto dessas políticas.". O parágrafo 6 desta norma explicita que "a existência de influência significativa por uma entidade é geralmente evidenciada por uma ou mais das seguintes situações: (a) representação no órgão de direção ou órgão de gestão equivalente da investida; (b) participação em processos de definição de políticas, incluindo a participação em decisões sobre dividendos ou outras distribuições; (c) transações materiais entre a entidade e a investida; (d) intercâmbio de pessoal de gestão; ou (e) fornecimento de informação técnica essencial.".

[19] Pessoal chave de gerência é definido como "as pessoas que têm autoridade e responsabilidade pelo planeamento, direcção e controlo das actividades da entidade, directa ou indirectamente, incluindo qualquer administrador (executivo ou outro) dessa entidade." (cf. o parágrafo 9 da IAS 24).

b. Uma entidade é relacionada com uma entidade relatora, nomeadamente, se estiver cumprida qualquer uma das seguintes condições:
- "(i) a entidade e a entidade relatora são membros de um mesmo grupo (o que implica que as empresas-mãe, subsidiárias e subsidiárias colegas estão relacionadas entre si);
- (ii) uma entidade é associada[20] ou constitui um empreendimento comum[21] da outra entidade (ou é associada ou constitui um empreendimento comum de um membro de um grupo a que pertence a outra entidade);
- (iii) ambas as entidades são empreendimentos comuns da mesma parte terceira;
- (iv) uma entidade representa um empreendimento comum da entidade terceira e a outra entidade é associada da entidade terceira; (...)
- (viii) a entidade, ou qualquer membro de um grupo em que se insere, fornece serviços de pessoal-chave da gerência à entidade relatora ou à sua empresa-mãe."[22].

Conclui-se, pois, da leitura da IAS 24 que constituem transações com partes relacionadas as operações que impliquem uma transferência de bens, uma prestação de serviços ou a assunção de obrigações (ainda que de forma gratuita) entre (a) uma entidade e uma pessoa física (ou um *membro íntimo da sua família*) que a *controle* (individualmente ou em conjunto com outra parte), ou que tenha sobre ela uma *influência significativa* ou que seja *membro do pessoal-chave da gerência* dessa entidade relatora ou de uma empresa-mãe da mesma ou entre (b) duas entidades quando, designadamente, ambas pertençam ao mesmo grupo[23], uma das entidades seja *asso-*

[20] O parágrafo 3 da IAS 28 (Investimentos em Associadas e Empreendimentos Conjuntos) define associada como "uma entidade sobre a qual a investidora exerce uma influência significativa".

[21] Entende-se que esta referência se deve ter como feita a "empreendimento conjunto", definido no parágrafo 3 da IAS 28 (Investimentos em Associadas e Empreendimentos Conjuntos) como "uma atividade conjunta em relação à qual as partes que exercem o controlo conjunto dispõem de direitos sobre os ativos líquidos da atividade".

[22] Pelo contrário, não são consideradas partes relacionadas, designadamente, "duas entidades simplesmente por terem um administrador ou outro membro do pessoal-chave da gerência em comum ou por um membro do pessoal-chave da gerência de uma entidade ter influência significativa sobre a outra entidade" (cf. o parágrafo 11 (a) da IAS 24).

[23] O conceito de grupo aqui utilizado, ao abranger também as relações entre "sociedades-irmãs" ("subsidiárias colegas"), é mais amplo que o conceito de grupo de sociedades previsto na legislação nacional, que não abarca este tipo de relações (cf. os artigos 488.º e ss. do CSC).

ciada ou constitua um *empreendimento comum* da outra (ou de uma entidade pertencente ao grupo desta), ambas sejam um *empreendimento comum* de uma terceira entidade, ou uma das entidades (ou outra entidade pertencente ao seu grupo) preste serviços de *pessoal-chave da gerência* à entidade relatora ou à sua empresa-mãe.

Cabem aqui, portanto, tanto (a) *relações de uma entidade com os seus sócios*, sejam eles controladores (e quer esse controlo seja exercido individualmente ou de forma conjunta), diretamente ou através de familiares próximos ou de outras entidades, ou tenham, de outra forma, a capacidade de influenciar significativamente as suas decisões financeiras e operacionais, (b) *relações entre entidades pertencentes ao mesmo grupo* (entendido em sentido amplo) ou entre as quais exista, direta ou indiretamente, outra relação de coligação relevante, como (c) *relações de uma entidade (ou da sua empresa-mãe) com os membros-chave dos seus órgãos de gestão* (incluindo-se aqui pessoas singulares ou outras entidades que prestem tais serviços de gestão, diretamente ou através de outras entidades pertencentes ao seu grupo).

Refira-se, porém, que a aplicação da definição de "parte relacionada" constante da IAS 24 não se cinge às entidades que elaborem (porque a tal estejam obrigadas ou por opção sua) as suas demonstrações financeiras de acordo com as NIC.

Isto porque os artigos 66.º-A, n.º 3, al. a), e 508.º-F, n.º 3, al. a), do CSC (que tratam, respetivamente, dos anexos às contas anuais individuais e consolidadas), estabelecem que para efeitos da obrigação de divulgação de informações sobre as operações realizadas com partes relacionadas que aí é imposta às *sociedades que não elaboram as suas contas de acordo com as normas internacionais de contabilidade*, a definição relevante de "partes relacionadas" é (também) a que consta das "normas internacionais de contabilidade adotadas nos termos de regulamento comunitário", ou seja, a definição prevista na IAS 24.

Em suma, são as NIC, concretamente, a IAS 24, a fornecer a definição relevante de "parte relacionada" tanto às sociedades que elaboram as suas contas de acordo com as NIC (às quais, pois, tais normas são diretamente aplicáveis), como às sociedades que não elaboram as suas contas de acordo com esse normativo, por força da remissão operada pelos referidos preceitos do CSC.

Para além das NIC, também as normas nacionais de contabilidade, concretamente, a Norma Contabilística e de Relato Financeiro ("NCRF") 5

(Divulgação de Partes Relacionadas), fornecem uma definição de "parte relacionada"[24].

Porém (e por exclusão de partes), esta definição de "parte relacionada" prevista na NCRF 5 terá de ser seguida (apenas) pelas entidades sujeitas ao Sistema de Normalização Contabilística[25] que não elaborem as suas demonstrações financeiras de acordo com as NIC e que não estejam abrangidas pelo CSC (caso em que operam as remissões para as NIC acima mencionadas), pelo que o seu âmbito de aplicação é bastante residual.

Por esse motivo, não nos ocuparemos da análise da definição prevista nesta norma contabilística, cabendo referir, em todo o caso, que a mesma reproduz, em grande medida, o disposto na IAS 24[26].

2.2. A divulgação de informação sobre partes relacionadas e transações com partes relacionadas

A divulgação e o conhecimento, tanto pelos acionistas como pelos demais *stakeholders*, de quem são as partes relacionadas de uma determinada sociedade e das transações celebradas entre ambas assume um papel crucial para controlar estas operações e assim tentar evitar atuações abusivas das partes relacionadas[27].

As normas comunitárias e o direito português (em particular, o CSC e o CVM) reconhecem a importância desta matéria, estabelecendo diferentes requisitos de divulgação de informação sobre partes relacionadas e transações com as mesmas.

[24] Cf. o Aviso n.º 15655/2009, de 7 de setembro.

[25] Cf. o artigo 3.º do Decreto-Lei n.º 158/2009, de 13 de julho.

[26] Cf. o parágrafo inicial da NCRF 5, que dispõe que esta norma contabilística "tem por base a Norma Internacional de Contabilidade IAS 24 – Divulgações de Partes Relacionadas, adoptada pelo texto original do Regulamento (CE) n.º 1126/2008 da Comissão, de 3 de Novembro.".

[27] Como nota José Ferreira Gomes, "[o]s deveres de informação sobre negócios a celebrar ou celebrados com partes relacionadas constituem um dos mecanismos mais significativos de controlo legal deste tipo de negócios na medida em que limitam os comportamentos abusivos (...)" – cf. "Conflitos de interesses entre accionistas nos negócios celebrados entre a sociedade anónima e o seu accionista controlador", cit., p. 174.

2.2.1. A remissão para as NIC

Conforme referido supra[28], o Regulamento (CE) 1606/2002, de 19 de julho de 2002, remete, nalguns casos, com caráter de obrigatoriedade, para as NIC no que concerne às regras que devem pautar a elaboração das contas anuais. Esta remissão para as NIC está também prevista no direito nacional (em particular, no artigo 4.º do Decreto-Lei n.º 158/2009, de 13 de julho, e no artigo 245.º, n.º 3, do CVM).

Neste contexto, vejamos quais são as principais obrigações de divulgação de informação estabelecidas nas NIC, no caso, a IAS 24.

Em primeiro lugar, estabelece-se uma obrigação de identificação de quem são as partes relacionadas, nomeadamente dos "relacionamentos entre uma empresa-mãe e as suas subsidiárias (...) *independentemente de ter havido ou não transações entre elas*" (sublinhado nosso)[29].

Em segundo lugar, e de acordo com o disposto no parágrafo 18 da NIC 24, "[s]e uma entidade tiver levado a cabo transacções com partes relacionadas durante os períodos abrangidos pelas demonstrações financeiras, deve divulgar a *natureza do relacionamento com essas partes*, assim como *informação sobre as transacções e saldos pendentes*, incluindo compromissos, necessária para a compreensão do potencial efeito do relacionamento nas demonstrações financeiras por parte dos respetivos utentes." (sublinhados nossos), devendo as divulgações incluir, no mínimo, "(a) a quantia das transações; (b) a quantia dos saldos pendentes, incluindo compromissos, e (i) os seus termos e condições, incluindo se estão ou não seguros, e a natureza da retribuição a ser proporcionada aquando da liquidação; e (ii) pormenores de quaisquer garantias dadas ou recebidas; (c) provisões para dívidas duvidosas relacionadas com a quantia dos saldos pendentes; e (d) os gastos reconhecidos durante o período a respeito de dívidas incobráveis ou duvidosas devidas por partes relacionadas"[30].

[28] Cf. a nota 11 acima.

[29] Cf. os parágrafos 13 a 16 da IAS 24.

[30] São apontados como exemplos de transações com partes relacionadas que devem ser divulgadas por força desta norma: "(a) compras ou vendas de bens (acabados ou não acabados); (b) compras ou vendas de imóveis e outros activos; (c) prestação ou recepção de serviços; (d) locações; (e) transferências de pesquisa e desenvolvimento; (f) transferências segundo acordos de licenciamento; (g) transferências ao abrigo de acordos financeiros (incluindo empréstimos e contribuições de capital em dinheiro ou em espécie); (h) prestação de garantias ou de colaterais; (i) compromissos no sentido de fazer algo se um determinado evento ocorrer ou não ocorrer no

Em terceiro lugar, e nos termos dos parágrafos 13 a 16 da IAS 24, devem ser igualmente divulgadas as relações entre uma empresa-mãe e as suas subsidiárias, independentemente de ter havido ou não transações entre elas.

Por sua vez, os parágrafos 17 e 18A da IAS 24 impõem determinadas obrigações de informação quanto à remuneração do pessoal-chave da gerência.

2.2.2. As regras previstas no CSC

Por força do Decreto-Lei n.º 185/2009, de 12 de agosto, o legislador português ampliou a obrigação de divulgação de informações sobre operações realizadas com partes relacionadas a todas as sociedades comerciais, mediante o aditamento dos artigos 66.º-A e 508.º-F do CSC.

Concretamente, o n.º 2 do artigo 66.º-A CSC veio impor às sociedades que não elaborem as suas demonstrações financeiras de acordo com as NIC, a obrigação de divulgar no anexo às contas anuais individuais as operações com partes relacionadas "incluindo, nomeadamente, os montantes dessas operações, a natureza da relação com a parte relacionada e outras informações necessárias à avaliação da situação financeira da sociedade, *se tais operações forem relevantes e não tiverem sido realizadas em condições normais de mercado*" (sublinhado nosso)[31].

A utilização destes conceitos indeterminados na parte final dos artigos 66.º-A, n.º 2, e 508.º-F, n.º 2, do CSC (a qual, refira-se, não é caso isolado no contexto das regras aplicáveis à divulgação de operações com partes relacionadas) gera dificuldades na sua aplicação (cf. a secção 2.3.5 infra).

futuro, nomeadamente contratos executórios (reconhecidos e não reconhecidos); e (j) liquidação de passivos em nome da entidade ou pela entidade em nome dessa parte relacionada." (cf. o parágrafo 21 da IAS 24).

[31] A redação do artigo 508.º-F, n.º 2, do CSC, relativo ao anexo às contas consolidadas, é muito semelhante à redação do artigo 66.º-A, n.º 2, do CSC, embora exclua da obrigação de informação as "operações intragrupo, realizadas pela sociedade-mãe, ou por outras sociedades incluídas no perímetro de consolidação".

2.2.3. As regras previstas no CVM

O artigo 245.º-A do CVM e o Regulamento da CMVM n.º 4/2013 estabelecem os elementos que deverão constar do relatório anual sobre governo societário que as sociedades emitentes de ações admitidas à negociação em mercado regulamentado em Portugal devem divulgar[32].

Por sua vez, a alínea c) do n.º 3 do artigo 246.º do CVM impõe ainda aos emitentes de ações que estejam obrigados a elaborar contas consolidadas que incluam na informação que têm de divulgar semestralmente "informação sobre as principais transações *relevantes* entre partes relacionadas realizadas nos seis primeiros meses do exercício *que tenham afetado significativamente a sua situação financeira ou o desempenho* (...)" (sublinhados nossos).

Quando não estejam obrigados a elaborar contas consolidadas, e nos termos do n.º 5 do artigo 246.º do CVM, os emitentes de ações devem incluir na informação semestral a divulgar "no mínimo, informações sobre as principais transações relevantes entre partes relacionadas realizadas nos seis primeiros meses do exercício referindo nomeadamente o montante de tais transações, a natureza da relação relevante e outra informação necessária à compreensão da posição financeira do emitente *se tais transações forem relevantes e não tiverem sido concluídas em condições normais de mercado.*" (sublinhado nosso).

Ainda neste âmbito, o artigo 248.º-B do CVM estabelece, por seu lado, a obrigação de divulgação de transações com dirigentes ou com pessoas estreitamente relacionadas com estes[33].

[32] Nos termos da secção E (Transações com Partes Relacionadas) da Parte I do anexo I ao Regulamento da CMVM n.º 4/2013, o relatório de governo societário deverá referir os "[m]ecanismos implementados pela sociedade para efeitos de controlo de transações com partes relacionadas (...) [i]ndicação das transações que foram sujeitas a controlo no ano de referência (...) e "[d]escrição dos procedimentos e critérios aplicáveis à intervenção do órgão de fiscalização para efeitos da avaliação prévia dos negócios a realizar entre a sociedade e titulares de participação qualificada ou entidades que com eles estejam em qualquer relação, nos termos do artigo 20.º do Código dos Valores Mobiliários". Refere ainda este anexo que o relatório deverá conter "[i]ndicação do local dos documentos de prestação de contas onde está disponível informação sobre os negócios com partes relacionadas, de acordo com a IAS 24, ou, alternativamente, reprodução dessa informação.".

[33] Cf. também os artigos 14.º e 15.º do Regulamento da CMVM n.º 5/2008.

2.2.4. As recomendações do Código de Governo do IPCG

Também o recém-aprovado Código de Governo das Sociedades do Instituto Português de *Corporate Governance* ("IPCG") (sucessor do anterior código do IPCG e do Código de Governo das Sociedades da CMVM), cujos "destinatários naturais são as sociedades abertas, particularmente as emitentes de ações admitidas à negociação em mercado regulamentado, *obrigadas* que estão a adoptarem um código de governo das sociedades" (sublinhado nosso) (cf. o parágrafo 2 do preâmbulo), contém um princípio e duas recomendações sobre operações com partes relacionadas visando densificar a obrigação de divulgação das mesmas (cf. a secção I.5. do referido Código de Governo das Sociedades).

2.3. Transações com membros do órgão de administração – o regime do artigo 397.º do CSC

Os negócios entre uma sociedade e os membros do seu órgão de administração constituem um dos cenários mais propícios a abusos e a conflito de interesses na vida societária.

De facto, é ao órgão de administração que compete gerir as atividades da sociedade[34], tendo, por isso, controlo sobre as relações contratuais da sociedade e sobre o seu património, ao mesmo tempo que cada um dos seus membros cuida dos seus próprios interesses, o que faz com que estes tenham um "poder de facto para maximizar os seus interesses" à custa da sociedade, isto é, "apropriando-se de valor que pertence aos accionistas"[35].

O legislador consagrou um regime específico para estes negócios, visando prevenir que os administradores, através das prerrogativas inerentes

[34] Cf. os artigos 252.º, n.º 1, e 405.º, n.º 1, do CSC.

[35] Cf. João Sousa Gião, "Conflitos de Interesses entre Administradores e os Accionistas na Sociedade Anónima: os Negócios com a Sociedade e a Remuneração dos Administradores", em AAVV., *Conflito de interesses no Direito Societário e Financeiro – Um Balanço a partir da Crise Financeira*, Almedina, Coimbra, 2010, pp. 217 e ss. Tal como refere este Autor, os administradores, sendo encarregados da gestão da sociedade pelos acionistas e beneficiando por isso de mais informação que estes sobre a sociedade, encontram-se, assim, numa "posição de disponibilidade sobre interesses alheios", o que é propício a gerar conflitos de interesses, não só em sede de negócios entre sociedade e administradores, mas também em matérias como o exercício de atividades concorrentes ou o aproveitamento de oportunidades de negócio – cf. ibidem, p. 237.

ao exercício das suas funções, celebrem negócios com a sociedade em detrimento desta. Este regime, decorrente do dever geral de lealdade que se impõe aos administradores[36], consta do artigo 397.º do CSC, integrado no Título IV, relativo às sociedades anónimas[37].

Concretamente, esta disposição encontra-se prevista na Secção I do Capítulo VI do CSC, relativa ao conselho de administração, órgão responsável pela administração e representação das sociedades que adotem o modelo monista ou o modelo anglo-saxónico de governação[38], aplicando-se, assim, antes de mais, aos negócios celebrados com administradores.

No entanto, por força da remissão do artigo 423.º-H do CSC, esta norma aplicar-se-á também aos negócios celebrados com membros da comissão de auditoria nas sociedades que adotem o modelo anglo-saxónico, aos quais, sendo também administradores, ainda que titulares de um "subórgão do órgão conselho de administração"[39], o artigo 397.º sempre seria diretamente aplicável.

E aplicar-se-á ainda, nas sociedades em que vigore o modelo dualista, por força das remissões dos artigos 428.º e 445.º do CSC, aos negócios

[36] Cf. o artigo 64.º, n.º 1, al. b), do CSC. Este dever pode definir-se como o "dever de os administradores exclusivamente terem em vista os interesses da sociedade e procurarem satisfazê-los, abstendo-se portanto de promover o seu próprio benefício ou interesses alheios" – cf. Jorge Manuel Coutinho de Abreu, "Deveres de Cuidado e de Lealdade dos Administradores e Interesse Social", cit., p. 22.

[37] Tal como nota Alexandre de Soveral Martins, pretende-se com este regime "evitar o risco de que o administrador se sirva do seu cargo para conseguir negócios favoráveis à custa da sociedade" – cf. "A aplicação do art. 397.º CSC às sociedades por quotas", em *II Congresso Direito das Sociedades em Revista*, Almedina, Coimbra, 2012, p. 559.

[38] Na sequência da reforma do CSC de 2006, e nos termos do artigo 278.º, n.º 1, do CSC, a administração e fiscalização das sociedades anónimas pode ser estruturada de acordo com um de três modelos de governação societária: (i) o modelo monista (ou clássico ou latino), composto por conselho de administração ou administrador único (cf. o artigo 390.º, n.º 2, do CSC), e conselho fiscal ou fiscal único (cf. o artigo 413.º, n.os 1 e 2, do CSC) – cf. a al. a); (ii) o modelo anglo-saxónico, composto por conselho de administração, compreendendo uma comissão de auditoria, e revisor oficial de contas – cf. a al. b); e (iii) o modelo dualista (ou germânico), composto por conselho de administração executivo, conselho geral e de supervisão e revisor oficial de contas – cf. a al. c). A este respeito, cf. Paulo Câmara, "Os Modelos de Governo das Sociedades Anónimas", em AAVV., *Reformas do Código das Sociedades, Colóquios do IDET n.º 3*, Almedina, Coimbra, 2007, pp. 181 e ss.

[39] Neste sentido, cf. Ricardo Costa, "anotação ao artigo 423.º-H", em Jorge Manuel Coutinho de Abreu (Coord.), *Código das Sociedades Comerciais em Comentário – Vol. VI*, Almedina, Coimbra, 2013, pp. 706 e 707.

celebrados entre a sociedade e, respetivamente, membros do conselho de administração executivo e membros do conselho geral e de supervisão.

2.3.1. Negócios absolutamente proibidos

O artigo 397.º do CSC começa por tratar, no n.º 1, dos negócios que são sempre proibidos, sob pena de nulidade[40]: concessão de empréstimos ou crédito a administradores, realização de pagamentos por conta de administradores, prestação de garantias a obrigações contraídas por administradores[41] e adiantamentos de remunerações superiores a um mês.

Trata-se, em todos os casos, de atos que implicam (ainda que dos mesmos decorra uma obrigação de reembolso ou mesmo de remuneração, e, no caso da prestação de garantias a obrigações de administradores, apenas de forma potencial) um esvaziamento do património da sociedade, com os inerentes riscos para os credores da sociedade[42].

Estando em causa atos gratuitos, os mesmos já seriam proibidos por força do artigo 6.º, n.º 2 ou n.º 3, do CSC, por serem contrários ao fim da sociedade[43]. No entanto, a proibição prevista nesta norma aplica-se ainda que os referidos atos tenham uma determinada contrapartida – como ocorrerá, em princípio, em caso de empréstimo a um administrador[44] –, uma vez que também nestas situações a sociedade estará a incorrer em riscos excessivos em prol de um administrador.

Ao contrário do previsto no n.º 2, o n.º 1 do artigo 397.º do CSC apenas se refere aos negócios praticados diretamente entre a sociedade e um admi-

[40] A expressão "*proibidos*" não oferece dúvidas quanto à natureza imperativa desta norma, sendo, por isso, nulos os atos praticados em violação da mesma (cf. o artigo 294.º do CC). Neste sentido, cf. Alexandre de Soveral Martins, *Os poderes de representação dos administradores de sociedades anónimas*, Coimbra Editora, Coimbra, 1998, p. 267.

[41] Cf., a este respeito, o artigo 85.º do RGICSF.

[42] Tal como nota João Sousa Gião, a mesma racionalidade imporia que uma proibição equivalente estivesse prevista para estes negócios quando celebrados com acionistas – cf. "Conflitos de Interesses entre Administradores e os Accionistas na Sociedade Anónima: os Negócios com a Sociedade e a Remuneração dos Administradores", cit., p. 248.

[43] Cf. o artigo 980.º do CC, que estabelece o princípio da especialidade do fim das sociedades, nos termos do qual as sociedades têm como fim a obtenção de lucro com vista à sua distribuição pelos sócios.

[44] Nos termos do n.º 1 do artigo 1145.º do CC, o mútuo presume-se oneroso.

nistrador, não fazendo qualquer referência aos casos em que o administrador pratica tais atos *por interposta pessoa*[45].

No entanto, por maioria de razão, haverá que interpretar o artigo 397.º, n.º 1, do CSC de forma a abranger também estes casos: não faria sentido que esta norma tivesse um âmbito de aplicação mais restrito do que o previsto para os casos previstos no n.º 2, entendidos como menos graves (e que, por esse motivo, não são absolutamente proibidos, podendo ser praticados mediante a verificação de determinadas condições)[46].

2.3.2. Negócios sujeitos a autorização prévia

Os demais negócios entre uma sociedade e os membros do seu órgão de administração, sejam eles celebrados diretamente com o administrador ou por interposta pessoa, são permitidos desde que seja observado o procedimento prescrito na lei[47].

Assim, estes negócios carecem, em primeiro lugar, e nos termos do n.º 2 do artigo 397.º do CSC, de autorização prévia[48] dada por deliberação

[45] Cf. a secção 2.3.2. infra sobre o que se deve entender como abrangido por esta expressão.

[46] Com posições concordantes, cf. Jorge Manuel Coutinho de Abreu, "anotação ao artigo 397.º", em Jorge Manuel Coutinho de Abreu (Coord.), *Código das Sociedades Comerciais em Comentário – Vol. VI*, Almedina, Coimbra, 2013, p. 328; Alexandre de Soveral Martins, "A aplicação do art. 397.º CSC às sociedades por quotas", cit., p. 559; e João Sousa Gião, cf. "Conflitos de Interesses entre Administradores e os Accionistas na Sociedade Anónima: os Negócios com a Sociedade e a Remuneração dos Administradores", cit., p. 249.

[47] Tal como nota João Sousa Gião, com exceção dos negócios absolutamente proibidos previstos no n.º 1 do artigo 397.º do CSC, o nosso regime não vai, portanto, no sentido de proibir todas as transações com administradores, mas, apenas, no sentido de eliminar o prejuízo que daí possa decorrer, sendo que não decorrerá necessariamente um prejuízo para a sociedade de todas estas transações (tal apenas se verificará quando "o negócio seja menos vantajoso para a sociedade do que seria caso tivesse sido concluído m base num juízo independente e não afectado pelo conflito de interesses"), podendo tais transações ser até as mais vantajosas para a sociedade – cf. "Conflitos de Interesses entre Administradores e os Accionistas na Sociedade Anónima: os Negócios com a Sociedade e a Remuneração dos Administradores", cit., p. 238.

[48] Decorre expressamente do artigo 397.º, n.º 2, do CSC que os negócios entre a sociedade e os seus administradores têm de ser autorizados *antes* da sua celebração. A necessidade de autorização prévia visa dar ênfase ao objetivo de controlo preventivo deste mecanismo, obrigando ao cumprimento deste procedimento antes que sejam formalizados atos que ponham em perigo o património da sociedade. Em oposição, admitir a aprovação destes negócios *a posteriori* (ratificação) significaria abrir a porta a que muitos negócios lesivos ficassem no limbo, à espera de uma eventual aprovação subsequente, que poderia nunca existir, além de que, sendo tais negócios

do conselho de administração[49]-[50] ou, nas sociedades que tenham implementado o modelo dualista, por deliberação do conselho geral e de supervisão[51], na qual o interessado não pode votar[52]-[53].

rejeitados depois da sua celebração, impor-se-ia a destruição de todos os seus efeitos, o que, não suscitando, regra geral, questões de tutela do administrador (que tem o dever de conhecer quer a regra legal que exige uma autorização prévia do conselho, quer a falta dessa autorização no caso concreto), acarretaria, muitas vezes, dificuldades práticas de implementação. Considerando também inadmissível a ratificação destes negócios, cf. José Ferreira Gomes, "Conflitos de interesses entre accionistas nos negócios celebrados entre a sociedade anónima e o seu accionista controlador", cit., p. 112; e João Sousa Gião, "Conflitos de Interesses entre Administradores e os Accionistas na Sociedade Anónima: os Negócios com a Sociedade e a Remuneração dos Administradores", cit., p. 255.

[49] José Ferreira Gomes aponta à exigência de aprovação pelo conselho de administração (sobretudo quando comparada com a aprovação pelos acionistas), duas grandes vantagens: ser um mecanismo pouco oneroso para as sociedades cotadas e provavelmente não desincentivar a celebração de negócios eficientes, e um principal inconveniente: o facto de os administradores desinteressados poderem não ser suficientemente independentes para avaliar o negócio em causa, desde logo, quando são escolhidos pelos acionistas maioritários – cf. "Conflitos de interesses entre accionistas nos negócios celebrados entre a sociedade anónima e o seu accionista controlador", cit., p. 101.

[50] Esta competência não poderá ser delegada em administrador delegado, na comissão executiva ou em mandatário, devendo, sempre, ser exercida pelo colégio de administradores. Neste sentido, cf. José Ferreira Gomes, "Conflitos de interesses entre accionistas nos negócios celebrados entre a sociedade anónima e o seu accionista controlador", cit., p. 117.

[51] Cf. o artigo 428.º do CSC. Além de lhe competir aprovar a celebração do negócio, cabe ainda ao conselho geral e de supervisão, nos termos do artigo 443.º, n.º 1, do CSC, designar dois dos seus membros para representar a sociedade nesse ato.

[52] Este impedimento de voto traduz um afloramento do princípio geral constante do artigo 410.º, n.º 6, do CSC, nos termos do qual "O administrador não pode votar sobre assuntos em que tenha, por conta própria ou de terceiro, um interesse em conflito com o da sociedade; em caso de conflito, o administrador deve informar o presidente sobre ele". Tal vale por dizer que ter-se-ia de concluir pelo impedimento de voto do administrador por força deste princípio geral ainda que o artigo 397.º do CSC não previsse esta regra. A este respeito, e segundo Raúl Ventura, o administrador interessado, estando embora impedido de votar, pode participar na discussão sobre o assunto relativamente ao qual esteja em conflito de interesses – cf. *Estudos Vários Sobre Sociedades Anónimas (Comentário ao Código das Sociedades Comerciais)*, Almedina, Coimbra, 2003 (reimpressão da edição de 1992), pp. 552 e 553. Com posição contrária, que subscrevemos, José Ferreira Gomes entende que o administrador continua a dever estar presente na reunião e a contar para efeitos de quórum constitutivo, devendo, porém, retirar-se quando caiba apreciar o assunto em que tenha interesse, de modo a evitar condicionar os demais administradores – cf. "Conflitos de interesses entre accionistas nos negócios celebrados entre a sociedade anónima e o seu accionista controlador", cit., pp. 165 e 166. No mesmo sentido, muito embora este Autor se refira, de forma mais genérica, a um dever de "abstenção de participação nas reuniões que têm por objeto a autorização de negócios em conflito", João Sousa Gião, "Conflitos de Interesses entre Administradores e os Accionistas na Sociedade Anónima: os Negócios com a Sociedade e a Remuneração dos Administradores", cit., p. 255.

Exigindo a lei (exceto nos casos de sociedades que tenham implementado o modelo dualista) que a autorização seja dada por deliberação do conselho de administração, cabe questionar como proceder nos casos em que a administração de sociedade está a cargo de um administrador único[54] ou no caso de todos os membros do conselho estarem impedidos de votar[55].

Ora, não sendo possível, nestes casos, controlar o negócio em causa ao nível da administração, o tema deverá ser submetido a deliberação dos sócios, assim se garantindo a análise do negócio por uma instância societária de controlo (neste caso, o órgão societário máximo) antes da sua concretização[56].

Em segundo lugar, e também nos termos do n.º 2 do artigo 397.º do CSC, estes negócios requerem, nas sociedades que tenham adotado o modelo monista, um parecer favorável do conselho fiscal ou, nas sociedades que tenham adotado o modelo anglo-saxónico, da comissão de auditoria.

Muito embora o artigo 397.º, n.º 2, do CSC não seja totalmente claro a este respeito (poder-se-ia interpretar que a palavra "*previamente*" apenas se

[53] Decorre do artigo 410.º, n.º 6, do CSC a natureza preventiva do sistema de conflitos de interesses previsto no direito português, neste caso, em sede de conflitos entre administradores e sociedades. Trata-se de um sistema de cariz preventivo na medida em que não se limita a reagir a situações de lesão efetiva dos interesses da sociedade, sendo, antes, acionado sempre que se verifique uma potencial situação em que tais interesses poderiam ser sacrificados, paralisando a atuação do administrador, que não deverá, nesses casos, exercer o seu direito de voto (devendo, além do mais, informar o presidente do conselho da situação de conflito em que se encontra).

[54] Nos termos do artigo 390.º, n.º 2, do CSC, a administração das sociedades que adotem o modelo monista de governação pode ser atribuída a um só administrador (e não a um conselho de administração) se o capital social não exceder €200.000. Por força do artigo 424.º, n.º 2, do CSC, regra idêntica vale para as sociedades que sigam o modelo dualista. Esta possibilidade é vedada no modelo anglo-saxónico por força do artigo 423.º-B do CSC (que indiretamente exige que o conselho de administração seja constituído por, pelo menos, quatro membros – cf. os n.ºs 1 e 2).

[55] Nas sociedades com modelo dualista, em que a autorização dos negócios cabe ao conselho geral e de supervisão, esta questão apenas se coloca neste segundo cenário (impedimento de voto de todos os membros do conselho geral e de supervisão – cf. o artigo 410.º, n.º 6, aplicável *ex vi* artigo 445.º, n.º 2, do CSC), uma vez que, por força do artigo 434.º, n.º 1, do CSC, o conselho geral e de supervisão tem necessariamente de ser composto por pelo menos dois membros.

[56] Neste sentido, cf. Jorge Manuel Coutinho de Abreu, "Deveres de Cuidado e de Lealdade dos Administradores e Interesse Social", cit., p. 24, n. 19; no mesmo sentido, defendendo a criação de uma norma *ad hoc* aplicável a estes casos, Diogo Costa Gonçalves, "O governo de sociedades por quotas; Breves reflexões sobre a celebração de negócios entre o gerente e a sociedade", em AAVV., *O governo das Organizações. A vocação universal do corporate governance*, Almedina, Coimbra, 2011, pp. 121 e 122; Alexandre de Soveral Martins, "A aplicação do art. 397.º CSC às sociedades por quotas", cit., p. 565; e Ac. TRG, 27/02/2012 (Espinheira Baltar), disponível em www.dgsi.pt.

aplica à autorização do conselho de administração), dever-se-á entender que este parecer deve também ser emitido antes da celebração do negócio, de modo a assegurar as finalidades deste mecanismo[57].

Quanto às sociedades que tenham implementado o modelo dualista, e uma vez que o n.º 2 do artigo 397.º do CSC apenas se refere ao "parecer favorável do conselho fiscal ou da comissão de auditoria" (exigível, respetivamente, nas sociedades com modelo monista e anglo-saxónico), é discutido se, além da deliberação do conselho geral e de supervisão, será necessário parecer de outro órgão[58].

Tendemos, nesta matéria, a concordar com aqueles que entendem que nestes casos tal parecer não será necessário: o conselho geral e de supervisão é, neste modelo de governação, um órgão que, podendo ter alguma intervenção na gestão e mesmo em matérias que tradicionalmente cabem à assembleia geral[59], é, na sua essência, um órgão de fiscalização interna[60]

[57] Cf. a nota 48 acima. Neste sentido, cf. João Sousa Gião, "Conflitos de Interesses entre Administradores e os Accionistas na Sociedade Anónima: os Negócios com a Sociedade e a Remuneração dos Administradores", cit., p. 256. Este Autor refere ainda que este parecer não tem de preceder a deliberação do conselho de administração (tendo, apenas, e tal como essa deliberação, de ser prévio à conclusão do negócio em causa).

[58] Entendendo que nestes casos o cumprimento do artigo 397.º, n.º 2, do CSC se basta com a deliberação do conselho geral e de supervisão, cf. Alexandre de Soveral Martins, "anotação ao artigo 428.º", em Jorge Manuel Coutinho de Abreu (Coord.), *Código das Sociedades Comerciais em Comentário – Vol. VI*, Almedina, Coimbra, 2013, p. 726 (quanto aos negócios entre sociedade e membros do conselho de administração executivo); Jorge Manuel Coutinho de Abreu, "anotação ao artigo 445.º", em Jorge Manuel Coutinho de Abreu (Coord.), *Código das Sociedades Comerciais em Comentário – Vol. VI*, Almedina, Coimbra, 2013, p. 834 (quanto aos negócios entre sociedade e membros do conselho geral e de supervisão); e Diogo Costa Gonçalves, "O governo de sociedades por quotas; Breves reflexões sobre a celebração de negócios entre o gerente e a sociedade", cit., p. 118. Em sentido divergente, entendendo ser necessário um parecer favorável da comissão para as matérias financeiras ou, no caso de esta não ter sido constituída, do ROC, João Sousa Gião, "Conflitos de Interesses entre Administradores e os Accionistas na Sociedade Anónima: os Negócios com a Sociedade e a Remuneração dos Administradores", cit., pp. 257 e ss.

[59] Cf., respetivamente, o n.º 1 do artigo 442.º do CSC, nos termos do qual o conselho de administração executivo tem de obter o prévio consentimento do conselho geral e de supervisão para a prática dos atos estabelecidos na lei e nos estatutos, e a alínea a) do n.º 1 do artigo 441.º do CSC, que atribui ao conselho geral e de supervisão funções de nomeação e destituição de administradores.

[60] Cf. o artigo 441.º, n.º 1, do CSC, cujas alíneas d) e ss. seguem de perto o disposto no artigo 420.º do CSC, que lista as competências do fiscal único e do conselho fiscal. As alíneas a) a c) do n.º 1 do artigo 441.º do CSC, por sua vez, atribuem ao conselho geral e de supervisão funções de nomeação e destituição de administradores, de designação do presidente do conselho de administração executivo e de representação da sociedade nas suas relações com os administradores, denotando

da sociedade, pelo que a deliberação por si adotada a este respeito deverá servir para cumprir ambos os requisitos previstos no artigo 397.º, n.º 2, do CSC.

Em relação às sociedades que sigam o modelo monista, discute-se, por sua vez, como cumprir este requisito nos casos em que a sociedade tenha como órgão de fiscalização um fiscal único e não um conselho fiscal[61].

A solução será exigir o referido parecer ao fiscal único, no âmbito do exercício das suas competências de fiscalização[62].

Finalmente, padecendo a deliberação que autoriza o negócio ou o parecer do órgão de fiscalização de nulidade ou anulabilidade, e sendo tal ato declarado nulo ou anulado, o negócio entre a sociedade e o administrador será nulo[63].

Em terceiro lugar, o n.º 4 do artigo 397.º do CSC requer, por um lado, que as autorizações dadas pelo conselho de administração nos termos do n.º 2 sejam referidas no relatório anual preparado pela administração[64] e, por outro lado, que o relatório anual do conselho fiscal ou da comissão de

o "caráter híbrido" deste órgão, com funções que fazem dele um "órgão intermédio" entre a fiscalização e a administração – cf. Gabriela Figueiredo Dias, "anotação ao artigo 441.º", em Jorge Manuel Coutinho de Abreu (Coord.), *Código das Sociedades Comerciais em Comentário – Vol. VI*, Almedina, Coimbra, 2013, p. 801; e Paulo Olavo Cunha, *Direito das Sociedades Comerciais*, Almedina, Coimbra, 2010, p. 821.

[61] Nos termos do artigo 413.º, n.º 2, do CSC, a fiscalização por conselho fiscal e revisor oficial de contas é obrigatória para as sociedades emitentes de valores mobiliários admitidos à negociação em mercado regulamentado e para as sociedades que, não sendo totalmente dominadas por outra sociedade que adote este modelo, durante dois anos consecutivos ultrapassem dois dos três seguintes limites: total do balanço: €20.000.000; volume de negócios líquido: €40.000.000; número médio de empregados durante o período: 250. Por força do disposto no artigo 3.º da Lei n.º 148/2015, de 9 de setembro, este modelo de fiscalização é também obrigatório para as chamadas entidades de interesse público (listadas no artigo 3.º do Regime Jurídico da Supervisão de Auditoria, aprovado por aquela Lei) que adotem o modelo monista.

[62] Cf. os artigos 413.º, n.º 1, al. a) e n.º 6 e 423.º-A do CSC. Neste sentido, cf. Jorge Manuel Coutinho de Abreu, "Deveres de Cuidado e de Lealdade dos Administradores e Interesse Social", cit., p. 24.

[63] Cf. o artigo 280.º do CC. Seguimos a posição de Jorge Manuel Coutinho de Abreu – cf. "anotação ao artigo 397.º", em Jorge Manuel Coutinho de Abreu (Coord.), *Código das Sociedades Comerciais em Comentário – Vol. VI*, cit., p. 329.

[64] Esta mesma regra decorre do artigo 66.º, n.º 5, al. e), do CSC. Muito embora esta exigência não decorra diretamente do artigo 397.º do CSC, entendemos que ela deverá valer, com as necessárias adaptações, nas sociedades que tenham adotado o modelo dualista, caso em que o conselho geral e de supervisão deverá especificar as autorizações concedidas no seu relatório anual – cf. o artigo 441.º, n.º 1, al. q), do CSC.

auditoria mencione igualmente os pareceres por si emitidos sobre essas autorizações[65].

O âmbito de aplicação do artigo 397.º, n.º 2, do CSC abrange, desde logo, os negócios celebrados *diretamente* entre a sociedade e o administrador atuando no seu próprio interesse, pessoalmente ou através de representante, ou seja, os casos em que sociedade e administrador atuam como verdadeiras contrapartes contratuais.

No entanto, cabem aqui igualmente os negócios entre a sociedade e o administrador atuando *por pessoa interposta*, expressão que tem dado azo a múltiplas interpretações[66].

[65] Cf. os artigos 420.º, n.º 1, al. g) e 423.º-F, n.º 1, al. g), do CSC.

[66] A propósito do uso desta expressão no artigo 254.º, n.º 3, do CSC, relativo à proibição do exercício de atividades concorrentes nas sociedades por quotas, Raúl Ventura defendia a aplicação dos critérios de direito civil, remetendo, em concreto, para o artigo 579.º, n.º 2, do CC, respeitante à cessão de direitos litigiosos. Por esta via, incluir-se-iam aqui os negócios celebrados com o cônjuge do administrador, com pessoa de quem este seja herdeiro presumido, ou com terceiro em conluio com o administrador, para o terceiro transmitir a este a prestação por si recebida da sociedade (cf. *Sociedades por Quotas, Vol. III*, Almedina, Coimbra, 2006 (3.ª reimpressão da 1.ª edição de 1991), pág. 57). Por sua vez, Jorge Manuel Coutinho de Abreu propõe incluir neste conceito não só as pessoas referidas no artigo 579.º, n.º 2 do CC, mas também "*todos os sujeitos que os administradores possam influenciar directamente*" (cf. *Reformas do Código das Sociedades*, cit., p. 24, n. 18), entendimento que nos parece simultaneamente demasiado estreito e demasiado amplo: demasiado estreito porque ao limitar o círculo dos sujeitos relevantes àqueles em que o administrador tenha influência *direta*, ficam excluídos sujeitos que o administrador apenas pode influenciar de forma indireta e que devem igualmente considerar-se cobertos por esta regra – pense-se, p. ex., numa sociedade totalmente detida pelo cônjuge de um administrador: neste caso, o administrador não terá influência direta mas tê-la-á de forma indireta, pela influência que tem sobre o seu cônjuge; demasiado amplo por entendermos que os negócios realizados pelo administrador através de pessoa interposta terão de ser negócios que venham, na realidade, a ter como real beneficiário o administrador, o que não acontecerá necessariamente em todos os negócios celebrados com pessoas, singulares ou coletivas, *influenciáveis* pelo administrador. Com uma interpretação ainda mais ampla deste conceito, João Sousa Gião defende que a aplicação do mesmo se deve bastar com a "interposição de interesses dos administradores", de modo a incluir todos os casos em que o "administrador tenha um interesse pessoal, financeiro ou de outra natureza, relativo aos resultados do negócio", isto é, "todos os casos em que o conflito de interesses existe" (cf. "Conflitos de Interesses entre Administradores e os Accionistas na Sociedade Anónima: os Negócios com a Sociedade e a Remuneração dos Administradores", cit., pp. 252 a 254). Criticando esta posição, Alexandre de Soveral Martins defende que não deve bastar que exista um qualquer interesse do administrador para haver interposição de pessoas: "Também não será possível dizer que é contrato por interposta pessoa todo aquele do qual o administrador retira uma vantagem" (cf. "A aplicação do art. 397.º CSC às sociedades por quotas", cit., p. 561). Concordamos com esta conclusão na medida em que as teses mais abrangentes acima referidas acabam por exceder o âmbito desta norma: apesar de celebrados por pessoa interposta, os negócios em causa terão de consubs-

A este respeito, e partindo do critério geral que nos é oferecido pelo n.º 2 do artigo 579.º do CC, propomos, de modo a prosseguir a *ratio* da norma, que se interprete a expressão "pessoa interposta" de forma a subsumir à mesma os casos em que o negócio em causa, celebrado embora com a intervenção de outro sujeito, vise, na verdade, atribuir a respetiva contraprestação ao administrador, presumindo-se que assim é[67], por um lado, nos negócios celebrados com parentes ou afins próximos (por exemplo, cônjuge, unido de facto, parente ou afim até ao primeiro grau da linha reta do administrador[68]) ou com pessoa de quem este seja herdeiro presumido, bem como, por outro lado, nos negócios celebrados com pessoas coletivas nas quais o administrador tenha uma influência determinante[69]-[70].

Em suma, tratar-se-á dos casos em que a *pessoa interposta* esteja a agir por conta do administrador, tendo como objetivo último transmitir para este a prestação recebida da sociedade[71].

tanciar, na realidade, negócios com o administrador, o que não acontecerá em todos os negócios celebrados com pessoas que o administrador possa influenciar, nem tão-pouco sempre que o administrador tenha um qualquer interesse no negócio (pense-se no caso de um negócio celebrado com uma sociedade em que o administrador desempenha igualmente funções de administração: tendo também aí assento no órgão de administração, o administrador poderá naturalmente influenciar a sociedade cocontratante, além de que terá também naturalmente interesse na maximização dos ganhos dessa sociedade cocontratante, desde logo, se do negócio em causa puder resultar para si algum tipo de remuneração adicional; no entanto, não resulta de qualquer destes factos que o negócio se deva ter como celebrado *com o administrador*). Tal não obsta, porém, a que, nesses casos, se considere o administrador em situação de conflito de interesses, devendo informar o presidente do conselho sobre tal conflito e abster-se de votar na deliberação que aprove o negócio em causa (cf. o artigo 410.º, n.º 6, do CSC) e/ou a que se aplique, se for o caso, o regime do negócio consigo mesmo (cf. o artigo 261.º do CSC).

[67] Presunções que deverão ser ilidíveis.

[68] Segue-se de perto o critério estabelecido no artigo 85.º, n.º 2, do RGICSF.

[69] Para este efeito, pode chamar-se à colação o conceito de influência dominante previsto no artigo 486.º, n.º 2, do CSC. Assim, presumir-se-á a influência dominante se o administrador, direta ou indiretamente, (a) detiver uma participação maioritária no capital social; (b) dispuser da maioria dos direitos de voto; e/ou (c) tiver a faculdade de designar a maioria dos membros do órgão de administração ou de fiscalização (p. ex., nos termos de um acordo parassocial) da pessoa coletiva em causa.

[70] Não será, pois, de exigir que o administrador detenha a totalidade do capital social da sociedade interposta. No mesmo sentido, Alexandre de Soveral Martins, "A aplicação do art. 397.º CSC às sociedades por quotas", cit., p. 569 (o Autor defende, no entanto, ser necessário, além do domínio, que o administrador use a sociedade que "*domina, direta ou indiretamente, como uma sua longa manus, um seu alter ego*"); e José Ferreira Gomes, "Conflitos de interesses entre accionistas nos negócios celebrados entre a sociedade anónima e o seu accionista controlador", cit., p. 103.

[71] Cf. o Ac. TRP 05/02/2009 (Pinto de Almeida), disponível em www.dgsi.pt.

O artigo 397.º do CSC aplicar-se-á quer a sociedade seja representada pelo administrador que atua como contraparte, quer a sociedade seja representada por outro(s) administrador(es)[72].

De entre estes casos, se o administrador intervier em representação da sociedade e também em representação da pessoa interposta, estaremos perante um negócio consigo mesmo, mas a aplicação do artigo 261.º do CC (e o regime de anulabilidade aí previsto) deverá ceder face à regra especial prevista no n.º 2 do artigo 397.º do CSC[73].

Pelo contrário, estarão excluídos do âmbito de aplicação desta norma os casos em que, apesar de haver dupla representação e, logo, negócio consigo mesmo[74], o administrador intervém em representação de terceiro sem que exista, porém, a intenção de transmissão para o administrador da contrapartida do negócio: não se trata, aqui, de negócios com o administrador *por pessoa interposta*, pelo que se aplicará o artigo 261.º do CC[75]-[76].

[72] Neste sentido, Alexandre de Soveral Martins, *Os poderes de representação dos administradores de sociedades anónimas*, cit., p. 270.

[73] Neste sentido, Alexandre de Soveral Martins, *Os poderes de representação dos administradores de sociedades anónimas*, cit., p. 270, n. 498. Em sentido aparentemente divergente, António Menezes Cordeiro, "anotação ao artigo 397.º", em António Menezes Cordeiro (Coord.), *Código das Sociedades Comerciais Anotado*, Almedina, Coimbra, 2009, p. 975.

[74] Além dos casos de negócio consigo mesmo *stricto sensu*, em que a pessoa age, simultaneamente, em nome próprio e como representante, o negócio consigo mesmo abrange os casos de dupla representação, em que a pessoa age em representação de duas partes – a este respeito, cf. o Ac. TRP 05/02/2009 (Pinto de Almeida), disponível em www.dgsi.pt; e Pires de Lima e Antunes Varela, *Código Civil Anotado, Volume I*, 4.ª Edição revista e atualizada, Coimbra Editora, Coimbra, 1987, pp. 242-244. Discute-se se existe negócio consigo mesmo no caso de o agente atuar como representante orgânico de contrapartes pessoas coletivas – entendendo que sim, Adriano Vaz Serra, "Contrato consigo mesmo e negociação de directores ou gerentes de sociedades anónimas ou por quotas com as respectivas sociedades", *RLJ*, ano 100, p. 130; Ilídio Duarte Rodrigues, *A administração das sociedades por quotas e anónimas – Organização e estatuto dos administradores*, Petrony, Lisboa, 1990, p. 196; Alexandre de Soveral Martins, *Os poderes de representação dos administradores de sociedades anónimas*, cit., p. 275; Ac. TRL, 10/10/2006 (Isabel Salgado) (com uma orientação distinta, muito embora reconhecendo a potencial relevância da representação orgânica para estes efeitos); Ac. TRP, 05/02/2009 (Pinto de Almeida) (apesar de não subscrever expressamente esta tese, parece pressupô-la nas suas conclusões), 15/11/2007 (Mário Fernandes) e 29/06/2015 (Ana Paula Amorim) e Ac. TRC, 12/09/2006 (Hélder Roque), disponíveis em www.dgsi.pt; concluindo de forma negativa, Jorge Duarte Pinheiro, "O negócio consigo mesmo", em AAVV., *Estudos em Homenagem ao Prof. Doutor Inocêncio Galvão Teles, Novos Estudos de Direito Privado, Vol. IV*, Almedina, Coimbra, 2003, p. 146; e Ac. STJ, 15/05/1997 (Figueiredo de Sousa), disponível em www.dgsi.pt.

[75] Neste sentido, cf. Jorge Manuel Coutinho de Abreu, "anotação ao artigo 397.º", em Jorge Manuel Coutinho de Abreu (Coord.), *Código das Sociedades Comerciais em Comentário – Vol. VI*, cit.,

Tendo em conta o espírito do artigo 397.º, n.º 2, do CSC, pode intuir-se que não caibam no seu âmbito os casos em que os administradores celebram negócios com a sociedade atuando em nome próprio, mas por conta e no interesse de terceiro, sem serem o último beneficiário do negócio em causa: uma vez que aqui não estão em causa verdadeiros negócios entre a sociedade e os seus administradores, não se justificaria aplicar este regime.

No entanto, seguindo uma postura conservadora, dever-se-á entender, como posição de partida, que estes negócios, porque celebrados com a intervenção de administradores da sociedade, estão também abrangidos pelo artigo 397.º, n.º 2, do CSC, presumindo-se, assim, que são celebrados com tais administradores – desta forma confere-se maior certeza e segurança

p. 328, n. 6; e Alexandre de Soveral Martins, *Os poderes de representação dos administradores de sociedades anónimas*, cit., pp. 272 e ss. Tal como refere este último Autor, o legislador reservou o artigo 397.º do CSC, e a sanção mais grave aí prevista (nulidade), aos casos em que é o administrador – diretamente ou por interposta pessoa – a celebrar contratos com a sociedade, por se tratar de casos em que é maior o risco de conflito de interesses quando comparados com os casos de dupla representação que, sendo menos graves, são cominados com a anulabilidade, nos termos do artigo 261.º do CC. José Ferreira Gomes começa por defender que o artigo 397.º, n.º 2, do CSC se aplica também a estes casos por via de interpretação extensiva, mas o Autor parece acabar por concluir diversamente: "Do exposto resulta que a solução passa pela inclusão do caso em análise neste artigo na categoria da *dupla representação* e não pela sua resolução à luz da previsão da nulidade dois negócios celebrados *por interposta pessoa*, nos termos do artigo 397.º, n.º 2, do CSC. (...) Daqui resulta um conflito de interesses para o administrador porque no caso deve lealdade a dois senhores e não porque através do negócio celebrado por interposta pessoa prossegue um negócio pessoal." (cf. "Conflitos de interesses entre accionistas nos negócios celebrados entre a sociedade anónima e o seu accionista controlador", cit., pp. 102 e ss). Este Autor propõe ainda a aplicação analógica do artigo 397.º, n.º 2, do CSC aos contratos celebrados entre sociedades (referindo-se especialmente ao cenário em que as contratantes são sociedade-mãe e sociedade-filha) com administradores comuns que não as representam na sua celebração, defendendo que nestes casos dever-se-á exigir a aprovação do contrato em causa pelo conselho de administração da sociedade-filha, sob pena de nulidade (cf. "Conflitos de interesses entre accionistas nos negócios celebrados entre a sociedade anónima e o seu accionista controlador", cit., pp. 106 e ss). Parece-nos, porém, que esta solução não tem suporte na lei, apenas devendo ser acolhida nos termos da regra geral, isto é, quando a sociedade cocontratante é uma pessoa interposta relativamente ao administrador – neste sentido, cf. Jorge Manuel Coutinho de Abreu, "anotação ao artigo 397.º", em Jorge Manuel Coutinho de Abreu (Coord.), *Código das Sociedades Comerciais em Comentário – Vol. VI*, cit., p. 328; e Ac. TRC, 12/09/2006 (Hélder Roque), disponível em www.dgsi.pt.

[76] Cenário distinto é aquele em que o negócio é celebrado entre duas sociedades que têm um administrador comum que intervém no negócio apenas em representação de uma delas: aqui não haverá negócio consigo mesmo. Neste sentido, cf. TRC, 04/10/2005 (Monteiro Casimiro), disponível em www.dgsi.pt.

jurídica na aplicação deste regime e uma melhor tutela dos sujeitos que esta norma visa proteger.

Tal não impedirá, naturalmente, os administradores de provarem que o negócio tem como destinatário um terceiro e que não se encontram em situação de conflito de interesses (de outra forma, os administradores poderiam facilmente evitar a aplicação deste regime, alegando ser um terceiro o beneficiário real do negócio, ficando a sociedade, *maxime*, os seus sócios, com o ónus de provar o contrário)[77].

Por fim, dever-se-ão considerar cobertos pelo artigo 397.º do CSC os negócios celebrados entre a sociedade e os seus administradores de facto[78].

[77] Em qualquer caso, o administrador sempre ficaria impedido de votar na deliberação sobre o negócio em causa se se encontrasse em conflito de interesses com a sociedade, cabendo esta situação nos interesses em conflito "por conta de terceiro" a que se refere o n.º 6 do artigo 410.º do CSC. Ao referir-se nesta disposição aos interesses do administrador "por conta própria ou de terceiro", o legislador conferiu igual tratamento aos casos em que o interesse conflituante é um interesse do próprio administrador e àqueles casos em que o interesse é de um terceiro por conta de quem o administrador atua (em que terá, em regra, um dever de prosseguir o interesse desse terceiro, seja por força do mandato em que foi investido, seja pelos deveres de cuidado e lealdade a que está sujeito, se atuar como representante orgânico, enquanto membro do órgão de administração), caso em que estará em situação de conflito de deveres. Em sentido próximo, considerando estes casos cobertos pelo regime do artigo 397.º, n.º 2, do CSC por o administrador ter, ainda assim, um "interesse próprio" e por ser na sua esfera que nascem os direitos e obrigações decorrentes do negócio em causa, cf. Alexandre de Soveral Martins, "A aplicação do art. 397.º CSC às sociedades por quotas", cit., p. 566.

[78] A este respeito, cf. Ricardo Costa, "Responsabilidade civil societária dos administradores de facto", em AAVV., *Temas societários, Colóquios do IDET n.º 2*, Almedina, Coimbra, 2006, p. 42. Este Autor refere apenas os casos previstos no n.º 1 do artigo 397.º do CSC (excluindo o adiantamento de remunerações) como consubstanciando obrigações específicas dos administradores de facto que podem gerar responsabilidade civil. Não vemos, porém, motivo para não considerar o artigo 397.º do CSC genericamente aplicável, com a inerente possibilidade de responsabilidade, quando se trate de administrador de facto. Por um lado, os negócios absolutamente proibidos previstos no n.º 1 deverão sê-lo quer a contraparte seja um administrador de facto, quer seja um administrador de direito (tanto mais que para esta solução apontariam também, em muitos dos casos, as regras gerais, designadamente, os n.os 2 e 3 do artigo 6.º do CSC). De igual modo, também o n.º 2 do artigo 397.º do CSC será de aplicar quando se trate de administrador de facto: muito embora o administrador de facto não tenha legitimidade para votar nas reuniões do conselho de administração (com o que o impedimento de voto previsto nesta disposição não faz sentido), o mesmo deverá informar o presidente do conselho de administração sobre o negócio que perspetive celebrar com a sociedade por força dos deveres gerais a que está sujeito, em particular, o dever de lealdade (cf. ibidem, p. 41). O cumprimento deste dever de informação permitirá (tal como nos casos de negócio com administrador de direito) que se cumpra o procedimento previsto no n.º 2 do artigo 397.º do CSC: deliberação do conselho de administração sobre tal negócio e divulgação nos relatórios referidos no n.º 3. De resto, e por força do aludido dever geral de lealdade, o admi-

2.3.3. Negócios celebrados com sociedades em relação de domínio ou de grupo com aquela em que o contratante é administrador

Nos termos do n.º 3 do artigo 397.º do CSC, os regimes de proibição total e relativa de negócios entre a sociedade e os seus administradores, diretamente ou por interposta pessoa, aplicar-se-ão também no caso de atos ou contratos celebrados entre um administrador e "sociedades que estejam em relação de domínio ou de grupo com aquela em que o contraente é administrador"[79].

Valem aqui as mesmas razões que justificam o regime dos n.os 1 e 2 do artigo 397.º do CSC: proteger as sociedades que tenham com a sociedade na qual o contratante é administrador uma das referidas relações de coligação societária (independentemente de qual ocupe a posição de dominante ou dependente, totalmente dominante ou totalmente dependente, subordinada ou diretora), de negócios desvantajosos promovidos por administradores de sociedades relacionadas[80].

2.3.4. A sanção para o desrespeito dos n.os 1 e 2 do artigo 397.º do CSC

Dada a natureza imperativa dos n.os 1 e 2 do artigo 397.º do CSC, a sua violação tem como consequência a nulidade dos negócios celebrados entre a sociedade e o administrador (tal decorre, aliás, expressamente, do n.º 2).

Destruindo quaisquer efeitos dos negócios em causa, esta sanção tem como racional a tutela máxima da sociedade e a não tutela do administrador, que conhece a situação de conflito de interesses e/ou de deveres em que se encontra, que a causou, agindo efetiva ou potencialmente contra os interesses da sociedade, e que conhece – ou deverá conhecer – o regime aplicável a esse conflito.

O desrespeito pelo disposto no artigo 397.º do CSC pode ainda, nos termos gerais, acarretar a responsabilidade dos administradores (para com a

nistrador de facto estará obrigado a contratar com a sociedade prosseguindo exclusivamente os interesses desta.

79 Sobre o conceito e âmbito de relações de domínio e de grupo, cf., respetivamente, os artigos 486.º e 488.º e ss. do CSC.

80 Tal como nota Jorge Coutinho de Abreu, em bom rigor, também os n.os 4 e 5 do artigo 397.º do CSC se devem considerar aplicáveis a estes casos – cf. "anotação ao artigo 397.º", em Jorge Manuel Coutinho de Abreu (Coord.), *Código das Sociedades Comerciais em Comentário – Vol. VI*, cit., p. 331.

sociedade, sócios, credores sociais e demais terceiros[81]), bem como a sua destituição com justa causa[82].

2.3.5. Negócios livres

Por força do n.º 5 do artigo 397.º do CSC, as regras previstas nos n.os 2 a 4 desta norma não se aplicarão aos negócios compreendidos no próprio comércio da sociedade e que não atribuam nenhuma vantagem especial ao administrador[83].

"*Negócio compreendido no próprio comércio da sociedade*" será não todo o "ato necessário ou conveniente para prosseguir esse comércio", mas apenas "aquele em que se traduz tipicamente a atividade que constitui o objeto da sociedade"[84].

Por sua vez, por "*negócios que não atribuam nenhuma vantagem especial ao administrador*" deverão entender-se os negócios celebrados em condições de mercado, idênticas às genericamente aplicadas pela sociedade nas relações com terceiros[85].

[81] Cf. os artigos 72.º e ss. do CSC. José Ferreira Gomes afirma valer nestes casos a presunção de culpa prevista no n.º 1 do artigo 72.º do CSC, sendo inaplicável, dada a situação de conflito de interesses em que se encontra o administrador, a exclusão de responsabilidade prevista no n.º 2 (*business judgement rule*), uma vez que esta regra tem como pressuposto a atuação do administrador "livre de qualquer interesse pessoal" – cf. "Conflitos de interesses entre accionistas nos negócios celebrados entre a sociedade anónima e o seu accionista controlador", cit., pp. 161 e ss.

[82] Cf. o artigo 403.º, n.º 4, do CSC.

[83] Trata-se de dois requisitos cumulativos (o uso da conjunção "e" no n.º 5 do artigo 397.º do CSC não parece admitir outra interpretação), pelo que bastará que uma destas condições não se verifique para se aplicar o regime previsto nos n.os 2 a 4. Em sentido diferente, José Ferreira Gomes refere não estarem sujeitos ao controlo do artigo 397.º do CSC os "negócios com accionistas-administradores em que lhes são concedidas vantagens especiais, mas compreendidos no próprio comércio da sociedade e (...) negócios com accionistas-administradores não compreendidos no próprio comércio da sociedade, mas em que não são concedidas vantagens especiais aos administradores" (cf. "Conflitos de interesses entre accionistas nos negócios celebrados entre a sociedade anónima e o seu accionista controlador", cit., p. 102).

[84] Cf. Alexandre de Soveral Martins, "A aplicação do art. 397.º CSC às sociedades por quotas", cit., p. 567; e Jorge Manuel Coutinho de Abreu, "anotação ao artigo 397.º", em Jorge Manuel Coutinho de Abreu (Coord.), *Código das Sociedades Comerciais em Comentário – Vol. VI*, cit., p. 329.

[85] Alexandre de Soveral Martins acrescenta, citando Philippe Merle, que para aferir a normalidade das condições do negócio devem ser consideradas não só as condições normais aplicáveis às relações da sociedade em causa com terceiros, mas também as condições verificadas noutras empresas do mesmo setor de atividade – cf. Alexandre de Soveral Martins, "A aplicação do art. 397.º

Facilmente se entende, porém, a dificuldade em determinar se um negócio concreto atribuiu uma "vantagem especial" ao administrador ou foi celebrado em "condições de mercado".

Esta dificuldade deve-se, por um lado, ao facto de estarmos perante conceitos indeterminados (não é dado qualquer critério objetivo para aferir o que sejam "vantagens especiais" ou "condições de mercado" – de resto, dificilmente um critério geral seria adequado, uma vez que as circunstâncias variam de sociedade para sociedade, dependendo da sua dimensão, do setor de mercado e território em que operem, do contexto económico do momento, etc.), passíveis, como tal, de interpretações diversas.

Acresce que a formulação do artigo 397.º, n.º 5, do CSC não é inteiramente consistente com as normas relativas às contas anuais previstas no CSC, que, utilizando também conceitos indeterminados, obrigam à divulgação de operações com partes relacionadas "se tais operações forem relevantes e não tiverem sido realizadas em condições normais de mercado"[86]. Também aqui o recurso a conceitos indeterminados dificulta a aplicação da lei – não é facultada qualquer regra que permita aferir o limiar de materialidade para que uma operação seja "relevante", nem tão-pouco se consegue determinar o que sejam "condições normais de mercado".

Em suma, antevê-se que estas dificuldades se traduzam, na prática, em espaço de manobra para contornar o regime e deixar de fora do artigo 397.º, n.º 2, do CSC, negócios que, em bom rigor, lá deveriam caber[87]-[88].

CSC às sociedades por quotas", cit., p. 567. Jorge Manuel Coutinho de Abreu acrescenta ainda que também cabem aqui os negócios celebrados entre a sociedade e os seus administradores em condições mais favoráveis que as aplicadas nas relações externas mas aplicadas genericamente a todos os colaboradores nos termos de regulamentação interna – cf. "Deveres de Cuidado e de Lealdade dos Administradores e Interesse Social", cit., p. 24, n. 20.

[86] Cf. os artigos 66.º-A, n.º 2, e 508.º-F, n.º 2, do CSC. Tal como refere José Ferreira Gomes, esta exigência aplica-se a todas as sociedades comerciais, independentemente do seu tipo e dimensão, sendo claramente desajustada em relação a sociedades de pequena dimensão – cf. "Conflitos de interesses entre accionistas nos negócios celebrados entre a sociedade anónima e o seu accionista controlador", cit., p. 187.

[87] Também no artigo 246.º, n.º 3, al. c) do CVM estas dificuldades se fazem sentir, com (outra) formulação distinta: esta norma impõe a divulgação de informação "sobre as principais transações *relevantes* entre partes relacionadas (...) que tenham afetado *significativamente* a sua situação financeira ou o desempenho (...)" (sublinhados nossos).

[88] O último Relatório Anual sobre o Governo das Sociedades Cotadas em Portugal da CMVM (relativo a 2014 e disponível em http://www.cmvm.pt/pt/EstatisticasEstudosEPublicacoes/Publicacoes/governosociedadescotadas/Documents/Relat%C3%B3rio%20Governo%20Sociedades%202014.pdf) vem confirmar o aproveitamento desta indeterminação normativa: "O tema das tran-

Por outro lado, também não é claro a quem cabe fazer a avaliação do que sejam os "negócios compreendidos no próprio comércio da sociedade e que não atribuam nenhuma vantagem especial ao administrador".

Se se entender que esta tarefa cabe ao conselho de administração, através de deliberação, o administrador em causa deveria estar impedido de votar, com o que já se estaria a aplicar (parcialmente) o regime do n.º 2 do artigo 397.º do CSC... Além disso, ao atribuir-se esta competência ao conselho de administração está a assumir-se que este órgão tem conhecimento do negócio antes da sua celebração, o que, por sua vez, implica que o administrador que vai celebrar o negócio informe previamente o conselho de administração[89].

Assim, na prática, é ao próprio administrador interessado que cabe analisar o contrato em vias de celebração e determinar se o mesmo está fora do comércio da sociedade e/ou se lhe atribui alguma vantagem especial, para, se assim for, informar o conselho de administração.

Conclui-se, assim, que basta que o administrador interessado não cumpra tal dever (decorrente, também ele, do dever geral de lealdade), para que falhe o sistema de controlo previsto nesta norma, impossibilitando o controlo prévio pelos órgãos de administração e fiscalização e o controlo *ex post* por acionistas e terceiros através da publicidade nos documentos de prestação de contas[90]...

sações com partes relacionadas, onde se incluem as transações com acionistas titulares de participação qualificada, não merece ainda o devido relevo pelas sociedades cotadas. A informação prestada é, em geral, insuficiente e remete para a informação prestada em documentos de prestação de contas. Com frequência é apresentada a fundamentação de que tais negócios são realizados "*em condições normais de mercado*". O papel atribuído aos membros do órgão de fiscalização (de estabelecer os procedimentos e critérios necessários para a definição do nível relevante de significância dos negócios com acionistas titulares de participação qualificada) nem sempre é exercido na sua plenitude. Daqui resultam situações em que os valores das transações a submeter a controlo são elevados (o que diminui a probabilidade de ser necessária a intervenção de tais órgãos) ou são casos de ratificação *a posteriori* (em que alegadamente a necessidade urgente de concretizar o negócio não se coaduna com a intervenção prévia de um órgão de fiscalização).".

[89] Inexistindo regulamentação interna sobre o procedimento a seguir para este efeito, o administrador interessado deverá informar os demais administradores sobre o negócio em causa, o que poderá fazer através do presidente do conselho de administração. A este respeito, cf. João Sousa Gião, "Conflitos de Interesses entre Administradores e os Accionistas na Sociedade Anónima: os Negócios com a Sociedade e a Remuneração dos Administradores", cit., p. 252.

[90] Tal como refere José Ferreira Gomes, a solução consagrada, de acordo com a qual cabe ao administrador interessado aferir se o negócio em causa traduz um conflito de interesses ou se, pelo contrário, cabe na exceção do n.º 5 do artigo 397.º do CSC, deixa, por isso, muitas vezes de ser um

À luz do exposto, a doutrina tem vindo a criticar o regime previsto no n.º 5 do artigo 397.º do CSC, defendendo, nomeadamente, que todos os contratos com administradores deveriam ser sujeitos a aprovação prévia do conselho de administração, a quem caberia, assim, aferir, em cada caso, a existência de conflito de interesses[91], bem como a obrigatoriedade da divulgação dos negócios com administradores acima de determinado valor ao órgão de administração e/ou ao órgão de fiscalização e a sua menção nos documentos de prestação de contas (mesmo quando se entenda que tais negócios foram realizados sem vantagens especiais para os administradores ou em condições normais de mercado)[92], de modo a permitir um controlo, ainda que *a posteriori*, dos mesmos, por acionistas, órgãos de fiscalização e pelo próprio mercado.

Parece, pois, necessário rever esta norma do CSC conferindo-lhe maior objetividade, sob pena de (continuarem a) sair prejudicados os objetivos que a mesma visa prosseguir.

Enquanto essa revisão não ocorre, deverão as sociedades (pelo menos as sociedades abertas) dispor de regulamentos internos que densifiquem – e clarifiquem – este regime[93].

mecanismo de controlo preventivo, como seria desejável, para passar a ser um mecanismo de controlo *ex post*. Como forma de mitigar os riscos daqui decorrentes, o Autor propõe um critério para reduzir a discricionariedade do administrador interessado na aferição da existência de vantagens especiais no contrato a celebrar: quando ao administrador couber apenas liberdade de contratação (e não de estipulação), dever-se-á presumir a inexistência de vantagens especiais; quando, pelo contrário, o administrador tiver liberdade de estipulação, dever-se-á atender aos "critérios gerais de determinação de vantagens especiais que hajam sido estabelecidos pelo conselho de administração"; quando estes não existam, o contrato deverá ser submetido a aprovação do conselho de administração – cf. "Conflitos de interesses entre accionistas nos negócios celebrados entre a sociedade anónima e o seu accionista controlador", cit., pp. 112 e ss.

[91] Neste sentido, cf. José Ferreira Gomes, "Conflitos de interesses entre accionistas nos negócios celebrados entre a sociedade anónima e o seu accionista controlador", cit., p. 114.

[92] Neste sentido, Jorge Manuel Coutinho de Abreu, propondo a divulgação dos negócios de valor superior a 1% dos capitais próprios da sociedade – cf. "anotação ao artigo 397.º", em Jorge Manuel Coutinho de Abreu (Coord.), *Código das Sociedades Comerciais em Comentário – Vol. VI*, cit., pp. 330 e 331.

[93] A recomendação I.5.1. do Código de Governo das Sociedades do IPCG vai precisamente neste sentido, dispondo que "O órgão de administração deve definir, com parecer prévio e vinculativo do órgão de fiscalização, o tipo, o âmbito e o valor mínimo, individual ou agregado, dos negócios com partes relacionadas que: (i) requerem a aprovação prévia do órgão de administração (ii) e os que, por serem de valor mais elevado, requerem, ainda, um parecer prévio favorável do órgão de fiscalização.".

2.3.6. A aplicação do artigo 397.º do CSC às sociedades por quotas

O regime acima enunciado encontra-se previsto no Título IV do CSC, relativo às sociedades anónimas, não havendo, ao longo do CSC, qualquer regime equivalente para os demais tipos societários nem sequer uma remissão nas normas relativas às sociedades por quotas para este regime das sociedades anónimas (ao contrário do que sucede noutras matérias)[94].

Cabe, pois, indagar, se o artigo 397.º do CSC deverá, e em que termos, aplicar-se aos demais tipos societários, *maxime*, quando esteja em causa uma sociedade por quotas.

Esta questão tem sido objeto de discussão na doutrina, tendo sido formuladas três teses distintas sobre o tema.

a. Aplicação do regime do negócio consigo mesmo

Uma parte da doutrina advoga a aplicação do artigo 261.º, n.º 1, do CC aos negócios celebrados entre uma sociedade por quotas e um dos seus gerentes. De acordo com esta posição, o artigo 397.º, n.º 2, do CSC não pode ser transposto para as sociedades por quotas por a gerência não ser, em regra, um órgão colegial, sendo que o regime do negócio consigo mesmo traduz um princípio geral da representação, facilmente adaptável a este caso[95].

As reticências em aceitar esta tese fundam-se, desde logo, no facto de a aplicação do regime constante do artigo 261.º, n.º 1, do CC não equivaler ao regime do artigo 397.º do CSC, uma vez que aquela norma se centra no tema da representação e não no potencial conflito de interesses das partes no negócio, que justifica, ele sim, o controlo especial destas transações.

De facto, os negócios entre gerente e sociedade não se traduzem necessariamente em negócios consigo mesmo: bastaria que um gerente não

[94] Cf., a título de exemplo, o artigo 248.º, n.º 1, do CSC, relativo às assembleias gerais das sociedades por quotas, que remete para o regime aplicável às sociedades anónimas.

[95] Neste sentido, Raúl Ventura, que defende que nestes casos o consentimento deve ser dado por deliberação dos sócios, na qual o interessado, se for sócio, não pode votar, por força do disposto no artigo 251.º, n.º 1, al. g), do CSC – cf. *Sociedades por Quotas, Vol. III*, cit., pp. 177 e 178. No mesmo sentido, recorrendo, designadamente, à interpretação dos trabalhos preparatórios do CSC, cf. Ilídio Duarte Rodrigues, *A administração das sociedades por quotas e anónimas – Organização e estatuto dos administradores*, cit., pp. 195 e 196. Cf. também o Ac. TRP, 13/12/2005 (Alziro Cardoso), disponível em www.dgsi.pt.

interviesse como representante da sociedade na celebração do negócio (o que poderá acontecer, desde logo, se a gerência for plural[96]) para não se aplicar o regime do artigo 261.º, n.º 1, do CC. Daqui resulta que esta norma não se aplicaria às situações de conflito de interesses do gerente que atuasse apenas como contraparte da sociedade.

Por outro lado, note-se que as consequências para a violação dos dois regimes são também distintas: se a violação do artigo 397.º, n.º 2, do CSC acarreta a nulidade dos negócios em causa, a sanção prevista no artigo 261.º, n.º 1, do CC é a da mera anulabilidade[97]. Também por este motivo, o regime do negócio consigo mesmo não parece o mais acertado, por não tutelar de forma adequada os interesses da sociedade e provocar uma diferença de tratamento injustificada a negócios celebrados entre, por um lado, sociedades e, por outro, administradores e gerentes[98].

b. Aplicação analógica do artigo 397.º do CSC

Para outros Autores, o artigo 397.º do CSC aplicar-se-á analogicamente[99], com as devidas adaptações, aos demais tipos societários, incluindo às sociedades por quotas, uma vez que a *ratio* da norma (quer no plano dos negócios absolutamente proibidos, quer no plano dos negócios permitidos desde que observados determinados requisitos) se justifica igualmente nos demais tipos de sociedades – concretamente, "São idênticos os conflitos de interesses e os riscos de prejuízo para a sociedade e (derivadamente) os sócios e os credores sociais"[100].

De acordo com esta posição, a gerência, quando plural, deve deliberar sobre a celebração do negócio. Tratando-se de gerência singular, o tema

[96] Cf. Jorge Manuel Coutinho de Abreu, *Responsabilidade civil dos administradores de sociedades*, Cadernos do IDET n.º 5, Almedina, 2007, p. 28, n. 45.

[97] Cf. os artigos 285.º e ss. do CC.

[98] Cf. Jorge Manuel Coutinho de Abreu, "anotação ao artigo 397.º", em Jorge Manuel Coutinho de Abreu (Coord.), *Código das Sociedades Comerciais em Comentário – Vol. VI*, cit., p. 332.

[99] Cf. os artigos 2.º do CSC e 10.º, n.ºs 1 e 2, do CC.

[100] Neste sentido, cf. Jorge Manuel Coutinho de Abreu, "anotação ao artigo 397.º", em Jorge Manuel Coutinho de Abreu (Coord.), *Código das Sociedades Comerciais em Comentário – Vol. VI*, cit., p. 332 e "Deveres de Cuidado e de Lealdade dos Administradores e Interesse Social", cit., p. 24; e Alexandre de Soveral Martins, "A aplicação do art. 397.º CSC às sociedades por quotas", cit., pp. 562 e ss.

deve ser apreciado pelos sócios e ser objeto de parecer favorável do conselho fiscal ou do fiscal único (se existirem[101])[102].

c. *A criação de uma norma* ad hoc

Para uma terceira corrente, a aplicação analógica do artigo 397.º do CSC esbarra no facto de a gerência, regra geral, não funcionar de forma colegial, bem como no facto de o órgão de fiscalização nem sempre existir neste tipo societário[103].

Defende-se, assim, que esta questão configura uma lacuna que tem de ser integrada através de uma norma criada especificamente para o efeito[104], de acordo com a qual os negócios entre uma sociedade por quotas e os seus gerentes devem, sob pena de nulidade, ser autorizados pela assembleia geral dos sócios[105].

As críticas formuladas por esta corrente são rebatidas pelos defensores da aplicação analógica do artigo 397.º do CSC[106]: em primeiro lugar, o artigo 261.º, n.º 1, do CSC não obsta à adoção de deliberações pela gerência plural (podendo mesmo dizer-se que a regra supletiva do artigo 261.º, n.º 1, do CSC é a de atuação conjunta e de adoção de deliberações pela gerência), aplicando-se-lhes as regras relativas à adoção de deliberações pelo conse-

[101] Nos termos da regra geral prevista no artigo 262.º, n.º 2, do CSC, as sociedades por quotas devem ter um órgão de fiscalização (conselho fiscal ou revisor oficial de contas) para proceder à revisão legal se durante dois anos consecutivos ultrapassarem dois dos três seguintes limites: total do balanço: €1.500.000; total das vendas líquidas e outros proveitos: €3.000.000; número médio de empregados durante o período: 50.

[102] Cf. Jorge Manuel Coutinho de Abreu, "anotação ao artigo 397.º", em Jorge Manuel Coutinho de Abreu (Coord.), *Código das Sociedades Comerciais em Comentário – Vol. VI*, cit., p. 332.

[103] Cf. Diogo Costa Gonçalves, "O governo de sociedades por quotas; Breves reflexões sobre a celebração de negócios entre o gerente e a sociedade", cit., pp. 104 e ss.

[104] Cf. o artigo 10.º, n.º 3, do CC.

[105] É a posição de Diogo Costa Gonçalves, tendo a referida norma *ad hoc* o seguinte teor: "são nulos, salvo autorização prévia da assembleia geral, os negócios celebrados, directa ou indirectamente, entre os gerentes e a sociedade ou entre estes e as sociedades que com aquela se encontrem em relação de domínio ou de grupo, salvo se o negócio em causa, pela sua natureza ou circunstâncias, exclua a possibilidade de conflito de interesses" – cf. "O governo de sociedades por quotas; Breves reflexões sobre a celebração de negócios entre o gerente e a sociedade", cit., pp. 120-121.

[106] Cf. Jorge Coutinho de Abreu, "anotação ao artigo 397.º", em Jorge Manuel Coutinho de Abreu (Coord.), *Código das Sociedades Comerciais em Comentário – Vol. VI*, cit., p. 333; e Alexandre de Soveral Martins, "A aplicação do art. 397.º CSC às sociedades por quotas", cit., pp. 564 e ss.

lho de administração[107]; se a gerência for singular ou se os estatutos afastarem a possibilidade de deliberações da gerência (cf. o artigo 261.º, n.º 1, do CSC), caberá aos sócios aprovar a celebração do negócio (coincidindo aqui parcialmente com a tese da criação de uma norma *ad hoc*); o próprio conselho de administração não tem necessariamente de funcionar de forma colegial[108]; as sociedades por quotas nem sempre terão, mas podem ter, órgão de fiscalização; quando exista, deverá esse órgão (conselho fiscal ou fiscal único) emitir um parecer relativo ao negócio em causa; quando não exista, esse requisito não se aplicará.

Note-se ainda que esta norma *ad hoc* instituiria um regime mais permissivo nas sociedades por quotas do que o previsto no artigo 397.º, n.º 2, do CSC: mesmo nos casos em que a sociedade por quotas tivesse órgão de fiscalização a validação do negócio bastar-se-ia com a aprovação pela assembleia geral, o que não parece fazer sentido.

De resto, a virtualidade desta norma *ad hoc* (resolver os casos em que a gerência é unipessoal, em que os estatutos afastam a adoção de deliberações pela gerência ou em que todos os gerentes estão em conflito de interesses, atribuindo expressamente competência decisória aos sócios) é também aproveitada na tese da aplicação analógica do artigo 397.º do CSC, que chega a idêntica solução.

Além do mais, esta norma parece apenas destinada a cobrir os casos previstos no n.º 2 do artigo 397.º do CSC, deixando de fora os casos – mais graves – previstos no n.º 1.

Por fim, não se encontra justificação para um tratamento diferenciado desta problemática em função do tipo de sociedade em causa, além de que normas diferentes nesta sede dariam azo a acrescidas dificuldades de aplicação.

Face ao exposto, e tendo em conta os diversos argumentos apresentados, consideramos que a solução mais adequada é a aplicação analógica do artigo 397.º do CSC aos demais tipos societários, incluindo as sociedades por quotas.

[107] Cf. Raúl Ventura, *Sociedades por Quotas, Vol. III*, cit., p. 199; e Jorge Manuel Coutinho de Abreu, *Governação das Sociedades Comerciais*, Almedina, Coimbra, 2010, pp. 144-145.

[108] Cf. Jorge Manuel Coutinho de Abreu, *Governação das Sociedades Comerciais*, cit., p. 111.

3. A DIRETIVA (UE) 2017/828

Chegados a este ponto, podemos desde já concluir que as transações entre partes relacionadas são objeto de ampla regulamentação (em particular, ao nível contabilístico, societário e mobiliário), ainda que com excessiva indeterminação normativa, no ordenamento jurídico português, sobretudo no que respeita à obrigação de divulgação deste tipo de transações.

A lei também consagra alguns (poucos) mecanismos de controlo prévio de transações com partes relacionadas (cf. os artigos 29.º e 397.º do CSC), bem como mecanismos de natureza "reativa" (p. ex., os artigos artigo 58.º, n.º 1, al. b), 72.º e ss. e 412.º do CSC e o artigo 281.º do CC).

Contudo, chama a atenção o facto de que, com exceção do artigo 29.º do CSC (cujo âmbito de aplicação é muito limitado[109]), o direito português não contém normas que requeiram o controlo prévio de negócios celebrados entre a sociedade e os seus acionistas[110]-[111].

A recém-aprovada Diretiva (UE) 2017/828 do Parlamento Europeu e do Conselho de 17 de maio de 2017, que altera a Diretiva 2007/36/CE no que se refere aos incentivos ao envolvimento dos acionistas a longo prazo

[109] Para maiores desenvolvimentos, cf. José Ferreira Gomes, "Conflitos de interesses entre accionistas nos negócios celebrados entre a sociedade anónima e o seu accionista controlador", cit., pp. 96 e ss.

[110] De acordo com José Ferreira Gomes, "[n]o que respeita aos requisitos de aprovação dos negócios celebrados com accionistas controladores, concluímos que este mecanismo não foi alvo de devida atenção pelo nosso legislador, ficando aquém das necessidades decorrentes do típico funcionamento das sociedades portuguesas, em que o accionista controlador goza de uma grande margem de oportunismo e expropriação dos accionistas minoritários. De facto, os negócios celebrados entre a sociedade e os seus accionistas controladores (só por si) não estão sujeitos a qualquer requisito de aprovação ou ratificação, seja pelo conselho de administração seja pela assembleia geral, salvo no caso específico das "quase entradas" previstas no artigo 29.º do CSC (aquisição de bens a accionistas)" – cf. "Conflitos de interesses entre accionistas nos negócios celebrados entre a sociedade anónima e o seu accionista controlador", cit., pp. 199 e 200.

[111] Como nota Jorge Manuel Coutinho de Abreu, "Tão ou mais relevantes do que os negócios entre sociedade e administradores são, no quadro dos conflitos de interesses e dos riscos de sugação de benefícios societários por partes relacionadas, os negócios entre sociedade e sócios (...). Não obstante, o direito societário português – que aqui não está só, muito longe disso – *não apresenta regulação específica para estes negócios, quase nunca os sujeita a controlos orgânicos prévios e os mecanismos de controlo reativo são insuficientes*" (sublinhado nosso) – cf. "Negócios entre sociedade e partes relacionadas (administradores, sócios) – sumário às vezes desenvolvido, DSR Ano 5, vol. 9, Almedina, Coimbra, 2015, p. 22.

("Diretiva dos Direitos dos Acionistas")[112] promete trazer importantes novidades a este respeito.

Esta Diretiva pretende criar condições para uma maior transparência e proximidade entre as sociedades e os respetivos acionistas, introduzindo novas regras sobre identificação dos acionistas, envolvimento dos acionistas na sociedade e criação de relações de longo prazo, maior transparência na divulgação de estratégias de investimento, participação dos acionistas na política de remuneração, etc.

De entre as diversas medidas propostas pela Diretiva dos Direitos dos Acionistas, destacamos, pela sua relevância para este estudo, a introdução de novas regras relativas a "[t]ransparência e aprovação das transações com partes relacionadas", previstas no artigo 9.º-C.

O principal objetivo desta norma é "garantir que *as transações relevantes com partes relacionadas sejam submetidas à aprovação* dos *accionistas ou do órgão de administração ou de supervisão*, segundo procedimentos que impeçam a parte relacionada de explorar a sua posição e que ofereçam uma protecção adequada dos interesses da sociedade e dos acionistas que não sejam partes relacionadas, incluindo os acionistas minoritários" (sublinhado nosso) (cf. o parágrafo 42 do preâmbulo da Diretiva dos Direitos dos Acionistas).

Destacamos, em seguida, alguns aspetos deste artigo 9.º-C da Diretiva dos Direitos dos Acionistas:

a. esta Diretiva prevê dois mecanismos fundamentais para controlo de transações entre partes relacionadas: (i) a obrigação de as sociedades anunciarem publicamente as "transações relevantes com partes relacionadas o mais tardar no momento em que forem realizadas" (cf. o artigo 9.º-C, n.º 2) (podendo ainda ser previsto pelos Estados-Membros que este anúncio "seja acompanhado de um relatório que avalie se a transação é justa e razoável do ponto de vista da sociedade e dos acionistas que não são partes relacionadas" (cf. o artigo 9.º-C, n.º 3)); e (ii) a obrigação de aprovação das "transações relevantes com partes relacionadas" pela assembleia-geral ou pelo órgão de administração ou de supervisão da sociedade (cf. o artigo 9.º-C, n.º 4);
b. os Estados-Membros deverão definir as "transações relevantes" entre partes relacionadas para efeitos deste novo regime, sendo que essa

[112] Disponível em https://eur-lex.europa.eu/legal-content/PT/TXT/PDF/?uri=CELEX:32017L0828&from=PT.

determinação se pode fazer tendo por base critérios objetivos ou critérios subjetivos[113]. Acresce que os Estados-Membros podem adotar definições distintas de "transações relevantes" para efeitos da obrigação de divulgação de transações com partes relacionadas e para efeitos da sua aprovação prévia (de onde se antecipa que os Estados-Membros, ao transporem esta Diretiva, estabeleçam critérios mais exigentes para as transações entre partes relacionadas que ficam sujeitas ao procedimento de aprovação, prevendo, por outro lado, um regime mais amplo para as transações que tenham apenas de ser divulgadas) (cf. o artigo 9.º-C, n.º 1);

c. à partida, estão excluídas do âmbito de aplicação destas normas de publicidade e de aprovação "as transações realizadas no quadro da actividade corrente e celebradas em condições normais de mercado" (embora, nestes casos, deva ser estabelecido "um procedimento interno para avaliar periodicamente se estas condições são cumpridas"). No entanto, permite-se aos Estados-Membros que prevejam a aplicação das regras de divulgação e aprovação prévia também a estes casos[114] (cf. o artigo 9.º-C, n.º 5).

Tal como referido acima, a legislação portuguesa – em particular, o artigo 397.º do CSC – já reflete alguns destes princípios no que respeita a negócios celebrados entre uma sociedade e os seus administradores (muito embora, tal como também referido, este regime reclame uma revisão no sentido de lhe conferir maior objetividade e, por conseguinte, maior efetividade).

[113] O artigo 9.º-C, n.º 1, da Diretiva dos Direitos dos Acionistas estabelece duas possibilidades para a definição das transações relevantes para efeitos da aplicação das regras de transparência e aprovação das transações com partes relacionadas nele previstas: (a) definição através de um critério objetivo (" (...) um ou mais rácios quantitativos com base no impacto da transação sobre a posição financeira, nos proveitos, nos ativos, na capitalização, incluindo o capital próprio ou no volume de negócios da sociedade") ou (b) definição através de um critério subjetivo (" (...) a natureza da transação e a posição da parte relacionada").

[114] Solução que parece a mais adequada, sob pena de nos depararmos, uma vez mais, com a dificuldade de determinar o que sejam transações "realizadas no quadro da atividade corrente" e "em condições normais de mercado", o que poderia frustrar por completo os objetivos desta Diretiva.

Na transposição da Diretiva dos Direitos dos Acionistas para o ordenamento jurídico português[115] o legislador deverá agora introduzir regras no que respeita aos negócios entre sociedades e acionistas, exigindo, em particular, a sua divulgação ou aprovação prévia e estabelecendo critérios para a determinação do que sejam as transações relevantes.

Estas regras – espera-se – permitirão colmatar uma lacuna relevante no nosso sistema jurídico (sobretudo tendo em conta os elevados níveis de concentração acionista que entre nós se verificam) e evitar a concretização de operações por acionistas em prejuízo das sociedades, acionistas minoritários e demais *stakeholders*.

Esta poderá ser uma boa oportunidade para o legislador avaliar, corrigir e aperfeiçoar os mecanismos existentes sobre transações entre partes relacionadas (designadamente, estabelecendo critérios mais objetivos no que concerne à determinação das transações relevantes com administradores).

[115] De acordo com o artigo 2.º da Diretiva dos Direitos dos Acionistas, a transposição deverá ocorrer até ao dia 10 de junho de 2019.

CAPÍTULO 7
GOVERNANCE EM STARTUPS: EQUILÍBRIOS SOCIETÁRIOS ENTRE FUNDADORES E INVESTIDORES

PAULO BANDEIRA

1. Introdução

Os processos de investimento em startups são radicalmente diferentes dos normais processos de investimento em sociedades, ditas, "maduras".

São, antes de mais, diferentes porque as startups são sociedades em que um investidor normal de mercado não investiria. São empresas incipientes nos processos, com balanços profundamente desequilibrados, muitas vezes desprovidas de receitas durante meses (às vezes anos), com necessidades importantes de financiamento durante períodos largos, desprovidas de regras básicas de *governance*, atuando muitas vezes em áreas com uma gigantesca pressão concorrencial e em que o risco associado ao investimento é, quase sempre, de perda total. São, por isso, investimentos que escapam totalmente à lógica de mercado, em empresas que não têm balanço que lhes permita obter fontes tradicionais de financiamento (nomeadamente, financiamento bancário) ou acesso ao mercado de capitais (por inexistência de *equity story*, de historial de sucesso no processo produtivo e distributivo, etc.).

Neste cenário, porque se investem então todos os anos várias dezenas de milhões de euros/dólares em empresas como estas?

Na verdade, os investidores, mais que num produto ou numa empresa (que muitas vezes são inexistentes, um e/ou outro), investem em ideias inovadoras, altamente escaláveis e globalizáveis e, sobretudo, em empreendedores capazes.

As startups corporizam muitas vezes ideias de acelerado crescimento que preenchem (eventuais) necessidades de mercado, assentes em pilares de rápida escalabilidade e num mercado global e não já doméstico.

É exatamente neste cenário que os investidores de risco gostam de atuar, mesmo sabendo que muito provavelmente perderão milhões em vários empreendimentos empresariais até conseguirem um desinvestimento extraordinariamente rentável numa sociedade que se torne um sucesso global, naquilo que o mercado tem imortalizado como a regra dos 9 (investimentos perdidos) para 1 (que paga todos os demais e permite um apreciável lucro).

É por isso fundamental garantir que esse "*el dorado*" se concretiza e que, concretizando-se, o investidor se dotou contratualmente da estratégia de saída correta.

2. O processo de investimento

Do ponto de vista do processo de financiamento as startups constituem um paradoxo extremamente curioso.

São empresas no mais puro sentido económico e arcaico do termo em que os empreendedores devotam os seus dias a desenvolver e fazer florescer uma ideia de produto ou serviço, investindo as poucas economias que têm e conseguem agregar junto de família, amigos e terceiros (popularmente, "*family, friends and fools*") e trabalhando sem remuneração durante meses (por vezes, anos).

É ainda neste estágio inicial de desenvolvimento da ideia que se juntam a estes projetos os *business angels*, procurando injetar nos projetos os recursos financeiros de pequeno/médio volume que permita a criação de protótipos ou lançar o produto e alcançar as primeiras vendas. Estes investidores são conhecidos por aportar não apenas dinheiro, mas "*smart money*", ou seja, investimento acompanhado de aconselhamento na gestão, exigência de governance e acesso a canais de negócio a que de outro modo os empreendedores não chegariam.

Provado o conceito importa ganhar escala e aqui os investimentos são já de outra importância, sendo relevante a entrada de um fundo ou sociedade de capital de risco ou um investidor com afinidades sectoriais dispostos a aportar, em regra, um montante entre os quinhentos mil e os três milhões de euros (isto nas startups de base tecnológica, uma vez que nas startups biomédicas estes investimentos sobem para entre cinco e dez milhões) que garanta uma produção em larga escala, avultados investimentos em marketing digital e acesso a canais de distribuição.

Estes investimentos são, tradicionalmente, efetuados a médio prazo, estando ínsito no contrato de investimento o momento a partir do qual os investidores e os promotores/fundadores começarão a procurar uma saída do investimento.

Na realidade, esta estratégia de desinvestimento é uma obrigação legal para os principais atores do mercado (fundos e sociedades de capital de risco, doravante "FCR" e "SCR", respetivamente), os quais são, de acordo com a lei portuguesa, obrigados a realizar operações de desinvestimento num prazo máximo de dez anos[1] [2].

Este é, por isso, um ponto fundamental na negociação do contrato de investimento e acordo parassocial e tem impacto na forma como se estrutura a governance da sociedade investida.

[1] O "*Regime jurídico do capital de risco, do empreendedorismo social e do investimento especializado*" foi aprovado pela Lei n.º 18/2015, de 4 de Março, a qual transpõe parcialmente para a ordem jurídica interna (i) a Diretiva n.º 2011/61/UE, do Parlamento Europeu e do Conselho, de 8 de junho, relativa aos gestores de fundos de investimento alternativos, (ii) a Diretiva n.º 2013/14/UE, do Parlamento Europeu e do Conselho, de 21 de maio, relativa aos gestores de fundos de investimento alternativos no que diz respeito à dependência excessiva relativamente às notações de risco e (iii) assegura a execução, na ordem jurídica interna, do Regulamento (UE) n.º 345/2013, do Parlamento Europeu e do Conselho, de 17 de abril, relativo aos fundos europeus de capital de risco e do Regulamento (UE) n.º 346/2013, do Parlamento Europeu e do Conselho, de 17 de abril, relativo aos fundos europeus de empreendedorismo social.
No que é mais relevante para este artigo, o regime jurídico acima identificado regula o exercício da atividade de investimento através de: (a) Sociedades de capital de risco; (b) Sociedades gestoras de fundos de capital de risco; (c) Sociedades de investimento em capital de risco; (d) Fundos de capital de risco.
A limitação temporal do investimento até ao prazo máximo de 10 anos resulta do artigo 10.º, n.º 1, c), do regime jurídico, podendo, excecionalmente, ser prorrogado pela CMVM o período de investimento, desde que daí não resulte prejuízo para o mercado ou os investidores (artigo 10.º, n.º 5, b)).

[2] Esta regra de limitação temporal do investimento é comum a outras formas de investimento coletivo, determinando o artigo 42.º, n.º 1, a), do Regime Jurídico dos Organismos de Investimento Coletivo (aprovado pela Lei n.º 16/2015, de 24 de fevereiro) que os OIC se dissolvam por decurso do prazo para que foram constituídos. No mesmo sentido, o artigo 43.º, n.º 2, do já revogado Regime jurídico dos fundos de investimento imobiliário – republicado pelo Decreto-Lei n.º 71/2010, de 18 de junho – previa que os fundos de duração determinada não pudessem exceder os dez anos de vigência.

Na verdade, num investimento tradicional, o montante que o FCR ou SCR aportam (como se disse, tradicionalmente entre quinhentos mil e três milhões de euros) seria, na esmagadora maioria dos casos, suficiente para adquirir a maioria ou até a quase totalidade do capital social da sociedade investida.

Num investimento tradicional, com este montante de investimento, o que é expectável é que o investidor, assumindo a maioria do capital social, assuma também o controlo do conselho de administração e a percentagem maioritária dos direitos económicos resultantes dos dividendos que possam vir a ser distribuídos.

Não é, porém, assim que funciona o investimento em capital de risco.

Os investimentos em capital de risco assentam em pilares que procuram a promoção do desenvolvimento sustentado, mas muito rápido da sociedade investida, procurando que uma ideia globalizável possa ser escalada de forma muito acelerada por intermédio do investimento aportado. No mercado atual, quem primeiro se instala tem uma vantagem competitiva muitíssimo relevante, mesmo que o produto inovador possa ser replicado por outros agentes do mercado, desde que possa rapidamente colocar o seu produto em vários mercados.

Neste modelo, o investidor reconhece que os promotores têm competências dificilmente reconhecíveis em terceiros e o investimento é, sobretudo, feito nestes e no valor intangível que aportam ao projeto. A valorização da empresa será tanto maior quanto mais o produto tiver características únicas ou dificilmente reproduzíveis por terceiros e a equipa tiver competências adequadas ao desenvolvimento deste.

Neste contexto, o modelo implica, assim, que haja um desfasamento grande entre o capital aportado pelo investidor e os direitos de controlo e, em certa medida, económicos que tradicionalmente deveriam estar associados a esse investimento. Sendo o verdadeiro ativo intangível baseado na especificidade do produto/solução e na elevada competência e capacidade da equipa que o desenvolve, o que se pretende é com o investimento dotar a sociedade dos meios para que possa chegar ao mercado mais sólida e rapidamente, atingindo etapas de desenvolvimento que seriam muito mais morosas num contexto de crescimento orgânico.

Para que este desiderato seja alcançado é desejável (quase forçoso, diríamos) que os promotores da sociedade mantenham o controlo da mesma e não sejam transformados em trabalhadores por conta de outrem.

Assim, o modelo implica, por regra, que o investidor de capital de risco:

i) assuma uma participação minoritária no capital social da sociedade, não obstante as mais das vezes aportar um montante de capital muito superior ao já integrado na sociedade;
ii) consequentemente, não assuma o controlo do Conselho de Administração;
iii) tenha direitos económicos em linha com a percentagem de capital detida, exceto no desejável cenário de desinvestimento bem sucedido ou no cenário de liquidação.

Naturalmente que o não assumir de uma posição maioritária e o não assumir do controlo do Conselho de Administração, não significa que o investidor abdique de direitos sobre a supervisão da administração da sociedade ou mesmo de direitos de veto em determinadas matérias críticas para o desenvolvimento futuro da sociedade. Os contratos de investimento são vulgarmente acompanhados ou têm ínsitos acordos parassociais em que os direitos associados à participação minoritária são vertidos, podendo ser estes de maior ou menor extensão dependendo do tipo de mercado em que o investidor opera (tradicionalmente este tipo de acordos parassociais atribuem menores direitos aos investidores em mercados de matriz anglo-saxónica e são mais centralizados nos mercados de raiz continental) ou mesmo consoante a natureza pública ou privada do investidor de risco (acordos parassociais com investidores de capital de risco de natureza pública são, por norma, mais exigentes e centralizadores).

Considerando as características deste tipo de investimento é mais difícil definir uma métrica de valorização da sociedade, porquanto as startups não têm muitas vezes os parâmetros económicos básicos necessários subjacentes aos métodos tradicionais de avaliação de sociedades. A inexistência de vendas ou EBITDAs negativos não permitem acomodar métodos de valorização tradicionais como o dos cash-flows descontados ou a aplicação de um múltiplo.

Os métodos de avaliação variam, assim, significativamente de investidor para investidor, afigurando-se como verdadeira vantagem competitiva o conhecimento específico do mercado em que a startup opera e a valorização internacional que startups dentro do mesmo mercado alcançaram.

3. O governo societário

Por paradoxal que possa parecer as startups são empresas que apresentam muitas vezes modelos de governo societário sofisticados e até desproporcionados face ao que aconselharia a lógica da gestão de recursos numa empresa pequena, com número reduzido de recursos humanos e com pouca ou nenhuma faturação.

A adoção de boas práticas de governo societário deve ser transversal a empresas grandes e pequenas, com muitos ou poucos recursos, com ou sem faturação, organizadas sob a forma de sociedades por quotas ou anónimas, mas tal não significa que não tenha que existir um equilíbrio entre os recursos gastos na estruturação e manutenção do modelo de governo e a dimensão da sociedade, a sua estrutura acionista e os seus resultados em cada momento. Estruturas desproporcionadas impõem custos de contexto também eles desproporcionados e em empresas pequenas a assunção destes custos de contexto não tem, por regra, depois ganhos proporcionais em termos de eficiência de funcionamento, visibilidade e resultados com os demais *stakeholders*.

Como se justifica, então, esta exigência e investimento em estruturas de governo societário e instrumentos de reporte em empresas tão incipientes?

Conforme abordado supra, não obstante o investimento absurdamente desproporcionado realizado pelos promotores (quase sempre muito baixo) e pelo investidor de capital de risco (quase sempre muito elevado), a regra é que o investidor não assuma, em proporção, a percentagem de capital que seria normal e que em condições usuais o tornariam largamente maioritário na sociedade. Da mesma forma, não assume o controlo do órgão de gestão, pelo que, sem prejuízo de poderes de supervisão e veto (que poderão ser mais ou menos extensos), o controlo do governo da sociedade acaba por permanecer com os fundadores/promotores.

O estabelecimento de estruturas e de apertadas regras de governo societário impõem-se por isso como a solução que os investidores determinam que os fundadores e as startups tenham que cumprir como forma de garantir algum nível de "controlo" aos investidores. Os acordos parassociais são por isso extensos e tratam diferentes níveis de supervisão e controlo, tais como direitos de informação, *quora* constitutivos e deliberativos, direitos de veto no exercício do direito de voto, regras para a transmissão das ações e mecanismos de saída.

É o estabelecimento deste tipo de regras que traz algum equilíbrio à relação entre fundadores e investidores, que nivela a relação entre quem detém o controlo societário e quem assumiu a um risco financeiro desproporcionado para o nível de controlo de que dispõe.

Analisemos então cada um dos instrumentos de equilíbrio societário que os acordos parassociais regulam.

4. A forma societária

Esta é a primeira grande rutura com o que, porventura, seria expectável em sociedades tão incipientes como a grande maioria das startups.

O que racionalmente faz sentido é que pequenos negócios ou em fase de desenvolvimento e investigação ou com escassos recursos, se assuma uma forma societária simples, com estruturas pouco complexas e que minimize custos. Tal aconselha que as startups se estruturem (como mais de 90% do tecido empresarial português) sob a forma de sociedade por quotas. Não obstante, é imensamente comum ver startups organizadas sob a forma de sociedade anónima, que implica uma estruturação societária mais complexa (com uma pluralidade de órgãos sociais) e com maiores custos associados.

A adoção da forma de sociedade anónima é uma exigência dos investidores, por múltiplas razões, sendo a principal o facto de os investidores puderem ter direitos diferentes no contexto societário, permitindo a sociedade anónima o estabelecimento de direitos diferenciados em função de categorias ou classes especiais de ações[3] (equivalentes aos direitos especiais dos sócios nas sociedades por quotas), beneficiando da flexibilidade que as ações permitem. Acresce a esta o facto de muitos investidores serem fundos de capital de risco que, nos termos do respetivo regulamento de gestão, apenas podem investir em valores mobiliários[4] (o que exclui as quotas representativas do capital nas sociedades por quotas) e, bem assim, a exigência de que as sociedades anónimas designem um revisor oficial de contas que atue como Fiscal Único ou no contexto de um órgão de fiscalização coletivo.

[3] Artigo 302.º do CSC.

[4] Embora o Regime Jurídico do Capital de Risco permita o investimento em todos os instrumentos de capitais próprios, onde se incluem também as quotas (Artigo 9.º, n.º 1, a), do Regime Jurídico do Capital de Risco, do Empreendedorismo Social e do Investimento Especializado, aprovado pela Lei n.º 18/2015, de 4 de março).

5. Composição dos órgãos sociais

Conforme referido supra, não obstante o investimento financeiro realizado e que se apresenta como absolutamente desproporcionado face à percentagem de capital com que ficam os investidores, são os fundadores que, por regra, controlam a maioria dos direitos de voto em assembleia geral e, logo, terão o direito de, apenas com os seus votos e querendo, designar a totalidade dos membros dos órgãos sociais. Isso resulta do facto de as deliberações em reunião de assembleia geral serem tomadas por maioria dos votos expressos[5], o que também é verdade no caso da eleição dos membros dos órgãos sociais, exceto se os estatutos determinarem de forma diferente.

Este é exatamente um dos pontos negociados entre as partes no caso dos processos de investimento em startups.

Neste contexto é comum que os investidores principais fiquem com o direito de designar um membro para o conselho de administração cada um. Havendo vários investidores e com importâncias diferentes na *cap table*[6] da sociedade é usual que aos que tenham realizado os maiores investimentos lhes seja reservado o direito de designar um administrador e a investidores de menor importância se lhes possa ser atribuído o direito a designar um observador ao Conselho de Administração (sem direito de voto, portanto).

Os membros do Conselho de Administração designados pelos investidores são, invariavelmente, membros não executivos, não lhes estando cometida a gestão quotidiana da sociedade, mas assumindo, ao invés, funções de supervisão da gestão executiva[7].

[5] Artigo 386.º, n.º 1, do CSC.

[6] A *cap table* é a tabela demonstrativa dos valores investidos na sociedade e na percentagem de capital que lhes corresponde. Nem sempre os investidores que mais investiram financeiramente são aqueles que detêm maior percentagem de capital, isto porque quem investe mais tarde, por regra, investe com base numa avaliação da empresa mais elevada que os investidores anteriores. Tendencialmente, quem investe mais tarde paga mais caro (e, consequentemente, investe mais dinheiro) que quem investe em fases mais preliminares (mais *early stage*), o que significa que paga mais para ter o mesmo número ou número inferior de ações. Não é raro que um Business Angel que tenha feito um investimento, mesmo que relativamente pequeno, numa fase preliminar da sociedade tenha a mesma percentagem de capital que um fundo de investimento que entre numa ronda A ou numa ronda B de investimento, momentos em que a empresa terá uma avaliação de mercado substancialmente superior.

[7] Sem prejuízo de serem solidariamente responsáveis perante terceiros ou de, por exemplo, lhes ser exigida a mesma responsabilidade fiscal (em sede de reversão por dívidas fiscais) que aos administradores executivos.

Sucede também com alguma regularidade que a nomeação do Presidente do Conselho de Administração recaia sobre um administrador independente cuja escolha tenha de ser consensualizada entre fundadores da startup e investidores. Assim se garante alguma independência e equidistância na condução dos trabalhos do Conselho de Administração.

De igual forma, são também tratadas as matérias relativas à nomeação dos membros da mesa da Assembleia Geral e ao Fiscal Único ou membros do Conselho Fiscal. Estas funções, tantas vezes desvalorizadas no seio das sociedades, encaixam no perfil que os investidores necessitam e procuram assumir no seio das startups, ou seja, um papel de supervisores e fiscalizadores da gestão executiva. Nessa medida, é comum a exigência por parte dos investidores de que o Presidente da mesa da Assembleia Geral e o Fiscal Único sejam por si designados.

As razões são óbvias.

O Presidente da mesa é um membro de um órgão social especialmente importante numa sociedade anónima[8], competindo-lhe convocar as reuniões, admitir os acionistas às reuniões, admitir os acionistas a exercer o seu direito de voto ou inibi-los de o fazer, contar os votos, declarar o sentido das deliberações adotadas, entre outras.

Garantir o direito à designação do Presidente da mesa da Assembleia Geral é importante para os investidores porque dessa forma garantem que não haverá alinhamento com os acionistas maioritários da sociedade, objeções de princípio aos pedidos por si formulados de convocatória das reuniões (desde que com cabimento legal, obviamente) ou de adição de pontos à ordem de trabalhos ou inibições injustificadas do direito a votar.

De igual forma, a designação pelos investidores do Fiscal Único constitui-se como uma medida destinada a assegurar a independência do mesmo face à administração da sociedade.

Sendo dois órgãos sociais que se pautam pela independência da respetiva atuação e pela equidistância que devem manter no relacionamento com os acionistas e com a própria administração da sociedade, deve entende-se que a mesma sai reforçada quando a respetiva nomeação é cometida a acionistas minoritários, como é, tipicamente, o caso dos investidores em startups.

[8] Sobre a importância do Presidente da mesa da Assembleia Geral, ver por todos Pedro Maia, "O presidente das assembleias de sócios", IDET/Problemas do Direito das Sociedades, 2002.

6. *Quora* constitutivos e deliberativos

Determina o CSC que a Assembleia Geral da sociedade anónima reúne, desde que regularmente convocada, com qualquer número de acionistas, exceto se para discutir e deliberar sobre temas fundamentais da vida societária identificados no artigo ... (v.g., alterações de estatutos, fusões, cisões, transformação ou dissolução e liquidação).

Mais determina o CSC que as deliberações são tomadas por maioria simples dos votos emitidos, exceto se outra não estiver especialmente prevista[9].

Tal significa que se as regras gerais forem aplicadas seriam os fundadores que controlariam invariavelmente as deliberações em sede de assembleia geral.

Não é este o paradigma no caso do investimento em startups.

Não é incomum neste tipo de investimento é que o quórum constitutivo das reuniões de assembleia geral careça da presença de um representante da maioria das ações de classe especial. Por outro lado, é ainda mais comum que o quórum deliberativo de um conjunto especialmente importante de deliberações necessite dos votos favoráveis da maioria das ações de classe especial. Tipicamente estas deliberações englobam as seguintes matérias:

a) alteração dos estatutos;
b) fusão, cisão, transformação, dissolução, liquidação, insolvência ou revitalização da sociedade;
c) aumento ou redução do capital social;
d) supressão ou limitação de direito de preferência;
e) exclusão ou exoneração de acionistas e remissão ou amortização de ações;
f) constituição, subscrição, aquisição, alienação, transmissão ou alteração, a qualquer título, de participações no capital social de outras sociedades ou em qualquer consórcio, parceria, *joint-venture*, agrupamento complementar de empresas, agrupamento europeu ou entidade similar;
g) realização, devolução e reembolso de prestações suplementares e prestações acessórias, incluindo suprimentos;

[9] O que sucede com os referidos acima alterações de estatutos, fusões, cisões, transformação ou dissolução, para os quais o CSC exige 2/3 dos votos emitidos em reunião de primeira convocatória e maioria simples em reunião de segunda convocatória (artigo 386.º, n.ºs 3 e 4, do CSC).

h) aquisição, alienação ou amortização de ações próprias e obrigações próprias;
i) aprovação do relatório de gestão, contas do exercício, aplicação de resultados e distribuição de dividendos;
j) alteração material da atividade prosseguida pela sociedade, incluindo a cessação ou suspensão de qualquer das atividades que vêm a ser prosseguidas;
k) aprovação e alteração da política de distribuição de resultados;
l) aprovação e alteração do modelo de governo societário;
m) aprovação de decisões relativamente a matérias reservadas do Conselho de Administração que sejam submetidas à aprovação da Assembleia Geral em virtude de verificação de uma situação de impasse no Conselho de Administração.

O mesmo princípio se aplica no que se refere aos membros do Conselho de Administração, ou seja, o quórum constitutivo da reunião exige amiúde a presença de administradores designado por investidores, bem como o respetivo voto favorável para a aprovação das seguintes matérias:
a) atos ou processos de investimento, desinvestimento, aquisição, alienação ou oneração (incluindo locação) relativos a ativos corpóreos e incorpóreos, com montante anual, por ato ou globalmente considerado, superior a determinado montante, que não se encontrem expressamente previstos no respetivo orçamento anual aprovado;
b) aprovação e alterações ao orçamento anual e planos de negócio, de atividades e/ou de investimento;
c) contração de empréstimos e assunção de dívida, sob qualquer forma ou natureza, em montante anual, por ato ou globalmente considerado, superior a determinado montante, que não se encontrem expressamente previstos no respetivo orçamento anual aprovado;
d) aprovação do relatório de gestão, contas do exercício, aplicação de resultados e distribuição de dividendos;
e) constituição, subscrição, aquisição, alienação, transmissão ou alteração, a qualquer título, de participações no capital social de outras sociedades ou em qualquer consórcio, parceria, *joint venture*, agrupamento complementar de empresa, agrupamento europeu ou entidade similar;
f) investimentos em ativos de qualquer natureza fora da atividade normal da sociedade;

g) delegação de poderes em administradores delegados ou comissão executiva, incluindo composição e regras de funcionamento, bem como concessão de procuração ou mandato a administradores ou terceiros;
h) designação de representantes da sociedade em assembleias gerais de sociedades participadas e aprovação das respetivas instruções de voto;
i) concessão de empréstimos e adiantamentos fora da atividade normal e corrente da sociedade;
j) prestação de garantias ou cauções de qualquer tipo ou natureza, exceto em benefício da própria sociedade;
k) desenvolvimento de atividades em áreas que não estejam incluídas no objeto social da sociedade;
l) contratação e substituição de diretores e gestores de primeira e segunda linha e quadros com responsabilidades equivalentes;
m) celebração de quaisquer contratos ou realização de quaisquer transações entre a sociedade e entidades relacionadas; e
n) aprovação e alteração de planos de remuneração de administradores, diretores ou gestores de primeira linha e outros quadros superiores, planos de atribuição de ações e/ou opções (*stock options*) e regimes de prémios e bónus a atribuir a trabalhadores e colaboradores.

7. Direitos de informação

Determina o CSC que dispõem de direitos diferenciados à informação os acionistas que detenham 1%, 5% ou 10% do capital social[10].

Neste particular, o normal é que, independentemente da percentagem de capital que os investidores detenham, os mesmos sejam destinatários de um conjunto de informações periódicas e de acesso a documentos que com caráter de regularidade os mantenham informados sobre a evolução do ativo no qual investiram.

[10] Artigos 288.º a 291.º do CSC.

8. Transmissão de ações

Uma parte importante dos direitos dos sócios ou acionistas de uma sociedade comercial prende-se com a plenitude da sua propriedade sobre as participações sociais que detém.

As participações sociais, sejam ou não valores mobiliários, são ativos que têm como uma das suas características fundamentais a sua transmissibilidade, não podendo a mesma ser restringida senão em condições muito especiais. A este nível existem diferenças fundamentais entre sociedades por quotas e sociedades anónimas[11], podendo as primeiras ser mais restritivas face ao previsto para as sociedades anónimas, mas sempre com cláusulas de salvaguarda que garantem formas de saída remunerada aos sócios. Naturalmente que a liquidez das participações sociais influencia diretamente o respetivo valor, razão pela qual a inexistência de ónus ou obrigações sobre as mesmas é em si mesmo um ativo.

Sucede, porém, que esta é uma das matérias fortemente restringida no âmbito das negociações dos processos de investimento em startups. Esta situação justifica-se porque, na maior parte dos casos, nas startups o verdadeiro ativo são os fundadores porque são eles os autores das ideias, os guardiões do know-how, aqueles que têm a visão e as capacidades para conduzir o negócio. Mais que num produto, na investigação, nos clientes ou até na propriedade intelectual, os investidores investem maioritariamente nos fundadores. É, por isso, fundamental que os mesmos fiquem vinculados a cláusulas que os impeçam de vender as suas participações, bem como a cláusulas de permanência na sociedade como administradores ou como trabalhadores e, bem assim, a regras de exclusividade.

São, assim, comuns cláusulas que impõem a não saída dos investidores e/ou obrigações de não venda de ações por períodos que podem ir de dois a cinco anos ou até mesmo enquanto os investidores permanecerem na sociedade (comummente designadas de *lock-up*, por prenderem os fundadores à sociedade). O incumprimento destas cláusulas poderá ter consequências indemnizatórias para os incumpridores, o que em contratos de investimento de centenas de milhares ou mesmo de milhões de euros podem ser muito significativas. Ademais, podem ainda ter como consequência a amortização das ações dos fundadores ao respetivo valor nominal ou o

[11] Artigos 228.º e seguintes e 328.º e seguintes do CSC.

exercício de uma opção de compra sobre as mesmas também ao valor nominal ou contabilístico.

Acontece regularmente, por isso, que os fundadores negoceiem a duração destas cláusulas e relacionem o cumprimento das mesmas à libertação gradual do ónus de inalienabilidade sobre as ações que detêm, muitas vezes numa periodicidade mensal ou anual. É o que na gíria se denomina por período de *vesting*.

Adicionalmente, estes períodos de *lock-up* podem ainda ser estendidos a períodos de tempo após a saída dos investidores, ou seja, pode ser imposto aos fundadores que permaneçam na sociedade por um determinado período temporal após a venda das participações pelos investidores. Com isso os investidores pretendem maximizar o retorno que conseguem fazer com a venda das suas ações.

Sem prejuízo, a transmissão de participações sociais é extensamente regulada e são comuns cláusulas que preveem direitos de preferência, direitos de acompanhamento na venda de participações sociais (*tag along*) ou direitos de arrastamento na venda de participações sociais (*drag along*).

Ao contrário dos direitos de preferência que são admitidos legalmente (embora não impostos legalmente como muitas vezes se pensa), os direitos de acompanhamento e de arrastamento são construções contratuais resultantes de jurisdições de matriz anglo-saxónica.

Considerando o princípio de que um sócio ou acionista não deve ser obrigado a permanecer na sociedade perante a saída de um outro acionista relevante, é comum estabelecer-se que mediante a concretização de condições estabelecidas contratualmente, perante uma proposta de venda apresentada a um acionista os demais acionistas da sociedade podem escolher entre nada fazer, exercer o respetivo direito de preferência ou exercer um direito de acompanhamento. Este último direito permite a qualquer acionista vender as suas ações ao proposto adquirente na mesma data e nas mesmas condições previstas para o acionista que recebeu a proposta de aquisição.

As cláusulas de *tag-along* são especialmente relevantes quando esteja em causa a venda de ações por parte dos fundadores da sociedade ou sempre que esteja em causa a venda de uma posição de controlo na sociedade, sem prejuízo de poderem também ser livremente estabelecidas para situações de vendas minoritárias ou por qualquer acionista.

A percentagem que esteja em causa influencia a forma como este direito pode impactar a transação. Caso esteja em causa a venda de uma posição de controlo, então, o normal é que todos os demais acionistas tenham a possibilidade de exercer um *tag-along* total sobre as suas ações, devendo o possível adquirente adquirir também a totalidade das ações dos acionistas que exerceram o direito de acompanhamento. Ao invés, se a proposta de compra é de uma participação minoritária, então, sendo de presumir que o proponente não fará o negócio se tiver de comprar uma participação maior, o direito de acompanhamento pode ser exercido pro-rata face à participação que cada acionista tem na sociedade, ou seja, caso esteja em causa a aquisição de uma participação de 30%, por exemplo, e havendo vários acionistas a exercer o *tag-along*, o adquirente adquirirá tal participação a vários acionistas, sendo a proporção entre os acionistas vendedores rateada em função da percentagem de capital por si detida na sociedade.

Na situação inversa, é também comummente estabelecido o direito de no caso de existência de uma proposta de venda de participações na sociedade, o acionista que recebe essa proposta ter a possibilidade de "arrastar" todos os demais acionistas na venda das suas participações. O *drag-along* é um direito especialmente previsto para situações em que haja manifestações de interesse por parte de um potencial comprador em adquirir a totalidade das participações sociais. Nessa medida, é importante que sejam previstas as condições em que o direito de arrastamento pode ser exercido. Sendo uma medida especialmente violenta e gravosa para os acionistas é comum que existam baias ao seu exercício, sendo as mais regularmente estabelecidas, e podendo estas ser isoladas ou cumulativas, as seguintes: (i) a proposta deve ser de aquisição da totalidade do capital social; (ii) deve ter tido manifestações de interesse de venda por parte de acionistas titulares da maioria das ações ou dos direitos de voto; (iii) deve cumprir com um patamar mínimo de preço.

O estabelecimento das regras mínimas a que o *drag-along* é sujeito constitui-se como uma cláusula de salvaguarda para os acionistas, não permitindo que os acionistas maioritários imponham a venda das ações dos acionistas minoritários e a respetiva saída da sociedade em condições não equitativas. É, assim, um verdadeiro mecanismo de equilíbrio entre acionistas. Uns não impedem a concretização de um negócio vantajoso, desde que os patamares mínimos definidos sejam cumpridos, sem prejuízo de poderem ainda os acionistas que não pretendam alienar as suas ações exercer o respetivo direito de preferência na aquisição.

Sem prejuízo, o *drag-along* não é muitas vezes um mecanismo facilmente executável sem a disponibilidade dos acionistas para se deixarem arrastar.

A única forma de efetivamente forçar a venda das ações é cada um dos acionistas dotar os demais de uma procuração com poderes para o efeito, o que muito raramente é feito. Sendo certo que a não venda das ações arrastadas constituirá um incumprimento do acordo parassocial, com as consequências indemnizatórias que daí advenham, não é menos verdade que esse incumprimento pode fazer abortar toda a transação.

9. Não concorrência e exclusividade

Na mesma linha de raciocínio de que muitas vezes o verdadeiro ativo na sociedade são os fundadores, é comum que os investidores imponham normas no acordo parassocial que exige uma dedicação exclusiva dos fundadores à startup, não podendo os mesmos cumular outras atividades, com exceção por vezes de atividades docentes.

Estas cláusulas de exclusividade de funções estão intrinsecamente ligadas a regras de não concorrência. Sendo óbvio que a obrigação de não concorrência se impõe no período em que os fundadores estejam envolvidos com a sociedade numa relação de administração[12] ou laboral, muitas vezes esta obrigação estende-se para além do termo dessa relação. Tal justifica-se por variadas razões que se prendem com o conhecimento tecnológico, da sociedade, do mercado e dos clientes que estes fundadores da startup têm e que fazem perigar o investimento realizado pelos investidores, mas justifica-se amiúde pelo facto de os fundadores muitas vezes poderem cessar a sua relação de administração ou laboral com a sociedade, mas permanecerem como acionistas da sociedade. Serem simultaneamente concorrentes com a sociedade de que são acionistas constituiria um paradoxo injustificável e insustentável.

10. Mecanismos de saída

O que têm os mecanismos de saída que ver com o governo de uma startup?

Na realidade, tudo.

[12] O que resulta do artigo 398.º, n.º 3, do CSC, que permite a salvaguarda de a assembleia geral poder derrogar o cumprimento desta obrigação.

Conforme explanado supra, a regra é que o investidor não assume, em proporção, a percentagem de capital que seria normal e que em condições usuais o tornariam largamente maioritário na sociedade. A forma de compensar o investidor de capital de risco pelo facto de abdicar do controlo passa, quase invariavelmente, por garantir a existência de mecanismos de saída e de que no exercício dos mesmos o investidor recebe um múltiplo significativo do valor que investiu e recebe o mesmo prioritariamente face aos demais acionistas.

A potenciação e obtenção de um *exit* é, por isso, o grande objetivo de qualquer investidor em capital de risco. É com esse propósito que se capacita a sociedade financeiramente e se fixam valorizações com base em critérios que desafiam a racionalidade económica do exercício.

Na prossecução deste objetivo é comum que as partes definam o momento a partir do qual devem procurar novos investidores, uma admissão à cotação em mercado bolsista, um mandato de venda conjunta ou mesmo a dissolução e liquidação da sociedade. Este prazo varia muito de acordo com a área do investimento que está em causa, as regras do fundo de capital de risco que investiu, mas, por regra, medeia entre cinco e dez anos após o investimento.

Os contratos de investimento tendem a definir, por isso, de forma muito rigorosa os mecanismos de saída, sendo crucial estruturar adequadamente o que serão os denominados "Eventos de Liquidez".

Por regra, os eventos de liquidez designam a ocorrência de qualquer um dos seguintes eventos:

a) a transmissão de ações da sociedade representativas de mais de 50% (cinquenta por cento) do capital social ou direitos de voto da sociedade ou uma fusão;
b) a dissolução ou outra forma de liquidação da sociedade;
c) o trespasse da atividade ou o licenciamento a terceiros da exploração comercial dos direitos de propriedade intelectual; e
d) a admissão à negociação em mercado regulamentado das ações da sociedade aprovada pela assembleia geral, na sequência de uma oferta pública de venda ou distribuição (ou outra transação similar) de que resulte a dispersão de ações da sociedade pelo público.

As figuras jurídicas acima elencadas dispensam grandes considerações.

O *exit* tradicional de um investimento numa startup corresponde maioritariamente à alienação da totalidade do capital social da mesma a um novo investidor ou grupo empresarial. Esta alienação ocorre num estádio mais maduro da empresa, em que o investimento de capital de risco permitiu que o conceito provasse, o projeto ganhasse escala, gerasse EBITDA positivos e, eventualmente, se internacionalizasse.

O trespasse da atividade ou, mais comummente, o licenciamento a terceiros da exploração comercial dos direitos de propriedade intelectual são processos pouco comuns em startups de base tecnológica, mas mais usuais em startups biomédicas, uma vez que os grandes laboratórios farmacêuticos demonstram pouco interesse em adquirir as sociedades comerciais que desenvolvem a atividade, mas significativo interesse em adquirir a tecnologia desenvolvida e as patentes de suporte da mesma.

É também curioso verificar que existe uma significativa discrepância entre os dois lados do Atlântico no que respeita ao número de *exits* por recurso ao mercado de capitais. A remuneração dos investidores por parte das startups por meio de ofertas públicas de distribuição (mormente de venda, permitindo assim aos investidores um encaixe financeiro direto) é em número significativamente maior nos Estados Unidos da América do que na Europa. Adicionalmente, têm permitido encaixes financeiros significativamente superiores que a tradicional alienação privada (são disso exemplos o Facebook em 2012, o Twiter em 2013, o Alibaba em 2014 ou até a portuguesa Farfetch que em 2018 conseguiu com o seu IPO no NASDAQ o valor de 885 milhões de dólares de investimento). Naturalmente que para as sociedades poderem atingir este patamar e chegar a um IPO tiveram que se sofisticar muitíssimo em todos os aspetos e terão perdido as características típicas de uma startup, sendo empresas maduras capazes de gerar receitas significativas.

Como cambiante da oferta pública de venda ou de distribuição, existe em algumas jurisdições anglófilas a possibilidade de aceder ao mercado de capitais através da figura da "*Reverse merger*" ou "*Reverse Takeover*".

Numa fusão invertida os investidores de uma startup adquirem a maioria do capital social de uma sociedade que tenha as suas ações admitidas à negociação em mercado, fundindo-se posteriormente a startup nesta última sociedade. Este mecanismo apenas funciona efetiva e eficientemente nas jurisdições em que seja possível registar junto da comissão de mercado sociedades vazias para admissão à cotação.

Neste mecanismo os acionistas da startup entregam, por fusão, as ações detidas nesta à sociedade com as ações admitidas à cotação e recebem em troca novas ações desta última (que assume a identidade da sociedade startup). Este processo de fusão permite que uma sociedade fechada assuma a condição de sociedade aberta sem ter forçosamente de levantar capital e com uma redução de tempo muito significativa face ao período de tempo que leva a estruturar uma oferta pública tradicional.

Este é um mecanismo utlizado em países como os Estados Unidos da América ou a Austrália em que existem vários mercados secundários ativos e dentro destes existem centenas de sociedades que deixaram de ter liquidez no mercado (normalmente "*penny stocks*"), mas que permanecem inativas sem perderem a qualificação como sociedade aberta. Isso permite que a startup ou os acionistas desta possam adquirir o capital social desta sociedade aberta e operar a fusão invertida.

Curiosamente, foi através deste mecanismo que a própria *New York Stock Exchange* se tornou uma sociedade cotada em 2006.

11. Direito de Recebimento Prioritário

O momento em que se materializa o desinvestimento é aquele em que finalmente a estratégia de investimento se exponencia.

É um momento que está formalmente no controlo conjunto dos fundadores / promotores e dos investidores.

Isto porque são os fundadores / promotores que terão ainda a maioria do capital social e deles dependem sempre deliberações como as de fusão, de dispersão do capital social em mercado ou até de dissolução da sociedade, mas dependem também da vontade dos investidores que têm quase sempre a sua participação titulada por ações de classes especiais que lhes conferem direito de veto sobre estas matérias.

De igual forma, a prospeção de um comprador da totalidade ou da maioria do capital social é matéria normalmente consensualizada nos órgãos sociais da sociedade nos quais os fundadores / promotores controlam a maioria.

Este controlo é particularmente relevante neste processo porquanto garantirá que o desinvestimento é proveitoso para todas as partes envolvidas, isto porque em caso de desinvestimento é normal e razoável que os investidores tenham um direito de recebimento prioritário, ou seja, recebam os montantes mínimos a que têm direito com prioridade face aos demais acionistas[13]. Adicionalmente, este direito de recebimento representa, na maioria dos casos, um múltiplo do valor investido.

Para os investidores o risco total tem ou deve ter como contrapartida o direito ao recebimento de um múltiplo relevante do montante temerariamente investido.

Assim, em regra, os promotores e os investidores acordam que em caso de verificação de um qualquer evento de liquidez, a contrapartida a ser recebida ou os ativos a partilhar serão repartidos entre os acionistas de acordo com as seguintes regras:

(i) em primeiro lugar, e prioritariamente, até ao reembolso total do investimento (incluindo eventuais suprimentos, prestações suplementares de capital ou prestações acessórias entretanto realizadas) realizado pelos investidores na sociedade;
(ii) em segundo lugar, os investidores com direito de recebimento prioritário poderão ainda ter direito a receber um múltiplo do valor investido, caso em que continuarão a receber com prioridade face aos acionistas comuns (titulares de ações ordinárias); e
(iii) por fim, um eventual montante remanescente será repartido entre todos os acionistas (podendo tal suceder na proporção da participação acionista detida por cada um deles ou, no caso dos investidores, com desconto dos montantes já recebidos).

Este direito ao recebimento prioritário representa um direito ao recebimento assimétrico de proveitos face às percentagens de capital detido pelos acionistas, podendo fundar-se nos estatutos, mas mais comummente em acordos parassociais.

De facto, o CSC estabelece em várias das suas normas a regra de que os sócios participam nos lucros e nas perdas da sociedade na proporção da sua detenção de capital[14], aplicando-se igual regra na distribuição do ativo em caso de liquidação da sociedade[15]. Sem prejuízo, poderá o contrato de sociedade determinar que se aplique regra diferente à distribuição de dividendos e/ou à partilha do ativo resultante da liquidação quando existam diferentes categorias de ações[16] ou o valor dos bens com que o acionista tenha realizado a sua entrada haja sido superior ao valor nominal.

[13] Na literatura e contratos internacionais comummente designada por "*liquidation preference*".
[14] Veja-se o artigo 22.º, n.º 1, do CSC.
[15] Artigo 156.º do CSC.
[16] Artigo 302.º do CSC.

Esta é a situação regra nas startups objeto de investimento de capital de risco. Ou seja, a um investimento de valor superior ao valor nominal (normalmente por recurso ao ágio) corresponde sempre a subscrição de uma classe especial de ações que confere o direito definido estatutariamente de recebimento prioritário em caso de liquidação da sociedade, de fusão, aquisição ou venda ou qualquer outro negócio de transferência da totalidade dos ativos (materialmente relevantes) da sociedade.

Este direito de recebimento prioritário poderá ainda ser ou não majorado. De que forma?

Há três situações possíveis a considerar.

Na primeira, o investidor tem direito a um recebimento prioritário puro, pelo que num evento de liquidez o investidor recebe primeiro até ao valor convencionado e uma vez atingido o valor definido, tudo o demais será recebido unicamente pelos demais acionistas.

Na segunda, o investidor tem ainda a possibilidade de escolher receber o valor que se convencionou teria direito num evento de liquidez ou, em alternativa, receber na proporção da sua participação social.

Por fim, na terceira, o investidor tem direito ao recebimento prioritário e tem ainda sobre o remanescente direito a um recebimento diretamente relacionado com a percentagem que detém na sociedade. A este recebimento sobre o remanescente pode ou não deduzir-se o já recebido a título de recebimento prioritário. Esta terceira situação representa exatamente o direito de recebimento prioritário majorado[17].

Naturalmente que os investidores em capital de risco se batem pela terceira solução e as startups pela primeira ou segunda.

Este direito de recebimento prioritário tem impacto jurídico na forma como se estruturam os negócios. É assim na medida em que existem eventos de liquidez cuja forma de distribuição se define e controla na esfera da sociedade e outros em que tal se define e controla na esfera dos acionistas.

Assim, parece-nos óbvio que quando os estatutos o prevejam, o direito ao recebimento prioritário se conforma no controlo da sociedade quando esteja em causa a alienação de ativos ou a distribuição de ativos em sede de liquidação da sociedade. Não assim quando estejam em ponderação outros

[17] A primeira e segunda situações recebem na literatura internacional a designação de "*non-participating liquidation preference*" e a terceira de "*participating liquidation preference*", ilustrando exatamente o direito do investidor a participar ainda percentualmente no valor remanescente após pagamento do direito ao recebimento prioritário.

eventos de liquidez como sejam a alienação do capital social ou a fusão com outra sociedade. Nestes cenários não competem aos estatutos da sociedade definir como se fazem a distribuição dos proveitos da venda ou das ações resultantes da fusão, mas antes ao acordo parassocial assinado entre acionistas. Nestas situações, portanto, este direito de recebimento prioritário pode ter de ser satisfeito pelos demais acionistas, ou seja, constituir-se-á como um direito de crédito do investidor sobre os demais acionistas da sociedade.

Isto fica bem patente se atentarmos no fato de os investidores terem, proporcionalmente, o direito a receber mais que os promotores / fundadores. Tal significa que perante uma transação de venda da sociedade o adquirente comprará ações aos acionistas a preços diferentes, pagando mais pela ação ao investidor e menos aos promotores. Já dificilmente se configurará uma situação semelhante num caso de fusão de sociedades em que o pagamento do preço é feito mediante a emissão de ações da sociedade incorporante na proporção do capital social detido pelos acionistas da sociedade incorporada. Ora, sendo os investidores acionistas minoritários na sociedade incorporada, receberão necessariamente menos ações que os promotores. As formas de resolver este problema terão de passar inelutavelmente pela emissão de ações mediante aumento de capital por incorporação de reservas unicamente a favor dos investidores (utilizando o ágio por si entregue aquando do seu investimento na sociedade) ou mediante a entrega de ações pelos promotores aos investidores em momento anterior ou posterior à fusão.

Caso o evento de liquidez consista na admissão à negociação em mercado regulamentado das ações da sociedade aprovada pela assembleia geral da sociedade na sequência de uma oferta pública de venda ou distribuição (ou outra transação similar) de que resulte a dispersão de ações da sociedade pelo público, em regra, os investidores, em momento prévio à oferta pública de venda ou distribuição e admissão à negociação, terão o direito de exigir à sociedade a conversão das suas ações de classe especial em ações ordinárias da Sociedade, bem como eventualmente a emissão de novas ações que reflitam o investimento financeiro efetivamente realizado na sociedade, obrigando-se os fundadores/promotores a praticar todos os atos necessários ou convenientes, nomeadamente a comparecer nas assembleias gerais, apresentar propostas de deliberação e exercer a totalidade dos direitos de voto inerentes às respetivas ações de forma favorável, com vista a assegurar essa conversão e emissão de ações.

Quer estejamos perante uma oferta pública de venda ou quer uma oferta pública de distribuição, a lógica subjacente à compensação do investidor em processo de fusão mantém-se também neste caso, ou seja, é suposto que em ambos os casos se recrie a posição que resultaria do cumprimento de um direito de recebimento prioritário dos investidores. Assim, quer num caso quer no outro deverão em momento anterior à concretização das mesmas todos os acionistas constituir uma situação que permita aos investidores alcançar o resultado económico desejado, seja pelo aumento de capital por incorporação de reservas em favor dos investidores, seja pela antecipatória transmissão de ações entre promotores e investidores.

Todos estes cenários poderão ainda ter conjugações mais complexas se pensarmos que as startups beneficiam ao longo dos anos de várias rondas de investimento. Se considerarmos adicionalmente que em cada ronda subsequente os novos investidores que entram, por regra, pagam as ações mais caras que os investidores anteriores (normalmente subscrevendo ações com um prémio de emissão superior), rapidamente se percebe que poderão existir níveis de proteção diferentes consoante o volume do investimento em causa e o momento em que ele é realizado.

Não é, assim, incomum que a investidores de diferentes rondas de financiamento correspondam direitos diferentes no âmbito do acordo parassocial e, consequentemente, diferentes categorias de ações. A diferentes classes de ações poderão corresponder diferentes direitos no momento de verificação de um evento de liquidez, não sendo incomum que haja direitos de recebimento prioritário preferenciais face a outros. Sucede, por vezes, que o último investidor tenha "o direito de recebimento prioritário", recebendo preferencialmente face a todos os demais acionistas, aqui se incluindo os demais investidores. Compreende-se que assim possa ser, sobretudo porque quem entra em último lugar por regra pagou bastante mais para ter muitas vezes uma percentagem de capital social igual ou inferior ao investidor que investiu na última ronda (esta diferenciação verifica-se mais comummente nos direitos atribuídos a um *business angel* que realiza um *seed investment* face a uma capital de risco que realize uma ronda A ou uma ronda B). Materializar-se-ão, então, direitos de recebimento preferenciais subsequentes, recebendo, por exemplo, em primeiro lugar os investidores numa ronda B, em seguida os investidores numa ronda A, em seguida os business angels e, por último, os fundadores.

12. E quando as coisas correm mal?

As estratégias de saída são fundamentais quando as coisas correm muitíssimo bem à startup e, por consequência, aos investidores, mas não deixa de ser também muito relevante prever o que fazer quando as coisas correm mal.

Há neste âmbito várias situações a considerar, mas as mais comuns e com relevância para o governo societário são as situações de impasse entre acionistas e as situações de pré-insolvência.

Uma das matérias extensamente reguladas nos acordos parassociais são as situações de impasse quanto a matérias que exijam aprovações por maiorias qualificadas seja em reuniões de assembleia geral, seja em reuniões do conselho de administração.

Por regra, os investidores exigem que um conjunto significativo de matérias sejam objeto de maiorias agravadas ou exijam a aprovação pela maioria de votos emitidos por acionistas titulares de classes especiais de ações (obviamente, as detidas pelos acionistas investidores).

Existindo uma situação de impasse (normalmente, em duas ou mais reuniões consecutivas do mesmo órgão), por regra estipula-se que qualquer das partes ou apenas uma delas tem o direito de declarar o impasse e promover um qualquer mecanismo de saída.

Este mecanismo de saída é, por regra, ou uma opção de venda ou uma opção de compra.

São temas de consensos difíceis e bastante discutidos entre fundadores e investidores. Isto deve-se ao facto de as posições de base serem economicamente muito diferentes. De um lado temos os fundadores que têm a maioria do capital social, mas, em caso de impasse, dificilmente terão os fundos necessários para adquirir a participação minoritária dos investidores (mesmo que seja ao valor nominal aportado). Do outro temos os investidores que pretendem sair por um múltiplo (não ao valor nominal), que terão a seu cargo um esforço financeiro muito superior (ainda que para si os fundos sejam mais fáceis de angariar) e temem que os fundadores possam angariar um novo investidor que possa cobrir o preço de saída do investidor inicial e, dessa forma, se sintam incentivados a provocar uma situação de impasse (naturalmente que se poderiam aplicar aqui a figura do abuso de direito, com consequências indemnizatórias, mas não deixa de ser uma figura de prova difícil).

É nosso entendimento que neste tipo de situações o equilíbrio pode ser alcançado mediante o estabelecimento de uma regulação no parassocial que seja dissuasora de impasses criados artificialmente por qualquer das partes.

Uma possibilidade a considerar será estabelecer que, em caso de desacordo grave, apenas os fundadores terão o direito de declarar o impasse e terão, consequentemente, o direito ao exercício de uma opção de compra sobre a participação dos acionistas investidores. Esta opção unilateral deverá ser contrabalançada com um mecanismo de preço que seja dissuasor de impasses provocados artificialmente pelos fundadores, mormente pela fixação de um múltiplo do investimento realizado.

Uma outra alternativa dissuasora, aqui de ambas as partes, é o estabelecimento de um mandato de venda conjunta conferido a um terceiro. Neste contexto, ambas as partes poderão declarar o impasse, mas tal terá como consequência a venda competitiva de todas as participações sociais, o que faz as partes ponderarem adequadamente as consequências dessa declaração. Uma forma de mitigar os riscos inerentes à alienação competitiva de uma startup que tem balanços frágeis ainda é fixar um patamar mínimo para a transação.

As coisas complicam-se, naturalmente, quando a sociedade deixa de ter capacidade para prover às suas obrigações financeiras para com terceiros.

Que fique claro que a insolvência de uma startup é um desfecho absolutamente normal e até corriqueiro. A regra de que em cada dez startups há nove que falham é confirmada todos os dias em todos os ecossistemas. Falham porque a tecnologia não prova o seu valor, falham porque não conseguem financiamento, falham porque alguém chega primeiro ou com mais músculo ao mercado, falham porque os clientes não aderem ao produto, falham porque os custos associados à operação consomem os meios disponíveis a ritmo superior ao da geração de receitas (a famosa "*burn rate*"), etc.

Nestes investimentos o capital é de risco porque a probabilidade de que se perca na integralidade até que a empresa seja ou tenha uma operação viável é muito, muito elevada.

Em todo o caso, dita a regra geral que em caso de pré-insolvência os investidores saem e vendem a sua participação por um euro aos promotores. Isto deve-se ao facto de os investidores não quererem ser associados ao insucesso dos seus investimentos (mesmo que sejam normais), mas sobretudo por não quererem verem-se arrastados para possíveis processos judiciais de insolvência nos quais têm por certo que não recuperarão qualquer parte do seu investimento (sobretudo quando não haja propriedade intelectual relevante a resgatar).

Para concretização destas vendas é normal os investidores pedirem aos promotores a outorga de procurações irrevogáveis, para que não se encontrem sujeitos aos "humores" dos promotores e possam concretizar a venda rapidamente.

Em todo o caso, é igualmente comum que nestas vendas por preço simbólico os investidores salvaguardem a possibilidade de, caso a sociedade recupere financeiramente, puderem vir a receber um prémio financeiro em caso de um futuro evento de liquidez, o famoso *earn-out*, assim recuperando parte do investimento realizado.

Uma situação menos comum, é a reversão do investimento por incumprimento de condições.

Não falamos aqui do incumprimento de *milestones*. É normal que o investimento feito por um fundo de capital de risco esteja dependente do cumprimento de *milestones* (normalmente associadas à validação da tecnologia, angariação de contratos relevantes ou de volumes de tráfego) e a não verificação destas fará ou poderá fazer com que o investimento possa não ser realizado na totalidade ou possa vir a ser realizado mais tarde que o previsto.

Situações existem em que os investidores aceitam realizar o investimento, mas estabelecem condições resolutivas cuja verificação imporá a reversão do mesmo. Isto sucede especialmente quando estejam em causa rondas de investimento muito elevadas e em que um investidor não subscreva sozinho a ronda de investimento. Será normal que numa situação como esta, caso a ronda não se consiga completar por falta de investidores, quem já colocou o dinheiro queira o seu reembolso porquanto o objetivo que a ronda se propunha alcançar mostrar-se-á inalcançável. Isto sucede especialmente em startups biomédicas em que a fase dos ensaios clínicos e de aprovação da tecnologia/princípios ativos impõe um investimento de muitos, muitos milhões de euros. Não se concretizando o investimento na totalidade esses ensaios clínicos ficam, naturalmente, colocados em causa.

13. Conclusão

Em jeito de conclusão, pode afirmar-se que não deixa de ser surpreendente que são muitas vezes as startups as sociedades em Portugal que, a par das sociedades cotadas, são dotadas dos mais exigentes de mecanismos de governo societário. Tal justifica-se pelos avultados investimentos que os investidores em capital de risco realizam nestas empresas e pela necessidade de estabelecerem mecanismos de supervisão eficientes que lhes permitam avaliar com regularidade de que forma está o seu dinheiro a ser utilizado.

É neste contexto que se vê que sociedades pequenas estejam sujeitas a apertadas regras de funcionamento dos órgãos sociais, maiorias agravadas, inibições de venda de ações, direitos de acompanhamento e arrastamento na venda de participações sociais, regras de exclusividade e não concorrência e ainda ao estabelecimento de mecanismos de saída.

Estes mecanismos de saída são a verdadeira contrapartida pelos montantes avultados que os investidores de capital de risco investem nas startups e que não têm uma correspondência direta com os direitos sociais que lhe são atribuídos. A atribuição de direitos económicos reforçados é, então, a forma de corrigir a dissociação entre o investimento realizado e a falta de controlo societário do veículo investido a que deveria corresponder esse investimento.

Quem investe sabendo que, com grande probabilidade, pode perder tudo quererá assegurar que quando as coisas correm de feição os *exits* garantem retornos excecionalmente elevados.

Estes mecanismos são típicos e únicos deste tipo de sociedades, não sendo normais noutros tipos de investimento de aquisição de sociedades. Naquilo que é o equilíbrio do contrato de investimento e parassocial, estas são para o investidor as regras mais importantes porque sabe que na gestão (ou acompanhamento da gestão) da startup os seus poderes são diminutos.

São as regras (societárias) deste jogo.

CAPÍTULO 8

O OLHO DO DONO ENGORDA O CAVALO[1]

ALGUMAS QUESTÕES ATUAIS DOS FUNDOS DE INVESTIMENTO ENQUANTO INVESTIDORES INSTITUCIONAIS

TIAGO DOS SANTOS MATIAS[2]

SUMÁRIO: I. O papel dos investidores institucionais II. Os fundos de investimento enquanto Investidores Institucionais: traços gerais do regime português III. Algumas questões atuais sobre os fundos de investimento enquanto investidores institucionais III.a. Investimento de curto prazo ("*short-termism*") III.b. Gestão Passiva III.c. Remuneração da entidade gestora III.d. Participadas no estrangeiro III.e. Conflitos de interesses IV. Notas finais.

I. O papel dos investidores institucionais

As empresas bem geridas são suscetíveis de ser mais competitivas e mais viáveis a longo prazo, para o que, consabidamente, muito contribui um enquadramento eficiente e eficaz de governo das sociedades[3] [4].

[1] FERNANDO PESSOA, Provérbios Portugueses, Ática (2010), p. 32.

[2] As opiniões expedidas no presente texto são pessoais e apenas vinculam o seu Autor.
No presente estudo as citações em língua inglesa serão realizadas mantendo o texto original para benefício da tradução pelo leitor.

[3] Este é, aliás, um dos pressupostos da "Comunicação da Comissão ao Parlamento Europeu, ao Conselho, ao Comité Económico e Social Europeu e ao Comité das Regiões – Plano de ação: Direito das sociedades europeu e governo das sociedades – um quadro jurídico moderno com vista a uma maior participação dos acionistas e sustentabilidade das empresas", Comissão Europeia, COM(2012) 740 final, onde se acrescenta que "[u]*m bom governo das sociedades é, acima de tudo, da responsabilidade da empresa em causa* (...)".

[4] *"Corporate governance is traditionally defined as the system by which companies are directed and controlled and as a set of relationships between a company's management, its board, its shareholders and its other stake-*

Contudo, em anos recentes, a crise financeira[5] tornou evidente as insuficiências existentes em matéria de governo das sociedades e, em especial, no envolvimento e participação dos acionistas.

Objeto de um rico e intenso debate, o papel e envolvimento dos investidores institucionais no âmbito do governo das sociedades tem sido objeto de uma atenção crescente, proporcional ao relevo incremental que os investidores institucionais têm assumido enquanto acionistas, de entre os quais se destacam os fundos de investimento[6] [7].

Com efeito, em 1963 oitenta e quadro por cento das ações das sociedades abertas cotadas nos Estados Unidos da América eram detidas por pessoas singulares, sendo que 2011 tal percentagem decresceu para cerca de quarenta por cento[8]. Por seu lado, no Japão, em 2011, a percentagem de

holders.", assim definido pela Comissão Europeia no seu *Green Paper – The EU corporate governance framework*, COM(2011) 164 final, p.2. Com interesse para este ponto veja-se Ana Perestelo de Oliveira (2017), *Manual de Governo das Sociedades*, Almedina, p. 11, para a qual, citando o Relatório Cadbury de 1992: *Report of the Committee in the Financial Aspects of Corporate Governance*, «[o] *governo das sociedades estuda, sinteticamente, o "sistema pelo qual as sociedades são geridas e controladas"*.»

[5] Com interesse para este ponto veja-se OCDE (2010), *Corporate Governance and the Financial Crisis – Conclusions and emerging good practices to enhance implementation of the Principles*, e OECD (2009), *Corporate Governance and the Financial Crisis: Key Findings and Main Messages*, ambos disponíveis em www.oecd.org/daf'/corporateaffairs.

[6] Por conveniência de exposição e, em certa medida, de alinhamento com os estudos desenvolvidos no âmbito da doutrina e de organizações internacionais, o presente estudo faz uso da terminologia de fundos de investimento, não obstante a ciência de que a mesma pode não ser a mais atual, em especial pela profusão da utilização, incluindo pelo legislador europeu, da terminologia de organismos de investimento coletivo. Os quais, não deixam, ainda assim, de ser costumeiramente identificados como Fundos de Investimento. Ainda a este respeito, importa referir que os fundos de capital de risco não são se consideram, para efeitos do presente estudo, abrangidos no conceito de fundos de investimento.

Sobre as expressões "fundos", ou "fundos de investimento", e "organismos de investimento coletivo" veja-se Alexandre Brandão da Veiga (1999), *Fundos de Investimento Mobiliário e Imobiliário – Regime Jurídico*, Almedina, p. 553.

[7] Com interesse para este ponto veja-se pela OCDE, *Corporate Governance – The Role of Institutional Investors Promoting Good Corporate Governance* (2011), onde, recorrendo a dados estatisticos se demonstra a relevância crescente dos investidores institucionais e, de entre estes, dos fundos de investimento (disponível em http://www.oecd.org/corporate/ca/corporategovernanceprinciples/theroleofinstitutionalinvestorsinpromotinggoodcorporategovernance.htm). A este respeito, uma referência adicional para IOSCO, *Collective Investment Schemes as Shareholders: Responsabilities and Disclosure – A report of the technical Committee of the International Organization of the Securities Commissions* (2003), disponível em https://www.iosco.org/library/pubdocs/pdf/IOSCOPD129.pdf.

[8] De acordo com os dados publicados pela Reserva Federal Norte Americana (disponíveis em www.federalreserve.gov).

pessoas singulares que detinham ações em sociedades abertas cotadas não ultrapassava os dezoito por cento[9]. Por outro lado, no Reino Unido apenas dez por cento do capital social das sociedades abertas é detido por pessoas singulares[10].

Concomitantemente, tem sido verificado um incremento na diversidade de investidores institucionais, sendo tipicamente apresentadas três sub-categorias[11] de investidores institucionais. Uma primeira apelidada de "investidores institucionais tradicionais", abrangendo os fundos de pensões, os fundos de investimento e as seguradoras. Outra apelidada de "investidores institucionais alternativos", na qual se incluem os fundos de cobertura ("*hedge funds*")[12], fundos de capital de risco, ETF's (*"exchange traded funds"*) e fundos soberanos (*"sovereign wealth funds"*), e uma terceira categoria que abrange os gestores de ativos, que no âmbito do desenvolvimento de atividades como a gestão de carteiras por conta de outrem realizam investimentos em nome e por conta de clientes.

Mas a concretização e ou delimitação do conceito de investidores institucionais não tem sido isenta de dificuldades e controvérsia, senão mesmo alguma assimetria na utilização do conceito[13]. Pelo que, no presente estudo a menção a investidores institucionais é usada no sentido lato, pretendendo abranger toda e qualquer entidade que desenvolva uma atividade de investimento em termos profissionais, incluindo a realizada por conta de clientes e ou beneficiários efetivos[14].

[9] De acordo com dados publicados pelo Banco do Japão (disponíveis em www.boj.or.jp).

[10] Serdar Çelik e Mats Isaksson (2014), *Institucional investors and ownership engagement*, em OECD Journal: Financial Market Trends, Volume 2013/2, p. 94.

[11] Neste sentido veja-se Serdar Çelik e Mats Isaksson (2014), *Institucional investors ...*, cit., p. 96.

[12] Reconhecendo-se a imprecisão terminológica de "fundos de cobertura", sobre as dificuldades em encontrar uma definição para *hedge funds* veja-se Gabriela Figueiredo Dias (2008), *Regulação e supervisão de* hedge funds, em Direito dos Valores Mobiliários, Vol. III, Coimbra, p. 74 e segs. e Alexandre de Soveral Martins (2017), *DGFIA,* hedge funds *e governação das sociedades anónimas,* em Direito das Sociedades em Revista, Out., Ano 9, Vol. 18, p. 125.

[13] Com interesse para este ponto veja-se Marina Bitsch Madsen (2017), *A New Approach to Shareholder Heterogeneity,* em Shareholders' Duties editado por Hanne S. Birkmose, p. 94 e segs.

[14] O que, aliás, se encontra alinhado com o conceito usado pela Comissão Europeia no seu *Green Paper – The EU corporate governance framework,* COM(2011) 164 final, p.11, para efeitos do *paper* em causa considerou que *"institucional investor is understood in a broad sense, i.e. as any institution which professionally invests (also) on behalf of clientes and beneficiaries"*. Com interesse para este ponto veja-se OCDE (2011), *The Role of Institutional Investors in Promoting Good Corporate Governance,* p. 11, segundo o qual "[i]*nstitutional investors are financial institutions that accept funds from third parties for investment in their own name but on such parties' behalf.*" Bem como Serdar Çelik e Mats Isaksson

Diversos estudos demonstram que os investidores institucionais que gerem mais ativos, incluindo participações em sociedades abertas, são os fundos de investimento[15] [16].

É, pois, num contexto de crescente influência dos investidores institucionais que muito se tem discutido a sua relevância e, bem assim, o papel que devem assumir e desempenhar no âmbito do governo societário das entidades por si participadas.

Os princípios da OCDE sobre governo societário[17] têm subjacente a premissa que são os acionistas que melhor zelarão pelos seus interesses, pelo que a crescente influência dos investidores institucionais trouxe consigo expectativas que dispondo os mesmos de meios técnicos, humanos e financeiros robustos, estaria, assim, assegurado que estes exerceriam de forma ativa e participada os direitos inerentes à sua qualidade de acionistas, contribuindo, dessa forma, para um bom governo societário das sociedades nas quais investem[18] [19].

(2014), *Institucional investors* ..., cit., p.95, segundos os quais «[t]*here is no simple definition of an "institucional investor". The closest we get to a common characteristic is that institucional investors are not physical persons. Instead they are organised as legal entities. The exact form, however, varies widely among institutional investors and covers everything from straightforward profit maximizing joint stock companies (for example, closed-end companies) to limited liability partnerships (like private equity firms) and incorporation by special statute (for example, in the case of some sovereign wealth funds).*".

[15] Neste sentido veja-se Serdar Çelik e Mats Isaksson (2014), *Institucional investors*..., cit., p. 97 e segs., segundo os quais "[i]*n OECD countries, pension funds, investment funds and insurance companies have in the last decade more than doubled their total assets under management from USD 36 trillion in 2000 to USD 73.4 trillion in 2011. The largest increase among the three categories of traditional institutions has been for investment funds that have increased their assets under management by 121%.*" No mesmo sentido, dando igualmente uma perspetiva evolutiva mas suportada em dados mais recentes, veja-se OECD (2017), *Institucional Investors Statistics 2009-2016* (disponível em https://read.oecd-ilibrary.org/finance-and-investment/oecd-institutional-investors-statistics-2017_instinv-2017-en#page1).

[16] Sobre a repartição geográfica dos fundos de investimento, à escala global, veja-se Hugo Moredo Santos (2011), *Um governo para os fundos de investimento*, em Governo das Organizações, Almedina, p. 373.

[17] Disponíveis em http://www.oecd.org/corporate/principles-corporate-governance.htm.

[18] Estas perspetivas estão ínsitas aos princípios II.F (*"As transações com partes relacionadas devem ser aprovadas e conduzidas de forma que assegure uma gestão adequada dos conflitos de interesses e a proteção dos interesses da sociedade e dos seus acionistas"*) e II.G (*"Os acionistas minoritários devem ser protegidos contra ações abusivas por, ou no interesse de acionistas controladores que atuem direta ou indiretamente, e devem dispor de meios de compensação eficazes. Devem ser proibidas as transações em benefício próprio"*) dos princípios de governo societário da OCDE, as quais pressupõem regras de transparência de políticas de exercício de direito de voto, gestão de conflitos de interesses e de cooperação entre acionistas. Disponível em https://read.oecd-ilibrary.org/governance/principios-de-governo-das-sociedades-do-g20-ocde_9789264259195-pt#page30.

Neste contexto, o envolvimento dos acionistas em geral e dos investidores institucionais em particular, atenta a sua preponderância, assume uma verdadeira relevância social, na medida em que a sua ação releva não apenas para as entidades nas quais detêm participações, mas igualmente para o regular funcionamento da economia e dos mercados[20] [21].

Assim, têm sido diversas as iniciativas visando fomentar e reforçar a participação e o envolvimento dos acionistas[22] e, em especial, pelo referido relevo, dos investidores institucionais, no intuito de reforçar o governo societário das entidades, em especial mas não exclusivamente, nas abertas.

[19] Com interesse para este ponto veja-se Dirk Zetzsche (2008), *Shareholder passivity, cross border voting and the shareholder rights directive,* Heinrich-Heine-University Duesseldorf (disponível em http://ssrn.com/abstract=1120915), em especial o ponto 2.b) "[t]*he benefits of voting*", p. 20.

[20] Isso mesmo é sustentado por Serdar Çelik e Mats Isaksson (2014), *Institutional investors ...,* cit., p.95, segundo os quais "[t]*he market economy relies on shareholders to price and allocate capital among different business opportunities. Since the shareholders are assumed to have a self-interest in the return on the capital that they provide, we trust that the shareholders also seek as much information as possible to identify those companies with the best future prospects. Since it is their own interest, we also expect shareholders to continuously monitor corporate performance to see how well corporations actually use the capital they have been given. If shareholders fulfil these functions, they carry out a socially beneficial role, since they bring new and unique information to the economy.*"

[21] Os recentes desenvolvimentos regulatórios sobre esta matéria têm sido descritos como *"a big bet that investor institutions can and will exercise rights responsibly, and that such behavior will make markets more sustainable, less prone to error, and more in sync with the interests of capital providers" (Ben W. Heinemann e Stephen Davis* (2011) *"Are institutional Investors Part of the Problem or Part of the Solution? Key Descriptive and Prescriptive Questions About Shareholders' Role in the US Public Equity Markets",* Yale, p.4 (disponível em http://web.law.columbia.edu/sites/default/files/microsites/millstein-center/80235_CED_WEB.pdf).

[22] Este objetivo, de maior envolvimento, não se confunde o ativismo que tem vindo a ser associado a alguns investidores institucionais, em especial os *hedge funds,* o qual tem vindo a ser objeto de aturadas análises na doutrina nacional e internacional. A título de exemplo veja-se Gabriela Figueiredo Dias (2008), *Regulação ...,* cit., e Alexandre de Soveral Martins (2017), *DGFIA,* hedge funds ..., cit.; Leo E. Strine, Jr. (2017), *Who bleeds when the wolves bite? A flesh-and-blood prespective on hedge fund activism and our strange corporate governance system,* em Yale Law Journal, Vol. 126, p.1870 (também disponível em http://www.law.harvard.edu/programs/olin_center/), e Alessio M. Pacces (2016), *Exit, Voice and Loyalty from the Perspective of Hedge Funds Activism in Corporate Governance,* em ECGI Law Working Paper n.º 320/2016 (disponível em http://www.ecgi.org).

A este respeito, merece registar que, além do ativismo atribuído aos "*hedge funds*", há já quem fale em *"institucional activism",* procurando alargar o antedito ativismo a todos os investidores institucionais. Com interesse para este ponto veja-se Therese Strand (2017), *An Economic View on Shareholder Duties in Corporate Governance,* em Shareholders' Duties, editado por Hanne S. Birkmose, Wolters Kluwer, Capítulo 3.

De entre estes pela sua preponderância anteriormente referenciada, muito se tem falado no papel[23] e envolvimento que pode e, em certa medida e sob determinadas circunstâncias, deve ser assumido pelos fundos de investimento, relativamente às sociedades nas quais detêm participações sociais.

Como suporte ao fomento da participação e envolvimento, que se assumem inerentes aos acionistas, são-lhes conferidos diversos direitos legais, tal como o direito de transmissibilidade das ações, direito a informação, direito a participar nas decisões sociais mais relevantes, incluindo a eleição de órgãos sociais[24].

Não obstante, se por um lado é unânime a relevância social que representa a existência de um tal envolvimento acionista, o qual permite uma alocação de capital eficiente e uma monitorização adequada da performance societária, por outro, não deixa de ser consensual a existência de argumentos válidos que sustentam que os investidores institucionais possam não estar disponíveis para suportar os custos decorrentes de um tal envolvimento, sem disso extrair benefícios diretos.

O que, refira-se, é especialmente ponderoso no caso dos fundos de investimento, no âmbito dos quais, segundo o regime legal em vigor, é consagrado o dever – fundamental e fundamentante – de prossecução do exclusivo interesse dos participantes[25].

[23] Sobre os diferentes papéis que podem ser assumidos pelos acionistas e, em função disso, a possibilidade de prever uma diferenciação dos direitos que lhes são concedidos, veja-se Serdar Çelik e Mats Isaksson (2014), *Institucional investors* ..., cit., p. 104, segundos os quais "[s]*hareholders that for some reason do not find it worthwhile to gather information about the companies they own and do not contribute to monitoring through any form of ownership engagement are obviously ill equipped to serve the wider economic role of providing risk capital. This distinction is not theoretical, since in reality we have shareholders that exhibit different degrees of ownership engagement. This has given rise to a debate about the possibility to differentiate returns or shareholders rights between those shareholders that contribute risk capital, information and monitoring on the one hand and those who only contribute risk capital on the other hand.*"

[24] O artigo 21.º do Código das Sociedades Comerciais consagra os direitos dos sócios, concretizado na alínea b) do seu numero 1, participarem nas deliberações de sócios, sem prejuízo das restrições previstas na lei. Esse será o pressuposto assumido pelo presente estudo, cujas especialidades não curaremos de aprofundar o presente estudo, por exceder o seu objeto. Assim como é igualmente assumido, por evidente, que os direitos de participação dos investidores institucionais – e de todos os acionistas – não se limitam à participação em assembleias gerais e ao exercício do direito de voto, sem prejuízo da relevância deste. Com interesse para este ponto veja-se Catarina Romão Pinho (2012), *Os fundos de investimento mobiliário no Direito Português: natureza jurídica e exercício do direito de voto pela entidade gestora*, em Revista de Direito das Sociedades, Ano IV, p. 138.

[25] O regime jurídico nacional, aplicável aos Organismos de Investimento Coletivo, prevê no artigo 15.º, da Lei n.º 16/2015, de 24 de fevereiro, que "[a] *entidade responsável pela gestão, o depositário e as*

Por outro lado, importa referir que um maior envolvimento dos acionistas não deve ser procurado e ou imposto exclusivamente por via da imposição de deveres e ou encargos aos acionistas, sendo, pois, desadequado o foco exclusivo nos investidores institucionais.

Com efeito, importa compreender que as regras de governo societário constituem, primeiramente, dever das próprias sociedades, as quais no âmbito da sua organização devem compreender as expectativas e perspetivas dos acionistas para a sociedade e fomentar uma relação de longo-prazo com os investidores, usando para o efeito uma política comunicacional transparente, que possa ir para além do cumprimento do dever legal, comunicando com os investidores de uma forma aberta, completa e integrada, permitindo dar a conhecer o modelo de negócio da sociedade e a visão do seu desenvolvimento por parte dos seus órgãos executivos[26].

II. Os fundos de investimento enquanto Investidores Institucionais: traços gerais do regime português

Tem sido no contexto da relevância do governo societário e dos benefícios decorrentes do envolvimento e participação efetiva dos acionistas que tem sido perspetivado o envolvimento dos investidores institucionais, a respeito dos quais importa ter em consideração as características e enquadramento concreto de cada um deles.

Ora, no caso dos fundos de investimento importa, por um lado, atender ao seu quadro regulatório, para melhor compreender a atuação das entidades gestoras e das demais que são relevantes para o seu governo [dos próprios fundos de investimento, entenda-se] e, por outro, alguns dos seus modelos de negócio.

entidades comercializadoras de um organismo de investimento coletivo agem de modo independente e no exclusivo interesse dos participantes.", estabelecendo o artigo 73.º da Lei n.º 16/2015, de 24 de fevereiro, em sua concretização, um conjunto de regras destinadas a assegurar que a atuação da entidade gestora assegure o tratamento equitativo dos participantes e de prevalência dos interesses dos participantes.

[26] Com interesse para este ponto veja-se Martin Lipton, *The New Paradigm – A Roadmap for an implicit Corporate Governance Partnership Between Corporations and Investors to Achieve Sustainable Long-Term Investment and Growth*, p.3 (disponível em https://corpgov.law.harvard.edu/2017/01/11/corporate-governance-the-new-paradigm/).

Importa, antes do mais, ter em consideração que a sociedade gestora tem deveres fiduciários[27] [28] para com os participantes dos fundos, no exclusivo interesse dos quais deve atuar[29] [30]. Aliás, a atuação independente e no exclusivo interesse dos participantes é um ditame legal para a atuação da entidade gestora, mas também do depositário e da entidade comercializadora[31]. Ora, é este imperativo que caracteriza o regime dos fundos de investimento, em especial da entidade gestora, a atuação no exclusivo interesse dos participantes.

Este princípio tem concretização específica, no que à gestão diz respeito, sendo expressamente consignado que é ao órgão de administração que compete administrar e gerir o património no exclusivo interesse dos participantes[32].

Para efeitos de salvaguarda de atuação, por parte da entidade gestora e seus órgãos competentes, são legalmente consignadas regras em matéria de conflitos de interesses, no intuito de assegurar o alinhamento dos interesses da entidade gestora com o dos participantes, ou, ao menos, caso o mesmo inexista na plenitude, que não resulte numa preterição dos interesses dos participantes.

É, pois, neste contexto que se encontra legalmente consagrado o dever de registar as atividades que possam originar conflitos de interesses, em

[27] Com interesse para este ponto veja-se PEDRO FERREIRA MALAQUIAS / TIAGO SIMÕES DE ALMEIDA (2011), *Exercício de direitos de voto por entidades gestoras de fundos de investimento*, em Atualidad Jurídica, n.º 30, p. 135 (disponível em http://www.uria.com/documentos/publicaciones/3235/documento/art17.pdf?id=3383), e CATARINA ROMÃO PINHO (2012), *Os fundos de investimento mobiliário no Direito português: natureza jurídica e exercício do direito de voto pela entidade gestora*, in REVISTA DE DIREITO DAS SOCIEDADES -- ANO IV (2012) NÚMERO 1, p. 144

[28] A este respeito veja-se JAMES P. HAWLEY e ANDREW T. WILLIAMS, (2000) *The rise of fiduciary capitalism: How Institutional Investors can make corporate America more democratic,* em University of Pennsylvania Press, cujo estudo tende a sustentar o alinhamento de interesses entre investidores institucionais e o governo societário das empresas por estes participadas, algo que – cremos – nem sempre parece existir.

[29] Artigo 15.º da Lei n.º 16/2015, de 24 de fevereiro.

Com interesse para este ponto veja-se ALEXANDRE NORINHO DE OLIVEIRA, (2015) *Da Diretiva dos Gestores de Fundos de Investimento Alternativo ao Regime Geral dos Organismos de Investimento Coletivo: Regime Atual e Perspetivas Futuras,* em Cadernos do Mercado de Valores Mobiliários, n.º 52, p. 19.

[30] Segundo ALEXANDRE BRANDÃO DA VEIGA (1999), *Fundos de Investimento Mobiliário e Imobiliário – Regime Jurídico,* Coimbra, p. 91, "[p]*or boa administração do fundo tem de se entender aquela que mais satisfaz os interesses dos participantes*".

[31] Artigo 15.º da Lei n.º 16/2015, de 24 de fevereiro.

[32] Artigo 52.º, n.º 1 alínea a) da Lei n.º 16/2015, de 24 de fevereiro.

que o regime em vigor contém uma obrigação de manutenção de um registo atualizado das atividades que originem conflitos de interesses[33], caso as políticas e procedimentos internos destinados a prevenir ou gerir situações de conflitos de interesses não se mostrem suficientes. Em tais circunstâncias o órgão de administração ou de fiscalização da entidade gestora deverão ser prontamente informados de tal facto para que possam adotar as medidas necessárias para fazer face ao evento identificado, devendo tal decisão ser objeto de comunicação aos participantes do fundo[34].

No entanto, parece claro que regime aplicável aos fundos de investimento quando este se encontre na qualidade de acionista, enquanto investidor institucional, excedem largamente as preocupações e objetivos em matéria de gestão de conflitos de interesses.

Aliás, isso mesmo parece estar subjacente ao regime jurídico em vigor[35].

O legislador europeu veio prever que as entidades gestoras devem adotar, aplicar e manter uma estratégia eficaz e adequada de exercício dos direitos de voto associados aos instrumentos financeiros detidos pelos fundos de investimento que gerem, de molde a assegurarem que tais direitos são exercidos em benefício exclusivo dos fundos[36]. A informação relativa à

[33] Como poderá ser o caso do exercício dos direitos do fundo de investimento enquanto detentor de participações sociais, enquanto acionista.

[34] Artigo 89.º da Lei n.º 16/2015, de 24 de fevereiro. Veja-se, ainda, o considerando 15 da Diretiva n.º 2010/43/UE da Comissão de 1 de julho de 2010, que aplica a Diretiva 2009/65/CE do Parlamento Europeu e do Conselho no que diz respeito aos requisitos organizativos, aos conflitos de interesse, ao exercício da atividade, à gestão de riscos e ao conteúdo do acordo celebrado entre o depositário e a sociedade gestora.

[35] Com interesse para este ponto veja-se Serdar Çelik e Mats Isaksson (2014), *Institucional investors ...*, cit., p. 9, segundo os quais "[t]*he degree of ownership engagement is hardly a moral issue or a general fiduciary duty that must override other objectives, such as maximising returns to the institutions' ultimate beneficiaries. Instead, what matters for society as a whole is the role that ownership engagement is expected to play for effective capital allocation and monitoring of corporate performance.*"

[36] Refira-se, no entanto, que a atuação no interesse dos participantes não constitui um principio absoluto, conforme, aliás, decorre da previsão ínsita na Diretiva 2009/65/CE, bem como na Diretiva 2011/61/UE das entidades gestoras agirem na defesa dos interesses dos fundos que gerem, mas também da integridade do mercado. Assim, algumas práticas, como certas técnicas de antecipação da evolução do mercado (*market timing*) e as transações após o horário limite (*late trading*), podem prejudicar os participantes de um fundo e prejudicar o funcionamento do mercado. Assim, as entidades gestoras devem adotar medidas apropriadas de prevenção de práticas irregulares, bem como aplicar mecanismos que evitem encargos excessivos e atividades como a negociação excessiva e despropositada (*excessive trading*), considerando os objetivos e a política de investimento dos fundos.

estratégia e à respetiva aplicação deve ser disponibilizada livremente aos investidores, nomeadamente num sítio de internet.

Contudo, é expressamente admitido que, conforme os casos, a decisão de não exercer o direito de voto em determinadas circunstâncias pode ser considerada como uma decisão em benefício exclusivo dos fundos, podendo depender da estratégia de investimento destes[37] [38].

Isso mesmo é consagrado no artigo 21.º[39] da Diretiva n.º 2010/43/UE da Comissão de 1 de julho de 2010, no qual é consagrado o dever dos Estados Membros exigirem que as entidades gestoras desenvolvam estratégias adequadas e eficazes para definir quando e como devem ser exercidos os direitos de voto associados aos instrumentos integrados nas carteiras geridas, acrescentando – note-se – em beneficio exclusivos dos fundos em questão.

O legislador optou por estabelecer um conjunto de matérias que deverão ser devidamente consignadas na estratégia em causa concernentes ao acompanhamento dos eventos societários relevantes, à certificação de que o exercício dos direitos de voto cumpre os objetivos e a política de investi-

[37] Veja-se o Considerando 16 da Diretiva n.º 2010/43/UE da Comissão de 1 de julho de 2010, o qual acrescenta que "[n]*o entanto, não deve ser posta de parte a possibilidade de uma sociedade de investimento exercer ela própria o seu voto ou dar instruções de voto específicas à sua sociedade gestora.*"

[38] No âmbito da concretização do Princípio II.A – "*A estrutura de governo das sociedades deverá proporcionar incentivos sólidos através de toda a cadeia de investimento e possibilitar aos mercados acionistas funcionar de uma forma que contribua para o bom governo das sociedades. Os investidores institucionais que atuam numa capacidade de fiduciário devem divulgar as suas políticas de governo das sociedades e de voto em relação aos seus investimentos, incluindo os procedimentos que utilizam para decidir sobre o exercício dos seus direitos de voto*", OCDE (2016), Princípios de Governo Societário, p.36, disponível em https://read.oecd-ilibrary.org/governance/principios-de-governo-das-sociedades-do-g20-ocde_9789264259195-pt#page34, é admitido que "[e]*mbora este princípio não exija que os investidores institucionais exerçam os direitos de voto inerentes às suas ações, requer a divulgação da forma como exercemos os seus direitos de propriedade com a devida consideração de custo-eficácia.*"

A questão dos custos não é, de todo, indiferente, como aliás é amplamente discutido e, certeiramente, referido pela OCDE (em *Corporate Governance – The Role of Institutional Investors Promoting Good Corporate Governance*, p.41, disponível em http://www.oecd.org/corporate/ca/corporategovernanceprinciples/theroleofinstitutionalinvestorsinpromotinggoodcorporategovernance.htm) "[e]*ngagement is expensive and must be matched against potencial revenues which are shared with other investors (i.e. there is a free rider problem).*"

[39] Cujo conteúdo coincide, em larga medida, com o artigo 37.º do Regulamento Delegado n.º 231/2013 da Comissão de 19 de dezembro de 2012, que complementa a Diretiva n.º 2011/61/UE do Parlamento Europeu e do Conselho no que diz respeito às isenções, condições gerais de funcionamento, depositários, efeito de alavanca, transparência e supervisão, o qual [o artigo 37.º], refira-se, vem complementar o artigo 14.º da Diretiva n.º 2011/61/EU, que versa precisamente sobre conflitos de interesses.

mento do fundo, e à prevenção ou gestão de conflitos de interesses decorrentes do exercício dos direitos de voto[40].

Foi, ainda, assegurado pela legislação europeia que aos investidores deve ser conferido o acesso a uma descrição resumida das anteditas estratégias, bem como à informação pormenorizada sobre as medidas adotadas em aplicação de tais estratégias, as quais devem ser disponibilizadas gratuitamente aos participantes, a pedido destes[41].

O regime jurídico em causa veio a ser integralmente acolhido pelo legislador português, o qual, não obstante e por opção, foi muito além do estatuído pelo legislador europeu.

Com efeito, visto do artigo 90.º da Lei n.º 16/2015, de 24 de fevereiro, verifica-se que o mesmo replica, quase literalmente, o artigo 21.º da Diretiva n.º 2010/43/UE da Comissão de 1 de julho de 2010, acrescentando-lhe diversos requisitos. Em adição ao regime consagrado pelo legislador europeu, o legislador português exige que a política e procedimentos adotados[42] identifiquem, pelo menos, os critérios a usar na determinação, caso a caso, do sentido voto relativamente aos assuntos societários tidos como de grande relevância, enunciando designadamente situações e fatores suscetíveis de motivar, em princípio, a oposição ou a aprovação de propostas de deliberação relacionadas com aquelas matérias, não devendo consagrar uma política geral de não participação sistemática nas assembleias gerais.

Ora, em adição ao uso do conceito indeterminado e cuja Lei n.º 16/2015, de 24 de fevereiro, não concretiza de "assuntos societários tidos como de grande relevância", a consagração de uma proibição de existência de uma política geral de não participação sistemática nas assembleias gerais deve ser aplicado tendo em consideração a natureza e características dos fundos de investimento em concreto.

Por outro lado, o dever de existência de uma política que não preconize uma não participação sistemática nas assembleias gerais poderá não trazer os resultados e ou efetividade pretendida, em especial quanto tendo em

[40] Artigo 21.º, n.º 2 da Diretiva n.º 2010/43/UE da Comissão de 1 de julho de 2010.

[41] Artigo 21.º, n.º 3 da Diretiva n.º 2010/43/UE da Comissão de 1 de julho de 2010.

[42] O que parece, genericamente, alinhado com o princípio III.A. de Governo das Sociedades da OCDE, segundo o qual "[o]*s investidores institucionais que atuam numa capacidade de fiduciário devem divulgar as suas políticas de governo das sociedades e de voto em relação aos seus investimentos, incluindo os procedimentos que utilizam para decidir sobre o exercício dos seus direitos de voto.*" (em OCDE, 2016, Princípios de Governo das Sociedades. Disponível em https://read.oecd-ilibrary.org/governance/principios-de-governo-das-sociedades-do-g20-ocde_9789264259195-pt#page34).

consideração que o próprio legislador europeu admite, expressamente[43], que a decisão[44] de não exercer o direito de voto em determinadas circunstâncias pode ser legítima por ser suscetível de ser considerada como uma decisão em benefício exclusivo do fundo e, como tal, dos participantes.

Significativo é, no entanto, a verificação de que, destarte o legislador nacional ter ido além do legislador europeu, os fundos de investimento e as respetivas entidades gestoras nacionais parecerem, a final, manter um alinhamento com o regime europeu que parece demonstrar a compreensão, por parte de todos os *stakeholders* envolvidos, de que, primeiramente, a norma interpretativa consignada na legislação europeia[45] tem acuidade e de que as características concretas e caracterizadoras dos fundos de investimento têm conduzido a resultados, por ventura, diversos do então perspetivado pelo legislador nacional[46], no sentido de pretender ir além do regime europeu.

Com efeito, não obstante, os fundos de investimento haverem, genericamente[47], incorporado o regime nacional, a efetividade da participação e do

[43] Ainda que com caráter interpretativo, pois que é de um considerando que se trata, em concreto o Considerando 16 da Diretiva n.º 2010/43/UE da Comissão de 1 de julho de 2010.

[44] Parece clara a consagração, por parte do legislador europeu, do dever de adotar, aplicar e manter uma estratégia eficaz e adequada de exercício dos direitos de voto, sem que tal contenda com a decisão de não exercer o direito de voto em determinadas circunstâncias pode ser considerada como uma decisão em benefício exclusivo dos OICMV, dependendo da sua estratégia de investimento.

[45] I.e. o Considerando 16 da Diretiva n.º 2010/43/UE da Comissão de 1 de julho de 2010.

[46] Refira-se que, no momento de elaboração do presente estudo, foi já tornada pública a proposta de Lei n.º 109/XIII, no âmbito da qual o legislador nacional, revertendo a sua opção inicialmente realizada aquando da Lei n.º 16/2015, de 24 de fevereiro, alinha o artigo 90.º desta Lei com a posição do legislador europeu, o que crê acertado, não em especial atenta a natureza dos fundos de investimento e a desvantagem competitiva que o regime atual representa para os fundos nacionais. O referido projeto pode ser consultado em: http://app.parlamento.pt/webutils/docs/doc.pdf?path=6148523063446f764c3246795a5868774d546f334e7a67774c336470626d6c7561574e7059585270646d467a4c31684a53556b76644756346447397a4c334277624445774f53315953556c4a4c6d527659773d3d&fich=ppl109-XIII.doc&Inline=true.

[47] Ainda que de forma muito assimétrica e, nalguns casos, por ventura, incipiente, em especial face à exigência do novo regime consignado na Lei n.º 16/2015, de 24 de fevereiro. Com interesse para este ponto, veja-se a análise exaustiva realizada por Hugo Moredo Santos, 2011, "*Um governo...*", cit., p. 400, a qual, não obstante realizada no âmbito do regime jurídico prévio à Lei n.º 16/2015, de 24 de fevereiro, observa que "[é] *interessante verificar que a política de exercício de direitos de voto varia em função da respetiva entidade gestora e não tanto dos fundos por esta geridos*", observação que cremos manter atualidade.

exercício de direitos de voto por parte dos fundos de investimento nacionais parece não ser significativa.

No entanto, não cremos que de tal se possa concluir pelo incumprimento, por parte das entidades gestoras do regime legal em vigor, nem tão pouco pela sua insuficiência[48].

Tal não contende com, nem minimiza, a relevância dos investidores institucionais para o governo das sociedades, em geral, e para a necessidade de, em benefício destas, se procurar estimular e criar mecanismos que permitam um envolvimento e participação efetiva dos acionistas nas sociedades em que participam[49]. Mas tal não deve ser indiferente às características e circunstâncias concretas de cada investidor institucional, sendo que no

[48] No mesmo sentido veja-se a opinião da ESMA em resposta ao "*Green Paper – The EU Corporate Governance Framework*", da Comissão Europeia (ESMA/2011/219, p. 10).
Em sentido oposto veja-se Ana Perestelo de Oliveira (2017), "*Manual de Governo...*", cit., p.71; bem como Catarina Romão Pinho (2012), *Os fundos de investimento mobiliário no Direito Português: natureza ...*, cit., p. 145.
Com interesse para este ponto veja-se Alexandre de Soveral Martins (2017), "*DGFIA*, hedge funds...", cit., p. 150, o qual, a respeito do regime jurídico europeu decorrente da Diretiva n.º 2011/61/UE, do Parlamento Europeu e do Conselho, de 8 de junho de 2011, relativa aos gestores de fundos de investimento alternativos, tende a concluir pela insuficiência do mesmo.

[49] Merece registar que a jurisdição nacional tem tradições em matéria de participação de investidores institucionais, ou, pelo menos, no seu incentivo. Com efeito, refira-se que em 8 de julho de 2011, resultado de trabalhos conjuntos desenvolvidos pela CMVM e pelo ISP (atual ASF) no âmbito do Conselho Nacional de Supervisores Financeiros, foram publicadas, respetivamente, a "Recomendação da CMVM sobre o incentivo à participação em Assembleia Geral e exercício de direito de voto" [por parte da entidades gestoras de Organismos de Investimento Coletivo], e a Circular do ISP n.º 9/2010, de 8 de julho, contendo idêntica recomendação dirigida às sociedades gestoras de fundos de pensões. Para uma análise mais detalhada das recomendações veja-se Hugo Moredo Santos (2011), *Um governo para os fundos ...*, cit., p. 401 e ss, o qual procede inclusivamente a uma análise empírica das políticas de exercício de direitos de votos previstas pelas entidades gestoras sedeadas em território português, à data.
Com interesse para este ponto, em especial enquanto constatação empírica da prática, em data anterior às recomendações, no mercado português, veja-se Fernando Silva (2009), *O exercício do Direito de Voto em Ações de Emitentes Nacionais pelos Fundos de Investimento Mobiliário Portugueses*, em Cadernos do Mercado de Valores Mobiliários, n.º 34 (disponível em http://www.cmvm.pt/pt/EstatisticasEstudosEPublicacoes/CadernosDoMercadoDeValoresMobiliarios/Documents/Artigo334.pdf).

caso dos fundos de investimento existem diversas características que deverão ser tidas em consideração[50] [51].

III. Algumas questões atuais sobre os fundos de investimento enquanto investidores institucionais

Desde logo, o dever primeiro, das entidades gestoras atuarem no exclusivo interesse dos participantes[52]. Pelo que, na concretização de tal dever as mesmas poderão adotar práticas e ou decisões de gestão e de investimento inibidoras do exercício efetivo dos direitos de voto referentes às participações de que os fundos sob sua gestão sejam titulares.

III.a. Investimento de curto prazo ("*short-termism*")

De facto, no âmbito dos fundos de investimento não é incomum verificarem-se práticas de investimento norteadas por decisões tendentes a

[50] Com interesse para este ponto veja-se Therese Strand (2017), *An Economic View...*, cit., segundo a qual (p. 62) "[t]*he idea to impose obligations on shareholders is, at least to some extent, fueled by a political strive to tilt companies and financial markets towards a more long-term orientation.*" Bem como Alessio M. Pacces (2017), *Hedge Fund Activism and the Revision of the Shareholder Rights Directive*, em ECGI Law Working Paper n.º 353/2017, p. 25, segundo o qual "[f]*irstly, using corporate governance to regulate the asset management industry creates a bias in favour of long-term management. Long-term feedback, however, doest not fit companies. Companies that are slow to react to rapidly changing environment benefit more from hedge funds than from long-term investors".*

[51] Não obstante, não se crê subsistirem dúvidas que, em qualquer circunstância, as entidades gestoras se encontram vinculadas a, em conformidade com o artigo 66.º da Lei n.º 16/2015, de 24 de fevereiro, a gerir o património do fundo e a exercer os direitos relacionados com o mesmo, enquadrado, enquanto intermediário financeiro, bem como a sua atuação se encontra vinculada a um elevado grau de diligência no acompanhamento contínuo dos investimentos, no interesse dos participantes (em conformidade com o artigo 74.º da Lei n.º 16/2015, de 24 de fevereiro, o que se encontra alinhado com o artigo 14.º da Diretiva 2009/65/CE do parlamento europeu e do conselho de 13 de julho de 2009). No mesmos sentido veja-se ESMA(2011/219) a qual, em resposta ao "*Green Paper – The EU Corporate Governance Framework*", da Comissão Europeia, concluiu que "[w]*ith regard to asset managers' engagement with investe companies, ot should be recognized that they have a duty to at least exercise vigilance regarding the shareholdings they manage.*" (p. 10).

[52] A este respeito veja-se a resposta da ESMA ao "Green Paper – The EU Corporate Governance Framework", da Comissão Europeia (ESMA/2011/219, p. 9), no âmbito da qual a ESMA considera – corretamente – que "[f]*und and portfolio managers have fiduciary duties to their clients because they are subject to regulations according to which, the protection of the interests of their clients and not that of the companies in which they invest.*"

aproveitar a volatilidade dos mercados, realizando assim investimentos de muito curto prazo ("*short-termism*")[53] [54], com uma atividade de compra e venda frequentes, no que pode ser considerada uma gestão muito ativa[55] [56], bem como práticas de "*stock picking*" ou de identificação de oportunidades de investimento de médio prazo em sociedades que correspondam aos critérios e decisões de investimento da entidade gestora[57].

Na verdade, mais que não ser incomum, o investimento de curto-prazo, antes especialmente apontada aos "*hedge-funds*", representa uma tendência

[53] Com interesse para este ponto veja-se ROGER M. BARKER e IRIS H.-U. CHIU, (2017) *Corporate Governance and Investment Management – The promise and limitations of the new financial economy*, Edward Elgar Publishing, p.10, "[d]*espite the enthusiasm for shareholder empowerment at the policy level, there has been some recognition of the deficiencies in funds' corporate governance capacities, especially in the wake of the global financial crisis. It is commonly observed that many institutional shareholders seem disengaged from 'monitoring' risky corporate practices and often encourage short-term oriented corporate practices as a means of underpinning near term equity prices*". Para um relato conciso e muito acutilante sobre as questões atuais e inerentes ao "*short-termism*" veja-se ANDREW G HALDANE, (2011) *The short long*, disponível em https://www.bis.org/review/r110511e.pdf.

[54] Com interesse para este ponto, em especial sobre o papel que os investidores podem ter no desincentivo de investimento de curto prazo, atentos os seus efeitos, veja-se United Nations Global Compact, (2017) *Coping, Shifting, Changing 2.0 – Corporate and Investor strategies for managing market short-termism* (disponível em https://www.unglobalcompact.org/library/5421).

[55] Uma das questões mais atuais e controversas no âmbito dos fundos de investimento, que tem captado a atenção de todos os seus *stakeholders*, é precisamente a fronteira entre gestão muito ativa e em que circunstâncias é esta uma prática legítima, quando é que uma tal gestão passa a ser excessiva, podendo assumir contornos de "*churning*", senão mesmo intermediação excessiva no âmbito da gestão de ativos. Sobre intermediação excessiva veja-se o artigo 310.º do Código dos Valores Mobiliários.

Com interesse para este ponto, por tocar em diversos aspetos que circundam a discussão atual em torno do tema, veja-se o DUNCAN LAMONT, *In fund management, churn is not necessarily burn*, artigo de opinião pulicado no Financial Times de 26 de julho de 2017, disponível para consulta em https://www.ft.com/content/893c70d8-67b9-11e7-8526-7b38dcaef614.

[56] Segundo a OCDE (2011, *Corporate Governance – The Role of Institutional Investors Promoting Good Corporate Governance*, p. 12, disponível em http://www.oecd.org/corporate/ca/corporategovernanceprinciples/theroleofinstitutionalinvestorsinpromotinggoodcorporategovernance.htm, a nível global, o período médio de detenção de participações reduziu-se para cerca de um ano, no entanto uma parte significativa poderá ser imputada ao crescimento significativo da prática de *high frequency traders*. Com efeito, segundo a OCDE (*Corporate Governance – The Role of...*, cit., p. 43) "[h]*igh frequency program traders now account for some 30-40% of stock Exchange trading in Europe and there are even higher estimates of 50-80% in both the US and in Europe.*"

[57] Tipicamente corresponderão a empresas com perspetivas positivas de valorização ("*value stocks*") e ou com políticas de dividendos generosas ("*dividend players*"), assim como empresas que apresentem múltiplos de mercado atrativos e estabilidade de modelos de negócio.

crescente, mesmo entre os investidores institucionais, tradicionalmente associados a investimentos de longo prazo [58].

Inversamente, a uma gestão ativa, os fundos de investimento podem ser objeto de gestão passiva[59].

III.b. Gestão Passiva

A gestão passiva caracteriza-se, por regra, pela seleção inicial de ativos e uma passividade subsequente, frequentemente associando a performance do fundo à de um índice de referência[60] (fenómeno denominado por "*closet index*" ou "*index hugging*"), em que a tal passividade corresponde um menor conjunto de custos e encargos imputados aos fundos. O que, refira-se, constitui um dos elementos diferenciadores entre a gestão ativa e passiva, porquanto esta apresenta um nível de encargos e custos imputados ao fundo bastante inferiores.

A gestão passiva de fundos de investimento traduz-se numa estratégia de investimento que visa replicar um índice utilizado como índice de referência[61].

[58] No mesmo sentido veja-se Klaus J. Hopt (2015), *Corporate Governance in Europe – A Critical Review of the European Commission's Initiatives on Corporate Law and Corporate Governance*, em ECGI Law Working Paper n.º 296/2015 (disponível em http://ssrn.com/abstract=2644156), segundo o qual "[u]*nder the pressure of short interval disclosure, such as quarterly earnings, market expectancies, international competition and short-term compensation packages, management and boards can be tempted to shy away from more risky long-term decisions. Even for institutional investors many of whom traditionally hold a longer-term investment perspective, the time horizon has shortened. This goes so far that the traditional distinction between hedge funds, which typically invest in corporations with the short-term aim of making profit and then exit, and institutional investors seems to get blurred.*" (p. 26)

[59] Com interesse para este ponto veja-se Ian R. Appel, Todd Gormley, e Donald B. Keim, (2014) *Passive Investors, not passive owners*", disponível em http://www.stern.nyu.edu/sites/default/files/assets/documents/1%20Gormley%20Passive%20Investors%20Not%20Passive%20Owners.pdf.

[60] Com interesse para este ponto veja-se o Regulamento (UE) n.º 2016/1011 do Parlamento Europeu e do Conselho de 8 de junho de 2016, relativo a índices utilizados como índices de referência no quadro de instrumentos e contratos financeiros ou para aferir o desempenho de fundos de investimento e que altera as Diretivas 2008/48/CE e 2014/17/EU e o Regulamento (UE) n.º 596/2014.

[61] A este respeito veja-se o REGULAMENTO (UE) 2016/1011 DO PARLAMENTO EUROPEU E DO CONSELHO de 8 de junho de 2016 relativo aos índices utilizados como índices de referência no quadro de instrumentos e contratos financeiros ou para aferir o desempenho de fun-

Assim, por regra, para o fazer os ativos que compõem o ativo do fundo de investimento replicam, proporcionalmente, a composição do índice em causa. Pelo que, caso seja mantida a composição do índice de referência a gestão passiva fundo não realizará qualquer investimento e ou desinvestimento que não replica o indice de referência adotado.

Por regra, os fundos de investimento sob gestão passiva detêm uma grande diversidade de ativos com baixo nível de comissionamento[62] [63] [64].

Inversamente, os fundos de investimento sob gestão ativa visam a obtenção de uma maior rendibilidade que o seu índice de referência, através de uma seleção de ativos discricionária por parte da entidade gestora ou da procura em antecipar valorizações e ou desvalorizações do mercado, em especial dos ativos que compõem o seu ativo. Ora, ao fazê-lo, ao realizar uma gestão ativa, tal é suscetível de gerar mais custos e encargos, de corretagem e outros, desde logo de informação suporte relevante à atividade de gestão, que tornam a gestão ativa, por regra, mais onerosa, quando comparada com uma gestão passiva[65].

dos de investimento e que altera as Diretivas 2008/48/CE e 2014/17/UE e o Regulamento (UE) n. 596/2014.

[62] O que tem levado a que sejam considerados fundos de investimento "*low-cost*", de um perspetiva de custos de comissionamentos e encargos.

[63] No mesmo sentido veja-se Alessio M. Pacces (2017), *Hedge Fund Activism and ...*, cit., p. 15, segundo o qual "[I]*nterestingly, although institutional ownership is empirically associated with higher R&D investments, this association does not depend in index funds. This finding aligns with theory. Index fund managers do not benefit from firm-specific screening. Because their income depends on the size of their portfolio, they choose low-cost voting policies that investors appreciate overall, including best practices in corporate governance.*"

[64] Neste sentido veja-se Ian R. Appel, Todd A. Gormley e Donald B. Keim (2016), *Standing in the shoulders of giants: the effect of passive investors on activism*" (disponível em http://www.nber.org/papers/w22707), segundo os quais "[p]*assive funds attempt to match the performance of a market index by holding a basket of representative securities in the particular market index in proportion to their weights in the index.*" (p. 10), concluindo que "[o]*ur findings suggest that the growth of passive investors facilitates activism by lowering the costs associated with certain activism tactics and by increasing the activists' likelihood of success.*"

[65] O crescimento acentuado dos fundos de investimento sob gestão passive tem gerado um amplo debate sobre as suas vantagens e desvantagens, começado nas suas rendibilidades quando comparados com fundos de investimento sob gestão ativa, e passando pelos seus impactos nos mercados de capitais. Uma das preocupações passa pelas distorções que tal poderá suscitar quanto às distorções no estabelecimento dos preços dos instrumentos financeiros.

Com interesse para este ponto, em especial a controvérsia que gerou a comparação entre gestão passiva e gestão ativa, veja-se FCA, (2017), *Asset Management Market Study – Final Report (MS15/2.3)*, p. 4 (disponível em https://www.fca.org.uk/publication/market-studies/ms15-2-3.pdf).

Num contexto de replicação de um índice de referência, em que a natureza da gestão passiva – e o comportamento passivo, senão mesmo omissivo – encontra consagração nos documentos constitutivos do fundo de investimento, e é, na esmagadora maioria dos casos, critério de seleção do investimento em causa por parte do investidor, i.e. do participante, em cujo interesse exclusivo a entidade gestora tem o dever de atuar, o que não é despiciente. Torna-se, assim, claro que o mandato de gestão da entidade gestora, que lhe é imposto pela política de investimento, pode acabar por traduzir e implicar uma não participação e no não exercício dos direitos de voto das entidades participadas [66].

III.c. Remuneração da entidade gestora

Concomitantemente, importa ter em consideração que destarte as diferenças significativas entre a gestão passiva e ativa, a remuneração da entidade gestora é, por regra, quer na gestão ativa quer na gestão passiva, caracterizada por uma comissão de gestão que não é influenciada pela performance do fundo.

Assim, diversamente a outras práticas no âmbito da gestão de ativos, tal como o caso dos fundos de capital de risco, a generalidade das entidades gestoras dos fundos de investimento são remuneradas não pelo desempenho do fundo, mas sim pelo volume de ativos sob gestão, o que pode favorecer que o foco seja o incremento do volume de ativos sob gestão[67], e não

Sobre o impacto da gestão passiva nos mercados de capitais veja-se Vladyslav Sushko e Grant Turner (2018), *The implications of passive investing for securities markets,* em BIS Quarterly Review, março de 2018 (disponível em https://www.bis.org/publ/qtrpdf/r_qt1803j.pdf).
Ainda com interesse para este ponto, em especial sobre o impacto da gestão passiva na indústria de gestão de ativos, veja-se Martijn Cremers, Miguel A. Ferreira, Pedro Matos e Laura Starks (2016), *Indexing and active fund management: International evidence,* em Journal of Financial Economics, n.º 120.

[66] Com interesse para este ponto, e cremos que nos mesmos sentido, veja-se Hugo Moredo Santos (2011), *Um governo para os fundos ...*, cit., p. 390, que sustenta "[a] *selecção, aquisição e alienação de activos constitui o núcleo essencial das funções das entidades gestoras. A administração dos activos que integram os fundos de investimento geridos e a prossecução da política de investimento vertida nos regulamentos de gestão assim exige.*"

[67] A este respeito importa, também, ter em consideração as regras de diversificação de risco, aplicáveis aos fundos de investimento. Com interesse para este ponto veja-se Simon C. Y. Wong (2015), *Is Institutional Investor Stewardship Still Elusive?,* em Butterworths Journal of International

a sua performance, estimulando o seu investimento em índices, ao invés de estimular uma procura por uma performance incremental, ou mesmo pela assunção e ou participação em boas práticas de governo societário [68]. O que não é necessariamente negativo, mas não estimula o desempenho incremental dos fundos de investimento.

Adicionalmente, importa que se atenda à racionalidade económica de tal realidade, i.e. que seja realizada uma análise custo benefício de incorrer no custo de participar e exercer o direito de voto[69], quando o fundo possa ter uma participação pouco representativa no capital da empresa participada[70] [71].

III.d. Participadas no estrangeiro

A detenção de participação em sociedades sedeadas no estrangeiro coloca desafios adicionais, na medida em que os custos de participação e

Banking and Financial Law, p. 510, segundo o qual "[d]*espite warnings that diversification can be taken too far and growing evidence that concentrated portfolios outperform highly diversified ones, many institutional investors have continued to maintain unduly large holdings. (...) The equity portfolios of the biggest asset managers are likely to be even larger, with one declaring that it votes at more than 15,000 shareholder meetings annually.*" (Disponível em https://papers.ssrn.com/sol3/papers.cfm?abstract_id=2654229).

[68] Nalgumas jurisdições a remuneração variável da entidade gestora em função do desempenho do fundo de investimento é mesmo vedada. Os EUA são um exemplo, em que tal é vedado salvo se mau desempenho do fundo de investimento originar, inversamente, a penalização da entidade gestora. Ainda que, refira-se, nesta jurisdição o desempenho dos fundos de investimento é objeto de uma atenção regular por parte dos participantes, tendo os mandatos das entidades gestoras durações médias de três anos (OCDE, 2011, *Corporate Governance – The role of...*, Cit., p. 12).

[69] Com interesse para este ponto veja-se Dirk Zetzsche (2008), *Shareholder passivity...*, cit., p. 22, em especial o ponto 2.c) "[t]*he cost of voting*", no qual este conclui que "[t]*he costs of voting comprise information costs, decision-making costs and procedural costs. In contrast to an opinion widely shared among law & economics scholars, the information costs for informed voting are negligible for institutional investors, given that the law already requires institutional investors to research and analyse all information for their investment decision. Instead, this paper holds that the costs for the technical process of voting are likely to constitute the bulk of the voting costs. These costs drive some institutional shareholders that would generally be inclined to vote towards passivity.*"

[70] Fator esse agravado em caso de empresas participadas em jurisdições diferentes da do fundo e, em especial, no caso de fundos com grandes volumes de ativos sob gestão e em que a maioria das participações detidas conferem uma influência reduzida ou não decisiva ao fundo, enquanto acionista.

[71] Com interesse para este ponto veja-se o considerando 57 da Diretiva n.º 2011/61/UE, do Parlamento Europeu e do Conselho, de 8 de junho de 2011, o qual, não obstante a natureza interpretativa, estabelece um conjunto de limitações ao exercício de posições de controlo.

acompanhamento da empresa participada serão, com grande probabilidade, mais elevados. O que poderá ser agravado pela falta de conhecimento e ou falta de efetividade no acompanhamento e conhecimento da entidade participada e sua atividade.

Uma das soluções apontadas para mitigar esta preocupação passa pelos "*proxy-advisors*", cuja atuação e crescente influência tem gerado crescente preocupação, em especial em sede de conflitos de interesses, não apenas relativamente ao exercício dos direitos de voto, para o qual possam ter sido mandatados, mas também em sede da consultoria por estes prestada.

Isso mesmo esteve subjacente à consulta promovida pela ESMA[72], cujos resultados[73] apontaram para a emissão, pela ESMA, de orientações que possam configurar um conteúdo mínimo de regras de conduta harmonizadas, em sede de auto-regulação, a serem aplicáveis e adotadas pelos "*proxy-advisors*", o que veio a suceder[74].

III.e. Conflitos de interesses

Conforme anteriormente observado, a temática dos conflitos de interesses é uma constante na apreciação da temática vertente, não apenas com relação à atuação dos "*proxy-advisors*", mas desde logo quanto à atuação dos investidores institucionais e, em particular no caso vertente, das entidades gestoras.

Mais uma vez releva considerar as circunstâncias concretas dos fundos de investimento.

[72] *An overview of the proxy advisors industry. Considerations on possible policy options,* ESMA/2012/212 (disponível em http://www.esma.europa.eu/system/files/2012-212.pdf).

[73] Constantes do *Feedback statement on the consultation regarding the role of the proxy advisory industry – Final Report,* ESMA/2013/84 (disponível em https://www.esma.europa.eu/sites/default/files/library/2015/11/2013-84.pdf), no âmbito do qual [p. 7 e ss] eram já indicadas orientações para um Código de Conduta, para auto-regulação, a ser adotado pela indústria, dos "*proxy-advisors*".

[74] Para mais informações sobre o código de conduta adotada (que a ESMA considerou satisfatório) e as entidades que o adotaram voluntariamente, veja-se *Follow-Report on the development of the 'Best Practice Principles for Providers of Shareholders Voting Research and Analysis'*, ESMA/2015/1887, bem como o *press release* a este associado ESMA/2015/1871 (disponíveis em https://www.esma.europa.eu/press-news/esma-news/esma-publishes-report-proxy-advisors%E2%80%99-best-practice-principles).

Com efeito, nos termos da alínea c) do número do artigo 289.º do Código dos Valores Mobiliários, a gestão de instituições de investimento coletivo é uma atividade de intermediação financeira, cujo exercício se encontra reservado a intermediários financeiros[75].

Ora, assim sendo, importa registar que as entidades gestoras encontrar-se-ão sujeitas às regras aplicáveis do Código dos Valores Mobiliários[76], cujas regras de conflitos de interesses[77] resultarão reforçadas em resultado da transposição, em curso, da DMIF II.

Com efeito, a DMIF II veio introduzir um reforço dos requisitos organizacionais no sentido de impedir que qualquer conflito de interesse possa afetar de negativamente os interesses dos clientes.

Assim, são estabelecidos requisitos no sentido das entidades identificarem e manterem registos dos conflitos de interesses, efetivos ou potenciais, que possam resultar das atividades desempenhadas, que sejam abrangidas por aquela Diretiva em causa, devendo, para o efeito, serem criadas políticas e procedimentos, as quais deverão ter em consideração a natureza, dimensão e complexidade das atividades desenvolvidas pela entidade[78].

Ao que acresce ter presente os deveres de fiscalização do depositário, o qual se encontra vinculado ao dever legal de fiscalizar e garantir perante os participantes o cumprimento da legislação e dos documentos constitutivos

[75] Artigo 289.º, n.º 2 do Código dos Valores Mobiliários.

[76] À data de elaboração do presente estudo não se encontra, ainda, concluída a transposição da Diretiva n.º 2014/65/UE do Parlamento Europeu e do Conselho de 15 de maio de 2014 relativa aos mercados de instrumentos financeiros (DMIF II), apesar da mesma se encontrar ínsita na proposta de Lei n.º 109/XIII, disponível em: http://app.parlamento.pt/webutils/docs/doc.pdf?path=6148523063446f764c3246795a5868774d546f334e7a67774c336470626d6c7561574e7059585270646d467a4c31684a53556b7664475634644739734c334277624445774f53315953556c4a4c6d527659773d3d&fich=ppl109-XIII.doc&Inline=true.

[77] As quais acrescem – sublinhe-se – às regras estabelecidas, desde logo, na Lei n.º 16/2015, de 24 de fevereiro.

[78] Por não se conter no objeto do presente estudo, não curaremos de aprofundar as novidades introduzidas pela DMIF II. Não obstante, sobre a matéria de conflitos de interesse aqui versada, veja-se, designadamente, no âmbito da DMIF II o Considerando 56, os artigos 16.º, número 3, e 23.º, bem como o Considerando 29, 46 e 48 e artigos 33.º e seguintes do Regulamento Delegado (UE) n.º 2017/565 da Comissão de 25 de abril de 2016 que completa a Diretiva 2014/65/UE do Parlamento Europeu e do Conselho no que diz respeito aos requisitos em matéria de organização e às condições de exercício da atividade das empresas de investimento e aos conceitos definidos para efeitos da referida diretiva.

do organismo de investimento coletivo, designadamente no que se refere à matéria de conflito de interesses[79].

IV. Notas finais.

As regras de governo societário constituem, primeiramente, dever das próprias sociedades.

É a estas que, primeiramente, incumbe o dever de adotarem uma política que estimule e facilite a participação acionista, de transparência e clareza de informação, disponibilizando canais de informação acessíveis e disponíveis para a prestação de informação e participação acionista, cuja participação deve, objetivamente, fomentar.

Mais, reconhecendo os desafios que o envolvimento e participação pode conter, devem as próprias sociedades encontrar e disponibilizar meios para colaboração e cooperação entre acionistas, aos quais devem ser conferidos mecanismos equitativos de associação, de participação na vida societária da sociedade, no propósito de fomentar e estimular o seu envolvimento e participação.

Mas tal dever de informação deve ser concretizado em formato simples, dando a conhecer o seu modelo de negócio e informação societária, a visão estratégica do seu órgão executivo.

Paralelamente, há também um papel de relevo a desempenhar pelos investidores, de exigência e seleção de investimentos em entidades que possam estimular e adotar boas práticas.

Sem que de tal possa resultar um esbater do papel e relevância dos investidores institucionais, importa que tenhamos em consideração as suas circunstâncias concretas aplicáveis, adequando as previsões às mesmas, evitando a previsão de deveres e ou encargos desajustados, pois que, sem que tal constitua um dever absoluto, importa considerar que as entidades ges-

[79] Artigo 121.º, n.º 1, alínea h), subalínea iv) da Lei n.º 16/2015, de 24 de fevereiro. Com interesse para este ponto veja-se o Regulamento Delegado (UE) n.º 231/2013 da Comissão de 19 de Dezembro de 2012 que complementa a Diretiva 2011/61/UE do Parlamento Europeu e do Conselho no que diz respeito às isenções, condições gerais de funcionamento, depositários, efeito de alavanca, transparência e supervisão, bem como o Regulamento Delegado (UE) n.º 2016/438 da Comissão de 17 de dezembro de 2015 que complementa a Diretiva 2009/65/CE do Parlamento Europeu e do Conselho no que respeita às obrigações dos depositários.

toras têm deveres fiduciários para com os seus clientes, em cujo exclusivo interesse têm o dever de atuar.

Não obstante, importa que tal fomento não cesse, devendo ser estimulada a existência de políticas remuneratórias adequadas, a existência de estratégias de investimento que não contendam com a defesa do mercado, de mecanismos de participação e de acesso a informação e de investidores, eles próprios, mais informados e exigentes.

O que deverá ser complementado com a efetivação de aos gestores de ativos, às entidades gestoras, ser exigível um elevado grau de diligência no acompanhamento contínuo dos investimentos, mas de forma proporcionada e equilibrada.

CAPÍTULO 9
O ESTADO ENQUANTO ACIONISTA: A EXPERIÊNCIA BRASILEIRA NA GOVERNAÇÃO ("E DESGOVERNAÇÃO") DAS EMPRESAS ESTATAIS E DAS SOCIEDADES DE ECONOMIA MISTA

Evandro Fernandes de Pontes

Resumo/Abstract *1. Introdução. 2. O Acionista no Direito Brasileiro. 3. Modelos societários de participação acionária estatal. 3.1. A Empresa Pública. 3.2. A Sociedade de Economia Mista. 3.3. Os requisitos constitucionais para participação estatal: a questão dos interesses. 4. O Estado enquanto acionista controlador. 5. O Estado enquanto acionista especulador. 6. A Reforma de 2016. 7. Conclusões. 8. Referências Bibliográficas.*

Resumo: *este texto trata do regime jurídico das sociedades estatais no Brasil e, considerando as recentes experiências decorrentes da malversação em algumas estatais, o projeto de reforma no regime de governação dessas mesmas sociedades que culminou com a Lei n.º 13.303, de 30 de junho de 2016.*

Abstract: *this is a paper that focuses on the Brazilian legal system of State-owned corporations as well as those corporations that counts with State-minority investments and, considering the very recent experience arising from the corporate governance malpractices in some companies having the State among its shareholders, that leaded system into a deep reform in its corporate governance pillars since Federal Law nr. 13,303, as of June 30, 2016.*

1. Introdução

Desde que o Supremo Tribunal Federal brasileiro julgou a chamada Ação Penal 470, vulgarmente conhecida como *Caso Mensalão*, o direito societário das estatais no Brasil teve seu primeiro momento de revisão profunda.

Alguns anos depois explode o escândalo do *Petrolão*, um caso ainda inacabado, altamente complexo e com inúmeros pontos de contato e indícios de continuidade dos problemas identificados no *Caso Mensalão*.

O *Caso Mensalão* teve início a partir de maio de 2005, quando um vídeo foi revelado na imprensa local, onde se via um funcionário de uma das estatais mais antigas e tradicionais do Brasil, a Empresa Brasileira de Correios de Telégrafos[1]-[2], acertando vantagens indevidas com terceiros.

A partir desse fato, o Ministério Público Federal, alimentado por uma torrente de matérias investigativas, chegou ao topo do Poder Legislativo brasileiro, identificando que o esquema servia para pagar parlamentares que teriam vendido seu apoio ao governo na votação de inúmeras questões parlamentares. Esse é o cerne, portanto, do chamado *Caso Mensalão* cuja denúncia, apresentada diretamente no Supremo Tribunal Federal por força do foro por prerrogativa de função de vários réus com assento no Congresso Nacional e na Esplanada dos Ministérios, concretizou-se em agosto de 2007 após extensas investigações.

Após aceita a denúncia, o processo seguiu seu curso e o julgamento dos 40 réus tem início em sessão no Supremo Tribunal Federal em 2 de agosto de 2012. Após 69 sessões que levaram os debates a se estender por mais de um ano, o Acórdão de 8.500 laudas relatado pelo Ministro Joaquim Barbosa foi publicado no dia 22 de abril de 2013, data em que, por coincidência, se comemorava o aniversário de 513 anos em que o navegador Pedro Álvares Cabral havia unido Brasil a Portugal para sempre. Recursos foram impetrados e o caso ainda teve outras decisões ao longo dos anos de 2013 e 2014, tendo os últimos embargos sido julgados em 13 de março de 2014. Foram tomadas 1.048 decisões distribuídas em 234 volumes de autos e outros mais de 500 apensos, que contavam com mais de 50 mil laudas, tendo sido ouvidas mais de 650 testemunhas para que se proferissem 25 condenações que somadas superam 50 anos de reclusão e algo em torno de EUR15 milhões

[1] Embora a Empresa Brasileira de Correios e Telégrafos resulte de uma bizarra *transformação societária* de uma autarquia pública, o Departamento de Correios e Telégrafos (criado pela Ditadura Vargas em 1931) em uma sociedade por ações, transformação essa ocorrida em 1969, a atividade incorporada em pessoa jurídica de direito público remonta aos tempos de colônia com a criação do Correio-Mor do Rio de Janeiro em 1663, evoluido posteriormente para Correio do Império, nos tempos de Pedro I, sendo assim uma das "estatais" mais antigas do Brasil.

[2] Outras estatais além da EBCT surgiram no contexto das investigações, que evoluiram naturalmente no Caso Mensalão, entre elas o Banco do Brasil, talvez a estatal mais vetusta e robusta destas praias, criada em 1808 quando da transferência da Corte de Lisboa para o Brasil.

em multas aplicadas, em valores e sob o câmbio da época. Até aquele momento tinha sido o maior e mais relevante processo julgado na Suprema Corte brasileira desde o 22 de abril marcado pelo ato de Pedro Álvares Cabral, 513 anos antes[3].

Menos de uma semana depois do STF ter dado por encerrada uma discussão gigantesca e seríssima no âmbito da governação das empresas estatais no Brasil, exatamente no dia 17 de março de 2014, a Justiça Federal da 4.ª Região, que engloba os estados do Sul do Brasil (Paraná, Santa Catarina e Rio Grande do Sul), deflagra a prisão de empresários envolvidos em um esquema de corrupção dos mais grandiosos já vistos e que teve por foco a governação em estatais brasileiras de alto relevo, como a Petrobras – Petroleo Brasileiro S.A.; a Centrais Elétricas Brasileiras S.A. – Eletrobrás e o BNDES – Banco Nacional do Desenvolvimento Econômico e Social S.A. (dentre as principais).

O trabalho da Justiça Federal da 4.ª Região em resposta a investigações da Polícia Federal e do Ministério Público Federal levou à prisão uma personagem já conhecida dos anais da crimonologia financeira do Brasil: Alberto Youssef, empresário que nos idos de 1996 esteve no epicentro de um esquema de remessas ilegais de valores para exterior, desvendado no âmbito do então Banestado – Banco do Estado do Paraná S.A., uma instituição financeira estatal integralmente detida pelo Estado do Paraná. Os graves problemas de governança no Banestado durante a Década de 1990 viu suas personagens reaparecerem no chamado *Caso Petrolão*, deflagrado dias depois do encerramento do *Mensalão*. No *Petrolão*, as personagens de um e outro caso se encontram em um concerto de trapaças jamais imaginado. Mas não apenas as personagens: a estrutura própria de gestão fradulenta em estatais cresceu em sofisticação a partir do Banestado, passando pelo Mensalão e culminando hoje com o maior escândalo de corrupção do país e um dos maiores do mundo até então, o chamado *Caso Petrolão* que é investigado pela operação policial denominada genericamente de *Operação Lavajato* e que uniu dois núcleos de desmandos financeiros de casos anteriores e de inegável gravidade[4].

[3] Destacam bem os detalhes ocorridos as obras de Joaquim Falcão [org.]. *Mensalão – Diário de um julgamento*. Rio de Janeiro: Elsevier/Campus, 2013; Pereira, Merval. *Mensalão – o dia a dia do mais importante julgamento da história política do Brasil*, 3.ª ed.. Rio de Janeiro: Record, 2013; Silveira, Renato de Mello Jorge [coord.]. *Crônicas Franciscanas do Mensalão*. São Paulo: QuartierLatin, 2014.

[4] Para maiores detalhes, veja a detalhada obra de Vladimir Netto. *Lava Jato – o juiz Sérgio Moro e os bastidores da operação que abalou o Brasil*. Rio de Janeiro: Primeira Pessoa, 2016.

O início das investigações da *Lavajato*, que levaram a Polícia Federal ao quadro de malversação generalizada na estatal Petrobrás (daí o nome *Petrolão*) envolveram antiga personsagem do Caso Banestado, que estava, mesmo depois de condenado naquele caso, a usar esquemas de corrupção em postos de gasolina no Distrito Federal (daí o nome *Lavajato*, em alusão a um serviço de lavagem expressa de automóveis existente no tal posto de abastecimento). Ocorre que tais postos faziam parte da rede estatal de abastecimento controlada pela Petrobrás[5] e logo essa investigação chegou na diretoria executiva da própria estatal e, daí, a figuras de proa no Estado brasileiro.

O caso costuma ser comparado a Operação *Mani Pulite* na Itália (que nasceu com o nome de operação *Tangentopoli*, a saber, "a cidade da propina"), mas a peculiaridade da Operação *Lavajato*, que culminou com o caso (ainda em curso e em julgamento) do *Petrolão*, tem como marca distintiva o foco na governança e no uso das empresas estatais e das sociedades de economia mista para articular as ilegalidades e os graves ferimentos à governação nas estatais, com fatal atingimento de sua estrutura patrimonial. Enquanto a operação *Mani Pulite* centrou-se nos partidos e em organizações periféricas como a Maçonaria e a Máfia Siciliana, a operação *Lavajato* mantém-se completamente centrada na governação das estatais e embora o esquema de corrupção tenha inúmeras semelhanças com a *Mani Pulite*, há uma enorme diferença sob o aspecto estratégico de ambas as investigações que torna a *Lavajato* de enorme importância para o debate do *Estado enquanto acionista*.[6]

[5] Para maiores detalhes sobre como o esquema de corrupção foi construido e se desenvolveu dentro da sociedade de economia mista *Petrobras*, vide de Roberta PADUAN. *Petrobras – uma história de orgulho e vergonha*. Rio de Janeiro: Objetiva, 2016.

[6] Compare-se o já citado caso *Petrolão* no âmbito da *Operação Lavajato* com o caso *Mani Pulite* segundo BARBACETTO, Giani; GOMEZ, Peter & TRAVAGLIO, Marco. *Operação Mãos Limpas: a verdade sobre a operação italiana que inspirou a Lava Jato* [trad. de Alexis Caprara *et alli* de *Mani Pulite – La vera storia*]. Porto Alegre: CDG, 2016. Rodrigo CHEMIM ensaia tal comparação, mas ao nosso ver deixa de atentar a esse detalhe do foco investigativo nas Estatais, sem contar também as diferenças temporais com a evolução dos impactos tecnológicos (vide *Mãos Limpas e Lava Jato – a corrupção se olha no espelho*. São Paulo: Citadel, 2017). A tecnologia mudou não apenas alguns métodos de investigação vistos, no caso da Lavajato, sob aspectos de muito maior eficiência, mas sobretudo em relação às mudanças que isso gerou na imprensa e no modo de divulgação das notícias, do engajamento pelas Redes Sociais e, portanto, por uma patrulha investigativa muito mais intensa, seja pelo lado dos defensores da operação, seja pelo lado de seus detratores. Sem observar essa diferença extrajurídica a fundo, as conclusões podem se tornar estéreis; bem além do que, diga-se

Dessa diferença matriz é que surge a reação legislativa iniciada após a queda do governo Rousseff, com a edição da Lei n.º 13.303/16, que dentre inúmeras inovações na governação das estatais, trouxe a lume o essencial princípio da *independência da administração em relação ao controle e a participações societárias relevantes*, de que nos ocuparemos com maior atenção neste texto a partir de então.

2. O Acionista no Direito Brasileiro

O tema será discutido em outra parte desta obra[7]. Não carece ocupar este espaço para ecoar. Para os fins deste texto, cumpre apenas lembrar sobre os principiais pontos que a lei brasileira reserva para os acionistas de modo geral.

Sob o ponto de vista das obrigações, o acionista orbita em torno de uma única obrigação básica: a de integrelizar o capital subscrito, sob pena de ser enviado para o regime de remissão. Tornando-se acionista remisso por força do inadimplemento na obrigação de integralizar, o acionista sofre processo de verdadeira explusão da sociedade, nos termos do art. 107 da Lei das S.A.

Como contrapartida ao pagamento do valor subscrito, o acionista incorpora os direitos previstos no art. 109 da Lei das S.A. brasileira, a saber: (i) participar dos lucros (e, visto aqui o termo "participar" de maneira mais ampla do que meramente "receber valores"), (ii) participar do acervo da companhia durante o processo de liquidação (item, em relação a forma de se interpretar o termo "participar" neste caso); (iii) fiscalizar a gestão; (iiii) exercer preferências antidiluição; (v) retirar-se.

A esse binômio obrigação *versus* direitos não há distinção entre os aspectos subjetivos do acionista. O Estado, enquanto acionista, deve também integralizar o que se compromete subscrever, embora o regime de remissão da regra brasileira, em se tratando de acionista remisso qualificado como pessoa jurídica de direito público, possa gerar inúmeras e variadas controvérsias, já que o regime de direito público tem regras muito específicas para os casos em que o Estado precisa se desfazer de seus bens ou, *ultima ratio*,

en passant, há metodologias igualmente distintas dentro dos usos dos mecanismos colaborativos e de justiça consensuada entre um modelo de investigação (o italiano) e outro (o brasileiro).

[7] Cfr. *infra*, Capítulo 10.

precise a sociedade obrigá-lo a desfazer-se porque violou a lei (*in casu*, a remissão é uma violação de adimplemento). O inadimplemento, para o Estado, tem regime jurídico diverso e a remissão, no caso do acionista estatal, embora seja regra específica, jamais estará livre, ela própria, de controvérsias de variadas matizes e colorações, que deixemos aqui em aberto pelo respeito ao espaço e ao foco nas preocupações em face da governação.

De uma forma ou de outra, tem-se ai um indício da clara incompatibilidade do sistema jurídico construído para a regência das coisas estatais em face das exigências do direito societário. Se ao Estado pode caber um regime de remissão especial, muito provavelmente temos um indício formal de que o Estado nem sempre será bem vindo nas coisas societárias, algo que tardiamente a Constituição Brasileira deu por confirmar no art. 173.

Descendo nos direitos do acionista de forma geral, temos o regime especial do voto.

O voto, no direito brasileiro, não é direito essencial, pois pode ser retirado em determinadas circunstâncias, haja vista a diferenciação entre regimes de preferência previstos em lei e que podem, de certa forma, alterar alguns direitos do acionista que não estejam previstos no art. 109 da Lei das S.A.

No regime jurídico do voto há que se destacar o art. 115 da Lei das S/A, que impõe ao acionista a condição de votar sempre *no interesse da companhia* e de modo a evitar prejuízo para os demais acionistas e para a própria companhia.

Não se trata de um dever nem de obrigação, mas, juridicamente, de condição para exercício de um direito. O direito de voto, no direito societário brasileiro, é direito não essencial condicionado. Não se exerce potestativamente, embora não precise de fundamentação para o seu exercício (daí a extrema dificuldade em reconhecer e provar, judicialmente, quando a condição para o exercício desse direito não tenha sido devidamente cumprida).

O sistema brasileiro é sem dúvida aberto para laivos de autoritarismo, o que, sem rodeios, ocorre na controvérsia interpretativa ao art. 115 da Lei das S.A., diante da aplicação desse artigo em louvação ao conceito de *conflito formal "a priori"* e em detrimento do *conflito material "a posteriori"*: cassa-se o direito do voto de antemão (diz a maioria), se desse voto resultar benefício particular antevisto; contrariamente ao que defende doutrina minotária que conta com a nossa integral adesão no sentido de se admitir o voto e suprimi-lo se o benefício particular é comprovado *a posteriori*. O laivo de autoritarismo é claro pois resolve-se politicamente algo que tem notório valor patrimonial – em suma, tira-se um direito sobre algo que pode (e deve) ser resolvido por meio dessa partilha formal do benefício. Ao invés de dividir os ganhos, os atuais intérpretes da lei brasileira simplesmente impedem o ganho: não obrigam a divisão da riqueza, mas submetem todos a uma mesma pobreza.

Não foi diferente com o Estado acionista, que provou desse remédio amargo e ineficaz no Caso Eletrobrás, – houve assim multa ínfima sem que a proibição de voto tivesse gerado efeito dissolutório da decisão evidentemente desastrosa.

Nesse caso houve demonstração cabal que a forma preconizada pelo art. 115 da Lei das S.A. não encerra obrigação para o acionista, mas verdadeira condição para exercício de um direito, desnecessário voltar aqui ao direito romano para dar as óbvias diferenças entre *obrigação* e *condição*.

Nesse contexto ainda, aquele acionista que, na condição de controlador, pode mais que os demais, fica no direito brasileiro submetido também a um regime jurídico próprio de prerrogativas e condições para o exercício desse controle, nos termos dos art. 116 e 117 da Lei das S.A.

O Estado enquanto acionista *controlador* pode ainda mais que os comuns – conta com o art. 238 da Lei das S.A. para que possa exercer esse controle e se ver livre de certas *condições para o exercício desse controle* toda vez que o interesse público que justificou a sua posição como Acionista-Estado autorizar a este ignorar certas condições que a lei impõe a todos que se encontram naquela situação jurídica.

O regime jurídico do acionista é uno e vale para qualquer partícipe do jogo societário, mas há na lei brasileira algumas antessalas de estar para que o Estado goze de conforto quando deseja entrar nesse jogo com os demais desiguais. Essas telas de distorção que beneficiam a situação do Estado enquanto acionista, decorrem dos modelos societários de participação estatal que, diga-se de passagem, são anteriores ao regime constitucional atual e nunca, jamais dantes, foram conciliadas juridicamente.

Em outras palavras, conforme veremos e para prejuízo da governação nas estatais, convivem tais sistemas em constante conflito.

3. Modelos societários de participação acionária estatal

O modelo jurídico brasileiro pós-1988 foi concebido de modo a não tornar muito bem vinda a participação do Estado na economia, sobretudo quando o faz como integrante de um quadro acionário. A constituição estabelece restrições claras por meio de uma linguagem restritiva inquestionável.

Diz o art. 173 logo na cabeça: "Ressalvados os casos previstos nesta Constituição", a saber, os casos de monopólio, "a exploração direta da atividade econômica pelo Estado *só será permitida* quando necessária aos imperativos da segurança nacional ou a relevante interesse coletivo, conforme definido em lei". Vamos repetir o trecho grifado para que fique bem clara a intenção do constituinte em barrar a presença do Estado e torná-la inconveniente quando não houver em jogo um imperativo de segurança nacional ou um interesse coletivo definido em lei – *só será permitida*, diz o texto expressamente.

Logo no parágrafo primeiro a este mandamento, a Constituição dá a receita: os veículos autorizados para o exercício dessa restrição condicionada se darão por meio de empresas públicas ou sociedades de economia mista, a quem caberá "a *sujeição* ao regime jurídico próprio das empresas privadas, inclusive quanto aos direitos e obrigações civis, comerciais, trabalhistas e tributários" (art. 173, §1º, II).

Historicamente as participações estatais são muito mais antigas do que as próprias formas jurídicas das atuais estatais e, portanto, mais antigas que o regime restritivo de 1988[8]. Daí a persistência de um conflito que, como

[8] Conta-nos Mario Engler Pinto Junior (*Empresa Estatal – função econômica e dilemas societários*, 2.ª ed.. São Paulo: Atlas, 2013, pp. 18 e ss), sem retornar aos tempos de colônia que antecedem a vinda família real portuguesa para o Brasil em 1808, que a experiência com estatais no Brasil teria se iniciado com a fundação do Banco do Brasil neste mesmo 1808 pelas mãos do então Dom João VI. A retomada das epopéias estatizantes voltaram por intermédio do primeiro governo Vargas (1930-1945), de cunho nacional-socialista, bem como pelo seu retorno (1950-1954), marcado por certo populismo típico que ocorreu na América Latina nesse período. É desse tempo que o Brasil soldou os alicerces de sua cultura jurídica, que diga-se de passagem sobrevive até hoje e suplanta até a própria Constituição. É do primeiro período Vargas a CLT, o Código Penal e o Código de Processo Penal, em vigor plenamente até os dias atuais. O segundo governo Vargas foi responsável pela criação da Petrobras e do BNDE (posteriormente transformado no BNDES). A terceira onda estatizante veio com a ditadura militar (1964-1988), que trouxe uma série de estatais para dentro da cultura brasileira, dentre elas a EBCT, a Eletrobrás, a Caixa Econômica Federal (que embora já existisse desde o Século XIX sob o nome de Caixa Econômica da Corte e já tivesse sido reformada por Vargas durante a sua ditadura, foi apenas em 1969 transformada em empresa pública,

quisemos demonstrar superficialmente acima, encontrou seu ponto de esgarçamento máximo a partir deste período compreendido entre os casos Banestado e Petrolão.

Mais grave do que isso: esse ponto de esgarçamento tem origem integral nas controvérsias jurídicas acerca dos interesses regulados pelas sociedades anônimas no Brasil, em especial as sociedades de economia mista.[9]

Há nas sociedades anônimas ditas normais, sem a presença do Estado, um *interesse público* que cabe a administração atender (art. 154, *caput*, "o administrador deve exercer as atribuições que a lei e o estatuto lhe conferem para lograr os fins e no interesse da companhia, satisfeitas as exigências do *bem público* e da função social da empresa"). Apesar de toda a "retórica balofa" que envolve o debate sobre a função social da empresa, como bem já nos advertiu o grande Mestre Coutinho de Abreu[10], temos ai, como já explicitamos alhures, um *interesse público* (não-Estatal) que toca a todas as sociedades anônimas brasileiras, paralelamente ao *interesse societário* que tanto esse art. 154 (no âmbito do administrador) quanto o art. 115 (no âmbito do acionista) impõe como condição ao exercício de direitos societários. Esses interesses são como pre-requisitos de exercício de prerrogativas e direitos.

No caso das sociedades que contam com o Estado como acionista controlador, há ainda o art. 238 da Lei das S.A., que impõe a observância de um *interesse público subjacente*, que não se confunde com o interesse descrito no art. 115 nem com o interesse descrito no art. 154. São de natureza completamente distinta, assim como o *interesse coletivo constitucional* descrito na

assim como se deu com a EBCT). O núcleo central da cultura das sociedades de economia mista e de empresas estatais no Brasil nasceu em períodos de dura repressão e ditadura ou, quando pouco, em períodos de governos com profundo apelo populista com fortes laços com ditaduras anteriores, como foi o caso do segundo governo Vargas, responsável pela criação da Petrobras e do BNDE. Vale também a leitura, nesse contexto, do excepcional texto de Consuelo Dieguez, "O desenvolvimentista", *In Bilhões e Lágrimas – A Economia Brasileira e seus atores*, 1.ª reimp.. São Paulo: Portfolio/Penguin, 2016, pp. 165-189. Dieguez ilustra o trabalho com estudos e conclusões de Mansueto Almeida Junior e João Roberto Pinto sobre as distorções empreendidas por esse braço financeiro da estrutura estatal brasileira, cujos malefícios são hauridos até hoje pelo mercado de capitais.

[9] Alhures tratamos desse tema do interesse em nosso "Os Interesses Jurídicos na Sociedade de Economia Mista", *In Estatuto Jurídico das Estatais – Análise da Lei nr. 13.303/2016*. [coord.: João Otávio Noronha, Ana Frazão & Daniel Augusto Miranda] Belo Horizonte: Forum, 2017; pp. 419-466.

[10] Vide Coutinho de Abreu, Jorge Manuel. *Curso de Direito Comercial*, vol. II: Das Sociedades, 5.ª ed.. Coimbra: Almedina, 2016, p. 273.

cabeça do art. 173 da Constituição: este é pois outro tipo de interesse que com os demais não se confunde.

Há para o Estado, como acionista, o dever de conciliar[11] *todos* esses interesses sem sobrepor um ao outro. Essa é a regra de governação matriz no direito brasileiro para as sociedades anônimas que contam com o Estado enquanto um de seus acionistas. Isso torna a sociedade de economia mista no Brasil, por imposição legal, um dos instrumentos de mais complexa governação existentes.

Entendemos que a falta de um ou mais desses requisitos ou a incapacidade de conciliação pode levar a sociedade de economia mista ou a empresa estatal a uma situação de *desestatização compulsória judicial*. Ao Ministério Público ficaria aberta a via da Ação Civil Pública para compelir o Estado a cumprir com o mandamento constitucional, sob pena de lhe ser imposta a perda do privilégio dado pela constituição.

Falamos aqui de *lege ferenda* ou de *fero iudicatio*, pois não é isso que de fato ocorre no Brasil. Na realidade dos fatos há verdadeira imposição do público sobre o privado, com desavergonhada violação do art. 173 da CF/88, seguida de ampla bazófia sobre a obrigação de conciliação de interesses (claramente vista no Caso Eletrobrás[12]) que resultou nas situações descritas na introdução deste texto, dentro do histórico Banestado-Mensalão-Petrolão.

Tecnicamente o sistema brasileiro não é ruim. Se comparado ao sistema português, por exemplo, cujo art. 86.º da Constituição de 1976 com as emendas de 2005, veda expressamente a intervenção do Estado na gestão de empresas privadas de forma definitiva, exigindo lei e prévia decisão judicial para promover esta intervenção, bem como a exigência de setores básicos nos quais seja vedada a exploração pelas empresas privadas, vemos que

[11] Coube a Eduardo Secchi Munhoz (*Empresa Contemporânea e Direito Societário – poder de controle e grupos de sociedades*. São Paulo: Juarez de Oliveira, 2002; p. 49) ter chamado atenção para esse detalhe em outras palavras, com suporte em Salomão Filho assim: "o modelo societário tem a função de estabelecer regras que permitam a organização mais eficiente dos interesses que grativam em torno da empresa. Uma eficiência não apenas produtiva, mas distributiva, que assegure duradoura prosperidade, rentabilidade e repartição equitativa de resultados entre todos os participantes da atividade empresarial".

[12] Vide a íntegra do caso com os profícuos comentários de Cruz, Leonardo Baptista Rodrigues & Heesmtede, Felipe Tucunduva van. "Conflito de Interesses no Exercício de Voto e Garantia de Orientação das Atividades das Sociedades de Economia Mista: uma análise crítica da decisão proferida no caso da Eletrobrás (PAS CVM n.º RJ 2013/6635)", *In Revista de Direito das Sociedades e dos Valores Mobiliários*, vol. 3. São Paulo: Almedina, Maio de 2016; pp. 321-335.

o grau de sofisticação teleológica do sistema brasileiro coloca a situação do Estado enquanto acionista em um mundo ideal de conciliação de interesses, cujos sociologismos locais desprezam, pelo simples apego de exergar o Estado como ente superior a tudo e a todos.

Nesse esforço comparativo cumpre lembrar que a linguagem direta e firme usada pela Constituição de Portugal e evitada pela Constituição Brasileira define de forma muito clara as vedações e torna a separação entre Estado e entidades privadas muito mais precisa. Isso, de certa forma, ajuda no distanciamento entre público e privado, amortizando eventuais proximidades promíscuas como as vistas nos casos tratados na Introdução deste artigo.

Apartando por ora as mazelas práticas que culminaram com o gravíssimo problema de governação nas estatais brasileiras descrito nesta Introdução, voltemos pois aos detalhes do regime. Atualmente, o uso das sociedades por ações nos termos autorizados pelo art. 173 da nossa constituição reconhece três tipos societários: a empresa estatal (quando não há participação do particular no quadro acionário da empresa, mal nomeada *empresa pública*), a sociedade de economia mista (quando o estado controla e o particular participa como minoritário) e a sociedade por ações que conta com alguma participação do ente governamental mas não se encontra no regime do art. 173 da CF (aqui entram as decorrentes de desestatização em que o estado mantém uma *golden share* bem como aquelas que receberam recursos provenientes do estado e acabam permeando parte de seus órgãos com a presença de membros indicados pelo governo).

Cumpre agora analisar as situações.

3.1. A Empresa Pública

O regime jurídico da empresa pública está previsto no âmbito da reforma administrativa promovida pela ditadura militar em 1967 e em vigor até hoje no Brasil. Seu tratamento foi cooptado pelo Decreto-lei n.º 200, de 25 de fevereiro de 1967 e insere a chamada empresa pública no âmbito da administração pública federal. Conformem falamos, nesta terceira onda estatizante havida no Brasil durante o regime jurídico da ditadura militar, a empresa pública, ao lado da sociedade de economia mista, foram vistas como importantes instrumentos do Estado (art. 4.º II, "b" e "c"), com uma dissociação quase completa de seu regime jurídico em face das regras de direito societário vigentes naquele tempo[13].

Embora o art. 5.º do Decreto-lei 200/69 estabeleça que ambas são entidades dotadas de "personalidade jurídica de direito privado", o próprio decreto estabelece, em seu art. 8.º, profundos mecanismos de intervenção político-partidária nos instrumentos descritos no art. 5.º do Decreto. Veja-se:

> *Art . 8.º As atividades da Administração Federal e, especialmente, a execução dos planos e programas de govêrno, serão objeto de permanente coordenação.*
>
> *§ 1.º A coordenação será exercida em todos os níveis da administração, mediante a atuação das chefias individuais, a realização sistemática de reuniões com a participação das chefias subordinadas e a instituição e funcionamento de comissões de coordenação em cada nível administrativo.*
>
> *§ 2.º No nível superior da Administração Federal, a coordenação será assegurada através de reuniões do Ministério, reuniões de Ministros de Estado responsáveis por áreas afins, atribuição de incumbência coordenadora a um dos Ministros de Estado (art. 36), funcionamento das Secretarias Gerais (art. 23, § 1.º) e coordenação central dos sistemas de atividades auxiliares (art. 31).*
>
> *§ 3.º Quando submetidos ao Presidente da República, os assuntos deverão ter sido prèviamente coordenados com todos os setores nêles interessados, inclusive no que respeita aos aspectos administrativos pertinentes, através de consultas e entendimentos, de modo a sempre compreenderem soluções integradas e que se harmonizem com a política geral e setorial do Govêrno. Idêntico procedimento será adotado nos demais níveis da Administração Federal, antes da submissão dos assuntos à decisão da autoridade competente.*

Note-se que embora o Decreto dissesse que as empresas controladas pelo Estado deveriam, forçosamente, estar dentro do regime jurídico das personalidades de direito privado, o próprio decreto submetia a sua governação a um aparato de coordenação própria de políticas e partidos sem qualquer viculação com os objetos e objetivos específicos da empresa. A empresa estava a serviço do Estado e este poderia, livremente e dentro do art. 8.º, se servir da empresa da mesma forma que se servia de um gabinete qualquer do aparato estatal ou ainda de uma fundação qualquer ligada

[13] Trata-se do Decreto-lei n.º 2.627, de 26 de setembro de 1940, a antiga Lei das S.A. então outorgada pela Ditadura Vargas no mesmo contexto em que surgiu o atual Código Penal, o atual Código de Processo Penal e a anterior lei de falências (revogada apenas em 2005).

ao partido majoritário do governo: a supremacia do "público" (leia-se, Estado) sobre o privado ainda dá respaldo para esse mundo que poucos transitam.

Esse viés (no sentido mesmo de *bias*) era reforçado pelo texto da constituição que tinha acabado de ser aprovada. Seu art. 163 dispunha: "Às empresas privadas compete preferencialmente, com o estímulo e apoio do Estado, organizar e explorar as atividades econômicas". Embora a Emenda de 1969 tenha dado nova redação ao artigo ("São facultados a intervenção no domínio econômico e o monopólio de determinada indústria ou atividade, mediante lei federal, quando indispensável por motivo de segurança nacional ou para organizar setor que não possa ser desenvolvido com eficácia no regime de competição e de liberdade de iniciativa, assegurados os direitos e garantias individuais"), o espírito de faculdade governamental foi mantido pois o mesmo texto reapareceu no art. 170. Os dizeres da cabeça desse artigo em sua versão de 1967, bem como na versão de 1969, são absolutamente opostos àqueles vistos na atual constituição em seu art. 173. Nessas constituições da ditadura a iniciativa privada tinha alguma preferência, desde que gozasse de estímulo e apoio do Estado, caso contrário poderia ele mesmo fazer as vezes de uma exploração que, a partir de 1988, passa a ser vedada e restrita (restrição essa que só pode ser aberta por via legislativa e mediante requisitos formais específicos).

Os parágrafos seguintes ao art. 163 na versão de 1967, realocados na de 1969 para o art. 170, continham alguma linha de restrição para a invasão da iniciativa privada pelo poder público ("§ 1.º – Somente para suplementar a iniciativa privada, o Estado organizará e explorará diretamente atividade econômica."), mas *grosso modo*, no subsistema do Decreto-lei 200 permitia-se que até a governação daquelas que contassem com o estímulo e o apoio do Estado (previstos constitucionalmente) recebessem a sua interferência coordenativa (então ditatorial). Sem contar ainda que as restriçoes do regime de 1967 eram razoavelmente etéreas ("somente para *suplementar*", reconheça-se, é algo bem distinto de que estabelecer um critério de *relevante interesse coletivo* ou *necessidade e imperatividade de segurança nacional*; ou ainda "organizar setor que não possa ser desenvolvido com eficácia no regime de competição e de liberdade de iniciativa" não tem a mesma precisão técnica de *relevante interesse coletivo* conforme já aduzimos em texto anterior já citado sobre os *Interesses nas estatais*).

Além disso, note-se que a sobreposição do estatal sobre o público, equiparando aquele a este[14], adverte para o reprovável perfil fascista que tanto importuna a correta governação das empresas que contam com o Estado enquanto acionista, haja vista que o interesse público se distingue (e muita vez se opõe) ao estatal.

Em resumo assim nota-se pois que o regime jurídico da empresa estatal sob controle totalitário do Estado, apesar das restrições contidas atualmente na constituição, ainda mata a sua sede de poder com base em práticas de gestão pública oriundas do Decreto-lei n.º 200/69, sem o mínimo respeito à remessa para o regime de direito privado que não apenas a Constituição, mas também o próprio decreto o fazem. O sistema de coordenação centralizado nos gabinetes ministeriais ainda é da tônica da governação das empresas públicas, algo que tentou-se romper com a reforma de 2016 conforme veremos.

3.2. A Sociedade de Economia Mista

É mais procupante o caso das sociedades de economia mista, pois além dos problemas relatados acima em face do Decreto-lei n.º 200/69 e sua frontal inconstitucionalidade no que tange ao regime da governação das empresas com participação estatal, as sociedades de economia mista ainda recebem regência específica quando ao *modus operandi* do poder de controle via Lei das S.A.

Trata-se do já citado art. 238, que diz: "A pessoa jurídica que controla a companhia de economia mista tem os deveres e responsabilidades do acionista controlador (artigos 116 e 117), mas poderá orientar as atividades da companhia de modo a atender ao interesse público que justificou a sua criação". Conforme já dissemos acima e alhures, este artigo trata de um dos requisitos para o exercício do poder de controle em sociedade de economia mista: o atendimento ao chamado *interesse público subjacente*.

Muitos e em maioria interpretam esse artigo como uma espécie de decreto de supremacia do público (lido como sinônimo de estatal) sobre o

[14] Vide o nosso, ainda inédito, "Interesses Jurídicos nas Sociedades de Economia Mista". Nesse sentido, com razão M. E. Pinto Junior (*Empresa Estatal*..., Idem, p. 1 e nota 1) ao tentar quebrar essa ressemantização do público pelo estatal (visto que este é necessariamente menos abrangente que aquele) calhando ao que é do Estado ser chamado de *estatal* e não de público.

privado, a ponto de defenderem que o atendimento a esse *interesse público subjacente* autorize o acionista controlador a levar a própria companhia a prejuízos que a aproximem de *status* financeiro catastrófico ou mesmo frontalmente falimentar.

Esse posicionamento, ainda majoritário no Brasil, vem sendo desconstruído.

Principalmente após o voto da Dir.ª. Luciana Dias no Colegiado da CVM quando do julgamento do Caso Eletrobrás já citado, a doutrina despertou para uma interpretação que ressalta o dever de conciliação de interesses em detrimento daquela doutrina das supremacias que autoriza as estatais a operar em prejuízo sem nunca falir, em um regime de consumo de capital inesgotável e sem a menor necessidade de prestação de contas dessa gestão que prioriza uma "retórica balofa" que sustenta um prejuízo à busca do lucro ou da sustentabilidade (ao menos)[15].

Nessa realidade que vem se alterando nas sociedades de economia mista, que foi onde as maiores calamidades de governação ocorreram no Brasil, o papel do estado como acionista de um empreendimento empresarial vem sendo ricamente questionado. As sociedades de economia mista tem cada vez mais ganhado o *status* de necessária exceção no direito societário, situação que ainda não se reverteu na prática conforme acusam as estatísticas.[16]

[15] Esse vício vem de hábito interpretativo carregado pela letra da já revogada constituição de 1969, que em seu Parágrafo Único ao art. 163 trazia a fórmula mágica do *deep pocket* estatal usada até hoje: "Para atender a intervenção de que trata êste artigo, a União poderá instituir contribuições destinadas ao custeio dos respectivos serviços e encargos, na forma que a lei estabelecer". Por esse dispositivo constitucional já revogado o Estado, no passado, sempre pode jogar a conta da falência para que a sociedade contribuisse com o Tesouro para que este repusesse ao caixa das companhias a conta de sua respectiva incompetência.

[16] As estatísticas são assustadoras e mostram que o Brasil contava em 2012 com 9.239 sociedades de economia mista e 11.032 empresas públicas (qual seja, 100% controladas pelo Estado sem a participação de sócios privados. Esse número engloba a participação do Estado em empresas nos 3 níveis: federal, estadual e municipal. Com aproximadamente 90.000 sociedades anônimas, termos pouco mais de 20.000 delas contando com a participação majoritária do Estado é um número muito preocupante, sobretudo porque não se identifica aqui em quantas mais sociedades o Estado participa como minoritário, debenturista ou a qualquer outro título que lhe assegure assentos na administração. É um número procupante que mostra que o Estado entrou na economia promovendo praticamente uma "estatização branca" em uma parcela relevante da economia nacional. Vide *Empresômetro – Censo das Empresas e Entidades Públicas e Privadas Brasileiras (totalidade das empresas brasileiras em 30/09/2012)*. Coordenação: Gilberto Luiz do Amaral, João Eloi Olenike, Letícia Mary Fernandes do Amaral; Supervisão Técnica: Geraldo Magela Fraga do Nascimento e Othon de Andrade Filho. São Paulo: IBPT/brprospect, 2013, pp. 10 e ss.

3.3. Os requisitos constitucionais para participação estatal: a questão dos interesses

Alhures sustentamos que nas sociedades de economia mista e nas demais com presença do Estado há ao menos seis tipos de interesse em jogo, a saber: 1. Interesse coletivo constitucional (que trataremos mais pormenorizadamente nesta seção); 2. Interesse público subjacente (previsto expressamente no art. 238 da Lei das S.A.); 3. Interesse público absoluto ou constitucional (visto no art. 1.º da Constituição Federal e receptáculo de importante regra de efetividade da intervenção prevista no art. 173 da mesma Constituição); 4. Interesse público relativo ou referencial (previsto expressamente nos arts. 154 *caput* e 116, Parágrafo Único, ambos da Lei das S.A.); 5. Interesse societário (prevista expressamente no art. 115 da Lei das S.A.); 6. Interesses particulares (previstos pormenorizadamente no art. 109 na forma de *direitos essenciais*).

Neste pormenor do chamado *interesse coletivo constitucional*, porta de entrada da participação estatal na economia por meio exclusivamente de instrumentos previstos no direito societário, vislumbramos um regime excepcional em que o Estado tem o dever de explicitar em lei o *interesse coletivo* que motiva tal intervenção.

Note-se que o texto fala em *interesse coletivo*, tema de natureza jurídica completamente distinta do chamado *interesse público* – "O interesse coletivo é aquele que pertence a um grupo, portanto, a uma coletividade (universalidade de pessoas): é, primordialmente, um interesse *classificável*. Diz respeito portanto a uma *classe*. Daí podemos dizer que há interesses da classe dos acionistas preferencialistas, interesses da classe dos acionistas ordinaristas, interesses da classe dos acionistas, interesse dos debenturistas" [17] e assim por diante. É portanto um interesse que estaria a meio de caminho na escala dos interesses difusos, conforme assentada doutrina processual e que pode ser eficazmente transposta para este universo societário. Assim,

[17] Vide o nosso "Interesses Jurídicos na Sociedade de Economia Mista" (página 14). Em nota ainda destacamos: "E conforme veremos, não podemos confundir esses interesses coletivos com a noção de interesse societário, como se este fosse sinônimo de um interesse coletivo acionário justamente por congregar uma somatória de interesses individuais de quem compuser essa *classe*. O interesse coletivo é classificável pela sua coletividade, mas dela se desvincula como algo autônomo. Já, o interesse societário, como veremos, é inclassificável pois atinge mais de um *stakeholder* da cadeia societária, podendo englobar inclusive credores (debenturistas, p. ex.), repousando na *matriz societária* e não especificamente na *matriz acionária*" (nota de rodapé nr. 19).

o interesse público seria a sublimação desse interesse de classe, qual seja, seria a derradeira consideração de relevância de algo que, em princípio, é apenas de necessidade de uma classe determinada mas não de toda a sociedade. Será justamente o contraponto com os fundamentos da república, circunscritos ao art. 1.º da Constituição Federal (ponto onde os interesses públicos estão em seu grau supremo de idealização) em que a justificativa para o Estado intervir na economia, garante o uso excepcional dos mecanismos societários como forma ideal para que o Estado realize o seu papel nos termos do art. 1.º da Constituição.

Mas é necessário que um interesse de classe esteja explicíto, presente e constante. A falta desse interesse, sua transformação ou o seu simples desaparecimento está na base do fundamento daquilo que acima chamamos de *estado de desestatização compulsória.* Faltando um requisito constitucional e desaparecendo o interesse coletivo (que é concreto e classificável) deve o *status interventivo* nos termos do art. 173 da Constituição *cessar imediatamente.*

Falamos em teoria mas não é isso que se vê hoje na prática, devida e debitada exclusivamente a visão de que o Estado paira muito acima de tudo e de todos, da sociedade inclusive.

Defendemos já em outros textos e aqui reafirmamos que o regime restritivo da Constituição imponha a saída compulsória e imediata do Estado de sua condição de acionista.

Caso, entretanto, o Estado contar ainda com um interesse coletivo com características públicas ainda por defender, cumpre, pois, analisar como deve se dar a situação do Estado enquanto acionista controlador que atua, nos termos do art. 173 da Constituição, em direção do cumprimento de *interesse coletivo constitucional.*

4. O Estado enquanto acionista controlador

A Constituição Federal de 1988, ao modificar o histórico tratamento que perdurou até o seu tempo e que vinha consolidado na Carta anterior, apenas deu texto a uma constatação de incompatibilidade que a doutrina remarcava há décadas.

É certo que a nova Carta de 1988 restrigiu fundamentalmente o uso dessas figuras, mas, por outro lado, o texto não mudou velhos hábitos e exatamente por essa razão que F. K. Comparato, edição após edição de seu clássico *O Poder de Controle na Sociedade Anônima* manteve esta crítica, vívida até os dias atuais:

> *Na formulação legal do mecanismo da responsabilidade civil, houve a definição de novos interesses protegidos e de novo responsável (o controlador), ao lado dos administradores. Mas não houve a indispensável designação do agente legitimado a agir em prol do bem público.*
>
> *Imagina-se que essa omissão é suprida na companhia de economia mista pelo fato de o Poder Público sempre exercer o controle acionário, com autorização expressa de "orientar as atividades da companhia de modo a atender ao interesse público que justificou a sua criação" (art. 238). Mas essa interpretação lógica é abstrata e não encontra apoio na realidade.*
>
> *Em primeiro lugar, "interesse público" não quer dizer interesse estatal, pois ambos podem não coincidir, necessariamente, sobretudo em país como o nosso, em que o Estado muito raramente foi representativo do povo, ou da sociedade civil. Ademais, a estrutura da sociedade de economia mista encerra, em si mesma, grave contradição. As companhias exploram, por definição legal, empresas lucrativas. Mas o regime econômico consagrado na Constituição não assina ao Estado, por função, produzir lucros. A legitimidade da ação estatal, ainda e sempre, é o serviço público, a produção de bens e serviços que não podem ser obtidos no regime da exploração privada, de modo eficiente e justo, sem discrimanções entre os consumidores, de acordo com a princípio da demanda solvável, como ocorre com a empresa capitalista. A função da empresa estatal não é a de geração de receita sob a forma de lucro empresarial, mas a preservação da segurança nacional, ou a organização de setor que não possa ser desenvolvido com eficácia no regime de competição e de liberdade de iniciativa (Constituição Federal, art. 173). O dilema que se apresenta ao Estado, enquanto acionista controlador, é pois o de perseguir o interesse público antes e acima da exploração lucrativa – o que tonra sem sentido a participação societária do capital privado no empreendimento; ou dar lugar ao interesse público apenas quando este se coloca em conflito com o objetivo normal de produção de lucros – o que infringe o princípio constitucional assinalado.*[18]

[18] COMPARATO, Fábio Konder & SALOMÃO FILHO, Calixto. *O Poder de Controle na Sociedade Anônima*, 5.ª ed.. Rio de Janeiro: Forense, 2008, p. 372.
Destacamos que a nossa leitura acerca desse trecho é feita *cum granu salis*. COMPARATO acerta com espantosa precisão quando destaca que "interesse público" e "interesse estatal" não se confundem, ao que podemos acrescentar ainda outros interesses, como o "interesse do governo" e ainda o "interesse partidário" daquele que ocupa no estado uma posição de governo ou ainda o "interesse de grupos ou chapas intrapartidárias" de agremiação que integra a coalizão governamental. São vários interesses e todos eles inconfundíveis com o interesse que dá a condição constitucional de existência a uma sociedade de economia mista, *coletivo*, portanto *identificável* e *classificável*.

A contradição, que nas mãos de Comparato já foi jurídica, migrou para o campo da ideologia de modo a retirar do foco constitucional o verdadeiro papel do *Estado enquanto acionista controlador*.[19]-[20]

Ademais, cumpre lembrar que a contradição apontada por Comparato apenas se sustenta quando nos apartamos da matriz lógica de conciliação de interesses e olhamos a situação sob o prisma binário da supremacia de um interesse sobre o outro. Comparato entra em divergência lógica pois diametriza os dois polos e entende que lucro e "demanda solvável" serão, *a priori*, inconciliáveis. Sem entrar no mérito, aqui, dessa premissa que nos parece equivocada, o ponto principal de fratura na interpretação jurídica reside na leitura do que o texto expressamente diz com as letras *relevante interesse coletivo* e Comparato relê nestes termos: "organização de setor que não possa ser desenvolvido com eficácia no regime de competição e de liberdade de iniciativa", que, diga-se de passagem, conforme vimos, *concilia "ipsis litteris"* com a constituição anterior. Essa releitura de fato não representa um salto adiante no contexto específico do art. 173, mas de fato a repetição de uma cultura constitucional que fora consolidada em 1969 e que se pautava pelo norte de existir "somente para suplementar a iniciativa privada, o Estado organizará e explorará diretamente atividade econômica", etc. Definitivamente a equiparação de *relevante interesse coletivo* e a "organização" (suplementar) "de setor da economia que não possa ser desenvolvido com eficácia no regime de competição e liberdade de iniciativa" faz com que o texto atual retorne para a cultura anterior que deveria ter sido destruída pela própria força do texto constitucional. Comparato e nem Salomão Filho reformularam esse trecho, o que nos permite entender que a interpretação segundo a constituição anterior ainda lhes é válida.

Interessante ainda notar que o glosador Salomão Filho destaca de forma quase desapercebida que "esses dispositivos têm se revelado poderosos e às vezes únicos instrumentos regulatórios de certos setores da economia" (Ibidem). O custo, entretanto, é absolutamente insuportável no campo da governação e da *accountability* no âmbito interno desses "instrumentos", que é como são ainda tratadas as sociedades de economia mista por boa parte da doutrina jurídica brasileira. Em outras palavras, como dizia o notável Millor Fernandes, "democracia é quando eu mando em você; ditadura é quando você manda em mim".

[19] Vide Engler Pinto Junior (Ibidem, p. 58): "Existe uma contradição implícita na visão econômica liberal, quando pretende avaliar o desempenho da empresa estatal segundo os padrões aplicáveis à empresa privada que persegue objetivos exclusivamente financeiros, ao mesmo tempo em que atribui à primeira a função corretiva das distorções do sistema de mercado. A incongruência desse posicionamento fica ainda mais evidente em se tratando de empresa estatal sujeita a preços administrados, que asseguram o fornecimento de insumos básicos em condições favoráveis à reprodução do capital privado". A crítica é exatamente a mesma de Comparato & Salomão Filho, mas, no caso de Engler, centra-se de maneira explícita na questão ideológica, apartando a contradição jurídica constitucional que apenas permite que a estatal entre em venturas de "fornecimento de insumos básicos em condições favoráveis à reprodução do capital privado" (sentido aqui idêntico ao texto constitucional de 1969), com a "ressalva" de ocorrer mediante *relevante interesse coletivo*. Note-se que o novo texto agrega ao antigo e não lhe anula, à luz da doutrina dominante brasileira. É certo que a associação simples entre o termo *insumo básico* e *interesse coletivo* facilitaria a leitura ideológica, mas sob uma análise estritamente jurídica é importante lembrar que a Constituição de 1988, ao interromper essa função *suplementar* que estava na Carta de 1969, cujo conceito de *suplementação* era estabelecido aleatoriamente do Estado para o súdito segundo Decreto-lei 200/69, irá calcar essa atuação, a partir de 1988, apenas e somente apenas onde essa atuação

Aqui vemos, de fato, essa contradição histórica entre a leitura da Constituição de 1988 com os vícios de linguagem da Carta de 1969. E essa contradição invade o campo jurídico e torna o regime (de fato) da governação das empresas estatais e da posição do Estado enquanto acionista controlador um eterno retorno a Combray. Isso faz com que boa parte da doutrina desacredite e enfaticamente critique o caminho da *independência da administração em face do acionista controlador no âmbito das estatais*, que fora objeto da reforma de 2016 e que comentaremos logo abaixo.[21]

Essa quebra, muito bem notada no excepcional trabalho de Vitor Rhein Schirato, alça a preocupação novamente do campo ideológico para o campo estritamente jurídico: "Nesse cenário de proliferação de empresas, a diversidade das atividades empreendidas por tais entidades e as distinções de seus campos de atuação fizeram com que a identificação de um regime jurídico comum a elas fosse praticamente impossível de ser definido. Enquanto havia empresas estatais atuando em segmentos típicos da iniciativa privada (por exemplo, siderurgia), outras desempenhavam atividades típicas de

não importar em aniquilação de um interesse público sobre a manutenção de uma liberdade de iniciativa que consta do art. 1.º da própria Constituição.

[20] Misteriosamente a CVM ousou inovar em uma matéria para além de polêmica: resolveu insinuar a existência e a possibilidade de termos controle minoritário em sociedades investidas indiretamente pelo Estado, gerando dúvidas no conceito preciso de uma *sociedade de economia mista* bem como no papel do Estado como *acionista especulador* (com muita, pouca ou nenhuma influência – não importa aqui discutir). Vide Proc CVM RJ/SEI 19957.008923/2016-12 (relatado pela SEP; col. 13/12/2016, 23/12/2016 e 27/12/2016, v.u., com dec. de v.v. pelos Dirs. Gustavo Borba, Henrique Machado e Pablo Rentería e pelo Dir. Pres. Leonardo Pereira), doravante *Caso Light*. No caso, vide voto do Dir. Henrique Machado, que fiel a inexistência de controle minoritário nas sociedades de economia mista, chega a dar interpretação extensiva dos dispositivos da Lei n.º 13.303/16 a fim de que se vejam aplicados até nos casos em que o Estado não controla (de direito), direta ou indiretamente, a investida.

[21] Cf. Engler Pinto Junior (Op. Cit., Idem, pp. 179 e ss). Em alguns momentos em que há um contraponto com sugestões da OCDE, tem-se a impressão de o autor tenderia a fazer defesa mais enfática da independência da administração, sobretudo quando salienta o (ótimo, ao nosso ver) efeito colateral de organização e profissionalização da posição de acionista por parte do Estado, mas é efetivamente em páginas adiante que se nota o valor dado a posição de supremacia do Estado vestido e investido na função de acionista controlador ("podendo inclusive impor aos administradores, dentro de determinados limites, padrões de conduta no exercício da função gerencial", imposição essa que é praticamente a *marca registrada* da influência capital do acionista controlador sobre uma administração cooptada e capturada no emaranhado de interesses extrasocietários desse acionista).

Estado. Daí veio a dificuldade que até hoje persiste de se caracterizar um regime jurídico das empresas estatais"[22].

A percepção de SCHIRATO, sustentada pela notável lista de *riscos* decorrente dessa cultura jurídica pré-Constituição de 1988 (dentre eles, o "agigantamento indevido das empresas estatais", a "prevalência do interesse *privado da Administração* sobre o [verdadeiro] interesse público" e, o mais grave de todos, o "uso político das empresas estatais, em detrimento da obrigação de uma administração qualificada"), gerou não apenas sérias fraturas no que ele chama de *regime jurídico das empresas estatais*, mas sobretudo no campo de sua governação.

Especificamente em relação a esse último risco descrito por SCHIRATO, a saber, o de "uso político [partidário] das estatais" com reflexo direto na governação dessas sociedades (por muitos meramente chamadas de "instrumentos", retirando-lhes a natureza de *pessoa* prevista no Código Civil, art. 44, II), o autor mostra de forma transparente as causas que fizeram o Brasil se tornar parâmetro de governação incorreta, conforme se depreende dos casos descritos na introdução deste texto: "É inegável que o jogo político implica, diversas vezes, a negociação de cargos em troca de apoio para a formação dos grupos de poder. Respeitados os limites da moralidade e da boa administração, não há nada no Ordenamento Jurídico que vede tal prática. Contudo, o que muitas vezes se verifica é a utilização dos cargos de confiança na direção de empresas estatais como moeda de troca de apoio político, com completo esquecimento dos deveres de boa gestão da coisa pública e da nomeação de pessoas capacitadas para o exercício do poder de administração das empresas estatais"[23].

5. O Estado enquanto acionista especulador

A Constituição Federal, ao tratar da intervenção do Estado na economia, dá os instrumentos em que isso é possível ocorrer: empresa pública ou

[22] SCHIRATO, Vitor Rhein. *As Empresas Estatais no Direito Administrativo Econômico atual*. São Paulo: Saraiva, 2016, p. 30.

[23] SCHIRATO, V. R. Op. Cit., Idem, p. 185. Ousamos interpretar o princípio da moralidade como parâmetro restritivo e mesmo antes do advento da Lei n.º 13.303/16, já vislumbrávamos ilegal tal prática, sobretudo se lida a luz do art. 117, §1º da Lei das S.A., que impede que o acionista controlador eleja administrador *inapto tecnicamente* para o exercício da função, algo que ocorre ainda com ênfase espantosa. Ademais, SCHIRATO defende com muito acerto e aqui reverberamos que inclusive essa nomeação deve atender ao *interesse coletivo constitucional*.

sociedade de economia mista. Qual seja, para que possamos ter uma correta participação direta do Estado, o regime jurídico a ser seguido está previsto no art. 173 e parágrafos.

Contudo, a Constituição não é direta ao tratar da participação *indireta* do Estado, ou mesmo diretamente mas sem controle ou influência relevante isolada, sobretudo na forma de acionista especulador ou de financiador da atividade econômica, com livre trânsito nos regimes jurídicos de especulação[24], como as debêntures, as notas comerciais, títulos de dívida ou meramente empréstimos diretos.

[24] Em primeiro lugar, cumpre aqui definir o termo *especulador*. Morfologicamente a palavra especulador está associada ao latim *speculor, aris, atus sum, ari*, um verbo depoente transitivo que remonta a linguagem militar de "observar de lugar alto", "manter sentinela" ou estar de "tocaia" ou "atalaia". Seu uso passa para a morfologia vulgar designando simplesmente o ato de "observar", "espreitar", "espiar". Em muitos livros se vê o banal equívoco de associação etimológica com *speculum, i*, que significa "espelho" e dai se fazem ilações de que o especulador "age por reflexo" e outras tolices do gênero. Fato é que a palavra *speculum* (observar-se) vem do verbo *speculor* e dai migra para a terminologia financeira em todo o mundo (para o inglês *speculate*, para o francês *spéculer*, para o italiano *speculare*, para o espanhol *especular*, para o alemão *spekulieren* e por ai vai). Na origem mais vetusta encontramos o substantivo *specula, æ*, que significa "torre de observação", "atalaia" (palavra, por seu turno, de origem árabe, de *al-talal*), "ponto de vigilância", que deu então origem a termos como *specularum incensores* (qual seja, aqueles que sobem ao posto de observação para manter sentinela de todo o movimento na caserna, no vulgo militar o "oficial de dia" ou "OD"). Essa ideia de observar e estar de tocaia, atento para marcar uma posição no terreno de batalha ou mesmo no quartel, é uma atitude típica em que o especulador financeiro se aproxima desse militar de contenção, de linha de defesa e ao mesmo tempo de supervisão e vigilância, com valor estratégico central em uma batalha e em uma tropa.

Sob o ponto de vista financeiro, o especulador deixa de ser uma pessoa e passa a ser uma *função* no mercado financeiro. Sua atuação, muito ao contrário do preconceito semântico que se construiu em torno da palavra, geralmente associada a uma ideia popular e vaga de "ganância", em absolutamente nada tem a ver com o sentido técnico: o especulador é uma *posição* do mercado que em determinadas situações conta com uma disposição de recursos ociosos e deseja, correndo riscos, colocá-los à disposição do mercado, mantendo a sua higidez. O especulador cobra por essa disponibilidade e sua remuneração é conhecida pelo *nome iuris* de *juros* palavra que na sua etimologia remonta a termos fiduciários. O especulador é, portanto, uma função desempenhada por uma pessoa no mercado. Muita vez uma mesma pessoa, dispondo de excesso de recursos a vista, irá, por necessidade imperiosa, colocá-los a disposição no mercado para uso imediato, outras vezes, essa mesma pessoa, ao se encontrar em momentânea crise de liquidez, poderá demandar de outros tais recursos, que atuarão como especulador dessa pessoa e assim por diante. A posição de especulador não é pessoal, mas sim funcional, de forma muito semelhante à posição de *consumidor*, na qual, muita vez, o consumidor em uma relação pode figurar como fornecedor em outra. A característica principal do especulador, sob o ângulo financeiro, é portanto e disponibilidade a vista e a necessidade de colocá-lo em uso no mercado (financeiramente falando, a ideia de que um investimento possa significar "dinheiro parado" é um erro grosseiro). Sob o ponto de

Podemos interpretar essa lacuna de duas formas: (i) a Constituição, ao restringir a participação *direta*, teria dado azo a uma interpretação flexível, permitindo assim que a participação *indireta* do Estado poderia ocorrer de forma livre e discricionária; (ii) a restrição prevista no art. 173 da CF/88 funcionaria como uma espécie de *cláusula de barreira* que visasse restringir a atuação do Estado por meios especulativos.

Muitos entendem que a participação *indireta* seria o melhor instrumento de fomento ao desenvolvimento nacional e que por isso o Estado poderia alocar recursos em áreas carentes mesmo que não mantenha o controle

vista funcional, ainda, é necessário admitir que o especulador exerce posição central em qualquer modo de produção existente no mundo, capitalista ou não, pois o especulador é o responsável por prover *liquidez imediata* para necessidades emergenciais de capital.
Dito isso, colhamos aqui a lição de Engler Pinto Junior sobre o *status* jurídico da atuação exercida pelo BNDES: "Nesse contexto, o investimento acionário realizado pelo BNDES não funciona como ferramenta de intervenção econômica. Trata-se apenas de ajuda financeira a projetos públicos e privados para fomentar o desenvolvimento nacional" (Op. cit., Ibidem, p. 196). A afirmação nos parece polêmica pois, como veremos, entendemos cristalinamente que a atividade do BNDES e do BNDESPAR é meio de intervenção do Estado na economia. Por outro lado, ao assumir que essa atuação do BNDES é "*apenas* ajuda financeira", Engler Pinto Junior corrobora a atuação do BNDES como tipicamente especulativa. Na sequência de sua explanação, essa característica fica bastante evidente: "Conquanto a decisão de ingressar no capital social não seja tomada em razão do maior ou menor retorno financeiro para o acionista, também não visa a limitar o ganho financeiro da empresa investida. A posição capitalística assumida pelo BNDES nessas circunstâncias não tem caráter permanente, estando predestinada à alienação posterior, preferencialmente pela via do mercado de capitais, conforme a lógica do chamado *private equity*. Esse tipo de participação societária não se destina a influenciar a gestão social para cumprir objetivos de interesse público, mas busca apenas estimular a eficiência empresarial à semelhança de qualquer sócio estratégico minoritário, não obstante temperada pela imposição de observância de padrões socioambientais mais elevados" (Ibidem). A parte a prática colocar em dúvida afirmações como o "padrão socioambiental elevado" (haja vista não apenas o Caso Samarco como também inúmeros casos protagonizados pela própria Petrobras), remetemos ao nosso texto já citado para questionar se é precisa a afirmação de que nessa posição poderia o Estado-especulador abrir mão de suas obrigações em face do *interesse público*. Deixa absolutamente insuspeita a característica especulativa do Estado quando voltamos os olhos para o estudo de Filipe Machado Guedes (*A Atuação do Estado na Economia como Acionista Minoritário – Possibilidades e Limites*. São Paulo: Almedina, 2015, p. 270-271): "Como investidor, em busca de rentabilidade para suas aplicações financeiras, o Estado atua no mercado de capitais adquirindo valores mobiliários representativos do capital social de companhias privadas, sendo remunerado pela valorização de suas participações e pela distribuição de dividendos. Nesse contexto, destaca-se a atuação das entidades previdenciárias estatais e dos fundos soberanos, os quais administram uma enorme quantidade de recursos cujos rendimentos serão destinados ao financiamento das obrigações estatais e das políticas públicas". Trata-se, portanto, de inegável atuação como especulador financeiro.

sobre a gestão desses recursos, determinando essa aplicação de forma discricionária e não vinculada, dispensando-se assim lei específica para que o Estado cumpra a sua tarefa desenvolvimentista e, como diria a Constituição anterior, de *suplementador* (ou *coordenador*, como quer o Decreto-lei 200/69) da atividade econômica.

A mera aproximação do raciocínio de *Estado discricionariamente suplementador* com o sistema anterior já denota a nossa posição contrária a esse entendimento, que desafortunadamente segue a dominar de forma absoluta a doutrina e a jurisprudência no Brasil.

Para agravar esse entendimento temos ainda o art. 37, XX da Constituição Federal que diz que "depende de autorização legislativa, *em cada caso*, a criação de subsidiárias das entidades mencionadas no inciso anterior, assim como a participação de qualquer delas em empresa privada". O tal inciso anterior diz: "somente por lei específica poderá ser criada autarquia e autorizada a instituição de empresa pública, de sociedade de economia mista e de fundação, cabendo à lei complementar, neste último caso, definir as áreas de atuação". Qual seja, o inciso XIX do art. 37, em perfeita articulação com o *caput* do 173 reforça a necessidade de autorização legislativa para que o Estado possa intervir na economia de forma *direta* e, no inciso seguinte, ainda obriga que essa autorização se dê *em cada caso*. A Constituição, mais uma vez, não é explícita quanto ao regime de *participação delas em empresa privada*, mas queremos crer que essa participação diz respeito, nos estritos limites da autorização Constitucional do art. 173, a uma participação em que o Estado possa ter *controle*. Não vemos aqui como o art. 37, XX possa ser lido como uma *carta branca* para atividades especulativas diretas ou indiretas do Estado.

Não é o que ocorre na prática.

E não é o que entendem aqueles que sustentam um regime de *intervenção estatal especulativa* herdado de um sistema descentralizado de promoção do desenvolvimentismo – referimo-nos ao Banco Nacional de Desenvolvimento Econômico e Social, o BNDES.

O BNDES é criação de Vargas, tendo surgido em 1952 e sido amplamente aproveitado pelo projeto desenvolvimentista do período Militar a partir de 1967. Com o fim do governo militar, o BNDES perde parte de sua influência como principal fomentador da atividade empresarial, recobrando-a a partir de meados do primeiro governo Lula da Silva, em 2004.

Este já foi tema de altas controvérsias, mas todas de natureza econômica[25], não tendo ainda surgido defensores de que a atividade do BNDES, a partir de 1988, tenha se tornado absolutamente inconstitucional. A chancela interpretativa, contudo, vem de autoridade insuspeita: Supremo Tribunal Federal. Ao julgar a ADI 1.649-1/DF, o STF teria criado, no entender de muitos, verdadeira autorização *em branco* para que o Estado atue livremente como especulador.

A força na defesa da atividade especulativa do Estado nasce, pois, de um descredenciamento da letra constitucional, que, parecendo óbvia, recebe leitura enviesada a fim de justificar o que, nos parece, ser constitucionalmente injustificável.[26] Esse descredenciamento, que rotula a norma cons-

[25] Um de seus mais vorazes críticos é Sérgio G. LAZZARINI que em seu *Capitalismo de Laços – os donos do Brasil e suas conexões.* (São Paulo: Elsevier, 2011; p. 49 e ss) ousa abrir a chamada "caixa--preta das relações entre governo e empresas" (Ibidem, pp. 55 e ss.). Em outra obra elaborada em co-autoria com Aldo MUSACCHIO (*Reinventando o capitalismo de Estado – o Leviatã nos negócios: o Brasil e outros países* [trad. de Afonso Celso da Cunha Serra do original *Reinventing State Capitalism*]. São Paulo: Penguin, 2015) o papel do Estado como investidor minoritário recebe profundas e acentuadas críticas. Mas é Raymundo MAGLIANO FILHO, com sua habitual fidalguia, calcada em profunda experiência nos mercados de capitais, que a gravidade do tema alcança contornos preocupantes (vide *Um Caminho para o Brasil – A reciprocidade entre Sociedade Civil e Instituições.* São Paulo: Contexto, 2017, pp. 63 e ss). Como profundo estudioso de BOBBIO, MAGLIANO FILHO nos fala do *déficit democrático do BNDES*, que em sua visão "perdeu a oportunidade de ser um celeiro de lideranças empresariais nacionais, *ao mesmo tempo* que se desvirtuou dos objetivos sociais *oficialmente* propagandeados, fortalecendo assim os valores de submissão ao poder estatal" (p. 69). Isso teria levado, na visão de MAGLIANO FILHO a um agigantamento estatal servil a fins políticos (que, insistimos, devem ser entendidos aristotelicamente como *partidários* ou ainda de chapas interpartidárias, o que é pior, salvando com respeito aqui o que deve ser entendido como atividade *política*), originados por uma *seletividade do BNDES* (que o teria afastado da sua real legitimidade) e tem, na base de tal seletividade, um sem-fim de teorias jurídicas de fungibilidade da intervenção estatal que tornou o BNDES um escritório de intervenção tanto quanto qualquer agência, secretaria de governo ou ministério.

[26] F. M. GUEDES (Op. cit., Idem, p. 79): "Não obstante o referido artigo 173 tenha estabelecido requisitos de cunho material para a exploração direta de atividades econômicas pelo Poder Público, quais sejam a existência de imperativo da segurança nacional ou de relevante interesse coletivo, *é inegável* que estamos diante de conceitos jurídicos indeterminados, isto é, de termos vagos e imprecisos, que conferem um razoável grau de apreciação ao intérprete da norma" (grifamos). A linguagem é forte ("é inegável") e não conta com o peso de um argumento sustentável, sobretudo por ter falseado a precisão de um conceito como "interesse coletivo" (qualificado ainda pelo termo *relevante*). Se é verdade que o termo *interesse coletivo* é algo "vago e impreciso", *data maxima venia concessa,* teremos que admitir que a base de toda e qualquer ação civil pública baseada em *interesse coletivo* estaria mais próxima de uma aventura jurídica-judicial do que diante da defesa de um *interesse concreto classificável* cuja matriz da relação coletiva pode ser de natureza consumeirista, ambiental ou mesmo laboral, onde o *interesse coletivo* nada tem de "vago" ou "impreciso". Segue

titucional como *norma aberta*, serve na verdade para justificar uma cultura jurídica pré-1988.[27]-[28]

entretanto o texto ao mencionar que "nesse caso, não se trata, propriamente, de discricionariedade, visto que não há livre escolha do administrador" – *data maxima venia concessa*, após o STF ter dado autorização legislativa *em branco* para o BNDES, é exatamente a negativa que ocorre na prática: os critérios de investimento, o volume, as empresas beneficiadas – tudo, absolutamente tudo obedece a uma discricionariedade sem igual na administração pública, vazada normalmente com fundamentação muitíssimo superficial (quando há). A razão para entender que não haveria discricionariedade é essa: "[há] sim (...) um campo de interpretação aberto quanto ao sentido dos conceitos contidos nos dipositivos legais. A abertura das normas jurídicas constitui importante fator de 'mobilidade do sistema jurídico', permitindo a evolução e atualização do Direito independentemente de reformas legislativas" (Ibidem). Pois bem, conforme visto é exatamente essa abertura que está permitindo com que a interpretação atual deixe cristalizada a cultura da Constituição do Regime Militar de 1969, conforme estamos observando, e não o inverso. Sua leitura obebidente ao seu propósito restritivo e em âmbito o mais vinculado possível é que, na realidade, permitiria, *in casu*, "a evolução e atualização do Direito independentemente de *reformas* legislativas" – reforma não haveria, mas apenas a Constituição, que claramente não permite que o legislador se desvie das formas exclusivas previstas para o Estado intervir na economia. É justíssimo entretanto reconhecer que o autor faz buscas para encontrar o limite preciso para esse *empreendorismo estatal*, mas preocupa-nos ter fugido do texto constitucional (alegando-o "vago") para buscar tais limites no chamado *princípio da concorrência* (Ibidem, p. 83) – qual seja, foge de um âmbito consolidado na legislação (o conceito de "interesse coletivo") para abrigar-se na livre concorrência com o privado, algo que, a nosso ver, na escala de imprecisão, encontra-se dois ou três estágios acima do conceito de "interesse coletivo".

[27] Guedes, F. M. (Op. Cit., Idem, p. 60): "a Administração Pública não precisa de autorização legal específica para a aquisição de participações acidentais ou fortuitas. Afinal, não se cuida de aplicação de recursos públicos nem de intervenção estatal na economia, mas sim de mera obtenção de parcelas do capital social de sociedades empresárias por diferentes". Sem embargo do conceito de "participação acidental ou fortuita" proposta pelo autor (seriam as "várias situações em que o Estado se vê proprietário de participações societárias por razões fortuitas ou acidentais, como por exemplo, doações heranças jacentes e execuções judiciais", pois "nessas hipóteses a propriedade acionária estatal não decorre de uma decisão deliberada de política econômica, mas, pelo contrário, de ações e circunstâncias não controláveis pela Administração"), que na verdade trata o Estado como uma espécie de "depósito de resíduos sólidos de natureza societária" permite que o Estado se preste a receber e gerir inclusive uma companhia em estado falimentar. Não é intuito desse texto analisar os impactos econômicos e os custos envolvidos nessa atividade absolutamente desprezível do Estado (tanto no mérito quanto nas estatísticas), mas apenas questionar se, juridicamente, seria correto dizer que a Administração não poderia de fato controlar essas situações e simplesmente rejeitar o ato, na forma do art. 539, Segunda Parte do Código Civil. Isto porque, como afirma o próprio autor: "a Administração Pública não precisa de autorização legal específica para a aquisição de participações acidentais ou fortuitas", pois, "afinal, não se cuida de aplicação de recursos públicos nem de intervenção estatal na economia, mas sim de mera obtenção de parcelas do capital social de sociedades empresárias por diferentes razões" e por isso, "nesse contexto, essas participações contingenciais vão ser adquiridas pelo Estado com base em normas ordinárias aplicáveis à sua atuação, como, por exemplo, as regras de sucessão previstas no

Esse *referendum ad hoc* utilizado pelo Estado para estabelecer as suas participações minoritárias, na origem, nada tinha a ver com o mencionado regime, mas a elasticidade interpretativa abriu em veículos como o BNDES, o Banco do Brasil, a CEF e a Eletrobras uma verdadeira *Caixa de Pandora* (já tanta vezes pintada de preto) nesse enlace entre o estatal e o privado, que gestou sérios problemas de governação[29]. Eis um resumo da matriz interpretativa:

Código Civil ou o procedimento de execução da dívida ativa da Fazenda Pública" (Ibidem, pp. 60-61). Descartada a inexistente hipótese de vacância de valores mobiliários registrados em território nacional e não em Estado da federação e imaginando aqui que tal vacância favoreça municípios onde se detecte vacância na sucessão de ações, algo completamente diferente do que ocorre nas execuções da Fazenda Pública, tudo mais parece decorrer de uma atividade tipicamente especulativa do Estado (a exceção dessas vacâncias decorrentes ao art. 1.822 do Código Civil), o que apenas confirma que se o regime é o civil, como sustenta GUEDES, o Estado atua de fato como especulador chegando, no caso das execuções, a concorrer (ou pior, alimentar) uma atividade de especulador em *distressed assets*.

[28] Sobre essa cultura jurídica de antanho, vide o interessantíssimo texto de Arnoldo WALD, de 1954 intitulado "As sociedades de economia mista e as empresas públicas no direito comparado" (*In Revista Forense*, volume 152, Rio de Janeiro: Forense, mar./abr.-1954, pp. 510-522). Vide também de Alfredo de Almeida PAIVA, "As Sociedades de Economia Mista e as Empresas Públicas como Instrumentos Jurídicos a Serviço do Estado", *In Revista dos Tribunais*, vol. 311, São Paulo: RT, set. 1961, pp. 39-52. Lembrava PAIVA há mais de 50 anos atrás: "A adoção da emprêsa pública, ou, ao contrário, da sociedade de economia mista, realmente deverá depender do exame dos objetivos visados e, por conseguinte, da atividade a ser exercida. Assim sendo, enquanto o campo reservado à sociedade de economia deve ser preenchido pelos empreendimentos a que o Estado comparece objetivando estimular e amparar a iniciativa privada, que sem tal estímulo e amparo não se encorajaria a enfrentar atividades que exijam avultadas somas de capital, a emprêsa pública, nas suas duas modalidades principais, deve constituir o instrumento preferido na hipótese de execução de um serviço público, da qual esteja excluída a finalidade lucrativa." (Ibidem, p. 51).

[29] De todos, o mais grave nos parece ser e estrutura montada na proa do FI-FGTS. Trata-se de um fundo que utiliza recursos que são arrecadados compulsoriamente dos trabalhadores para a formação do *Fundo de Garantia por Tempo de Serviço*, um direito constitucional que visa assegurar ao trabalhador algumas benesses. O FI-FGTS capta os recursos do FGTS, outro fundo composto com recursos tomados compulsoriamente dos trabalhadores e tem por fim utilizar tais recursos para fomentar a atividade especulativa do Estado, já que esse fundo é administrado e gerido pela Caixa Econômica Federal, recebendo forte influência partidária. O FI-FGTS investe em muitas empresas privadas e ainda se oferece como garantidor de várias operações financeiras e nos mercados de capitais beneficiando terceiros escolhidos. Seu patrimônio supera os €10 bilhões e sua governação tem baixíssima transparência e grau quase nulo de *accountability*. É, de todos os mecanismos controlados pelo Estado, o mais agressivamente especulativo com presença em uma quantidade grande de empresas privadas, fundos privados, companhias abertas, projetos, operações financeiras de riscos variados e assim por diante. Esse mecanismo é uma fraude ao limite constitucional, implementado as pressas em 2007, colocando recursos tomados compulsoriamente do trabalhador em situações de altíssimo risco com remunerações muito abaixo do mercado, afetando a

> *O referido artigo 37, XX, CF exige autorização legal "em cada caso" para a participação societária em empresas privadas. A exigência de permissão legal para a participação em outras sociedades já estava prevista na Lei das Sociedades por Ações (Lei n.º 6.404/1976), pelo menos no que se refere às sociedades de economia mista (artigo 237, §1º). No entanto, não há que se falar em edição de lei indicada cada empresa a ser participada pela Administração Pública. Aplica-se, ao caso, o mesmo raciocínio utilizado pelo STF na já citada ADI 1.649-1/DF, o qual dispensa a necessidade de chancela legislativa mencionando cada ente destinatário do investimento público, bastanto existir permissão para que o ente participante invista em determinada área ou setor econômico.*[30]

A interpretação dada não apenas à Constituição, mas sobretudo ao conteúdo da ADI ganha voto de desconfiança quando observamos com mais atenção ao teor do indigitado Acórdão, relatado pelo Ministro Maurício Corrêa e tendo por objeto o marco legal regulatório do setor de Óleo e Gás, nestes termos:

> *AÇÃO DIRETA DE INCONSTITUCIONALIDADE. LEI 9478/97. AUTORIZAÇÃO À PETROBRÁS PARA CONSTITUIR SUBSIDIÁRIAS. OFENSA AOS ARTIGOS 2.º E 37, XIX E XX, DA CONSTITUIÇÃO FEDERAL. INEXISTÊNCIA. ALEGAÇÃO IMPROCEDENTE. 1. A Lei 9478/97 não autorizou a instituição de empresa de economia mista, mas sim a criação de subsidiárias distintas da sociedade-matriz, em consonância com o inciso XX, e não com o XIX do artigo 37 da Constituição Federal. 2. É dispensável a autorização legislativa para a criação de empresas subsidiárias, desde que haja previsão para esse fim na própria lei que instituiu a empresa de economia mista matriz, tendo em vista que a lei criadora é a própria medida autorizadora. Ação direta de inconstitucionalidade julgada improcedente.*[31]

concorrência nos mercados financeiros a custo exclusivo do trabalhador: é um duplo prejuízo ao trabalhador, que é apenado na coleta do investimento, no seu uso e por fim na sua perda. É também fonte de inúmeras operações suspeitas e que estão no foco de algumas investigações recentes de séria gravidade. Como se trata de um fundo, o seu estudo foge do escopo deste trabalho, embora o FI-FGTS seja um relevante *case* de fracasso na governação de recursos públicos por conta de falhas idênticas àquelas constatadas nos casos Banestado, Mensalão e Petrolão.

[30] Guedes, F. M., Op. cit., Idem, p. 72.

[31] ADI-1.649-1; j. 24/3/2004; v.u., Plenário; DJU 28/5/2004; rel. Min. M. Corrêa.
A título de curiosidade, lembramos que o autor dessa ação acabou sendo, por ironia do destino, um dos maiores entusiastas e usuários dessa interpretação ambivalente e, *data maxima venia concessa* aos seus defensores e a Egrégia Corte que a formulou, de um equívoco jurídico como poucos vistos em tão culto Templo de sabedoria constitucional.

Note-se que o STF, ao dispensar a autorização legislativa específica para a criação de subsidiárias no contexto específico da Lei 9.478/97, em momento algum dá a entender que esse favor judicial específico poderia ser transferido para o âmbito das participações indiretas na economia por meio dos bancos de fomento e outros "instrumentos de desenvolvimento", que, diga-se de passagem, pela própria Constituição, nos termos do regime jurídico previsto no art. 174 (sobretudo em seu §1º), jamais poderia se dar pela recepção de uma cultura varguista, ora reformada pelo desenvolvimentismo pré-1988. Em matéria de direito público não se admite interpretação extensiva para assuntos que a Constituição exige crivo prévio do Poder Legislativo e forte fundamentação pelo Poder Executivo.

Mais grave foi ainda a chancela genérica dada pela Lei n.º 11.908/08 aos bancos estatais em meio ao rescaldo da Crise de 2008, consolidando dentro do regime constitucional de 1988 uma intervenção discricionária de fato[32] e, pior, raramente ou quase nunca fundamentada.

Nos parece que a Constituição exige de fato que o ente estatal (direta ou *indiretamente*) detenha o controle nas sociedades empresárias[33], funda-

[32] Lembra Engler Pinto Junior (Op. cit., Ibidem, p. 194): "É possível ainda ao Estado exercer a condição de acionista não controlador apenas para assegurar a preservação de interesses estratégicos nas empresas privatizadas, *sem motivação específica de fomento*". Ressalte-se que nas práticas de carreamento de recursos via BNDES para empresas privadas pelo canal do *equity*, esse raciocínio também prevalece, sem, entretanto, uma fundamentação jurídica que justifique a razão específica dessa postura que reconhece discricionariedade onde a vinculabilidade decisória deveria, ao menos em tese, imperar. Dizemos isso pois o próprio art. 153 da Lei 6.404/76 recomenda que decisões de investimento sejam mais do que bem fundamentadas pela administração da companhia. Por que razão a não discricionariedade do administrador ficaria a ele restrita, não "subindo" para o acionista quando este é um ente que opera por princípio de estrita legalidade dos atos associados à publicidade?

[33] Não há quem defenda a imprescindibilidade do controle como forma de intervenção. Dois motivos pairam: (i) de natureza prática, pois a tese viabiliza uma atuação do Estado consentânea com uma certa blindagem sobre a responsabilidade decorrente dessa atuação; (ii) de natureza teórica, pelo qual a ideia de "participação minoritária" não seria, tecnicamente, uma forma de intervenção do Estado na economia (vide Engler Pinto Junior, Op. cit., Idem, p. 196). Contudo, no mesmo passo em que nega essa natureza interventiva, o mesmo autor trata abertamente a participação minoritária como forma de "interferência interna" (p. 201) sem contudo diferenciar *interferência* de *intervenção* e se há como ter "mera interferência" sem que isso implique em uma *intervenção de facto*. Neste pormenor nos parece interessante a proposta de Guedes (Op. cit., Idem, p. 56), que ao retomar as razões pelas quais em certa perspectiva as participações societárias estatais não são vistas como "instrumento de intervenção estatal na economia", segundo certo entendimento de que a adaptação do Estado a regras de governança corporativa atenuaria a função tipicamente estatal equiparando o Estado a um acionista comum (Ibidem, pp. 56-58). Contudo, ao se debruçar

no tema de maneira mais profunda e à luz da Constituição, GUEDES nota uma natureza tripartite da intervenção estatal baseada em leitura sistêmica dos arts. 173 e 174 da CF/88 em contraponto a leituras anteriores feitas à luz da Constituição de 1969. Essa leitura o conduz a mesma visão que aqui defendemos dentro de um contexto de diferenciação da intervenção direta (art. 173) e indireta (art. 174): "Concordamos com a constatação de que a exploração direta da atividade econômica, pela letra da Constituição de 1988, deve ser **mais** condicionada do que a intervenção indireta, pelo fato de o poder constituinte ter considerado que a primeira modalidade interventiva é mais constritiva da livre iniciativa do que a segunda" (negrito do autor, Ibidem, p. 172). Ao fazer essa afirmação para traçar os *limites* do espaço estatal para regulação (no que, item, concordamos com GUEDES), nota-se pelo desenrolar do texto que o autor ora trata tais *limites* como sinônimo de *restrição jurídica*, ora trata como *meras esterlidades factuais do próprio sistema*. Assim, ao confundir a ideia de que o *sistema deve ser limitado (juridicamente)* com a ideia de que o *sistema está limitado (de facto)* o autor carrega o seu próprio conceito de regulação coativa para diferenciá-la do conceito de fomento ("o fomento, portanto, é a modalidade indireta de intervenção estatal na economia, tendo em vista que o Estado não realiza diretamente e com os seus próprios meios o fim perseguido, mas sim estimula particulares para que esses, voluntariamente, desenvolvam atividades econômicas que cumpras as finalidades da Administração Pública", Ibidem, p. 122). Nesse mesmo sentido chegou a afirmar ENGLER PINTO JUNIOR (Ibidem, p. 200): "A participação minoritária acompanhada de poderes especiais pode desempenhar importante função regulatória tanto na sua interação com outros agentes econômicos, quanto no âmbito interno da companhia. No plano externo, há quem exergue nesse arranjo societário um poderoso instrumento para moldar o funcionamento de mercado, mediante a imposição de condutas empresariais socialmente desejáveis, como a garantia de abastecimento e a fixação de preços, que dificilmente seriam possíveis via regulação". Nesse conceito vê-se carregado novamente o aparato cultura da Constituição de 1969, que aloca para o Estado a iniciativa que a atual constituição quer que seja *livre*. Ao dizer que o Estado "não realiza diretamente com os próprios meios" essa intervenção, qual seja, deixa de usar a força e o poder de polícia para *fomentar*, qual seja, estimular para que os particulares "voluntariamente" desenvolvam atividades econômicas que são do seu interesse, Estado (que ele chama de "finalidades da Administração Pública") o autor explica exatamente a origem daquilo que vem ser objeto de crítica páginas adiante ao tratar da chamada "burla ao regime jurídico aplicável às empresas estatais" (Ibidem, p. 207 e ss) por meio de participações minoritárias em que o Estado exerce de forma dissimulada, verdadeiro controle sem responsabilidades sobre empresas supostamente privadas. Isso ocorre de maneira claríssima em virtude de uma malversação conceitual que nasce com certa migração dessa atuação coercitiva para um campo que GUEDES conceitua teoricamente como um campo de *fomento* e que na prática veste-se tal fomento no corpo de verdadeira atuação policial e coercitiva, levando as companhias a uma *autarquização* (Ibidem, p. 215). Esses riscos são agravados quando observamos o estudo de SCHIRATO, que fala ainda do uso do "manto do Estado para justificar atos contrários ao Direito" e o velho macete do "uso político das empresas estatais, em detrimento da obrigação de uma administração qualificada" (SCHIRATO, Ibidem, pp. 180 e ss), que recentemente já se converteu em verdadeiro *uso partidário* desses veículos para que os partidos políticos consigam perseguir seus loteamentos dentro de empresas privadas-autarquizadas. Tais vícios tem origem naquilo que GUEDES chamou de *fungibilidade de modalidades interventivas* ou *intercambialidade das técnicas de atuação administrativa* (Ibidem, p. 178 e ss). Nesse círculo vicioso voltamos então ao argumento central – será mesmo que a Constituição brasileira autoriza em seu art. 174 que o Estado atue indiretamente para *fomentar* a economia por

mentando esse controle de forma específica em lei que explicite o *relevante interesse coletivo* em jogo. Essa ausência torna a atividade especulativa do Estado completamente inconstitucional, ilegal, prejudicial[34] e, conforme vimos na Introdução deste trabalho, uma fonte profunda de problemas na governação dessas empresas estatais.

6. A reforma de 2016

Como quisemos demonstrar por meio de metodologia indutiva, a análise dos detalhes pragmáticos dos casos que se estabeleceram como paradigmas negativos na governação das estatais, nos conduziu a uma base teórico-jurídica de *intervenção* que, aqui, defendemos ser inconstitucional.

Apesar dos pesares constitucionais, a prática existe e é largamente espraiada na forma de atuação estatal em todos os níveis. Os casos levam a concluir, entretanto, que a causa principal reside exatamente no uso desmesurado dessas práticas inconstitucionais de intervenção, sobretudo no

meios como as participações minoritárias? Defendemos abertamente que essa questão da *fungibilidade* ou *intercambialidade* é absolutamente inconstitucional e deve ser combatida com vigor, por estar na origem dos problemas relatados na Introdução deste trabalho.

[34] Outro ponto gravíssimo e pouco explorado diz respeito a atuação do Estado como *insider*. Ao imiscuir-se como especulador em negócios privados, o Estado haure informações privilegiadas e as usa em detrimento dos demais sócios e da sociedade em geral. Em muitos casos essa informação é usada em favor de seus agentes, em uma gravíssima deformação da função estatal que desata inúmeras relações superficialmente descritas na Introdução deste trabalho. A respeito dessa atuação como *Insider*, veja-se trecho de alerta de ENGLER PINTO JUNIOR: "os administradores indicados pelo Estado, com base nos poderes especiais associados à participação minoritária, não se transformam em agente governamental para implementar objetivos de política pública por intermédio de companhia privatizada. Os deveres e responsabilidades dos administradores assim eleitos são exatamente os mesmos dos demais pares, porquanto o interesse social possui dimensão limitada e não adquire feição publicista. O assento no órgão colegiado serve como canal privilegiado de acesso a informações sobre os negócios sociais" (Op. cit., Idem, p. 203). O alerta é de extrema gravidade pois ao mostrar que estão sujeitos ao regime das responsabilidades e mesmo assim tomam assento nas companhias para se servir de canal privilegiado de acesso a informações, o administrador simplesmente viola *todos* os deveres fiduciários *ao mesmo tempo*: pratica violação do dever de diligência por quebra de probidade, violação de lealdade por quebra de sigilo, violação de finalidade das atribuições por tratar de forma diferente o acionista que o elegeu, pratica abusa de poder, viola dever de informar ao não compartilhar a mesma informação com todos os acionistas e, *last but not least*, age em violenta intervenção sob conflito de interesses e, pior, agindo em concurso formal de violações de maneira inquestionavelmente consciente e dolosa dentro dessa perigosíssima prática consolidada de atuação como *insider*.

que tange a participações minoritárias e nas intervenções via sociedade de economia mista e empresa estatal.

Esse modo de atuação, como vimos, decorre diretamente do Estado tratar as sociedades das quais mantém participação societária como "instrumentos" de uma política pública interventiva, que seria fungível e discricionária: o Estado, sob tais olhos, poderia intervir com o poder de polícia, por instrumentos regulatórios, mas se a intervenção eventualmente falhar, poderia, juridicamente, segundo tais teorias que foram por nós contrapostas, usar de outros mecanismos de intervenção em nome do "interesse público" (na verdade, interesse estatal ou partidário, conforme vimos). Os resultados econômicos apurados foram desastrosos, mas falta ainda reconhecer que a causa disso é de natureza quase que completamente jurídica. A recepção do sistema de 1969 em um âmbito teórico duvidoso, atrelada a leituras equivocadas da jurisprudência do STF alocou para o Estado algumas tarefas que vão além da Constituição Federal e autorizam a sua atuação como verdeiro especulador financeiro.

Essa simbiose é ainda facilitada por um claro relaxamento da própria lei societária: no Brasil a lei societária não impede que a governação seja verticalizada, qual seja, uma mesma pessoa atue nas várias instâncias desde a Assembleia Geral até os níveis mais técnicos de gerência. Uma das mais virtuosas táticas de governação corporativa seria, segundo alguns, a profissionalização da administração e o incremento de sua independência em relação ao controle.

Não pretendemos aqui voltar a Berle & Means, mas já é assente que uma administração profissional gera melhores resultados de governação que uma sociedade administrada por não profissionais.

Carece, entretanto, inclusive no âmbito teórico uma consolidação do conceito de *profissionalização da função do acionista*, como pregou CLARK em 1984[35]. Neste aspecto o Brasil ainda está muito distante do mínimo ideal e apesar de enormes esforços obtidos no âmbito da administração, nada se fala a respeito dessa profissionalização no âmbito dos acionistas.

As crises relacionadas ao espectro das estatais conduziram, entretanto, o Estado brasileiro a forçar mudanças no âmbito da governação das estatais com alguns pontos positivos àquilo que reputamos fundamental para essa evolução: a profissionalização do papel do investidor/acionista.

[35] Vide CLARK, Robert Charles. "*The four stages of capitalism: reflections on investment management treatises*" *In Harvard Law Review*, vol.94. Boston, Mass: Harvard University Press, 1981; pp. 561-582

Por meio da Lei n.º 13.303/16, o Brasil deu grande passo no campo da governação de modo geral, pois tornou essa independência obrigatória nas estatais, algo que nem a Lei das S.A. ou o Regulamento do Novo Mercado tiveram coragem de impor. O sistema do Novo Mercado, inclusive, trouxe essa exigência de independência de forma residual em parcela limitada do Conselho de Administração, mas foi apenas a Lei n.º 13.303/16 que veio lhes exigir de forma absoluta, na administração como um todo. O fez por meio do polêmico art. 17.

Além disso, entre os arts. 6.º e 26[36], inúmeras regras de governação de empresas antes tidas apenas como "recomendações" em foros específicos e que agora se tornaram imposição. Dentre as regras destacamos: (i) adoção de procedimentos que visem ampliar a transparência na gestão; (ii) a adoção de controle de riscos e controles internos; (iii) obrigatoriedade de auditoria independente; (iiii) adoção de políticas de divulgação de infor-

[36] Essa norma não foi editada de modo a nascer isenta de críticas. Há vários dispositivos que receberam a nossa moção de desconfiança (vide *Interesses...*). O principal deles é o mecanismo previsto no art. 8.º, I, §1.º da Lei n.º 13.303/16. Ao colocar como uma das tarefas do administrador a elaboração de uma carta anual, que, dentre outros deverá conter os "compromissos (...) em atendimento ao interesse coletivo", a lei delega ao administrador uma tarefa que, pela Constituição, cabe *exclusivamente* ao Poder Legislativo, que deve fazê-lo no âmbito específico da lei que cria a sociedade de economia mista. Nos parece que o preenchimento desse interesse, *ad hoc* e *a posteriori* pela administração da própria companhia, colide de forma violenta com a letra do art. 173 da Constituição Federal. Ademais, quando entramos no detalhe do §1.º, notamos: "O interesse público da empresa pública e da sociedade de economia mista, respeitadas as razões que motivaram a autorização legislativa, manifesta-se por meio do alinhamento entre seus objetivos e aqueles de políticas públicas, na forma explicitada na carta anual a que se refere o inciso I do caput". Ao confundir *interesse coletivo* com o *interesse público subjacente* que, como explicamos no citado texto sobre os "Interesses...", o dispositivo sinaliza erro grave, mas ainda menor se comparado ao fato que, por esse mecanismo, o próprio administrador poderá modular o *quantum* de sua responsabilidade relacionada a atos *já praticados*, inserindo apenas um *alinhamento a posteriori* para justificar um ato por si praticado e que possa configurar uma violação de um interesse que deveria ter sido pactuado por lei *a priori* e não por "carta" *a posteriori*. Cria-se um mecanismo de lei (ou justificativa *legal*) *ex post facto* que no âmbito da *independência* que se criar, acaba-se gerando um *poder* sem *controle prévio* ou, pior, *posterior*, já que ao próprio administrador caberá preencher a razão que fundamentará a sua própria justificativa alinhada a um interesse que, ao tempo da prática do ato, não era sequer explícito ou declarado. A linguagem que exige a criação de "objetivos mensuráveis por meio de indicadores objetivos" em nada ameniza o fato de que a definição desses interesses é despido de referência temporal – a administração pode declarar tanto hoje os interesses que governaram as ações até então, quanto declarar hoje os interesses que governarão as ações a partir de então: neste último caso, é o que se espera que seja feito, mas conhecendo as práticas nas sociedades de economia mista, temos indícios que os mecanismos de primeiro caso talvez não desapareçam das práticas de governação sem um custo judicial futuro, ainda.

mações e fatos relevantes, ainda que se trate de companhia fechada e que se aplique também e sobretudo para o acionista controlador que detenha informação privilegiada; (v) adoção de políticas de negociação com partes relacionadas; (vi) auditoria interna; (vii) Comitê de Auditoria estatutário[37]; (viii) adoção de um Código de Ética e Conduta; (viiii) adoção de treinamentos constantes na área de riscos e *compliance*; (x) adoção de Comitê Estatutário de Compliance e Gestão de Riscos; (xi) divulgação ampla e irrestrita de toda a remuneração individualizada de todos os seus administradores; (xii) adoção em estatuto de requisitos técnicos objetivos para o exercício do cargo de administrador; (xiii) meios independentes de avaliação de desempenho dos gestores e administradores; (xiiii) divulgação de atas de reunião do órgãos fiscalizatórios, administrativos e demais órgãos estatutários; (xv) adoção de modo permanente de um Conselho Fiscal[38].

É contudo especificamente em relação ao regime de independência obrigatória da administração em face do controlador que queremos aqui destacar como principal avanço dessa Lei n.º 13.303/16. Essa independência está assim estruturada em seu art. 17:

> *Art. 17. Os membros do Conselho de Administração e os indicados para os cargos de diretor, inclusive presidente, diretor-geral e diretor-presidente, serão escolhidos entre cidadãos de reputação ilibada e de notório conhecimento, devendo ser atendidos, alterna-*

[37] A adoção de comitês de auditoria como instrumento de fiscalização é uma importação impertinente, inoportuna e pouco inteligente do direto societário brasileiro. Já endereçamos críticas severas a esse instrumento no passado (vide o nosso *Conselho Fiscal nas Companhias Abertas Brasileiras*. São Paulo: Almedina, 2012, pp. 152-153 e 205 ss.); reiteramos tais críticas aqui: membro de comitê de auditoria exerce dupla função, pois sendo também membro do conselho de administração e, desta forma, *administrador*, calhará em conflito – é sempre questão de tempo. Exemplo clássico foi o comitê de auditoria da Enron, que não foi capaz de evitar a derrocada da gigante de energia, que por outras razões vistas no documentário *Enron – The Smartest Guys in the Room*, de Alex Gibney [2005], também gozava de relações promíscuas com o Estado a ponto de transformá-la em gigante da mentira. Nesse mesmo sentido vide Coffee Jr., John. *Gatekeepers – the profession and corporate governance*. Oxford: OUP, 2006.

[38] No campo fiscalizatório a Lei n.º 13.303/16 repete todos os problemas que analisamos em *Conselho Fiscal*... (Op. cit., Idem). A técnica de incorporar um regime jurídico por referência (usada pelo Conselho Fiscal na Lei n.º 6.404/76) é repetida na Lei n.º 13.303/16 criando uma segunda derivada de erros (vide o art. 26 e §§ da Lei n.º 13.303/16, *ex vi Conselho Fiscal*..., Op. cit., Idem, p. 228 e ss). Além disso, os problemas técnicos levantados especificamente em relação às sociedades de economia de mista, quando não aqui aprofundados de forma específica, constam lá de maneira genérica (Op. cit., Ibidem, pp. 36-46) sem que a Lei n.º 13.303/16 tenha solucionado os problemas lá identificados.

tivamente, um dos requisitos das alíneas "a", "b" e "c" do inciso I e, cumulativamente, os requisitos dos incisos II e III:

I – ter experiência profissional de, no mínimo:

a) 10 (dez) anos, no setor público ou privado, na área de atuação da empresa pública ou da sociedade de economia mista ou em área conexa àquela para a qual forem indicados em função de direção superior; ou

b) 4 (quatro) anos ocupando pelo menos um dos seguintes cargos:

1. cargo de direção ou de chefia superior em empresa de porte ou objeto social semelhante ao da empresa pública ou da sociedade de economia mista, entendendo-se como cargo de chefia superior aquele situado nos 2 (dois) níveis hierárquicos não estatutários mais altos da empresa;

2. cargo em comissão ou função de confiança equivalente a DAS-4 ou superior, no setor público;

3. cargo de docente ou de pesquisador em áreas de atuação da empresa pública ou da sociedade de economia mista;

c) 4 (quatro) anos de experiência como profissional liberal em atividade direta ou indiretamente vinculada à área de atuação da empresa pública ou sociedade de economia mista;

II – ter formação acadêmica compatível com o cargo para o qual foi indicado; e

III – não se enquadrar nas hipóteses de inelegibilidade previstas nas alíneas do inciso I do caput do art. 1o da Lei Complementar no 64, de 18 de maio de 1990, com as alterações introduzidas pela Lei Complementar no 135, de 4 de junho de 2010.

§ 1o O estatuto da empresa pública, da sociedade de economia mista e de suas subsidiárias poderá dispor sobre a contratação de seguro de responsabilidade civil pelos administradores.

§ 2o É vedada a indicação, para o Conselho de Administração e para a diretoria:

I – de representante do órgão regulador ao qual a empresa pública ou a sociedade de economia mista está sujeita, de Ministro de Estado, de Secretário de Estado, de Secretário Municipal, de titular de cargo, sem vínculo permanente com o serviço público, de natureza especial ou de direção e assessoramento superior na administração pública, de dirigente estatutário de partido político e de titular de mandato no Poder Legislativo de qualquer ente da federação, ainda que licenciados do cargo;

II – de pessoa que atuou, nos últimos 36 (trinta e seis) meses, como participante de estrutura decisória de partido político ou em trabalho vinculado a organização, estruturação e realização de campanha eleitoral;

III – de pessoa que exerça cargo em organização sindical;

IV – de pessoa que tenha firmado contrato ou parceria, como fornecedor ou comprador, demandante ou ofertante, de bens ou serviços de qualquer natureza, com a pessoa político-administrativa controladora da empresa pública ou da sociedade de economia mista ou com a própria empresa ou sociedade em período inferior a 3 (três) anos antes da data de nomeação;

V – de pessoa que tenha ou possa ter qualquer forma de conflito de interesse com a pessoa político-administrativa controladora da empresa pública ou da sociedade de economia mista ou com a própria empresa ou sociedade.

§ 3o A vedação prevista no inciso I do § 2o estende-se também aos parentes consanguíneos ou afins até o terceiro grau das pessoas nele mencionadas.

§ 4o Os administradores eleitos devem participar, na posse e anualmente, de treinamentos específicos sobre legislação societária e de mercado de capitais, divulgação de informações, controle interno, código de conduta, a Lei no 12.846, de 1o de agosto de 2013 (Lei Anticorrupção), e demais temas relacionados às atividades da empresa pública ou da sociedade de economia mista.

§ 5o Os requisitos previstos no inciso I do caput poderão ser dispensados no caso de indicação de empregado da empresa pública ou da sociedade de economia mista para cargo de administrador ou como membro de comitê, desde que atendidos os seguintes quesitos mínimos:

I – o empregado tenha ingressado na empresa pública ou na sociedade de economia mista por meio de concurso público de provas ou de provas e títulos;

II – o empregado tenha mais de 10 (dez) anos de trabalho efetivo na empresa pública ou na sociedade de economia mista;

III – o empregado tenha ocupado cargo na gestão superior da empresa pública ou da sociedade de economia mista, comprovando sua capacidade para assumir as responsabilidades dos cargos de que trata o caput.

De todo o disposto no novo regime, merece destaque, à luz das críticas proferidas neste trabalho, a ousada regra constante no §2º, que visa assegurar a independência do executivo em face da atividade partidária, eleitoral e política (não relacionada ao objeto social da empresa). Esse estímulo de certa forma tende a assegurar que essa independência seja revertida em melhor governação e queda da simbiose entre o Estado e alguns particulares, que levou o país a testemunhar tantos e tão graves casos de desgoverno nas sociedades estatais.

Por outro lado o próprio Estado deixa certo legado e *benchmarket* seguro para as não estatais seguirem, estimulando outrossim que no mercado das não estatais a independência da administração em face do controle seja uma realidade que beneficie não apenas na governação de tais empresas, mas também em seus resultados, que tendem a ser baseados em decisões mais técnicas.

A regra impede que pessoas que tenha exercido cargos na Administração Pública Direta, Indireta, em partidos políticos, organizações sindicais ou em entes privados que figurem como fornecedores e contrapartes em contratos com a própria empresa ou seu controlador, bem como pessoas ligadas a certas atividades eleitorais ou que possam representar conflitos de interesse *a priori* em face dessa mesma administração, assumam cargos na administração das sociedades que são controladas ou contem com a participação do Estado como acionista minoritário.

Um lado importantíssimo dessa regra é a atenção que ela vem recebendo dos reguladores e sobretudo da CVM, a Comissão de Valores Mobiliários. Tão logo a regra fora promulgada, inúmeros casos foram levados ao conhecimento da autarquia, que mandou aplicar a norma, descredenciando eleições de administradores que estariam em violação dessas regras.[39]

[39] Vide *Caso Light* já citado acima. Espanta em alguns momentos afirmações em voto vencedor desta natureza: "É evidente que esta CVM não é a destinatária precípua da Lei n.º 13.303, de 30 de junho de 2016, conhecida como Lei das Estatais. Ao disciplinar o art. 173, da Constituição Federal, o legislador infraconstitucional estabeleceu requisitos para que a exploração direta da atividade econômica pelo Estado seja realizada no padrão de eficiência e de ética que se espera em todas as manifestações e participações do poder público. Trata-se, portanto, de impor padrões de governança a serem observados na gestão das empresas estatais, estabelecidos por decisão de Estado, e que não estejam submetidos aos sabores dos interesses de Governos. Nesse sentido, o novel diploma normativo é um comando restritivo direto a União, Estados e Municípios, assim como às suas empresas estatais. (...) Ao mesmo tempo, como requisito para a exploração da atividade econômica, é natural que os comandos da Lei das Estatais tangenciem a esfera de atuação das entidades responsáveis pela regulação e supervisão dos mercados correspondentes. Nesses termos e ainda que de forma indireta, tenho como inevitável que a CVM tenha que observar o conteúdo da citada Lei ao desincumbir-se de seu mister legal." (vide voto do Dir. Henrique Machado, itens 4 e 6, pp. 7-8). O argumento usado para desincumbir a CVM de seu papel regulatório em face das imposições previstas na Lei n.º 13.303/16 não nos parece ter feito sentido, uma vez que a própria Lei 13.303/16 bem como a Lei das S/A, sem contar a própria Constituição (que prevê que o regime jurídico é o das chamadas *empresas privadas*) sugere que a CVM tem todo o dever de zelar pelo cumprimento desta e de todas as demais normas que cuidem de *governação* tanto de sociedades de economia mista, quanto de outras sociedades por ações que contem com público investidor que ingressou na companhia estatal via captação de poupança popular. Superado esse deslize vale lembrar que no mérito, concordamos com a conclusão atingida pelo Diretor de que a lei deve, item, ter a sua interpretação estendida para aquelas empresas onde há até a chamada participação especulativa do Estado (quando figura como minoritário, ainda que qualificado, e

7. Conclusões

A história da governação nas estatais no Brasil e, ao que nos parece, em outras partes do mundo, item, é ainda uma narrativa em construção.

No Brasil, uma combinação de fatores acabou por decompor os mecanismos de governação nas empresas em que o Estado atua como acionista (seja controlador, seja meramente especulador). No desenho dessa decomposição estão as cores e tintas que os casos *Banestado, Mensalão* e *Petrolão-Lavajato* já legaram ao mundo, com cifras realmente incomparáveis. As últimas notícias dão conta de que outros desdobramentos devem surgir, em frentes associadas com o BNDES, com o Setor Elétrico e de Energia, com a indústria dos fundos e outras vertentes cujo manancial probatório vem aparecendo com abundância.

Na base dessa discussão temos uma estrutura jurídica tipicamente herdada de regimes anteriores e exacerbada durante o Regime Militar (1964-1985). Essa estrutura comporta interpretações do sistema anterior que sobreviveram no novo sistema pos-1988, mesmo com a linguagem restritiva desse novo sistema.

Vimos que nessa linguagem mais estreita e restritiva dos mecanismos de intervenção do Estado na economia, o uso das estatais, das sociedades de economia mista e da atuação do Estado enquanto acionista deveria diminuir, quiçá cessar – mas, contrariamente, esse uso cresceu, mesmo que em confronto com o sistema atual.

Defendemos que o sistema atual apresenta requisitos formais incontornáveis e que são verdadeiras condições de procedibilidade para o *status socii* do Estado – uma vez não preenchidos formalmente os interesses, o regime deve ser desfeito compulsoriamente, por meio de medida judicial (ação civil pública) que obrigue o Estado a se desfazer de uma posição como acionista, cujos interesses não preenchem mais os requisitos legais.

Nesse pormenor, criticamos alhures a adoção do regime jurídico de estabelecimento de interesses pela administração da companhia, nos termos do art. 8.º, I c/c §1.º da Lei n.º 13.303/16, em completa inconstitucionalidade, uma vez que esse interesse deve ser estabelecido com exclusividade pelo Poder Legislativo, não cabendo a esse delegar essa função de maneira

não como detentor da maioria das ações com direito a voto, uma das características essenciais do exercício do poder de controle no Brasil segundo o art. 116 da Lei das S/A).

ad hoc para o administrador, cuja função é observar o interesse estabelecido em lei. Torna inócuo o mandamento constitucional, lei que dá ao próprio administrador o poder de preencher o conteúdo de um interesse que servirá para justificar os atos praticados pelo mesmo administrador. Sobretudo porque no regime em questão esse preenchimento se dará *a posteriori*, qual seja, após a prática do ato que poderá representar (ou não) uma responsabilidade por violação de dever fiduciário por não atendimento de interesses previstos na lei de criação da sociedade que administre, que, se inexistente podem ser por ele, administrador, reafirmadas em "carta" em momento posterior. A lei dá ao próprio administrador o poder de preencher a lacuna legal de outra lei.

Mesmo com tais defeitos identificados, a Lei n.º 13.303/16 tem seus méritos e o maior deles foi ter criado um regime de independência entre administração e controle. A clara separação entre a função do acionista controlador e do administrador, exigindo um grau de independência como o visto no art. 17 e seguintes da Lei n.º 13.303/16 é uma marca importante desse novo regime jurídicoc. Neste pormenor, às empresas controladas pelo Estado é dada uma oportunidade de estabelecer um novo *benchmarket* nos padrões de governação em direito societário brasileiro e, quiçá, global, em praças em que a *revolving door* impera. Ao exigir formalmente que os cargos nas empresas em que o Estado seja o controlador, venham a ser preenchidos por critérios exclusivamente técnicos (vetando indicações de natureza exclusivamente partidária ou em potencial conflito de interesses que devem ser conciliados), a nova lei passa a exigir um grau de independência ainda não experimentado no mercado brasileiro, cuja tendência há de ser uma melhora nos padrões de governação, esterilizando parte dos recursos usuais de contrafação dessa governação que funciona em regime de verdadeira *dependência*, ou melhor, *sujeição*; qual seja – *submissão*.

Ao atacarmos esse aspecto da *dependência-sujeição-submissão*, parte dos mecanismos usados até então e que levaram aos *cases* citados na Introdução, tendem a ser abandonados, acreditamos; mas a melhora da governação no longo prazo não poderá depender apenas desse critério – terá também que se fiar em outros mecanismos e melhoras que aqui e alhures discutiu-se. Dentre as melhorias necessárias, além da modificação do já citado art. 8.º, há também uma útil (e, porque não dizer, *necessária*) lapidação nos arts. 14 e 15, para que o exemplo não crie apenas um paradigma interno, mas também uma matriz de experiência sólida para todo o universo lusófono.

8. Referências Bibliográficas

AMARAL, Gilberto Luiz; OLENIKE, João Eloi & do AMARAL Letícia Mary Fernandes [coords.]. *Empresômetro – Censo das Empresas e Entidades Públicas e Privadas Brasileiras (totalidade das empresas brasileiras em 30/09/2012.* Supervisão Técnica: Geraldo Magela Fraga do Nascimento e Othon de Andrade Filho. São Paulo: IBPT/brprospect, 2013.

BARBACETTO, Giani; GOMEZ, Peter & TRAVAGLIO, Marco. *Operação Mãos Limpas: a verdade sobre a operação italiana que inspirou a Lava Jato* [trad. de Alexis Caprara *et alli* de *Mani Pulite – La vera storia*]. Porto Alegre: CDG, 2016.

CHEMIM, Rodrigo. *Mãos Limpas e Lava Jato – a corrupção se olha no espelho.* São Paulo: Citadel, 2017

CLARK, Robert Charles. "*The four stages of capitalism: reflections on investment management treatises*" *In Harvard Law Review*, vol.94. Boston, Mass: Harvard University Press, 1981; pp. 561-582.

Coffee Jr., John. *Gatekeepers – the profession and corporate governance.* Oxford: OUP, 2006.

COMPARATO, Fábio Konder (com notas de Calixto SALOMÃO FILHO). *O Poder de Controle na Sociedade Anônima*, 5ª ed.. Rio de Janeiro: Forense, 2008.

COUTINHO DE ABREU, Jorge Manuel. *Curso de Direito Comercial*, vol. II: Das Sociedades, 5.ª ed.. Coimbra: Almedina, 2016.

CRUZ, Leonardo Baptista Rodrigues & HEESMTEDE, Felipe Tucunduva van. "Conflito de Interesses no Exercício de Voto e Garantia de Orientação das Atividades das Sociedades de Economia Mista: uma análise crítica da decisão proferida no caso da Eletrobrás (PAS CVM n.º RJ 2013/6635)", *In Revista de Direito das Sociedades e dos Valores Mobiliários*, vol. 3. São Paulo: Almedina, Maio de 2016; pp. 321-335.

DIEGUEZ, Consuelo. *Bilhões e Lágrimas – A Economia Brasileira e seus atores*, 1.ª reimp.. São Paulo: Portfolio/Penguin, 2016.

ENGLER PINTO JR., Mario. *Empresa Estatal – Função Econômica e Dilemas Societários*, 2.ª ed.. São Paulo: Atlas, 2013.

FALCÃO, Joaquim [org.]. *Mensalão – Diário de um julgamento.* Rio de Janeiro: Elsevier/Campus, 2013.

GUEDES, Filipe Machado. *A Atuação do Estado na Economia como Acionista Minoritário – Possibilidades e Limites.* São Paulo: Almedina, 2015.

LAZZARINI, Sérgio G.. que em seu *Capitalismo de Laços – os donos do Brasil e suas conexões.* São Paulo: Elsevier, 2011.

LAZZARINI, Sérgio G. & MUSACCHIO Aldo. *Reinventando o capitalismo de Estado – o Leviatã nos negócios: o Brasil e outros países* [trad. de Afonso Celso da Cunha Serra do original *Reinventing State Capitalism*]. São Paulo: Penguin, 2015.

MAGLIANO FILHO, Raymundo. *Um Caminho para o Brasil – A reciprocidade entre Sociedade Civil e Instituições*. São Paulo: Contexto, 2017.

MUNHOZ, Eduardo Secchi. *Empresa Contemporânea e Direito Societário – poder de controle e grupos de sociedades*. São Paulo: Juarez de Oliveira, 2002.

NETTO, Vladimir. *Lava Jato – o juiz Sérgio Moro e os bastidores da operação que abalou o Brasil*. Rio de Janeiro: Primeira Pessoa, 2016.

PADUAN, Roberta. *Petrobras – uma história de orgulho e vergonha*. São Paulo: Objetiva, 2016.

PAIVA, Alfredo de Almeida. "As Sociedades de Economia Mista e as Empresas Públicas como Instrumentos Jurídicos a Serviço do Estado", *In Revista dos Tribunais*, vol. 311, São Paulo: RT, set. 1961, pp. 39-52.

PEREIRA, Merval. *Mensalão – o dia a dia do mais importante julgamento da história política do Brasil*, 3.ª ed.. Rio de Janeiro: Record, 2013.

PONTES, Evandro Fernandes de. *O Conselho Fiscal nas Companhias Abertas Brasileiras*. São Paulo: Almedina, 2012.

______. "Interesses Jurídicos na Sociedade de Economia Mista" *In Estatuto Jurídico das Estatais – Análise da Lei nr. 13.303/2016*. [coord.: João Otávio Noronha, Ana Frazão & Daniel Augusto Miranda] Belo Horizonte: Forum, 2017; pp. 419-466.

SCHIRATO, Vitor Rhein. *As empresas estatais no Direito Administrativo Econômico atual*. São Paulo: Saraiva, 2016.

SILVEIRA, Renato de Mello Jorge [coord.]. *Crônicas Franciscanas do Mensalão*. São Paulo: QuartierLatin, 2014.

WALD, Arnoldo. "As sociedades de economia mista e as empresas públicas no direito comparado", *In Revista Forense*, volume 152, Rio de Janeiro: Forense, mar./abr.-1954, pp. 510-522.

Processos Administrativos

Caso Light – Proc CVM RJ/SEI 19957.008923/2016-12; relatado pela SEP; col. 13/12/2016, 23/12/2016 e 27/12/2016, v.u., com dec. de v.v. pelos Dirs. Gustavo Borba, Henrique Machado e Pablo Rentería e pelo Dir. Pres. Leonardo Pereira.

Processos Judiciais

STF; ADI-1.649-1; j. 24/3/2004; v.u., Plenário; DJU 28/5/2004; rel. Min. M. Corrêa.

Documentário Audiovisual

GIBNEY, Alex (dir.) *Enron – The Smartest Guys in the Room,* Jigsaw Productions/2929 Productions, EUA, [2005].

PARTE II
ESTUDOS POR PAÍS

CAPÍTULO 10
SÓCIOS E GOVERNAÇÃO DE SOCIEDADES EM ANGOLA

SOFIA VALE

1. Fontes específicas sobre sócios e governação

O tecido empresarial angolano é hoje constituído maioritariamente por empresas privadas (sociedades por quotas e sociedades anónimas); não obstante, as empresas públicas e de domínio público continuam a ter um papel muito relevante na economia angolana.[1] Em virtude do quadro empresarial nacional que acabámos de descrever, entendemos por bem que este nosso trabalho versasse, ainda que de forma perfunctória, sobre o papel dos sócios na promoção de boas práticas de governação em cada um destes tipos de empresas[2], indo para além do tema que inicialmente nos foi proposto e que se deveria cingir às sociedades anónimas.

Como já tivemos oportunidade de referir[3], 30% das empresas que se encontram hoje em atividade foram constituídas num espaço de apenas oito anos, entre 2006 e 2014[4]. De acordo com a informação estatística dispo-

[1] CARLOS TEIXEIRA, A intervenção do Estado na economia em Angola, in Revista da Faculdade de Direito da Universidade Agostinho Neto, n.º 12, Luanda, 2012, pp. 25-60.

[2] Veja-se, a este propósito, um dos primeiros trabalhos publicados em Angola sobre o tema, em GILBERTO LUTHER, Breves notas sobre a *corporate governance*, in Estudos jurídicos e económicos em homenagem à Professora Maria do Carmo Medina (coord. Elisa Rangel Nunes), Faculdade de Direito da Universidade Agostinho Neto, Luanda, 2014, pp. 361-408.

[3] Sofia Vale, Governação societária e empreendedorismo em Angola, in Revista de direito comercial (coord. Pedro Pais de Vasconcelos), Lisboa, 2018, disponível em https://www.revistadedireitocomercial.com/empreendedorismo-e-governo-societario-em-angola/, pp. 667 e ss.

[4] INSTITUTO NACIONAL DE ESTATÍSTICA, Estatística do Ficheiro de Unidades Empresariais 2011-2014, disponível em http://www.ine.gov.ao/xportal/xmain?xpid=ine&xpgid=publications_detail&publications_detail_qry=BOUI=30946459, consultado em 10.06.2019, p. 15.

nível para consulta[5], das empresas em atividade em 2014, 0,2% eram empresas do Estado, 0,2% cooperativas, 2,2% sociedades anónimas, 36,7% empresários em nome individual e 60,6% sociedades por quotas. O crescimento empresarial foi sendo constante e progressivo, tendo passado de 25.577 empresas em atividade em 2008[6], para 35.074 empresas em atividade em 2013[7], e atingindo as 39.884 empresas em atividade em 2014[8].

Angola tem-se defrontado, desde finais de 2014, com uma crise económico-financeira fortíssima[9], que tem conduzido a moeda nacional (o kwanza) a uma desvalorização continuada e sistemática, o que, por sua vez, tem levado a que diversas empresas, maioritariamente dependentes da importação de produtos externos e da contratação de técnicos estrangeiros qualificados, se vejam forçadas a reduzir a sua atividade. Os dados estatísticos mais recentes de que dispomos indicam que, não obstante o contexto desfavorável com que se deparam, o número de empresas em atividade em 2017 era de 49.376[10], das quais 50% correspondem a empresários em nome individual, 47% a sociedades por quotas, 2,5% a sociedades anónimas e 0,3% a empresas públicas[11]. Como se conclui, o número de empresas em atividade continuou a crescer durante o período 2014-2017[12].

[5] Instituto Nacional de Estatística, Estatística..., op. cit., p. 15.

[6] Veja-se os dados estatísticos apresentados pelo Instituto Nacional de Estatística para o ano de 2008, em http://www.ine.gov.ao/xportal/xmain?xpid=ine&xpgid=boardmain2&xlang=PT&indId=10552906, consultado em 16.06.2019.

[7] Instituto Nacional de Estatística, Estatística..., op. cit., p. 10.

[8] Instituto Nacional de Estatística, Estatística..., op. cit., p. 10.

[9] As Linhas Mestras da Estratégia para a Saída da Crise Derivada da Queda do Preço do Petróleo no Mercado Internacional foram aprovadas pelo Decreto Presidencial n.º 40/16, de 24 de Fevereiro, publicado no Diário da República, I Série, n.º 28. Como refere José Pedro de Morais Jr., "a estratégia de saída da crise [...] ao privilegiar o relançamento económico por via do setor privado, abre a porta para um aumento significativo do investimento estrangeiro direto que, ao financiar novas oportunidades de investimento, aumenta a poupança nacional", in Maria Luísa Abrantes, Breve reflexão sobre o investimento estrangeiro e o caso de Angola, edição de autor, Luanda, 2016. pp. 23 e 24.

[10] Instituto Nacional de Estatística, Anuário de estatísticas das empresas 2014-2017, p. 14.

[11] Note-se que os dados estatísticos englobam ainda associações e fundações, que correspondem a 0,3%. Veja-se Instituto Nacional de Estatística, Anuário..., op. cit., p. 17.

[12] Angola tem feito alguns ensaios no que respeita à incubação de empresas, como se pode ver em Leonildo Manuel e Daniela Simão, A importância da incubação de empresas, in Revista de direito comercial (coord. Pedro Pais de Vasconcelos), 2018, disponível em https://www.revistadedireitocomercial.com/a-importancia-da-incubacao-de-empresas/, consultado em 16.06.2019, pp. 137-160.

No que, em particular, concerne às empresas privadas, vale a pena sublinhar que todas elas são ainda hoje de capital fechado, uma vez que a BODIVA – Bolsa de Dívida e Valores de Angola, SGMR, SA[13] (constituída em 2014, e que passou a administrar o mercado da bolsa e o mercado de balcão organizado) apenas procedeu à abertura do mercado de títulos de divida pública (em Dezembro de 2014) e do mercado de títulos de dívida corporativa (em 2015)[14]. Não obstante a CMC – Comissão de Mercado de Capitais[15] ter aprovado, em 2012, um Plano Estratégico para a implementação do mercado de valores mobiliários[16], a verdade é que, até hoje, no mercado regulamentado administrado pela BODIVA apenas se negoceiam títulos de dívida, devendo ainda ser dados vários passos tendo em vista a abertura do mercado de ações[17]. A política regulatória definida pela Comissão de Mercado de Capitais foi atualizada na sua Estratégia de Atuação 2017-2022[18], visando a criação de regras que permitam o desenvolvimento

[13] Criada pelo Decreto Presidencial n.º 97/14 de 7 de Maio, publicado no Diário da República, I Série, n.º 85, que autorizou a sua criação, sob a forma de sociedade anónima de capitais exclusivamente públicos, o que corresponde a uma empresa de domínio público.

[14] Leonildo Manuel, O dever de informação e a responsabilidade do emitente pelo conteúdo do prospeto – aproximações à luz do direito angolano. Dissertação de mestrado, Faculdade de Direito da Universidade Agostinho Neto, 2016, policopiado, p. 21

[15] Criada pelo Decreto n.º 9/05, de 18 de Março, entretanto revogado pelo Decreto Presidencial n.º 54/13, de 6 de Junho, publicado no Diário da República, I Série, n.º 106, que aprovou o novo Estatuto orgânico da Comissão de Mercado de Capitais.

[16] Este plano foi concebido em quatro fases: (i) até ao final de 2012 ficou definido e aprovado o plano estratégico para o mercado de capitais em Angola, sendo igualmente definido o quadro normativo para os fundos de investimento; (ii) em 2013 deveria arrancar o mercado da dívida pública e o mercado da dívida corporativa; (iii) em 2016 deveria arrancar o mercado acionista e (iv) em 2017 deveria arrancar o mercado de futuros. Esperava-se que a Bolsa propriamente dita arrancasse em 2016 ou 2017, após um ensaio de funcionamento do mercado acionista num formato de mercado de balcão regulamentado. Veja-se a entrevista do então Presidente da Comissão de Mercado de Capitais, Archer Mangueira, "Novo Rosto do Mercado", in Exame Angola, publicada em 15.08.2012, disponível em http://www.exameangola.com/pt/?id=2000&det=28361, consultada em 16.06.2019.

[17] Leonildo Manuel, O dever de informação, op. cit. p. 21 Antevendo a abertura do capital social das empresas angolanas, veja-se ainda Adozindo da Conceição, A participação social nas sociedades abertas – A proteção aos acionistas financeiros, Coleção Teses/Mestrados, WhereAngola, Luanda, 2015.

[18] Disponível em http://www.cmc.gv.ao/sites/main/pt/Documents/BROCHURA_ESTRAT%C3%89GICA_CMC_digital.pdf, consultado em 16.06.2019.

do mercado de dívida pública e corporativa, segmento dos fundos de investimento, mercado de ações e mercado de futuros[19].

Posto o que antecede, a constituição e o funcionamento das empresas privadas em Angola continuam a ser regulados pela Lei das Sociedades Comerciais[20], ao abrigo da qual têm sido constituídas sociedades por quotas e sociedades anónimas (uma vez que os tipos sociedade em nome coletivo e sociedade em comandita, não obstante a sua previsão legal, deixaram de ser utilizados na prática empresarial angolana[21]). O processo de constituição de sociedades comerciais em Angola sofreu algumas modificações a partir de 2015, em virtude da entrada em vigor da Lei da Simplificação do Processo de Constituição das Sociedades Comerciais[22] que promoveu a desburocratização dos procedimentos aplicáveis a todo este processo. Em 2016 foi publicado o Regulamento sobre os Procedimentos de Constituição Imediata e *Online* de Sociedades Comerciais[23], cuja aplicação importa a adesão por parte dos sócios a modelos de pactos sociais previamente aprovados[24]. Em 2019 foram dados os passos necessários à implementação deste novo modelo, sendo hoje possível a constituição *online* de sociedades comerciais[25].

Em 2018 foi também aprovado o novo quadro regulador do investimento privado[26], que veio conferir aos investidores estrangeiros a possibilidade de, por um lado, serem sócios de sociedades comerciais em Angola sem terem

[19] A propósito do papel da CMC e dos mecanismos adotados tendo em vista a proteção do investidor nas futuras sociedades abertas em Angola, veja-se Leonildo Manuel, Mecanismos de Proteção do investidor no mercado de valores mobiliários, WA Publisher/Casa das Ideias, Luanda, 2018.

[20] Lei n.º 1/04, de 13 de Fevereiro, publicada no Diário da República, I Série, n.º 13.

[21] Para maiores desenvolvimentos sobre as razões que terão conduzido à não utilização dos tipos societários sociedades em nome coletivo e sociedades em comandita, veja-se Sofia Vale, Governação societária...., op. cit., p. 669.

[22] Lei n.º 11/15, de 17 de Junho, publicada no Diário da República, I Série, n.º 89.

[23] Decreto Presidencial n.º 153/16, de 5 de Agosto, publicado no Diário da República, I Série, n.º 132.

[24] Os modelos de pactos sociais previamente aprovados constam do Decreto Executivo n.º 247/16, de 3 de Junho, publicado no Diário da República, I Série, n.º 89.

[25] No momento em que se escreve, foi já lançado o website www.gue.gov.ao, através do qual é possível a constituição de sociedades comerciais online.

[26] O atual regime do investimento privado em Angola é o plasmado na Lei n.º 10/18, de 26 de Junho, Lei do Investimento Privado, publicado no Diário da República, I Série, n.º 92, e no Decreto Presidencial n.º 250/18, de 30 de Outubro, Regulamento da Lei dos Investimento Privado, publicado no Diário da República, I Série, n.º 165.

necessidade de aportar à sociedade um valor mínimo a título de investimento e, por outro lado, de constituírem sociedades em variadas áreas de atividade económica sem terem de estabelecer parcerias obrigatórias com cidadãos angolanos[27]. Esta nova regulamentação do investimento privado afigura-se, do nosso ponto de vista, como a mais liberal de que temos nota desde 1975[28].

O recente movimento reformista que se vem fazendo sentir em matéria de legislação aplicável ao setor empresarial privado terá contribuído certamente para colocar Angola numa melhor (menos má, diga-se, em abono da verdade) posição no ranking internacional do *Doing Business*, elaborado pelo Banco Mundial, passando o país a ocupar, em 2019, a posição 173[29].

Olhando agora para as empresas que integram o setor empresarial público, constatamos que este setor compreende atualmente 81 empresas, das quais 70 são empresas públicas, 8 são empresas de domínio público e 3 são empresas com participações públicas minoritárias[30].

Consideram-se empresas públicas aquelas nas quais o Estado detém a totalidade do capital social (artigo 3.º, n.º 2, da Lei de Bases do Setor Empresarial Público[31]). Já as empresas de domínio público são aquelas em que as entidades públicas (Estado, institutos públicos e, futuramente, as autarquias locais) se encontrem em posição de exercer influência dominante relativamente às empresas ou entidades por si detidas, dispondo de: (i) maioria do capital social, (ii) maioria dos direitos de voto (artigo 4.º, al.

[27] Não obstante ter sido revogado o amplo regime das parcerias obrigatórias previstas na anterior lei de investimento privado, a verdade é que o estabelecimento destas parcerias continua ainda a ser imposto por diversas leis especiais, como é o caso do artigo 22.º, n.º 1, al. b), da Lei da Atividade Seguradora, artigo 32.º, n.º 4, da Lei dos Recursos Biológicos Aquáticos, artigo 15.º, n.º 1, al. d), da Lei dos Biocombustíveis, § 2.1. e 2.2., do artigo 2.º, do Quadro Geral Regimental da Contratação de Serviços e Bens a Empresas Nacionais por Empresas do Setor Petrolífero, como já tivemos oportunidade de referir em Sofia Vale, Governação societária... op. cit., p. 684 e ss.

[28] Para uma visão global sobre a evolução legislativa em Angola em matéria de investimento privado, veja-se Sofia Vale e Arnold Ferreira, O regime jurídico do investimento privado em Angola de 1975 aos nossos dias, in Revista de direito das sociedades, ano VIII, n.º 4, Almedina, Coimbra, 2016, pp. 853 e ss.

[29] O Relatório *Doing Business* do Banco Mundial, referente a 2019, está disponível em https://www.worldbank.org/content/dam/doingBusiness/media/Annual-Reports/English/DB2019-report_web-version.pdf, consultado em 16.06.2019, encontrando-se este ranking na p. 5.

[30] Estes dados constam do site do IGAPE – Instituto de Gestão de Ativos e de Participações do Estado, disponível em https://igape.minfin.gov.ao/PortalIGAPE/#!/Setor-empresarial-publico/universo-do-sep, consultado em 16.06.2019.

[31] Lei n.º 11/13, de 3 de Setembro, publicada no Diário da República, I Série, n.º 169.

a), da Lei de Bases do Setor Empresarial Público), (iii) poder de designar ou destituir a maioria dos membros do órgão de administração ou de fiscalização (artigo 4.º, al. b), da Lei de Bases do Setor Empresarial Público). Já as empresas de participações públicas minoritárias são aquelas em que as entidades públicas não podem (artigo 70.º da Lei de Bases do Setor Empresarial Público): (i) deter a maioria do capital social, (ii) deter a maioria dos direitos de voto, ou (iii) ter o direito de designar ou destituir a maioria dos membros do órgão da administração ou de fiscalização. As empresas com participação pública superior a 15% do capital social devem remeter ao Ministro das Finanças (que agora superintende o setor empresarial público) a informação destinada aos sócios (artigo 71.º da Lei de Bases do Setor Empresarial Público), uma vez que a participação pública cai sob alçada da Lei de Bases do Setor Empresarial Público (artigo 5.º, n.º 2, do diploma que acabámos de citar)[32]. De acordo com a Lei das Parcerias Público-Privadas[33] aprovada recentemente, a criação de sociedades de fim específico nas quais as entidades públicas se associem a entidades privadas deve ocorrer no âmbito das disposições do referido diploma legal[34].

A gestão das participações do Estado cabe hoje ao IGAPE – Instituto de Gestão de Ativos e de Participações do Estado[35], instituto público superintendido pelo Ministério das Finanças[36], a quem cabe exercer a função acionista do Estado (artigo 73.º da Lei de Bases do Setor Empresarial Público). Mas, note-se, às empresas públicas e às empresas com domínio público também se aplica, subsidiariamente, o regime previsto na Lei das Sociedades Comerciais (artigo 8.º, n.º 1, da Lei de Bases do Setor Empresarial Público).

[32] Marina De Almeida e outros, As empresas no direito angolano – o que há de novo em 2017?, coord. Sofia Vale, in Revista de direito comercial (coord. Pedro Pais de Vasconcelos), Lisboa, 2017, pp. 543 e ss, disponível em https://www.revistadedireitocomercial.com/as-empresas-no-direito-comercial-angolano, consultado em 16.06.2019.

[33] Lei n.º 11/19, de 14 de Maio, Lei das Parcerias Público-Privadas, publicada no Diário da República, I Série, n.º 64.

[34] Apesar de este diploma nada referir no seu artigo 7.º, acreditamos que, na generalidade dos casos, a sociedades PPP a constituir terão uma participação pública minoritária.

[35] O IGAPE foi criado pelo Decreto Presidencial n.º 141/18, de 7 de Junho, publicado no Diário da República, I Série, n.º 83, que aprovou também os respetivos estatutos.

[36] Note-se que as funções de gestão das participações sociais do Estado eram atribuídas ao ISEP – Instituto para o Setor Empresarial Público, instituto superintendido pelo Ministério da Economia. Com a extinção do ISEP e a criação do IGAPE operou-se uma mudança de superintendência no que respeita ao setor empresarial público (artigo 5.º dos Estatutos do IGAPE).

Adicionalmente, o Estado classifica as suas empresas públicas ou empresas de domínio público como empresas de interesse estratégico (artigo 13.º da Lei de Bases do Setor Empresarial Público), quando: (i) elas se inserem em setores de reserva absoluta ou reserva relativa do Estado[37], (ii) detêm infraestruturas de domínio público, (iii) são de extrema relevância para o cumprimento do programa de desenvolvimento do país, (iv) prestam serviços/produzem bens de utilidade pública, ou (v) o Estado nelas investiu significativamente. Sem prejuízo, o Estado angolano está hoje a levar a cabo um programa de redução da sua participação na economia, tendo já gizado a privatização de diversas empresas públicas[38], na senda da entrada em vigor da Lei de Bases das Privatizações[39].

2. Direitos dos sócios

Os direitos fundamentais inerentes à participação dos sócios nas sociedades comerciais encontram-se vertidos no artigo 23.º da Lei das Sociedades Comerciais, e compreendem o direito aos lucros, o direito a participar e a votar nas deliberações sociais, o direito à informação, e o direito a ser designado para os órgãos sociais.

Estes direitos são também comuns aos sócios que sejam entidades públicas (por força da aplicação subsidiária da Lei das Sociedades Comerciais, prevista no artigo 8.º, n.º 1, da Lei de Bases do Setor Empresarial Público), sem prejuízo das especificidades constantes da Lei de Bases do Setor

[37] As atividades de reserva absoluta ou de reserva relativa do Estado são as indicadas na Lei n.º 05/02, de 16 de Abril, Lei de Delimitação de Setores da Atividade Económica, Publicada no Diário da República, I Série, n.º 30.

[38] Leonildo Manuel, A privatização de empresas através do mercado de ações: que desafios?, in Revista de direito comercial (coord. Pedro Pais de Vasconcelos), 2018, disponível em https://www.revistadedireitocomercial.com/privatizacao-de-empresa-via-mercado-de-accoes-que-desafios, consultado em 16.06.2019, pp. 771-797, e Maria Luísa Abrantes, A privatização do setor empresarial do Estado em Angola, Edição do XXXII aniversário da Faculdade de Direito da Universidade Agostinho Neto, Luanda, 2011.

[39] A Lei n.º 10/19, de 14 de Maio, publicada no Diário da República, I Série, n.º 64, prevê no seu artigo 14.º, n.º 1, que a privatização ocorra através das seguintes modalidades: alienação de ações representativas do capital da empresa (as empresas públicas terão de, no início do processo, ser transformadas em sociedades anónimas), aumento de capital social aberto à subscrição de entidades privadas, alienação de ativos e cessão do direito de exploração e de gestão.

Empresarial Público e do Estatuto dos Gestores Públicos[40], a que faremos referência.

Vejamos, então, com maior detalhe, qual é o conteúdo destes direitos.

2.1. Direito aos lucros

O direito aos lucros (previsto nos artigos 23.º, n.º 1, alínea a), e 24.º da Lei das Sociedades Comerciais) faz parte do conteúdo essencial da participação social, não sendo permitida a exclusão deste direito (artigo 24.º, n.º 3, da Lei das Sociedades Comerciais)[41]. Não obstante, os sócios têm ampla margem de manobra quanto à medida e ao modo como os lucros são repartidos entre si (nos termos do n.º 1 do artigo 24.º desse diploma, a solução supletiva é a de que cada sócio participa nos lucros na proporção do valor nominal da respetiva participação no capital), podendo prever estatutariamente uma forma diversa de distribuição dos lucros.

O direito aos lucros compreende duas vertentes distintas: (i) por um lado, o direito aos lucros de exercício, que corresponde ao direito a receber, durante a vigência da sociedade, parte dos lucros que forem distribuídos; e, (ii) por outro lado, o direito aos lucros finais, que corresponde ao direito de, em caso de liquidação, receber a devida parte do ativo da sociedade restante após a satisfação dos direitos dos credores. Em ambas as situações, o direito aos lucros é um direito abstrato, que apenas se concretiza se a sociedade obtiver bons resultados e, no que diz respeito aos lucros de exercício, no caso de o órgão competente deliberar a sua distribuição aos sócios. O direito abstrato apenas se transforma, pois, num verdadeiro direito de crédito dos sócios perante a sociedade após a deliberação de distribuição de dividendos, ou após a satisfação dos créditos de terceiros em sede de liquidação da sociedade.

A determinação do concreto direito ao lucro de cada sócio pressupõe a prévia determinação dos lucros distribuíveis. Se o lucro é a diferença positiva entre as receitas geradas em determinado período de tempo (paradigmaticamente: no decurso de um exercício) e as despesas suportadas em igual período, impõe-se a precisão de que nem todo o lucro é suscetível

[40] Decreto Presidencial n.º 15/17, de 2 de Fevereiro, publicado no Diário da República, I Série, n.º 20.

[41] Sofia Vale, As empresas no direito angolano – Lições de direito comercial, edição de autor, Luanda, 2015, pp. 544 e ss.

de distribuição pelos sócios. Isto vale, pelo menos, a propósito da determinação dos lucros de exercício, já que, no âmbito da determinação do lucro aquando da liquidação da sociedade, do artigo 156.º da Lei das Sociedades Comerciais resulta que a existência de lucro se verifica quando o património societário remanescer após a satisfação de todos os créditos da sociedade.

Designadamente, a propósito da quantificação dos lucros de exercício, nos termos do artigo 34.º, n.º 1, da Lei das Sociedades Comerciais, resulta que os lucros só são distribuíveis após: (i) a cobertura de prejuízos transitados; e (ii) a afetação do montante necessário à constituição de reservas legais. Apenas o valor resultante desta operação aritmética é suscetível de distribuição. No que respeita às empresas públicas e de domínio público, é ainda necessário deduzir aos lucros de exercício o montante necessário para integrar o fundo de investimento e o fundo social da respetiva empresa (n.ºs 3 e 4, respetivamente, do artigo 27.º da Lei de Bases do Setor Empresarial Público), nos termos do artigo 26.º, n.º 1, da Lei de Bases do Setor Empresarial Público. Caso a situação patrimonial e financeira da empresa assim o permitir, é possível alocar ainda parte dos lucros de exercício à atribuição de prémios aos trabalhadores (artigo 26.º, n.º 3 e 4 da Lei de Bases do Setor Empresarial Público)

Contudo, a existência de um lucro distribuível não é condição suficiente para a constituição de créditos aos dividendos na esfera dos sócios. A regra, estabelecida no artigo 31.º, n.º 1, da Lei das Sociedades Comerciais é a de que, salvo nos casos estabelecidos na lei, a distribuição de bens aos sócios, incluindo a distribuição de lucros de exercício, apenas pode ser feita mediante deliberação dos sócios. Esta regra é concretizada, para as sociedades por quotas, pelo artigo 239.º da Lei das Sociedades Comerciais, aplicável, por efeito da remissão operada pelo artigo 326.º, n.º 1, da Lei das Sociedades Comerciais, às sociedades anónimas. Deste preceito resulta que: (i) a distribuição de lucros de exercício aos sócios pressupõe a aprovação de uma deliberação social, em assembleia geral; e (ii) salvo cláusula contratual ou deliberação em sentido contrário aprovada por uma maioria superior a ¾ dos votos correspondentes ao capital social, a sociedade está vinculada a aprovar a distribuição de pelo menos metade dos lucros de exercício distribuíveis. Estas regras valem também para as empresas de domínio público, nas quais a distribuição do lucro de exercício deverá ser aprovada em assembleia geral, nos termos previstos na Lei das Sociedades Comerciais (artigo 8.º, n.º 1, da Lei de Bases do Setor Empresarial Público). Para as empresas públicas, cabe ao Titular do Poder Executivo ou à entidade em quem ele delegar esse poder determinar como se fará a alocação dos lucros de exercício, inclusivamente a determinação de uma eventual distribuição antecipada de lucros (n.º 2 do artigo 26.º da Lei de Bases do Setor Empresarial Público).

Vale aqui referir que muitas das empresa privadas angolanas, não obstante a sua considerável produtividade, acabam, no final do exercício por distribuir aos sócios lucros pouco significativos. Tal sucede, em particular, com as empresas que têm como sócios empresas estrangeiras e que celebram com estas contratos de assistência técnica e de gestão, ao abrigo do Regulamento sobre a Contratação de Serviços de Assistência Técnica Estrangeira ou de Gestão[42]. De acordo com este diploma (com as alterações introduzidas pelo Decreto Presidencial n.º 123/13[43]) todos os contratos relativos a serviços de assistência técnica (que incluem qualquer contrato através do qual sejam alocados recursos humanos estrangeiros pertencentes a uma empresa estrangeira a favor de uma empresa angolana), de valor superior a Kz. 300.000.000 (para a prestação de serviços à indústria petrolífera) ou a Kz 100.000.000 (para os restantes setores de atividade), devem ser registados junto do Ministério da Economia (artigo 1.º, n.º 3, do referido Regulamento). Os contratos que, isolada ou conjuntamente, ultrapassem os referidos limiares devem ser objeto de aprovação por parte de uma comissão de avaliação presidida pelo Ministério da Economia, que inclui também representantes do Banco Nacional de Angola (artigo 1.º, n.º 4, do Regulamento já indicado) e da entidade responsável pelo investimento privado (no caso de a empresa se ter constituído ao abrigo da legislação sobre investimento privado, nos termos do artigo 1.º, n.º 6, do Regulamento já citado). É com base neste dispositivo legal que os sócios estrangeiros têm imputado custos excessivos às empresas angolanas, fazendo sair do país a título de prestação de serviços de assistência técnica ou de gestão montantes consideráveis, o que acaba por, como dissemos, diminuir significativamente o que lhes cabe receber anualmente a título de lucros. Esta má prática tem contribuído significativamente para a descapitalização das sociedades comerciais angolanas[44].

[42] Decreto Presidencial n.º 273/11, de 27 de outubro, publicado no Diário da república, I Série, n.º 208.

[43] O Decreto Presidencial n.º 123/13, de 28 de Agosto, foi publicado no Diário da República, I Série, n.º 165.

[44] Sobre este problema, que já é antigo, veja-se Maria América Santos, Controlo das reservas cambiais vs descapitalização das sociedades comerciais, in Revista de estudos avançados – Direito

2.2. Direito de participação nas deliberações sociais e direito de voto

O artigo 23.º, n.º 1, alínea b), da Lei das Sociedades Comerciais elenca ainda, como direito dos sócios, o direito a participar nas deliberações de sócios, sem prejuízo das restrições previstas na lei. Dentro do universo dos direitos não patrimoniais dos sócios, trata-se do direito de mais nítida relevância, por ser o seu instrumento privilegiado para, de forma cooperativa com os outros sócios, participar na formação da vontade societária[45].

Este direito de participação nas deliberações sociais pode ser dividido em três componentes fundamentais: (i) no direito de estar presente em assembleia geral; (ii) no direito de usar da palavra em assembleia geral, de forma a procurar influenciar o sentido de voto dos restantes sócios; e (iii) no direito de voto.

Esta distinção tem particular importância, na medida em que o artigo 275.º, n.º 3, da Lei das Sociedades Comerciais determina que a nenhum sócio pode ser negada a participação em assembleia geral, mesmo que esteja impedido de exercer o seu direito de voto.

Tecnicamente, o voto exprime-se através de uma declaração negocial. Mediante o exercício do direito de voto, o sócio não se limita a descrever uma opinião: antes opta pelo apoio a um sentido de deliberação. Contudo, não é suficiente afirmar que o voto corresponda a um verdadeiro negócio jurídico. A declaração de voto é dirigida à produção dos efeitos da deliberação, sendo-lhe, portanto, instrumental. Porém, o voto, individualmente considerado, não é suficiente para constituir a deliberação negocial, pelo que se tem entendido maioritariamente que o voto é uma declaração negocial que não constitui um negócio jurídico.

Quanto ao critério de atribuição dos direitos de voto, cumpre salientar que este é variável consoante o tipo de sociedade em causa. Nas sociedades por quotas e nas sociedades anónimas, o peso do voto de cada sócio é, por regra, indexado à sua participação no capital da sociedade. Neste sentido, o artigo 278.º, n.º 1, da Lei das Sociedades Comerciais (com a redação que lhe foi dada pela Lei da Simplificação do Processo de Constituição de Sociedades Comerciais) determina que a cada parcela de quota com o valor equivalente em moeda nacional, a um cêntimo de kwnaza corresponde um

das Empresas, Ano 1, Elisa Rangel Nunes (Coord.), Faculdade de Direito da Universidade Agostinho Neto, Luanda, 2013, pp. 345-375.

[45] Sofia Vale, As empresas..., op. cit., p. 546 e ss.

voto, ao passo que o artigo 404.º, n.º 1, da Lei das Sociedades Comerciais estabelece a regra segundo a qual, nas sociedades anónimas, a cada ação corresponde um voto. Estas regras são aplicáveis às empresas de domínio público, que também se constituem como sociedades por quotas ou como sociedades anónimas (artigo 8.º, n.º 1, da Lei de Bases do Setor Empresarial Público). Existem, contudo, exceções a estas regras, designadamente as que se prendem com a proibição geral de voto em conflitos de interesses, de que falaremos mais à frente neste trabalho.

Ainda no domínio das sociedades anónimas, encontram-se duas importantes exceções à regra uma ação – um voto, as quais se traduzem na admissibilidade do estabelecimento de limitações estatutárias ao exercício do direito de voto. Os estatutos podem, nomeadamente, estabelecer que a um certo número de ações corresponda apenas um voto, desde que essa correspondência abranja todas as ações emitidas pela sociedade e fique cabendo um voto, pelo menos, a cada fração correspondente, em moeda nacional, a USD 500,00 (artigo 404.º, n.º 2, alínea a), da Lei das Sociedades Comerciais). Nestes casos, porém, os diferentes acionistas que não tiverem ações suficientes para exercer o direito de voto podem agrupar-se e fazer-se representar por um deles (artigo 399.º, n.º 6, da Lei das Sociedades Comerciais). Os estatutos podem também afastar a regra da atribuição de um voto por ação, ao estabelecer um teto a partir do qual os votos de um acionista não são contabilizados (artigo 404.º, n.º 2, alínea b), da Lei das Sociedades Comerciais).

Cumpre notar que existem participações sociais que não atribuem direito de voto ao seu titular, como consequência de vicissitudes tendencialmente temporárias. Refiram-se a este propósito as situações de autoparticipação da sociedade e a mora na realização das entradas de capital. Assim, se a sociedade adquirir ações ou quotas próprias, os direitos inerentes à participação social (com exceção do direito de preferência em caso de aumento de capital) ficam suspensos (artigos 346.º, n.º 1, alínea a), e 243.º, n.º 4, da Lei das Sociedades Comerciais), o que inclui evidentemente o direito de voto. Assim que a participação social for alienada a terceiro, a participação social volta a atribuir o direito de voto ao seu titular.

Por fim, o princípio da atribuição de um voto por ação é quebrado quando veda o voto ao acionista em mora na realização do capital social que tenha subscrito (artigo 404.º, n.º 4, da Lei das Sociedades Comerciais): trata-se apenas de um mecanismo que visa assegurar a proporcionalidade entre a participação no capital social e a influência do acionista na formação da vontade societária, e não de um puro mecanismo sancionatório, pelo que a inibição do voto apenas se aplica aos votos atribuídos pelas ações cujo valor de subscrição esteja em mora. Sendo o mesmo acionista titular de outras ações, as quais se encontrem integralmente realizadas, estas não serão abrangidas pela proibição estabelecida por esse preceito.

Outro domínio no qual os diferentes tipos de participações sociais assumem marcadas diferenças de regime reside na possibilidade de os sócios se fazerem representar no exercício do direito de voto.

Nas sociedades por quotas, o artigo 277.º, n.º 3, da Lei das Sociedades Comerciais limita a atribuição de poderes de representação do sócio ao cônjuge, ascendente, descendente, a outro sócio ou a advogado. Este limite à representação voluntária dos sócios em assembleia geral é, porém, derrogável através de disposição em contrário no contrato de sociedade. Importa, porém, dar nota de que, na prática, estas limitações não são seguidas, admitindo-se a representação do sócio de uma sociedade por quotas por qualquer sujeito, o que põe a em causa a subsistência da vigência do artigo 277.º, n.º 3, da Lei das Sociedades Comerciais, em virtude da formação de um costume *contra legem*. Nas sociedades por quotas, o exercício dos poderes representativos terá de ser precedido de carta enviada pelo sócio representado ao presidente da mesa, na qual identifique o seu representante e indique a duração e o âmbito dos poderes que lhe são conferidos.

Já nas sociedades anónimas não existe limite quanto ao universo de pessoas a quem os sócios podem conceder procuração, de forma a que os representem em assembleia geral (artigo 400.º, n.º 1, da Lei das Sociedades Comerciais). Para que essa procuração se torne eficaz, é necessário que o acionista dirija uma carta mandadeira ao presidente da mesa da assembleia geral (artigo 400.º, n.º 1, da Lei das Sociedades Comerciais). Deve ainda ser notado que a validade do pedido de representação, está dependente da menção, que deve constar deste: (i) à identificação da assembleia, por referência a lugar, dia e hora da reunião e à hora de trabalhos, (ii) à indicação precisa do representante, (iii) ao sentido em que o representante deve exercer o voto, na falta de instruções do representado, e (iv) à menção de que, surgindo circunstâncias imprevistas, o representante se obriga a votar no sentido que, em seu juízo, melhor satisfaça os interesses do representado. A carta mandadeira é, em todo o caso, apenas válida para uma assembleia específica e é a todo o tempo revogável (artigo 401.º, n.os 1 e 2, da Lei das Sociedades Comerciais).

Note-se, porém, que o artigo 400.º, n.º 1, da Lei das Sociedades Comerciais estabelece um limite à autonomia privada dos sócios na conformação dos estatutos. Resulta desse preceito que os sócios podem, no contrato de sociedade, restringir o universo de sujeitos admissíveis como representantes em assembleia geral. Contudo, essas cláusulas limitativas da possibilidade de representação dos acionistas em assembleia geral nunca podem excluir a atribuição de procuração a cônjuges, ascendentes, descendentes, membros do conselho de administração ou a outros sócios. Para além da limitação aos possíveis representantes dos acionistas em assembleia geral, a Lei das Sociedades Comerciais admite ainda que sejam estipuladas no contrato de sociedade limitações ao número de acionistas que cada pessoa pode representar (artigo 400.º, n.º 2, da Lei das Sociedades Comerciais).

Como já tivemos oportunidade de referir[46], a redação do artigo 400.º, n.º 1, da Lei das Sociedades Comerciais apresenta-se francamente infeliz, uma vez que coloca um pendor injustificadamente familiar como regra geral para a representação nas sociedades anónimas (tal como também o faz o artigo 277.º, n.º 3, da Lei das Sociedades Comerciais, para as sociedades por quotas), esquecendo-se de tratar aspetos bem mais importantes como a representação de pessoas coletivas. Por outro lado, promove um formalismo excessivo, permitindo apenas a utilização da carta mandadeira por parte das pessoas que a disposição citada elenca (impondo, por exemplo, que um advogado deva seguir a regra geral e apresentar procuração com assinatura reconhecida notarialmente). Por último, afigura-se desajustada da realidade das sociedades anónimas angolanas, em que os acionistas são muitas vezes estrangeiros e/ou pessoas coletivas, que sentem necessidade de se fazer representar por outros terceiros, da sua confiança, devendo estabelecer-se regras quanto à emissão por aqueles de cartas mandadeiras. Como seria de esperar, a realidade da prática societária acabou por se impor a esta disposição legal injustificadamente restritiva, acabando as cartas mandadeiras por ser correntemente utilizadas por qualquer pessoa na representação de acionistas em assembleia geral. As pessoas coletivas fazem-se representar por quem for o seu representante legal, nos termos dos seus estatutos

[46] Sofia Vale, A governação de sociedades em Angola, in A Governação de sociedades anónimas nos sistemas jurídicos lusófonos (coord. Paulo Câmara), Almedina, Coimbra, 2013, p. 48.

e de acordo com a legislação que lhes for aplicável (quando estrangeiras), sendo comum estes constituírem um mandatário através de carta mandadeira. A ampla utilização de cartas mandadeiras afigura-se essencial como forma de promover a participação de acionistas, especialmente estrangeiros, nas assembleias uma vez que não se encontra ainda consagrada a possibilidade do exercício de direito de voto por correspondência eletrónica.

Os direitos de participação na assembleia geral e de voto não têm lugar nas empresas públicas, uma vez que o Estado é o seu único acionista e nelas não existe o órgão assembleia geral. Já nas empresas de domínio público, o acionista Estado faz-se representar na assembleia geral (artigo 16.º, n.º 1, da Lei de Bases do Setor Empresarial Público) através do Ministério das Finanças (artigo 43.º, n.º 2, da Lei de Bases do Setor Empresarial Público, uma vez que é este ministério que atualmente tutela o setor empresarial público, o que faz através do IGAPE), cabendo ao ministério que tutela o setor de atividade em que a empresa se insere o acompanhamento das políticas e dos programas definidos que cabe a cada particular empresa concretizar (artigo 43.º, n.º 2, da Lei de Bases do Setor Empresarial Público).

Note-se ainda que as diretrizes relativas ao exercício da atividade empresarial que tradicionalmente os sócios das sociedades comerciais emitem através de deliberações da assembleia geral são, nas empresas públicas e nas empresas de domínio público, emitidas pelo acionista público através de contratos-programa (artigo 28.º, n.º 1, da Lei de Bases do Setor Empresarial Público). Estes instrumentos, que atualmente o IGAPE vem desenhando e propondo a cada empresa pública e de domínio público, destinam-se a assegurar a prossecução do objeto social da empresa, sendo dinâmicos e flexíveis (artigo 28.º, n.º 2, da Lei de Bases do Setor Empresarial Público), e devendo prever especificamente a quantificação das obrigações de cariz financeiro que recaem sobre as entidades públicas (artigo 28.º, n.º 3, da Lei de Bases do Setor Empresarial Público).

Pensamos que o facto de o IGAPE estar a seguir um modelo uniformizado de contrato-programa que apresenta às empresas públicas e de domínio público constitui uma boa prática destinada a promover a melhor governação das empresas colocadas sob a sua égide, na medida em que vai permitir ao acionista Estado (e aos demais acionistas públicos) passar a fazer um acompanhamento permanente da gestão pública e utilizar os mesmos padrões para, de modo uniforme, a avaliar o desempenho global da sua carteira acionista (o *compliance* deve estar ao serviço do desempenho económico e financeiro da empresa)[47]. Consagrando os contratos-programa um conjunto de parâmetros previamente definidos, cada empresa pública e de domínio público deverá ficar obrigada a, no seu relatório anual de gestão, indicar qual o grau de cumprimento em relação a cada parâmetro (*comply or explain*). Pode também pensar-se em, com base nos referidos parâmetros constantes dos contratos-programa, elaborar uma *compliance ckeck list*, com base na qual se deverão realizar as auditorias regulares que se efetuam às empresas detidas maioritariamente por acionistas públicos.

2.3. Direito à informação

Nos termos do artigo 23.º, n.º 1, alínea c), da Lei das Sociedades Comerciais, todos os sócios têm direito a obter informações sobre a vida da sociedade e, nomeadamente, a examinar a respetiva escrituração. Trata-se de um direito que se manifesta em três vertentes: (i) direito de informação em sentido estrito, o qual permite ao sócio dirigir à administração da sociedade questões sobre a vida societária e exigir uma resposta verdadeira, completa e elucidativa sobre estas; (ii) direito de consulta, o qual permite ao sócio exigir que a sociedade faculte, para seu exame, os livros de escrituração e outros documentos descritivos da atividade social; e (iii) direito de inspeção, o qual permite a vistoria dos bens da sociedade[48].

Este direito apresenta-se como contraponto do risco que cada sócio assume com a entrada na sociedade, permitindo o conhecimento de dados sociais relevantes para a posição financeira e social do sócio, ao passo que se assume também como instrumento de obtenção do conhecimento necessário para o correto exercício dos demais direitos (e deveres) sociais.

A extensão e as condições colocadas ao exercício do direito de informação oscilam consoante o tipo societário em questão. O regime-padrão é, a este propósito, o regime das sociedades por quotas. O direito de informação dos sócios das sociedades por quotas é regulado nos artigos 236.º a 238.º da Lei das Sociedades Comerciais. O preceito central relativo a esta questão encontra-se no artigo 236.º, n.º 1, da Lei das Sociedades Comer-

[47] De modo mais amplo, sobre as medidas de *corporate governance* que devem pautar o setor empresarial público, veja-se Pedro Vicente, *Corporate governance* e sector empresarial público em Portugal, Almedina, Coimbra, 2015, em especial pp. 86 e ss.

[48] Sofia Vale, As empresas..., op. cit., pp. 551 e ss.

ciais, que estabelece que "os sócios, os usufrutuários e os representantes comuns da quota em contitularidade a quem caiba exercer o direito de voto podem exigir que os gerentes lhes prestem informação verdadeira, completa e esclarecedora sobre os negócios e a gestão da sociedade e lhes facultem o acesso à respetiva escrituração, livros, documentos e bens".

O sócio tem a faculdade de exigir que a informação requerida seja prestada por escrito (artigo 236.º, n.º 2, da Lei das Sociedades Comerciais) e de se fazer acompanhar de contabilista, perito contabilista ou advogado, na consulta da escrituração de livros ou documentos, e de especialista adequado na inspeção de outros bens (artigo 236.º, n.ºs 6 e 7, da Lei das Sociedades Comerciais). Os sócios das sociedades por quotas têm, ainda, o direito de obter as informações que requeiram em assembleia geral e que sejam necessárias para formar uma opinião fundamentada sobre os assuntos a submeter à deliberação (artigo 236.º, n.º 9, em remissão para o artigo 322.º, n.º 1, ambos da Lei das Sociedades Comerciais).

Estes são direitos que assistem individualmente a qualquer sócio, independentemente da expressão da sua participação. Divergem, pois, quanto a este aspeto, do direito de exigir que seja levada a cabo anualmente uma auditoria à gestão da sociedade, por um perito contabilista, atribuído ao abrigo do disposto no n.º 10 do artigo 236.º da Lei das Sociedades Comerciais, aos sócios que, individual ou conjuntamente, detenham participação igual ou superior a dez por cento (10%) do capital social.

A conformação do direito à informação dos sócios é tendencialmente matéria remetida à autonomia privada dos sócios. Por um lado, os sócios das sociedades por quotas são livres de consagrar estatutariamente direitos de informação mais amplos. Também a sua restrição é, de base, permitida: o artigo 236.º, n.º 3, da Lei das Sociedades Comerciais permite que seja regulado o exercício do direito de informação (em concreto, que sejam especificados os trâmites que o pedido de informação e a respetiva resposta da sociedade devem seguir), e mesmo que este seja limitado, desde que não o seja de forma injustificada.

Diferente deste regime afigura-se o estabelecido nos artigos 320.º e seguintes da Lei das Sociedades Comerciais para as sociedades anónimas. Este regime compreende quatro diferentes manifestações do direito à informação.

O primeiro, um direito mínimo à informação, o qual é reservado por lei aos acionistas que detenham um mínimo de cinco por cento (5%) do capital da sociedade, e abrange a consulta, na sede da sociedade: (i) dos relatórios de gestão e dos documentos de prestação de contas relativos aos três últimos exercícios da sociedade, assim como dos respetivos pareceres do órgão de fiscalização e do perito contabilista; (ii) das convocatórias, das atas e das listas de presenças das reuniões das assembleias gerais e especiais dos acionistas e das assembleias de obrigacionistas dos últimos três anos; (iii) dos montantes globais das remunerações pagas, nos últimos três anos, aos membros do órgão de administração; e (iv) do livro de registo de ações (artigo 320.º, n.º 1, da Lei das Sociedades Comerciais).

O segundo, um direito à informação preparatória da assembleia geral, que pode ser exercido desde a data de convocação da assembleia até à sua realização, e abrange a consulta de todos os elementos referidos nas alíneas do artigo 321.º, n.º 1, da Lei das Sociedades Comerciais: (i) a identificação dos membros dos órgãos societários; (ii) as propostas de deliberação a apresentar em assembleia geral, bem como os relatórios ou justificação que as devem acompanhar, os nomes das pessoas a propor para os órgãos sociais, quando a assembleia se destine a designar os respetivos titulares, e dados sobre estes; (iii) o relatório de gestão e os documentos de prestação de contas, quando se trate de assembleia geral anual; e (iv) os requerimentos para inclusão de assuntos na ordem do dia.

O terceiro, um direito de informação durante a assembleia geral, nos termos do qual qualquer acionista pode requerer que lhe sejam prestadas as informações de que necessite para formar uma opinião fundamentada sobre os assuntos submetidos a deliberação, e que abrange informações tanto sobre a própria sociedade, quanto sobre as relações entre a sociedade e outras com as quais esteja coligada, ficando a sociedade vinculada a responder de forma completa e verdadeira, apenas podendo ser recusada uma resposta quando a prestação de informação causar grave prejuízo à sociedade ou se tal implicar a violação de sigilo imposto por lei (artigo 322.º da Lei das Sociedades Comerciais). Importa notar que a recusa injustificada, a insuficiência ou a falsidade da informação determinam a anulabilidade da deliberação social, nos termos do artigo 322.º, n.º 4, da Lei das Sociedades Comerciais.

O quarto, um direito coletivo à informação, o qual é reservado a acionistas que detenham um mínimo de dez por cento (10%) do capital social, e incide sobre qualquer assunto que diga respeito à sociedade. Tanto nas sociedades por quotas quanto nas sociedades anónimas, levanta-se a questão sobre que tutela têm os sócios quando a sociedade se recusar a prestar as informações a cujo conhecimento o acionista tem direito. Os artigos 238.º e 324.º da Lei das Sociedades Comerciais respondem a esta questão: o sócio a quem tenha sido recusada informação ou a quem tenha sido prestada informação presumivelmente falsa, incompleta ou não esclarecedora pode requerer em tribunal a realização de um inquérito à sociedade, o qual segue os trâmites dispostos nos artigos 1480.º a 1483.º do Código de Processo Civil. O juiz pode determinar que a informação seja prestada[49], e ainda, se a gravidade dos factos apurados o justificar (artigos 324.º, n.º 2, e 238.º, n.º 2, da Lei das Sociedades Comerciais): (i) determinar a destituição das pessoas responsáveis pela omissão da prestação de informações; (ii) ordenar a nomeação de um administrador; (iii) determinar a dissolução da sociedade, desde que esta seja requerida e se verifiquem factos que constituam alguma causa de dissolução, legal ou estatutária.

Por fim, importa referir que, sempre que o sócio for o Estado ou uma pessoa coletiva pública equiparada e a participação social for superior a quinze por cento (15%) do capital social da sociedade participada, a sociedade tem o dever de remeter ao ministro responsável pelo setor empresarial público a informação destinada aos sócios, nas datas em que a estes deva ser disponibilizada (nos termos do artigo 71.º da Lei de Bases do Setor Empresarial Público), para efeitos do exercício da função acionista e do acompanhamento e controlo do exercício da atividade empresarial (artigo 33.º da Lei de Bases do Setor Empresarial Público).

2.4. Direito à designação para os órgãos sociais

A alínea d) do n.º 1 do artigo 23.º da Lei das Sociedades Comerciais reconhece, por fim, aos sócios o direito a serem nomeados para os órgãos da

[49] O pedido de prestação de informação pelo sócio à sociedade seria mais bem acautelado, em nosso entender, se nos estatutos das sociedades comerciais se introduzisse uma cláusula arbitral. Deste modo, o pedido de informação seria solicitado a um tribunal arbitral e não ao tribunal judicial, o que certamente acarretaria maior celeridade na disponibilização desta informação. Para maiores desenvolvimentos, veja-se Sofia Vale, A arbitragem societária no direito angolano: primeiras notas, in Revista da Ordem dos Advogados de Angola, Luanda, 2013, também disponível em Research Gate, https://www.researchgate.net/publication/278405216_A_ARBITRAGEM_SOCIETARIA_NO_DIREITO_ANGOLANO_PRIMEIRAS_NOTAS_publicado_na_Revista_da_Ordem_dos_Advogados_de_Angola_2013, consultado em 16.06.2019. Para uma panorâmica geral da arbitragem em Angola, veja-se Correia Fernandes Bartolomeu, Arbitragem voluntária como meio de resolução de conflitos em Angola, Almedina, Coimbra, 2014.

administração e fiscalização da sociedade, nos termos da lei e dos estatutos. Daqui decorre que a possibilidade de ser designado para os órgãos sociais é uma liberdade que deve ser assegurada aos sócios, que não deve, porém, ser interpretada como uma garantia de titularidade desses órgãos[50].

Na verdade, exceto nos casos em que a lei ou os estatutos atribuam aos sócios em geral, ou a algum sócio em específico, a qualidade de titular de algum órgão societário, o direito consagrado no artigo 23.º, n.º 1, alínea d), da Lei das Sociedades Comerciais não comprime o direito dos sócios, em coletivo, ou da sociedade, de designarem os membros dos órgãos sociais. Isto significa que o artigo 23.º, n.º 1, alínea d), da Lei das Sociedades Comerciais não permite diretamente a nenhum sócio reclamar a sua inclusão num órgão social. No demais, a concretização deste direito assume feições diferenciadas consoante o tipo societário em causa.

Nas sociedades por quotas, determina-se apenas que a gerência pode ser exercida por pessoas estranhas à sociedade. Daqui não se pode evidentemente retirar que apenas pessoas estranhas à sociedade possam assumir essa qualidade. É, nomeadamente, previsto, no n.º 3 do mesmo preceito, que os sócios possam assumir a gerência da sociedade. Na ausência de norma específica a este respeito, a questão é regulada diretamente pelo artigo 23.º, n.º 1, alínea d), da Lei das Sociedades Comerciais: qualquer sócio pode ser designado como gerente da sociedade, assistindo-lhe, todavia, a faculdade de recusar a designação.

Nas sociedades por quotas, a existência de um órgão de fiscalização da sociedade é facultativa. Na prática, a realidade mais comum é que as sociedades por quotas não compreendam na sua estrutura orgânica qualquer órgão de fiscalização. Contudo, quando os estatutos instituam um tal órgão, o artigo 292.º da Lei das Sociedades Comerciais remete a regulação de todos os aspetos a este atinentes para o regime das sociedades anónimas. Assim, o direito de os sócios serem designados como membros do órgão de fiscalização de uma sociedade por quotas é conformado por referência ao regime das sociedades anónimas.

Já nas sociedades anónimas há que analisar separadamente o direito de os sócios serem designados como membros do órgão de administração e o direito de os sócios serem designados como membros do órgão de fiscalização.

[50] Sofia Vale, *As empresas...*, op. cit, p. 555 e ss.

No que concerne ao órgão de administração, o artigo 410.º, n.º 2, da Lei das Sociedades Comerciais determina que qualquer pessoa singular pode ser designada administradora da sociedade. Não distinguindo a lei entre pessoas singulares sócias da sociedade e pessoas singulares estranhas à sociedade, impera o estabelecido no artigo 21.º, n.º 1, alínea d), da Lei das Sociedades Comerciais. Qualquer sócio que seja uma pessoa singular tem, nas sociedades anónimas, o direito de ser designado como membro do conselho de administração da sociedade.

No que concerne à titularidade do órgão de fiscalização, o artigo 432.º determina que a fiscalização da sociedade compete a um conselho fiscal, composto por três ou cinco membros efetivos e dois suplentes, ou a um fiscal único. Aqui, nos termos dos n.ºs 2 e 4 do artigo 433.º da Lei das Sociedades Comerciais, haverá que distinguir: (i) se o órgão de fiscalização da sociedade anónima revestir a forma de conselho fiscal, um dos membros e o respetivo suplente têm de ser obrigatoriamente peritos contabilistas ou contabilistas, ou uma sociedade de peritos contabilistas, os quais não podem ser sócios; os restantes membros do conselho fiscal podem ser acionistas; e (ii) no caso de o órgão de fiscalização da sociedade revestir a forma de fiscal único, este e o respetivo suplente têm de ser obrigatoriamente peritos contabilistas ou contabilistas, não podendo ser acionistas.

Relativamente às empresas públicas, caso elas se classifiquem como empresas públicas de interesse estratégico, a nomeação dos membros do órgão de administração cabe ao Titular do Poder Executivo (artigo 46.º, n.º 2, da Lei de Bases do Setor Empresarial Público), sob proposta do Ministro das Finanças e ouvido o ministro que tutela o setor de atividade (artigo 8.º, n.º 1, do Estatuto dos Gestores Públicos). Nas restantes empresas públicas, a nomeação dos membros do órgão de administração cabe ao Ministro das Finanças (que tutela o setor empresarial público) sob proposta do ministro que tutela o setor da atividade no qual a empresa se insere (artigo 46.º, n.º 3, da Lei de Bases do Setor Empresarial Público e artigo 8.º, n.º 2, do Estatuto dos Gestores Públicos). Já nas empresas de domínio público, cabe ao Ministro das Finanças subscrever as propostas com a indicação dos nomes dos gestores públicos a submeter à assembleia geral da referida empresa (artigo 8.º, n.º 3, do Estatuto dos Gestores Públicos).

Adicionalmente, podem ser nomeados como gestores públicos pessoas que estejam ou não vinculadas à administração pública (artigo 7.º, n.º 2, do Estatuto dos Gestores Públicos), contanto que reúnam, cumulativamente, os seguintes requisitos: (i) capacidade de liderança, gestão e organização; (ii) experiência profissional e formação académica adequadas; e (iii) reconhecida idoneidade e responsabilidade para o exercício das funções (artigo 7.º, n.º 1, do Estatuto dos Gestores Públicos). Em boa verdade, os requisitos referidos são extremamente latos e permitem, praticamente, a nomeação de qualquer pessoa. Pensamos que numa reforma do Estatuto dos Gestores Públicos se deverá promover a inclusão de melhores práticas em matéria de nomeação de administradores, que poderão passar, por exemplo, pela atribuição do direito de nomeação a uma entidade credível e independente (em especial, no que tange aos administradores executivos), que deverá primeiramente recolher candidaturas para o lugar e, posteriormente, apresentar a sua decisão devidamente fundamentada e documentada[51]. De facto, tradicionalmente as nomeações para o órgão de administração das empresas públicas e das empresas de domínio público têm sido vistas como uma recompensa pelo desempenho partidário, o que afasta que a escolha dos administradores assente, a título principal, nas suas competências para bem gerir. No que particularmente respeita à figura dos administradores independentes, defende-se que estes, para que possam desempenhar com sucesso a sua função, não pertençam ao partido que, em cada momento, governe o país.

Relativamente às nomeações para o órgão de fiscalização das empresas públicas e das empresas de domínio público, quando este deva ser um conselho fiscal composto por três membros, a nomeação do seu presidente e de um vogal recai sobre o Ministro das Finanças, cabendo a nomeação do outro vogal ao ministro que tutela o setor de atividade em que a empresa se insere (artigo 49.º, n.ºs 2 e 3 da Lei de Bases do Setor Empresarial Público e artigo 30.º do Estatuto dos Gestores Públicos). Caso os estatutos da empresa em questão prevejam que as funções de fiscalização são atribuídas a um fiscal único, então a sua escolha recai sobre o Ministro das Finanças (artigo 49.º, n.º 4, da Lei de Bases do Setor Empresarial Público e artigo 30.º do Estatuto dos Gestores Públicos).

Apesar de poderem ser nomeados para o órgão de fiscalização das empresas públicas e de domínio público pessoas que não estejam vinculadas à administração pública (artigo 29.º, n.º 2, do Estatuto dos Gestores Públicos), a verdade é que o Ministério das Finanças tem privilegiado a nomea-

[51] No mesmo sentido, Pedro Vicente, *Corporate governance...*, op. cit., p. 92 e ss.

ção de pessoas que integram a administração pública e que, em muitos casos, são quadros em exercício do Ministério das Finanças. Mesmo no que tange ao perito contabilista que deve obrigatoriamente integrar o órgão de fiscalização e proceder à certificação das contas anuais da empresa (artigo 29.º, n.ºs 3 e 4 do Estatuto dos Gestores Públicos) verifica-se que, em vários casos, ele está também vinculado à administração pública. Perante esta prática corrente temos defendido a possibilidade de a Ordem dos Contabilistas e Peritos Contabilistas de Angola elaborar uma lista de membros com disponibilidade para integrarem os órgãos de fiscalização das empresas públicas e de domínio público, que permita ao Ministério das Finanças proceder a nomeações de pessoas que não estejam integradas na função pública e que possuam uma experiência mais alargada para o exercício das tarefas de supervisão. Esta medida, cremos, será benéfica para incutir um maior dinamismo ao órgão de fiscalização das empresas públicas e de domínio público, cuja atuação tem estado enfraquecida ao longo dos anos, muito em virtude dos critérios que pautam a nomeação dos seus membros (temos verificado que são nomeadas frequentemente pessoas que se encontram na reforma há vários anos ou que não possuem suficiente independência político-partidária que lhes permita assumir com maior dinamismo as funções de supervisão do órgão de administração, também ele nomeado com base em considerações de natureza político-partidária, que a lei lhes atribui). Estas sugestões poderão ser acolhidas numa futura revisão do Estatuto dos Gestores Públicos, que atualmente apenas erige como requisitos para a nomeação experiência profissional e formação académica adequadas, critérios consideravelmente latos (artigo 29.º, n.º 1, do Estatuto dos Gestores Públicos).

2.5. Direitos especiais

Direitos especiais são aqueles atribuídos pelo contrato de sociedade a um ou mais sócios, conferindo-lhes uma vantagem relativamente aos demais. São exemplos socialmente típicos de direitos especiais dos sócios: (i) o direito de vincular a sociedade por quotas apenas com a assinatura do beneficiário; (ii) o direito de exercer atividade concorrente com a da sociedade; (iii) o direito de dividir ou de alienar a participação social sem autorização da sociedade; (iv) o direito preferencial a lucros, ou a receber lucros superiores aos correspondentes à proporção da sua participação no capital da sociedade; (v) o direito de voto reforçado; (vi) o direito à gerência; e (vii) o direito de veto em todas as decisões societárias ou em algumas destas[52].

Os direitos especiais não devem ser confundidos com as vantagens especiais, que tenham sido atribuídas a fundadores pelo papel desempenhado na constituição da sociedade (artigo 18.º da Lei das Sociedades Comerciais). Os direitos especiais extinguem-se com a saída do sócio da sociedade, o que não sucede com as vantagens especiais.

Os direitos especiais dos sócios são regulados pelo artigo 26.º da Lei das Sociedades Comerciais, o qual estabelece, em concreto, normas sobre: (i) a sua constituição, (ii) a sua transmissão e (iii) a sua supressão.

Quanto à constituição destes direitos, o artigo 26.º, n.º 1, da Lei das Sociedades Comerciais estatui expressamente que estes direitos só podem ser constituídos pelo contrato de sociedade. No que respeita às sociedades anónimas, é estabelecida uma importante restrição: os direitos especiais apenas podem ser criados, de forma homogénea, para uma categoria de ações (artigo 26.º, n.º 4, primeira parte, da Lei das Sociedades Comerciais).

No que concerne à transmissão, os n.ºs 2 a 4 estabelecem um regime diferenciado, consoante o tipo de sociedade em causa. Nas sociedades por quotas, os direitos de natureza patrimonial são transmissíveis com a quota, salvo estipulação em contrário, enquanto os direitos especiais de cariz pessoal são intransmissíveis – como é o caso, por exemplo, do direito especial à gerência (artigo 26.º, n.º 3, da Lei das Sociedades Comerciais). Já nas sociedades anónimas, os direitos especiais transferem-se necessariamente com as ações a que respeitam (artigo 26.º, n.º 4, parte final, da Lei das Sociedades Comerciais).

Quanto à supressão dos direitos especiais, o artigo 26.º, n.º 5, da Lei das Sociedades Comerciais estabelece que, salvo disposição legal ou contratual expressa, os direitos especiais não podem ser suprimidos sem o consentimento do respetivo titular. Logo no n.º 6 do preceito é estipulada uma destas exceções legais: nas sociedades anónimas o consentimento é dado, não por cada sócio titular do direito especial, mas por deliberação tomada em assembleia especial dos acionistas titulares de ações da respetiva categoria. Bastando, para o efeito, a maioria qualificada de dois terços (2/3) dos votos

[52] Sofia Vale, As empresas..., op. cit., p. 557 e ss.

(artigos 403.º, em especial o n.º 2, 406.º, n.º 3, e 409.º, n.º 2), tal significa que os direitos especiais dos acionistas podem ser suprimidos mesmo contra a vontade de um terço (1/3) dos votos dos acionistas afetados.

Suscita-se, de resto, a questão sobre o que sucede se a assembleia de sócios decidir suprimir um direito especial sem que o seu titular consinta. Nestes casos, a deliberação será ineficaz, podendo o sócio afetado ratificá-la expressa ou tacitamente a todo o tempo, caso em que tal deliberação passa a ser eficaz perante o sócio visado (artigo 60.º da Lei das Sociedades Comerciais).

No que respeita às empresas públicas e de domínio público cuja privatização se avizinha, estima-se que, no caso em que o Estado ou outras entidades públicas continuem ainda a nelas deter alguma percentagem de capital, e as mesmas continuem a assegurar a prossecução de serviços de interesse económico geral, as entidades públicas pretendam negociar a manutenção de direitos especiais de veto no que respeita à tomada de certas decisões em assembleia geral que possam contender com o interesse público. Nestes casos, as entidades públicas passarão a deter direitos especiais (*golden shares*) por via das ações de que sejam titulares.

3. Ativismo societário: principais manifestações e limites jurídicos

Ativismo societário é a expressão utilizada para designar a aquisição de uma posição relevante por parte de um determinado investidor numa sociedade aberta, com o objetivo de forçar o órgão de administração a tomar decisões, influenciando de modo determinante a condução dos negócios da sociedade. O sócio ativista pretende, por exemplo, que a administração venda ativos específicos, que modifique o plano de remuneração dos órgãos sociais, que reduza custos ou altere a política de investimentos ou que o conselho de administração passe a ter novos membros indicados pelo sócio ativista[53].

Ainda que o ativismo societário tenha sido primeiramente pensado para indicar as estratégias gizadas pelos sócios para influenciar os conselhos de administração em sociedades de capital aberto, pensamos que também nas

[53] Leo E. Strine Jr., Who bleeds when the wolves bite?:A flesh-and-blood perspective on hedge fund activism and our strange corporate governance system, in The Yale law journal, 2017, pp. 1870-1970.

sociedades angolanas de capital fechado (que, como já referimos, são todas) o ativismo acionista tem tido algumas manifestações, a que de seguida faremos referência.

Como ponto de partida, realçamos o facto de a Lei das Sociedades Comerciais conferir aos sócios das sociedades por quotas e das sociedades anónimas poderes consideráveis, que estes exercem através da assembleia geral. A diferença de regulação encontra-se na relevância conferida ao substrato pessoal na respetiva sociedade: nas sociedades anónimas a competência da assembleia geral é bem mais limitada do que nas sociedades por quotas, o que terá simetricamente reflexos na competência atribuída ao órgão de administração.

A regra geral da competência nas sociedades por quotas[54] encontra-se plasmada no artigo 272.º da Lei das Sociedades Comerciais, que contém um extenso elenco de matérias sujeitas a deliberação dos sócios. Esta enumeração não é taxativa, havendo várias disposições legais avulsas atributivas de competência à assembleia geral. De acordo com este artigo, podem distinguir-se diferentes tipos de competências da coletividade dos sócios nas sociedades por quotas: (i) as competências injuntivas dos sócios, que resultem do artigo 272.º, n.º 1, da Lei das Sociedades Comerciais, e que não podem ser afastadas estatutariamente nem através de qualquer outro acordo, em particular, acordos parassociais (estas competências incluem a exigência ou restituição de prestações suplementares; a amortização de quotas, a aquisição, alienação e oneração de quotas próprias e o consentimento para a divisão ou cessão de quotas; a exclusão de sócios; a destituição de qualquer membro dos órgãos sociais; a aprovação do relatório de gestão e das contas do exercício, a aplicação dos lucros e a aprovação de medidas relativas aos prejuízos; a exclusão ou limitação da responsabilidade dos gerentes ou dos membros dos órgãos sociais; a propositura de ações pela sociedade contra qualquer sócio ou membros dos órgãos sociais, bem como a desistência e a transação nessas ações; a alteração do contrato de sociedade; a fusão, cisão, transformação e dissolução da sociedade e o regresso da sociedade dissolvida à atividade); (ii) as competências dispositivas dos sócios que versam sobre as matérias referidas no artigo 272.º, n.º 2, da Lei das Sociedades Comerciais, e que só não residem na assembleia geral se o contrato de sociedade as atribuir a outro órgão (aqui se incluem a nomeação

[54] Sofia Vale, *As empresas...*, op. cit., p. 715.

de gerentes; a nomeação de membros do órgão de fiscalização, se o houver; a alienação, oneração, arrendamento ou constituição de outros direitos pessoais de gozo sobre imóveis da sociedade; a alienação, oneração ou locação de estabelecimento da sociedade; a subscrição ou a aquisição de participações noutras sociedades e a sua alienação ou oneração; a contração de empréstimos junto de instituições de crédito); (iii) as competências contratuais da assembleia geral, que são aquelas que o contrato de sociedade especificamente indique (artigo 272.º, n.º 1, da Lei das Sociedades Comerciais); e (iv) a competência residual, que atribui à assembleia geral poderes para deliberar sobre qualquer matéria, desde que a mesma não seja, por determinação legal ou estatutária, da competência exclusiva de outro órgão.

No contexto da competência residual da assembleia geral, importa fazer a devida articulação com as competências atribuídas à gerência. Determina o artigo 282.º da Lei das Sociedades Comerciais que "os gerentes têm competência para praticar todos os atos necessários e convenientes para a realização do objeto social da sociedade, devendo sujeitar a sua atuação às disposições legais e estatutárias e às deliberações dos sócios". Daqui decorre que, em matérias de gestão, além das competências especificamente previstas na lei ou nos estatutos, têm os sócios o poder, atribuído por lei, de, mediante deliberações da assembleia geral, dar instruções aos gerentes. Logo, uma vez que a gerência apenas tem competência genérica (e não específica), a assembleia geral pode sempre retirar-lhe competências, contanto que os sócios não esvaziem a esfera de atuação da gerência (por exemplo, mediante cláusula no contrato de sociedade que reserva exclusivamente para a assembleia geral a competência para deliberar sobre toda e qualquer matéria de gestão da sociedade, o que não é de admitir).

Nas sociedades anónimas, a competência da assembleia geral[55] assume uma configuração diferente, em função da supremacia da competência atribuída ao conselho de administração. À assembleia geral são atribuídas as seguintes competências: (i) a competência exclusiva ou específica é delimitada de forma genérica, cabendo-lhe deliberar "sobre todas as questões que interessem à sociedade, desde que não compreendidas nas atribuições dos restantes órgãos sociais, e sobre as matérias que lhes forem especialmente atribuídas por lei ou pelo contrato social" (artigo 393.º, n.º 2, da Lei das Sociedades Comerciais); são-lhe ainda atribuídas por preceitos legais dis-

[55] SOFIA VALE, As empresas..., op. cit., p. 716.

persos, dentro e fora da Lei das Sociedades Comerciais, outras competências específicas (a alteração do contrato de sociedade, prevista nos artigos 90.º, n.º 1, e 403.º, n.º 1, da Lei das Sociedades Comerciais, salvo quando a deliberação sobre tal matéria seja legal ou contratualmente atribuída ao conselho de administração; a aprovação do relatório de gestão, balanço e contas do exercício e a aplicação dos resultados, a ter lugar, em regra, na assembleia geral anual, conforme artigo 396.º, n.º 1, alíneas a) e b), da Lei das Sociedades Comerciais; a apreciação do desempenho de funções pelos titulares dos órgãos de administração e fiscalização no decurso do último exercício, consagrada no artigo 396.º, n.º 1, alínea c), da Lei das Sociedades Comerciais); e (ii) a competência subsidiária e residual, dado que "os acionistas deliberam sobre todas as questões que interessem à sociedade, desde que não compreendidas nas atribuições dos restantes órgãos sociais" (artigo 393.º, n.º 2, da Lei das Sociedades Comerciais).

No contexto da competência subsidiária e residual, e atenta a articulação entre as competências do conselho de administração e as da assembleia geral, importa mencionar que: (i) como prevê o artigo 425.º, n.º 1, alínea b), da Lei das Sociedades Comerciais, o conselho de administração só deve subordinar-se às deliberações da assembleia geral e às intervenções do conselho fiscal nos casos em que a lei ou o contrato de sociedade assim o imponham; (ii) são atribuições do conselho de administração a representação da sociedade, em exclusivo e com plenos poderes, bem como a gestão da sociedade com autonomia (artigo 425.º, n.º 1, da Lei das Sociedades Comerciais), tendo este amplos poderes de gestão no âmbito do objeto social (artigo 425.º, n.º 2, da Lei das Sociedades Comerciais); (iii) o conselho de administração tem ainda uma competência residual, que lhe permite deliberar sobre "qualquer outro assunto sobre o qual algum administrador requeira deliberação" (artigo 425.º, n.º 2, alínea m), da Lei das Sociedades Comerciais).

Cabe aqui sublinhar que, ao contrário do que sucede nas sociedades por quotas, nas sociedades anónimas a assembleia geral não pode interferir espontaneamente na competência atribuída a outros órgãos. Em particular, no que ao órgão de administração diz respeito, a assembleia geral apenas pode interferir nas matérias de gestão se existir um pedido expresso do órgão de gestão para tal (artigo 393.º, n.º 3, da Lei das Sociedades Comerciais). Assim, salvo nesta situação, a assembleia geral não pode deliberar sobre matérias de gestão.

Do que acabamos de descrever facilmente se conclui que tanto os sócios das sociedades por quotas como os das sociedades anónimas angolanas têm poderes bastante extensos para desenvolver as suas estratégias e influenciar a atuação do órgão de administração, quando necessário. Uma das formas que, entre nós, é mais utilizada pelos sócios para influenciar a atuação dos membros do órgão de administração prende-se com a previsão, em sede de acordos parassociais (artigo 19.º da Lei das Sociedades Comerciais), da eleição de administradores mediante acordos de voto entre os sócios, bem como da adesão dos administradores ao conteúdo dos acordos parassociais que fundamentam a respetiva eleição[56].

Esta técnica de exercício de influência *a latere* sobre o órgão de administração não passou despercebida ao nosso legislador que, no artigo 88.º, n.º 1, da Lei das Sociedades Comerciais, previu a responsabilidade solidária do sócio a quem é atribuído o direito parassocial de nomear um administrador e do administrador por esta via nomeado[57]. Importa, todavia, salientar que essa responsabilidade não abrangerá todo e qualquer dano causado pelo administrador. Fundando-se a responsabilidade cominada pelo artigo 88.º, n.º 1, da Lei das Sociedades Comerciais na violação de um dever de lealdade do sócio, este só será responsável quando existir um nexo de causalidade entre o seu comportamento desleal, traduzido na nomeação de uma pessoa desadequada à função de administração, e os danos provocados pelo administrador designado. O sócio só será, pois, responsável pelos danos produzidos pelo administrador quando se puder afirmar que a escolha daquele sujeito como administrador tornou provável a causação do dano verificado (artigo 563.º do Código Civil)[58].

É também digno de nota o facto de em muitas sociedades angolanas existir um sócio controlador (em muitos casos, um investidor estrangeiro)

[56] Ireneu Matamba, Os acordos parassociais e o seu regime jurídico no direito angolano (breve análise e comentários ao artigo 19.º da Lei das Sociedades Comerciais), in Revista de estudos avançados – direito das empresas, Faculdade de Direito da Universidade Agostinho Neto, Luanda, ano 1, 2013, pp. 193-224.

[57] Referindo-se também a este aspeto veja-se Gilberto Luther, A Responsabilidade Solidária do Sócio e o Direito de Dar Instruções nos Grupos de Sociedades, Casa das Ideias, Luanda, 2012, e Pedro Filipe, Grupos de sociedades à luz da realidade jurídica angolana – Análise e perspetivas, Almedina, Coimbra, 2016.

[58] Graciano Kalukango, Sobre a responsabilidade civil dos administradores e gerentes das sociedades anónimas e por quotas para com os sócios na ordem jurídica angolana, Integracons, Lubango, 2013.

que exerce um poder de controlo efetivo sobre os destinos da sociedade, diminuindo significativamente ou neutralizando a influência dos sócios (angolanos) minoritários. De facto, a concentração do capital social nas mãos de um sócio controlador faz diminuir os custos de agência vertical existentes entre administradores e sócios, mas, em contraposição, os custos de agência horizontal existentes entre sócios controladores e minoritários são maiores[59]. Porém, e ao contrário do que se poderia pensar, no sentido de que os sócios minoritários seriam consideravelmente mais ativistas contra a atuação do sócio controlador, o que sucede entre nós é exatamente o oposto: nestas empresas singra o absentismo societário dos sócios minoritários. A razão de ser deste desinteresse dos sócios minoritários prende-se com o facto de as sociedades a que nos referimos terem sido constituídas ao abrigo das disposições legais que impõem ao investidor estrangeiro estabelecer uma parceria obrigatória com sócios nacionais (e a que já nos reportamos supra), sendo que os sócios nacionais adquiriram a sua participação social (e realizaram o investimento correspondente) com recurso a empréstimos facultados pelo sócio estrangeiro (e que vão sendo pagos, já depois da sociedade estar em atividade, por intermédio dos lucros de exercício que lhes vão sendo atribuídos). Nestes casos, e pelo que nos temos apercebido na prática societária angolana, os sócios minoritários procuram, na melhor das hipóteses, ser nomeados para cargos de administração não executivos, apartando-se da gestão executiva da sociedade e do conhecimento aprofundado do negócio e da gestão inerente que esta comporta.

Relativamente às empresas públicas e de domínio público, o acionista Estado possui sobre estas empresas poderes de superintendência (artigo 43.º da Lei de Bases do Setor Empresarial Público). O conteúdo dos poderes de superintendência encontra-se definido no artigo 44.º da Lei de Bases do Setor Empresarial Público, e compreende: (i) a competência genérica para "acompanhamento, orientação geral ou específica na gestão, controlo direto da legalidade dos atos dos órgãos de gestão, podendo modifica-los, confirma-los, ratifica-los ou revoga-los" (artigo 44.º, n.º 1, da Lei de Bases do Setor Empresarial Público); (ii) competências específicas atribuídas ao Ministro das Finanças, que atua por delegação de poderes do Titular do Poder Executivo (artigo 44.º, n.º 2, da Lei de Bases do Setor Empresarial

[59] A distinção entre custos de agência horizontais e verticais encontra-se em Ana Perestrelo de Oliveira, Manual de governo das sociedades, Almedina, Coimbra, 2017, p. 17.

Público); e (iii) a competência residual em relação a "todas as ações ou omissões de gestão que possam endividar o Estado ou as suas instituições direta ou indiretamente e atos que são inoportunos na prossecução do interesse público, a probidade e o respeito pelo património público" (artigo 44.º, n.º 3, da Lei de Bases do Setor Empresarial Público).

Ao atentarmos na competência genérica de superintendência atribuída ao acionista Estado facilmente concluímos que o seu poder de influência sobre o órgão de administração das empresas públicas e de domínio público é muitíssimo considerável, podendo, inclusivamente, dar ordens concretas modificativas ou revogatórias dos atos de gestão tomados pelo órgão de administração. E, acreditamos, é esta ingerência excessiva do acionista Estado na gestão das suas empresas que tem também contribuído para desresponsabilizar a atuação dos gestores públicos[60]. Na verdade, como pode prescrever-se que ao gestor público é reconhecida "plena autonomia no exercício das suas funções, não se encontrando nessa qualidade sujeito a qualquer subordinação hierárquica nem aos deveres específicos próprios dessa relação" (artigo 15.º, n.º 1, do Estatuto dos Gestores Públicos), quando, simultaneamente se prescreve que o acionista ativista pode fazer o "acompanhamento [...] específic[o] [d]a gestão, [...] podendo modifica-los, confirmá-los, ratifica-los ou revoga-los [os atos do órgão de gestão]" (artigo 44.º, n.º 1, da Lei de Bases do Setor Empresarial Público)? Se assim é, qual a utilidade prática de se prescrever que "os gestores empresariais são solidariamente responsáveis pelas deliberações tomadas pelo respetivo órgão de gestão" (artigo 18.º, n.º 1, do Estatuto dos Gestores Públicos[61]) quando tais decisões podem muito bem ter sido tomadas por indicação expressa (comummente verbal) do acionista ativista no âmbito do seu poder de acompanhamento específico da gestão? Se, por via legal, não conseguimos dar independência decisória aos gestores públicos também não poderemos, na prática, responsabiliza-los pelas decisões que o órgão de administração das empresas públicas e de domínio público toma. Pensamos, por isso, que numa futura reforma da Lei de Bases do Setor Empresarial Público se

[60] Propondo a não ingerência do acionista público na gestão, veja-se PEDRO VICENTE, Corporate governance..., op. cit., p. 92.

[61] Os gestores públicos apenas poderão afastar a sua responsabilidade caso, cumulativamente, tenham estado presentes na reunião do órgão de administração e tenham manifestado a sua posição dissonante, por escrito na respetiva ata (como prevê o artigo 18.º, n.º 2, do Estatuto dos Gestores Públicos).

deverá equacionar que os poderes do acionista Estado sobre as suas empresas sejam doravante poderes de tutela e não mais de superintendência, de modo a atribuir ao gestor público a independência de que carece para tomar boas decisões e, concomitantemente, assacar-lhe as responsabilidades devidas quando atuar sem o grau de diligência que a sua atividade lhe impõe.

4. Transações com partes relacionadas

4.1. O dever de lealdade

A previsão legal da proibição de transações com partes relacionadas tem por objetivo evitar conflitos de interesses, conduzindo, designadamente, a que os sócios ou os administradores realizem negócios consigo mesmos ou com pessoas ou entidades com as quais têm uma relação muito próxima, de tal modo que existe um risco sério desses negócios não terem em vista o interesse da sociedade mas, ao invés, o interesse de tais sócios ou de tais administradores.

No que respeita ao dever de lealdade dos sócios para com a sociedade, este apresenta-se como um dever acessório, que impõe, em geral, que os sócios tenham um comportamento conforme aos ditames da boa-fé, i.e., correto e honesto para com a sociedade. A bitola de correção do comportamento na relação dos sócios para com a sociedade reside no interesse social[62].

Concomitantemente, o artigo 22.º, alíneas d) e e), da Lei das Sociedades Comerciais, estabelece que os sócios estão vinculados: (i) a contribuir para o desenvolvimento da sociedade (vertente positiva do dever de lealdade); e (ii) a não prejudicar a sociedade, por ação ou por omissão (vertente negativa do dever de lealdade). Apesar dos conceitos indeterminados contidos nestas duas alíneas (linguisticamente, não é evidente o que conta como desenvolvimento ou como prejuízo da sociedade), o ponto de referência em ambos os casos é o interesse social[63]. Este, por vezes, é fixado heteronomamente por normas injuntivas; no demais, em virtude do princípio da

[62] Sofia Vale, As empresas..., op. cit., p. 564 e ss.

[63] Falando do que deve entender-se por interesse social no direito angolano, veja-se Gilberto Luther, A questão da preferência societária – um breve olhar sobre um problema novo no direito das sociedades em Angola, in RAD – Revista angolana de direito, Casa das Ideias, Luanda, 2009, pp. 99 -142.

autonomia privada, que subjaz à organização da atividade empresarial sob a forma de sociedade comercial, este exprime-se mediante a vontade dos sócios formulada em modo coletivo. Uma conduta contribui, pois, para o desenvolvimento da sociedade quando promove os objetivos que a sociedade assenta como correspondendo ao seu interesse, ou quando possibilita que a sociedade cumpra os deveres que legalmente lhe são impostos. Inversamente, será prejudicial para a sociedade toda a ação ou omissão que impeça ou dificulte o alcance daqueles objetivos ou que atente contra normas legais que regulam injuntivamente a conduta da sociedade.

Diferente é o dever de lealdade a que os administradores das sociedades comerciais se encontram vinculados[64]. O mesmo sujeito pode estar vinculado a ambos (é o sócio-administrador). Mas, mesmo nesses casos, há que distinguir entre os comportamentos a que o sócio está vinculado em virtude da sua qualidade de administrador e aqueles aos quais o sócio está vinculado em virtude da sua qualidade de sócio.

No que respeita aos administradores, e apesar de o artigo 69.º da Lei das Sociedades Comerciais não referir expressamente, deve entender-se que aqueles se encontram igualmente adstritos a deveres de cuidado e de lealdade para com a sociedade. Está aqui em causa a concretização do princípio geral da boa-fé no âmbito societário, devendo entender-se que o artigo 762.º, n.º 2, do Código Civil confere base legal suficiente para sustentar a afirmação de que o dever de administrar tem como dever acessório um dever de lealdade para com a sociedade. O dever de lealdade tem, por sua vez, como implicações a obrigação de não concorrer com a sociedade (*non competition*), a obrigação de não usar informação interna em proveito próprio (*non inside trading*), a obrigação de transparência (*duty of disclosure*) e, gene-

[64] Sofia Vale e Teresinha Lopes, A responsabilidade civil dos administradores de facto, in Revista da Faculdade de Direito da Universidade Agostinho Neto, n.º 10, edição da FDUAN, Luanda, 2011, pp. 55- 77, também disponível em Research Gate, https://www.researchgate.net/publication/278404698_A_responsabilidade_civil_dos_administradores_de_facto_das_sociedades_comerciais_publicado_na_Revista_da_Faculdade_de_Direito_da_Universidade_Agostinho_Neto_Angola_2013, consultado em 16.06.2019, e também SOFIA VALE, Os deveres dos administradores das sociedades nos direitos angolano e português: estudo de direito comparado, in Estudos jurídicos e económicos em homenagem à Professora Maria do Carmo Medina (coord. Elisa Rangel Nunes), edição da Faculdade de Direito da Universidade Agostinho Neto, Luanda, 2014, pp. 951-1012. Também disponível em Research Gate, https://www.researchgate.net/publication/278404773_Os_deveres_dos_administradores_das_sociedades_nos_direitos_angolano_e_portugues_estudo_de_direito_comparado_2014, consultado em 16.06.2019.

ricamente, a obrigação de prosseguir quaisquer comportamentos necessários à frutífera realização do objeto social.

O dever de lealdade que impende sobre os administradores das empresas públicas e de domínio público resulta também, ainda que não literalmente, do artigo 14.º, n.º 2, do Estatuto dos Gestores Públicos, quando aí se prevê que cabe ao gestor público exercer a sua atividade e prosseguir exclusivamente os interesses e atribuições da empresa para a qual foi nomeado.

Pensamos que é no dever de lealdade que radicam as proibições legais de transações com partes relacionadas que se impõem tanto aos sócios como aos administradores.

4.2. Regras sobre transações com partes relacionadas impostas aos sócios

Os negócios realizados entre sócios e a sociedade podem ser potencialmente geradores de conflitos de interesses, na medida em que aqueles podem tentar obter para si vantagens que não se coadunam com a prossecução do interesse social.

Por essa razão, a Lei das Sociedades Comerciais regulamentou a aquisição de bens por parte da sociedade aos seus sócios[65], sendo este regime aplicável a todos os tipos sociais. Assim, para que tal aquisição seja válida, é necessário que a assembleia geral a aprove (artigo 36.º, n.º 1 da Lei das Sociedades Comerciais), estando o sócio alienante impedido de votar (artigo 36.º, n.º 3, última parte da Lei das Sociedades Comerciais). A assembleia geral, porém, só se poderá pronunciar quanto aos termos da projetada aquisição após o bem em causa ter sido avaliado por um perito contabilista independente (artigos 30.º e 36.º, n.º 3, ambos da Lei das Sociedades Comerciais). O referido contrato deve, por fim, ser reduzido a escrito (artigo 36.º, n.º 4 da Lei das Sociedades Comerciais), sob pena de nulidade, nos exatos termos aprovados pela assembleia geral.

Sendo de natureza duradoura, os negócios celebrados entre os sócios e a sociedade têm muitas vezes o intuito de lhes permitir retirar proveitos da sociedade antes de haver lugar à distribuição de dividendos. Já aqui nos referimos à possibilidade de outorga de contratos de assistência técnica e

[65] Sofia Vale, A governação de sociedades..., op. cit., pp. 57-58.

de gestão que, quando celebrados entre a sociedade e o seu sócio estrangeiro devem ser previamente submetidos à aprovação de uma comissão criada para o efeito, onde têm assento representantes do Ministério da Economia, do Banco Nacional de Angola e da entidade responsável pelo investimento privado (artigo 1.º, n.º 6 do Regulamento da Contratação de Serviços de Assistência Técnica Estrangeira e de Gestão).

A Lei das Sociedades Comerciais impõe ainda aos sócios das sociedades por quotas e das sociedades anónimas uma proibição geral de votarem quando estiverem numa situação de conflito de interesses[66].

Para as sociedades por quotas esta proibição encontra-se vertida no artigo 280.º, n.º 1, da Lei das Sociedades Comerciais. Este conceito é densificado pelo n.º 2 do mesmo preceito, que elenca como situações de conflito de interesses aquelas em que a deliberação incida sobre: (i) a liberação de uma obrigação ou responsabilidade própria do sócio, quer nessa qualidade, quer como gerente ou membro do órgão de fiscalização; (ii) litígio entre a sociedade e o sócio; (iii) perda pelo sócio de parte da sua quota; (iv) exclusão do sócio; (v) consentimento para o exercício de atividade concorrente pelo sócio-gerente; (vi) destituição com justa causa do sócio-gerente ou de sócio que seja titular do órgão de fiscalização; (vii) qualquer relação estabelecida ou a estabelecer entre a sociedade e o sócio, estranha ao contrato de sociedade.

Importa ter presente que esta enunciação não é taxativa. Tal significa que são concebíveis situações de conflito de interesses, impeditivas do exercício do direito de voto, para além daquelas que são elencadas neste preceito. Podem, em suma, existir situações de conflito de interesses que se reconduzam à cláusula geral do artigo 280.º, n.º 1, da Lei das Sociedades Comerciais, sem que se insiram em qualquer das cláusulas do n.º 2 do mesmo preceito. Na interpretação dessa cláusula geral impõe-se, contudo, alguma prudência: o direito de voto é o instrumento fundamental de participação do sócio na vida societária e, por regra, a sua única forma de ditar, ainda que parcialmente, o destino de um ente de cujo capital é, também parcialmente, o titular material (*beneficial owner*).

Semelhante restrição verifica-se a propósito das sociedades anónimas, no artigo 404.º, n.º 6, da Lei das Sociedades Comerciais. Segundo este preceito, um acionista não pode votar, diretamente ou por representante,

[66] Sofia Vale, As empresas..., op. cit., p. 548.

nem representar outro acionista, designadamente nas deliberações que incidirem sobre: (i) a liberação de uma obrigação ou responsabilidade própria desse acionista, quer nessa qualidade quer na de membro do órgão de administração ou de fiscalização; (ii) um litígio entre a sociedade e o acionista; (iii) a sua destituição, com justa causa, do cargo de administrador; (v) qualquer relação estabelecida ou a estabelecer entre a sociedade e esse acionista, estranha ao contrato de sociedade.

É de notar que a lei, no artigo 404.º, n.º 6, da Lei das Sociedades Comerciais, limita-se a estabelecer exemplos de situações de impedimento ao direito de voto. Contudo, ao contrário do que é feito no artigo 280.º, n.º 1, da Lei das Sociedades Comerciais, a propósito das sociedades por quotas, o artigo 404.º, n.º 6, da Lei das Sociedades Comerciais não explicita o próprio critério geral que preside à decisão sobre a verificação do impedimento de voto. Atento o evidente paralelismo entre estes dois preceitos, deve entender-se que o critério geral subjacente à enumeração estabelecida nas alíneas do artigo 404.º, n.º 6, da Lei das Sociedades Comerciais é também o da existência de conflito de interesses.

Assim, se a sociedade deliberar sobre qualquer assunto quanto ao qual um sócio se encontre em situação de conflito de interesses, este deve ser declarado impedido no seu voto. Também aqui deve haver alguma prudência na qualificação de uma situação como constitutiva de um conflito de interesses suficientemente ponderoso para que despolete o impedimento de voto do sócio.

4.3. Regras sobre transações com partes relacionadas impostas aos administradores

A celebração de negócios entre os administradores e a sociedade é particularmente potenciadora de conflitos de interesses. Por essa razão, o legislador teve o cuidado de, no artigo 418.º da Lei das Sociedades Comerciais, estabelecer regras quanto à sua celebração[67].

Assim, a sociedade só pode conceder empréstimos ou crédito a administradores, efetuar pagamentos por conta destes, garantir obrigações ou fazer-lhes adiantamento por conta da respetiva remuneração até ao limite

[67] Sofia Vale, A governação de sociedades..., op. cit., pp. 69-70.

do montante mensal da mesma (artigo 418.º, n.º 1 da Lei das Sociedades Comerciais).

Em geral, para que seja válida a celebração de um contrato entre um administrador e a sociedade ou sociedades que com ela se encontrem em relação de grupo (artigo 418.º, n.º 3 da Lei das Sociedades Comerciais) é necessário (artigo 418.º, n.º 2 da Lei das Sociedades Comerciais): (i) que tenham sido autorizados por deliberação do conselho de administração, na qual o administrador em causa está impedido de votar; e (ii) que o conselho fiscal tenha emitido prévio parecer favorável. Estes requisitos só não são aplicáveis aos contratos compreendidos no próprio comércio da sociedade, caso não seja concedida qualquer vantagem especial ao administrador (artigo 418.º, n.º 4 da Lei das Sociedades Comerciais).

De acordo com o artigo 287.º da Lei das Sociedades Comerciais que pauta a atuação dos gerentes das sociedades por quotas, também aplicável por remissão expressa do artigo 419.º, n.º 1 da Lei das Sociedades Comerciais aos administradores das sociedades anónimas, fica vedado a qualquer um deles exercerem, por contra própria ou alheia, diretamente ou por interposta pessoa, qualquer atividade concorrente com a da sociedade, salvo se a assembleia geral lhes der autorização para o efeito. A proibição de concorrência inclui também a detenção de participação social de valor igual ou superior a 20% do capital social em sociedade concorrente (artigo 287.º, n.º 3 da Lei das Sociedades Comerciais). O exercício de atividade concorrente sem autorização da assembleia geral é fundamento para a destituição do administrador com justa causa (artigo 287.º, n.º 5 da Lei das Sociedades Comerciais). Esta previsão legal promove a transparência quanto às demais atividades exercidas e aos interesses que movem os administradores, que se veem forçados a comunica-los à sociedade e a obter a respetiva autorização dos sócios.

No que respeita a sociedades que se encontram em relação de grupo, o artigo 419.º, n.º 2 da Lei das Sociedades Comerciais estabelece que os administradores não podem durante o exercício do seu mandato exercer outras funções noutras sociedades do grupo (ao abrigo de contrato de trabalho ou de prestação de serviço), nem celebrar contratos destinados a vigorar despois do seu mandato ter cessado. Quaisquer contratos que se encontrem em vigor, suspendem-se automaticamente ou caducam aquando da designação para o cargo de administrador (artigo 419.º, n.º 3 da Lei das Sociedades Comerciais).

A lei mostra também visíveis preocupações em assegurar que eventuais conflitos de interesse não prejudiquem a efetivação da responsabilidade civil dos administradores perante a sociedade. Para além dos mecanismos de designação de representantes especiais, a parte final do artigo 80.º, n.º 2, da Lei das Sociedades Comerciais estabelece que, sendo os administradores visados também sócios da sociedade, estes ficam impedidos de votar na deliberação em que se vota a proposição da ação de responsabilidade civil[68].

No que respeita às empresas públicas e de domínio público, o Estatuto dos Gestores Públicos compreende um conjunto de regras destinadas a mitigar possíveis conflitos de interesse que possam surgir na atuação dos administradores das empresas em que o Estado e outras entidades públicas são acionistas. Assim, antes da tomada de posse, o administrador deve comunicar por escrito todas as participações sociais que detenha (direta ou indiretamente) na empresa onde irá exercer funções ou em outras, bem como situações que possam configurar conflitos de interesses relacionados com o cargo para o qual vai ser nomeado (artigo 14.º do Estatuto dos Gestores Públicos).

Adicionalmente, o artigo 16.º, n.º 1, do Estatuto dos Gestores Públicos coloca ao gestor público um impedimento de voto, obrigando-o a declarar-se impedido de votar[69] "sempre que estejam em causa situações que afetem, direta ou indiretamente, os seus interesses pessoais ou os do seu cônjuge, de algum parente ou afim em linha reta ou até ao segundo grau da linha colateral, bem como de quem conviva em economia comum". Caso o gestor público não observe este impedimento de voto, a deliberação aprovada com o voto impedido é anulável (artigo 17.º do Estatuto do Gestor Público) e o gestor poderá ser responsabilizado civilmente (nos termos previstos no artigo 77.º da Lei das Sociedades Comerciais, pelos danos que a sua conduta cause à sociedade), criminal e disciplinarmente[70] (artigo 18.º, n.º 3, do Estatuto dos Gestores Públicos).

[68] Sofia Vale, As empresas..., op. cit., p. 810 e ss.

[69] Não obstante o texto legal referir "impedido de participar em deliberações", cremos que a interpretação correta do mesmo deverá ser feita no sentido de entender que aí se consagra um impedimento de voto e não um impedimento de estar presente e de participar na reunião.

[70] A referência expressa à possibilidade de um administrador de uma empresa pública ser objeto de responsabilidade disciplinar (que é típica de uma relação hierárquica), quando se prevê que o exercício do cargo de administrador sempre importa autonomia de gestão não nos parece de todo ajustada, carecendo este ponto de ser eliminado numa futura reforma do Estatuto dos Gestores Públicos.

4.4. Fiscalização de transações com partes relacionadas por parte do conselho fiscal

Os negócios que se realizam entre a sociedade e partes relacionadas são particularmente geradores de conflitos de interesses, na medida em que estas partes possuem informação não acessível a partes não relacionadas e mais facilmente poderão obter vantagens especiais, que lhes advêm da relação especial que, direta ou indiretamente, mantêm com a sociedade[71].

Como já tivemos oportunidade de referir, a Lei das Sociedades Comerciais regula as condições em que os administradores (diretamente ou por interposta pessoa) podem celebrar negócios com a sociedade no seu artigo 418.º, cabendo, nesta sede, ao conselho fiscal a emissão de parecer favorável prévio, sem o qual o negócio projetado não se pode realizar. Nas relações entre administradores e a sociedade a intervenção prévia do conselho fiscal é desejável e propicia um controlo efetivo do negócio em causa, tendente a evitar potenciais conflitos de interesses.

A Lei das Sociedades Comerciais trata ainda com particular detalhe a aquisição de ações e de obrigações por parte dos membros dos órgãos de administração e fiscalização das sociedades anónimas, impondo-lhes um dever de comunicação perante o órgão que integram (artigo 446.º, n.º 1 da Lei das Sociedades Comerciais). Este dever de comunicação abrange ações e obrigações adquiridas à própria sociedade bem como a sociedades que com ela se encontrem em relação de domínio ou de grupo, e o não cumprimento deste dever constitui justa causa de destituição (artigo 446.º, n.º 4 da Lei das Sociedades Comerciais). Reveste-se de particular interesse o facto de este dever de comunicação se estender às pessoas que mantenham uma relação de proximidade com os membros dos órgãos de administração e de fiscalização (cônjuge, pessoa com quem vive em união de facto, ascendentes, descendentes, irmãos, adquirentes fiduciários, sociedades das quais qualquer um destes seja sócio artigo 117.º, n.º 1 da Lei das Sociedades Comerciais). E, bem assim, o facto de o conceito de aquisição ser entendido de forma bastante ampla, abrangendo contratos-promessa, pactos de preferência, aquisições/alienações/onerações sujeitas a condição suspensiva ou em bolsa, bem como quaisquer outros contratos capazes de produzir o mesmo efeito (artigo 447.º, n.º 2 da Lei das Sociedades

[71] Sofia Vale, A governação de sociedades..., op. cit., pp. 76-78.

Comerciais). A fiscalização dos negócios respeitantes à aquisição de ações ou obrigações da sociedade radica no conselho de administração, cujo relatório deverá obrigatoriamente indicar o nome e a quantidade de ações/obrigações de que são detentoras (artigo 446.º, n.º 3 da Lei das Sociedades Comerciais). Uma vez que o conselho fiscal é chamado a emitir parecer sobre o relatório de gestão elaborado pelo conselho de administração (artigo 441.º, n.º 1, al. g) da Lei das Sociedades Comerciais), estará em boas condições para se pronunciar sobre eventuais conflitos de interesses que se verifiquem.

O artigo 449.º da Lei das Sociedades Comerciais versa com particular acuidade sobre o uso abusivo de informação confidencial por parte de membros dos órgãos de administração, fiscalização, consultores (ou outras pessoas que tenham prestado serviços à sociedade) e funcionários públicos, que tenham realizado negócios com a sociedade tendo por base informação privilegiada. As vantagens assim obtidas impelem a pessoa que realizou negócios (aquisição ou venda de ações ou obrigações) a indemnizar os lesados nos termos gerais de direito (artigo 449.º, n.º 1, última parte da Lei das Sociedades Comerciais) ou, não sendo possível identificar os lesados, a restituir à sociedade o enriquecimento indevidamente obtido (artigo 449.º, n.º 2 da Lei das Sociedades Comerciais). Note-se que o apuramento dos factos tendentes à prova do uso indevido de informação confidencial pode ser efetuado através de inquérito judicial, realizado a pedido de qualquer acionista (artigo 450.º, n.º 1 da Lei das Sociedades Comerciais).

Os negócios com partes relacionadas potenciadores de conflitos de interesses importam ainda a comunicação à sociedade por parte do acionista titular de ações ao portador não registadas que representem, pelo menos, 1/10, 1/3 ou metade do capital social da sociedade (nos termos do artigo 448.º, n.º 1 da Lei das Sociedades Comerciais), bem como a perda da respetiva titularidade (artigo 448.º, n.º 4 última parte, da Lei das Sociedades Comerciais). Este controlo, mais uma vez, cabe, em primeira linha ao conselho de administração, que deve incluir esta informação no seu relatório de gestão, sobre o qual o conselho fiscal se pronunciará (artigo 448.º, n.º 4, primeira parte da Lei das Sociedades Comerciais).

No que concerne às empresas públicas e de domínio público, dentre as competências atribuídas ao órgão de fiscalização (artigo 50.º da Lei de Bases do Setor Empresarial Público), não se prevê expressamente a fiscalização de transações com partes relacionadas. Não obstante, pensamos que esta verificação lhe cabe ao abrigo da sua competência residual para se pronunciar sobre qualquer assunto de interesse para a empresa (alínea e) do artigo 50.º da Lei de Bases do Sector Empresarial Público), devendo também o órgão de fiscalização pronunciar-se expressamente no seu parecer sobre o relatório de gestão e as contas da empresa (alínea b), do artigo 50.º da Lei de Bases do Setor Empresarial Público) sobre qualquer transação com partes relacionadas de que tenha tido conhecimento, devendo requerer ao órgão de administração todas as informações que entenda necessárias e que lhe permitam tomar uma posição sobre o negócio concreto (artigo 36.º, alínea a), do Estatuto dos Gestores Públicos). Não obstante, parece-nos que esta atividade de fiscalização surtiria maior efeito se a lei atribuísse ao órgão de fiscalização a obrigação expressa de se pronunciar previamente à celebração de qualquer negócio entre gestores públicos e partes relacionadas, melhor garantindo que tal negócio seria celebrado no interesse da empresa pública e de domínio público.

Como temos vindo, há já vários anos, a referir[72], o conselho fiscal não é, na prática empresarial angolana, normalmente chamado a pronunciar-se sobre a celebração de negócios com partes relacionadas e, aquando do exercício da sua atividade fiscalizadora, raramente se debruça sobre esta problemática. Assim sendo, é desejável que o conselho fiscal promova o exercício efetivo das competências que a lei lhe atribui, como forma de garantir uma mais salutar governação corporativa, tanto das empresas privadas como das empresas públicas e de domínio público.

De modo a dotar o conselho fiscal de um maior dinamismo no exercício das suas atividades, garantindo uma efetiva supervisão das tarefas acometidas ao conselho de administração, sugerimos: (i) maior divulgação junto dos sócios (em especial, dos sócios que são entidades de direito público) das competências atribuídas por lei ao conselho fiscal e da importância das suas funções para o bom desempenho das empresas; (ii) indicação legal expressa no sentido de que os mandatos do conselho de administração e do conselho fiscal não devem coincidir temporalmente (o que conduz a um aumento significativo do risco de familiaridade entre os membros destes dois órgãos), assegurando-se que cada mandato de um conselho de administração seja supervisionado por dois conselhos fiscais distintos; (iii) prever que os acionistas ou os funcionários hierarquicamente dependentes do

[72] Sofia Vale, A governação..., op. cit., p. 71.

ministro que representa o setor empresarial público estejam impedidos de integrar o conselho fiscal (só assim se pode assegurar uma efetiva independência dos membros do conselho fiscal em relação ao acionista, o que é sobejamente desejável; o controlo da administração a efetuar pelo acionista tem o seu lugar próprio em sede de assembleia geral); (iv) não obstante a lei antever já alguns requisitos de independência, seria bastante salutar a previsão legal de que o conselho fiscal deve ser integrado por um número mínimo de independentes (no caso das empresas públicas e de domínio público, tal independência importaria a não vinculação político-partidária ao partido que, em cada momento, esteja a governar o país, o que conferiria maior credibilidade à informação financeira divulgada pelas empresas); (v) previsão legal de que os membros do conselho fiscal não acumulem cargos no setor público (designadamente, sendo administradores de empresas públicas e de domínio público, de institutos públicos e membros do conselho fiscal de várias empresas, o que tem contribuído para minar a credibilidade da atuação dos conselhos fiscais); (vi) nomeação de "sangue novo" para os conselhos fiscais, de pessoas mais novas, mais familiarizadas com as novas tecnologias, de modo a melhor poderem perscrutar a atividade de gestão desenvolvida pelos conselhos de administração, não se limitando a acompanhar a atividade realizada pelo auditor externo; (vii) previsão legal expressa de que o conselho fiscal deverá submeter relatórios trimestrais sobre a atividade do conselho de administração à assembleia geral ou ao acionista entidade pública (permitindo um acompanhamento permanente e salutar da atividade de gestão); (viii) obrigatoriedade de existência de um regulamento interno da empresa, no qual se preveja uma obrigação clara dos diretores jurídico e financeiro de, numa base semanal, enviarem ao conselho fiscal informação detalhada e atualizada, por e-mail, sobre a atividade da empresa (invertendo assim o atual paradigma legal, que coloca ao conselho fiscal a obrigação de pedir, de "ir atrás", da informação de que carece para trabalhar); (ix) capacitação técnica real e efetiva das pessoas que são nomeadas para integrar os conselhos fiscais (assegurando que a pertença a um conselho fiscal não é um cargo emérito, concedido a quem já se encontra reformado, e porque não está na vida profissional ativa, já se encontra bastante desfasado das exigências da profissão); (x) assegurar o equilíbrio de género nos conselhos fiscais; (xi) prever que, após o termo do mandato do conselho fiscal, os respetivos membros devam observar um período igual durante o qual não podem exercer novamente funções no conselho fiscal daquela empresa, assegurando a rotatividade.

CAPÍTULO 11
DIREITO DOS ACIONISTAS NA SOCIEDADE ANÔNIMA BRASILEIRA

Erik Frederico Oioli[1]
Evandro Fernandes de Pontes[2]
José Romeu Garcia do Amaral[3]

Resumo: Este artigo apresenta os direitos essenciais atribuídos aos acionistas de sociedades anônimas nos termos da legislação societária brasileira, especialmente aqueles previstos na Lei n.º 6.404, de 15 de dezembro de 1976, conforme alterada. Abordaremos os direitos de participação (seja nos lucros, seja no acervo, em caso de liquidação), fiscalização, preferência e retirada. Por fim, embora não se trate de um direito essencial segundo o direito brasileiro, apresentaremos algumas notas sobre o direito de voto.

1. Introdução

A lei brasileira dispõe que "celebram contrato de sociedade as pessoas que reciprocamente se obrigam a contribuir, com bens ou serviços, para o exercício de atividade econômica e a partilha, entre si, dos resultados"

[1] Bacharel, Mestre e Doutor em Direito Comercial na Faculdade de Direito da Universidade de São Paulo. Especialista em Regulação do Mercado Financeiro e de Capitais (EDESP/FGV). Professor dos cursos de pós-graduação do Insper, do Instituto Internacional de Ciências Sociais (IICS) e da Fundação Armando Álvares Penteado. Membro do Instituto de Direito Societário Aplicado (IDSA). Advogado em São Paulo.
[2] Advogado e Professor no Insper. Mestre e Doutor em Direito Societário pela FD-USP. MBA pela BSP (Business School São Paulo). Filólogo pela FFLCH-USP.
[3] Advogado e Professor do Insper. Mestre em Direito Comercial pela Faculdade de Direito da USP, LLM pela Northwestern University School of Law, Especialista em Direito Empresarial pelo Mackenzie e Pós-graduado em Gestão Empresarial pela UNICAMP.

(art. 981 do Código Civil)[4]. A sociedade pode assumir formas e funções diversas, pode ser personificada ou não, pode limitar a responsabilidade dos sócios ou não, pode ser empresária ou não e podem ser *intuitu personae* ou não. As razões que levam às pessoas a se associarem também são diversas e podem ir além do núcleo de conjugação de esforços para partilha de resultados. Inclusive, e principalmente, o quanto e como as pessoas pretendem contribuir, levam a diversos motivos.

É certo, por outro lado, que a pessoa, ao ingressar na sociedade, seja qual for sua natureza e seja qual forem os objetivos pessoais, adquire um novo papel jurídico-social. Passa então ser parte da sociedade e denominada genericamente de sócia, o que implica ser um centro de imputação de direitos, deveres e, em determinadas circunstâncias, poderes.

Miranda Valverde[5] e Carvalho de Mendonça[6] afirmavam que os direitos, atribuídos ou conferidos a uma pessoa, em virtude da sua qualidade de membro de uma sociedade (*status socii*), são, por sua complexidade, dificilmente classificáveis. Não obstante, Menezes Cordeiro, no estudo da disciplina do *status socii*, arriscou classifica-los em direitos patrimoniais, pessoais e de participação[7].

[4] Embora a lei tenha expressamente adotado um regime que louva a natureza contratual no direito societário, a controvérsia não é pacífica em doutrina. Não é incomum identificar doutrinadores que reconhecem forte inspiração institucional no regime previsto na Lei das S.A. brasileira, a Lei 6.404 de 15 de dezembro de 1976 (sendo o maior deles Rubens Requião, com o seu clássico artigo "Sociedade anônima como instituição", *In Revista de Direito Mercantil, Industrial, Econômico e Financeiro*, vol. 18. São Paulo: RT, 1975; pp. 25-29; no mesmo sentido podemos ainda observar Lamy Filho, Alfredo. "A Sociedade, a Empresa e a Teoria Institucional", *In Temas de S.A.*. Rio de Janeiro: RENOVAR, 2007, pp.213-218; Carvalhosa, Modesto. *Comentários à Lei de Sociedades Anônimas*, 2.º vol., 5.ª ed.. São Paulo: Saraiva, 2011, pp. 374-375 e 379). Além de Salomão Filho, Calixto (*Novo Direito Societário*, 4.ª ed, 2.ª tir.. São Paulo: Malheiros, 2015, pp. 28-52) oferecemos algumas notas no bojo da tradução do texto clássico de Maurice Hauriou (*"L'institution et le droit statutaire"*, *In Revista de Direito das Sociedades e dos Valores Mobiliários*, vol. 4. São Paulo: Almedina, nov. 2016; pp. 139-147).

[5] Valverde, Trajano de Miranda, *Sociedade por Ações (Comentários ao Decreto-lei n.º 2.627 de 26 de setembro de 1940*, vol. 2, 3.ª ed., Rio de Janeiro, Forense, 1959.

[6] Carvalho De Mendonça, J. X., *Tratado de Direito Comercial Brasileiro*, Rio de Janeiro, Freitas Bastos, 1957.

[7] In *Manual de Direito das Sociedades, I Das Sociedades em Geral*, Coimbra, Almedina, 2004. De forma similar, Wiedemann, H., *Gesellschaftsrecht I, Grundlagen*, München, Beck, 1980.
Conforme veremos a seguir, a separação entre "direito patrimonial" e "direito de participação" segregando a "participação nos lucros e acervo em caso de liquidação" de uma participação de natureza genérica, retirando assim o aspecto *político* da participação social no âmbito daquela específica

Entre os direitos patrimoniais, destaca-se naturalmente o direito de participar dos lucros sociais e do acervo da sociedade, em caso de sua liquidação. Na esfera dos direitos pessoais, o sócio é titular de direitos de preferência e mesmo de retirar-se da sociedade, nas condições especificadas em lei. E por fim e com especial interesse para os fins deste trabalho, o sócio possui o direito de participar da vida social.

Segundo parte da doutrina no Brasil, o contrato de sociedade, desta forma, englobaria basicamente um dever e um direito *elementares*. O primeiro consiste na contribuição com bens e serviços, o que faz surgir reflexamente o direito de participar dos lucros. Em regra, o sócio faz sua contribuição para formação do capital social, que será o embrião propulsor da atividade econômica a ser exercida pela sociedade, na condição de titular nas sociedades personificadas, com o propósito de gerar lucros. Uma vez que estes sejam auferidos, os sócios passam a ter direito sobre eles. Os sócios podem ou não exercer a atividade econômica e podem ou não *orientar* o exercício da atividade econômica objeto da sociedade. Podem simplesmente limitar-se a contribuir para formação do capital. Nesse caso, terceiros vão empregar os bens contribuídos no exercício da atividade econômico com o fito de gerar lucro. Estabelece-se, portanto, uma relação fiduciária entre esses terceiros, os sócios e a própria sociedade. Dessa relação fiduciária surge naturalmente o direito de fiscalizar a administração fiduciária do patrimônio social.

Assim, participar da vida social implica o direito de o sócio participar dos atos de administração da sociedade, de fiscalizar tais atos de administração (sobretudo quando a administração não é exercida nominalmente por ele) e, em última instância, manifestar-se no âmbito da sociedade.

participação com *efeitos financeiros* (chamando-a de "patrimonial") não é aqui seguida. Como se verá, e muito por conta do que dispõe a lei brasileira em seu art. 109 e sobretudo pela não inclusão do voto como direito essencial, a participação, sob o aspecto político, ganha um relevo fundamental na lei brasileira, colocando os *efeitos financeiros* como uma das consequências desse aspecto *participativo*. Conforme se verá, o direito brasileiro, no âmbito do *status socii*, opera por meio de *potestatividades* ou *direitos potestativos*, que podem ser divididos em: (i) direitos de participação; (ii) direitos de fiscalização; (iii) direitos de preferência e (iv) direitos de recesso. Todos, sem exceção, contam com *aspectos patrimoniais* e *pessoais* em sua estrutura, sendo indissociável, por exemplo, que se compreenda o direito de participação como algo isolado e segregável de seu duplo aspecto patrimonial e pessoal (individual ou individualizável). O direito de voto, conforme se verá, raras vezes apresenta a sua faceta patrimonial sendo, por isso, um mecanismos político de característica quase que essencialmente *pessoal*.

A principal forma conhecida de manifestação do sócio no âmbito da sociedade é por meio da presença em assembleia (que pode ou não englobar um direito de voto).

2. Direitos de participação

A Lei das S.A. no Brasil franqueia logo em seu art. 109 duas espécies de direito de participação subdivididas entre os incisos I e II ao mesmo artigo. O inciso I assegura aos acionistas o direito de "participar dos lucros sociais"; já o inciso II, o de "participar do acervo da companhia, em caso de liquidação".

São, conforme expressamente previsto, direitos específicos de *participação.*

Não é incomum que muitos, devido ao *efeito patrimonial mediato,* confundam essa "participação" (causa) com o efeito que dela decorre (consequência) e cheguem a classificar esses incisos como direitos meramente patrimoniais, julgando que essa "participação" possa se confundir com "pagamento"[8].

Nossa tarefa é desmistificar esse erro, bastante comum na doutrina de direito societário brasileiro. Ao analisarmos o conceito em si dessa participação, iremos notar que a lei brasileira, ao tratar dessas *participações,* não fala de mero pagamento, mas engloba uma cadeia processual-societária de atos que envolvem desde a devida informação ao acionista até o ato final praticado pela administração da companhia em questão, que pode ou não envolver um pagamento final de dividendos, amortizações, juros, bonificações e muitas outras espécies e categorias de *remuneração* do sócio.[9]

O primeiro passo é impedir que se dê qualquer confusão entre esses direitos de participação dos incisos I e II com o direito ao dividendo circuns-

[8] Há ainda quem limite ainda mais esse conceito de *participação no lucro* com o conceito de *dividendos,* elevando o erro lógico a um sacrifício teórico imperdoável.

[9] Tratar as cadeias decisórias, no âmbito empresarial, como *processos obrigacionais* não é uma novidade. Clóvis do Couto e Silva (*A obrigação como processo,* 2.ª ed., 2.ª reimp.. Rio de Janeiro: FGVEd., 2007, principalmente pp. 81 e ss e a partir da p. 94, quando trata dos "deveres de esclarecimento"). Mais interessante ainda é a abordagem de Maurice Hauriou em seu conceito de *ato jurídico complexo* para delinear a natureza desses direitos que ele chama de *estatutários* (Op. Loc. Cit., Idem, pp. 154 e ss.).

crito no art. 202 da Lei das S.A. brasileira, que trata do *dividendo obrigatório* ("os acionistas têm direito de receber como dividendo obrigatório...").

Neste pormenor, o *dividendo obrigatório* é uma das *consequências possíveis* do direito potestativo de *participar nos lucros*; é consequência, jamais sinônimo.

Vale lembrar aqui que no inciso I, identificamos uma imprecisão terminológica que importa na famigerada confusão que puxa essa interpretação restritiva – ideal seria que a lei brasileira conferisse um direito de participação nos *resultados* e não meramente no *lucro* (muito do receio, advindo ai, de uma interpretação possivelmente mirim, de que ao falar em resultado a lei poderia abrir brechas para ampliações de responsabilidade – nada mais falacioso, como se verá, quando a correta acepção do termo *participação* passa a ser devidamente capturada em uma interpretação lógico-sistemática).

Desta forma, chamamos atenção do leitor para aquilo que nos parece ser o verdadeiro núcleo de ambos os incisos: não vemos aqui relevo nas locuções adnominais genitivas "dos lucros" ou "do acervo" – a importância está no verbo, intransitivo que é (e, por isso, absolutamente dotado de poder de dispensa de qualquer complemento, invocando a sua característica potestativa): *participar*.

A ideia central e, portanto, o núcleo da norma está no ato de *participar*, na ação e não em seu complemento abstrato, "o lucro" ou "o acervo".

É uma regra potestativa de participação e, por isso, é essencialmente uma regra de *política societária*.

Participar é, segundo qualquer dicionário de algum valor, "tomar parte". Fica evidente que o termo *participar* se liga a ideia de *parte*.

Parte, palavra de dificílima genealogia, remota ao latim *pars, is*, que significa "porção", "pedaço" ou ainda pode significar simplesmente "lado". Especulações ligam o *pars* latino ao *poros* [??????] grego, que significa "travessia" (geralmente de um rio ou istmo, ou ainda de um estreito ou local de difícil navegação). Em algumas formas vê-se ainda o termo associado de forma imagética ao conceito de "ponte" ou "ducto": traz-se aqui a ideia de ligar ou *integrar* vários atos em um processo complexo.

Parte, portanto, nos leva a essa imagem de integrar, atravessar, passar por algum lugar de difícil travessia. Quem toma parte em algo, qual seja, quem deseja *participar*, deve ter em mente que, situando-se de um *lado*, terá que integrar um processo, um percurso, uma travessia.

Juridicamente esse conceito de *participação* como sinônimo de *tomar um dos lados de uma questão* já foi consolidado em doutrina brasileira por Alcides Tomasetti Jr.[10]

Quem participa, toma parte, portanto, de um processo. Não o faz de forma passiva, por mais potestativa que seja essa ideia de participação – deve tomar a frente de um processo complexo (ou, tecnicamente falando, de um processo coletivo), de forma ativa, para conseguir o resultado pretendido (que, no caso, por exemplo, da locução prevista no inciso I, significa "tomar parte ativamente *do lucro* da companhia").

Ao tomar parte do lucro, ao acionista é franqueado o acesso a um *processo* de geração desse lucro. Não é meramente um direito de receber um dividendo ao fim de um processo – consiste, em si, em poder tomar parte desse processo segundo os mecanismos que a lei lhe confere. Se a lei quisesse que apenas a percepção dos dividendos fosse um direito essencial, não se diria "participar dos lucros", mas usaria uma linguagem direta, algo como "perceber dividendos" ou "receber parcela dos lucros".

Neste pormenor, é irretorquível a lição de Marcelo Barbosa: "O lucro forma-se no patrimônio da companhia, e nele passa a existir como parte-ideal do capital financeiro aplicado no ativo patrimonial; mas, para que o acionista adquira fração do lucro que constitui objeto do seu direito de participação, é necessário que a companhia apure a existência do lucro, delibere transferi-lo para os acionistas e lhe pague o valor transferido".[11]

Como se dão, entretanto, tais possibilidades de participação?

A participação *nos lucros* tem início, exatamente, no comando inscrito no art. 133 da lei, que assegura a *qualquer acionista* (independentemente do di-

[10] Tomasetti Jr., Alcides, "A Parte Contratual", *In Temas de Direito Societário e Empresarial Contemporâneo* – Liber Amicorum *Prof. Dr. Erasmo Valladão Azevedo e Novaes França*, coordenado por Marcelo Vieira von Adamek (São Paulo: Malheiros, 2011; pp. 755-764), de onde se colhem valiosas lições sobre *atos coletivos* (*Gesamtakten*), *atos complexos* (*Vereinbarungen*) e *atos colegiais*, cujo destaque vale esta passagem: "Os *atos coletivos* (*Gesamtakten*) são compostos por duas ou mais de duas manifestações ou declarações volitivas *distintas*, provenientes, *intraparte*, de figurantes plúrimos, no sentido de servir a um *interesse idêntico de todos esses mesmos figurantes*, que suportarão, igualmente, nas esferas jurídicas individuais correspondentes, os efeitos dos atos assim compostos. Os atos jurídicos coletivos ou compósitos podem formar-se pela maioria ou pela unanimidade dos figurantes, vinculando-se a totalidade desses figurantes pela eficácia extensiva do acordo majoritário" (pp. 762-763). Lembre-se que o *Gesamtakt* do direito alemão é a principal figura jurídica estudada por Maurice Hauriou no texto e passagem citadas.

[11] "Direitos dos Acionistas", *In Direito das Companhias*, vol. 1; coord.: Alfredo Lamy Filho & José Luiz Bulhões Pedreira, Rio de Janeiro: Forense, 2009, p. 306.

reito a voto) o acesso irrestrito àqueles documentos. No âmbito, portanto, de uma decisão de distribuição (ou não) de resultados, o acesso prévio àquela documentação (relatório da administração, demonstrações financeiras, pareceres de auditores e eventualmente, do conselho fiscal, além de todos os demais documentos pertinentes à ordem do dia) é o início de um *processo de participação nos lucros.*

Esse processo de *participar nos lucros* (ou melhor, resultados) parte de um ato determinado de *ciência da situação financeira da companhia.* Sem essa ciência não há que se falar em *participação.* Na contrapartida desse direito, há aquilo que Clóvis do Couto e Silva chamou de *dever de esclarecimento.* A ciência e informação previstas, portanto, no art. 133 da lei, devem ser vistas como *conditio sine qua non* do processo de participação.

Em relação a operações específicas e que podem ter impacto direto ou indireto no resultado da companhia (uma operação de resgate de ações, nos termos do art. 44 da lei), haverá quem proteste (sem razão) que o art. 133 da lei não tem o alcance para a proteção dessa mesma situação de ciência, ao acionista, quando tratamos de *assembleia geral extraordinária*; isso para os que fogem da leitura do §3.º ao art. 135 da lei, que traz o mesmo princípio de *ciência* como ato inicial do processo de participação, claramente cristalizado nessa norma – sem contar no *dever geral de informação (esclarecimento)* que consta no art. 157, §§1.º (alínea "e") e 2.º (donde se extrai expressamente o *dever de esclarecimento* no âmbito do direito societário), todos da Lei das S/A.

A participação nos lucros e resultados, que se inicia com um ato de ciência, é seguida por um ato de *integração*, conforme se depreende dos arts. 125 a 129 da lei. Tão logo o acionista exerça o ato de ciência, passa a lhe ser franqueada a oportunidade de integrar a decisão acerca da partilha e pagamento de um lucro.

Não há partilha e muito menos pagamento sem que haja antes um evento assemblear em que a decisão pela própria partilha e pagamento é tomada. Chamamos aqui, esse evento, de *integração da participação.*[12] O acionista, ao marcar *presença* na assembleia, exerce talvez o principal ato jurídico no processo de participação nos lucros, pois com ele o acionista irá integrar a ciência (sapiência ou saber) de como esse lucro se deu, para, ao fim, haurir (meses depois) o devido pagamento (satisfação).

[12] É o que M. Barbosa vem a chamar de *direito à apuração* (Op. loc. cit., Ibidem, pp. 309 e ss.).

Uma vez presente, o acionista, *seja ele ordinarista ou preferencialista*, toma parte na decisão de escolha dos membros da mesa (art. 128 da lei). A escolha das pessoas que irão integrar a mesa de trabalhos e que, portanto, governarão o processo de deliberação e votação, cabe a todos os acionistas presentes e não se confunde com as restrições de voto estabelecidas no art. 111 da lei. Tais restrições, portanto, não se aplicam no caso da escolha (um direito potestativo) prevista no art. 128 da lei, justamente por *integrar* um elemento importante no processo de *participação dos lucros (resultados)*.

Por fim, esse processo se encerra, nesse âmbito assemblear e no caso dos acionistas sem direito a voto, por meio do exercício do direito à plena manifestação em assembleia; no caso dos acionistas com direito a voto, por meio da manifestação seguida de voto.

Terminada essa fase de *integração* da participação no lucro, o processo chega a sua derradeira etapa por meio da fase final de *satisfação*, que se expressa no pagamento do valor objeto da decisão assemblear.

Essa dinâmica se repete em qualquer outra espécie de pagamento de recursos oriundos da conta de lucro (como é o caso, por exemplo, das amortizações e resgates), reproduzindo a tríade *ciência-integração-satisfação* a um processo uno e idêntico de *participação nos lucros* (e que pode não ser sempre por via de dividendos). São nestes pormenores que se inserem a precisa observação de Marcelo Barbosa, que faz uma divisão clara entre um *direito genérico de participação* que se subdivide em *direitos específicos* que incluem "o direito de apuração", "o direito de declaração dos dividendos" (no caso de apuração de resultado na forma de dividendos), "o direito à bonificação" (no caso do uso dos lucros e reservas para capitalização dos valores em favor da massa acionária).[13]

Desta forma, entendemos assim que a *participação nos lucros* é um processo complexo e que não se resume apenas ao último elo desse ato jurídico coletivo, a saber, o *pagamento*. É importante notar que no direito brasileiro, o conceito *processual* de *participação nos lucros* investe o acionista de *direitos de participação stricto sensu* – como é o caso da ciência prevista no art. 133 da lei, ou ainda como no caso do direito à presença em assembleia bem como do direito de se manifestar e convencer outros acionistas que tenham direito a voto, a exerce-lo em um sentido ou em outro.

[13] Idem, Op. loc. cit., p. 307.

Participar, como já vimos, é tomar parte de uma decisão; neste caso, um ato jurídico coletivo, ou melhor, um *processo decisório* que os alemães chamariam de *Gesamtakt*.[14]

Sob o ponto de vista formal e processual, nada há de diferente em relação ao direito do acionista de *participar do acervo da companhia, em caso de liquidação*. A diferença reside, entretanto, no aspecto *estrutural* desse direito – ao invés de termos um processo *movido* por atos decisórios tomados por administradores, iremos ter, na forma dos arts. 206 a a 218 da lei, um mesmo processo de *participação*, mas movido, nesses casos, por *liquidantes*.[15]

Note-se que no caso de uma companhia em liquidação, situação em que o direito de *participar do acervo em liquidação*, a fase de ciência é constante e garantida até de forma mais ampla do que o previsto no art. 133 da lei. O liquidante tem o dever de prestação de contas (dever de esclarecimento) a cada seis (6) meses (e que podem ser reduzidos até uma sazonalidade trimestral) e deve, item, *integrar* os acionistas em suas decisões recolhendo, na presença de todo e qualquer acionista, não apenas o seu direito pleno de manifestação, mas inclusive o direito de voto, que na liquidação se torna pleno.

Para tanto a lei brasileira é claríssima ao dispor, no §1.º ao art. 213: "Nas assembléias-gerais da companhia em liquidação todas as ações gozam de igual direito de voto, tornando-se ineficazes as restrições ou limitações porventura existentes em relação às ações ordinárias ou preferenciais; cessando o estado de liquidação, restaura-se a eficácia das restrições ou limitações relativas ao direito de voto". Reitere-se, portanto, que a restrição prevista ao direito de voto, em nossa opinião, deve ser interpretada *restritivamente*, o que nos assegura afirmar que o preferencialista, no caso de AGO, integra a decisão de formação da mesa dos trabalhos e apenas não vota em matérias da ordem do dia. Já, no caso de liquidação, a lei prevê expressamente que a restrição ao voto não mais se aplica depois de iniciado o processo coletivo

[14] No pormenor da conceituação de *ato jurídico complexo, ato jurídico coletivo* e os consectários teóricos alemães do *Gesamtakt* e do *Vereinbarung*, convidamos o leitor e a leitora a compulsarem nossa tradução ao texto de M. HAURIOU já citado nas pp. 154-155 (nota de rodapé "i") e na nota 1 do próprio HAURIOU entre as pp. 175-181.

[15] Marcelo BARBOSA (Op. loc. cit., Ibidem, pp. 317) replica, item, o raciocínio da divisão de direito genérico *versus* os direitos específicos na disciplina da *participação no acervo líquido da companhia*, afirmando que "na determinação da natureza jurídica do direito de participar do acervo líquido colocam-se as mesmas questões, referidas no §9.º-4, sobre a natureza do direito de participar dos lucros sociais".

de liquidação, fazendo assim de qualquer acionista um ente importante no processo de formação da partilha e pagamento do acervo, qual seja, no processo de *participação no acervo da companhia*, desde a sua ciência até a efetiva quitação das obrigações (art. 215 da lei).

Caracterizada dessa forma, sob abordagem ampla, o direito de *participação do acionista*, passemos ao tema da fiscalização.

3. Direito de fiscalizar

A fiscalização é tratada, na lei, como direito essencial do acionista.

Ao lado do direito de participação (o cérebro), a fiscalização (espinha dorsal) constitui o *corpus minimus* de uma estrutura de *estado societário* (*status socii*). Uma longa caminhada pelo direito comparado levará qualquer leitor a essa conclusão: não há regime de direito societário oriundo de culturas democráticas que dispensem sócios de um ou outro direito potestativo – *participar, fiscalizar*.

No caso do direito brasileiro, que expressamente prevê esse binômio, cumpre notar ainda que a fiscalização se conforta de um excesso de meios – além do acionista, a lei prevê a fiscalização pelo conselho de administração (art. 142, II da lei) bem como pelo conselho fiscal (art. 163, I da lei).

Além disso e dependendo do objeto ou do ato a ser fiscalizado ou supervisionado, a companhia pode ainda criar *órgãos técnicos*, na forma do art. 160 da lei, e que podem ter funções igualmente fiscalizatórias – residem nessa categoria as auditorias internas, os órgãos de *compliance* e conformidade, ou ainda os órgãos com funções específicas destinadas a orientação interna com natureza adjeta às chamadas "boas práticas de 'governança' ou 'governação' corporativa".

Entretanto, todos esses mecanismos de fiscalização são, um a um, diferentes entre si.

Não há qualquer semelhança entre suas funções: assim como a lei repudia termos vagos e palavras vãs, a prática repudia o "retrabalho", os órgãos de eficácia duvidosa e os cabides orgânicos, onde se penduram pessoas com funções que já são cobertas por outros órgãos ou indivíduos.

Para identificar qual o papel fiscalizatório do acionista, constituído pela lei como direito potestativo, cumpre primeiramente identificar essas naturezas fiscalizatórias distintas antes (definição por exclusão, é a nossa proposta).

Podemos dividir então esses formatos fiscalizatórios em três espécies distintas, segundo as práticas e a legislação no direito brasileiro: (i) a fiscalização pelo acionista; (ii) a fiscalização pelo conselho de administração e por outros órgãos técnicos; (iii) a fiscalização pelo conselho fiscal.

Já foram tratadas alhures essas diferenças[16], mas nunca é demais rememorar.

Em breves linhas podemos afirmar que a fiscalização exercida pelo conselho fiscal, cuja lei exige, dentre suas atribuições, que se "fiscalize os *atos dos administradores* e se verifique o cumprimento dos seus *deveres legais e estatutários*", atenta *à forma dos atos.*

Diferentemente dos outros órgãos e partes societárias, o conselho fiscal é um órgão de fiscalização *formal* e, por isso, prende-se à *legalidade formal* dos atos praticados pela administração. Não lhe é permitido entrar no *mérito* das questões e, por isso, para a defesa de sua responsabilidade, não lhe cabe invocar o *business judgement rule.*

Já o conselho de administração e quaisquer outros órgãos técnicos criados na forma do art. 160 da lei, serão responsáveis pela fiscalização de mérito. Terão, outrossim, atribuições concorrentes em relação à forma e à legalidade dos atos praticados e, nesses casos, invocarão a autoridade do conselho fiscal (quando instalado para tanto), ou tomarão, *sponte propria*, essa faculdade, quando este não estiver instalado.

No âmbito de uma fiscalização de mérito (por exemplo, se o preço de aquisição de um ativo é adequado ou não, tema vedado à análise de um conselho fiscal e obrigatório para o conselho de administração, na forma do art. 142 VI ou quando a aquisição for gerar impacto relevante no resultado na companhia), o conselho de administração avalia em uma profundidade de detalhes infinitamente maior do que a fiscalização pelo acionista – e pode, ao fim, valer-se da *business judgement rule doctrine.*[17]

O mesmo pode-se dizer em relação aos órgãos técnicos, que entram no mérito de muitas questões e, como no caso dos órgãos de conformidade,

[16] Vide Pontes, Evandro Fernandes de. *O Conselho Fiscal nas Companhias Abertas Brasileiras.* São Paulo: Almedina, 2012, pp. 189-202.

[17] Vide, nesse sentido, o interessantíssimo trabalho de Gabriela Figueiredo Dias. *Fiscalização de Sociedades e Responsabilidade Civil.* Coimbra: Coimbra Ed., 2006; pp. 70 e ss, em especial nas pp. 78 e ss., onde trata sobre a "aplicabilidade da presunção de culpa e da *business judgement rule* aos titulares de órgãos de fiscalização", sob a qual reparamos aqui a aplicação dessa mitigação só faz sentido se a fiscalização for de *mérito* e não de *forma* (qual seja, só faz sentido quando se tratar de uma fiscalização exercida pelo conselho de administração mas jamais pelo conselho fiscal).

enfrentam questões subjetivas (qual seja, de uma operação pode ser feita com determinada pessoa ou se isso é um risco empresarial vedado segundo as políticas daquela companhia específica, embora não o seja em outra). Ainda no âmbito da conformidade, o poder fiscalizatório pode, com finalidade distinta daquela prevista pelo conselho de administração, verificar a precisão de um preço ou a razoabilidade de um negócio, interferindo no conteúdo de um *business judgement*.[18]

É uma fiscalização de mérito completa, portanto, aquela feita pelo conselho de administração e pelos adjuntos ou independentes órgãos técnicos.

Por fim, cumpre lembrar, como já dissemos alhures[19], que o conselho fiscal exerce uma fiscalização formal *a posteriori*, qual seja, analisa os atos quando já foram, em sua imensa maioria, praticados. O conselho fiscal não deve ser órgão de consulta prévia – para isso a companhia deve dispor de apoio adequado para que tome decisões informadas, sob pena de legar ao conselho fiscal uma função paraexecutiva. Se o conselho fiscal é demandado a opinar *a priori*, corre-se o risco de vê-lo participando de decisões executivas em uma função de consultor interno, o que viola totalmente o espírito de suas funções. Ademais, é fundamental lembrar que o conselho fiscal é órgão de apoio da Assembleia Geral dos Acionistas e não da administração da companhia e só por esse detalhe nos parece que ao conselho fiscal cabe sempre falar *a posteriori* e tendo em vista uma decisão assemblear específica. Conselho fiscal, portanto, jamais pode falar *em tese* sobre qualquer assunto – se manifesta (por isso *a posteriori*) sobre assuntos *concretos* e *decisões já tomadas*.[20]

[18] A modulação e limitação ao poder de fiscalizar o mérito das decisões por um setor de conformidade é feita, portanto, segundo o risco admitido nas políticas da companhia, qual seja, segundo o seu *objetivo estratégico* ou, como dizemos no direito societário, segundo o seu *interesse societário*. A esse respeito vide Pontes, Evandro Fernandes de. "Interesses Jurídicos nas Sociedades de Economia Mista", *In Estatuto Jurídico das Estatais (análise da Lei nr. 13.303/16)*, orgs.: João Otávio Noronha, Ana Frazão & Daniel Mesquita. Belo Horizonte: Forum, pp. 466 e ss.

[19] Pontes, *Conselho Fiscal...*, Op. cit., Idem, pp. 196 e ss.

[20] Já houve dúvida, no passado (Ibidem, pp. 200) se as prévias oitivas do conselho fiscal, como no caso das reduções de capital, poderiam ser consideradas exceções a essa natureza refratária do conselho fiscal de se manifestar *a priori*. Nos parece que essa leitura pretérita contém erros, pois mesmo no caso do art. 173, §1.º da lei, o conselho fiscal opina sobre uma decisão já tomada à luz de uma assembleia já convocada. Qual seja, a decisão da administração executiva deve ter sido já tomada e no meio do caminho entre a confirmação via assembleia (qual seja, a fiscalização do acionista) e a decisão, o conselho fiscal se manifesta – mas sempre *a posteriori* da decisão tomada pela administração, antes jamais.

Por seu turno, o conselho de administração é o seu exato oposto: sempre fala *a priori* e sobre questões de *mérito*, principalmente, devendo ainda falar sobre questões de fundo e de forma[21]. Esse tipo de fiscalização exercida pelo conselho de administração, mais ampla que a do conselho fiscal, tem uma lógica de eficiência que torna, de certa maneira, o sistema brasileiro admirável (apesar das distorções que a prática lhe trata).

O que sobra, portanto, ao acionista fiscalizar? Do que lhe sobra, como é exercida essa fiscalização?

Ao acionista cabe, assim como ocorre com o conselho de administração, fiscalizar o mérito das decisões executivas, e tal qual ocorre com o conselho fiscal, fiscaliza *a posteriori*.

A razão de ser dessa combinação e dessa natureza híbrida da fiscalização pelo acionista é simples: ao acionista é vedado tomar parte das decisões executivas *a priori* sob pena de tornar-se um *insider*; ao passo que a ele cabe, em última instância, avaliar com exclusividade se o mérito da decisão atende ao *interesse societário* que ele, acionista, se aliou ao integrar o quadro societário daquela companhia específica. O acionista avalia se o risco tomado pelo administrador foi adequado ao padrão de risco esperado e combinado nesse pacto de *interesse societário*, que já tratamos alhures.[22]

Essa é a razão pela qual Marcelo Barbosa chamou o direito de fiscalizar como *direito instrumental*, "à medida que se destina a permitir ao acionista que acompanhe os atos de gestão com a finalidade de orientar o exercício de todos os demais direitos oriundos de sua posição de acionista".[23]

Mais uma vez e semelhante ao *direito de participar*, o ápice de seu exercício se dá por meio da *presença em assembleia*, onde o acionista concretiza também o seu *direito a informação*.

Veja-se, mais uma vez, o que nos oferece Marcelo Barbosa sobre o tema: "A *informação* não pode ser considerada como objeto único ou

[21] Lembra-nos Luciano de Souza Leão Jr. ("Conselho de Administração e Diretoria", *In Direito das Companhais*, Op. cit., Idem, p. 1057): "Ao Conselho [de administração] compete fiscalizar tanto a legalidade quanto a conveniência dos atos praticados pelos diretores e a sua conformidade com as deliberações da Assembleia Geral e do próprio Conselho". Note-se por essa observação de Leão Jr. que diferentemente do conselho fiscal, o conselho de administração pode muita vez assumir feição mais política do que técnica (sobretudo quando admitimos que cabe a ele verificar a conformidade com deliberações assembleares pretéritas).

[22] Pontes, "Interesses...", *In Estatuto Jurídico das Estatais*, Op. cit., pp. 446 e ss.

[23] Ibidem, p. 319.

sequer principal do direito de fiscalização. Seria uma conclusão restritiva em demasia, a qual faria tábula rasa da *prestação* (o *facere*) que deve a administração ao acionista – por exemplo, de franquear acesso aos livros sociais – como objeto do direito de fiscalização. Portanto, somente se se considerar o interesse do acionista em participar do processo de formação da vontade social como um bem jurídico, não apenas para expressar suas opiniões mas também de forma a evitar que condutas violadoras a lei ou do estatuto prosperem, é que será possível vislumbrar o objeto de tal direito".[24]

É, portanto, no comparecimento à assembleia e na integração dos debates que o acionista estará da melhor forma fiscalizando a sociedade e sua respectiva administração, ao mesmo tempo em que colabora (participa) das decisões que desaguam na formação de um *lucro social* ou, na mais drástica das hipóteses, de um acervo líquido a ser partilhado.

4. Direito de preferência

O direito de preferência, também chamado de direito de preempção, direito de prioridade, direito de opção ou direito de subscrição[25], é um direito essencial previsto em lei que atribui ao acionista a faculdade de subscrever novas ações ou valores mobiliários conversíveis em ações (partes beneficiárias, debêntures ou bônus de subscrição) que venham a ser emitidos pela companhia.

Tal direito surgiu na legislação societária brasileira a partir do Decreto-lei n.º 2.627, por meio do seu art. 78[26], que dizia que nem os estatutos sociais, nem a assembleia geral poderiam privar qualquer acionista do direito de preferência para a subscrição de ações, no caso de aumento do capital.

[24] Ibidem, p. 320.

[25] Lobo, Jorge. *Direitos dos acionistas*. São Paulo: Elsevier. 2011, p. 199.

[26] Dizia o Decreto revogado: "Art. 78. Nem os estatutos sociais, nem a assembléia geral poderão privar qualquer acionista: a) do direito de participar dos lucros sociais, observada a regra da igualdade de tratamento para todos os acionistas da mesma classe ou categoria; b) do direito de participar, nas mesmas condições da letra a, do acervo social, no caso de liquidação da sociedade; c) do direito de fiscalizar, pela forma estabelecida nesta lei, a gestão dos negócios sociais; d) do direito de preferência para a subscrição de ações, no caso de aumento do capital; e) do direito de retirar-se da sociedade, nos casos previstos no art. 107."

A atual LSA, em seu art. 109, manteve o direito de preferência para a subscrição de novas ações e o estendeu para outras hipóteses, com importantes modificações em sua disciplina.[27]

Pretende-se com tal preferência manter o *status* ou posição do acionista, a fim de que a igualdade entre titulares de ações de igual espécie e classe seja mantida dentro de suas proporções, bem como que não haja diluição injustificada de acionista em caso de aumento do capital. É, portanto, um dos mecanismos de defesa dos interesses individuais dos acionistas em face do controlador ou, nas sociedades com capital disperso, dos administradores.[28]

Nelson Eizirik ensina que a "conservação de tal posição repercute não só nos seus direitos patrimoniais como também nos políticos, uma vez que a LSA exige percentuais mínimos para o exercício de determinados direitos de participação em colégios eleitorais, bem como nos direitos pessoais, para a propositura de medidas judiciais".[29] Não por outro motivo, os princípios basilares que devem nortear a aplicação e a interpretação desse direito são os da igualdade e da intangibilidade.

A natureza jurídica do direito de preferência e a terminologia empregada são controversas na doutrina. Comparato e Pontes de Miranda defendem que o instituto é, na realidade, uma opção de subscrição de novas ações ou valores mobiliários conversíveis, e não uma preferência ou preempção.[30] Jorge Lobo sustenta, por sua vez, tratar-se de um direito potestativo, no sentido de haver a possibilidade do nascimento de uma relação jurídica a partir da declaração unilateral de vontade do acionista, que tem a faculdade de exercer ou não essa opção – a companhia encontrar-se-ia em uma posição de sujeição em relação ao acionista, o qual teria a faculdade de exercer uma opção (ou direito) com efeitos sobre a esfera jurídica da companhia. [31]

A nosso ver, a prática societária consolidou o emprego da terminologia "direito de preferência" e a natureza que mais se aproxima da função do

[27] Penteado, Mauro Rodrigues. *Aumentos de Capital das Sociedades Anônimas*. 2.ª ed. São Paulo: Quartier Latin, 2012, p. 277.

[28] Eizirik, Nelson. *A Lei das S/A Comentada*. Vol. I. São Paulo: Quartier Latin, 2011, pp. 589/590.

[29] Ob. cit., p. 604.

[30] Rosman, Luiz Alberto Colonna. *Modificação do Capital Social*. In: Direito das Companhias. Coord. Alfredo Lamy Filho e José Luiz Bulhões Pedreira. Vol. II. Rio de Janeiro: Forense, 2009, p. 1424.

[31] Jorge Lobo, ob. cit., p. 199.

instituto é a de um direito potestativo do acionista, cuja faculdade ou opção pode ser livremente exercida, dentro do prazo legal, sem que a companhia e os demais acionistas possam interferir nessa manifestação.

Com relação à sua classificação, a doutrina diverge sobre a inclusão do direito de preferência no rol dos direitos essenciais. Os que defendem a flexibilização desse direito afirmam que o estatuto ou a assembleia poderia mitigá-lo em benefício do mercado de capitais, visto que a preferência "constitui um inibidor para o seu desenvolvimento, uma vez que reduz as possibilidades de novos investidores subscreverem os títulos e retarda o processo de capitalização das companhias".[32]

4.1. O direito de preferência na Lei n.º 6.404/76

A Lei n.º 6.404/76 (lei das sociedades por ações brasileira) tutela o direito de preferência no *caput* do art. 109, a seguir transcrito:

> "Art. 109. Nem o estatuto social nem a assembleia-geral poderão privar o acionista dos direitos de:
> (...)
> IV – preferência para a subscrição de ações, partes beneficiárias conversíveis em ações, debêntures conversíveis em ações e bônus de subscrição, observado o disposto nos artigos 171 e 172;"

Como mencionado, o direito de preferência é um direito essencial e individual atribuído ao acionista pela LSA. Apesar de essencial, esse direito não é absoluto, sendo relativizado por diversas limitações e exceções legais[33], as quais não interferem na característica de intangibilidade, pois são fundadas no interesse público consubstanciado em lei e não no interesse privado do estatuto ou da assembleia geral[34].

O objeto do direito de preferência, por sua vez, é "a subscrição de ações em aumentos de capital da companhia mediante subscrição de ações"[35].

[32] Nelson Eizirik, ob. cit., p. 604.

[33] Carvalhosa, Modesto. *Comentários à Lei de Sociedades Anônimas*. 4. Ed. São Paulo: Saraiva, 2009, p. 356.

[34] Martins, Fran. *Comentários à Lei das Sociedades Anônimas*. 4 Ed. Rio de Janeiro: Forense, 2010. P. 371.

[35] Rosman, ob. cit., p. 1426.

Geralmente, a emissão dessas novas ações é proporcional e o exercício do direito observa o limite da proporção de ações, dentro da mesma classe e espécie, que o acionista já possui (art. 171, §1.º, alínea "a", da LSA).

Assim, logo após a emissão das novas ações ou dos valores mobiliários nelas conversíveis, o acionista que vier a optar pelo exercício do direito de preferência poderá subscrever tantas ações quantas forem necessárias para lhe assegurar a mesma proporção de participação no capital social.[36]

Essa é, inclusive, a função do instituto, qual seja, a de preservar a "porcentagem de participação do acionista no conjunto de todas as ações em que se divide o capital social, garantindo-lhe, assim, a manutenção do objeto dos seus direitos de participação".[37]

Nas situações de alteração dessa proporção, a LSA estabelece que o direito de preferência será exercido sobre as ações idênticas e, na sequência, estende-se às demais até o limite necessário para manter a participação social do acionista na mesma proporção inicial (art. 171, §1.º, "b" da LSA). Já nas situações em que há emissão de ações de classe ou espécie diversa das existentes, cada acionista exerce o direito de preferência sobre todas as novas ações, respeitada a proporcionalidade com as ações iniciais (art. 171, § 1.º, "c" da LSA).

A preferência para a subscrição de novas ações também abrange a capitalização de créditos ou a subscrição em bens. Essa disciplina foi introduzida a fim de evitar a utilização pelos controladores desse tipo de subscrição para diluir a participação dos minoritários, o que ocorria no regime do Decreto-lei n.º 2.624/1940, quando predominava a interpretação de que não havia direito de preferência nessas hipóteses[38].

Na subscrição por capitalização de crédito, o acionista exerce seu direito de preferência por meio do pagamento em dinheiro do valor das ações a que tem direito em virtude da preferência, cabendo ao titular do crédito a ser capitalizado ou do bem a ser incorporado o direito de receber tal valor do acionista (art. 171, §2.º da LSA). Entretanto, a capitalização dos créditos é diferente da subscrição de ações em dinheiro.

[36] Nem sempre a emissão de ações observa a proporcionalidade de participação dos acionistas no capital social. Existem casos em que a emissão altera a proporção ou, ainda, acarreta a colocação de classes diferentes de ações no mercado (p.ex., a emissão de ações preferenciais em companhia que possua apenas ações ordinárias em circulação).

[37] Rosman, ob. cit., p. 1425.

[38] Rosman, ob. cit., p. 1431.

No procedimento de capitalização de créditos, é necessário que haja uma assembleia geral extraordinária para que os acionistas tomem conhecimento do pretendido aumento de capital e possam exercer o direito de preferência.

Aqueles que o exercerem pagarão em dinheiro o valor correspondente à emissão das ações que garantam seu *status quo* na companhia e o credor receberá não só as importâncias pagas pelos acionistas que exerceram o direito de preferência, mas também as ações emitidas como capitalização de seus créditos sobre as quais não fora exercido o direito de preferência.

Ainda, como já mencionado, o direito de preferência para subscrição de novas ações também se aplica à emissão de valores mobiliários conversíveis (debêntures, partes beneficiárias e bônus de subscrição), visto que, neste caso, a conversibilidade do valor mobiliário em ação levaria da mesma forma à diluição dos acionistas que não o subscrevessem.[39]

Entretanto, o momento de optar pelo exercício da preferência, ou seja, para subscrever o novo valor mobiliário conversível emitido pela companhia, é o da época da emissão, e não se repete no momento da conversão desses títulos em ações, sob pena de duplicidade da manifestação cuja oportunidade fora dada pela companhia ao acionista na sequência da emissão. Da mesma forma, na recolocação de valores mobiliários conversíveis em ações inexistiria direito de preferência, posto que este fora concedido ao acionista quando da sua emissão e a sua recolocação não tem o condão de afetar diretamente a posição do sócio.[40]

4.1.1. O direito de preferência *sui generis*

Além do direito de preferência acima mencionado, a LSA criou um direito de preferência *sui generis* ao estabelecer que os acionistas terão preferência para a aquisição ou subscrição das ações do capital da subsidiária integral nas hipóteses reveladas no art. 253, a seguir transcrito:

> "Art. 253. Na proporção das ações que possuírem no capital da companhia, os acionistas terão direito de preferência para:

[39] Modesto Carvalhosa, ob. cit., p. 357.

[40] Sobre o tema, vide Amaral, José Romeu Garcia do. *Regime Jurídico das Debêntures*. 2.ª ed. São Paulo: Almedina, 2016, pp. 200-202.

> I – adquirir ações do capital da subsidiária integral, se a companhia decidir aliená-las no todo ou em parte; e
> II – subscrever aumento de capital da subsidiária integral, se a companhia decidir admitir outros acionistas.
> Parágrafo único. As ações ou o aumento de capital de subsidiária integral serão oferecidos aos acionistas da companhia em assembleia-geral convocada para esse fim, aplicando-se à hipótese, no que couber, o disposto no artigo 171."

A subsidiária integral foi introduzida no ordenamento jurídico brasileiro pela atual LSA. Trata-se de uma sociedade unipessoal. Egberto Lacerda Teixeira e José Alexandre Tavares Guerreiro explicam que "pode-se conceituar a subsidiária integral, como sendo a companhia que tenha como único acionista sociedade brasileira".[41]

Existe, entretanto, a possibilidade de admissão de acionistas na subsidiária integral. Foi nesse cenário que a LSA estabeleceu o direito de preferência em virtude da conversibilidade da sociedade para o regime da pluralidade de sócios.

Caso a subsidiária integral opte pelo aumento de seu capital social por meio da subscrição de novas ações a serem oferecidas a terceiros, ou que não se destinem a ser subscritas totalmente pela controladora[42], deve-se observar o direito de preferência insculpido no art. 253 da LSA. O fundamento dessa proteção, todavia, é diverso do direito de preferência comum.

A peculiaridade da proteção vislumbrada pelo direito de preferência *sui generis* encontra-se no fato de que a preferência instituída garante a prioridade de participação no capital da subsidiária, mas toma como parâmetro a participação percentual no capital da companhia controladora.[43] Neste caso, a regra visa proteger o direito patrimonial do acionista minoritário.

Nelson Eizirik, em referência à Exposição de Motivos n.º 196 da LSA, explica essa proteção:

> "Para evitar que a subsidiária integral sirva como instrumento para lesar os direitos dos acionistas minoritários da companhia controladora, reduzindo a sua participação no capital desta, assegura-se o direito de preferência para aquisição ou subscrição das ações do capital da subsidiária."[44]

[41] TEIXEIRA, Egberto Lacerda e GUERREIRO, José Alexandre Tavares. *Das Sociedades Anônimas no Direito Brasileiro.* Vol. II. São Paulo: Bushatsky, 1979, p. 723.
[42] Nelson Eizirik, ob. cit., p. 253.
[43] Egbergto Teixeira e Tavares Guerreiro, ob. cit., p. 731.
[44] Nelson Eizirik, ob. cit., p. 253.

Dessa forma, a LSA consagra uma forma de proteção dos minoritários em peculiar e específica manifestação do direito de preferência.

4.2. Os titulares do direito de preferência

O titular do direito de preferência é o acionista. Entretanto existem situações em que o acionista cede a sua posição a outros acionistas ou a terceiros.

O primeiro caso é o de ação gravada com usufruto ou fideicomisso. Nessas situações, se o acionista não exercer o direito de preferência nos primeiros 20 (vinte) dias do prazo, poderá o usufrutuário ou o fideicomisso exercê-lo nos 10 (dez) dias restantes, a fim de preservar a substância do bem possuído (art. 171, §5.º da LSA).

Outra situação de exercício por terceiros está prevista no art. 42 da LSA, a seguir reproduzido:

> "Art. 42. A instituição financeira representa, perante a companhia, os titulares das ações recebidas em custódia nos termos do artigo 41, para receber dividendos e ações bonificadas e exercer direito de preferência para subscrição de ações."

Assim, as instituições financeiras, quando em custódia das ações, têm legitimidade para exercer o direito de preferência na subscrição de novas ações.

No caso das ações em condomínio, apesar de todos os condôminos serem proprietários das ações e, portanto, acionistas, quem tem legitimidade para exercer o direito de preferência é o administrador do condomínio, que pode ser um dos acionistas ou terceiro[45].

É possível também que o direito de preferência seja cedido, o que pode ocorrer de forma onerosa ou gratuita, no todo ou em parte, para acionistas ou para terceiros, desde que seja exercido dentro do prazo fixado pelo estatuto ou pela assembleia[46].

[45] Jorge Lobo, ob. cit., p. 207.
[46] Jorge Lobo, ob. cit., p. 210.

Vale ressaltar que o direito de preferência somente poderá ser cedido depois que houver o aumento concreto do capital. Se assim não o fosse, haveria ofensa à igualdade de tratamento dos acionistas, pois a cessão anterior ao aumento do capital esvaziaria a livre determinação da vontade em assembleia[47].

4.3. O exercício do direito de preferência

O exercício do direito de preferência deverá ocorrer dentro do prazo decadencial, não inferior a 30 (trinta) dias, determinado pelo estatuto ou pela assembleia geral (art. 171, §4.º, da LSA), com termo inicial da efetivação de comunicação da deliberação em assembleia geral que aprovou o aumento de capital por meio da subscrição de ações.[48]

A comunicação, termo inicial do prazo decadencial, pode se dar por aviso público ou particular. O aviso público é realizado através de publicação em órgão oficial da União ou do Estado ou do Distrito Federal, sempre no mesmo jornal de ampla circulação, conforme local em que esteja a sede social (art. 289, *caput* e §3.º, da LSA).

Também pode ser realizada a publicação em órgão de grande circulação local, caso não haja jornal no local da sede da companhia (art. 289, §2.º, da LSA) e a Comissão de Valores Mobiliários (CVM) pode determinar que seja publicado nos locais em que os valores mobiliários da companhia sejam negociados em bolsa ou em mercado de balcão, ou que a informação seja transmitida por outro meio que assegure ampla divulgação (art. 289, §1.º, da LSA).

Já o aviso particular ocorre por meio de carta, telegrama, comunicado expresso ou outro meio destinado diretamente aos acionistas com o intuito de informar-lhes da decisão da assembleia de aumento do capital social pela subscrição de novas ações[49].

Tal prazo decadencial é fixado pelo art. 171, §4.º, da LSA, como prazo mínimo, sendo possível que, em deliberação da assembleia ou previsão estatutária, o mesmo seja dilatado, vedando-se, por outro lado, a sua diminuição, salvo na hipótese prevista no art. 172, caput, da LSA.

[47] Rosman, ob. cit., p. 1436.
[48] Rosman, ob. cit., p. 1438.
[49] Jorge Lobo, ob. cit., p. 206.

Ademais, não basta o exercício do direito de preferência para que o negócio seja aperfeiçoado. É necessário, para a consumação, que haja o pagamento do preço de emissão das ações – a chamada integralização –, que deverá corresponder ao valor real calculado com base no balanço levantado, auditado e aferido de acordo com método de cálculo consagrado internacionalmente, segundo a Instrução da CVM n.º 481, de 2009[50].

Caso não se efetive o aumento de capital, a sociedade deverá devolver aos subscritores o valor pago a título de integralização, sendo possível a exigência jurídica dessa quantia no decurso de 6 (seis) meses contados da não aprovação do aumento do capital social[51].

4.4. As sobras

Denomina-se sobras as ações emitidas e não subscritas pelos acionistas em virtude do exercício do direito de preferência. O regime jurídico que regula essas sobras varia de acordo com o tipo da companhia (aberta ou fechada), conforme demonstraremos a seguir.

(a) As sobras na companhia aberta

No caso das companhias abertas, não há direito de preferência para a subscrição das sobras das ações. De acordo com o entendimento da Comissão de Valores Mobiliários, o órgão responsável pela deliberação sobre o aumento do capital (que pode ser a assembleia ou o conselho de administração, no caso de capital autorizado) deve dispor sobre as sobras. O órgão pode "(i) mandar vende-las em bolsa, em benefício da companhia, ou (ii) rateá-las, na proporção dos valores subscritos, entre os acionistas que tiverem pedido, no boletim ou lista de subscrição, reserva de sobras"[52], nos termos do art. 171, §7.º, "a" e "b", da LSA.

[50] Jorge Lobo, ob. cit. p. 206.

[51] Lamy Filho. Alfredo e Pedreira, José Luiz Bulhões. *Direito das Companhias*.1. Ed. Vol 2. Rio de Janeiro: Forense. 2009. P. 1439.

[52] Ofício-Circular CVM/SEP n.º 01/17, p. 132. Disponível em: http://www.cvm.gov.br/legislacao/oficios-circulares/sep/oc-sep-0117.html. Acesso em: 10/05/2018.

(b) As sobras na companhia fechada

No caso das companhias fechadas, é obrigatório o rateio de sobras entre os acionistas titulares e, se houver saldo remanescente, elas podem ser subscritas por terceiros de acordo com os critérios estabelecidos em assembleia geral ou pelos órgãos da administração (art. 171, § 8.º da LSA).

4.5. Exclusão do direito de preferência

A LSA, em seu art. 172, disciplina situações em que são possíveis a exclusão ou mitigação do direito de preferência. A exclusão se dá em duas situações. A primeira delas se refere a (i) companhias abertas, (ii) que adotam o regime do capital autorizado, (iii) que tenham previsão estatutária de exclusão, e (iv) que coloquem os valores mobiliários para venda em bolsa de valores, através da subscrição pública ou por meio de permuta por ações em oferta pública de aquisição de controle[53]. Logo, nas companhias que reúnam todas essas condições é possível que o direito de preferência seja excluído.

A segunda situação é a possibilidade de exclusão do direito de preferência por meio da subscrição de ações realizada em virtude de lei especial sobre incentivos fiscais, desde que a possibilidade esteja prevista no estatuto social, valendo tanto para as companhias abertas como para as fechadas. Neste caso, a exclusão do direito de preferência pode ocorrer também nas companhias fechadas e se justifica pelo escopo de desenvolvimento econômico regional que supera os objetivos específicos de cada empresa.

Já a mitigação do direito de preferência foi introduzida pela Lei n.º 10.303/2001, a qual acrescentou a possibilidade de exercício do direito de preferência em prazo inferior ao estipulado no art. 171, § 4.º, da LSA, desde que se trate da primeira hipótese de exclusão do direito de preferência. Logo, ao invés de excluir o direito, a LSA preferiu reduzir o prazo de exercício.

[53] LAMY FILHO. Alfredo e PEDREIRA, José Luiz Bulhões. *Direito das Companhias*.1. Ed. Vol 2. Rio de Janeiro: Forense. 2009. P. 1446.

5. Direito de retirada

O direito de retirada ou recesso nas sociedades anônimas está previsto no artigo 137 da LSA[54], e consiste em direito comum e essencial assegurado ao acionista de se retirar da companhia caso discorde de deliberação da assembleia geral que tratar das matérias referidas nos incisos I a VI e IX do

[54] Art. 137. A aprovação das matérias previstas nos incisos I a VI e IX do art. 136 dá ao acionista dissidente o direito de retirar-se da companhia, mediante reembolso do valor das suas ações (art. 45), observadas as seguintes normas:
I – nos casos dos incisos I e II do art. 136, somente terá direito de retirada o titular de ações de espécie ou classe prejudicadas;
II – nos casos dos incisos IV e V do art. 136, não terá direito de retirada o titular de ação de espécie ou classe que tenha liquidez e dispersão no mercado, considerando-se haver:
a) liquidez, quando a espécie ou classe de ação, ou certificado que a represente, integre índice geral representativo de carteira de valores mobiliários admitido à negociação no mercado de valores mobiliários, no Brasil ou no exterior, definido pela Comissão de Valores Mobiliários; e
b) dispersão, quando o acionista controlador, a sociedade controladora ou outras sociedades sob seu controle detiverem menos da metade da espécie ou classe de ação;
III – no caso do inciso IX do art. 136, somente haverá direito de retirada se a cisão implicar:
a) mudança do objeto social, salvo quando o patrimônio cindido for vertido para sociedade cuja atividade preponderante coincida com a decorrente do objeto social da sociedade cindida;
b) redução do dividendo obrigatório; ou
c) participação em grupo de sociedades;
IV – o reembolso da ação deve ser reclamado à companhia no prazo de 30 (trinta) dias contado da publicação da ata da assembleia-geral;
V – o prazo para o dissidente de deliberação de assembleia especial (art. 136, § 1º) será contado da publicação da respectiva ata;
VI – o pagamento do reembolso somente poderá ser exigido após a observância do disposto no § 3º e, se for o caso, da ratificação da deliberação pela assembleia-geral.
§ 1.º O acionista dissidente de deliberação da assembleia, inclusive o titular de ações preferenciais sem direito de voto, poderá exercer o direito de reembolso das ações de que, comprovadamente, era titular na data da primeira publicação do edital de convocação da assembleia, ou na data da comunicação do fato relevante objeto da deliberação, se anterior.
§ 2º O direito de reembolso poderá ser exercido no prazo previsto nos incisos IV ou V do *caput* deste artigo, conforme o caso, ainda que o titular das ações tenha se abstido de votar contra a deliberação ou não tenha comparecido à assembleia.
§ 3º Nos 10 (dez) dias subsequentes ao término do prazo de que tratam os incisos IV e V do *caput* deste artigo, conforme o caso, contado da publicação da ata da assembleia-geral ou da assembleia especial que ratificar a deliberação, é facultado aos órgãos da administração convocar a assembleia-geral para ratificar ou reconsiderar a deliberação, se entenderem que o pagamento do preço do reembolso das ações aos acionistas dissidentes que exerceram o direito de retirada porá em risco a estabilidade financeira da empresa.
§ 4.º Decairá do direito de retirada o acionista que não o exercer no prazo fixado.

artigo 136 da LSA[55], mediante o reembolso do valor de suas ações, ainda que o acionista titular da ação se abstenha de votar ou rejeite a matéria posta em votação ou, ainda, caso não tenha comparecido à assembleia.

Tal direito não pode ser negado ou restringido, seja pela assembleia geral ou pelo estatuto social da companhia[56]. O acionista tem direito ao reembolso das ações de que comprovadamente era titular na data da primeira publicação do edital de convocação da assembleia que tratou da matéria da qual dissentiu, ainda que não tenha integralizado todas as ações por ele subscritas, sendo o reembolso, nesse caso, efetuado mediante compensação, considerando-se o quanto previsto no artigo 368 do CC[57].

Para grande parte da doutrina brasileira, o direito de recesso nas sociedades anônimas visa proteger o acionista minoritário contra modificações substanciais na estrutura da companhia na qual investiu ou contra a redução dos direitos à ele assegurados, atribuindo-lhe a faculdade de dispor de suas ações, o que culmina ao fim do dia com a extinção do vínculo societário. Esta cujas bases essenciais tornaram-se diferentes daquelas existentes quando ingressou ou na qual tenham sido alterados os direitos que lhe seriam conferidos pela propriedade de ações.

Diversos autores entendem que, nas sociedades anônimas, o exercício do direito de retirada fica condicionado não somente à dissidência quanto à deliberação das matérias previstas em lei, mas também à comprovação de existência de prejuízos para o acionista dissidente. Para Nelson Eizirik, por

[55] Art. 136. É necessária a aprovação de acionistas que representem metade, no mínimo, das ações com direito a voto, se maior *quórum* não for exigido pelo estatuto da companhia cujas ações não estejam admitidas à negociação em bolsa ou no mercado de balcão, para deliberação sobre:
I – criação de ações preferenciais ou aumento de classe de ações preferenciais existentes, sem guardar proporção com as demais classes de ações preferenciais, salvo se já previstos ou autorizados pelo estatuto;
II – alteração nas preferências, vantagens e condições de resgate ou amortização de uma ou mais classes de ações preferenciais, ou criação de nova classe mais favorecida;
III redução do dividendo obrigatório;
IV – fusão da companhia, ou sua incorporação em outra;
V – participação em grupo de sociedades (art. 265);
VI – mudança do objeto da companhia;
(...)
IX – cisão da companhia;

[56] Art. 109. Nem o estatuto social nem a assembléia-geral poderão privar o acionista dos direitos de: (...) V – retirar-se da sociedade nos casos previstos nesta Lei.

[57] Art. 368. Se duas pessoas forem ao mesmo tempo credor e devedor uma da outra, as duas obrigações extinguem-se, até onde se compensarem.

exemplo, "o acionista só poderá exercer o direito de retirada se demonstrar a existência de prejuízos, vez que estes não se presumem, cabendo sua comprovação"[58]. Já para Fabio Konder Comparato, "o recesso atua como uma espécie de denúncia vazia do vínculo societário, pelo que não é obrigado a provar o prejuízo sofrido, vez que não decorre de atos ilícitos nem representa forma de indenização"[59].

Os atos que autorizam o exercício do direito de retirada podem ser classificados ou subdivididos em três grupos: (i) aqueles modificadores dos direitos de participação dos acionistas, que alteram sua situação jurídica em prejuízo de seus direitos patrimoniais, independentemente de prova de prejuízo, que automaticamente se presumem; (ii) aqueles modificadores das bases essenciais da companhia, que modificam substancialmente sua organização e funcionamento; e (iii) aqueles que podem provocar mutações relevantes nas atividades sociais e nos fins básicos e essenciais da companhia[60].

Passemos à análise individual de cada hipótese legal para possibilidade do exercício do direito de retirada nas sociedades anônimas:

5.1. Criação de ações preferenciais ou aumento desproporcional de classe de ações preferenciais existentes – artigo 136, inciso I, da LSA

A primeira hipótese, prevista no artigo 136, inciso I, da LSA, para o exercício do direito de retirada é a discordância do acionista em relação à deliberação assemblear que vier a aprovar a criação de ações preferenciais da companhia e/ou o aumento desproporcional de classe de ações preferenciais já existentes –, neste caso, desde que seja titular de ações ordinárias.

O objetivo de tal hipótese é o de proteger o interesse dos acionistas titulares de ações ordinárias, já que a criação de ações preferenciais confere aos

[58] Eizirik, Nelson. *Reforma das S.A. & do Mercado de Capitais.* Rio de Janeiro: Ed. Renovar, 1997, p. 80.

[59] Comparato, Fábio Konder. *Valor de Reembolso no Recesso Acionário – Interpretação do art. 45 da Lei das Sociedades por Ações.* In: *Revista dos Tribunais.* São Paulo: Revista dos Tribunais, Ano 71, v. 563, setembro/1982, p. 50.

[60] Nesse sentido, Pedreira, Luiz Eduardo Bulhões. *Direito de Retirada.* In: Direito das Companhias. Coord. Alfredo Lamy Filho; José Luiz Bulhões Pedreira. Rio de Janeiro: Forense, 2009, vol. I., p. 341-342.

seus titulares preferências ou vantagens que podem prejudicar os acionistas daquela espécie. A esse título, convém reproduzir o art. 17 da LSA sobre o tema:

> "Art. 17. As preferências ou vantagens das ações preferenciais podem consistir:
> I – em prioridade na distribuição de dividendo, fixo ou mínimo;
> II – em prioridade no reembolso do capital, com prêmio ou sem ele; ou
> III – na acumulação das preferências e vantagens de que tratam os incisos I e II."

Entretanto, se o projeto do estatuto social aprovado na assembleia de fundação da companhia contiver dispositivo que autorize a criação de ações preferenciais, não haverá possibilidade de exercício do direito de retirada. O exercício do direito de retirada, pela dicção do art. 137, inciso I, da LSA, pressupõe a configuração de prejuízo ao acionista titular de ações ordinárias. Ocorre que, na constituição, o acionista tem a faculdade de subscrever ou não as ações vinculadas ao regime do estatuto social recém aprovado na mesma assembleia. É até lógico, pois não haveria que se falar em retirada de quem ainda não adquiriu a posição de sócio.

Da mesma forma, a lei possibilita o exercício do direito de retirada em caso de deliberação assemblear que autorize o aumento desproporcional de classe de ações preferenciais existentes e que não guarde proporção com as demais classes preferenciais de ações. Neste caso, conforme entendimento de Jorge Lobo[61], o exercício do direito de retirada somente será possível se houver comprovado prejuízo ao acionista dissidente ou se o aumento das ações preferenciais importarem alteração das proporções de participação de cada acionista no capital social, o que também comprovará prejuízo via redução dos direitos políticos.

5.2. Alteração nos direitos das ações preferenciais ou criação de nova classe de ações mais favorecida – artigo 136, inciso II, da LSA

A deliberação assemblear que aprova a alteração dos direitos de uma ou mais classes de ações preferenciais, ou mesmo a criação de nova classe com mais privilégios que aquelas já existentes, admite o exercício

[61] Jorge Lobo, ob. cit., p. 211-232.

do direito de retirada pelos acionistas diretamente prejudicados ou afetados por tal deliberação.

5.3. Redução do dividendo obrigatório – artigo 136, inciso III, da LSA

Esta hipótese de retirada se dá em virtude de deliberação que diminui ou, sendo omisso a esse respeito o estatuto social da companhia, estabelece dividendo obrigatório inferior àquele assegurado por lei, independentemente de prova do prejuízo do acionista, a qual se presume (presunção *iuris tantum*) e, consequentemente, admite prova em contrário.

5.4. Fusão da companhia ou sua incorporação em outra – artigo 136, inciso IV, da LSA

A fusão da companhia ou a sua incorporação por outra também confere, ao acionista dissidente, o direito de se retirar da companhia, desde que suas ações não possuam liquidez[62] e dispersão no mercado (quando o acionista controlador, a sociedade controladora ou outras sociedades sob seu controle detiverem menos da metade da espécie ou classe de ação, nos termos do art. 137, II, alínea "b", da LSA)[63].

Há, também, a opção de o acionista adquirir ações da companhia incorporadora ou da nova companhia resultante da fusão[64].

O artigo 230 da LSA[65] dispõe que a produção de efeitos no caso do exercício do direito de retirada produza efeitos a partir da manifestação unila-

[62] A liquidez se comprova quando a espécie ou classe de ação integra um índice geral representativo de carteira de valores mobiliários admitidos à negociação no mercado definido pela CVM, nos termos do art. 137, II, alínea "a" da LSA.

[63] Segundo Bulhões Pedreira (ob. cit., p. 358-362), "acionistas de grandes companhias abertas, cujas ações tem liquidez no mercado, em tese não precisam da proteção conferida pelo direito de retirada, porque podem a qualquer momento deixar a companhia mediante a venda de suas ações em bolsa".

[64] Nelson Eizirik defende que "a não inclusão do acionista dissidente da companhia incorporadora como legitimado ao exercício do direito de retirada constituiu 'cochilo' do legislador, vez que ele pode ter sua situação patrimonial tão afetada quanto a do acionista da companhia incorporada, a depender da relação de troca prevista no protocolo". (Nelson Eizirik, ob. cit., p. 539-541)

[65] Art. 230. Nos casos de incorporação ou fusão, o prazo para exercício do direito de retirada, previsto no art. 137, inciso II, será contado a partir da publicação da ata que aprovar o protocolo ou

teral de vontade do acionista, assim que vier a ser recebida pela companhia, independentemente de manifestação ou concordância desta, seja verbalmente, durante a assembleia na qual dissentiu de deliberação, mediante consignação da dissidência em ata, seja por documento escrito encaminhado à companhia no prazo de 30 (trinta) dias contados da publicação da ata da assembleia que aprovar o protocolo ou justificação.

5.5. Participação em grupo de sociedades – artigo 136, inciso V, da LSA

A constituição de grupo de sociedades justifica o direito de retirada – restrito aos acionistas cujas ações não tenham liquidez e dispersão no mercado – porque, a despeito de manter sua personalidade jurídica, a companhia perde sua autonomia, passando a subordinar-se aos interesses do grupo, de outra sociedade, e mesmo da sociedade de comando do grupo, em detrimento de seu próprio interesse, podendo levar a situações desfavoráveis à companhia de que o acionista participe[66].

5.6. Mudança do objeto social – artigo 136, inciso VI, da LSA

O objeto social da companhia descreve a sua atividade-fim – a finalidade para a qual ela foi criada –, declara seu ramo de negócio e a sua área de atuação.

É a partir do objeto social que o especialista avalia a capacidade da companhia em gerar lucros e os riscos aos quais a companhia está sujeita em virtude do exercício de atividade em determinado ramo ou segmento de negócios.

Resulta dessa análise, que vem a considerar o objeto social descrito no Estatuto, a decisão de investimento naquela ou noutra sociedade, resultando na transmudação do investidor em acionista, por meio da subscrição ou aquisição de ações.

Em virtude disso e para manter o cenário no qual a decisão de investimento fora tomada, a LSA estabelece que a alteração substancial das ativi-

justificação, mas o pagamento do preço de reembolso somente será devido se a operação vier a efetivar-se.

[66] Pedreira, Luiz Eduardo Bulhões. ob. cit., p. 349.

dades constantes no objeto social ensejará a opção do acionista de exercer seu direito de retirada.

Essa mudança do objeto social pode colocar a companhia em situação delicada, aumentando os riscos aos quais o acionista está exposto, bem como pode reduzir a capacidade de lucros por ele esperados, mudando a relação que se configura entre o acionista e a companhia.

A alteração do objeto social que possibilita o exercício do direito de retirada pelo acionista dissidente é aquela que descaracteriza permanente ou institucionalmente a atividade-fim da companhia, para a qual ela foi constituída ou pela qual ela é notoriamente conhecida, e não apenas mediante a eliminação ou acréscimo de atividades. Segundo a LSA, a modificação do objeto social da companhia exige quórum qualificado, isto é, no mínimo 2/3 (dois terços) dos votos possíveis.

5.7. Cisão da companhia – artigo 136, inciso IX, da LSA.

Não é apenas o ato de cindir a companhia que confere ao acionista dissidente o direito de retirada. O acionista somente poderá se retirar da companhia se dissentir da deliberação que aprove cisão da companhia caso desta resulte alteração do objeto social – salvo se a sociedade que incorporar o patrimônio cindido tiver atividade coincidente com o objeto social –, redução do dividendo obrigatório ou participação em grupo de sociedades.

5.8. Transformação da companhia – artigo 221, da LSA[67]

A LSA, em seu artigo 221, dispõe que a transformação da companhia somente poderá ocorrer por aprovação unanime dos acionistas, salvo quórum diverso previsto no estatuto social. É defeso ao acionista dissidente da transformação o direito de retirar-se da companhia, uma vez que, segundo Modesto Carvalhosa, a transformação altera o status jurídico do sócio, seus direitos, obrigações e responsabilidades. Podem optar por não

[67] Art. 221. A transformação exige o consentimento unânime dos sócios ou acionistas, salvo se prevista no estatuto ou no contrato social, caso em que o sócio dissidente terá o direito de retirar-se da sociedade.

o exercer, mas não podem renunciar a ele. Nos casos de transformação de sociedade limitada em sociedade anônima, o sócio dissidente tem direito a retirada segundo as regras da sociedade limitada, ou seja, mediante apuração de haveres, salvo se os sócios tiverem renunciado a esse direito no contrato social[68].

5.9. Aquisição de controle por desapropriação – artigo 236, parágrafo único, da LSA[69]

Nessa hipótese, o exercício do direito de retirada não está condicionado à uma deliberação assemblear. A desapropriação acontece quando a pessoa jurídica de direito público transfere para si, unilateral e compulsoriamente, a propriedade das ações da companhia[70], adquirindo seu controle. Se, entretanto, no momento da desapropriação, o controle – direto ou indireto – da companhia já era do Poder Público ou se a companhia era concessionária de serviço público, não caberá ao acionista dissidente o exercício do direito de retirada.

Para que o exercício do direito de retirada produza efeitos, basta que a manifestação unilateral de vontade do acionista seja recebida pela companhia, independentemente de manifestação ou concordância desta, seja verbalmente, durante a assembleia na qual dissentiu de deliberação, mediante consignação da dissidência em ata, seja por documento escrito encaminhado à companhia no prazo de 60 (sessenta) dias contados da publicação da primeira ata de assembleia geral realizada após a aquisição do controle.

[68] Nesse sentido, julgado do STJ REsp 48205 RJ 1994/0014238-2, Relator: Ministro Eduardo Ribeiro, Data de Julgamento: 09/08/1994, 3.ª Turma, Data de Publicação: 19/09/1994, p. 24693.

[69] Art. 236. A constituição de companhia de economia mista depende de prévia autorização legislativa.

Parágrafo único. Sempre que pessoa jurídica de direito público adquirir, por desapropriação, o controle de companhia em funcionamento, os acionistas terão direito de pedir, dentro de 60 (sessenta) dias da publicação da primeira ata da assembléia-geral realizada após a aquisição do controle, o reembolso das suas ações; salvo se a companhia já se achava sob o controle, direto ou indireto, de outra pessoa jurídica de direito público, ou no caso de concessionária de serviço público.

[70] Pedreira, Luiz Eduardo Bulhões. ob. cit., p. 354.

5.10. Sucessão de companhia aberta por companhia fechada – artigo 223, parágrafos 3.º e 4.º, da LSA[71]

Os parágrafos 3.º e 4.º, do artigo 223, da LSA, dispõe que na incorporação, fusão ou cisão de companhia aberta, caso a sociedade sucessora não seja companhia aberta e não obtenha o registro de companhia aberta perante a Comissão de Valores Mobiliários ("**CVM**") e, se for o caso, não promova a negociação de suas ações no mercado secundário dentro de 120 (cento e vinte) dias contados da data da assembleia geral que aprovar a operação, pode o acionista dissidente exercer o direito de retirada, porque as ações da companhia fechada não possuem liquidez, o que configura mudança substancial de status do acionista.

Da mesma forma que na aquisição de controle por desapropriação, o direito de recesso do acionista não decorre de deliberação assemblear, mas da verificação quanto ao não atendimento à requisito obrigatório para atuar como companhia aberta, que é a aquisição do registro da companhia perante a CVM.

Por isso, todos os acionistas estão aptos a exercer o direito de recesso, ainda que tenham votado favoravelmente ao registro da sucessora como companhia aberta. Entretanto, se a deliberação for no sentido de que a companhia sucessora não se registrará como companhia aberta, somente estarão aptos a exercer o direito de recesso aqueles acionistas que tenham dissentido da deliberação.

Nessa hipótese, para que o exercício do direito de retirada produza efeitos, basta que a manifestação unilateral de vontade do acionista seja recebida pela companhia, independentemente de manifestação ou concordância desta, seja verbalmente, durante a assembleia na qual dissentiu de

[71] Art. 223. A incorporação, fusão ou cisão podem ser operadas entre sociedades de tipos iguais ou diferentes e deverão ser deliberadas na forma prevista para a alteração dos respectivos estatutos ou contratos sociais.
(...)
§ 3.º Se a incorporação, fusão ou cisão envolverem companhia aberta, as sociedades que a sucederem serão também abertas, devendo obter o respectivo registro e, se for o caso, promover a admissão de negociação das novas ações no mercado secundário, no prazo máximo de cento e vinte dias, contados da data da assembléia-geral que aprovou a operação, observando as normas pertinentes baixadas pela Comissão de Valores Mobiliários.
§ 4.º O descumprimento do previsto no parágrafo anterior dará ao acionista direito de retirar-se da companhia, mediante reembolso do valor das suas ações (art. 45), nos trinta dias seguintes ao término do prazo nele referido, observado o disposto nos §§ 1.º e 4.º do art. 137.

deliberação, mediante consignação da dissidência em ata, seja por documento escrito encaminhado à companhia no prazo de 30 (trinta) dias contados do término do prazo de 120 (cento e vinte) dias de que dispunha a companhia para a obtenção do registro de companhia aberta[72], não da data de publicação da ata de assembleia geral que aprovou a operação.

5.11. Incorporação de ações – artigo 252, parágrafos 1.º e 2.º, da LSA[73]

Os parágrafos 1.º e 2.º do artigo 252 da LSA determinam que, em caso de deliberação que aprove a criação de subsidiária integral por ocasião da incorporação de todas as ações de uma companhia ao capital social de outra companhia, tanto os acionistas da companhia incorporada – por não terem direito de preferência na subscrição de ações decorrente do aumento de

[72] Art. 223. A incorporação, fusão ou cisão podem ser operadas entre sociedades de tipos iguais ou diferentes e deverão ser deliberadas na forma prevista para a alteração dos respectivos estatutos ou contratos sociais.
§ 1.º Nas operações em que houver criação de sociedade serão observadas as normas reguladoras da constituição das sociedades do seu tipo.
§ 2.º Os sócios ou acionistas das sociedades incorporadas, fundidas ou cindidas receberão, diretamente da companhia emissora, as ações que lhes couberem.
§ 3.º Se a incorporação, fusão ou cisão envolverem companhia aberta, as sociedades que a sucederem serão também abertas, devendo obter o respectivo registro e, se for o caso, promover a admissão de negociação das novas ações no mercado secundário, no prazo máximo de cento e vinte dias, contados da data da assembléia-geral que aprovou a operação, observando as normas pertinentes baixadas pela Comissão de Valores Mobiliários.
§ 4.º O descumprimento do previsto no parágrafo anterior dará ao acionista direito de retirar-se da companhia, mediante reembolso do valor das suas ações (art. 45), nos trinta dias seguintes ao término do prazo nele referido, observado o disposto nos §§ 1.º e 4.º do art. 137.
[73] Art. 252. A incorporação de todas as ações do capital social ao patrimônio de outra companhia brasileira, para convertê-la em subsidiária integral, será submetida à deliberação da assembléia-geral das duas companhias mediante protocolo e justificação, nos termos dos artigos 224 e 225.
§ 1.º A assembléia-geral da companhia incorporadora, se aprovar a operação, deverá autorizar o aumento do capital, a ser realizado com as ações a serem incorporadas e nomear os peritos que as avaliarão; os acionistas não terão direito de preferência para subscrever o aumento de capital, mas os dissidentes poderão retirar-se da companhia, observado o disposto no art. 137, II, mediante o reembolso do valor de suas ações, nos termos do art. 230.
§ 2.º A assembléia-geral da companhia cujas ações houverem de ser incorporadas somente poderá aprovar a operação pelo voto de metade, no mínimo, das ações com direito a voto, e se a aprovar, autorizará a diretoria a subscrever o aumento do capital da incorporadora, por conta dos seus acionistas; os dissidentes da deliberação terão direito de retirar-se da companhia, observado o disposto no art. 137, II, mediante o reembolso do valor de suas ações, nos termos do art. 230.

capital realizado para incorporar as ações da companhia incorporada – quanto os acionistas da companhia incorporadora – caso discordem da subscrição de ações por ocasião do aumento da capital da incorporadora – serão qualificados ao exercício do direito de retirada, desde que suas ações não possuam liquidez e dispersão no mercado, conforme prevê, ainda, o parágrafo 2.º do artigo 252 da LSA.

5.12. Aquisição, por companhia aberta, de controle de sociedade empresária – artigo 256, parágrafo 2.º, da LSA[74]

Sempre que a assembleia aprovar deliberação sobre a aquisição de controle de sociedade empresária cujo preço de aquisição seja uma vez e meia maior que o maior dos três valores especificados no artigo 256, inciso II, da LSA, o acionista dissidente estará qualificado a se retirar da companhia por meio do exercício do direito de retirada, considerados os requisitos de dispersão e liquidez[75].

[74] Art. 256. A compra, por companhia aberta, do controle de qualquer sociedade mercantil, dependerá de deliberação da assembléia-geral da compradora, especialmente convocada para conhecer da operação, sempre que:
I – o preço de compra constituir, para a compradora, investimento relevante (artigo 247, parágrafo único); ou
II – o preço médio de cada ação ou quota ultrapassar uma vez e meia o maior dos 3 (três) valores a seguir indicados:
cotação média das ações em bolsa ou no mercado de balcão organizado, durante os noventa dias anteriores à data da contratação;
valor de patrimônio líquido (artigo 248) da ação ou quota, avaliado o patrimônio a preços de mercado (artigo 183, § 1.º);
valor do lucro líquido da ação ou quota, que não poderá ser superior a 15 (quinze) vezes o lucro líquido anual por ação (artigo 187 n. VII) nos 2 (dois) últimos exercícios sociais, atualizado monetariamente.
(...)
§ 2.º Se o preço da aquisição ultrapassar uma vez e meia o maior dos três valores de que trata o inciso II do caput, o acionista dissidente da deliberação da assembléia que a aprovar terá o direito de retirar-se da companhia mediante reembolso do valor de suas ações, nos termos do art. 137, observado o disposto em seu inciso II.

[75] A esse respeito, Nelson Eizirik comenta que "em tal caso, presume-se que o preço pago é excessivo, não sendo necessário que o acionista dissidente demonstre que a operação é danosa. Por outro lado, não caberá o direito de retirada se as ações do acionista dissidente forem, nos termos da Lei das S.A., de espécie ou classe que tenha liquidez e dispersão no mercado, pois o §2.º

O direito de retirada nas sociedades anônimas é exercido mediante declaração unilateral de vontade do acionista, independentemente de manifestação ou concordância da companhia. Para que o exercício do direito de retirada produza efeitos, basta que a manifestação de vontade do acionista seja recebida pela companhia, seja verbalmente, durante a assembleia na qual dissentiu de deliberação, mediante consignação da dissidência em ata, seja por documento escrito encaminhado à companhia, em regra, no prazo de 30 (trinta) dias contados da data de publicação da ata da referida assembleia, salvo algumas exceções já pontuadas anteriormente.

Enquanto não chegar à companhia, a manifestação de vontade do acionista que deseja se retirar pode ser revogada. Não exercido o direito de retirada nos prazos mencionados no parágrafo anterior, o direito decai. Uma vez comunicado à companhia, o exercício do direito de retirada, conforme já mencionado, é irrevogável, ficando o acionista que eventualmente se arrependa do exercício do direito vinculado à ele e obrigado à alienar suas ações à companhia.

No prazo de 10 (dez) dias subsequentes ao término dos prazos para o exercício do direito de retirada, acima indicados, os órgãos da administração da companha poderão convocar nova assembleia geral para reconsiderar ou ratificar a deliberação que originou o direito de retirada se entenderem que o pagamento do preço das ações aos acionistas dissidentes poderá colocar em risco a estabilidade financeira da companhia. Entretanto, não estão obrigados à aguardar o término do prazo para decidir sobre a convocação de nova assembleia, podendo faze-lo imediatamente ou a qualquer tempo durante esse prazo de 10 (dez) dias. Considerando definitiva a deliberação, inicia-se o prazo para pagamento do valor de reembolso das ações aos acionistas dissidentes; optando a companhia por reconsiderar a deliberação que ensejou o exercício do direito de retirada, não poderá o acionista dissidente contestar essa reconsideração.

O valor de reembolso ao acionista dissidente será o valor patrimonial, calculado pela divisão do patrimônio líquido da companhia – conforme apurado no último balanço aprovado pela assembleia geral – pelo número de ações emitidas. Exceção à essa regra pode existir caso o estatuto social preveja a possibilidade de reembolso baseado no valor econômico da com-

do artigo 256 expressamente condiciona o exercício do direito de recesso à observância do inciso II do artigo 137". (Nelson Eizirik, ob. cit., p. 557-561).

panhia, definido, em sua essência, pelas perspectivas de rentabilidade da empresa. Poderá ser pago à conta de lucros ou reservas, com exceção da reserva legal, hipótese em que as ações reembolsadas ficarão em tesouraria.

Para Eizirik, o acionista dissidente pode exercer parcialmente seu direito de retirada, uma vez que inexiste vedação expressa, já que a LSA não regulou acerca de tal possibilidade, e existem situações nas quais, a despeito de discordar das decisões da maioria, o acionista não deseja se retirar da companhia, mas apenas reduzir a exposição de suas ações ao risco do negócio[76].

6. Direito de voto

Desde o embrião da democracia na Grécia antiga, a prática do voto passou a representar um instrumento efetivo de manifestação coletiva organizada. Contudo, na sociedade anônima moderna, o direito de voto dos acionistas somente foi admitido no século XVIII (com exceção das companhias colonizadoras inglesas). Seu surgimento e desenvolvimento estão associados à própria evolução histórica das sociedades anônimas a qual pode ser dividida em três fases, para este fim.

No início, as companhias, ainda na era do Mercantilismo, eram fortemente influenciadas pelo Estado, organizadores das empreitadas coloniais, e, portanto, regidas pelo direito público, relegando aos acionistas minoritários a posição de meros contribuintes de capital, sem direito a voto. Já na era Industrial, com a organização das companhias como entidades privadas e a necessidade de apelo à poupança privada, associado à influência do liberalismo político, há o reconhecimento do *status socii* e o de diversos direitos a ele inerentes. A evolução desses direitos resultou na terceira fase, na qual se reconhece deliberadamente o direito de voto e igualdade deste entre os acionistas, com o estabelecimento da regra de que cada ação corresponde a um voto[77].

No Brasil, o voto foi reconhecido pela primeira vez na legislação pela Lei n.º 3.150, de 4 de novembro de 1882, embora já estivesse previsto nos estatutos das companhias existentes na época, como o Banco do Brasil[78].

[76] Nelson Eizirik, ob. cit., p. 546-547.

[77] Cf. Bataller, Carmen Alborch, *El derecho de voto del acionista (supuestos especiales)*, Madrid, Tecnos, 1977, p. 54.

[78] Comparato, Fábio Konder, *Poder de Controle na Sociedade Anônima*, RDM, n. 9, 1973.

6.1. Conceito e natureza

As sociedades comerciais, especialmente as sociedades anônimas, acolheram a prática do voto como um meio de consultar o quadro de sócios, definindo a vontade social. O Direito de voto pressupõe o direito de participar das deliberações sociais, conferido a todas as ações ou quotas, independentemente do direito de voto. Trata-se o voto, assim, de uma manifestação individual e unilateral de vontade, tendente a produzir uma decisão coletiva[79].

Conforme ensina Pontes de Miranda[80], o direito de voto é um direito subjetivo, cabendo ao titular o direito de exercê-lo ou não, ou poder, que deve ser exercido no interesse de outrem. A discussão fundamenta-se justamente na faculdade de o sócio exercê-lo.

No tocante ao conteúdo do voto, sua natureza é diversa conforme o ordenamento jurídico. No Direito inglês, o voto pertence ao sócio e é exercido no seu próprio interesse. No ordenamento jurídico brasileiro, o voto, na sociedade anônima, é exercido no interesse da companhia (artigo 115 da Lei das Sociedades Anônimas). Nesta perspectiva, o voto se aproxima de um direito-dever. Segundo Comparato, se assemelha ao *potestas* do Direito Romano: um poder jurídico atribuído à pessoa para agir no interesse de outrem, não no próprio interesse[81].

Assim, segundo Asquini, o direito de voto é um direito de "dupla face": direito subjetivo e ao mesmo tempo um direito-dever.

Isto porque o voto é livre e, ao menos na sociedade anônima, é orientado e limitado pelo interesse social. Este é a estrela guia do direito de voto e que deve ser entendido, para este fim, como o interesse dos próprios acionistas, enquanto tais (*uti socii*). Conforme ensina Erasmo Valladão, o interesse social, na Lei das Sociedades Anônimas (LSA), consiste no interesse comum dos sócios à realização do escopo social, abrangendo, portanto, qualquer interesse que diga respeito à causa do contrato de sociedade, seja o interesse à melhor eficiência da empresa, seja à maximização dos lucros, seja à maximização dos dividendos[82].

[79] Cf. Dominique SCHMIDT, *Les droits de la minorité dans la societé anonymé*, Paris, Sirey, 1970.

[80] Pontes de Miranda, *Tratado de Direito Privado*, Tomo L, 2.ª ed., Rio de Janeiro, Bolsoi, 1965, p. 313.

[81] Op. cit.

[82] FRANÇA, Erasmo Valladão A. e Novaes, *Conflito de interesses nas assembleias de S.A.*, São Paulo, Malheiros, 1993, p. 62.

Há, contudo, exceções: por exemplo, o voto em assembleia para exercício do direito de retirada. Trata-se de deliberação no interesse próprio do sócio, se aproximando de um direito subjetivo. Neste caso, contudo, a deliberação é tomada contra a maioria e não contra o interesse coletivo[83].

6.2. Essencialidade

Os direitos essenciais foram criados na França e Alemanha (*Sonderrecht*) no final do século XIX, como produto de construção jurisprudencial: os direitos intangíveis. Nasceram da contraposição aos direitos sociais ou mutáveis, que podem ser modificados ou suprimidos pelo estatuto ou deliberação majoritária. Pretendia-se, assim, a criação de um núcleo de direitos fundamentais aos sócios, não suprimíveis pela vontade majoritária.

Itália, França e Espanha apenas na segunda metade do século XX reconheceram ações sem direito a voto. Na Alemanha, as ações sem direito a voto são previstas desde 1937, embora seja instituto pouco utilizado. Nos EUA, há simplificação do tratamento legislativo: a maioria das legislações estaduais assegura o direito de voto aos acionistas apenas para a eleição dos membros do conselho de administração e dos "assuntos fundamentais" (*fundamental matters*) que incluem fusão, venda de ativos, liquidação da companhia. Klein e Coffee traçam o paralelo desta estrutura com a democracia representativa, em que os cidadãos escolhem seus representantes (no caso, os acionistas escolhem os conselheiros).

Importante, neste ínterim, identificar a natureza da sociedade. Se sociedade de pessoas ou de capitais, a relevância da *pessoa* do sócio para a sociedade é diretamente proporcional à essencialidade do voto.

Como se sabe, na pré-história das sociedades anônimas, tais sociedades surgiram sem atribuir direito de voto aos sócios, ou a menos parcela dos sócios. As grandes companhias de navegação necessitavam do capital da crescente burguesia, mas não abria mão do poder do Estado orientar a empreitadas marítimas. O direito de voto, portanto, não esteve presente na origem e na estrutura das sociedades anônimas de capitais.

Ainda que o voto tenha surgido em decorrência do enfraquecimento do papel do Estado no exercício das atividades econômicas e da crescente

[83] Cf. Marcelo Lamy Rego, com apoio em Campos Batalha (*Direito das Companhias*, Op. cit., Idem, p. 380).

necessidade de atrair recursos privados para os empreendimentos industriais, sua importância é relativizada em função da crescente dissociação entre propriedade e controle das grandes sociedades.

A mesma era Industrial que introduziu o voto na sociedade retirou-lhe importância na medida em que a necessidade de financiamento das atividades empresariais passava pela cada vez maior oferta pública de ações e pulverização do capital social. O acionista empresário, embora nunca tenha deixado de existir, cada vez mais dá espaço ao acionista investidor, aquele interessado apenas em aplicar sua poupança em uma atividade econômica com o objetivo de auferir lucro, como alternativa à uma aplicação financeira. A relativização de sua participação no empreendimento social faz surgir duas classes de sócios: o sócio empresário, para o qual o direito de voto é importante como instrumento de interferência e orientação das atividades sociais, e o sócio investidor, para o qual a importância do direito de voto é relativizada, ganhando importância, em contrapartida, direitos compensatórios ao seu alijamento do poder de controle sobre a sociedade, notadamente direitos a receber informações e de fiscalização ou direitos de se retirar rapidamente da sociedade, sempre que determinados eventos possam colocar em risco seus direitos patrimoniais.

É assim, por exemplo, que a Lei n.º 6.404, de 15 de dezembro de 1976, permitia, originalmente, que até 2/3 do capital social das companhias fossem distribuídos entre ações preferenciais. Tais ações podem ter justamente seu direito de voto suprimido, recebendo em contrapartida alguma compensação, identificada pelas preferências que lhe dão nome.

E também é assim que o artigo 109 da LSA lista os direitos essenciais dos acionistas e não menciona o direito de voto: (i) participação dos lucros sociais; (ii) participar do acervo da companhia em caso de liquidação; (iii) fiscalizar, na forma prevista na lei, a gestão dos negócios sociais; (iv) preferência para subscrição de ações, partes beneficiárias conversíveis em ações, debêntures conversíveis em ações e bônus de subscrição; e (v) retirar-se da sociedade nos casos previstos em lei.

No silêncio do estatuto, todas as ações têm direito a voto, inclusive as preferenciais. Como visto, permite-se, no entanto (artigo 111), que o estatuto retire o direito de voto às ações preferenciais ou à classe destas, ou estabeleça restrições ao seu voto.

Não obstante, há casos em que as ações preferenciais obrigatoriamente possuem ou adquirem direito a voto: (i) assembleia de constituição (artigo

87, §2.º, da LSA); (ii) transformação da sociedade (artigo 221 da LSA); (iii) mudança de nacionalidade (artigo 1.127 do Código Civil); (iv) criação, aumento desproporcional ou alteração nas preferências (artigo 136, §1.º, da LSA); (v) escolha de representante no conselho fiscal (artigo 161, §4.º, a, da LSA) e membro do conselho de administração, atendidas determinadas condições; (vi) não recebimento de dividendo prioritário, quando previsto; (vii) não recebimento de dividendos mínimos no período máximo de 3 anos (disposição similar ao D. Italiano; na Alemanha período é de 1 ano); e (viii) companhia em fase de liquidação (artigo 213 da LSA).

Contudo, a importância do voto é naturalmente distinta nas sociedades contratuais com vínculo *intuitu personae*: em regra, há necessidade de acordo unânime para aprovação de determinadas matérias e consenso permanente dos sócios. Isto porque as sociedades de pessoas se caracterizam justamente pela importância dos sócios e do seu voto[84].

Por exemplo, o artigo 999 do Código Civil determina que as modificações do contrato social, que tenham por objeto matéria indicada no artigo 997[85], dependem do consentimento de todos os sócios. Ainda, o artigo 1071 trata das matérias que dependem de deliberação dos sócios, não havendo permissão para exclusão do direito de voto.

Fica clara, portanto, a relevância da faceta da sociedade como contrato. Como tal, este só pode ser alterado mediante consenso dos sócios. A participação desses é, portanto, necessária. Na medida em que a características pessoais dos sócios são relevantes e encontram-se nos pressupostos do contrato de sociedade, igualmente relevante é a manifestação individual deste sócio, por meio do voto, para a formação da vontade social.

[84] Baxe, Domingos Salvador André, *A Tutela dos Direitos dos Sócios em Sede de Fusão, Cisão e Transformação das Sociedades*, Coimbra, Almedina, 2010.

[85] São: (i) nome, nacionalidade, estado civil, profissão e residência dos sócios, se pessoas naturais, e a firma ou a denominação, nacionalidade e sede dos sócios, se jurídicas; (ii) denominação, objeto, sede e prazo da sociedade; (iii) capital da sociedade, expresso em moeda corrente, podendo compreender qualquer espécie de bens, suscetíveis de avaliação pecuniária; (iv) a quota de cada sócio no capital social, e o modo de realizá-la; (v) as prestações a que se obriga o sócio, cuja contribuição consista em serviços; (vi) as pessoas naturais incumbidas da administração da sociedade, e seus poderes e atribuições; (vii) a participação de cada sócio nos lucros e nas perdas; e (viii) se os sócios respondem, ou não, subsidiariamente, pelas obrigações sociais.

6.3. Titularidade

Em regra, o titular do direito de voto é o acionista.

Cabe, contudo, o direito de voto por terceiros no usufruto. De acordo com o artigo 114 da Lei das Sociedades Anônimas, o direito de voto da ação gravada com usufruto, se não for regulado no ato de constituição do gravame, somente poderá ser exercido mediante prévio acordo entre o proprietário e o usufrutuário. O que implica admitir, por outro lado, que o ato de constituição do grave atribua tal direito exclusivamente ao usufrutuário. Soluções diversas encontram-se no Direito Comparado: no Direito Italiano, o voto cabe ao usufrutuário, na Espanha, ao nu-proprietário e no Direito Francês, o direito é dividido: nu-proprietário vota nas Assembleias Gerais Extraordinárias e o usufrutuário nas Assembleias Gerais Ordinárias.

No penhor e na alienação fiduciária, o direito de voto permanece com o acionista. Pode o credor pignoratício, no entanto, impedir o voto sem seu consentimento em determinadas matérias (artigo 113), o que significa permitir importante influência do credor sobre o exercício do direito de voto. Da mesma forma, o credor garantido por alienação fiduciária da ação não pode exercer o direito de voto; contudo, o devedor somente pode exercê-lo nos termos do contrato, o que também significa importante influência do credor fiduciário sobre o exercício do direito de voto.

Por outro lado, não cabe usufruto, penhor ou alienação fiduciária do direito de voto. No primeiro caso, porque o voto não é fruto, mas um direito inerente à coisa. No segundo caso, porque o direito ao voto é inalienável, indissociável da ação. De acordo com o artigo 1.420 do Código Civil, só aquele que pode alienar poderá empenhar, hipotecar ou dar em anticrese; só os bens que se podem alienar poderão ser dados em penhor, anticrese ou hipoteca. Assim, somente a ação pode ser objeto de usufruto ou penhor.

6.4. A manifestação do voto e a formação da vontade social

A vontade social é formada a partir da manifestação individual de vontade de cada sócio, externada por meio do voto. Sua formação é baseada em um sistema de distribuição de poder que se rege pelo número de ações detidas, ou seja, via de regra, quem investiu mais tem mais votos. Esse sistema proporciona o equilíbrio político necessário para que uma companhia se desenvolva, posto que sob a ótica capitalista seria inadmissível, a princípio, estabelecer um sistema que contrariasse esta proporcionalidade. Pode-se dizer ainda que este sistema político representa, justamente com outros elementos, tais como a limitação de responsabilidade dos acionistas e a livre transferência das ações, um dos trunfos da sociedade em sua exitosa caminhada histórica[86].

Em regra, a cada ação cabe um voto. Mas há exceções. Além da própria supressão do direito de voto das ações preferenciais (artigo 110 da LSA), pode ser limitado o número de votos por acionista (artigo 110, §1.º, da LSA)[87]. Por sua vez, o artigo 110, §2.º, da LSA consagra a proibição ao voto plural.

O voto manifesta a vontade do acionista[88] e este, ainda que titular de diversas ações, não pode votar de maneira diversa em uma mesma assembleia. Quem vota é o titular da ação e não a própria ação. Em sentido contrário, Jaeger e Uría, entendem ser possível um acionista votar de mais de uma forma, dada ausência de vedação legal. Isto seria possível, por exemplo, quando o acionista for titular de classes distintas de ações e com proporções distintas. A posição merece acolhida, desde que a manifestação distinta de vontade dos sócios são fira o interesse da sociedade ou o desprestigie em detrimento dos interesses pessoais dos sócios.

O voto, em regra, é manifestado em assembleia. Em determinados casos, o direito de voto pode ser externado em separado. Isto se dá, por exemplo, para o preenchimento de determinados cargos na administração (artigo 16 e 18 da LSA) ou para aprovação de determinadas alterações estatutárias (parágrafo único do artigo 18 da LSA). Não se trata, contudo, de deliberação individual ou de outra assembleia, mas apenas norma de caráter procedimental.

Quanto ao conteúdo, o voto pode ser favorável ou contrário à matéria deliberada, em branco ou nulo. O acionista pode, ainda, abster-se de mani-

[86] Cf. Appendino, Fábio, *O instituto do direito de voto em um contexto de dispersão acionária*, in Castro, Rodrigo R. Monteiro de, e Azevedo, Luis André N. de Moura (coord.), *Poder de Controle e Outros Temas de Direito Societário e Mercado de Capitais*, São Paulo, Quartier Latin, 2010, p. 440.

[87] É o caso, por exemplo, da Embraer S.A. De acordo com seu estatuto social, os acionistas podem votar com no máximo 5% do capital social.

[88] Há que se ressaltar que a doutrina distingue o voto como manifestação de vontade ou de verdade do acionista. Este se dá, por exemplo, quando o acionista não externa propriamente *sua vontade*, mas sim seu entendimento sobre a conformidade de determinados fatos ou documentos, tais como quando aprova as demonstrações financeiras ou laudo de avaliação.

festar seu voto. Esta é uma prerrogativa, em regra, pertinentes aos acionistas minoritários. O acionista controlador, ao menos o acionista controlador majoritário, exceto nas hipóteses em que está impedido de votar (artigo 115 da LSA), deve manifestar seu voto, sob pena de responsabilização por omissão.

Importante salientar que o debate em assembleia não é requisito essencial para externar o voto. Este posicionamento diverge da doutrina Europeia, que vê identificação do direito de voto da sociedade ao voto do cidadão, considerando essencial o debate em assembleia para conclusão do voto.

Não é a visão da doutrina brasileira, a qual acolhemos. Para Lamy e Comparato[89], assembleia não é "festa cívica", mas uma reunião de "sacos de dinheiro". A lei não pressupõe a discussão em assembléia. Assim, o momento da elaboração do voto não é essencial, o que permite, inclusive, o *proxy voting* e as assembleias *on-line*.

6.5. Exercício abusivo do direito de voto

O voto, na sociedade anônima, não se destina a respaldar objetivos inferiores, determinando a lei que seja exercido no interesse da companhia. O legislador alude expressamente a duas modalidades de voto contrário ao interesse social: (i) voto abusivo; e (ii) voto conflitante.

O voto abusivo envolve sempre um elemento subjetivo – dolo – caracterizando-se pela intenção deliberada do acionista de causar dano à companhia ou a outros acionistas ou de obter vantagem indevida para si próprio ou para terceiros, em detrimento da companhia ou de outros acionistas. O voto abusivo nada mais é que um voto em interesse extra-social. Já o voto conflitante é o que coloca o acionista em situação de conflito de interesse com a companhia, configurando uma situação objetiva.

No que tange à segunda parte da regra do artigo 115, §1.º, da Lei n.º 6.404/76, paira uma forte discussão doutrinária a respeito de sua caracterização como conflito de interesse formal ou substancial[90]. Para grande

[89] Cf. Lamy Filho, A., *Temas de S.A.*, cit., p. 68.

[90] França, Erasmo Valladão Azevedo e Novaes, *Conflito de Interesses: Formal ou Substancial? Nova Decisão da CVM sobre a Questão*, in *RDM*, n. 128.

parte da doutrina, prevalece o posicionamento de que tal hipótese deva ser analisada *in concreto*, como observa Leães, em seu parecer intitulado "Conflito de Interesses"[91].

Todo voto contrário ao interesse social, quer se trate de voto abusivo, quer de voto conflitante, determina, como conseqüência, a obrigação de o acionista responsável indenizar a sociedade pelos prejuízos sofridos, ainda que seu voto não haja prevalecido (art. 115, §3.º).

Ademais, como ensina Pontes de Miranda, voto é um negócio jurídico ou ato jurídico *strictu sensu* e, assim, está sujeito às sanções de nulidade e anulabilidade[92].

Nos termos dos artigos 166, VII, e 185 do Código Civil, é nulo o ato jurídico quando a lei proíbe a sua prática, sem cominar sanção. Assim, são nulos os votos proferidos em infração às disposições do artigo 115 da LSA (nos casos de *divieto di voto*).

A deliberação com base em tal voto, por sua vez, é anulável, quando comprovado que a mesma dependeu de tal voto para ser aprovada.

O voto abusivo, por sua vez, como visto acima, não viola proibição de voto, mas caracteriza seu exercício contrariamente ao seu fim. Portanto, ele não é nulo, mas anulável.

Por fim, é importante tecer considerações acerca do direito de voto do acionista controlador. O direito de voto do acionista controlador se distancia ainda mais da noção de direito subjetivo, dada a existência do poder de controle. Ao contrário dos demais acionistas, o controlador tem a obrigação perene de comandar a companhia através do voto, e, nos termos do artigo 116 da LSA, dirigir as atividades sociais e orientar o funcionamento dos órgãos da companhia, fazendo-a realizar seu objeto e cumprir sua função social. O acionista controlador não pode, portanto, abster-se de votar, sob pena de responder por omissão ou ser impedido de exercer sua função e cumprir com seus deveres estatuídos em lei.

O acionista controlador responde pelos danos causados por atos praticados com abuso de poder. São modalidades de exercício abusivo de poder, praticados por meio da externação do voto do acionista controlador: (i) orientar a companhia para fim estranho ao objeto social ou lesivo ao interesse nacional, ou levá-la a favorecer outra sociedade, brasileira ou estran-

[91] Leães, L.G. Paes de Barros, in *Estudos e Pareceres sobre Sociedade Anônima*, RT, São Paulo, 1989, p. 25.

[92] Op. Cit.

geira, em prejuízo da participação dos acionistas minoritários nos lucros ou no acervo da companhia, ou da economia nacional; (ii) promover a liquidação de companhia próspera, ou a transformação, incorporação, fusão ou cisão da companhia, com o fim de obter, para si ou para outrem, vantagem indevida, em prejuízo dos demais acionistas, dos que trabalham na empresa ou dos investidores em valores mobiliários emitidos pela companhia; (iii) promover alteração estatutária, emissão de valores mobiliários ou adoção de políticas ou decisões que não tenham por fim o interesse da companhia e visem a causar prejuízo a acionistas minoritários, aos que trabalham na empresa ou aos investidores em valores mobiliários emitidos pela companhia; (iv) eleger administrador ou fiscal que sabe inapto, moral ou tecnicamente; e (v) aprovar ou fazer aprovar contas irregulares de administradores, por favorecimento pessoal.

6.6. A dispersão acionária e o ativismo societário

Há quase 35 anos era editada a Lei n.º 6.404/76, tendo como um de seus objetivos estimular a formação da "grande empresa" nacional. Para tanto, o legislador utilizou duas premissas: o estímulo à concentração empresarial e o fomento do mercado de capitais (tanto o mercado acionário, quanto o de títulos de dívida[93])[94].

Partindo-se dessas premissas, concebeu-se um modelo. Conforme ensina Tavares Guerreiro, "o modelo se fundava na segregação de ações votantes, de um lado, e de ações preferenciais não votantes, de outro, que haveriam de permitir a consolidação da dicotomia controle da empresa/capital não votante difuso. O controle seria assegurado mediante parcelas relativamente modestas do capital total em mãos do acionista controlador, individual ou plúrimo, ao passo que a capitalização em massa adviria da participação de investidores de mercado, com o que se estruturava a companhia com base, precisamente, numa engenharia de soluções equilibradas"[95].

[93] A Lei das Sociedades Anônimas modernizou consideravelmente, por exemplo, a legislação sobre emissão de debêntures e bônus de subscrição, e ainda previu a criação de outros títulos, como certificados de depósito, opções e partes beneficiárias.

[94] Cf. Salomão Filho, Calixto, *O Novo Direito Societário*, 3.ª ed., São Paulo, Malheiros, 2006, pp. 36-37.

[95] Guerreiro, José Alexandre Tavares, *Sociedade Anônima: dos Sistemas e Modelos ao Pragmatismo*, in Monteiro de Castro, Rodrigo Monteiro, e Azevedo, Luís André N. de Moura (org.), *Poder de Controle e Outros Temas de Direito Societário e Mercado de Capitais*, São Paulo, Quartier Latin, 2010, pág. 21.

Importante notar que o controle exercido a partir de tais parcelas modestas do capital era possível graças à emissão de ações preferenciais sem direito a voto no montante de até 2/3 do capital social, sendo, contudo, fundado na propriedade da porção majoritária das ações com direito a voto. O modelo consagrava, portanto, a dicotomia da relação entre maioria e minoria, expressa no antagonismo entre controladores e não controladores, considerada a "pedra de toque do sistema anonimário", refletindo a influência do pensamento dominante nos países que serviram de inspiração para a LSA[96].

Como o acionista minoritário acaba sendo excluído das decisões sobre o rumo da empresa, a lei procura lhe assegurar informações suficientes sobre o seu desempenho e o desempenho do acionista controlador e dos administradores. Por outro lado, a LSA também procurou tutelar a rápida saída do acionista minoritário da companhia, caso queira realizar seus ganhos ou caso veja seus interesses prejudicados em função dos rumos imprimidos à companhia pelo acionista controlador.

Contudo, estudos recentes sobre o Novo Mercado têm apontado para um suposto enfraquecimento do poder de controle, causado pela dispersão do capital e diluição do controle[97]. Na medida em que o poder de controle se enfraquece, fortalece-se o poder dos administradores, que passam a ter maiores incentivos para se apropriarem de benefícios particulares decorrentes do poder de conduzir as atividades sociais. Haveria, assim, sob o ponto de vista da estrutura da sociedade, um deslocamento do foco sobre as relações decorrentes do antagonismo entre acionistas controladores e não controladores para as relações entre acionistas e administradores. Na existência de um poder de controle bem definido, o acionista controlador possui incentivos suficientes para monitorar de forma eficiente os administradores da companhia. Tal cenário se modifica na ausência da figura do acionista controlador, dando relevo aos custos de transação decorrentes do monitoramento dos administradores.

Assim, em um modelo de controle diluído, os direitos patrimoniais e pessoais, em regra, não são alterados, porém os direitos de participação ganham em relevância, notadamente aqueles relacionados ao direito de voto e fiscalização.

[96] Com exceção dos Estados Unidos, onde Berle e Means, já no inicio do século XX, conseguiram captar o fenômeno da dispersão acionária, os demais países (mesmo a Inglaterra, onde a dispersão foi menos intensa) viviam a realidade da concentração acionária.

[97] Cf. Oioli, Erik Frederico, *Oferta Pública de Aquisição do Controle de Companhias Abertas*, São Paulo, Quartier Latin, 2010, pp. 58-67.

Embora, como visto, o direito de voto não seja um direito essencial nas sociedades de capitais, ele é obrigatório no Novo Mercado, onde se constata o fenômeno da dispersão do capital. Tal direito ganha relevância como instrumento de controle dos administradores (graças ao ativismo societário, como se discutirá a seguir) e pela responsabilidade que carrega consigo, especialmente nas sociedades em que o controle diluído é instável.

Ainda que os artigos 125, 129 e 135 da LSA, que tratam dos quóruns de instalação e deliberação em assembleias, admitam que alguém que possua menos da metade do capital social com direito a voto seja maioria nas deliberações sociais, em função do absenteísmo, obstáculo maior representa o artigo 136 da LSA. Referido artigo exige a aprovação das matérias ali descritas por acionistas que detenham pelo menos metade das ações com direito a voto. Por outro lado, a LSA já oferece sua solução no §2.º, permitindo que a CVM reduza os quóruns de deliberação – através de procedimento burocrático que talvez mereça ser repensado. Além disso, não apenas os quóruns relativos às deliberações em Assembleia Geral precisariam ser revistos como também determinados percentuais previstos na lei para exercício de determinados direitos ou prerrogativas pelos acionistas[98].

No contexto da dispersão acionária e diluição do controle, possível graças ao absenteísmo dos demais acionistas, o ativismo de grupos de acionistas torna-se importante. A passividade dos acionistas permite que o controle da companhia venha a ser exercido, de fato, por seus administradores.

Um alento para o ativismo societário parece advir dos investidores institucionais, notadamente fundos de pensão e fundos mútuos de investimento. Os investidores institucionais, diferentemente dos investidores individuais, compram e vendem ações em caráter profissional e remunerado, aplicando recursos de terceiros confiados à sua administração. Cabe aos investidores institucionais buscar, constantemente e por dever legal, oportunidades de investimento que apresentem as melhores rentabilidades, zelando pela observância dos limites de exposição ao risco e pela política de investimentos previamente estabelecidos[99].

[98] Nesse sentido, Luis André de Moura Azevedo apresenta uma lista exaustiva de quóruns para exercício de prerrogativas legais pelos acionistas minoritários, que merecem ser revistos com vistas a estimular maior ativismo dos acionistas (in *Ativismo dos Investidores Institucionais e Poder de Controle nas Companhias Abertas de Capital Pulverizado Brasileiras*, in Monteiro de Castro, Rodrigo R., e Azevedo, Luis André de Moura, *O Poder de Controle e Outros Temas de Direito Societário e Mercado de Capitais*, São Paulo, Quartier Latin, 2010, pp. 244-246.

[99] Cf. Azevedo, Luis André de Moura, *Ativismo dos Investidores* cit. (nota 98 supra), pág. 241.

A titularidade de maior quantidade de ações em maior número de companhias abertas, somada à capacidade de melhor interpretar as informações disponíveis, constituem importantes estímulos à adoção de posturas proativas por investidores institucionais, voltadas ao monitoramento do controlador e dos administradores, bem como ao exercício dos direitos e prerrogativas assegurados pela LSA e pelas normas da CVM[100]. Por outro lado, vale destacar que o monitoramento exercido por este tipo de ativismo está voltado para a maximização do retorno ao acionista (e muitas vezes ao retorno de curto prazo), não levando em conta necessariamente outros interesses afeitos ao interesse social.

No entanto, é inegável a relevância do ativismo societário para fiscalização dos administradores. Para tanto, medidas que sirvam ao seu estímulo são desejáveis, como a redução de quóruns da LSA e a desburocratização das assembleias. Será, ainda, de extrema importância a adequada aplicação do mecanismo das *proxies*[101] e a adequada proteção contra o chamado abuso de minoria[102].

O direito de voto, ausente na proto-história do Direito Societário, suprimido em troca de vantagens patrimoniais para o financiamento das grandes empresas, relegado a segundo plano no processo de dissociação entre propriedade e controle, retorna com força aos debates doutrinários, ironicamente como (i) propulsor do movimento de dispersão acionária no Brasil; e (ii) reação ao próprio movimento de dispersão. Explica-se.

O movimento de dispersão acionária é restrito, no Brasil, ao ambiente do Novo Mercado. Duas das principais mudanças estruturais nas regras de Direito Societário impostas pelo regulamento do Novo Mercado dizem respeito à extensão do direito de voto a todas as ações e a supressão do prêmio de controle (ou sua distribuição entre todos os acionistas), por meio da regra que torna obrigatória a realização de oferta pública de aquisição de ações para os demais acionistas com direito a voto (todos) por preço equivalente a 100% do valor pago para o acionista controlador em decorrência

[100] Idem, pág. 242.

[101] Recentemente reguladas pela Instrução CVM n.º 481, de 17 de dezembro de 2009. Sobre a relevância do tema para a dispersão acionária, v. Oioli, Erik Frederico, e Veiga, Marcelo Godke, *Convergência e Divergência em Sistemas de Mercado de Capitais: O Caso Brasileiro*, in Monteiro de Castro, Rodrigo R., e Azevedo, Luis André de Moura (org.), *O Poder de Controle e Outros Temas* cit. (nota 98 supra), pp. 350-352.

[102] V. Adamek, Marcelo Vieira von, Abuso de minoria em direito societário: abuso das posições subjetivas minoritárias, tese de doutorado, Faculdade de Direito da USP, 2010.

da transferência de controle. Com isso, foram extirpados importantes benefícios particulares decorrentes da manutenção do controle, criando-se incentivos para a dispersão das ações que compõem o bloco de controle.

Por outro lado, o próprio movimento de dispersão acionária, com a gradativa diminuição do poder de controle que aos poucos vai se transferindo dos acionistas para os administradores, perde relevância a dicotomia entre controladores e não controladores e ganha importância o monitoramento dos administradores. Nesse contexto, o voto merece ser resgatado como importante instrumento de participação dos acionistas na vida social, especialmente com o intuito de fiscalizar e orientar os administradores a respeitarem o interesse dos sócios *uti socii*.

CAPÍTULO 12
ACIONISTAS E GOVERNAÇÃO DE SOCIEDADES EM CABO VERDE

RAQUEL SPENCER MEDINA

1. Fontes específicas sobre acionistas e governação

Discutir a governação de sociedades em Cabo Verde é uma tarefa bastante desafiadora, pois trata-se de um fenómeno ainda recente no país. Apesar dos inegáveis avanços no mercado de capitais nacional, ainda não é tradição das empresas nacionais procurarem desenvolvimento utilizando-se do mercado de capitais como principal fonte de recursos.

Os bancos são ainda, vistos como principal fonte de financiamento das sociedades e, face ao pouco peso do mercado de capitais para a capitalização das empresas nacionais, não é ainda dada a necessária atenção à implementação/desenvolvimento de práticas de governação de sociedades que as torne mais competitivas aos olhos dos investidores. É certo que este cenário tem vindo a ser paulatinamente alterado a partir do início do século e constata-se que as empresas nacionais têm procurado tirar melhor proveito do mercado de capitais na busca de recursos para se financiarem através da realização de operações sobre valores mobiliários.

Uma economia moderna e eficiente, incluindo seu mercado de capitais, exige um quadro normativo para a supervisão e controlo das sociedades, definido em primeiro lugar pelo legislador, mas o cumprimento, os desenvolvimentos concretos das regras operacionais de bom funcionamento, devem ser aplicados e implementados pelos sujeitos participantes do processo económico, para que os interesses de todos os *stakeholders* estejam assegurados e, com isto, também a confiança dos acionistas na segurança de seu investimento.

Quanto mais complexa é a economia moderna, mais importante são os marcos normativos, e também maiores são as exigências por uma gestão empresarial competente, que levem a um justo equilíbrio de interesses, à transparência e a uma boa gestão de risco.

Neste contexto, há que ter em atenção, sobretudo hoje, que dois processos estão em desenvolvimento: por um lado, a cada vez mais detalhada, autoritária e influente elaboração de normas de governação das sociedades e sua transformação em códigos, e por outro lado, o crescimento do "ativismo acionista", com a auto-organização dos acionistas minoritários. Ambos os desenvolvimentos têm caminhado de mãos dadas, porque os acionistas são os primeiros interessados numa governação societária que concilie os interesses dos acionistas e empresários.

A criação dos atuais códigos de governação societária é sempre baseada numa troca entre o legislador e um mercado que se auto regula. Depois do seu início, nos anos 30, os anos 90 foram o verdadeiro cenário onde este movimento foi formado[1].

As associações de acionistas minoritários contam com representações em alguns países, especialmente em algumas nações da Europa, que têm uma longa história e aparecem como instituições influentes, com capacidade de ação.

A elaboração e a observação de normas de boa governação societária e o ativismo acionista não são apenas necessários mas também complemen-

[1] Como exemplo temos os princípios de governação societária da OCDE em 1999 (revistos em 2004). A Comissão Europeia lançou em 2004, o Fórum Europeu de Governança Corporativa e publicou em 2011, um Livro Verde onde estão reunidas propostas mais progressivas. A International Corporate Governance Network, a nível mundial, tem trabalhado desde 1999 para estabelecer princípios globais de governação societária e a UNCTAD criou um grupo de especialistas em matéria de transparência e códigos. Todos os países grandes contam, como uma iniciativa da economia ou de forma legal, com seu próprio código de governação societária: nos Estados Unidos, a principal é Lei Sarbanes-Oxley, de 2002; na Grã-Bretanha, no início, e de forma exemplar, através de uma série de relatórios e, finalmente, em 2010, com o Código Stewardship. Na Alemanha, o instrumento foi elaborado por uma comissão convocada pelo governo, que criou um código corporativo em 2002, cujas regras foram parcialmente transpostas para normas mais recentes. Na Espanha, a lei tem sido trabalhada a partir dos relatórios Olivencia (1998), Aldama (2004) e Conthe (2006). Em Portugal, a Comissão do Mercado de Valores Mobiliários aprovou em 1999, um conjunto de dezassete recomendações sobre corporate governance nas organizações cotadas, inspiradas nos Princípios da OCDE, abrangendo estas recomendações, entre outras, as seguintes questões: divulgação da informação; exercício de direitos de voto e representação de acionistas; investidores institucionais; regras societárias; e estrutura e funcionamento do órgão de administração.

tares. Para as associações de proteção dos acionistas, uma eficaz e competente gestão está no centro de sua atividade, o que muito contribui para o crescimento da economia e um equilíbrio justo dos interesses.

2. O ambiente geral do empreendedorismo

A partir da década de noventa quando, em Cabo Verde, o Estado iniciou a redução do seu papel central na economia, reforçando o desenvolvimento do sector privado, o empreendedorismo passou a ser assumido como fator de competitividade e crescimento económico do país.

Com efeito, o tecido empresarial em Cabo Verde tem vindo a crescer ao longo dos anos e é constituído, na sua maioria, por micro e pequenas empresas, como resulta dos diferentes recenseamentos empresariais feitos pelo Instituto Nacional de Estatística (INE).

Em 1997, contavam-se 5.950 empresas ativas. No ano de 2002 esse número reduziu-se para 5.460 e em 2007, de acordo com o III Recenseamento Empresarial existiam 8.716 empresas, sendo que 7.512 estavam ativas. Em 2013, os dados publicados pelo INE relativos ao IV Recenseamento Empresarial vêm confirmar uma evolução positiva do tecido empresarial ao longo dos anos, uma vez que indicam um aumento de 11% do número de empresas entre 2007 e 2012, consubstanciando-se num acréscimo de 1020 empresas em 4 anos (2007: 8.714 empresas; 2012: 9.736 empresas).

Segundo dados do Inquérito Anual às Empresas de 2016 realizado pelo INE, o número de empresas ativas em Cabo Verde cresceu 0,9%, o número de pessoal ao serviço aumentou 5,9%. Em termos absolutos, em 2016 Cabo Verde contava 9.442 empresas (mais 85 empresas do que em 2015) que empregavam 55.892 pessoas (3.109 pessoas mais do que em igual período de 2015) e geraram um volume de negócios na ordem dos 262,2 milhões de contos, representando um crescimento de 4,2% face a 2015 (10,6 milhões de contos a mais do que em 2015). Este crescimento positivo no número de empresas ativas, com impacto também positivo no volume de negócios e de emprego, revela maior competitividade, organização, produtividade e dimensão média das empresas.

Resulta ainda do IAE 2016, a nível dos sectores da atividade económica, que o sector do Comércio, à semelhança dos anos anteriores, é aquele em que se concentra maior número de unidades empresariais (46,5%), número de empresas (46,5%) e de pessoas empregadas (23,4%), sendo também este setor que mais contribuiu para o volume de negócios (36,8%). A Hotelaria e Restauração foi a segunda atividade que concentrou o maior número de empresas (15,1%) e de pessoas empregadas (21,7%), sendo também este setor o terceiro que mais contribuiu para o volume de negócios (11,5%).

O relatório do *Doing Business* 2018 coloca Cabo Verde na posição 127 num total de 190 países avaliados, invertendo a tendência de descida que vinha verificando desde 2012 em que havia perdido 10 posições.

Em Cabo Verde, abrir uma empresa, demora, em média, 11 dias, um valor muito abaixo da restante África Subsaariana mas superior ao da OCDE[2], fruto de importantes reformas, realizadas, a vários níveis, nomeadamente a eliminação dos requisitos de capital mínimo para abrir uma empresa, a redução do tempo de formalização de empresas, a eliminação da inspeção municipal na abertura e simplificação de outros procedimentos de licenciamento, a descentralização do atendimento aos utentes através das Casas do Cidadão, entre outras.

O ambiente empresarial cabo-verdiano, porém, é ainda marcado por vários constrangimentos tanto a nível de procedimentos burocráticos, quanto aos custos associados à atividade empresarial. Estes aspetos, associados a outros – ambiente de negócios ainda pouco flexível e não ajustado às dinâmicas exigidas pelo sector privado, difícil acesso ao capital, especialmente por parte das pequenas e médias empresas, inadequação (quantitativo e qualitativo) do capital humano que possa permitir um sector empresarial inovador e competitivo, custo elevado de fatores de produção especialmente telecomunicações, energia, água e saneamento, natureza arquipelágica do país agravada pelo deficiente sistema de transporte inter-ilhas, ambiente pouco propício para a inovação como fator de competitividade e crescimento económico, baixos níveis de adoção de inovações e tecnologias, fraca competitividade fiscal – condicionam fortemente o crescimento económico em Cabo Verde e têm reflexo na atração de potenciais investidores externos.

De igual modo, tais constrangimentos fazem com que o país, apesar da sua estabilidade política e dos sucessos alcançados ao nível do desenvolvimento humano e social, não tenha ainda uma posição favorável em maté-

[2] OCDE – Organização para a Cooperação e Desenvolvimento Económico.

ria de empreendedorismo e criação de negócios no panorama da economia mundial.

Embora já se encontre bem posicionado no que respeita a políticas governamentais de apoio às empresas para a melhoria de negócios e abertura de mercado ou barreiras à entrada no mesmo e já se constata uma melhor articulação entre as entidades públicas e privadas de apoio ao sector privado e desenvolvimento de políticas de incentivo e apoio ao empreendedorismo ajustadas à realidade do país, é de se reconhecer que Cabo Verde, ainda, é um país de fraca cultura do empreendedorismo e que está a dar os seus primeiros passos para que o empreendedorismo possa ser um efetivo fator de desenvolvimento da economia.

Esforços têm sido feitos no que toca a incentivos ao empreendedorismo, como o caso da extinta Agência para o Desenvolvimento Empresarial e Inovação (ADEI)[3], com programas que visavam incentivar e capacitar os cidadãos a optarem pela via do empreendedorismo, muito embora sem os impactos almejados.

Em 2017, foi criado o Instituto de Apoio e Promoção Empresarial – Pró Empresa[4], que passou a ser a entidade de apoio e promoção das micro, pequena e média empresas, foco central para atender a todas as necessidades destas em estreita articulação com as entidades de promoção de capital de risco e garantias bancárias. A Pró-Empresa deve funcionar como balcão principal ou *one-stop-shop* de atendimento e coordenação de serviços fornecidos pelas demais entidades e programas de apoio e promoção das micro, pequena e média empresas.

De igual modo tem-se adotado medidas facilitadoras do acesso ao crédito por parte de empresários, nomeadamente através da criação do Fun-

[3] A ADEI, pessoa coletiva de direito público – criada em 2009 e cujos estatutos foram aprovados através do Decreto-Regulamentar n.º 10/2009, de 8 de Junho – contribuiu para um melhor desenvolvimento e crescimento do empreendorismo em Cabo Verde, através da promoção de diversos programas e o desenvolvimento empresarial, extinta em 2017.

[4] Conforme o Decreto-Lei n.º 22/2017, de 17 de Maio, a ADEI foi extinta e foi criado o Instituto de Apoio e Promoção Empresarial – Pró Empresa. A Pró Empresa é um instituto público de regime especial, com regime especial, com a natureza de serviço personalizado do Estado, dotado de personalidade coletiva pública e de inerente autonomia administrativa, financeira e patrimonial. Tem como missão promover, facilitar e acompanhar o investimento privado nacional de micro, pequena e média empresas em todos os sectores da economia nacional, com exclusão do investimento de calor igual ou superior a 50.000.000$00 (cinquenta milhões de escudos) ou equivalente em divisa.

do de Contragarantia Público[5] (FCP) e das Sociedades de Garantia Mútua[6], instrumentos que visam dinamizar o financiamento das micro, pequenas e médias empresas.

Neste âmbito, merece ser aqui referido o regime especial das micro e pequenas empresas (REMPE) que passou a vigorar em 2015 e tem subjacente à sua aprovação a promoção da competitividade, produtividade, formalização e desenvolvimento das micro e pequenas empresas[7]. Com o REMPE os procedimentos para a constituição e funcionamento, acesso a mercados públicos e sistemas de incentivos económicos, promotores do desenvolvimento e formalização do negócio foram simplificados, trazendo às

[5] O FCP foi criado em 2010 através do Decreto-Lei n.º 34/2010, de 6 de Setembro, sendo considerado um dos pilares do Sistema Nacional de Garantia Mútua. Em 2015 o seu regime sofreu algumas alterações (Decreto-Lei n.º 55/2014, de 26 de Setembro) no tocante à sua organização e funcionamento com vista a mitigar os riscos e garantir o equilíbrio macroeconómico, sem prejuízo de dinamizar o ambiente de negócios cabo-verdiano. O FCP é gerido pela ADEI e assegura a contragarantia automática e obrigatória das operações de garantia emitidas no seio do Sistema de Garantia Mútua. Este sistema de caucionamento vai permitir às micro, pequenas e médias empresas a utilização de um instrumento que noutros países tem tido um impacto positivo pelo aumento da capacidade destas empresas junto do sistema financeiro, determinando um acesso mais fácil ao crédito e a redução dos custos financeiros. Apesar das exigências dos empresários nacionais, em particular, os promotores de pequenas e médias empresas, a verdade é que este instrumento só está a ser operacionalizado, agora, em 2016.

[6] O regime jurídico das sociedades de garantia mútua foi aprovado através do Decreto-Lei n.º 33/2010, de 6 de Setembro. As sociedades de garantia mútua são operadores financeiros que prestam às instituições bancárias as garantias que lhes permitem conceder às pequenas e médias empresas empréstimos em condições mais favoráveis, nomeadamente taxas de juro mais baixas e prazos de pagamento mais alargados, uma vez que partilham o risco inerente ao empréstimo. Por seu turno, a garantia mútua é um sistema privado e de cariz mutualista de apoio às micro, pequenas e médias empresas, que se traduz fundamentalmente na prestação de garantias financeiras para facilitar a obtenção de crédito em condições de preço e prazo adequadas aos seus investimentos e ciclos de atividade.

Em 2015, foi criada a CV Garante – Sociedade de Garantia Mútua, SA, por iniciativa do Governo e com o apoio das instituições financeiras cabo-verdianas, da Sociedade Portuguesa da Garantia Mútua, da Agência para o Desenvolvimento Empresarial e Inovação e da Fundação Cabo-verdiana de Ação Social Escolar. Com esta instituição, o acesso a financiamentos por parte, sobretudo, de micro e pequenas empresas, ficará mais facilitado.

[7] O REMPE foi aprovado pela Lei n.º 70/VIII/2014, de 26 de Agosto e abrange a Micro empresa, com o máximo de 5 trabalhadores e/ou volume de negócios anual inferior a 5.000.000$00 e a Pequena empresa, com 6 a 10 trabalhadores e/ou volume de negócios anual superior a 5.000.000$00 e inferior a 10.000.000$00. São excluídos os profissionais liberais e os importadores, com exceção dos ambulantes.

empresas que a ele adiram vários benefícios[8], mas ainda é prematuro avaliar os impactos deste novo regime.

Por último, importa referir que no seu Programa para a IX Legislatura (2016 – 2021), o Governo de Cabo Verde comprometeu-se a elevar a inovação para o topo da política nacional, como elemento-chave para a criação de emprego de qualidade e para o crescimento sustentado da produtividade nacional e da competitividade internacional e, ainda, a disponibilizar recursos financeiros e materiais para o incentivo da investigação de apoio às empresas, adotando medidas fiscais favoráveis e incentivos financeiros para estimular a inovação e a investigação empresarial em áreas de competitividade internacional.

Em suma, o empreendedorismo já é uma realidade em Cabo Verde, muito embora haja ainda muito caminho a percorrer para que o país tenha uma cultura empreendedora que contribua de forma efetiva para a criação de riqueza e o desenvolvimento da economia.

3. Direitos dos acionistas

O artigo 123.º do Código das Empresas Comerciais (CEC) prevê os seguintes direitos do acionista:

a) Quinhoar nos lucros;

[8] As empresas formais e informais podem aderir ao regime cujas principais vantagens ou benefícios são:
a) A não obrigatoriedade de ter técnico de contas e contabilidade organizada;
b) Dez por cento (10%) do valor do contrato das obras públicas devem destinar à subcontratação de micro e pequenas empresas;
c) Vinte e cinco por cento (25%) das aquisições públicas devem destinar às micro e pequenas empresas;
d) Dispensa de licença comercial, devendo-se apenas comunicar à Câmara Municipal o início da atividade num prazo de 30 dias;
e) Modelo simplificado para efeitos de pagamento de impostos;
f) Substituição do Imposto Único sobre os Rendimentos, Imposto sobre o Valor Acrescentado, Imposto de Incêndio e contribuição para a segurança social pelo Tributo Especial Unificado, no montante de 4% sobre o volume de negócios;
g) Redução de 30% do Tributo Especial Unificado durante 2 anos para as Micro empresas
h) Isenção aduaneira e de IVA na importação de veículo de transporte de mercadoria
i) Redução para metade nos encargos notariais e de registo na compra e venda de imóveis para a instalação da empresa.

b) Participar nas deliberações de sócios, sem prejuízo das restrições previstas na lei;
c) Obter informações sobre a vida da sociedade, nos termos da lei e do contrato;
d) Designar e a ser designado para os órgãos de administração e de fiscalização da sociedade, nos termos da lei e do contrato;
e) Preferir na subscrição de aumento de capital com entradas em dinheiro, nos termos prescritos no Código da Empresas Comerciais;
f) Promover a convocação das assembleias gerais, nos termos da lei e do contrato.

Trata-se de direitos inerentes a todos os acionistas, sendo esses direitos inderrogáveis e não negociáveis, ou seja, estes direitos são conferidos aos acionistas simplesmente por serem titulares de ações e independentemente da espécie ou categoria. São, consequentemente, uma prerrogativa individual comum a todos os acionistas, que jamais poderá ser deles suprimida, seja por deliberação da assembleia geral, seja por previsão estatutária.

São também direitos irrenunciáveis, já que revestidos do caráter de natureza pública, que extrapola os limites da vontade das partes, em benefício da organização e sobrevivência da própria sociedade. Por se tratarem de normas de ordem pública, tais direitos afastam as pressões sobre os acionistas, impedindo, assim, que a sociedade passe a servir a grupos com interesses diversos daqueles próprios da sua atividade.

Ademais, deve-se atender ao caráter relativo desses direitos, pois a própria lei estabelece limites e exceções aos mesmos, como é o caso, por exemplo, do direito de participar nas deliberações de sócios, entre outros.

Por serem irrenunciáveis, como já foi salientado, não podem ser derrogados pela vontade ou mesmo consentimento dos acionistas, ou, ainda, através dos estatutos ou assembleia geral. Pode ocorrer, contudo, a falta de exercício do direito que não se confunde com renúncia ao direito. Não pode o acionista renunciar em abstrato e *a priori* aos direitos essenciais previstos na lei. Pode, entretanto, em determinados momentos, deixar de os exercer, mas não exercitar esse direito não significa que tenha renunciado ao mesmo. Em qualquer circunstância, este direito permanece intangível, inderrogável.

O direito dos acionistas a quinhoar nos lucros da sociedade consubstancia-se em, pelo menos, metade do lucro distribuível, salvo cláusula do pacto social ou deliberação dos sócios tomada em assembleia geral por maioria de três quartos dos votos correspondentes ao capital social (artigo 360.º do CEC), devendo a deliberação sobre a aplicação de resultados partir de uma proposta devidamente fundamentada, a apresentar à assembleia pela administração (artigo 164.º, n.º 2, alínea f) do CEC), na falta da qual a deliberação é anulável (artigo 167.º, n.º 1 do CEC).

Na verdade, a distribuição de lucros só pode ser efetuada após prévia deliberação dos acionistas e tem de ser obrigatoriamente precedida de aprovação das contas. Esta é a regra imposta pelo artigo 132.º, n.º 1 do CEC.

Os acionistas, por princípio, participam nos lucros e nas perdas da sociedade, segundo a proporção dos valores nominais das respetivas participações no capital, salvo convenção em contrário, que estipule um direito especial aos lucros a determinado ou determinados sócios. Estas convenções, porém, estão condicionadas por certos limites: é nula a cláusula que exclua um sócio da comunhão nos lucros ou que o isente de participar nas perdas da sociedade (artigo 124.º, n.º 3 do CEC).

O direito à distribuição periódica de lucros, na verdade, não é automático porquanto carece de:

a) Existência de lucros distribuíveis;
b) Aprovação do balanço;
c) Deliberação de distribuição.

Note-se que nem todo o lucro é distribuível. O artigo 135.º, n.º 1 do CEC determina que "*não podem ser distribuídos aos sócios os lucros do exercício que sejam necessários para cobrir prejuízos transitados ou para formar ou constituir reservas impostas pela lei ou pelo contrato de sociedade*" – caso do regime da reserva legal para as sociedades anónimas, previsto no artigo 362.º do CEC.

O artigo 134.º do mesmo Código, por sua vez, consagra o princípio da intangibilidade do capital social, não permitindo que sejam distribuídos aos sócios bens da sociedade quando a situação líquida desta, resultante das contas elaboradas e aprovadas, for inferior à soma do capital e das reservas obrigatórias ou possa se tornar inferior a esta soma em consequência da distribuição.

O artigo 135.º do CEC, de igual modo, proíbe a distribuição de lucros do exercício que sejam necessários para cobrir prejuízos transitados ou para formar ou reconstituir reservas impostas pela lei ou pelo contrato da sociedade e, bem assim, enquanto as despesas de constituição, de investigação e de desenvolvimento não estiverem totalmente amortizadas, exceto se o montante das reservas livres e dos resultados transitados for, pelo menos, igual ao dessas despesas não amortizadas.

Por último é de referir que "o *direito aos lucros vence-se decorridos 30 dias sobre a data em que for aprovada a sua distribuição, podendo no entanto tal prazo ser prorrogado, por uma só vez e por igual período, por deliberação tomada por maioria dos votos representativos do capital social.*" (artigo 360.º, n.º 2 do CEC).

O direito de voto é um dos direitos fundamentais do acionista e como já referido é um direito inderrogável e irrenunciável.

O acionista tem direito a participar na assembleia e nela discutir e votar, desde que tenha direito a pelo menos, um voto. Os acionistas sem direito de voto só assistem à assembleia e participam na discussão dos assuntos indicados na ordem do dia, se o contrato da sociedade assim o determinar (artigo 410.º CEC).

De referir que, o acionista pode fazer-se representar na assembleia geral, desde que o representante seja o cônjuge, ascendente ou descendente, outro acionista ou advogado (artigo 411.º do CEC).

Em Cabo Verde é permitido o voto por correspondência nas sociedades abertas, podendo tal prorrogativa ser afastada pelos estatutos da sociedade, salvo quanto à alteração destes e à eleição de titulares dos órgãos sociais (artigo 97.º do Código do Mercado de Valores Mobiliários – CMVM). Note-se que se exige para o efeito que a convocatória inclua:

a) Indicação de que o direito de voto pode ser exercido por correspondência;
b) Descrição do modo por que se processa o voto por correspondência, incluindo o endereço e o prazo para a receção das deliberações de voto.

O acionista, não pode votar, por si nem por interposta pessoa, quando a lei assim o imponha ou quando se encontre em situação de conflito com a sociedade (artigo 415.º, n.º 6 do CEC). O legislador cabo-verdiano, porém, entendeu que não deveria exemplificar as situações de conflito de interesses, o que não deixa de acentuar ainda mais a dúvida sobre a extensão dessas situações.

O direito à informação mereceu uma atenção especial do legislador, como seja na proteção dos sócios minoritários e na regulamentação do mercado de valores mobiliários. Tal decorre, aliás, da necessidade do sócio estar informado para poder exercer, de forma consciente, os seus direitos face à sociedade.

O direito à informação compreende o direito geral à informação, o direito à informação preparatória das assembleias gerais e o direito à informação nas mesmas.

O conteúdo do direito geral à informação previsto no artigo 123.º, n.º 1, alínea c) do CEC, é delimitado consoante o contrato adotado. Nas sociedades anónimas, o direito à informação varia consoante a percentagem de capital detido pelo acionista ou grupo de acionistas que queira exercer o direito em conjunto.

Assim, assiste ao acionista que possua pelo menos 5% das ações, um direito mínimo à informação (artigo 356.º do CEC) que compreende, apenas, a consulta na sede da sociedade dos elementos constantes da escrituração desta, a inspeção dos bens que compõem o património da sociedade e informações sobre o desenvolvimento dos negócios da sociedade. O exercício deste direito é feito através de solicitação escrita, não sendo necessário alegar motivo justificativo.

O direito à informação pode, também, ser exercido através de um representante de acionistas com 10% do capital social, podendo este ou o próprio acionista fazer-se acompanhar na consulta dos documentos ou na inspeção dos bens, por peritos por si escolhidos.

A falta de fornecimento dos elementos mínimos de informação pode determinar a anulabilidade da deliberação (artigo 159.º, f) do n.º 1 e n.º 2 do CEC), sendo considerados elementos mínimos para este efeito:

a) A convocatória da reunião da assembleia geral da qual constem, pelo menos, as menções obrigatórias para atos externos da sociedade; o lugar, o dia e a hora da reunião; a indicação da espécie de assembleia; os requisitos a que porventura estejam subordinados a participação e o exercício do direito de voto; a ordem do dia.
b) A colocação dos documentos à disposição dos acionistas no local e durante o tempo prescrito pela lei e pelo contrato.

O direito à informação para a assembleia geral consiste (artigo 357.º n.º 1 do CEC):

a) No direito de os acionistas consultarem, na sede social e, desde a data da convocação da assembleia geral, todos os documentos que devam ser submetidos à apreciação desta;

b) No direito do acionista requerer, no decurso da assembleia geral, que lhe sejam prestadas pelos membros dos órgãos competentes todas as informações que julgue necessárias para o completo esclarecimento dos pontos da ordem do trabalho e, bem assim, sobre as relações entre a sociedade e as suas coligadas. Incumbe ao presidente da mesa avaliar da pertinência dos esclarecimentos solicitados e da suficiência dos que forem prestados (n.º 2, 3 e 4 do artigo 357.º CEC).

A informação tem especial relevância no mercado de valores mobiliários e constitui o principal meio de proteção dos investidores, proteção esta essencial não só para assegurar a paridade informativa de que depende a adequada formação dos preços, mas, sobretudo, para promover a criação de um quadro em que os investidores estejam disponíveis para investir.

Nessa decorrência, a informação no mercado de valores mobiliários é objeto de deveres impostos por lei e que definem não só o tipo e conteúdo de informação a prestar, como as características/qualidade da informação prestada. Ou seja, no âmbito do mercado dos valores mobiliários são impostos aos que nele participam múltiplos deveres de informação e quem não a presta adequadamente é responsabilizado.

A relevância da informação no mercado de valores mobiliários fica reforçada quando se constata que, dos dois tipos de crime previstos no Código de Mercado de Valores Mobiliários, um deles está diretamente relacionado com a informação, mais precisamente, com a paridade informativa. Trata-se do crime de abuso de informação (artigo 241.º), o que é significativo pois que a tipificação criminal é reveladora da relevância dos bens jurídicos neles envolvidos.

Nas sociedades abertas, o direito à informação destina-se mais a proteger o público e os acionistas financeiros. Assim, os artigos 87.º a 91.º do CMVM impõem certos deveres de comunicação e publicação de quem atinge determinados patamares de participação, de forma a manter os acionistas atuais ou potenciais, devidamente informados[9].

[9] O Código do Mercado de Valores Mobiliários prevê vários deveres de informação e, sem a pretensão de os abranger na sua totalidade, aponta-se de seguida alguns deles:
a) O artigo 39.º, n.º 1 do CMVM estabelece o princípio geral sobre as características ou qualidade da informação a prestar, determinando que "*A informação respeitante a instrumentos financeiros, às atividades de intermediação financeira, à liquidação e à compensação de operações, às ofertas públicas de valores mobiliários e aos emitentes deve ser completa, verdadeira, atual, clara, objetiva e lícita*".

O direito de designar e a ser designado para os órgãos de administração e de fiscalização da sociedade, está previsto no artigo 123.º, n.º 1, alínea d), sendo de realçar que nas sociedades anónimas este direito não é efetivo, uma vez que os administradores ou os fiscais podem ser acionistas ou estranhos à sociedade.

De acordo com o artigo 430.º do CEC, os administradores são nomeados no contrato de sociedade ou na primeira assembleia geral posterior, podendo os estatutos estipular que a eleição destes seja aprovada por uma determinada percentagem de capital ou estabelecer que, para um número de administradores não excedente a um, dois ou três, conforme o número total for de três, cinco, ou mais de cinco, se proceda a eleição isolada, entre pessoas propostas em listas subscritas por grupos de acionistas, contanto que nenhum desses grupos possua ações representativas de mais de 20% e de menos de 10% do capital social. O contrato de sociedade pode ainda estabelecer que uma minoria de acionistas que tenha votado contra a proposta que fez vencimento na eleição dos administradores tem o direito de

Este princípio é aplicável a qualquer meio de divulgação e ainda que a informação seja inserida em conselho, recomendação, mensagem publicitária ou relatório de notação de risco. Em suma, é aplicável a toda informação prestada no âmbito do mercado de valores mobiliários, independentemente do sujeito que a presta, qualquer que seja o meio de divulgação e qualquer que seja a forma que a informação se reveste: informação propriamente dita, conselho, recomendação ou publicidade.

b) Sobre os emitentes recai um núcleo de deveres:

i. A admissão à cotação e qualquer oferta pública relativa a valores mobiliários sujeita o emitente ao dever de prestação de informação sobre as características dos valores mobiliários a admitir, emitir ou vender e, ponto muito importante, sobre a sua situação patrimonial, económica e financeira e as previsões da atividade e dos resultados do emitente e de um eventual garante, ou seja, os riscos da operação de investimento em causa. Este dever resulta do regime do prospeto de admissão e das ofertas públicas regulado nos artigos 125.º e 187.º e seguintes do CMVM e no Regulamento da AGMVM n.º 7/2013;

ii. Recaem ainda sobre os emitentes, os deveres de informação previstos nos artigos 128.º e seguintes do CMVM, realçando-se aqui o dever de divulgação de informação privilegiada (artigo 134.º do CMVM).

iii. Os intermediários financeiros, enquanto entidades que exercem, a título profissional atividades de intermediação financeira, estão também sujeitos a vários deveres de informação, sejam deveres comuns (artigos 52.º a 54.º do CMVM), sejam deveres específicos do serviço de investimento que em cada caso concreto esteja em causa (artigos 55.º e 56.º do CMVM).

iv. Por último, é de referir que a lei também impõe deveres de informação a outros vários tipos de sujeitos, como por exemplo, os auditores (artigo 41.º do CMVM) e os investidores que adquiram participações qualificadas (artigo 87.º do CMVM).

designar, pelo menos, um administrador, contanto que essa minoria represente, pelo menos, 10% do capital social.

As sociedades, como agentes económicos que são, necessitam de recursos financeiros para o desenvolvimento da sua atividade. Para tanto, podem os sócios optar pelo financiamento que considerem mais apropriado, atendendo à concreta condição societária, podendo este ser efetuado através de capitais próprios ou alheios. A operação de aumento de capital apresenta-se como sendo, a forma de financiamento através de capitais próprios por excelência.

A atribuição legal do direito de subscrição preferente dos acionistas encontra-se regulamentada no artigo 453.º do CEC. Este direito deverá ser forçosamente cumprido pelas sociedades que pretendam aumentar o seu capital através de novas entradas em dinheiro e consiste na faculdade concedida aos acionistas no momento em que a sociedade decide aumentar o seu capital, para subscrever um número de ações proporcional ao número que anteriormente detinham. Trata-se portanto, de um benefício pelo simples facto de se ser sócio, garantindo, caso queiram, a mesma posição social que detinham até àquela data.

Os acionistas beneficiam de um direito legal de preferência, na subscrição[10] em aumentos de capital por entradas em dinheiro (e só nesses casos[11] [12]), sendo atribuído a cada sócio na proporção do número de ações – artigo 453.º do CEC – de que seja titular no momento da deliberação.

[10] Subscrição é um ato jurídico pelo qual uma pessoa manifesta a intenção de aceitar a titularidade de determinadas ações, com todos os deveres daí derivados e, designadamente, o de realizar o seu valor – Cit. Menezes Cordeiro, Banca, Bolsa e Crédito – Estudos de Direito Comercial e de Direito da Economia, Vol. I, Almedina Coimbra, 1990, pág. 135.

[11] É no entanto admissível aos sócios exercerem direito de preferência, em aumentos de capital por entradas em espécie, na Alemanha, Brasil e Espanha. O legislador caboverdiano segui a opção portuguesa, o que se compreende pois que a deliberação visando com o aumento de capital a aquisição de determinado bem, específico e relevante para a atividade da sociedade, poderá não compreender como conveniente ou até possível, adquiri-lo por outra via. Podendo o direito de subscrição preferente limitar essa aquisição, apresenta-se como desajustado. Cit. Paulo Tarso, Variações sobre o Capital Social, Almedina Editora, 2009, pág. 475.

[12] Sendo igualmente compreensível que não haja lugar a direito de preferência no caso de aumento de capital por incorporação de reservas. Tendo em conta a estrutura dessa modalidade de aumento, nele não há lugar a subscrição mas sim à atribuição de cada sócio de uma nova participação social proporcional àquela de que já era detentor. Cfr. Miguel Pupo Correia, Direito Comercial – Direito da Empresa, 11.ª Edição, Ediforum Edições Jurídicas Lda., Lisboa, 2009, pág. 215 nota 318.

A atribuição deste direito tem como fundamento acautelar os interesses dos sócios[13], em detrimento dos interesses da sociedade e mesmo dos que gostariam de fazer parte desta, uma vez que impede a intervenção de terceiros estranhos à sociedade[14].

Importa agora fazer uma breve referência aos titulares do direito de subscrição preferente. Estabelece o artigo 453.º n.º 1 do CEC que tal direito é atribuído às pessoas que forem acionistas à data da deliberação[15], conseguindo desta forma, subscrever as novas ações com preferência relativamente aos demais. À primeira vista, retira-se deste preceito legal que se trata de um direito dependente da qualidade de sócio[16], mas é de referir que há situações em que este direito não será exercido pelos seus legítimos titulares. Por exemplo, no caso de ações próprias, a sociedade enquanto titular de tais ações, não benefícia do direito de subscrição preferente, uma vez que todos os direitos relativamente às ações ficam suspensos (artigo 375.º, n.º 5 do CEC).

Na atribuição do direito de subscrição preferente encontra-se implícito o princípio da igualdade de tratamento, uma vez que é atribuído a cada sócio o direito de subscrever preferencialmente, em percentagem idêntica à da sua participação no capital social à data da deliberação de aumento (artigo 453.º n.º 2, alínea a) do CEC)[17]. Para apurar o quantitativo de ações a que cada sócio tem direito, será essencial estabelecer uma relação entre o número de ações atuais e as análogas ao número do novo aumento.

[13] O direito à manutenção da posição social do sócio na opinião de JOÃO LABAREDA e com a qual concordamos, não é um direito absoluto daquele, mas o sócio não pode ser afastado da sociedade por simples vontade ou capricho dos outros sócios, sem ocorrência de um facto a que seja atribuída a virtualidade de justificar o afastamento compulsivo. Cfr. Das Ações das Sociedades Anónimas, Associação Académica da Faculdade de Direito, Lisboa, 1988, págs. 202 e 203.

[14] Cfr, RAQUEL RODRIGUES, Crise e reestruturação empresarial – as respostas do Direito das sociedades comerciais, in Revista de Direito das Sociedades, Ano III (2011) – Numero I, Almedina, 2011, págs. 247 e 248 e RAÚL VENTURA, Alterações do contrato de Sociedade – Comentário ao Código de Sociedades Comerciais, 2.ª Edição, Almedina, Coimbra, 2003, pág. 186.

[15] Cfr. PAULO TARSO, Variações sobre o Capital Social, Almedina Editora, 2009, ob. cit. págs. 477 e ss.

[16] Como referem ARMANDO TRIUNFANTE, A Tutela das Minorias nas Sociedades Anónimas – Direitos Individuais, Coimbra Editora, 2004, pág. 138 e PEDRO DE ALBUQUERQUE, Direito de Preferência dos Sócios em Aumentos de Capital nas Sociedades Anónimas e por Quotas – Comentário ao Código das Sociedades Comerciais, Almedina, 2004, págs. 163 e ss.

[17] Como refere NETO, Abílio, Notas práticas ao Código das Sociedades Comerciais, Livraria Petrony, Lisboa, 1989, pág. 593,trata-se de uma "relação de troca".

Nas sociedades anónimas, o direito de promover a convocação das assembleias gerais tem de ser exercido por acionistas que detenham pelo menos 5% do capital social (artigo 406.º CEC) e, na eventualidade de os respetivos requerimentos não serem deferidos, aqueles podem requerer a convocação judicial da assembleia, correndo por conta da sociedade as despesas inerentes a essa convocação.

O acionista ou acionistas que possuam ou representem pelo menos 5% do capital social podem ainda requerer que, na ordem do dia de uma assembleia geral convocada ou a convocar, sejam incluídos determinas assuntos e, não sendo satisfeito o requerimento, podem os interessados requerer judicialmente a convocação de nova assembleia para deliberar sobre os assuntos mencionados (artigo 409.º CEC).

Para além dos direitos gerais consagrados no artigo 123.º do Código das Empresas Comerciais, é possível encontrar ainda outros direitos dos acionistas ao longo do referido código, tais como:

a) O direito de fiscalização da ação de administradores, através de inquérito judicial, previsto nos artigos 163.º e 358.º. Este direito de fiscalizar a gestão dos negócios sociais manifesta-se, de um lado, no dever de os administradores informarem (artigos 165.º e 357.º) e, de outro lado, no direito de os acionistas se informarem sobre os negócios sociais.
b) O direito de impugnar as deliberações de sócios contrárias à lei ou ao contrato (artigos 159.º, 160.º e 161.º);
c) O direito de requerer a nomeação judicial dos titulares dos órgãos de administração e fiscalização da sociedade, previsto nos artigos 424.º, n.º 3 e 444.º, n.º 2;
d) O direito de requerer a destituição judicial dos titulares dos órgãos de administração, previsto no artigo 431.º n.º 2.

Por último, cabe ainda fazer uma breve referência aos direitos especiais dos acionistas, ou seja, os direitos que são atribuídos, pelo pacto social, a um ou mais sócios ou categorias de sócios e que não podem ser suprimidos ou reduzidos sem o consentimento do respetivo titular, salvo regra legal ou estipulação contratual expressa em contrário. Nas sociedades anónimas, este consentimento é dado por deliberação tomada em assembleia especial dos acionistas titulares de ações da respetiva categoria (artigo 126.º, n.º 6, 7 e 8 do CEC).

Os direitos especiais dos acionistas só podem ser atribuídos a categorias de ações e transmitem-se com estas, denominando-se ações privilegiadas ou preferenciais.

As *ações preferenciais sem voto*, como contrapartida podem conferir ao acionista a vantagem que consiste no direito a um dividendo prioritário, não inferior a 5% do respetivo valor nominal e retirado dos lucros distribuíveis, direito ao reembolso prioritário do seu valor nominal, com ou sem prémio, na liquidação da sociedade, sendo estas duas vantagens cumuláveis (artigo 384.º do CEC). Os titulares destas ações passam, todavia, a ter o direito de voto, caso o dividendo prioritário não seja integralmente pago durante dois exercícios e só o voltam a perder no exercício seguinte àquele em que tiverem sido pagos os dividendos prioritários em atraso (artigo 385.º, n.º 3 do C.E.C). Estas ações, com exceção do direito de voto, têm todos os direitos inerentes às ações ordinárias.

As *ações preferenciais remíveis* são ações que ficam sujeitas a remissão, pelo valor nominal ou com prémio, em data fixa ou quando a assembleia geral o deliberar. A remissão consiste na extinção da ação pelo seu valor nominal, eventualmente acrescido de um prémio, se estiver previsto no contrato de sociedade. No caso de a sociedade não remir as ações no prazo de um ano a contar da data em que o deveria ter feito, pode o acionista requerer judicialmente a dissolução da sociedade (artigo 388.º CEC).

Para além dos direitos especiais previstos no Código das Empresas Comerciais, podem ser estabelecidos direitos especiais no contrato de sociedade, desde que não sejam contrários à lei.

4. Ativismo acionista

Tradicionalmente, a expressão "*ativismo acionista*" designa a situação em que determinado investidor adquire uma posição relevante numa sociedade aberta com o intuito de pressionar a respetiva administração a promover mudanças em determinados aspetos das suas operações sociais (como, por exemplo, a venda ou aquisição de ativos, alteração de plano de remuneração e incentivos, redução de custos, alteração de administradores e colaboradores ou mudança de estratégias sociais).

Este fenómeno é relativamente novo em Cabo Verde, pois que o país ainda tem peculiaridades comuns a outros países caracterizados pela concentração de propriedade e mercados de capitais em evolução. Em tais mercados, o ativismo de investidores individuais é ainda pouco expressivo, contrariamente ao que ocorre no mercado norte-americano e na Europa. Há que reconhecer também que num mercado como este, é difícil surgirem investidores individuais ou grupos deles capazes de ter uma atividade mais efetiva.

Desta forma, pesquisar o ativismo de acionistas em Cabo Verde é ainda uma tarefa difícil, com a agravante de não haver associações de acionistas formalmente constituídas, para além de ocorrências dessas atividades, se existem, também não estão ainda devidamente documentadas e publicitadas.

Com o processo de privatização iniciado nos anos 1990, começou a haver uma participação mais efetiva dos investidores institucionais, tendo estes vindo a apresentar uma crescente importância no mercado de capitais do país.

É certo que as medidas desenvolvidas pela Auditoria Geral dos Mercados de Valores Mobiliários (AGMVM)[18] e por outras entidades ligadas ao mercado de capitais, como a Bolsa de Valores de Cabo Verde (BVCV) têm contribuído para o desenvolvimento do ativismo acionista em Cabo Verde. A título de exemplo, a obrigação imposta às sociedades abertas de publicar cada vez mais informações sobre os seus negócios sociais permite aos acionistas analisar e consequentemente questionar um maior número de decisões da administração e dos controladores. De igual modo, a tendência de facilitar ao acionista o exercício do seu direito de voto (como, por exemplo, a regulamentação do voto por correspondência) poderá reduzir os custos e gerar mais incentivos para a maior participação de investidores na vida social.

Em 2016 a AGMVM publicou o Código de Governo dos Emitentes de Valores Mobiliários admitidos à Negociação em Mercado Regulamentado, que no seu ponto 7, sobre a assembleia geral e participação acionista, impõe às sociedades o dever de incentivar os seus acionistas a participar e a votar nas assembleias gerais, sublinhando assim a importância de uma conduta mais ativa por parte dos investidores.

[18] A Auditoria Geral do Mercado de Valores Mobiliários (AGMVM) é uma autoridade administrativa que funciona na dependência do Governador do Banco de Cabo Verde mas com autonomia funcional e administrativa com competência para supervisionar, fiscalizar e regular as atividades dos intermediários que atuam no mercado de valores mobiliários, as atividades das bolsas e das entidades emitentes, de entre outros participantes do mercado de valores mobiliários.

Para que o ativismo acionista se consolide como prática corrente no mercado de capitais caboverdiano, necessário será que as estratégias dos ativistas se adaptem, não só à legislação societária caboverdiana como também à estrutura do mercado de capitais nacional. Ora, em Cabo Verde, em função da concentração do capital nas mãos de acionistas controladores, os custos de agência vertical[19] existentes entre administradores e acionistas são baixos, mas em compensação os custos de agência horizontal existentes entre acionistas controladores e minoritários é muito maior. Dessa forma, um maior número de iniciativas de ativistas deverá ser orientado para os atos dos acionistas controladores.

Efetivamente, as sociedades anónimas são centro de vários problemas de agência, não tendo os pequenos acionistas, em regra, condições económicas, nem formação para exercer os seus direitos de forma eficiente, o que também ocorre em Cabo Verde. Assim, apela-se a que os Investidores Institucionais tomem uma posição mais ativa no governo das sociedades[20] [21] [22].

[19] De acordo com a legislação societária americana, o centro de poder da companhia reside na administração e apenas poderes muito específicos são conferidos aos acionistas (*management-centric*). A clássica teoria dos custos de agência que decorre da separação entre propriedade e controlo é resultado da dispersão dos acionistas e da própria estrutura refletida na legislação americana, onde acionistas dispersos são titulares das ações (proprietários), sendo a sociedade controlada pelos administradores (controlo). O ativismo societário existente nos Estados Unidos tem seu foco, portanto, em iniciativas formuladas por investidores contra principalmente a administração da sociedade.

[20] Atitude que a International Organization os Securities Commissions (IOSCO) designa por "responsabilidades de investimentos coletivos de acionistas" (ALVES, Carlos Francisco, Deverão os Investidores Institucionais Envolver-se no Governo das Sociedades? 2005: p. 16, 2005.

[21] Segue-se a definição de Investidores Institucionais dada por Paulo Câmara, Manual dos Valores Mobiliários, 2011: p. 221: "... em sentido amplo, constituem investidores os titulares potenciais ou efetivos de valores mobiliários ou outros instrumentos financeiros".

[22] O Código de Valores Mobiliário de Cabo Verde não define o conceito de Investidor Institucional. A AGMVM no seu Regulamento n.º 1/2015 designa os Investidores Institucionais de investidores qualificados e enumera-os no seu artigo 1.º:

a) Instituições de crédito;

b) Intermediários financeiros;

c) Empresas de seguros;

d) Organismos de investimento coletivo e correspondentes sociedades gestoras;

e) Fundos de pensões e correspondentes sociedades gestoras;

f) Outras instituições financeiras autorizadas ou reguladas, nomeadamente fundos de titularização de créditos, respetivas sociedades gestoras e demais sociedades financeiras previstas na lei, sociedades de titularização de créditos, sociedades de capital de risco, fundos de capital de risco e respetivas sociedades gestoras;

É importante salientar que a legislação caboverdiana confere aos acionistas poderes que já lhes permitem alguma participação ativa na vida da sociedade, como sejam, o poder para aprovar diversas matérias de interesse

g) Instituições financeiras de outros Estados que exerçam atividades semelhantes às referidas nas alíneas anteriores;
h) Entidades que negoceiem em instrumentos financeiros sobre mercadorias;
i) Governos de âmbito nacional e regional, bancos centrais e organismos públicos que administram a dívida pública, instituições supranacionais ou internacionais, designadamente o Fundo Monetário Internacional e o Banco Mundial;
j) Pessoas que tenham por única atividade de investimento a negociação por conta própria desde que não sejam criadores de mercado ou entidades que negoceiem por conta própria, fora de um mercado regulamentado ou de um sistema de negociação multilateral, de modo organizado, frequente e sistemático, facultando um sistema acessível a terceiros com o fim de com eles negociar;
k) Consultores de investimento e de projetos;
l) Titulares de participações qualificadas em sociedades abertas;
Conforme o artigo 1.º do Regulamento da AGMVM n.º 1/2015, são considerados investidores qualificados:
a) Instituições de crédito;
b) Intermediários financeiros;
c) Empresas de seguros;
d) Organismos de investimento coletivo e correspondentes sociedades gestoras;
e) Fundos de pensões e correspondentes sociedades gestoras;
f) Outras instituições financeiras autorizadas ou reguladas, nomeadamente fundos de titularização de créditos, respetivas sociedades gestoras e demais sociedades financeiras previstas na lei, sociedades de titularização de créditos, sociedades de capital de risco, fundos de capital de risco e respetivas sociedades gestoras;
g) Instituições financeiras de outros Estados que exerçam atividades semelhantes às referidas nas alíneas anteriores;
h) Entidades que negoceiem em instrumentos financeiros sobre mercadorias;
i) Governos de âmbito nacional e regional, bancos centrais e organismos públicos que administram a dívida pública, instituições supranacionais ou internacionais, designadamente o Fundo Monetário Internacional e o Banco Mundial;
j) Pessoas que tenham por única atividade de investimento a negociação por conta própria desde que não sejam criadores de mercado ou entidades que negoceiem por conta própria, fora de um mercado regulamentado ou de um sistema de negociação multilateral, de modo organizado, frequente e sistemático, facultando um sistema acessível a terceiros com o fim de com eles negociar;
k) Consultores de investimento e de projetos;
l) Titulares de participações qualificadas em sociedades abertas;
m) Auditores e sociedades de notação de risco registadas na AGMVM;
n) Pessoas coletivas cuja dimensão, de acordo com as suas últimas contas individuais, satisfaça dois dos seguintes critérios;
i) Capital próprio de 220.000.000 CVE (duzentos e vinte milhões de escudos de Cabo Verde);
ii) Ativo total de 2.200.000.000 CVE (dois mil e duzentos milhões de escudos de Cabo Verde);
iii) Volume de negócios líquido de 44.000.000.000 CVE (quarenta e quatro mil milhões de escudos de Cabo Verde).

estratégico (tais como alteração do contrato de sociedade, fusão, cisão, fusão e transformação de sociedades, aplicação dos resultados do exercício e distribuição de dividendos)[23].

Importa também referir a este propósito, às regras especiais de eleição dos administradores previstas no artigo 423.º do CEC e que estabelecem direitos atribuídos por igual a todos os acionistas.

Os administradores são eleitos por deliberação aprovada por maioria dos votos emitidos ou, havendo mais de uma proposta, por maioria relativa (artigo 417.º, n.º 1 e n.º 2 e 423.º, n.º 1 e n.º 3 do CEC). Os estatutos podem, porém, permitir que grupos de acionistas apresentem listas para, em eleição isolada, ser escolhido um, dois ou três administradores, conforme o número total for de três, cinco ou mais de cinco, desde que nenhum desses grupos possua acções representativas de mais de 20% e de menos de 10% do capital social (artigo 423.º, n.º 4 e n.º 8 do CEC). De igual modo, podem os estatutos estabelecer que uma minoria de acionistas que tenha votado contra a proposta que fez vencimento na eleição dos administradores, tem direito a designar, pelo menos, um administrador, desde que essa minoria represente, pelo menos, 10% do capital social (artigo 423.º, n.º 9 e 10 do CEC). Não restam dúvidas que estas regras, a serem adoptadas, reforçam os direitos dos sócios minoritários, sendo obrigatória a inclusão no contrato de algum destes sistemas nas sociedade com subscrição pública ou concessionárias do Estado ou de entidade a este equiparada por lei.

Fazendo uma breve caracterização destes direitos previstos no artigo 423.º do CEC, dir-se-á que podem ser denominados como um direito de minoria qualificada[24]. Importa ainda determinar os verdadeiros destinatários destes direitos, muito devido à diferença na lei, quanto à obrigatoriedade de adoção de um dos sistemas previstos neste artigo, mais concretamente no seu n.º 11 quando refere que nas "*sociedades com subscrição pública, ou concessionárias do Estado ou de entidade a este equiparada por lei, é* obrigatória a inclusão no contrato de algum dos sistemas previstos neste artigo".

[23] Artigos 183.º, 198.º, 208.º, 222.º e 407.º, n.º 1, b), do CEC.

[24] Seguindo assim a definição dada por Armando Manuel Triunfante, A Tutela das Minorias nas Sociedades Anónimas – Direitos Individuais, Coimbra Editora, 2004, p. 284, a propósito destes direitos também previstos no artigo 392.º do Código das Sociedades Comerciais português. Paulo Olavo Cunha, Direito das Sociedades Comerciais, 4.ª ed., Almedina, Coimbra, 2010, p. 283, fala aqui em "direitos de exercício coletivo".

Os direitos em questão neste artigo, preceituados sobre a forma de dois sistemas diferentes, são garantidos de maneira a envolver as minorias na gestão da sociedade, em criar equilíbrio para a empresa, em lhes permitir ser uma voz ativa na gestão do rumo da mesma. Obtém-se este resultado ao lhes permitir propor e eleger administradores que entendam serem competentes e capazes de oferecer uma perspetiva diferente da maioria. Isso porém não faz com que estes administradores estejam ao serviço das minorias que os elegeram pois que fazem parte de um órgão social, o Conselho de Administração, devendo funcionar como qualquer outro administrador, com os mesmos direitos e deveres. Obviamente que, na prática, os administradores eleitos pelas minorias poderão servir para controlar a atividade do Conselho de Administração, com uma relação maior com quem o elegeu do que os restantes membros deste órgão, mas não podem ser vistos, ou considerar-se, ao serviço da minoria que os elegeu.

A participação dos grupos minoritários no órgão de gestão da sociedade é essencial para garantir a estabilidade da mesma e, por isso, o artigo 423.º do CEC é uma norma muito importante na prática societária. Assim, sempre que, respeitando o princípio maioritário e esteja previsto no contrato de sociedade, for possível assegurar a representatividade de vários grupos minoritários no Conselho de Administração, é de se fazer os possíveis para obter esse resultado, ou seja, para que este órgão seja representativo do conjunto de opiniões e vontades que compõem a sociedade e, por esta via permitir uma intervenção ativa dos acionistas na gestão das sociedades, com ganhos significativos na boa governação destas.

5. Fontes alternativas de financiamento

Com os bancos ainda cautelosos, na sequência da crise, e a pedirem às empresas garantias reforçadas em troca de crédito, é fundamental que os empresários saibam recorrer a fontes alternativas de financiamento para sustentar a atividade empresarial. As restrições no acesso ao crédito que as instituições bancárias impuseram após a crise financeira global, aliadas às potencialidades de comunicação e interação que a internet encerra, fizeram surgir novas formas de financiamento de projetos de empreendedorismo.

Na verdade, o aumento do crescimento económico e competitividade das empresas passa por soluções alternativas de financiamento, nomeadamente, pela existência de modelos de financiamento ajustados às especificidades e ao risco deste segmento da atividade empresarial, não fugindo Cabo Verde a esta realidade.

O financiamento da inovação, ainda hoje, é objeto de grandes discussões, pois, sendo a inovação um processo a longo prazo e que geralmente exige investimentos elevados sem garantia de resultados, os riscos associados ao mesmo são grandes e a disponibilidade de recursos para essa atividade, muitas vezes, se torna escassa.

Aponta-se como alternativa para as empresas, o recurso aos seus próprios recursos internos para poder gerar inovação, muitas vezes limitando os projetos àqueles que poderão gerar um retorno financeiro mais imediato. As pequenas empresas, *startups* e empresas no início de atividade são mais sensíveis às restrições no acesso ao crédito, dado que estas, em muitos casos, não possuem capital para financiar a inovação e acabam, muitas vezes, recorrendo ao mercado de capitais de risco (*venture capital*).

Outra forma alternativa de financiamento encontrada por algumas empresas e empresários foi o *crowdfunding*, como forma de conseguir apoio e recursos através da colaboração de diversas pessoas que compartilham o mesmo objetivo.

No caso concreto de Cabo Verde, o maior obstáculo no acesso ao financiamento pelas empresas – as pequenas e médias empresas – é o seu fraco património, para além da falta de organização empresarial, nomeadamente a carência de recursos humanos qualificados, de contabilidade administrativa e funções de controlo. A isto acresce o facto de os bancos, de um modo geral, preferirem trabalhar com empresas já estabelecidas, com um historial de sucesso e que, por isso, dão maior garantia de cumprimento das obrigações, com a agravante que a nível das pequenas e médias empresas a preferência pelo investimento com recurso ao crédito bancário é predominante, importando por isso inverter esta mentalidade.

Como alternativa às instituições de crédito tradicionais, o recurso ao capital de risco continua a ser apontado como o instrumento e forma de investimento empresarial mais adequado, que apoia o desenvolvimento e crescimento das empresas, com fortes reflexos na gestão. É, sem dúvida, uma das principais fontes de financiamento para jovens empresas, *startups* e investimentos de risco com elevado potencial de rentabilização mas, muito embora a atividade de capital de risco seja reconhecida como uma importante forma alternativa de financiamento para as necessidades de expansão e de desenvolvimento das pequenas e médias empresas nacionais, este financiamento ainda é muito pouco procurado em Cabo Verde.

O enquadramento legal aplicável ao capital de risco foi aprovado em 1994, com o Decreto-Lei n.º 72/94, de 12 de Dezembro[25] que criou as sociedades de capital de risco (SCR). Em 2005, foi aprovado o regime de funcionamento dos fundos de capital de risco (FCR), entendendo-se que estes constituem "*um dos mecanismos de grande relevância ao fomento do investimento produtivo bem como do apoio de empresas que operam nos* sectores tecnológicos de ponta ou que possuem elevado potencial de crescimento".[26]

Os FCR são uma modalidade de fundo de investimento mobiliário[27], não possuem personalidade jurídica, mas apenas personalidade judiciária, sendo patrimónios autónomos pertencentes aos titulares das suas unidades de participação, que visam o investimento dos seus fundos, por períodos de tempo limitado, em sociedades com potencial elevado de crescimento e valorização.

As SCR são sociedades comerciais constituídas obrigatoriamente sob a forma de sociedades anónimas, cuja constituição está sujeita a autorização prévia do Banco de Cabo Verde, tendo por objeto social o apoio e promoção do investimento e da inovação tecnológica em projetos ou empresas através da participação temporária no respetivo capital, competindo-lhes ainda a gestão dos fundos de capital de risco[28]. A título de objeto acessório, as SCR podem desenvolver as atividades que se revelem necessárias à prossecução do seu objeto principal, tais como: serviços de assistência à gestão técnica, financeira, administrativa e comercial das sociedades sejam, ou não, participadas por aquelas, realização de estudos técnico-económicos de viabilidade de empresas ou de novos projetos de investimento. A atividade de capital de risco está sujeita à supervisão do Banco de Cabo Verde.

[25] Alterado pontualmente pelo Decreto-Lei 22/2004, de 31 de Maio relativamente ao objeto acessório das sociedades de capital de risco e aos serviços por esta prestados.

[26] Como resulta do preâmbulo do Decreto-Lei n.º 80/2005, de 5 de Dezembro que aprova o funcionamento dos FCR.

[27] Como resulta do artigo 1.º do Regime Jurídico dos Organismos de Investimento Coletivo, aprovado pelo Decreto-Lei n.º 15/2015, com as alterações introduzidos pelo Decreto-Lei n.º 3/2014, de 16 de Janeiro.

[28] As entidades gestoras de fundos de investimento mobiliário também podem ser autorizadas a exercer a atividade de gestão de fundos de capital de risco (artigo 22.º do Regime Jurídico dos Organismos de Investimento Coletivo, aprovado pelo Decreto-Lei n.º 15/2005, de 14 de Fevereiro de 2005, com as alterações introduzidas pelo Decreto-Lei n.º 3/2014, de 3 de Abril).

A legislação em vigor estabelece as operações ativas permitidas às SCR e impõe certas restrições à sua atividade, tais como limites à detenção de bens imóveis, de modo a que as SCR se concentrem no seu objeto social. Na verdade, tanto o objeto social das SCR, como o dos FCR é alvo de particular regulação, denotando-se uma preocupação do legislador na demarcação do objeto (nomeadamente explicitando as atividades autorizadas e proibidas), assim como na delimitação do risco entre as entidades.

Em Cabo Verde, até a presente foi constituída apenas uma sociedade de capital de risco[29] que tem atuado na recuperação de várias empresas e em projetos com impacto no crescimento económico do país e foi anunciado pelo Governo a criação, de fundos de capital de risco e de garantia com o objetivo de aliviar o esforço de financiamento das empresas[30].

O crowdfunding possibilita que as empresas e os empreendedores se dirijam a um maior e diversificado leque de investidores, financiando os seus projetos. As diferentes alternativas desta forma de financiamento tornam este instrumento extremamente apelativo, inovador e eficaz.

Este modelo de financiamento permite que os pequenos e médios empresários distribuam o risco entre muitos investidores, que investem quantias pequenas nos projetos ou empresas que apoiam. Nessa forma de financiamento, várias pessoas em diferentes localizações, investem num projeto ou empresa por meio do auxílio de alguma plataforma *on-line*. Dessa forma, o *crowdfunding*, como forma de financiamento à inovação, está diretamente associado à internet e ao seu desenvolvimento.

O crowdfunding como fonte alternativa de financiamento às empresas, é relativamente recente e com perspetivas bastante otimistas de crescimento. Em Cabo Verde já há fortes sinais da sua assunção como uma forma viável de financiamento das empresas e de projetos inovadores. Já estão em

[29] A Promotora, Sociedade de Capital de Risco, SA, sociedade de capitais públicos, criada em 1996 através do Decreto-Lei n.º 3/96 de 19 de Fevereiro. No ano de 2000, com a privatização, a sociedade ficou integrada no Grupo Caixa Geral de Depósitos de Portugal, sendo ainda participada pelo Estado em 26% (www.apromotora.cv).

[30] O Governo anunciou que vai ser criado um Fundo Soberano de Garantia de Investimentos Privados dotado de um capital inicial de 100 milhões de euros, para permitir que as empresas tenham acesso ao mercado externo bancário e de capitais para financiarem investimentos de maior envergadura. Para o Primeiro-ministro, este será um instrumento que irá permitir fazer face à reduzida capacidade de poupança interna e às limitações da dimensão dos bancos nacionais, amplificando-se o acesso ao financiamento que o mercado interno nacional não consegue propiciar, sem desregular o sistema bancário nacional.

discussão projetos de diplomas legais[31], com vista à criação de um quadro jurídico que assegure condições regulatórias equitativas, acautele os interesses dos investidores e participantes no mercado e ao mesmo tempo conceda segurança jurídica aos modelos desenvolvidos nos últimos anos.

6. Governação de sociedades familiares

Em termos gerais, as estimativas indicam que cerca de 65% a 80% de todas as empresas do mundo são familiares ou que os empreendimentos familiares representam entre 80% e 98% dos negócios no mundo e criam aproximadamente 85% dos empregos.

Levantamentos feitos pelo Instituto Nacional de Estatística (INE 2002) apontam que existem em Cabo Verde cerca de 4.811 empresas familiares, representando 80% do total das existentes em Cabo Verde, o que confirma que o estudo das empresas familiares em Cabo Verde é de suma relevância e utilidade, uma vez que o país ainda se encontra em desenvolvimento e a maior parte do seu sector empresarial é formado por pequenas e médias empresas de origem familiar, responsáveis por boa parte de criação de emprego e da riqueza do país.

Estudar os aspetos das empresas familiares significa conhecer melhor boa parte do segmento empresarial do país. Além disso, o desenvolvimento de temas sobre os empreendimentos familiares permite compreender 80% das unidades produtivas que movimentam a economia nacional, geram rendimentos, criam emprego e, ainda, possibilitam o efetivo crescimento do país a médio e longo prazo.

Muito embora as empresas familiares tenham um relevo significativo na economia de Cabo Verde, a verdade é que não têm merecido um olhar mais atento do legislador e por isso, ainda não existe em Cabo Verde disposições legais que se enderecem especificamente a esta realidade.

A constituição de uma empresa familiar cumpre os mesmos requisitos legais que a de uma empresa não familiar, não existindo aqui qualquer diferenciação. Consequentemente, é necessário um contrato de sociedade[32] do

[31] Projetos estes da iniciativa do Banco de Cabo Verde e do Grupo Parlamentar do partido político MPD.

[32] Contrato este que deve ser celebrado por documento escrito, particular ou público, devendo ser sempre por escritura pública se a entrada de algum sócio for constituída por bens cuja alienação esteja sujeita a esta forma, tudo conforme o artigo 110.º do Código da Empresas Comerciais.

qual devem constar a identificação dos sócios, o tipo de sociedade, a firma, o objeto, a sede, o capital social, o montante da participação social e a natureza da entrada de cada sócio – quotas, ações ou partes sociais – e ainda os órgãos, os direitos fundamentais dos sócios e, eventualmente, regras sobre o exercício social e a dissolução.

As empresas familiares são, portanto, verdadeiras empresas comerciais, regularmente constituídas e organizadas sob a forma de determinado tipo societário e estão sob a alçada do Código das Empresas Comerciais. É evidente que, por serem empresas familiares, para além de cumprirem os requisitos formais, as empresas familiares acabam sempre por atender a elementos mais adequados à especificidade da sua natureza familiar, como sejam, a propriedade, o controlo, a direção, a cultura e os valores familiares, elementos estes que tendem a influenciar toda a sua estrutura de governação.

Em regra, as empresas familiares existentes recorrem aos dois tipos societários mais utilizados em Cabo Verde – sociedade por quotas e sociedades anónimas[33], e certamente que a opção por um ou outro tipo tem subjacente a especificidade de cada um deles.

Assim, atendendo às disposições do Código das Empresas Comerciais aplicáveis a cada um destes tipos de sociedade, um primeiro elemento diferenciador a atender é a forma como os órgãos sociais de cada uma se organiza pois resulta da lei que a composição e funcionamento das sociedades por quotas é mais simples e menos onerosa quando comparada com as sociedades anónimas.

Na verdade, numa empresa familiar a escolha por uma estrutura organizativa mais simples pode permitir, uma gestão mais concentrada nas mãos da família. Além disso é de se atender que o facto de a gestão empresarial e a família proprietária estarem, diariamente, numa relação de proximidade, a escolha por uma estrutura organizativa mais simples permite uma maior rentabilização de custos que estariam associados a uma estrutura mais complexa.

Os direitos reconhecidos aos sócios nas sociedades por quotas são de natureza pessoal, quando nas sociedades anónimas, os direitos são atribuídos às participações e, em certos casos, condicionados a um número

[33] Nos termos do número 3, do artigo 104.º do CEC, as sociedades comerciais podem adotar um dos seguintes tipos: sociedade em nome coletivo, sociedade por quotas, sociedade anónima, sociedade em comandita simples ou por ações e sociedade cooperativa.

mínimo de participações. Assim, é aqui também relevante outro elemento diferenciador entre a sociedade por quotas e a anónima: a transmissibilidade e circulabilidade das participações. Este fator, muito importante para uma empresa familiar, deve ser ponderado com cautela pois que dele depende a preservação do controlo da sociedade pela família e o afastamento de terceiros estranhos à empresa, uma das grandes preocupações da empresa de cariz familiar.

A transmissão das participações a terceiros nas sociedades por quotas depende, em regra, do consentimento dos sócios que representam a maioria do capital social, já nas sociedades anónimas as respetivas participações se transmitem sem limitações[34]. Desta diferença resulta que, as participações das sociedades anónimas apresentam maior liquidez relativamente às participações das sociedades por quotas e que a opção pela sociedade por quotas permite um maior controlo da parte de quem detém a titularidade das participações, podendo concentrar-se, assim, a propriedade das participações e, eventualmente, o controlo da sociedade nas mãos de um número muito restrito de sócios.

A estrutura de governação familiar, por princípio, articula-se com a estrutura societária já existente e, muito embora não existam estudos que possam suportar esta afirmação, face à vivência prática e o dia-a-dia destas empresas, é de se reconhecer que a estrutura de governo das empresas familiares em Cabo Verde, não raras vezes, é muito ténue senão inexistente: em muitos casos, v.g., a assembleia geral de sócios é meramente formal e quase nunca se reúne, cabendo ao líder todas as decisões, o exercício do poder é muito centralizado, o que limita e condiciona o papel dos diretores no exercício das suas funções, o controlo interno e a transparência na gestão.

Atendendo à importância destas empresas familiares na economia nacional, não restam dúvidas que é fundamental que regras e práticas de boa governação passem a ser por elas adotadas, de forma equitativa e profissional por todos os colaboradores, familiares e não familiares, e geridos os fatores relacionados com a família, de modo a que a sobreposição existente, entre a empresa e a família, não impeça o sucesso da atividade.

[34] Veja-se o disposto nos artigos 298.º, 299.º, 300.º, 380.º e 381.º do CEC. De ressalvar que, não obstante esta livre transmissibilidade de participações nas sociedades anónimas, é possível convencionar-se certas limitações no contrato de sociedade Estas limitações podem também ser convencionadas nos acordos parassociais – artigo 120.º do CEC – mas com carácter obrigacional, portanto, com eficácia apenas entre os sócios intervenientes.

7. Composição de interesses dos sócios; os acordos parassociais como instrumento de governação

No seio das sociedades comerciais, particularmente nas sociedades anónimas, existe uma pluralidade de interesses que, apesar de serem convergentes em alguns aspetos como os que se referem à constituição, à participação e ao objeto da sociedade, podem ser diferentes quanto às questões que se referem às decisões para o crescimento social. Destarte, há que disciplinar adequadamente os interesses sociais e os interesses individuais dos sócios de forma a se evitar e regular conflitos que possam diminuir os ganhos sociais e prejudicar a sociedade ou os próprios sócios.

Os acordos parassociais, pela importância que possuem nas relações sociais modernas são utilizados para disciplinar os interesses individuais dos sócios que, por princípio, não devem estar em conflito com os interesses sociais, revelando-se por isso como um importante instrumento na governação das sociedades.

Os acordos parassociais têm-se assumido, sobretudo nas economias de mercado, como um importante instrumento preparado para "*adaptar às necessidades da vida o funcionamento do esquema legal das sociedades mercantis, adequando esse esquema legal às exigências da gestão da concreta empresa explorada sob forma societária*"[35], e têm como principal finalidade "*adaptar a excessiva rigidez dos tipos societários às* conveniências dos sócios"[36].

Em Cabo Verde, o diploma que consagrou o Código das Empresas Comerciais veio admitir os acordos parassociais, dispondo como a seguir se transcreve:

Artigo 120.º
(Acordos parassociais)

1 – Os acordos parassociais celebrados entre todos ou entre alguns sócios pelos quais estes, nessa qualidade, se obriguem a uma conduta não proibida por lei têm efeitos entre os intervenientes, mas com base neles não podem ser impugnados atos da sociedade ou dos sócios para com a sociedade.

[35] Cf. Cunha, Carolina, *Código das Sociedades Comerciais em Comentário* (coord. de Jorge Coutinho de Abreu), in *IDET*, vol. I, Almedina, Coimbra, 2010, p. 293.

[36] Leal, Ana Filipa, *Algumas notas sobre a parassocialidade no Direito Português,* in *RDSoc,* Coimbra: Almedina, 2009, p.140.

2 – Os acordos referidos no número anterior podem respeitar ao exercício do direito de voto, mas não à conduta de intervenientes ou de outras pessoas no exercício de funções de administração ou de fiscalização.

3 – São nulos os acordos pelos quais um sócio se obriga a votar:

a) Seguindo sempre as instruções da sociedade ou de um dos seus órgãos;
b) Aprovando sempre as propostas feitas por estes;
c) Exercendo o direito de voto ou abstendo-se de o exercer em contrapartida de vantagens especiais.

Do citado artigo resulta que o acordo parassocial é um contrato celebrado entre alguns ou todos os sócios de uma sociedade comercial, através do qual são reguladas determinadas situações jurídicas societárias. O artigo 120.º do CEC está inserido na parte geral do Livro II que versa sobre as sociedades comerciais, pelo que é uma norma aplicável a todos os tipos societários.

Para o acordo parassocial vigora o princípio geral de liberdade de forma previsto no artigo 219.º do Código Civil (C.C.), o que se compreende dado que esta figura jurídica está alicerçada nos princípios da liberdade contratual e da autonomia privada previstos no artigo 405.º do C.C. Nessa decorrência, os acordos parassociais podem adotar livremente qualquer formalidade, quer documental, quer simplesmente verbal, sem que, por isso, seja afetada a sua respetiva validade. O legislador cabo-verdiano não exige, portanto, qualquer formalidade para a celebração do acordo parassocial pelo que caberá somente aos seus subscritores a escolha pela estipulação de uma determinada forma. Tal, naturalmente, pode causar alguma insegurança ao nível da prova da existência do acordo parassocial, para além de que a exigência de uma formalidade representa sempre um meio de reflexão na formação da vontade dos subscritores do acordo.

Como consequência da não sujeição do acordo parassocial a exigências legais de forma surge um grande obstáculo ao respetivo regime: o secretismo do acordo parassocial. Este secretismo, aliás, na maior parte das vezes é uma escolha dos próprios subscritores que pretendem manter o conhecimento das matérias reguladas a um nível muito restrito. Não restam dúvidas que esta opção do legislador é prejudicial à transparência da sociedade comercial, na medida em que tais acordos regulam aspetos societários e podem vir a consagrar regras diferentes daquelas efetivamente conhecidas pelo público em geral, ou mesmo regras ilícitas e contrárias aos bons costumes e à moral, sem muita possibilidade de controlo.

De realçar que, em Cabo Verde, existem já algumas normas que vêm exigir a comunicação e o registo do acordo parassocial, sob pena da sua ineficácia perante os respetivos subscritores. Nos termos do disposto na alínea h) do n.º 1 do artigo 21.º da lei que regula a atividade das instituições financeiras[37], os acordos parassociais relativos ao exercício do direito de voto estão sujeitos a registo no Banco de Cabo Verde, cominando com a ineficácia quando estes não sejam registados, o que significa que na falta do registo o acordo não produz os seus efeitos perante os seus subscritores. O artigo 92.º do CMVM[38] vai mais longe quando exige a comunicação à AGMVM do acordo parassocial que vise "*adquirir, manter ou reforçar uma participação qualificada em sociedade aberta ou assegurar ou frustrar o êxito de oferta pública de aquisição*", podendo a AGMVM determinar a publicação, integral ou parcial, do acordo, na medida em que este seja relevante para o domínio sobre a sociedade aberta.

É certo que se trata de sociedades comerciais sujeitas à supervisão de entidades reguladoras e estamos perante mercados financeiros e sociedades abertas, em que se torna exigível uma transparência do funcionamento das mesmas para proteção e informação de eventuais aforradores e investidores nas mesmas, mas, face aos interesses em causa, é oportuno uma ponderação quanto à possibilidade de se passar a exigir a comunicação do acordo parassocial para a sociedade anónima fechada ou mesmo para a sociedade por quotas.

Bibliografia:

ABREU, Jorge Manuel Coutinho de, Governação das Sociedades Comerciais, 2.ª ed., Almedina, Coimbra, 2010.

ABREU, Jorge Manuel Coutinho de (coord.), Código das Sociedades Comerciais em comentário, 6.º Vol., Almedina, Coimbra, 2010.

ALBUQUERQUE, Pedro de, Direito de Preferência dos Sócios em Aumentos de Capital nas Sociedades Anónimas e por Quotas – Comentário ao Código das Sociedades Comerciais, Almedina, 2004

[37] Lei n.º 62/VIII/2014, de 23 de Abril (LAIF).

[38] Aprovado pelo Decreto-Legislativo n.º 1/2012, de 27 de Janeiro.

ALMEIDA, António Pereira de, Sociedades Comerciais, 4.ª Edição, Coimbra Editora, 2006

ALMEIDA, António Pereira de, Sociedades Comerciais: valores mobiliários e mercados, 6.ª ed., Coimbra Editora, Coimbra, 2011

ALVES, Carlos Francisco, Os Investidores Institucionais e o Governo das Sociedades: Disponibilidade, Condicionantes e Implicações, Almedina, 2005

ALVES, Carlos Francisco, Deverão os Investidores Institucionais Envolver-se no Governo das Sociedades? 2005

ARAÚJO, Luís Filipe, "A comissão de auditoria", II Congresso Direito das Sociedades em Revista (2012), pp. 171-179.

ANTUNES, José Engrácia, Os Direitos dos sócios da Sociedade – Mãe na formação e direção dos grupos societários, Estudos e Monografias, Universidade Católica Portuguesa – Editora, Porto, 1994

BAIRROS, Rita Mafalda, Os acordos parassociais – breve caracterização, em Revista do Direito das Sociedades, Ano II (2010), n.os 1 e 2, Almedina, pp. 333-358;

BRANCO, Sofia Ribeiro, "A representação de minorias acionistas no Conselho de Administração", revista O Direito, Ano 136.º, 2004 – IV, pp. 687-769.

BRUSCATO, Wilges Ariana, Manual de direito empresarial brasileiro, Editora Saraiva, São Paulo, 2011.

CÂMARA, Paulo, Parassocialidade e transmissão de valores mobiliários, Dissertação de Mestrado, Faculdade de Direito da Universidade de Lisboa, 1996

CÂMARA, Paulo [et al.], Conflito de Interesses no Direito Societário e Financeiro: um balanço a partir da crise financeira, Coimbra, Almedina, 2010

CÂMARA, Paulo, Acordos parassociais: estrutura e delimitação, Estudos em Memória do Professor J. L. Saldanha Sanches, vol. II, Coimbra Editora, Coimbra, 2011

CÂMARA, Paulo, Manual dos Valores Mobiliários, 2.ª Edição, Almedina, 2011

CÂMARA, Paulo, O Governo das Organizações: a vocação universal da corporate governance, Coimbra, Almedina, 2011

CARDOS, J. Pires, Noções de Direito Comercial, Rei dos Livros, 1992

CARVALHO, F. Neves Marques de, O Aumento de Capital Social por entradas em espécie, em particular com créditos sobre a sociedade, in Temas de direito das Sociedades, Coimbra Editora, 2011

CARVALHO, Paula de, e VIEIRA, Nuno da Costa Silva, Guia da Empresa, Coimbra Editora, 2008 O Direito de subscrição preferente no aumento de capital em Sociedades Anónimas Pág. 35

COIMBRA, António, Overview of Family Business Relevant Issues – Country Fiche Portugal, KMU Forschung Austria, European Commission, 2008, disponível em http://ec.europa.eu/enterprise/policies/sme/files/craft/family_business/doc/familybusines_co untry_fiche_portugal_en.pdf.

Cordeiro, António Menezes, Banca, Bolsa e Crédito – Estudos de Direito Comercial e de Direito da Economia, Vol. I, Almedina Coimbra, 1990

Cordeiro, António Menezes, Acordos Parassociais, Revista da Ordem dos Advogados, Ano 61 (2001), Vol. II

Cordeiro, António Menezes, Das ações próprias: dogmática básica e perspetivas de reforma I, in: Revista de Direito das Sociedades, Ano I – 2009 – Número 3, Almedina

Cordeiro, António Menezes, Direito Europeu das Sociedades, Almedina, 2005

Cordeiro, António Menezes, Direito das Sociedades, Vol. I – Parte Geral – 3.ª Edição, Almedina, 2011

Cordeiro, António Menezes (org.), Código das Sociedades Comerciais Anotado, 2.ª ed., Coimbra, Almedina, 2011

Correia, Miguel J. A. Pupo, Direito Comercial – Direito da Empresa, 11.ª Edição, Ediforum Edições Jurídicas Lda., Lisboa, 2009

Correia, Luís Brito, Os Administradores de Sociedades Anónimas, Almedina, Coimbra, 1993.

Correia, Ricardo Serra, "Os direitos especiais à luz do CSC e do direito da união europeia – algumas reflexões" Artigo da Ordem dos Advogados, s.d., disponível em https://portal.oa.pt/upl/%7Ba5feed4f-e9d0-4f65-9f81-88f8b97a31a0%7D.pdf. 46

Cunha, Carolina, "Comentário ao artigo 17.º", em Coutinho De Abreu (coordenação), Código das Sociedades Comerciais em Comentário, Almedina, Coimbra, 2010

Cunha, Paulo Olavo, Direito das Sociedades Comerciais, 3.ª ed., Coimbra, Almedina, 2010

Domingues, Paulo de Tarso, Variações sobre o capital social, Almedina Editora, 2009

Duarte, Diogo Pereira, Comentário ao Artigo 252.º, Código das Sociedades Comerciais Anotado, organizado por António Menezes Cordeiro, 2.ª ed., Coimbra, Almedina, 2010, p.734-737

Estaca, José Nuno Marques, O Interesse da Sociedade nas Deliberações Sociais, Almedina, 2003

Fernandes, Luís A. Carvalho, Lições de Direito das Sucessões, 3.ª ed, Lisboa, Quid Iuris, 2008

Furtado, Jorge Henrique Pinto, Curso de Direito das Sociedades, 5.ª Edição, Almedina, 2004

Gallo, Miguel A., e Vitor Sevilhano Ribeiro, A Gestão nas Empresas Familiares, Coimbra, Almedina, 1996

Gomes, Rita, Reorganização Empresarial – a empresa familiar (um modelo), Faculdade de Direito da Universidade do Porto/ Centro de Investigação Jurídico Económica, Porto, 2005, disponível em http://cije.basepoint.pt/publications/reorganiza%C3%A7%C3%A3o-empresarial E2%80%93-empresa-familiar-um--modelo

Henrique, Carla Marisa Eusébio da Cruz, A governação nas empresas familiares. Lisboa: ISCTE, 2008. Tese de mestrado, disponível em http://repositorio.iscte.pt/bitstream/10071/1108/1/Tese%20Carla%20Henrique.pdf

Labareda, João, Das Ações das Sociedades Anónimas, Associação Académica da Faculdade de Direito, Lisboa, 1988

Leal, Ana Filipa, "Algumas notas sobre a parassocialidade no Direito português", Revista do Direito das Sociedades, 2009, n.º 1, Almedina

Maia, Pedro, Função e Funcionamento do conselho de administração da sociedade anónima, Coimbra Editora, Coimbra, 2002.

Martins, Alexandre Soveral e Ramos, Maria Elisabete, As Participações Sociais, in: Estudos de Direito das Sociedades, 10.ª Edição, Almedina 2010

Mendes, João Maria, Sociedades por quotas e anónimas, 7.ª Edição, Almedina, 2006

Neto, Abílio, Notas práticas ao Código das Sociedades Comerciais, Livraria Petrony, Lisboa, 1989 O Direito de subscrição preferente no aumento de capital em Sociedades Anónimas Pág. 36

Neto, Abílio, Código das Sociedades Comerciais – Jurisprudência e Doutrina, 4.ª ed., Edições Ediforum, Lisboa, 2007

Neto, Aurora Silva, Legislação Comercial, Ediforum, 2001

Neves, João Carvalho das, A Sucessão da Empresa Familiar: a Estrutura de Governo e o Controlo de Capital, Conferência de Finanças da Universidade dos Açores, Açores, 2001, versão online disponível em http://pascal.iseg.utl.pt/~jcneves/paper_sucessoes_acores.pdf

Oliveira, Joaquim Dias Marques de, Manual de Direito Angolano, Vol. II – Lições de Direito Comercial e Legislação Comercial – Leis das Sociedades Comerciais – Cefolex, 2011

Osório, José Diogo Horta, Da Tomada do Controlo de Sociedade (Takeovers) por Leveraged BuyOut e sua harmonização com o direito Português, Almedina, 2001

Paulo, Diana Narciso Alves, Empresas Familiares em Portugal: Sucessão Competente, Dissertação de Mestrado ISEG, Universidade Técnica de Lisboa, Instituto Superior de Economia e Gestão, 2009, versão online disponível em http://www.repository.utl.pt/bitstream/10400.5/1619/1/tese%20final.pdf

ROCHA, Maria Victória Rodrigues Vaz Ferreira da, Aquisição de Ações Próprias no Código das Sociedades Comerciais, Livraria Almedina, Coimbra, 1994

ROCHA, Maria Victória (coord.), Manual das sociedades anónimas: publicação prática e atual para administradores, membros dos órgãos de fiscalização, direção e conselho geral, Dashöfer, Lisboa, cop. 2005

RODRIGUES, Raquel Pinheiro, Crise e reestruturação empresarial – as respostas do Direito das sociedades comerciais, in Revista de Direito das Sociedades, Ano III (2011) – Numero I, Almedina, 2011

SERENS, Manuel Nogueira, Direito de Preferência dos Acionistas em Aumentos de Capital – Apontamento sobre o modo do seu exercício, in: Direito das Sociedades em Revista, Ano 1, Vol. 1, Semestral, Almedina, 2009

SERENS, Manuel Nogueira, Notas sobre a Sociedade Anónima, Boletim da Faculdade de Direito, STVDIA IVRIDICA 14, 2.ª Edição, Universidade de Coimbra, Coimbra Editora, 1997

SERRA, Catarina, Direito Comercial – Noções Fundamentais, Coimbra Editora, 2009

SOARES, Maria Ângela Coelho Bento, Aumento de Capital, in Problemas do Direito das Sociedades – Instituto de Direito das Empresas e do Trabalho – Almedina Editores, 2002 O Direito de subscrição preferente no aumento de capital em Sociedades Anónimas Pág. 37

TARSO, Paulo, Variações sobre o Capital Social, Almedina Editora, 2009

TRABULO, Rita, Ações próprias – O Regime de Aquisição de ações próprias e a prestação de assistência financeira para aquisição de ações próprias, in: Temas de Direito das Sociedades, Coimbra Editora, 2011

TRIUNFANTE, Armando, A Tutela das Minorias nas Sociedades Anónimas – Direitos Individuais, Coimbra Editora, 2004

TRIUNFANTE, Armando, Código das Sociedades Comerciais Anotados, Coimbra Editora, 2007

TORRES, Carlos Maria Pinheiro, O Direito à Informação nas Sociedades Comerciais, Almedina, 1998

USSMAN, Ana, Empresas Familiares, 1.ª ed. Lisboa, Edições Silabo, 2004

VARELA, Antunes, Das Obrigações em Geral, vol. I, 10.ª ed., Almedina, Coimbra, 2006

VASCONCELOS, Maria João S. Pestana de, Do direito de preferência dos sócios em aumentos de capital nas sociedades anónimas e por quotas, in: Nos 20 Anos do

Código das Sociedades Comerciais – Homenagem aos Professores Doutores A. Ferres Correia, Orlando de Carvalho e Vasco Lobo Xavier, Volume III, Vária, Coimbra Editora, 2007

Ventura, Raúl, Novos estudos sobre sociedades anónimas e sociedades em nome coletivo, Almedina, Coimbra, 1994

Ventura, Raúl, Alterações do contrato de Sociedade – Comentário ao Código de Sociedades Comerciais, 2.ª Edição, Almedina, Coimbra, 2003

Ventura, Raúl, Estudo Vários sobre Sociedades Anónimas – Comentário ao Código das Sociedades Comerciais, Almedina 2003

CAPÍTULO 13
ACCIONISTAS E GOVERNAÇÃO DE SOCIEDADES EM MOÇAMBIQUE

Telmo Ferreira

1. Fontes específicas sobre accionistas e governação

Em Moçambique e com relação à generalidade das sociedades anónimas as principais fontes sobre accionistas e governação são, salvo melhor opinião, a lei, o contrato de sociedade, as deliberações dos accionistas, os regulamentos internos adoptados pelas sociedades e os Acordos Parassociais.

São, ainda, praticamente inexistentes as fontes de *soft law*, consubstanciadas em políticas, orientações, guiões ou códigos de conduta que versem sobre a governação de sociedades. Ainda assim, pela inovação que então representou, fazemos especial referência ao Guião de Boas Práticas de Governação Corporativa nas Empresas Participadas pelo Estado, adoptado pelo IGEPE – Instituto de Gestão das Participações do Estado, em dois mil e nove, entretanto sobreposto pela Lei n.º 2/2018, de 19 de Junho, que estabelece os princípios e regras aplicáveis ao Sector Empresarial do Estado. O Instituto dos Directores de Moçambique chegou, também, a considerar a adopção de um Código de Governação Corporativa de Moçambique, cuja minuta chegou a ser difundida sem que, no entanto, e tanto quanto se saiba, tenha sido alguma vez adoptada.

Não pode, no entanto, passar despercebida a influência que os novos investimentos em Moçambique têm tido na governação de sociedades. Novos investidores têm chegado a Moçambique com suas práticas, políticas e condutas enraizadas que acabam, na medida em que a legislação o permite, por ser implementadas em Moçambique, assim como inspirar o empresariado nacional na adopção de semelhantes práticas, políticas e condutas. Não é, inclusivamente, estranha a necessidade de adoptar políticas e códigos de conduta de sociedades estrangeiras, com vista a contratar com as suas subsidiárias ou sucursais em Moçambique.

Por outro lado, a pressão internacional exercida sobre Moçambique com relação à boa governação e ao *Doing Business* tem resultado em contínuas reformas legislativas, com o objectivo de Moçambique aderir às melhores práticas internacionais, infelizmente nem sempre tendo presente a realidade cultural, tecnológica e económica de Moçambique e, por diversas vezes, a sistematização do ordenamento jurídico moçambicano. Por este motivo, algumas das mais recentes reformas legislativas criam embaraços jurídicos, fruto da sua incompatibilidade com a demais legislação vigente. Não obstante, Moçambique não passará, certamente, ao lado das novas tendências internacionais respeitantes à governação de sociedades.

Do ponto de vista das fontes legais de governação de sociedades, os principais e mais transversais instrumentos legais são, na nossa opinião, os seguintes:

a) Código Comercial, aprovado pelo Decreto-Lei n.º 2/2005, de 27 de Dezembro e alterado pelo Decreto-Lei n.º 2/2009, de 24 de Abril, assim como pelo Decreto-Lei, n.º 1/2018, de 4 de Maio (C.Com.);
b) Código do Mercado de Valores Mobiliários, aprovado pelo Decreto-Lei n.º 4/2009, de 24 de Julho;
c) Código de Processo Civil, aprovado pelo Decreto-Lei n.º 44.129, de 28 de Dezembro de 1961, alterado sucessivas vezes, as últimas das quais pelo Decreto-Lei n.º 1/2005, de 27 de Dezembro e pelo Decreto-Lei n.º 1/2009, de 24 de Abril;
d) Código Civil, aprovado pelo Decreto-Lei de n.º 47.690, de 11 de Maio de 1967 e sucessivamente alterado;

Além destes instrumentos legais nucleares, outros existem com impacto na governação das sociedades, alguns igualmente transversais, como sendo a legislação fiscal ou penal, e outros instrumentos sectoriais, como sendo a legislação sobre o sector empresarial do estado, bancária, de seguros, de investimentos, entre muita outra legislação.

Com relação aos Acordos Parassociais, regulados pelo art. 98.º do C.Com., importará dizer que embora celebrados apenas entre sócios, sem que possam servir para impugnar actos da sociedade ou dos sócios para com a sociedade, não deixam de representar contratos vinculativos entre quem os celebra, gerando responsabilidade em quem não cumpre as obrigações que deles advém e funcionando, consequentemente, como instrumentos orientadores da conduta dos accionistas e do exercício dos respectivos direitos.

O mesmo se diga com relação aos Acordos de Accionistas, regulados pelo art. 411.º do C.Com., que, como fonte de obrigações contratuais entre os accionistas que os celebram, orientam a sua conduta e o exercício dos respectivos direitos.

A análise que se segue nos pontos seguintes tem como principal fonte o Código Comercial.

2. Direitos dos accionistas

2.1. Direitos Gerais

Como sócios que são, os accionistas beneficiam de uma série de direitos atribuídos em função da qualidade de sócio que ocupam na sociedade. Por serem inerentes à qualidade de sócio e não dependerem de estipulação no contrato de sociedade, estes são direitos gerais. São direitos atribuídos por lei à generalidade dos sócios das sociedades comerciais.

O n.º 1, do art. 104.º do C.Com. estabelece, desde logo, um conjunto de direitos gerais dos sócios. São eles:

a) O direito de quinhoar nos lucros;
b) O direito de participar nas deliberações de sócios, exercendo o direito de voto;
c) O direito de informar-se sobre a vida da sociedade; e
d) O direito de ser designado para órgãos de administração e também de fiscalização.

Além dos enumerados no n.º 1, do art. 104.º do C.Com., outros direitos gerais dos sócios encontram-se consagrados na legislação, entre eles:

e) O direito à fiscalização (n.º 5, do art. 121.º do C.Com.);
f) O direito de convocação de assembleias gerais (n.º 3, do art. 132.º do C.Com.);

g) O direito de impugnar e suspender deliberações dos sócios (als. a) e b), do n.º 1, do art. 144.º do C.Com.);
h) O direito de intentar acções de responsabilidade civil contra administradores, por danos causados à sociedade (arts. 162.º conjugado com o art. 163.º do C.Com.);
i) O direito de intentar acções de responsabilidade civil contra administradores por danos causados ao próprio sócio (art. 165.º do C.Com.);
j) O direito de intentar acções de responsabilidade civil contra membros do conselho fiscal ou fiscal único, por danos causados à sociedade (art. 438.º conjugado com os arts. 162.º e 163.º do C.Com.);
k) O direito de intentar acções de responsabilidade civil contra membros do conselho fiscal ou fiscal único, por danos causados ao próprio sócio (art. 438.º conjugado com o art. 165.º do C.Com.);
l) O direito de preferência na subscrição de aumentos de capital social (art. 441.º do C.Com.);
m) O direito de exoneração em caso de fusão (art. 195.º do C.Com), cisão (art. 209.º do C.Com.) e transformação (art. 227.º do C.Com.) de sociedade.

Analisaremos, em seguida, cada um destes direitos gerais dos accionistas.

2.1.1. Direito de quinhoar nos lucros

No ordenamento jurídico moçambicano, aplicável às sociedades comerciais, o direito aos lucros é consagrado na parte geral do C.Com. (al. a), do n.º 1, do art. 104.º), não sendo admissível cláusula que exclua o sócio de quinhoar nos lucros (n.º 3, do art. 108.º do C.Com.).

No silêncio do contrato de sociedade os sócios participam nos lucros da sociedade proporcionalmente ao valor nominal das respectivas participações sociais no capital social (n.º 1, do art. 108.º do C.Com).

2.1.1.1. Lucros do exercício e lucros finais

O C.Com., no n.º 2, do art. 109.º, define o lucro da sociedade como "o valor apurado nas contas do exercício, segundo as regras de elaboração e aprovação das mesmas, que exceda a soma do capital social e dos montantes já integrados ou a integrar nesse exercício a título de reservas que a lei ou os estatutos não permitam distribuir aos sócios". Naturalmente que esta noção de lucro abrange apenas a noção de lucro do exercício ou lucro periódico, não abrangendo a noção de lucro final da sociedade que corresponde ao "lucro que se apura no termo da actividade social, em face do balanço de liquidação, e consiste no excedente do activo líquido sobre o capital inicialmente formado pelos sócios"[1].

2.1.1.2. Lucros do exercício distribuíveis

Com vista a determinar quais os lucros do exercício passíveis de serem distribuídos pelos accionistas das sociedades anónimas, importar ter em consideração o disposto nos n.º 6, do art. 108.º, n.º 3, do art. 109.º, n.º 1, do art. 444.º e n.º 1, do art. 448.º, todos C.Com..

Do disposto no n.º 6, do art. 108.º do C.Com., resulta que "[a] sociedade (...) somente pode distribuir dividendos, mesmo aos titulares de acções preferenciais, à conta do lucro líquido do exercício, depois de efectuadas as deduções legais obrigatórias, reguladas neste Código, ou à conta do fundo de reserva especial, previsto no contrato de sociedade ou criado pela assembleia geral, destinado ao pagamento dos dividendos das acções preferenciais".

O n.º 3, do art. 109.º do C.Com. estabelece que, "no caso de haver prejuízos transitados, o lucro do exercício não pode ser distribuído sem que se tenha procedido primeiro à cobertura daqueles e, depois, à formação ou reconstituição das reservas legais ou estatutariamente obrigatórias".

Por seu turno, o n.º 1, do art. 444.º do C.Com. estabelece que, "[d]o lucro líquido do exercício, antes da constituição das reservas estatutárias ou de outras reservas reguladas neste Código, são deduzidos cinco por cento do valor apurado para a constituição do fundo de reserva legal, que não excederá vinte por cento do capital social".

Complementarmente, do n.º 1, do art. 448.º do C.Com. resulta que, "[d]o resultado do exercício são deduzidos, antes de qualquer participação, os prejuízos acumulados".

[1] Correia, A. Ferrer, Lições de Direito Comercial, Reprint, LEX Edições Jurídicas, Lisboa, 1994, pag. 341.

Em face das referidas disposições, não podem ser distribuídos pelos accionistas os lucros do exercício:

- Necessários para cobrir os prejuízos transitados;
- Necessários à formação ou reconstituição das reservas legais;
- Necessários à constituição ou reconstituição das reservas estatutárias;
- Necessários à constituição do fundo de reserva especial destinado ao pagamento dos dividendos das acções preferenciais, quando tenha sido criado pela assembleia geral.

Assim, o lucro do exercício deduzido das cifrar acabadas de enunciar constitui o lucro do exercício distribuível pelos accionistas das sociedades anónimas.

Note-se que, como acima ficou demonstrado pela transcrição do n.º 1, do art. 444.º do C.Com., do lucro líquido do exercício, apenas é necessário deduzir cinco por cento para efeitos de afectação à formação da reserva legal, até que esta represente vinte por cento do capital social, sem prejuízo da faculdade da afectação de percentagem superior.

Embora não resultando expressamente do C.Com., ao contrário do que sucede em ordenamentos jurídicos distintos do moçambicano, entendemos que o mesmo se aplique à reconstituição das reservas legais.

2.1.1.2.1. Distribuição de lucros do exercício

Compete à assembleia geral ordinária, a reunir nos três meses imediatos ao termo de cada exercício, deliberar sobre a aplicação de resultados (al. b), do n.º 1, do art. 132.º do C.Com.) e, assim, deliberar, sob proposta da administração, sobre o destino a ser dado ao lucro líquido do exercício.

Não obstante a noção de lucros do exercício distribuíveis, acima apresentada, os mesmos não são necessariamente distribuídos pelos accionistas na sua totalidade. Com efeito, os accionistas apenas têm garantido o pagamento dos dividendos obrigatórios, previstos e regulados pelo art. 452.º do C.Com. e, ainda assim, sujeito a certas restrições.

De acordo com o n.º 1, do art. 452.º do C.Com., "[o]s accionistas têm direito de receber, como dividendo obrigatório, em cada exercício a parcela dos lucros estabelecida nos estatutos ou, se estes forem omissos, a importância que vier a ser determinada com a aplicação das seguintes regras:

a) vinte e cinco por cento do lucro líquido do exercício deduzido das importâncias destinadas à constituição da reserva legal;

b) o pagamento do dividendo obrigatório é limitado ao montante do lucro líquido do exercício que tiver sido realizado".

Deste modo, constituem dividendos obrigatórios aqueles que, porventura, se encontrem fixados nos estatutos da sociedade e sejam, naturalmente, distribuíveis. A este propósito, resulta do n.º 2, do art. 452.º do C.Com. que, o dividendo obrigatório é calculado através da incidência de uma percentagem, definida nos estatutos, sobre os lucros do exercício, deduzido das importâncias destinadas à constituição do fundo de reserva legal.

Na eventualidade dos estatutos da sociedade não fixarem os dividendos obrigatórios, deverão ser distribuídos pelos accionistas os dividendos que sejam fixados em assembleia geral, respeitadas as regras fixadas pelo art. 452.º do C.Com..

O n.º 3, do art. 452.º do C.Com. estabelece que "[q]uando os estatutos forem omissos pode, em qualquer altura, a assembleia geral, por proposta do conselho de administração, fixar o valor do dividendo obrigatório, nunca inferior a vinte e cinco por cento do lucro líquido do exercício".

Ao contrário do que resulta do n.º 1, do art. 452.º do C.Com., o n.º 3 do mesmo artigo parece estabelecer como limite mínimo dos dividendos obrigatórios vinte e cinco por cento dos lucros líquidos do exercício, sem que a referida percentagem incida, apenas, sobre a diferença entre o valor dos lucros líquidos do exercício e o valor a ser afecto à constituição da reserva legal.

Parece-nos, porém, não se poder ignorar a regra estabelecida na al. a), do n.º 1, do art. 452.º, assim como o disposto no n.º 6, do art. 108.º e n.º 3, do art. 109.º, todos do C.Com. e, assim, concluímos que, na eventualidade dos estatutos da sociedade não fixarem os dividendos obrigatórios, deverão ser distribuídos pelos accionistas os dividendos que sejam fixados em assembleia geral, não devendo os mesmos:

1) Serem inferiores a vinte e cinco por cento do lucro líquido do exercício, deduzido das importâncias destinadas à constituição da reserva legal; e
2) Prejudicar as demais deduções obrigatórias que se mostrem necessárias efectuar para efeitos da constituição ou reconstituição das reservas estatutárias ou necessárias à constituição do fundo de reserva especial destinado ao pagamento dos dividendos das acções preferenciais, quando tenha sido criado pela assembleia geral.

Não obstante o exposto, a assembleia geral pode, desde que não haja oposição de qualquer accionista presente[2], deliberar sobre a distribuição de dividendo inferior ao obrigatório (n.º 4, do art. 452.º do C.Com.). Neste caso, os dividendos que deixem de ser distribuídos serão registados como reserva especial e, se não absorvidos por prejuízos em exercício subsequentes, devem ser pagos como dividendo obrigatório, assim que o permitir a situação financeira da sociedade (n.º 6, do art. 452.º do C.Com.).

Adicionalmente, o dividendo obrigatório pode deixar de ser pago aos accionistas, por proposta da administração, com parecer do conselho fiscal, quando em exercício, aprovada pela assembleia geral, desde que haja fundado receio de que o seu pagamento venha a criar grave dificuldade financeira para a sociedade (n.º 5, do art. 452.º do C.Com.). Curiosamente, neste caso não se prevê que os dividendos obrigatórios não pagos passem a constituir reserva especial destinada a permitir o seu futuro pagamento, assim que possível, à semelhança do que prevê o n.º 6, do art. 452.º do C.Com., relativamente à fracção dos dividendos obrigatórios que, ao abrigo do n.º 4 do mesmo artigo, deixem de ser pagos.

Sem prejuízo do supra exposto, nada obsta que seja deliberada a distribuição de dividendos em montante superior aos dos dividendos obrigatórios (n.º 7, do art. 452.º do C.Com.).

Com relação ao direito dos accionistas aos dividendos, estabelece o n.º 9, do art. 452.º do C.Com. que, "[o] vencimento do crédito do sócio aos lucros opera-se trinta dias após o registo da deliberação social que aprovar as contas do exercício".

Não deixando-se de estranhar a opção do legislador, no sentido de fazer depender o vencimento do crédito dos accionistas aos dividendos do registo da deliberação de aprovação de contas, quando podia ter, antes, optado pelo registo da deliberação de aplicação de resultados, parece-nos que daí não resultará, na generalidade dos casos, consequência prática, uma vez que, na maioria dos casos, ambas as deliberações são tomadas no mesmo momento, em reunião de assembleia geral ordinária (n.º 1, do art. 131.º do C.Com.). Fazemos referência à generalidade dos casos porque, em tese, pode a reunião de assembleia geral, uma vez tomada a deliberação de aprovação de contas, ser suspensa e a deliberação sobre a aplicação de resul-

[2] Tenha-se em consideração o ponto 2.1.2., infra, sobre a distinção entre accionistas presentes na reunião de assembleia geral e accionistas com direito a voto.

tados vir a ser tomada em data posterior, uma vez retomada a mesma reunião em sessão diferente.

Ainda com relação ao vencimento dos créditos dos accionistas aos dividendos, diga-se que o registo da deliberação de aprovação de contas do exercício, a que se refere o n.º 9, do art. 452.º do C.Com., deve ser requerida no prazo de 3 meses, a contar da data em que a deliberação tenha sido tomada (n.º 2, do art. 246.º do C.Com. e n.º 1, do art. 31.º do Regulamento do Registo das Entidades Legais ("RREL"), aprovado pelo Decreto-Lei n.º 1/2006, de 3 de Maio), tendo legitimidade para o requerer tanto a sociedade como os seus accionistas e demais eventuais interessados (n.º 1, do art. 40.º do RREL).

2.1.1.2.2. Adiantamento sobre os lucros

À semelhança de outros ordenamentos jurídicos, o moçambicano permite, ao abrigo do disposto no art. 454.º do C.Com. que, desde que previsto no contrato de sociedade, sejam feitos, no decurso de um exercício, adiantamentos aos accionistas sobre os lucros.

Não é, no entanto e ao contrário de outros ordenamentos jurídicos, estabelecido qualquer critério ou requisito a cumprir para o efeito e destinado a acautelar os interesses de todos aqueles que possam ser afectados por um tal adiantamento, tais como os credores da sociedade e respectivos trabalhadores.

2.1.1.2.3. Dividendos intermediários

Outra faculdade concedida pelo art. 453.º do C.Com. é a da sociedade poder, por deliberação da assembleia geral, distribuir dividendos à conta do lucro apurado em balanço semestral, nos casos em que a sociedade, por força da lei ou de disposição estatutária, efectue balanço semestral.

Também com relação aos dividendos intermediários, não são estabelecidos quaisquer critérios ou requisitos a cumprir e destinados a acautelar os interesses daqueles que, potencialmente, possam ser afectados pela sua distribuição.

2.1.1.3. Direito ao lucro final

Com relação ao direito dos accionistas ao lucro final da sociedade, enquanto "lucro que se apura no termo da actividade social, em face do balanço de liquidação, e consiste no excedente do activo líquido sobre o capital inicialmente formado pelos sócios"[3], importa considerar o disposto nos arts. 242.º e 244.º do C.Com..

De acordo com o disposto no n.º 1, do art. 242.º do C.Com., "[o] activo, líquido dos encargos de liquidação e das dívidas de natureza fiscal, é partilhado entres os seus sócios nos termos fixados no contrato de sociedade ou, no silêncio deste, é repartido pelos sócios na proporção das suas participações sociais". Acrescenta o n.º 2 do mesmo art. 242.º do C.Com. que, "[s]e depois de feito o reembolso nos termos do número anterior se registar saldo, este será repartido na proporção aplicável à distribuição dos lucros".

Assim, o lucro final da sociedade é repartido por entre os sócios da sociedade na proporção das respectivas participações no capital social, salvo nos casos em que o contrato de sociedade disponha diferentemente, ao abrigo do disposto no n.º 1, do art. 108.º do C.Com., caso em que será respeitado o disposto no contrato de sociedade.

A deliberação de encerramento da liquidação, acompanhada do relatório completo sobre a liquidação e a proposta de partilha do activo deve ser registada pelos liquidatários no prazo de quinze dias, considerando-se a sociedade extinta na data do registo (art. 243.º do C.Com.).

Se depois de extinta a sociedade se verificar a existência de bens sociais que não tenham sido partilhados, compete a qualquer dos sócios, à data da dissolução, propor aos restantes a partilha adicional, que será feita nos termos por todos acordados ou, na sua falta, na proporção do montante das respectivas entradas de capital efectivamente realizadas.

[3] Correia, A. Ferrer, Lições de Direito Comercial, Reprint, LEX Edições Jurídicas, Lisboa, 1994, pag. 341.

2.1.2. Direito de participar nas deliberações de sócios e direito de voto

2.1.2.1. Participação na Assembleia Geral

Com relação às sociedades anónimas, todos os accionistas, com ou sem direito de voto, têm direito de comparecer à assembleia geral e discutir as matérias submetidas à apreciação, desde que provada a sua qualidade de accionistas (n.º 1, do art. 414.º do C.Com.). Este tem sido, aliás, um direito amplamente exercido pelos accionistas de sociedades anónimas moçambicanas, incluindo pelos accionistas sem direito de voto ou capacidade de influência nas deliberações a serem tomadas, traduzindo o interesse da generalidade dos accionistas sobre os assuntos relacionados com a sociedade em que são accionistas.

Os accionistas podem-se fazer representar nas reuniões de assembleia geral pelo cônjuge, descendente, ascendente, por outro accionista, por administrador, por terceiro ou por mandatário, bastando como instrumento de representação voluntária documento escrito assinado pelo sócio, dirigido ao presidente da mesa da assembleia geral (n.ºs 2 e 3, do art. 130.º do C.Com.)[4].

2.1.2.2. Direito de voto

Com relação ao direito de voto, a regra geral, reflectida no n.º 1, do art. 417.º do C.Com. é a de que, a cada acção corresponde um voto. Esta regra sofre, no entanto, algumas limitações.

- Desde logo, o contrato de sociedade pode exigir a posse de um certo número de acções para conferir direito de voto. Neste caso os accionistas possuidores de um número de acções inferior ao exigido pelo contrato de sociedade podem agrupar-se por forma a completarem o número exigido e fazerem-se representar por um dos accionistas agrupados (n.º 2, do art. 414.º do C.Com.).

[4] Nova formulação sobre a representação de sócios em assembleia geral, resultante da revisão do Código Comercial ocorrida em 2018, com a qual foi revogado o n.º 3 do art. 414.º do C.Com. que até então regulava a representação dos accionistas nas assembleias gerais das sociedades anónimas.

- Por outro lado, o contrato de sociedade pode fazer corresponder um só voto a um certo número de acções, contanto que sejam abrangidas todas as acções emitidas pela sociedade e caiba um voto, a cada 20,00 MT (vinte Meticais) de capital.
- Outra limitação é a dos accionistas não poderem votar sobre matérias em relação às quais se encontrem em conflito de interesse com a sociedade (art. 131.º do C.Com.).
- Outra, ainda, resulta da mora dos accionistas na realização das acções. Com efeito, o n.º 3, do art. 417.º do C.Com. estabelece que, "a partir da mora na realização de entradas de capital e enquanto esta subsistir, o accionista não pode exercer o direito de voto".
- Com relação às acções preferenciais, o contrato de sociedade pode suprimir o direito de voto, não podendo, no entanto, tal supressão abranger o direito de voto sobre matérias referentes à aprovação do relatório da administração, das demonstrações contabilísticas e contas de resultados de cada exercício (n.º 1, do art. 354.º do C.Com.). Ainda assim, nos casos em que os accionistas titulares de acções preferenciais não tenham direito a voto, tal direito é recuperado nos casos em que a sociedade, pelo prazo previsto no contrato de sociedade, não superior a três exercícios sociais consecutivos, deixar de distribuir dividendos preferenciais aos seus titulares, direito este que será conservado até que os dividendos sejam pagos e, se cumulativos, até ao pagamento dos dividendos em atraso (art. 355.º do C.Com.).

Por último, com relação ao direito de voto, refira-se que, o n.º 4, do art. 417.º do C.Com., proíbe o voto plural "impedindo a desproporção entre as acções e o número de votos que elas conferem"[5].

2.1.3. Direito de informação

Outro direito geral dos accionistas, consagrado na al. c), do n.º 1, do art. 104.º do C.Com., é o de informar-se sobre a vida da sociedade – al. c), do n.º 1, do art. 104.º do C.Com..

[5] CUNHA, Paulo Olavo, Direito das Sociedades Comerciais, Almedina, Coimbra, 4.ª edição, 2010, pag. 321.

2.1.3.1. Âmbito geral do direito à informação

Com relação à amplitude do direito à informação, o n.º 1, do art. 122.º do C.Com. estabelece o seguinte:

> "1 – Sem prejuízo do disposto para cada tipo de sociedade, todo o sócio tem direito a:
> a) consultar os livros de actas da assembleia geral;
> b) consultar o livro de registo de ónus, encargos e garantias;
> c) consultar o livro de registo de acções;
> d) consultar os registos de presenças, quando existam;
> e) consultar todos os demais documentos que, legal ou estatutariamente, devam ser patentes aos sócios antes das assembleias gerais;
> f) solicitar aos administradores e, quando existam, ao fiscal único ou aos membros do conselho fiscal quaisquer informações pertinentes aos assuntos constantes da ordem de trabalhos da assembleia geral antes de se proceder à votação, desde que razoavelmente necessárias ao esclarecido exercício do direito de voto;
> g) requerer, por escrito, à administração, informação escrita sobre a gestão da sociedade, nomeadamente, sobre qualquer operação social em particular;
> h) requerer cópia de deliberações ou lançamentos nos livros referidos nas alíneas de a) a d), anteriores."

O direito do sócio consultar e obter cópia de acta de assembleia geral é reiterado pelo disposto, no n.º 3, art. 122.º do C.Com e o n.º 4 do mesmo artigo acrescenta o direito de consultar e obter de acta da administração.

O direito à informação assume, assim, três modalidades distintas:

1) O direito à consulta, reflectido nas alíneas de a) a e), do n.º 1, do art. 122.º do C.Com.;
2) O direito ao esclarecimento ou informação em sentido estrito, reflectido nas alíneas f) e g), do n.º 1 do art. 122.º do C.Com. e que consiste em o sócio ter o direito de ser esclarecido sobre determinadas matérias; e
3) O direito a documentos, reflectido na alínea h) do n.º 1 do art. 122.º do C.Com., que se traduz no direito do sócio poder obter cópias de certos documentos.

2.1.3.2. Âmbito do direito à informação nas sociedades anónimas

Os accionistas das sociedades anónimas, além do direito à informação de âmbito geral, consagrado nos n.ºs 1, 3 e 4, do art. 122.º do C.Com., têm, de acordo com o disposto no n.º 1 do art. 415.º do C.Com. e com relação à assembleia geral ordinária, direito à consulta dos seguintes documentos:

- Relatório da administração contendo os negócios e principais factos ocorridos no exercício anterior; e
- Cópia das demonstrações contabilísticas, acompanhadas de parecer dos auditores independentes e do conselho fiscal, se for o caso.

2.1.3.3. Conteúdo da informação

Com relação ao conteúdo da informação a que o sócio tem direito, limitar-nos-emos a referir que a informação a ser prestada aos sócios, no exercício do direito destes à mesma, deverá ser verdadeira, completa e elucidativa, sob pena de, não o sendo, o sócio poder requerer ao tribunal exame judicial à sociedade – n.º 7, do art. 122.º.

2.1.3.4. Exercício do direito à informação

Com relação ao exercício do direito à informação, dever-se-á ter em consideração que os livros de escrituração mercantil das sociedades anónimas[6] devem estar sempre na sede da sociedade ou em outro local situado

[6] Sem prejuízo de outros de que se possa socorrer, assim como do facto da possibilidade da substituição dos livros por fichas, procedimentos contabilísticos ou outros que possibilitem a utilização de novas técnicas de escrituração, incluindo a sua substituição por registos mecanizados ou electrónicos, em termos legalmente estabelecidos, os livros de escrituração mercantil das sociedades anónimas são os seguintes (n.º 1, 2 e 3 do art. 43.º, n.º 1 do art. 167.º, n.º 1 do art. 455.º e art. 456.º, todos do CComM):
1) Diário;
2) Inventário;
3) Balanço;
4) Livro de actas da assembleia geral;
5) Livro de presenças de accionistas;
6) Livro de actas do conselho de administração;
7) Livro de actas e pareceres do órgão de fiscalização;

no país, desde que este local tenha sido, para o efeito, comunicado à Conservatória do Registo das Entidades Legais, pela administração da Sociedade.

Quanto ao modo em como o accionista deva exercer o respectivo direito à informação, depreende-se do disposto no n.º 8, do art. 167.º, assim como no n.º 8, do art. 122.º do C.Com. que a informação deve ser requerida ou solicitada pelo accionista.

Assim sendo, o accionista deverá solicitar que a sociedade lhe permita exercer o direito à informação. Ou seja, consoante a modalidade do direito a exercer, o accionista solicitará:

- Que lhe seja permitida a consulta;
- Os esclarecimentos ou informações pretendidas e abrangidas pelas alíneas f) e g), do n.º 1, do art. 122.º do C.Com.; ou
- Cópias dos documentos abrangidos pela alínea h), do n.º 1, do mesmo art. 122.º[7], assim como pelo respectivo n.º 4[8], (por força do disposto n.º 8 do art. 167.º do C.Com. resulta expressamente que as mesmas devem ser facultadas no mais curto espaço de tempo e em prazo não superior a 8 dias, a preço a ser fixado pela administração da sociedade).

Quanto a saber se o sócio tem que exercer o direito à informação pessoalmente ou se o pode fazer por intermédio de representante, entendemos que, desde que não violando disposições legais aplicáveis, designadamente as relativas ao funcionamento e participação nas reuniões de assembleia geral, não haverão motivos que justifiquem impedir que um sócio se faça representar por representante validamente constituído, no exercício do direito à informação.

8) Livro de registo de acções – substituído por conta de registo de emissão de valores mobiliários escriturais, quando as acções sejam escriturais – (al. a) do art. 11.º e art 14.º, ambos do CMVM);
9) Livro de registo de emissão de obrigação, quando emitidas – substituído por conta de registo de emissão de valores mobiliários escriturais, quando as obrigações sejam escriturais – (al. a) do art. 11.º e art 14.º, ambos do CMVM);
10) Livro de registo de ónus, encargos e garantias.

[7] Tratam de cópias de deliberações ou lançamentos nos livros de actas da assembleia geral, livro de registo de ónus, encargos e garantias, livro de registo de acções e livro de registos de presenças.

[8] Acta da administração.

2.1.3.5. Limites ao direito à informação

O exercício do direito à informação é objecto de diversos limites, tendentes a evitar que a informação seja usada de forma prejudicial aos interesses da sociedade. Sobre tais limites pronunciar-nos-emos adiante, aquando da análise dos limites jurídicos às principais manifestações do activismo dos accionistas[9].

2.1.3.6. Recusa do direito à informação

Na eventualidade da sociedade se recusar a prestar a informação solicitada por um sócio e a que este tenha direito, poderá o mesmo sócio requerer, fundamentadamente, ao tribunal que ordene que a informação solicitada seja prestada. O juiz deverá ouvir a sociedade e decidir, sem mais provas, no prazo de dez dias (n.º 7, do art. 122.º do C.Com.).

Caso um pedido judicial à informação, a que um sócio tenha direito, seja deferido, os administradores da sociedade responsáveis pela recusa na origem de um tal pedido judicial, deverão indemnizar o sócio em causa pelos prejuízos causados, assim como reembolsa-lo das despesas incorridas, desde que provadas (n.º 9, do art. 122.º do C.Com.).

2.1.3.7. Exame judicial à sociedade

Como acima mencionado, a informação a ser prestada ao sócio deve ser verdadeira, completa e elucidativa. Não o sendo, o sócio pode requerer ao tribunal exame judicial à sociedade nos termos do art. 124.º do C.Com. (por força do disposto no n.º 7, do art. 122.º do C.Com.).

Nos termos do n.º 1, do art. 124.º do C.Com., o exame judicial à sociedade pode resultar ainda de fundadas suspeitas de graves irregularidades na vida da sociedade.

Havendo, assim, fundamento para o pedido de exame judicial à sociedade, o sócio poderá fazê-lo, indicando os factos em que se fundamentam as suspeitas e identificando as irregularidades, por meio de requerimento ao tribunal (n.º 1, do art. 124.º do C.Com.).

[9] A ser analisado infra no ponto 3.2.1..

O tribunal, uma vez ouvida a administração da sociedade, pode ordenar a realização do exame, nomeando para o efeito um auditor de contas, podendo, ainda, condicionar a realização do exame à prestação de caução pelo sócio requerente (n.º 2 e 4, do art. 124.º do C.Com.).

De acordo com o disposto no n.º 5, do art. 124.º do C.Com., uma vez apurada a existência de irregularidades, o tribunal pode, atenta a gravidade das mesmas, ordenar:

1) A regularização das situações ilegais apuradas, dentro de prazo a ser fixado para o efeito;
2) A destituição dos titulares dos órgãos sociais responsáveis pelas irregularidades apuradas; e
3) A dissolução da sociedade, se forem apurados factos que constituam causa de dissolução.

2.1.4. Direito de ser designado para órgão da administração e também de fiscalização

O direito do accionista de ser designado para órgão de administração e de fiscalização, embora estabelecido na al. d), do n.º 1, do art. 104.º do C.Com., parece ter perdido autonomia, especialmente nas sociedades de capitais, como é o caso das sociedades anónimas.

Com efeito, com relação aos membros da mesa da assembleia geral, a lei não obriga que os mesmos sejam accionistas. Por outro lado, com relação aos membros do conselho fiscal ou fiscal único, a lei impõe determinados requisitos, nem sempre atendíveis pelos accionistas da sociedade, entre os quais a necessidade de um dos membros ser auditor de contas ou sociedade de auditores de contas (n.º 2, do art. 154.º do C.Com.), assim como a necessidade da fiscalização, quando a cargo de um fiscal único, ser feita por uma sociedade de auditoria independente (n.º 5, do art. 154.º do C.Com.).

Já com relação aos membros do conselho de administração, resulta expressamente do disposto no n.º 1, do art. 418.º do C.Com. a possibilidade de estes poderem não ser accionistas da sociedade.

De acordo com Paulo Olavo Cunha, o direito geral do accionista ser designado para órgão das administração e fiscalização "[t]rata-se de um direito que perdeu autonomia, porque nas sociedades" (...) "anónimas este direito não é efectivo" (...) "em função da dissociação entre o risco do capital e a direcção efectiva da sociedade. Quem hoje efectivamente dirige essas sociedades não é necessariamente quem sofre o risco do capital (quem é sócio). Por isso, este direito perdeu, na actualidade, um certo conteúdo e alcance. Como os próprios membros da mesa da assembleia geral não têm que presentemente que ser sócios, poderemos concluir que na sociedade anónima, qualquer que seja a sua estrutura de governação, todos os órgãos podem ser compostos por pessoas que não tenham qualquer vínculo com a sociedade"[10].

2.1.5. Direito de fiscalização

Esgotada a análise dos direitos gerais dos accionistas previstos no art. 104.º do C.Com., analisaremos agora outros direitos gerias dos accionistas que, embora não previsto no referido artigo, resultam de outras disposições do C.Com. Iniciaremos esta nossa análise com o direito de fiscalização.

2.1.5.1. Direito de fiscalização de informação

Como já tivemos a oportunidade de mencionar, aquando da análise do direito à informação, a informação a ser prestada ao sócio deve ser verdadeira, completa e elucidativa. Não o sendo, o sócio pode requerer ao tribunal exame judicial à sociedade nos termos do art. 124.º do C.Com. (por força do disposto no n.º 7, do art. 122.º do C.Com.). Traduz-se, tal faculdade, num direito de controlo de que o desempenho de funções, especialmente dos administradores e gestores da sociedade, é feito dentro dos limites da lei e com respeito pelas regras do contrato de sociedade.

Nos termos do n.º 1, do art. 124.º do C.Com., o exame judicial à sociedade pode resultar ainda de fundadas suspeitas de graves irregularidades na vida da sociedade.

Havendo, assim, fundamento para o pedido de exame judicial à sociedade, o accionista poderá fazê-lo, indicando os factos em que se fundamentam as suspeitas e identificando as irregularidades, por meio de requerimento ao tribunal (n.º 1, do art. 124.º do C.Com.).

[10] Cunha, Paulo Olavo, Direito das Sociedades Comerciais, Almedina, Coimbra, 4.ª edição, 2010, pag. 281.

O tribunal, uma vez ouvida a administração da sociedade, pode ordenar a realização do exame, nomeando para o efeito um auditor de contas, podendo, ainda, condicionar a realização do exame à prestação de caução pelo accionista requerente (n.º 2 e 4, do art. 124.º do C.Com.).

De acordo com o disposto no n.º 5, do art. 124.º do C.Com., uma vez apurada a existência de irregularidades, o tribunal pode, atenta a gravidade das mesmas, ordenar:

1) A regularização das situações ilegais apuradas, dentro de prazo a ser fixado para o efeito;
2) A destituição dos titulares dos órgãos sociais responsáveis pelas irregularidades apuradas; e
3) A dissolução da sociedade, se forem apurados factos que constituam causa de dissolução.

2.1.5.2. Direito de fiscalização das contas

As contas anuais, o relatório respeitante ao exercício e a proposta de aplicação de resultados, juntamente com o relatório e parecer do conselho fiscal ou fiscal único, devem estar patentes aos sócios na sede da sociedade, às horas de serviço, a partir da data da expedição ou publicação dos avisos convocatórios da assembleia geral ordinária (art. 174.º do C.Com.).

Se as contas anuais e relatório da administração não forem apresentados aos sócios até três meses após o termo do exercício a que respeitem, pode qualquer sócio requerer ao tribunal a fixação de um prazo, não superior a sessenta dias, para a sua apresentação (n.º 1, do art. 174.º do C.Com.).

Se uma vez decorrido o referido prazo fixado pelo tribunal a apresentação não tiver lugar, o tribunal pode determinar a cessação de funções de um ou mais administradores e ordenar exame judicial nos termos do art. 124.º, nomeando um administrador judicial encarregado de elaborar as contas anuais e o relatório da administração referentes a todo o prazo decorrido desde a última aprovação de contas (n.º 2, do art. 175.º do C.Com.).

Elaborados o balanço, as contas e o relatório são estes sujeitos à aprovação dos sócios, em assembleia geral para o efeito convocada pelo administrador judicial (n.º 3 do art. 175.º do C.Com.).

Se os sócios não aprovarem as contas, o administrador judicial requererá ao tribunal, no âmbito do exame, que elas sejam aprovadas judicialmente, fazendo-se acompanhar de parecer de auditor de contas sem relação com a sociedade (n.º 4, do art. 175.º do C.Com.).

2.1.6. Direito de convocação de assembleias gerais

Nos termos do n.º 3, do art. 132.º do C.Com., "[a] assembleia geral reúne extraordinariamente sempre que devidamente convocada por iniciativa do presidente da mesa ou a requerimento da administração, do conselho fiscal ou fiscal único ou de sócios que representem, pelo menos dez por cento do capital social".

Resulta, assim, da citada disposição que os accionistas, desde que titulares de dez por cento do capital social ou em conjunto com outros accionistas, por forma a, conjuntamente, reunirem o referido mínimo de representatividade do capital social, poderão solicitar a convocação de uma reunião de assembleia geral extraordinária. A solicitação deverá ser dirigida ao presidente da mesa da assembleia geral que, por sua vez, deverá convocar a reunião em conformidade com uma tal solicitação e com as disposições legais e estatutárias aplicáveis.

Partindo a iniciativa de convocação da reunião de assembleia geral dos accionistas, a solicitação dirigida ao presidente da mesa da assembleia geral deverá indicar os assuntos a serem submetidos a apreciação e deliberação, sob pena do presidente da mesa da assembleia geral poder recusar formalizar a convocação que lhe tenha sido solicitada, por falta de menção obrigatória a constar da convocatória (al. d), do n.º 1, do art. 134.º do C.Com.).

Se o presidente da mesa da assembleia geral não convocar uma reunião de assembleia geral cuja convocação lhe tenha sido solicitada pelos accionistas da sociedade, em conformidade com o acima exposto, poderão os accionistas que a tenham requerido convoca-la directamente, sendo as despesas documentadas que venham fundadamente a realizar suportadas pela sociedade (n.º 2, do art. 133.º do C.Com.).

2.1.7. Direito de impugnar e de suspender deliberações dos sócios

2.1.7.1. Direito de impugnar deliberações dos sócios

Qualquer accionista tem o direito de impugnar as deliberações de accionistas, desde que:

a) Tenha participado na formação da deliberação e não tenha votado no sentido que obteve vencimento (al. a), do n.º 1, do art. 144.º do C.Com.); e

b) Tenha sido irregularmente impedido de participar na assembleia, ou nesta não tendo comparecido tendo ela sido irregularmente convocada (al. b), do n.º 1, do art. 144.º do C.Com.).

Tratando-se de acção de nulidade de deliberação, a nulidade não pode ser arguida se já tiverem decorrido mais de cinco anos sobre a data do seu registo (n.º 2, do art. 142.º do C.Com.).

Tratando-se de acção de anulação, o prazo para a propositura da acção é o de trinta dias, contados a partir da data em que a deliberação tenha sido tomada ou da data em que o accionista teve conhecimento da deliberação, se tiver sido irregularmente impedido de participar na assembleia ou se esta tiver sido irregularmente convocada (n.º 2, do art. 144.º do C.Com.).

2.1.7.2. Direito de suspender deliberações dos sócios

De acordo com o disposto no n.º 1, do art. 146.º do C.Com., qualquer pessoa com legitimidade para requerer a declaração de nulidade ou anulação de uma deliberação dos sócios (entre os quais os accionistas que tendo participado na formação da deliberação não tenham votado no sentido que obteve vencimento, assim como os accionistas que tenham sido irregularmente impedidos de participar na assembleia ou que nela não tenham comparecido por irregularidade de convocação) pode requerer ao tribunal que seja decretada, cautelarmente, a suspensão de uma deliberação ou a da sua eficácia caso já tenha sido executada ou esteja em vias de execução. Para o efeito, o accionista requerente deverá indicar o interesse que tem na providência e os danos que da execução, da continuação da execução ou da sua eficácia podem resultar (n.º 3, do art. 146.º do C.Com.).

O prazo para requerer a providência cautelar de suspensão de deliberação social é o de cinco dias, contados a partir da data em que a deliberação tenha sido tomada ou da data em que o accionista teve conhecimento da deliberação, se tiver sido irregularmente impedido de participar na assembleia ou se esta tiver sido irregularmente convocada (n.º 2, do art. 146.º e n.º 2, do art. 144.º do C.Com.).

2.1.8. Direito de intentar acções de responsabilidade civil contra administradores, por danos causados à sociedade

Os administradores respondem para com a sociedade pelos danos que lhe causarem por actos ou omissões praticados com preterição dos deveres legais e estatutários, salvo se provarem que agiram sem culpa (n.º 1, do art. 160.º do C.Com.).

Assim, perante situação geradora de responsabilidade dos administradores para com a sociedade, pode ser intentada acção de responsabilidade a propor pela sociedade, a qual depende de deliberação dos sócios tomada por maioria simples, e deve ser proposta no prazo de três meses a contar da data em que a deliberação tiver sido tomada (n.º 1, do art. 162.º do C.Com.).

Porém, pode também a mesma acção, resultante de situação geradora de responsabilidade dos administradores para com a sociedade, ser proposta por accionistas que detenham uma participação no capital não inferior a dez por cento, se a sociedade não tiver já intentado a respectiva acção (n.º 1, do art. 163.º do C.Com.).

2.1.9. Direito de intentar acções de responsabilidade civil contra administradores por danos causados ao próprio sócio

Os administradores respondem, também, nos termos gerais, para com os sócios pelos danos que a estes directamente causarem no exercício das suas funções (art. 165.º do C.Com.). Assim sendo, os accionistas lesados por actos ou omissões dos administradores, praticados culposamente com preterição dos deveres legais e estatutários, poderão resultar em acção de responsabilidade civil intentada pelos accionistas lesados contra os administradores culposos.

2.1.10. Direito de intentar acções de responsabilidade civil contra membros do conselho fiscal ou fiscal único, por danos causados à sociedade

Os membros do conselho fiscal têm, individualmente, nos termos do C.Com. e no que couber, os mesmos deveres dos administradores, assim como respondem individualmente, nas mesmas condições, pelos danos resultantes de omissão no cumprimento dos seus deveres e pelos actos praticados com culpa ou dolo ou com violação da lei ou dos estatutos (n.º 1, do art. 438.º do C.Com.).

Assim sendo, também perante situação geradora de responsabilidade dos membros do conselho fiscal para com a sociedade, pode ser intentada acção de responsabilidade a propor pela sociedade, a qual dependerá, igualmente, de deliberação dos sócios tomada por maioria simples, e a ser proposta no prazo de três meses a contar da data em que a deliberação tiver sido tomada (n.º 1, do art. 162.º do C.Com.). À semelhança do que sucede com relação às acções de responsabilidade contra administradores, também a acção, resultante de situação geradora de responsabilidade dos membros do conselho fiscal para com a sociedade, pode ser proposta por accionistas que detenham uma participação no capital não inferior a dez por cento, se a sociedade não tiver já intentado a respectiva acção (n.º 1, do art. 163.º do C.Com.).

Muito embora o n.º 1, do art. 438.º do C.Com. não se refira ao fiscal único, entendemos não haver razão para não aplicar o mesmo regime ao fiscal único e, deste modo, entendemos que uma interpretação sistemática da referida disposição deverá conduzir a entender que o regime em análise é, igualmente, aplicável ao fiscal único.

2.1.11. Direito de intentar acções de responsabilidade civil contra membros do conselho fiscal ou fiscal único, por danos causados ao próprio sócio

Uma vez que os membros do conselho fiscal respondem individualmente, nas mesmas condições que os administradores, pelos danos resultantes de omissão no cumprimento dos seus deveres e pelos actos praticados com culpa ou dolo ou com violação da lei ou dos estatutos, tais membros do conselho fiscal, à semelhança dos administradores, também respondem nos termos gerais para com os sócios pelos danos que a estes directamente causarem no exercício das suas funções (n.º 1, do art. 438.º e art. 165.º do C.Com.). Consequentemente, os accionistas lesados por actos ou omissões dos membros do conselho fiscal, praticados culposamente com preterição dos deveres legais e estatutários, poderão resultar em acção de responsabilidade civil intentada pelos accionistas lesados contra os membros do conselho fiscal e, pelos motivos acima expostos, em 2.1.10., contra o fiscal único.

2.1.12. Direito de preferência na subscrição de aumentos de capital social

De acordo com o disposto no n.º 1, do art. 441.º do C.Com., aqueles que à data de um aumento de capital social em dinheiro assumam a qualidade de accionistas têm direito de preferência na subscrição das novas acções a serem emitidas em resultado do aumento de capital social, a ser exercido proporcionalmente ao número de acções de que sejam titulares.

Para o efeito, os accionistas devem ser avisados, por anúncio, que dispõem de um prazo não inferior a quinze dias para exercerem o respectivo direito de preferência, podendo, nos casos em que todas as acções representativas do capital social da sociedade sejam nominativas, o referido anúncio ser substituído por carta dirigida a cada um dos accionistas (art. 442.º do C.Com.).

No caso de nem todos os accionistas exercerem o respectivo direito de preferência, este direito será devolvido àqueles que o tenham exercido, até integral satisfação dos accionistas ou subscrição das acções a emitir (n.º 2, do art. 441.º do C.Com.).

O direito de preferência em análise pode, no entanto e nos termos do disposto no n.º 4, do art. 441. do C.Com., ser suprimido ou limitado por deliberação da assembleia geral tomada pela maioria necessária para alterar os estatutos da sociedade.

2.1.13. Direito de exoneração em caso de fusão, cisão e transformação de sociedade

"A exoneração consiste no abandono unilateral do sócio da sociedade de que fazia parte, sem se fazer substituir, mediante uma contrapartida"[11].

Ao contrário das sociedades por quotas, nas sociedades anónimas a tendência é a de não aceitar a estipulação contratual de cláusulas de exoneração, devendo a exoneração limitar-se às situações expressamente previstas na lei.

2.1.13.1. Direito de exoneração em caso de fusão

Se a lei ou o contrato de sociedade atribuir ao sócio que tenha votado contra o projecto de fusão o direito de se exonerar, pode o sócio exigir, nos trinta dias subsequentes à data da publicação da convocatória da assembleia geral destinada a deliberar sobe a fusão, que a sociedade adquira ou faça adquirir por terceiro a sua participação social (n.º 1, do art. 195.º e n.º 3, do art. 190.º do C.Com.).

Efectivamente o n.º 1, do art. 195.º do C.Com., ao estabelecer o prazo dentro do qual o accionista deve manifestar a intenção de exonerar-se, remete expressamente para o n.º 3, do art. 190 do mesmo código que, por sua vez, refere-se à publicação da convocatória da assembleia geral destinada a deliberar sobre o projecto de fusão. Parece-nos, no entanto, que o referido prazo não é razoável nem faz qualquer sentido, uma vez que apenas o accionista que tenha votado contra o projecto de fusão tem o direito de se exonerar. Quer isto dizer que para que o accionista manifeste a sua intenção de exonerar-se da sociedade terá que, previamente, ter votado contra o projecto de fusão. No entanto a votação do projecto de fusão, por parte dos accionistas, ocorre na assembleia geral a ser convocada precisamente por meio da publicação a que se refere o n.º 3, do art. 190 .º do C.Com. com a antecedência de trinta dias. Assim sendo, na prática, não é concedida a possibilidade do accionsita manifestar o seu interesse em exonerar-se da sociedade, na medida em que não seria possível que o mesmo accionista,

[11] Cunha, Paulo Olavo Direito das Sociedades Comerciais, Almedina, Coimbra, 4.ª edição, 2010, pag. 347.

nos trinta dias, que medeiam a data da publicação do aviso convocatório e a realização da assembleia geral destinada a deliberar sobre a fusão, tivesse votado contra o projecto de fusão, uma vez que apenas votará sobre tal matéria na referida assembleia geral. Por este motivo, entendemos que os trinta dias a que se refere o n.º 1, do art. 195.º do C.Com. não devem ser contados da data da publicação a que se refere o n.º 3, do art. 190.º, mas antes da data da publicação a que se refere o n.º 1, do art. 197.º, ou seja, trinta dias após a publicação da deliberação que aprovar o projecto de fusão. Esta é, aliás, a solução adoptada em relação ao direito de exoneração em caso de transformação de sociedade, de acordo com o disposto no n.º 1, do art. 227.º do C.Com., segundo o qual os sócios que não votem favoravelmente à deliberação de transformação podem exonerar-se da sociedade, devendo fazê-lo por escrito nos trinta dias subsequentes à publicação da deliberação.

O valor da participação social do accionista que manifeste a vontade de se exonerar deve ser fixado por um auditor de contas sem relação com as sociedades a fundir, salvo estipulação diversa no contrato de sociedade ou acordo das partes (n.º 2, do art. 195.º do C.Com.), devendo a sociedade pagar a contrapartida ao accionista no prazo de noventa dias, sob pena do accionista poder requerer a dissolução da sociedade. (n.º 3, do art. 195.º do C.Com.).

2.1.13.2. Direito de exoneração em caso de cisão

Resulta do art. 209.º do C.Com. que à cisão de sociedades é aplicável, com as necessárias adaptações, o preceituado relativamente à fusão. Deste modo, o disposto com relação à fusão, sobre a possibilidade do accionista discordante do projecto de fusão exonerar-se da sociedade deve ser aplicável, com as necessárias adaptações, à cisão de sociedades.

Assim sendo e de acordo com a interpretação sistemática que fazemos ao disposto no n.º 1, do art. 195.º, quanto ao prazo dentro do qual o accionista poderá expressar a sua vontade de exonerar-se da sociedade a fundir-se, entendemos que o accionista que vote contra o projecto de cisão poderá exigir, nos trinta dias subsequentes à data da publicação da deliberação da assembleia geral que aprovar o projecto de cisão, que a sociedade adquira ou faça adquirir por terceiro a sua participação social (art. 209.º, n.º 1, do art. 195.º, n.º 3, do art. 190.º e n.º 1, do art. 197.º do C.Com.).

2.1.13.3. Direito de exoneração em caso de transformação

Como acima já mencionado, a propósito da análise do prazo estabelecido pelo n.º 1, do art. 195.º do C.Com. relativamente ao prazo para que o accionista manifeste a vontade de se exonerar da sociedade a fundir-se, os sócios que não votem favoravelmente à deliberação de transformação podem exonerar-se da sociedade, devendo fazê-lo por escrito nos trinta dias subsequentes à publicação da deliberação de assembleia geral (n.º 1, do art. 227.º do C.Com.).

Aos sócios discordantes que se exonerem da sociedade será pago o valor da sua participação a fixar por sociedade auditora ou por um auditor de contas com base no estado da sociedade à data da deliberação de transformação, devendo, no entanto, não participar nos lucros e perdas resultantes de eventuais negócios em curso (n.º 2, do art. 227.º do C.Com.).

Caso o capital social fique afectado pelo pagamento do valor das participações dos sócios que se exonerem, todos os sócios deverão ser chamados a deliberar a revogação da transformação ou a redução do capital social (n.º 3, do art. 227.º do C.Com.).

A exoneração torna-se efectiva a partir da data em que a transformação produza os seus efeitos (n.º 4, do art. 227.º do C.Com.).

2.2. Direitos especiais

2.2.1. Noção e natureza

Analisados os direitos gerais dos accionistas, importa agora fazermos referência aos direitos especiais, enquanto direitos atribuídos pelo contrato de sociedade (n.º 1, do art. 105.º do C.Com.) a um ou mais accionistas, atribuindo-lhes uma ou mais vantagens (n.º 3, do art. 105.º do C.Com.) com relação aos demais accionistas, vantagens essas que podem ser de natureza patrimonial ou não patrimonial (n.º 2, do art. 105.º do C.Com.).

São especiais porque, ao contrário dos direitos gerais titulados por todos os accionistas, atenta a sua qualidade de accionista, os direitos especiais são atribuídos a um ou alguns accionistas, satisfazendo interesses dos accionitas que deles beneficiem e não os da generalidade dos accionistas.

De acordo com o disposto no n.º 1, do art. 105.º do C.Com., os direitos especiais apenas podem ser criados mediante estipulação no contrato de sociedade.

2.2.2. Pessoalidade ou impessoalidade dos direitos especiais dos accionistas

Certos ordenamentos jurídicos determinam que, com relação a certos tipos de sociedades, os direitos especiais sejam atribuídos a participações sociais representativas do capital social da sociedade ou suas fracções. Em tais situações os direitos especiais são atribuídos às quotas ou a séries ou classes de acções, não revestindo, consequentemente, o carácter de *intuitu personae*.

O ordenamento jurídico moçambicano admite expressamente a mesma solução relativamente a certos direitos especiais atribuíveis a diferentes séries ou classes de acções. É o que sucede com relação aos direitos especiais previstos no n.º 1, do art. 357.º e n.º 1, do art. 358.º do C.Com. atribuíveis a séries ou classes de acções ordinárias ou preferenciais, respectivamente. Tais direitos não têm a natureza pessoal e acompanham as acções pelas quais são representados, sendo transmissíveis juntamente com as respectivas acções.

Porém, o artigo 105.º do C.Com. relativo aos direitos especiais e aplicável a todas as sociedades não regula a pessoalidade ou impessoalidade destes direitos. Com efeito se, por um lado, a referida disposição não afecta os direitos especiais a participações sociais ou suas fracções, por outro lado, também não impede que os direitos especiais sejam afectos às participações sociais ou suas fracções.

Concluímos assim que o ordenamento jurídico moçambicano, contrariamente a outros, dá liberdade para que os direitos especiais possam ser estabelecidos *intuitu personae*, ficando ligados ao sócio a favor do qual sejam atribuídos sem que possam ser transmitidos com a transmissão da participação social titulada pelo sócio titular dos direitos especiais, assim como permite que os direitos especiais sejam atribuídos a participações sociais, admitindo a transmissibilidade de tais direitos, juntamente com as participações sociais a que se encontrem afectos.

2.2.3. Alteração dos direitos especiais

Estabelece o art. 106.º do C.Com. que os direitos especiais não podem ser suprimidos, coartados ou modificados sem o consentimento do respectivo titular, dado em Assembleia Geral. Quer isto dizer que a eliminação, limitação ou alteração de um direito especial depende do consentimento do seu titular, não sendo válida a alteração do contrato de sociedade sobre direitos especiais, sem que para o efeito tal alteração mereça a aprovação do titular do direito especial objecto da alteração, independentemente, do número de votos a que o mesmo tenha direito e da maioria necessária para a alteração do contrato de sociedade.

Ao regime estabelecido no art. 106.º do C.Com., exceptua-se o disposto no n.º 5, do art. 105.º, do n.º 2, do art. 357 e do n.º 2, do art. 358 do C.Com. e que se traduzem no seguinte:

1) O n.º 5, do art. 105.º do C.Com. admite a eliminação de um direito especial sem o consentimento do seu titular, nos casos em que haja exercício abusivo de um direito especial atribuído a uma minoria, traduzido na sobreposição de interesses pessoais aos interesses da sociedade ou numa actuação desleal para com a sociedade, resultando na obstrução à tomada de deliberações.
2) O n.º 2, do art. 357.º do C.Com. determina que a alteração do contrato de sociedade, que atribua direitos aos titulares das várias de classes especiais de acções ordinárias somente pode ser promovida pela sociedade, mediante a aprovação prévia de dois terços da totalidade dos titulares da respectiva classe especial de acções, assegurando aos accionistas dissidentes dessa mesma classe, o direito de exoneração.
   Assim sendo, quando direitos especiais tenham sido estabelecidos no contrato de sociedade mediante a sua afectação a classes especiais de acções, a alteração do contrato de sociedade, relativamente a esses direitos depende da aprovação de dois terços dos titulares da respectiva classe de acções. Admite-se, assim a possibilidade de, em tais casos, o contrato de sociedade poder ser alterado, com relação aos direitos especiais abrangidos pela classe de acções específica, sem a concordância de todos os titulares dos direitos especiais objecto de alteração. Em contrapartida, porém, admite-se que os accionistas

discordantes da alteração aprovada pelos demais, que componham o mínimo de dois terços necessários para aprovar a alteração, se possam exonerar da sociedade.

3) Regime semelhante ao previsto pelo n.º 2, do art. 357.º, resulta do n.º 2, do art. 358.º, embora com relação à alteração de direitos afectos a acções preferenciais. Dispõe o n.º 2, do art. 358.º que "[a] alteração do estatuto, que atribua direitos aos titulares de acções preferenciais, somente poderá ser promovida pela sociedade, mediante aprovação prévia de dois terços da totalidade dos titulares destas acções, assegurando aos accionistas dissidentes desta mesa classe o direito de exoneração".

2.2.4. Enumeração de alguns direitos especiais

O n.º 2, do art. 105.º do C.Com. enumera alguns direitos especiais que podem ser atribuídos aos sócios de sociedades comerciais e, como tal, aos accionistas, mediante estipulação estatutária. Trata-se de uma enumeração exemplificativa, sem prejuízo de outros direitos especiais que especificamente possam ser criados mediante estipulação no contrato de sociedade como, alias, resulta expressamente da alínea g), do n.º 2, do art. 105.º do C.Com.

São, assim, enumerados no n.º 2, do art. 105.º do C.Com. os seguintes direitos especiais:

a) O direito de eleger um ou mais membros para a administração ou de tomar parte na administração (al. a), do n.º 2, do art. 105.º do C.Com.);
b) O direito a uma percentagem de lucros preferencial ou até diferente da respectiva participação social (al. b), do n.º 2, do art. 105.º do C.Com.);
c) O direito de subscrever capital mas não realizar por caber aos outros sócios realizar a sua parte subscrita (al. c), do n.º 2, do art. 105.º do C.Com.);
d) O direito de vetar deliberações sociais precisas e determinadas (al. d), d n.º 2, do art. 105.º do C.Com.);
e) O direito de votar favoravelmente ou não a entrada de novos sócios (al. e), do n.º 2, do art. 105.º do C.Com.); e

f) O direito de consentir especificamente em deliberação sobre matéria determinada (al. f), do n.º 2, do art. 105.º do C.Com.).

Além dos direitos especiais enumerados no n.º 2, do art. 105.º do C.Com., também os art. 357.º e 358.º do mesmo código enumeram alguns direitos especiais que podem ser assegurados aos titulares de diferentes séries ou classes de acções ordinárias ou preferências, respectivamente.

O n.º 1, do art. 357.º do C.Com. prevê a possibilidade de atribuição dos seguintes direitos especiais a diferentes sérias ou classes de acções ordinárias:

g) Solicitar a conversão das suas acções em acções preferências;
h) Ver atendidas as exigências legais conferidas a estas classes ou espécies de acções; e
i) Eleger, em separado, membros do conselho de administração ou do conselho fiscal, titular e suplemente, conforme dispuser o contrato de sociedade que tenha criado esta séria de acção ordinária.

Por sua vez, o n.º 1 do art. 358.º do C.Com. prevês a possibilidade de atribuição dos seguintes direitos especiais a diferentes séries ou classes de acções preferenciais:

j) Solicitar a conversão das suas acções em acções ordinárias;
k) Assegurar, de forma diferenciada, aos seus titulares, os direitos, preferenciais e vantagens a que se refere o artigo 356.º; e
l) Eleger, em separado, um membro do conselho de administração ou do conselho fiscal, titular e suplente, conforme dispuser o contrato de sociedades que tenha criado essa série de acções preferenciais.

2.2.4.1. Direito de eleger um ou mais membros para a administração ou de tomar parte na administração

O direito de eleger um ou mais membros para a administração ou de tomar parte na administração, estabelecido na al. a), do n.º 2, do art. 105.º do C.Com., consubstancia-se, por um lado, no direito especial do respectivo titular eleger, em separado, da generalidade dos demais accionistas, um ou mais administradores da sociedade ou, por outro lado, de ele mesmo assumir o cargo de administradores.

2.2.4.2. O direito a uma percentagem de lucros preferencial ou até diferente da respectiva participação social

2.2.4.2.1. Lucro preferencial

O direito especial a uma percentagem de lucros preferencial (al. b), do n.º 2, do art. 105.º do C.Com.) traduz-se no direito do respectivo titular, receber com preferência sobre os demais accionistas, uma percentagem dos lucros gerados pela sociedade. Assim o titular de tal direito tem garantido que um percentual dos lucros gerados pela sociedade, antes de serem distribuídos pelos demais accionistas, responderão pela sua preferência no direito a lucros.

Entendemos, no entanto, que o direito a lucro preferencial, para materializar-se, tem que estar associado a lucros mínimos ou fixos, ou seja, deve traduzir-se no direito de receber, com preferência, sobre os demais accionistas, um montante ou percentual de lucro mínimo ou fixo, sendo este aliás o regime aplicável ao lucro das acções preferenciais, tal como resulta do n.º 1, do art. 356.º do C.Com.

Trata-se de receber um montante ou percentual mínimo ou fixo dos lucros, estabelecido no contrato de sociedade, com prioridade sobre os lucros distribuídos pelos demais accionistas. Deste modo, uma vez apurados os lucros distribuíveis, antes de serem distribuídos pela generalidade dos accionistas, serão usados para pagar aos accionistas titulares deste direito especial a lucros preferenciais, o montante ou percentual mínimo ou fixo de lucros estabelecidos, para só então distribuir-se o remanescente dos lucros pelos demais accionistas.

Entendemos que o direito especial a lucros preferenciais tem que estar associado a lucros mínimos ou fixos porque se assim não for não vislumbramos qualquer conteúdo no referido direito. Com efeito, nenhuma vantagem resultará de ter uma mera preferência sobre um percentual da generalidade dos lucros distribuíveis na medida em que todos eles (lucros distribuíveis) serão distribuíveis na proporção da titularidade da participação no capital social ou contratualmente estabelecida, independentemente de serem preferenciais ou não. Já se o direito a lucros preferenciais estiver associado a lucros mínimos ou fixos, a preferência resultará na necessidade de os lucros distribuíveis serem, em primeiro lugar, usados para pagar o montante ou percentual de lucro mínimo ou fixo que consubstancia o direito especial e só, depois de pagos tais lucros mínimos ou fixos, se recorrerá ao remanescente dos lucros, se os houverem, para pagarem-se os demais accionistas.

2.2.4.2.2. Percentagem de lucros diferente da respectiva participação social

Já o direito a uma percentagem dos lucros diferente da respectiva participação social traduz-se no direito de receber um percentual nos lucros diferente do percentual que o titular do direito titula no capital social. Será o caso, por exemplo, de um accionista que sendo titular de dez por cento do capital, tenha direito a receber doze por cento dos lucros distribuíveis, ao abrigo do direito especial em análise.

2.2.4.2.3. Lucros das acções preferenciais

Já acima fizemos referência ao n.º 1, do art. 356.º do C.Com. aplicável às acções preferenciais. Analisaremos, agora, com maior profundidade, o regime dos lucros das acções preferenciais, uma vez que se traduz, de facto, num direito especial.

As acções preferenciais são, nos termos do art. 353.º do C.Com. "(...) aquelas que conferem aos seus titulares dividendos prioritários em cada exercício, assegurados no artigo 356, e que ultrapassem, de qualquer forma, os valores atribuídos a este título aos titulares de acções ordinárias".

Assim sendo, as acções preferenciais caracterizam-se, desde logo, por conferirem aos seus titulares dividendos que ultrapassem os dividendos distribuídos aos titulares das acções ordinárias

Por outro lado, conferem os dividendos prioritários assegurados no artigo 356.º. Nos termos do disposto no n.º 1, do art. 356.º do C.Com., "[à]s acções preferenciais é assegurado o pagamento, com preferência ou prioridade, em relação aos titulares de acções ordinárias, de dividendos sobre os lucros do exercício, fixos ou mínimos, cumulativos ou não, em qualquer caso superiores a, pelo menos dez por cento dos atribuídos às acções ordinárias".

Deste modo, não só as acções preferenciais conferem aos seus titulares dividendos que ultrapassem os dividendos destruídos aos titulares das acções ordinárias, como tais dividendos têm que ser superiores aos destruídos às acções ordinárias em, pelo menos, dez por cento.

Por outro lado, aos titulares das acções preferenciais é assegurado o pagamento com preferência ou prioridade (antes de atendido o direito a dividendos dos titulares de acções ordinárias), de dividendos sobre os lucros do exercício, fixos ou mínimos. Tal como acima mencionamos, a propósito do Lucro Preferencial[12], trata-se de um montante ou percentual fixo ou de montante ou percentual mínimo, estabelecido no contrato de sociedade, que será distribuído pelas acções preferenciais, a título de dividendos, com preferência sobre a distribuição de dividendos pela generalidade das acções.

O n.º 1, do art. 356 refere-se, ainda, à possibilidade dos direitos especiais a dividendos prioritários inerentes às acções preferenciais poderem ser, ou não, cumulativos. Não fosse o disposto no n.º 3, do art. 356.º do C.Com e entenderíamos que à semelhança de outros ordenamentos jurídicos, ser cumulativo diria respeito ao dividendo fixo ou mínimo que não sendo distribuído num dado exercício acumularia para o exercício seguinte com o mesmo grau de prioridade e preferência. No entanto, o regime de acumulação de dividendos preferenciais não distribuídos e previsto no n.º 3, do art. 356.º do C.Com. levanta-nos as maiores dúvidas sobre um tal entendimento.

Estabelece o n.º 3, do art. 356.º do C.Com. que "[o]s titulares de acções preferências com direito a dividendos fixos ou mínimos, cumulativos ou não, não existindo lucro a distribuir no exercício, perceberão, nos exercícios subsequentes, os dividendos não pagos nos exercícios anteriores, com o saldo de lucros existentes, após os pagamentos normais dos dividendos destes últimos exercícios, até que seja paga a totalidade dos dividendos em atraso".

Retiramos, assim, do n.º 3, do art. 356.º do C.Com. que, independentemente dos dividendos atribuídos às acções preferenciais serem, ou não cumulativos, caso não sejam distribuídos num determinado exercício, sê-lo-ão, nos exercícios subsequentes, porém, apenas com o saldo de lucros existente e após os pagamentos normais dos dividendos do exercício em que sejam pagos.

[12] Vide 2.2.4.2.1.

Deste modo parece ser indiferente se os dividendos das acções preferenciais são cumulativos, ou não, para que se aplique o regime de acumulação de dividendos estabelecido no n.º 3, do art. 356.º do C.Com.. Por outro lado, estando os dividendos cumulativos das acções preferências sujeitos ao regime do n.º 3, do art. 356.º do C.Com. não se poderá dizer que os mesmos, não sendo distribuídos num dado exercício acumulam para o exercício seguinte com o mesmo grau de prioridade e preferência, na medida em que nos termos da disposição em análise, o seu pagamento apenas será efectuado nos exercícios subsequentes com o saldo de lucros existente e após os pagamentos normais dos dividendos do exercício em que sejam pagos.

Face à aparente impossibilidade de considerar os dividendos cumulativos como correspondendo aos dividendos que não sendo distribuídos num dado exercício acumulam para o exercício seguinte com o mesmo grau de prioridade e preferência, poderíamos ser levados a concluir que por cumulativos dever-se-iam ter os dividendos prioritários das acções preferenciais que, além serem fixos, seriam, igualmente, mínimos. Tal resultaria de estabelecer um dividendo prioritário de valor ou percentual fixo e, simultaneamente mínimo, o qual seria distribuído, com preferência sobre a distribuição de dividendos pela generalidade das acções ordinárias.

No entanto, se por um lado, temos reservas quanto a uma tal interpretação, por outro lado, a mesma parece não fazer sentido, à luz do disposto no art. 355.º do C.Com.. O art. 355.º do C.Com. estabelece que "[o]s titulares de acções preferenciais recuperam o pleno exercício do direito de voto quando a sociedade, pelo prazo previsto no contrato de sociedade, não superior a três exercícios sociais consecutivos, deixar de distribuir dividendos preferenciais aos seus titulares, direito que conservarão até que os dividendos sejam pagos e, se cumulativos, até ao pagamento dos dividendos em atraso".

Com efeito, à luz do disposto no art. 355.º do C.Com. parece dever considerar-se que dividendos cumulativos são aqueles que acumulam de um exercício para o outro, quando deixem de ser pagos. Sucede que, por força do disposto no n.º 3, do art. 356.º todos os dividendos das acções preferenciais acumulam de um exercício para o outro, quando deixem de ser distribuídos num dado exercício, independentemente de se tratarem, ou não de dividendos cumulativos.

Tendo em consideração o exposto parece-nos inquestionável a necessidade de proceder à clarificação do regime de dividendos cumulativos atribuíveis às acções preferenciais. No entanto e até lá, parece-nos melhor corresponder à letra da lei a interpretação segundo a qual: (i) todos os dividendos prioritários atribuídos às acções preferenciais acumulam de um exercício para o outro, quando deixem de ser pagos num dado exercício, independentemente de se tratarem de dividendos cumulativos ou não; e (ii) perante dividendos cumulativos, o titular de acções preferenciais sem voto que tenha recuperado o direito a voto em resultado de ter ficado vários exercícios sem receber dividendos, manterá o direito a voto até que todos os dividendos cumulativos em atraso sejam pagos nos exercícios subsequentes, em conformidade com o disposto no n.º 3, do art. 356.º do C.Com..

2.2.4.3. Direito de subscrever capital mas não realizar por caber aos outros sócios realizar a sua parte subscrita

O direito especial agora em análise assenta nos conceitos de subscrição e realização de capital social que, por esse motivo passamos a relembrar.

"A subscrição é a declaração de vontade pela qual o sócio (ou o não-sócio, se for o caso) aceita a oferta que lhe foi feita pela sociedade (através de comunicação dos termos da deliberação de aumento de capital), de aquisição de determinada participação na sociedade através da equivalente entrada no capital"[13]. Subscrever capital social é, assim, aceitar os termos de aquisição do capital social ou porção do mesmo, mediante o compromisso de entrada no capital, ou seja, mediante o compromisso de realização.

Realizar corresponde ao acto de proceder à entrada no capital, cujo compromisso resultou da subscrição. Aquele que subscreve capital assume, assim, a obrigação de realizar o capital em conformidade. Por este motivo, temos dificuldades em conceber que um sujeito subscreva capital sem que assuma a obrigação de o realizar devido à obrigação de realização ficar a cargo de outros sócios.

O que está em causa é o direito especial, estabelecido na al. c), do n.º 2, do art. 105.º do C.Com, de um sócios subscrever capital mas não o realizar, por caber aos outros sócios realizar a sua parte de capital subscrita.

[13] Correia, Miguel J. A. Pupo, Direito Comercial, Direiot da Empresa, Ediforum, Lisboa, 9.ª edição, refundida e actualizada, 2005, pag. 201.

A materialização de um tal direito traduzir-se-á, assim, na possibilidade de um sujeito assumir a obrigação de realizar capital social sem que, no entanto, o tenha que, de facto, realizar, ficando a obrigação de realização a cargo de outros sujeitos que assumam a qualidade de sócios. Salvo melhor opinião o direito especial agora em análise foi introduzido no C.Com. com o objectivo de consagrar, formalmente, aquilo a que em linguagem comum se vem designando por "*free carry*", ou seja, a entrada para o capital social de uma sociedade sem que tal entrada implique qualquer realização de capital, derivado da correspondente participação no capital social ser realizada por outro sujeito.

Sucede que os "*free carries*" são há muito implementados sem que, para o efeito, tenham que se suportar em qualquer disposição semelhante à da al. c), do n.º 2, do art. 105.º do C.Com.. Na verdade o *free carry* pode traduzir-se, como se vinha traduzindo, no cumprimento da prestação por terceiro, previsto e regulado nos arts. 767.º e 770.º do Código Civil. Assim e em conformidade com a possibilidade legal estabelecida no Código Civil, poderia um accionista subscrever capital social, ficando consequentemente obrigado pela sua realização que, no entanto, acabaria por ser efectuada por terceiro, mediante acordo.

Não obstante, o legislador optou por consagrar, formalmente, este direito, traduzindo a possibilidade de um sócio ter o direito de subscrever capital sem que, no entanto, recaia sobre ele a obrigação de realização que, entretanto, fica assumida por outros sócios. Será essencial, ao exercício do direito em análise, que a subscrição de capital por parte do sócio titular deste direito especial seja, simultaneamente, acompanhada da obrigação, a cargo de outros sócios, de realização do capital subscrito pelo sócio titular do direito especial.

2.2.4.4. Direito de vetar deliberações sociais precisas e determinadas

Outro direito especial enumerado no n.º 2, do art. 105.º do C.Com. é o de vetar deliberações sociais precisas e determinadas no contrato de sociedade. Não bastará atribuir o direito de veto a um ou mais sócios. Será necessário que as deliberações sujeitas ao veto do sócio titular deste direito especial sejam, determinadas com precisão no contrato de sociedade.

2.2.4.5. Direito de votar favoravelmente ou não à entrada de novos sócios

Quer-nos parecer que o legislador não foi feliz com a redacção do direito especial em análise. Naturalmente que, desde sujeita a votação dos sócios, estes têm direito de votar favoravelmente ou não, seja qual for a matéria objecto de votação.

Entendemos, porém, que o pretendido pelo legislador foi consagrar a possibilidade de limitar a entrada de novos sócios ao consentimento de um ou mais sócios. Trata-se, na verdade, de um direito especial de veto à entrada de novos sócios e, por este motivo, a sua consagração no C.Com seria, na nossa opinião, desnecessária, atendo o direito especial de veto já analisado.

2.2.4.6. Direito de consentir especificamente em deliberação sobre matéria determinada

O acabado de mencionar com relação ao direito de votar favoravelmente ou não à entrada de novos sócios é, igualmente, aplicável ao direito de consentir especificamente em deliberação sobre matéria determinada. Com efeito, os sócios têm o direito de consentir, aprovar ou votar favoravelmente a determinada proposta de deliberação que lhes seja submetida a votação, nada sendo acrescentado, a este respeito, pelo direito agora em análise. Mais uma vez, quer-nos parecer que o legislador foi infeliz com a redacção deste direito especial.

Contudo, parece-nos que o objectivo do legislador foi o de garantir que, com relação a matérias determinadas no contrato de sociedade, a deliberação sobre as mesmas necessite do consentimento do sócio titular deste direito especial. O mesmo será dizer, atribuir o direito de veto ao sócio titular do direito especial com relação a deliberação sobre matéria determinada. Assim, também nos parece que o efeito deste direito poderia ser alcanço com recurso ao direito especial de veto previsto na al. d), do n.º 2, do art. 105.º do C.Com., sem necessidade da previsão do direito agora em análise.

2.2.4.7. Direito de solicitar a conversão das suas acções em acções preferências – atribuível a classes ou séries de acções ordinárias (al. a), do n.º 1, do art. 357.º do C.Com.)

A lei admite a atribuir, a classes ou séries de acções ordinárias, o direito de conversão em acções preferenciais. Naturalmente que, para o efeito, será necessário que o direito especial de conversão identifique as vantagens que serão atribuídas às acções preferenciais resultantes da conversão das acções ordinárias.

2.2.4.8. Direito de ver atendidas as exigências legais conferidas a estas classes ou espécies de acções – atribuível a classes ou séries de acções ordinárias (al. b), do n.º 1, do art. 357.º do C.Com.)

A redacção adoptada para identificar o direito transcrito e em análise parece-nos poder conduzir, facilmente, a dúvidas de interpretação sobre o seu alcance. Entendemos, no entanto, que o objectivo tenha sido o de permitir a criação de classes ou séries de acções destinadas ao cumprimento de determinadas exigências legais associadas à titularidade do capital social de sociedades anónimas. Desde logo, vêm-nos à ideia os benefícios financeiros previstos na al. a), do n.º 1, do art. 33.º da Lei n.º 15/2011, de 10 de Agosto, comumente designada por Lei das PPPs ou Lei dos Mega Projectos, aplicável aos empreendimentos de parcerias público-privada, projectos de grande dimensão e concessões empresariais, levados a cabo em Moçambique, sob a iniciativa ou decisão e controle quer de entidades governamentais de nível central, provincial e distrital, quer das autarquias locais.

Com efeito, a referida disposição estabelece a necessidade dos contratos de parceria público-privada, de projectos de grande dimensão e de concessão empresarial estabelecerem expressamente certos benefícios financeiros, entre os quais o da participação reservada para alienação, via mercado bolsista, em termos comerciais de mercado e preferencialmente a favor de pessoas singulares moçambicanas, no capital social da sociedade implementadora de tais empreendimentos, o qual, no termos do n.º 3, do art. 64.º do Decreto n.º 16/2012, de 4 de Junho, que regula a referida Lei, deve ser materializado até ao quinto ano do início da exploração do empreendimento.

Assim e acordo com a referida legislação, até ao final do quinto ano, contado do início da exploração de um empreendimento de parceria público-privada, projecto de grande dimensão ou concessão empresarial, o capital social da sociedade implementadora do projecto deve ser parcialmente aberto ao público mediante alienação em mercado bolsista. Por este motivo, certas sociedades têm criado classes ou séries de acções ordinárias destinadas a darem resposta a esta exigência legal de serem alienadas, via mercado bolsista e em termos comerciais de mercado, preferencialmente, a favor de pessoas singulares moçambicanas.

2.2.4.9. Direito de eleger, em separado, membros do conselho de administração ou do conselho fiscal, titular e suplemente, conforme dispuser o contrato de sociedade – atribuível a classes ou séries de acções ordinárias (al. c), do n.º 1, do art. 357.º do C.Com.)

Trata-se do direito especial que pode ser atribuído a certa classe ou série de acções ordinárias, permitindo que os accionsitas titulares de tais classes ou séries de acções elejam, entre si, sem que para o efeito concorram outros accionistas que não sejam titulares da mesma classe ou série de acções, membros do conselho de administração do ou conselho fiscal da sociedade, fazendo com que os mesmos accionistas, ainda que não detendo a maioria no capital social, possam participar activamente na eleição de administradores e membros do conselho fiscal.

2.2.4.10. Direito de solicitar a conversão das suas acções em acções ordinárias – atribuível a classes ou séries de acções preferenciais (al. a), do n.º 1, do art. 358.º do C.Com.)

Este direito traduz-se na possibilidade de atribuir, a certa classe ou série de acções preferenciais, o direito de conversão em acções ordinárias. Neste caso não será necessária a identificação das vantagens a serem atribuídas às acções ordinárias, uma vez que as acções ordinárias são aquelas que asseguram aos seus titulares a plenitude dos direitos de accionistas (art. 352.º do C.Com.), sem que a elas sejam atribuídos direitos especiais característicos das acções preferenciais.

2.2.4.11. Direito de assegurar, de forma diferenciada, aos seus titulares, os direitos, preferenciais e vantagens a que se refere o artigo 356.º – atribuível a classes ou séries de acções preferenciais (al. b), do n.º 1, do art. 358.º do C.Com.)

Como referido, a propósito da análise das acções preferenciais, diferentes vantagens podem ser atribuídas aos titulares de acções preferenciais, entre os quais o direito a dividendos prioritários fixos, mínimos, cumulativos, ou não, em qualquer caso superiores a, pelo menos, dez por cento dos atribuídos às acções ordinárias.

O direito agora em análise visa permitir que tais direitos sejam atribuídos, de forma diferenciada, a determinadas classes ou séries de acções preferenciais.

2.2.4.12. Direito de eleger, em separado, um membro do conselho de administração ou do conselho fiscal, titular e suplente, conforme dispuser o contrato de sociedade que tenha criado essa série de acções preferenciais – atribuível a classes ou séries de acções preferenciais (al. c), do n.º 1, do art. 358.º do C.Com.)

À semelhança do direito especial atribuível a certa classe ou série de acções ordinárias, também o direito especial agora em análise traduz-se em permitir que os accionsitas titulares de certa classe ou série de acções preferências elejam, entre si, sem que para o efeito concorram outros accionistas que não sejam titulares da mesma classe ou série de acções, membros do conselho de administração do ou conselho fiscal da sociedade, fazendo com que os mesmos accionistas, ainda que não detendo a maioria no capital social, possam participar activamente na eleição de administradores e membros do conselho fiscal.

2.2.5. Abuso de minoria resultante do exercício de direitos especiais

Já fizemos referência à possibilidade da eliminação de um direito especial sem o consentimento do seu titular, nos casos em que haja exercício abusivo de um direito especial atribuído a uma minoria, traduzido na sobreposição de interesses pessoais aos interesses da sociedade ou numa actuação desleal para com a sociedade, resultando na obstrução à tomada de deliberações.

Com efeito, estabelece o n.º 4, do art. 105.º do C.Com. que "[o] sócio minoritário, titular de um ou mais direitos especiais, tem o dever de não sobrepor os seus interesses individuais aos interesses da sociedade e ao dever de lealdade para com esta, sob pena de abuso da sua posição minoritária". Assim, caso um sócio abuse da sua posição minoritária, nos termos descritos no n.º 4, do art. 105.º do C.Com., obstruindo a tomada de deliberações, responde pelos danos causados à sociedade, podendo-lhe, dependendo da gravidade, ser retirado o direito especial (n.º 5, do art. 105.º do C.Com).

Trata-se do meio estabelecido pelo legislador moçambicano tendente a prevenir o abuso de minorias.

3. Ativismo accionista: principais manifestações e limites jurídicos

3.1. Participação na assembleia geral e votação

A principal manifestação do activismo dos accionistas nas sociedades é, sem dúvida, a da sua participação nas reuniões de assembleia geral, onde são chamados a apreciar e votar algumas das mais importantes matérias relacionadas com a sociedade.

Como já tivemos a oportunidade de referir, o direito de participar e votar em assembleia geral tem sido amplamente exercido pelos accionistas de sociedades anónimas moçambicanas, incluindo pelos accionistas sem direito de voto ou capacidade de influência nas deliberações a serem tomadas, traduzindo o interesse da generalidade dos accionistas sobre os assuntos relacionados com a sociedade.

Já, aqui, analisamos os direitos de participação e votação nas deliberações, a limitações a esses direitos, assim como o direito de convocação das reuniões de assembleia geral[14].

Recapitulando a principais ideias poder-se-á dizer que:

a) Todo o accionista, com ou sem direito de voto, tem o direito de comparecer à assembleia geral e discutir as matérias submetidas à

[14] Vide 2.1.2.

apreciação, desde que provada a sua qualidade de accionistas (n.º 1, do art. 414.º, do C.Com.);

b) A cada acção corresponde um voto (n.º 1, do art. 417.º do C.Com.). Porém:
   - O contrato de sociedade pode exigir a posse de um certo número de acções para conferir direito de voto, sem prejuízo dos accionistas possuidores de um número de acções inferior ao exigido pelo contrato de sociedade poderem agrupar-se por forma a completarem o número exigido e fazer-se representar por um dos accionistas agrupados (n.º 2, do art. 414.º do C.Com.);
   - O contrato de sociedade pode fazer corresponder um só voto a um certo número de acções, contanto que sejam abrangidas todas as acções emitidas pela sociedade e caiba um voto, a cada 20,00 MT (vinte Meticais) de capital (n.º 2, do art. 417.º do C.Com.);
   - Os accionistas não podem votar sobre matérias em relação às quais se encontrem em conflito de interesse com a sociedade (art. 131.º do C.Com.);
   - A partir da mora na realização de entradas de capital e enquanto esta subsistir, o accionista não pode exercer o direito de voto (n.º 3, do art. 417.º do C.Com.)
   - O contrato de sociedade pode suprimir o direito de voto das acções preferenciais, sem que tal possa abranger o direito de voto sobre matérias referentes à aprovação do relatório da administração, das demonstrações contabilísticas e contas de resultados de cada exercício (n.º 1, do art. 354.º do C.Com.). Tal direito é, no entanto, recuperado nos casos em que a sociedade, pelo prazo previsto no contrato de sociedade, não superior a três exercícios sociais consecutivos, deixe de distribuir dividendos preferenciais aos seus titulares, direito este que será conservado até que os dividendos sejam pagos e, se cumulativos, até ao pagamento dos dividendos em atraso (art. 355.º do C.Com.).

c) Não é permitido o voto plural (n.º 4, do art. 417.º do C.Com.).

3.1.1. Deliberações por escrito

Além da participação nas reuniões de assembleia geral, discutindo e votando sobre as matérias submetidas a apreciação e votação, os accionsitas podem, ainda, deliberar por meio de voto por escrito, sem recurso a reunião de assembleia geral (n.º 4, do art. 128.º do C.Com.).

Para que uma tal deliberação seja válida é, no entanto, necessário que todos os accionistas declarem por escrito o sentido do seu voto em documento que inclua a proposta de deliberação, devidamente datado, assinado e endereçado à sociedade – n.º 4, do art. 128.º do C.Com..

Nos termos do n.º 5, do art. 128.º do C.Com., uma tal deliberação apenas será considerada tomada na data em que seja recebida, na sociedade, o último dos documentos contendo o sentido de voto e a que se refere o n.º 4, do art. 128.º do C.Com., devendo o presidente da mesa da assembleia geral ou quem o substitua, nos termos do n.º 6, do mesmo art. 128.º, dar conhecimento da deliberação a todos os sócios, assim como, nos termos do n.º 3, do art. 147.º do C.Com., inscrever, no livro de actas ou nas folhas soltas[15], a menção da deliberação tomada por escrito.

A deliberação por escrito, dependendo do exercício do direito de voto por todos os sócios, não depende da unanimidade, podendo ser tomada por simples maioria. Situação que se verifica nos casos em que todos os sócios votem por meio do documento escrito a que alude o n.º 4, do art. 128.º do C.Com., mas em que alguns dos sócios votem contra, ainda, assim sem prejudicar a maioria dos votos necessários à tomada da deliberação. Naturalmente que, a um sócio que pretenda impedir que uma tal deliberação seja tomada, bastará não emitir o seu voto escrito, impedindo assim que a deliberação seja tomada. Por este motivo as deliberações por escrito tendem a depender da unanimidade de todos os sócios, sem que a mesma constitua um requisito formal.

[15] De acordo com o n.º 3 do art. 43.º do C.Com., os livros obrigatórios dos empresários comerciais podem ser substituídos por fichas, procedimentos contabilísticos ou outros que possibilitem a utilização de novas técnicas de escrituração nos termos que forem legalmente estabelecidos. A legalização, de acordo com o disposto no n.º 2 do art. 44.º do C.Com. consiste na assinatura dos termos de abertura e de encerramento, bem como na colocação, na primeira folha de cada um, do número de folhas do livro e, em todas as folhas de cada livro, do respectivo número e rubrica que, ao abrigo do n.º 3 do mesmo art. 44.º pode ser oposta por chancela.
O legislador desde logo admitiu, no n.º 3 do art. 147.º do C.Com., que o livro de actas da assembleia geral pode ser substituído por folhas soltas, desde que devidamente legalizadas em conformidade com as disposições acabadas de enunciar. Essa tem vindo a ser a prática adoptada por muitas das sociedades comerciais moçambicanas.

3.1.2. Abuso de maioria

O abuso de maioria, entendido como a influência exercida pelos titulares de uma ou mais participações sociais que isolada ou conjuntamente representem uma maioria do capital social, dos direitos de voto ou do poder de eleição da maioria dos membros da administração, ainda que por meio de relações de domínio ou de grupo ou, ainda, por meio acordos parassociais ou de accionistas, procurando obter, para si ou terceiros, benefícios ou vantagens em condições discriminatórias ou de favor, em prejuízo da sociedade, dos demais sócios ou dos credores sociais, é objecto de tratamento no art. 125.º do C.Com., a propósito da regulamentação da responsabilidade do sócio dominante.

O n.º 1, do art. 125.º do C.Com. define o sócio dominante como "...a pessoa singular ou colectiva que por si só ou conjuntamente com outras sociedades de que seja também sócio dominante ou com outros sócios a quem está ligado por acordos parassociais, detém uma participação maioritária no capital social, dispõe de mais de metade dos votos ou do poder de fazer eleger a maioria dos membros da administração".

De acordo com o n.º 2, do art. 125.º do C.Com., "[o] sócio dominante que por si só ou por intermédio das pessoas mencionadas no número anterior[16], use o poder de domínio de maneira a prejudicar a sociedade ou os outros sócios, responde pelos danos causados àquela ou a estes".

Já o n.º 3 do art. 125.º do C.Com. apresenta os seguintes fundamentos exemplificativos do dever de indemnizar que recai sobre os sócios dominantes:

- Fazer eleger administrador ou membro do conselho fiscal ou fiscal único que se sabe ser inapto, moral ou tecnicamente;
- Induzir administrador, mandatário, membro do conselho fiscal ou fiscal único a praticar acto ilícito;
- Celebrar directa ou por interposta pessoa contrato com a sociedade de que seja sócio dominante, em condições discriminatórias e de favor, em seu benefício ou de terceiro;
- Induzir a administração da sociedade ou qualquer mandatário desta a celebrar com terceiros contrato em condições discriminatórias e de favor, em seu benefício ou de terceiro.

[16] Cf. n.º 1 do art.125.º do C.Com..

- Fazer aprovar deliberações com o consciente propósito de obter, para si ou para terceiro, vantagem indevida em prejuízo da sociedade, de outros sócios ou de credores daquela.

Perante o abuso do poder de influência, prejudicial à sociedade ou aos demais sócios e exercido pelo sócio dominante, sobre administradores e membros do conselho fiscal ou fiscal único recai o dever de não praticarem ou celebrarem, bem como o dever de impedir, podendo fazê-lo, a prática ou celebração de qualquer acto ou contrato que se enquadre com (n.º 4, do art. 125.º do C.Com.):

1) Induzir administrador, mandatário, membro do conselho fiscal ou fiscal único a praticar acto ilícito;
2) Celebrar directa ou por interposta pessoa contrato com a sociedade de que seja sócio dominante, em condições discriminatórias e de favor, em seu benefício ou de terceiro; ou
3) Induzir a administração da sociedade ou qualquer mandatário desta a celebrar com terceiros contrato em condições discriminatórias e de favor, em seu benefício ou de terceiro; sob pena de responderem solidariamente com o sócio dominante pelos actos causado à sociedade ou directamente aos outros sócios.

Respondem ainda solidariamente com o sócio dominante, pelos danos causados, os sócios que dolosamente, concorram com os seus votos para a aprovação de deliberação com o consciente propósito de fazer obter para o sócio dominante ou para terceiro, vantagem indevida em prejuízo da sociedade, de outros sócios ou de credores da sociedade, assim como os administradores que dolosamente executem uma tal deliberação (n.º 5, do art. 125.º).

Por último, ao abrigo do n.º 6, do art. 125.º do C.Com., qualquer credor da sociedade poderá exercer o direito de indemnização de que a sociedade seja titular, caso o património social se torne insuficiente para a satisfação dos respectivos créditos, em consequência do sócio dominante:

1) Induzir administrador, mandatário, membro do conselho fiscal ou fiscal único a praticar acto ilícito;
2) Celebrar directa ou por interposta pessoa contrato com a sociedade de que seja sócio dominante, em condições discriminatórias e de favor, em seu benefício ou de terceiro;

3) Induzir a administração da sociedade ou qualquer mandatário desta a celebrar com terceiros contrato em condições discriminatórias e de favor, em seu benefício ou de terceiro; ou
4) Fazer aprovar deliberações com o consciente propósito de obter, para si ou para terceiro, vantagem indevida em prejuízo da sociedade, de outros sócios ou de credores daquela.

3.1.3. Abuso de minoria

O abuso de minoria, traduzido numa minoria em desacordo com a forma de condução dos negócios sociais, que possa ser suficientemente significativa para bloquear repetidamente decisões fundamentais da sociedade, como sejam variações de capital social ou outras alterações contratuais, que visem dotar a sociedade de meios indispensáveis ao seu funcionamento, evitando em certos casos que a inércia ponha em causa a sua subsistência[17], é hoje tratado nos n.ºs 4 e 5 do art. 105.º do C.Com. a que já fizemos referencia a propósito da análise dos direitos especiais dos sócios[18].

De acordo com as citadas disposições é possível eliminar um direito especial sem o consentimento do seu titular, nos casos de exercício abusivo de um direito especial atribuído a uma minoria, traduzido na sobreposição de interesses pessoais aos interesses da sociedade ou numa actuação desleal para com a sociedade, resultando na obstrução à tomada de deliberações.

3.2. Exercício do direito à informação

Já aqui também fizemos referência ao direito à informação dos accionistas[19]. O exercício deste direito, traduz, igualmente, uma das mais frequentes formas de manifestação do activismo dos accionsitas nas sociedades. É frequente o recurso ao exercício deste direito, como forma do accionista se manter informado sobre a sociedade e determinar a sua postura para com a mesma.

[17] Cf. CUNHA, Paulo Olavo, Direito das Sociedades Comerciais, Almedina, Coimbra, 4.ª edição, 2010, pags. 259 e 260.
[18] Vide 2.2.5.
[19] Vide 2.1.3.

Não voltaremos a analisar o exercício do direito à informação, limitando-nos, agora, a analisar os limites ao seu exercício.

3.2.1. Limites ao direito à informação

Com relação aos limites ao direito à informação, entendemos poder distinguir duas espécies de limites:

1) Os limites de acesso à informação, consubstanciados em limitações impostas aos accionistas para que tenham acesso à informação; e
2) Os limites ao uso da informação, consubstanciados nas limitações impostas aos accionistas relativamente ao uso da informação a que tenham acesso no âmbito do exercício dos respectivos direitos à informação.

a) Limites de acesso à informação

O direito de requerer, por escrito, à administração, informação escrita sobre a gestão da sociedade, nomeadamente sobre qualquer operação social em particular, (al. g) do n.º 1, do art. 122.º do C.Com.), pode ser limitado nos estatutos da sociedade, subordinando o exercício do referido direito à titularidade de uma percentagem no capital social, em circunstância alguma superior a cinco por cento (n.º 5, do art. 122.º do C.Com.).

Por outro lado, o direito de consultar e obter cópia de acta da administração, está subordinado a prévia autorização da administração, que pode recusar com fundamento no entendimento de que a acta da administração contém matéria confidencial, segredo comercial, industrial ou acto não passível de divulgação ao público ou ainda de negócios em curso, cuja acessibilidade e eventual divulgação é susceptível de causar dano à sociedade (n.º 4, do art. 122.º do C.Com.).

b) Limites ao uso da informação

O direito à informação resulta do direito do accionista informar-se sobre a vida da sociedade, ao abrigo do disposto na al. c), do n.º 1, do art. 104.º do C.Com.. Tal direito justifica-se pelo especial interesse que o accionista tem com relação à sociedade e inerente à sua qualidade de sócio.

O accionista não pode, no entanto, fazer uso da informação obtida por meio do exercício do direito à mesma, em prejuízo da sociedade, sob pena de, se o fizer, responder pelos danos que sejam causados à sociedade (n.º 6, do art. 122.º do C.Com.).

4. Transações entre partes relacionadas

Analisaremos agora as transacções entre partes relacionadas, limitando a nossa análise às situações de transacções entre a sociedade e: (i) a generalidade dos accionistas, (ii) accionistas dominantes; e (iii) administradores[20].

[20] O ordenamento jurídico moçambicano não regula as sociedades coligadas. Ainda assim, o art. 125.º do C.Com. oferece a noção de sócio dominante, assim como regula a sua responsabilidade nos casos em que o domínio seja usado em prejuízo da sociedade ou dos demais sócios.
Existem também, no ordenamento jurídico moçambicano, referências às sociedades em relação de grupo, embora desacompanhadas de um regime jurídico próprio. O C.Com, refere-se às sociedades em relação de grupo, no n.º 3, art. 88.º, a propósito da capacidade jurídica das sociedades comerciais, admitindo a prestação de garantias a favor de obrigações constituídas por sociedades em relação de grupo. Por seu turno o n.º 2, do art. 427.º do C.Com. refere-se, igualmente à relação de grupo no âmbito da proibição dos administradores contratarem com sociedades em relação de grupo com a sociedade em que exercem a função de administrador. O C.Com. não oferece, no entanto uma noção de sociedade em relação de grupo. Por este motivo tem-se recorrido subsidiariamente ao disposto em legislação avulsa para apurar, consoante as circunstâncias, o que se deva entender por relação de grupo.
O n.º 42 do Glossário que constitui anexo do Decreto-Lei n.º 1/2010, de 31 de Dezembro, que aprova o regime jurídico dos seguros define relação de grupo como a "relação que se estabelece entre duas ou mais pessoas singulares ou colectivas que constituam uma única entidade do ponto de vista do risco assumido, por estarem de tal forma ligadas que, na eventualidade de uma delas deparar com problemas financeiros, a outra ou todas as outras terão, provavelmente, dificuldades em cumprir com as suas obrigações. Com excepção das empresas públicas ou de outra natureza controladas pelo Estado, considera-se que existe esta relação de grupo, nomeadamente, quando:
a) haja relação de domínio de uma sobre a outra ou sobre as outras;
b) existam accionistas ou associados comuns, que exerçam influência nos sociedades em questão;
c) existam administradores comuns; e
d) haja interdependência comercial directa que não possa ser substituída a curto prazo."
Já a al. m) do n.º 2 do art. 2.º da Lei 15/99, de 1 de Novembro, tal como alterada pela Lei n.º 9/2004, de 21 de Julho, a qual regula o estabelecimento e o exercício da actividade das instituições de crédito e das sociedades financeiras, define relação de grupo como " a relação que se dá entre duas ou mais pessoas singulares ou colectivas que constituam uma única entidade do ponto de vista do risco assumido, por estarem de tal forma ligadas que, na eventualidade de uma delas deparar com problemas financeiros, a outra ou todas as outras terão, provavelmente, dificuldades em cumprir as suas obrigações", ao que acrescenta que "[c]om excepção das empresas públicas ou

4.1. Transacções entre a sociedade e a generalidade dos seus accionistas

Com relação aos negócios entre a sociedade e a generalidade dos seus accionistas, o C.Com., no seu art. 121.º regula a aquisição e alienação de bens a sócios, nos seguintes termos:

> "Artigo 121.º Aquisição e alienação de bens a sócios
>
> 1 – Exceptuando-se as que tenham por objecto bens de consumo e se integrem na normal actividade da sociedade, as aquisições e alienações de bens sociais aos sócios, titulares de participação superior a um por cento do capital social, só podem ser feitas a título oneroso e depois de previamente aprovadas por deliberação dos sócios em que não vote o sócio a quem os bens hajam de ser adquiridos ou alienados.
>
> 2 – A deliberação dos sócios deve ser sempre precedida da verificação do valor dos bens nos termos do artigo 114.º e registada antes da aquisição ou alienação.
>
> 3 – Os contratos de que procedem as alienações e aquisições aos sócios referidos no n.º 1 devem, sob pena de nulidade, constar de documento escrito, que pode ser meramente particular se outra forma não for exigida pela natureza dos bens."

Assim não são abrangidos pelo regime do art. 121.º em análise os negócios de aquisições ou alienação de bens que:

1) Tenham por objecto bens de consumo e, simultaneamente se integrem na normal actividade da sociedade; ou
2) Sejam efectuadas com sócios titulares de participação social igual ou inferior a 1% do capital social da sociedade.

Nas demais situações, ou seja, nos casos em que a aquisição ou alienação, entre a sociedade e um seu accionista, não tenha por objecto bens de consumo e se integrem na normal actividade da sociedade e, por outro

de outra natureza controladas pelo Estado, considera-se que existe relação de grupo, nomeadamente quando:
i. há relação de domínio de uma sobre a outra ou sobre as outras;
ii. existam accionistas ou associados comuns, que exerçam influência nas sociedades em questão;
iii. existam administradores comuns;
iv. haja interdependência comercial directa que não possa ser substituída a curto prazo.
A noção de sociedades em relação de grupo.

lado, se realize com accionista titular de participação social superior a um por cento, tais aquisições ou alienações encontram-se sujeitas ao cumprimento das seguintes formalidades:

- Terão de ser feitas a título oneroso;
- Terão de ser objecto de verificação do valor dos bens nos termos do art. 114.º;
- Terão de ser previamente aprovadas por deliberação dos accionistas, sem que o accionista adquirente ou alienante possa votar;
- A deliberação dos accionistas aprovando a aquisição ou alienação terá de ser registada, previamente à aquisição ou alienação;
- Terão de ser formalizadas por meio de contrato escrito.

Sem que a onerosidade nos ofereça quaisquer comentários, referir-nos-emos, ainda que brevemente, às demais formalidades elencadas.

a) Verificação do valor dos bens nos termos do art. 114.º

O art. 114.º do C.Com. regula a avaliação de bens ou direitos com que o sócio pretenda, como sua contribuição, incorporar no capital social da sociedade. Ou seja, refere-se à avaliação de bens ou direitos com que o sócio pretenda realizar a sua participação social, em espécie, no capital social da sociedade.

De acordo com o n.º 1, do art. 114.º do C.Com., os bens ou direitos devem ser avaliados por três peritos ou por sociedade especializada e independente, nomeados pela assembleia geral dos subscritores, estando impedidos de votar os subscritores conferentes. Naturalmente que no âmbito da matéria em análise, aquisição ou alienação de bens entre a sociedades e accionistas, estaremos perante uma sociedade existente e, consequentemente, os peritos ou sociedade especializada deverão ser nomeados pela assembleia geral, sem que o accionista adquirente ou alienante possa votar.

Uma vez nomeados, os avaliadores devem elaborar um laudo de avaliação, devidamente fundamentado, com base em métodos e sistemas usualmente aceites, indicando os critérios de avaliação utilizados, o qual será instruído com os documentos comprovativos da titularidade do direito de propriedade relativos ou bens ou direitos avaliados (n.º 2, do art. 114.º do C.Com.).

Atendendo ao disposto no n.º 4, do art. 114.º do C.Com., independentemente da deliberação que possa ser tomada em assembleia geral da sociedade, o negócio entre a mesma e o accionista interessado só se realizará se este último aceitar o valor da avaliação.

Os avaliadores e o accionista interessado, independentemente da responsabilidade penal, respondem perante a sociedade, demais sócios e terceiros, pelos danos que ocasionarem e sejam decorrentes de dolo ou culpa no processo de avaliação (n.º 7, do art. 114.º do C.Com.).

b) Prévia aprovação por deliberação dos accionistas

Uma vez feita a avaliação dos bens a adquirir ou a alienar nos termos do art. 114.º do C.Com., a avaliação, assim como a aquisição ou alienação serão objecto de deliberação dos accionistas da sociedade.

Para o efeito, os peritos ou sociedade especializada, ou seja, os avaliadores, deverão estar presentes na assembleia geral de avaliação para relatar as conclusões do seu laudo e prestar as informações que forem solicitadas pelos demais accionistas (n.º 3 do art. 114 do C.Com.).

Caso a assembleia geral ou o accionista adquirente ou alienante, interessado, não aceitem a avaliação, o negócio não será realizado (n.º 5 do art. 114.º do C.Com.).

Na eventualidade da avaliação ser aceite pelo accionista adquirente ou alienante, interessado, assim como pela assembleia geral, será a avaliação aprovada.

Note-se que para efeitos da aprovação da avaliação pela assembleia geral o accionista interessado não poderá votar, quer por força do disposto no n.º 1 do art. 121.º do C.Com., quer por se encontrar impedido em face de se encontrar em conflito de interesse com a sociedade (art. 131.º do C.Com.).

Aprovada a avaliação, deve ser deliberada a aquisição ou alienação entre a sociedade e o accionista interessado, estando este impedido de votar, pelos mesmos motivos que o impedem de votar sobre a avaliação.

c) Registo da deliberação dos accionistas aprovando a aquisição ou alienação, prévio à aquisição ou alienação

Uma vez tomada a deliberação que aprove a aquisição ou alienação entre a sociedade e o accionista, deverá a mesma ser registada junto da

Conservatória do Registo das Entidades Legais, ainda antes da aquisição ou alienação ter lugar.

d) Formalização da aquisição ou alienação por meio de contrato escrito

O contrato de aquisição ou alienação deverá constar de documento escrito, sob pena de, não o sendo, o negócio ser nulo (n.º 3, do art. 121.º do C.Com.). Quanto à forma, o documento escrito que traduza uma compra e venda de bem imóvel terá de ser celebrado por escritura pública, assim como terá de o ser nos demais casos em que a lei exija tal forma (art. 219.º e art. 875.º, ambos do Código Civil) podendo ser celebrado por documento meramente particular nos demais casos.

4.2. Transacções entre a sociedade e accionistas dominantes

Analisado o regime geral regulado pelo art. 121.º do C.Com., importa agora fazer referência aos negócios mantidos entre a sociedade e os seus accionistas dominantes.

Embora os negócios mantidos entre a sociedade e os seus accionistas dominantes, desde que enquadráveis com o disposto no art. 121.º do C.Com., fiquem sujeitos ao respectivo regime, outros negócios se podem manter sem que correspondam necessariamente à aquisição e alienação de bens sociais, a que se refere o n.º 1 do art. 121.º do C.Com., assim como se reconhece o especial cuidado a ter nas relações que sejam mantidas entre uma sociedade e os seus accionistas dominantes, com a finalidade de evitar que a influencia destes possa resultar em prejuízos para a sociedade, seus demais accionistas e credores sociais. Por este motivo, o art. 125.º do C.Com., regula a responsabilidade dos sócios dominantes.

Assim antes de mais importa ter presente que nos termos do disposto no n.º 1, do art. 125.º do C.Com. "[s]ócio dominante é a pessoa singular ou colectiva que, por si só ou conjuntamente com outras sociedades de que seja também sócio dominante ou com outros sócios a quem esteja ligado por acordos parassociais, detém uma participação maioritária no capital social, dispõe de mais de metade dos votos ou do poder de fazer eleger a maioria dos membros da administração".

Do n.º 2, do art. 125.º do C.Com. resulta a obrigação do sócio dominante responder pelos danos causados à sociedade e seus demais sócios, em resultado de por si ou por intermédio de outras sociedades de que seja também sócio dominante ou de outros sócios aos quais se encontrem ligado por acordos parassociais, fazer uso do poder de domínio de maneira a prejudicar a sociedade ou outros sócios.

Por sua vez, o n.º 3, do art. 125.º do C.Com., estabelece como fundamento do dever de indemnizar, por parte do sócio dominante, entre outros:

- A celebração, directamente ou por interposta pessoa, de contrato com a sociedade de que seja sócio dominante, em condições discriminatórias e de favor, em benefício do sócio dominante ou de terceiro (al. c), do n.º 3, do art. 125.º do C.Com.); e
- Induzir a administração da sociedade ou qualquer mandatário da mesma a celebrar com terceiros contrato em condições discriminatórias e de favor, em benefício do sócio dominante ou de terceiro (al. d), do n.º 3, do art. 125.º do C.Com.).

Com relação aos negócios que possam ser celebrados entre a sociedade e um seu accionista dominante e que se enquadrem com aqueles acabados de enunciar ou com acto ilícito os administradores, mandatários, membros do conselho fiscal ou fiscal único da sociedade tem o dever de não praticar ou celebrar, assim como de impedir, desde que o possam fazer, a prática ou celebração de qualquer acto ou contrato, sob pena de se tornarem solidariamente responsáveis com o accionista dominante pelos danos causados à sociedade ou directamente aos outros accionistas da sociedade (n.º 4, do art. 125.º do C.Com.).

Por outro lado, também os outros accionistas da sociedade que dolosamente concorram com os seus votos para a aprovação de deliberação com o propósito de fazer obter, para o sócio dominante ou terceiro, vantagem indevida em prejuízo da sociedade, de outros accionistas ou de credores da sociedade, respondem solidariamente com o accionista dominante pelos prejuízos que possam ser causados. Já os administradores têm o dever de não darem execução a uma tal deliberação, sob pena de, executando-a dolosamente, responderem solidariamente com o accionista dominante pelos prejuízos causados (n.º 5 do art. 125.º do C.Com.).

4.3. Transacções entre a sociedade e seus administradores

Nas sociedades anónimas moçambicanas, os contratos celebrados entre a sociedade e os seus administradores, directamente ou por interposta pessoa, são nulos, a menos que tenham sido previamente autorizados por deliberação do conselho de administração, na qual o administrador interessado não pode votar, e com parecer favorável do conselho fiscal ou fiscal único (n.º 1, do art. 427.º do C.Com.).

São ainda nulos, caso não tenham sido previamente autorizados por deliberação do conselho de administração, sem voto do interessado, assim como objecto de parecer favorável do conselho fiscal ou do fiscal único, os contratos celebrados pelos administradores da sociedade, directamente ou por interposta pessoa, com sociedades que estejam em relação de domínio ou de grupo com a sociedade de que o contratante seja administrador (n.º 2, do art. 427.º do C.Com.).

Quer isto dizer que, sob a pena de nulidade, um administrador de sociedade anónima apenas pode contratar, directamente ou por interposta pessoa, com a sociedade em que exerça o cargo de administrador ou com sociedade que com a mesma mantenha relação de domínio ou de grupo se:

- A contratação tiver sido previamente autorizada por deliberação do conselho de administração, na qual o administrador contratante ou interessado não pode votar; e
- O conselho fiscal ou fiscal único tenha emitido parecer prévio favorável a tal contratação.

Porém e de acordo com o n.º 3, do art. 427.º do C.Com., o exposto não é aplicável sempre que se verifiquem as seguintes circunstâncias cumulativas:

1) A contratação diga respeito a acto compreendido no próprio comércio da sociedade, com a qual o administrador contrate, seja ela a sociedade em que o administrador contratante ou interessado exerça o cargo de administrador ou sociedade que com a mesma mantenha relação de domínio ou de grupo; e
2) Nenhuma vantagem especial advenha ou seja concedida ao administrador contratante.

Importa por último fazer referência ao facto do novo art. 150.º do C.Com, relativo aos deveres dos administradores, incorporado no Código com a alteração de dois mil e dezoito[21] e que veio substituir o anterior art. 150.º, relativo aos dever de diligência dos administradores, proibir, nas als. a) e b), do seu n.º 3, aos administradores:

a) Celebrar contratos com a sociedade, obter garantias da sociedade e suas obrigações, receber pagamentos por conta de obrigações pessoais contraídas ou receber adiantamentos de mais de um mês de remuneração mensal; e
b) Tomar ou usar de empréstimo ou de crédito, recursos ou bens da sociedade, em proveito próprio ou de terceiro, sem prévia autorização da Assembleia Geral.

No entanto, as proibições resultantes do art. 150.º do C.Com., de aplicação geral a todas as sociedades, não se aplicarão aos administradores das sociedades anónimas, na medida em que sejam sobrepostas pelo regime regulado no artigo 427.º do C.Com. de aplicação específica às sociedades anónimas. Deste modo, sempre que as referidas proibições estabelecidas no art. 150.º do C.Com. resultem da celebração de contrato com a sociedade, cumprindo os requisitos de validade estabelecidos no art. 427.º C.Com. e supra mencionados, serão permitidas aos administradores das sociedades anónimas. Manter-se-á a proibição, no entanto, no caso inverso, de não resultarem da celebração de contratos com a sociedade, cumprindo os requisitos de validade estabelecidos no art. 427.º do C.Com..

[21] Decreto-Lei n.º 1/2018, de 4 de Maio.

CAPÍTULO 14
OS ACCIONISTAS E A GOVERNAÇÃO DE SOCIEDADES EM SÃO TOMÉ E PRÍNCIPE

Kiluange Tiny
Vanessa Mendes

1. Introdução e fontes específicas

1.1. Introdução

A adopção de mecanismos e práticas de governo de sociedades (da expressão anglo-saxónica *corporate governance*) é essencial para assegurar o bom funcionamento das sociedades comerciais e acautelar os direitos e interesses dos sócios.

Nos seus primórdios, o *corporate governance* focava-se sobretudo na gestão e administração da empresa tendo em vista o interesse de todos os accionistas e não somente interesses individuais[1] e em assegurar a divisão de responsabilidades no topo da organização, de forma a que os poderes de decisão não estivessem todos concentrados no mesmo indivíduo[2]. Ao longo dos anos, o *corporate governance* aumentou a sua abrangência para temas tais como a separação de poderes e a fiscalização entre órgãos e os seus

[1] A respeito das origens do *corporate governance vide* um resumo sobre essa matéria de Teixeira dos Santos, "A importância do *corporate governance*". Disponível em https://www.fep.up.pt/docentes/ftsantos/interven%C3%A7%C3%B5es/CorporateGovernance_Barclays.pdf Última consulta: 2 de Fevereiro de 2018.

[2] *Cadbury Report*, 1992, Disponível em http://cadbury.cjbs.archios.info/report. Última consulta: 2 de Fevereiro de 2018.

membros, a importância dos administradores não executivos, a responsabilidade dos gestores, a remuneração dos administradores, os direitos dos accionistas, os direitos dos trabalhadores com interesse na sociedade, a responsabilidade social da sociedade, entre muitos outros.

O tema que nos propomos analisar em concreto, a respeito dos direitos dos accionistas, é um pequeno fio na grande malha do *corporate governance*.

A concretização dos direitos dos accionistas carece de normas e de directrizes orientadoras do governo das sociedades ou, pelo menos, encontra-se melhor assegurada e balizada se as mesmas existirem.

Como dissecaremos no presente artigo, face às grandes preocupações do mundo moderno, o ordenamento jurídico santomense ainda não integrou as normas de governo de sociedades anónimas mais modernas e que vêm fazendo caminho tanto na forma de *hard law* como na forma de *soft law*. Continua a não existir um código, guia, carta ou recomendação de governo de sociedades comerciais em proposta, produção ou em vigor em São Tomé e Príncipe.

Não sendo este o lugar para uma análise da opção normativa, parece-nos valer como justificação tanto a exiguidade da economia santomense como a sua posição relativa na economia-mundo. No entanto – aqui coligido apenas como *soft advice* por ser um indicador importante no ambiente de negócios santomense – sempre se dirá que a falta de um bom sistema de protecção de accionistas minoritários (um dos princípios de governo de sociedade comummente aceite e recomendado) é apontado pelo Banco Mundial como um dos piores indicadores dos 10 que compõem o "cabaz de indicadores" de São Tomé e Príncipe, colocando o país na 183.ª posição de entre 190 países no *ranking*[3] de 2016.

1.2. Fontes específicas

São Tomé e Príncipe é uma antiga colónia portuguesa que se tornou independente em 12 de Julho de 1975 e que mantém em vigor alguma (se não muita) legislação portuguesa da época colonial, ainda que com algumas alterações subsequentes. Um exemplo de legislação dessa época que

[3] World Bank, *Doing Business – São Tomé e Príncipe*, Disponível em http://www.doingbusiness.org/data/exploreeconomies/s%C3%A3o-tom%C3%A9-and-principe Última consulta: 25 de Setembro de 2017.

subsiste até aos dias de hoje é o *Código Comercial*[4] (doravante, abreviadamente "Código"), aprovado pela Carta de Lei de 28 de Junho de 1888[5] e com as alterações que lhe foram dadas, designadamente pelos Decreto-lei n.º 49 381, de 15 de Novembro de 1969 e Decreto-lei n.º 648/70, de 28 de Dezembro, que alteraram o regime jurídico da fiscalização das sociedades comerciais e da responsabilidade dos administradores[6].

A mais recente alteração de relevo foi dada pela Lei n.º 14/2009, de 31 de Dezembro. Não obstante estas alterações e substituições parciais, o Código ainda continua a ser a principal referência da lei comercial santomense e das sociedades comerciais[7], contendo especificamente o regime das sociedades anónimas.

Enquanto que noutras antigas colónias a legislação comercial foi sofrendo alterações e adaptações mais profundas face às realidades concretas de cada país[8], em São Tomé e Príncipe a legislação comercial manteve-se mais estática.

[4] Também designado mais classicamente por *Código Veiga Beirão*. Designação essa já em franco desuso na prática jurídica santomense. Eis em concreto os diplomas legais em vigor no ordenamento santomense com interesse para o presente artigo:
- Código Comercial (aprovado pela Carta de Lei de 28 de Junho de 1888);
- Decreto-lei n.º 49 381, de 15 de Novembro de 1969 (em vigor em São Tomé por força da Portaria n.º 352/70, de 13 de Julho);
- Decreto-lei n.º 648/70, de 28 de Dezembro (em vigor em São Tomé por força da Portaria n.º 9/71, de 5 de Janeiro);
- Decreto-Lei n.º 1/71, de 6 de Janeiro (em vigor em São Tomé por força da Portaria n.º 42/71, de 28 de Janeiro);
- Lei n.º 14 /2009, de 31 de Dezembro (que altera o Código Comercial).

[5] Publicada no Diário do Governo, n.º 203, de 6 de Setembro. Declarada extensiva às províncias ultramarinas pelo Decreto do Ministério dos Negócios da Marinha e do Ultramar de 20 de Fevereiro de 1894. Após a sua promulgação, e ainda durante o período colonial, o Código Comercial esteve sujeito a inúmeras alterações e substituições parciais por outros diplomas legais avulsos. Como resultado dessas alterações e substituições, e devido ao sistema português de implementação de diplomas legais nas colónias, afirmar quais os diplomas legais que estão em vigor em São Tomé e Príncipe não é uma tarefa imediata (muitas vezes é bastante "kafkiana").

[6] Os citados Decretos-leis entraram em vigor no ordenamento jurídico santomense, por força, respectivamente, das Portarias n.º 352/70, de 13 de Julho e n.º 9/71, de 5 de Janeiro.

[7] Além disso, há vários outros diplomas legais aplicáveis às sociedades, nomeadamente a *Lei das Sociedades por Quotas* e o *Regime Geral da Actividade Comercial*.

[8] Veja-se por exemplo o caso de Angola que autonomizou a matéria relativa às sociedades comerciais numa lei própria, a Lei n.º 1/04, de 13 de Fevereiro (*Lei das Sociedades Comerciais*). Moçambique aprovou um Código Comercial através do Decreto-Lei n.º 2/2005, de 27 de Dezembro.

1.3. Breves factos sobre a economia e as sociedades em São Tomé e Príncipe

Antes de nos determos nos meandros da matéria que nos propomos a analisar, cremos que será de interesse conhecer um pouco melhor a realidade económica e societária santomense.

Do ponto de vista económico, em 2016, São Tomé e Príncipe cresceu 5%. Tal crescimento deveu-se ao investimento agrícola e ao turismo[9]. Apesar do aumento das exportações de cacau, café e óleo de palma nos últimos anos, o impacto das importações na economia ainda é bastante significativo[10].

São Tomé e Príncipe pode ser caracterizado como uma pequena economia insular, dependente de *inputs* e de tecnologia estrangeira e sem um sector de actividade que permita o seu crescimento económico[11].

A indústria em São Tomé e Príncipe é de pequena dimensão, visto que prevalece a produção artesanal. Apesar da ausência de indústria em São Tomé e Príncipe a industrialização do país não faz parte do programa do Governo[12].

Do ponto de vista societário verificou-se que no ano de 2000 existiam 942 sociedades em São Tomé e Príncipe[13], sendo que sociedades unipessoais por quotas representam 71,8% da totalidade das sociedades, seguidas das sociedades por quotas com 8,5% e por último as sociedades anónimas com 2,7%[14].

Em 2007 existiam 1359 sociedades[15], sendo que entre 2005 e 2009 foram criadas 22 sociedades anónimas e 585 sociedades por quotas[16].

[9] Perspectivas Económicas em África, Disponível em http://www.africaneconomicoutlook.org/po/notas-paises/sao-tome-e-principe Última consulta: 2 de Fevereiro de 2018.

[10] World Bank, *São Tomé e Príncipe: Aspectos Gerais,* Disponível em http://www.worldbank.org/pt/country/saotome/overview Última consulta: 2 de Fevereiro de 2018.

[11] *Idem, Perspectivas Económicas em África.*

[12] *Idem.*

[13] Instituto Nacional de Estatística, *I Recenseamento Empresarial*, 2003, 12. Disponível em http://www.juristep.com/relatorios/recenseamento_empresarial.pdf Última consulta: 3 de Outubro de 2017.

[14] *Idem*, 19.

[15] *Estatísticas das Empresas 2007*, Edição n.º 6, 2012, 7. Disponível em http://www.ine.st/Documentacao/InformacoesEstatisticas/Economia/53.pdf
Última consulta: 3 de Outubro de 2017.

[16] Adelino Vera Cruz, *Auditoria em São Tomé e Príncipe: Situação actual e perspectivas futuras*, Universidade de Aveiro, Instituto Superior de Contabilidade e Administração, 2010, 59. Disponível em https://ria.ua.pt/bitstream/10773/7170/1/245055.pdf Última consulta: 3 de Outubro de 2017.

Em termos de ramos de actividade constata-se que as sociedades anónimas focam-se sobretudo na prestação de serviços e uma pequena parte na actividade comercial propriamente dita[17]. Nesse sentido e tanto quanto pudemos verificar, com base na escassa informação existente, não existem sociedades anónimas dedicadas à indústria, devido à fraca ou quase inexistente industrialização do país.

A existirem sociedades anónimas no contexto societário santomense as mesmas teriam um forte pendor familiar, tendo em conta o escasso número de habitantes do país, que em 2012 rondava os 179.200 de pessoas residentes[18].

Conforme se pode facilmente concluir as sociedades anónimas representam uma quota muito pequena da realidade empresarial e societária em São Tomé e Príncipe, tendo por isso, um impacto pouco significativo nos negócios. No entanto, face ao eventual e crescente potencial de negócio existente nas ilhas, nomeadamente o turismo, cacau, saúde, a criação de uma plataforma de distribuição com localização geográfica privilegiada, estaleiros navais e portos, eventualmente exploração de petróleo[19], acreditamos que as sociedades anónimas poderão ser a forma societária do futuro. Sobretudo porque se tratam de ramos de actividades que carecem de maiores investimentos em capital, equipamentos e remessas bancárias, que poderá provir de capital de origem mais difusa. No entanto, tal como já referido, o Governo santomense não dá quaisquer sinais de querer dinamizar a actividades empresarial e/ou industrial do país.

2. Direitos dos accionistas

Os direitos dos accionistas resultam da sua qualidade de accionista, isto é, de titular de uma participação social numa sociedade anónima: a acção.

[17] *Idem*, 61.

[18] Instituto Nacional de Estatística, *IV Recenseamento Geral da População e Habitação*, 2012, p. 20, Disponível em http://www.ine.st/Documentacao/Recenseamentos/2012/TemasRGPH2012/2_ESTRUTURA%20DA%20POPULACAO%20Recenseamento%202012.pdf Última consulta: 3 de Outubro de 2017.

[19] *STeP-IN London*, São Tome e Príncipe International Conference, Outubro de 2015, 55 e ss. Disponível em http://www.saotomeislands.com/docs/STeP-IN-LONDON-Book-International-Conference-2015.pdf Última consulta: 3 de Outubro de 2017.

A acção reúne em si direitos sociais individuais, isto é que lhe são exclusivos e inerentes à sua titularidade e direitos sociais colectivos.

Em termos gerais, o accionista tem o direito geral de exercer os direitos reconhecidos pela lei ou pelos estatutos. Isto significa que os direitos do accionista são balizados por essas duas fontes.

Face à realidade societária santomense facilmente se compreende que os direitos dos accionistas existem mais num plano teórico-normativo do que propriamente num plano prático. Não obstante e tendo em conta que é o tema central do nosso trabalho, cumpre-nos proceder à sua análise.

Desde logo, o artigo 119.º do Código elenca, sem ser exaustivo, alguns dos principais e elementares direitos dos sócios, prevendo que:

> *"Todo o sócio tem direito:*
> *1.º A haver parte no dividendo dos lucros, nos termos estabelecidos no n.º 2.º do artigo antecedente;*
> *2.º A escolher os administradores da sociedade, e a tomar-lhes contas na época e pela forma para isso designadas na respectiva convenção ou na lei e, no silêncio de uma e outra, sempre que a maioria dos associados assim o entenda conveniente;*
> *3.º A examinar a escrituração e os documentos concernentes às operações sociais, nas épocas em que a convenção ou a lei lho permitam, e, no silêncio de uma e outra, sempre que o deseje;*
> *4.º A fazer as reclamações ou propostas que julgar convenientes, nos termos do número antecedente.*
> *§ único. É proibida toda a estipulação pela qual deva algum sócio receber juros ou quota certa em retribuição do seu capital ou indústria."*

Analisemos em concreto cada um dos direitos dos accionistas referidos.

a) Direito aos dividendos

Do referido artigo resulta desde logo a referência àquele que é considerado como um dos principais direitos dos accionistas: o direito aos dividendos. Trata-se de um dos mais relevantes direitos dos accionistas, uma vez que o principal objectivo da participação de um accionista é, naturalmente, a obtenção do lucro.

Para efeitos da distribuição de dividendos, este artigo remete, por sua vez, para o n.º 2 do artigo 118.º. Dessa remissão resulta que os dividendos devem ser distribuídos depois do accionista "quinhoar nas perdas na proporção convencionada, e, na falta de convenção, na da sua entrada".

O que resulta de interessante desta conjugação dos dois preceitos referidos é que os accionistas podem convencionar a proporção das perdas e, consequentemente, a repartição de lucros. Esta convenção sobre a partilha de lucros não carece de estar prevista no primitivo contrato de constituição da sociedade, admitindo-se uma convenção posterior, desde que conste de escritura pública[20].

Mas o que podem os accionistas convencionar em concreto a respeito da distribuição dos lucros e da proporção da partilha de perdas? Em regra, por convenção das partes, não podem ser estipuladas proporções de lucros diferentes para cada acção. No entanto, há desde logo, a possibilidade de existirem diferentes categorias de acções, permitindo que os detentores de, por exemplo, acções privilegiadas obtenham dividendos superiores. No entanto, não será lícito estabelecer diferentes dividendos para acções da mesma categoria.

Os accionistas também não poderão convencionar a atribuição de juros ou uma quota certa a determinado accionista em retribuição do seu capital sem considerar primeiramente os lucros líquidos da sociedade. Esta proibição constante do § único do artigo 119.º acima transcrito é reforçada pelo artigo 192.º do Código[21] no capítulo relativo às sociedades anónimas. Tal proibição é compreensível à luz da consideração de que as sociedades anónimas por via de regra desconsideram a pessoa do accionista, valorizando sim o título. Nesse sentido, o legislador não considera que o accionista seja ou deva ser mais relevante que a acção; pelo que inexistirão razões que fundamentem tal prémio a um titular individual da acção. Nesse sentido, as sociedades anónimas não admitem "direitos especiais" de sócios. Tal situação resultaria numa dissipação da natureza impessoal da sociedade anónima e da acção, para além de redundar igualmente num benefício acrescido e injusto a determinados accionistas em detrimento dos outros, por exemplo recebendo alguns deles os seus juros/quota fixa.

[20] Nos termos do artigo 116.º do Código Comercial as alterações ao pacto social devem ser efectuadas na forma prescrita para a constituição da sociedade que, por sua vez, nos termos do artigo 113.º deve revestir a forma de escritura pública.

[21] "É expressamente proibido que nos estatutos se estipulem juros certos e determinados para as acções, as quais só dão direito à parte proporcional que lhes caiba nos lucros líquidos que efectivamente resultem das operações da sociedade, comprovados pelos balanços."

Em excepção à proibição acima referida, a fixação de juros ou de uma quota fixa é expressamente admitida por lei quando as sociedades necessitem de imobilizar grandes capitais para construções, admitindo a concessão aos accionistas de um juro determinado sobre o capital por eles subscrito e efectivamente pago por um tempo não superior a três anos e em uma média que não exceda 5%[22]. Tal excepção é compreensível como forma de atracção e compensação do investidor de capital que, naturalmente, não pretende aguardar vários anos para a obtenção de dividendos. Consideramos que neste preceito fica um afloramento do suprimento, ou seja, de empréstimos de accionistas (*shareholders loan*, em inglês).

Por último, caso os accionistas nada convencionem a respeito da repartição dos lucros e das perdas a mesma será efectuada na proporção das suas entradas.

b) Direito de nomear e exonerar os administradores

Do ponto de vista orgânico, as sociedades anónimas em São Tomé e Príncipe são compostas por uma direcção, um conselho fiscal e uma assembleia-geral.

Face ao regime e terminologia legais, a expressão "administradores" prevista no parágrafo 2.º do artigo 119.º atrás transcrito, deve ser interpretada no sentido de abranger todos os membros elegíveis dos órgãos sociais da sociedade anónima. Nesse sentido, os accionistas, em assembleia-geral, têm o direito de nomear os directores da sociedade[23], os membros do Conselho Fiscal, que devem ser pelo menos três membros efectivos e dois suplentes ou cinco membros efectivos e dois suplentes, admitindo-se a existência de um fiscal único em sociedades com capital social mínimo de 2.500.000,00 $ (dois milhões e quinhentos mil escudos)[24], e os membros

[22] Artigo 192.º, § 2.º do Código Comercial.

[23] Artigo 171.º do Código Comercial.

[24] Artigo 1.º do Decreto-lei n.º 49381, de 15 de Novembro de 1969 que derrogou tacitamente o artigo 175.º do Código Comercial. O valor indicado é em escudos, sendo que convertido em Dobras santomenses equivale a 30.460.179.823,67 (trinta mil milhões quatrocentos e sessenta milhões, cento e setenta e nove mil oitocentos e vinte e três dobras e sessenta e sete cêntimos). Tal valor em Euros, de modo a conseguir ter-se um paralelo, equivale actualmente a 1.247.791,93 (um milhão duzentos e quarenta e sete mil e setecentos e noventa e um euros e noventa e três cêntimos), um valor francamente elevado, sobretudo para a sociedade santomense. Actualmente a sociedade anónima é constituída com um capital mínimo de Dbs 350.000.000,00 (trezentos e cinquenta milhões de dobras) nos termos do artigo 105.º A da Lei n.º 14/2009, de 31 de Dezembro. Face ao

da mesa da assembleia-geral, composta por um presidente, um vice-presidente, dois secretários e dois vice-secretários[25].

O mandato dos directores é revogável a todo o tempo, sempre que a assembleia-geral o julgue conveniente[26].

c) Direito de pedir contas aos administradores

Os accionistas têm o direito de pedir contas aos administradores, tendo estes obrigação de as prestar[27]. O direito de pedir contas poder ser exercido pelos accionistas nos períodos em que os estatutos ou a lei prevejam ou, no silêncio de ambos, quando a maioria dos accionistas o entendam.

Em concreto, a lei prevê: a apresentação do resumo do balanço da sociedade pelos directores ao conselho fiscal semestralmente[28]; e no final de cada ano direcção deve apresentar ao conselho fiscal o inventário desenvolvido do activo e passivo da sociedade, a conta de ganhos e perdas, o relaório da situação comercial, financeira e económica da sociedade, com a indicação sucinta das operações realizadas e a proposta de dividendo e da percentagem destinada a constituir o fundo de reserva[29].

d) Direito de examinar a escrituração e os documentos

O accionista tem ainda o direito de examinar a escrituração e os documentos relativos à sociedade. O exercício desse direito deve ser exercido nas épocas em que os estatutos ou a lei prevejam ou, no silêncio de ambas, quando o accionista assim o entenda.

No que respeita aos documentos de inventários, contas, balanços e resultados da sociedade, está previsto no artigo 189.º, mencionado anteriormente a respeito do direito do accionista a pedir contas aos administradores, que os mesmos podem ser examinados no final de cada ano, altura em que são apresentados pela direcção ao conselho fiscal. Quanto aos restantes docu-

exposto, a possibilidade da sociedade optar pelo fiscal único, embora seja legalmente admissível, em termos práticos não é exequível e não se coaduna com a capacidade financeira societária e empresarial santomense.

[25] Artigo 182.º do Código Comercial.

[26] Artigo 172.º do Código Comercial.

[27] Artigo 118.º, 4.º do Código Comercial.

[28] Artigo 188.º do Código Comercial.

[29] Artigo 189.º do Código Comercial.

mentos da escrituração, nomeadamente o diário[30], a razão[31] e o copiador[32], e aos documentos das operações sociais a lei nada prevê em concreto.

Consideram-se documentos das operações sociais os documentos relativos ao quotidiano da sociedade e aos seus negócios, nomeadamente a correspondência, telegramas, documentos que provam pagamentos[33], entre outros.

Naturalmente que este direito deve ser exercido na sede da sociedade, que à partida será o local onde se encontram arquivados os documentos, e nos dias e horário de funcionamento da mesma.

No âmbito deste direito cumpre ainda referir o direito dos accionistas possuidores de 1/5 do capital social requererem um inquérito judicial sobre os "livros, documentos, contas e papéis"[34] da sociedade. Este inquérito tem, em regra, como objectivo averiguar se os directores e o conselho fiscal estão a cumprir de forma efectiva os seus deveres no caso de alguma suspeita de irregularidade. A lei não exige a alegação de qualquer irregularidade ou abuso por parte da administração para que seja requerido o inquérito judicial, devendo somente ser indicado o fim a que se destina o mesmo.

e) Direito de fazer reclamações ou propostas

Os accionistas têm o direito de fazer reclamações ou propostas, nos termos da lei e do contrato, sempre que o desejarem.

Está abrangido por este direito o direito dos accionistas protestarem em reunião ou assembleia-geral contra qualquer deliberação nela tomada em oposição às disposições expressas da lei ou do contrato[35]. Para além do direito de protesto os accionistas têm o direito de requerer a anulação das deliberações no prazo de 20 dias[36] e ainda a suspensão da mesma[37].

Para além dos direitos elementares dos accionistas que decorrem expressamente do artigo transcrito, existem outros direitos igualmente importantes e que cumpre enumerar, são eles:

[30] Artigo 34.º do Código Comercial.
[31] Artigo 35.º do Código Comercial.
[32] Artigo 36.º do Código Comercial.
[33] Artigo 40.º do Código Comercial.
[34] Artigo 149.º do Código Comercial.
[35] Artigo 146.º do Código Comercial.
[36] *Idem.*
[37] Artigo 186.º do Código Comercial.

f) Direito de ser nomeado como administrador

Os accionistas têm o direito de nomear os membros elegíveis dos órgãos sociais e também de serem nomeados na qualidade de directores, de membros do conselho fiscal e para a mesa da assembleia-geral.Aliás, não resulta do Código a possibilidade de nomear pessoas estranhas à sociedade para o exercício de funções de direcção[38]. O artigo 172.º do Código prevê expressamente que a eleição dos directores será feita de entre os accionistas da sociedade. Tal também não resultava como possível no que respeita ao Conselho Fiscal, estando inicialmente previsto no Código[39] que o referido órgão era composto *apenas* por accionistas. Uma alteração legislativa posterior[40] passou a admitir a nomeação de terceiros não accionistas[41], sendo que um dos membros do referido órgão deve estar inscrito na lista de revisores oficiais de contas.

Ora, não havendo outra norma que nos indiciam a mesma solução para os membros que compõem a mesa da Assembleia-geral, concluímos que a regra é que os mesmos devem ser escolhidos de entre os accionistas como se prevê para os administradores[42].

Face a todo o exposto constata-se que, verdadeiramente, ser nomeado como administrador é quase também um dever, uma vez que pode impender sobre qualquer deles o ónus de a dirigir e a acompanhar a sociedade de forma efectiva, no que concerne à sua administração.

Tendo em conta o mencionado na alínea b) acima, constatamos que devem existir no total o mínimo 7 accionistas a exercer funções de administração, fiscalização e direcção e organização da mesa da assembleia-geral. Desta imposição legal resulta uma contradição normativa, uma vez que com a entrada em vigor da Lei n.º 4/2009, de 31 de Dezembro, para efeitos de constituição de sociedades anónimas bastam cinco accionistas. Isto é, com a aprovação da nova lei parece-nos que o legislador não vislumbrou que o número mínimo de accionistas exigido para a constituição da sociedade não corresponde e não é suficiente face ao número de accionistas que devem exercer funções de administração na sociedade. Face a essa

[38] Artigo 172.º do Código Comercial.

[39] Artigo 175.º do Código Comercial.

[40] Decreto-lei n.º 49 381, de 15 de Novembro de 1969.

[41] Artigo 1.º n.º 3 do Decreto-lei n.º 49 381, de 15 de Novembro de 1969.

[42] Artigo 182.º do Código Comercial.

antinomia normativa, inclinamo-nos para admitir que a norma que prevê que todos os órgãos sociais devam ser accionistas está parcialmente revogada, admitindo-se, consequentemente, que nas sociedades que sejam constituídas por cinco accionistas que os órgãos sociais possam ser compostos por não accionistas. Em suma, para ser consequente na sua simplificação na constituição das sociedades anónimas, reduzindo o seu número mínimo de accionistas, mesmo tendo-se esquecido do número de elementos necessários para a assegurar as funções de administração, fiscalização e direcção e organização da mesa da assembleia-geral, o pensamento do legislador não pode ficar alheio dessa consideração, pelo que o sentido e extensão da norma é o da não exigência legal de que todos os membros de órgãos sociais devem ser accionistas.

g) Direito de ser convocado e de convocar a Assembleia-geral

O direito de ser convocado para a Assembleia-geral é essencial para os accionistas, na medida em que é através da convocatória que os mesmos ficam a ter conhecimento que será realizada a assembleia onde podem discutir e decidir sobre o futuro da sociedade.

Nos termos da lei os accionistas têm o direito de convocar assembleia-gerais extraordinárias. Para esse efeito está previsto que os accionistas devem reunir 1/20 do capital subscrito[43], podendo os estatutos exigir uma maior participação social[44].

Este pedido é efectuado através de uma carta ou ofício dirigido à mesa da assembleia-geral. A mesa da assembleia-geral deve verificar a legitimidade dos seus requerentes e se está satisfeito o requisito do capital subscrito e proceder à convocação da assembleia-geral no prazo de oito dias. Caso a mesa da assembleia-geral não convoque a assembleia-geral no prazo mencionado os accionistas podem recorrer ao Tribunal de Comércio para

[43] Artigo 180.º do Código Comercial.
A direcção e o conselho fiscal podem igualmente convocar assembleia-gerais extraordinárias, pelo que se trata de um direito indirecto dos accionistas, na medida em que a direcção é obrigatoriamente composta por accionistas e o conselho fiscal facultativamente.

[44] A lei prevê expressamente no artigo 180.º do Código Comercial e tão-somente a possibilidade dos estatutos poderem exigir uma "maior representação do capital". Os estatutos poderão ainda determinar em concreto se poderá tratar-se somente de um ou de vários accionistas a deterem a referida participação mínima.

que proceda à referida convocatória. O Tribunal ordenará a convocação da assembleia-geral, cumprindo as formalidades previstas nos estatutos.

Mais se entende que os accionistas têm igualmente o direito de requerer à mesa da assembleia-geral a realização da assembleia-geral ordinária anual, caso a direcção não o faça, apesar de não existir uma disposição específica nesse sentido. Se os accionistas têm o direito de requerer a realização de uma assembleia-geral extraordinária, também terão por maioria de razão o direito de convocar a assembleia-geral anual e de carácter obrigatório, perante a inércia da direcção. Nesse sentido, consideramos ainda aplicável a possibilidade dos accionistas requererem a convocatória judicial da referida assembleia.

h) Direito de participar e intervir nas Assembleia-gerais

Todos os accionistas, incluindo aqueles que não têm direito a voto e os obrigacionistas[45], têm o direito de participar nas assembleia-gerais, se os estatutos não definirem o contrário. Para além do direito de participar, os referidos accionistas têm o direito de intervir activamente nas assembleias, designadamente tomando parte da discussão e opinando.

Os estatutos poderão inclusive admitir que os referidos accionistas deliberem sobre determinadas matérias, por exemplo de carácter económico e relativamente às quais esses accionistas em concreto tenham interesse directo. Deste elenco ficam excluídas, nomeadamente, as matérias relativas à alteração dos estatutos, fusão, cisão, transformação e nomeação dos membros dos órgãos sociais: os estatutos não poderão impedir os referidos accionistas de participar nas assembleias-gerais porque isso consubstanciaria a supressão do direito essencial do accionista participar na vida da sociedade e de ter acesso à informação.

i) Direito de voto

O direito de voto, apesar de não estar elencado no artigo relativo aos direitos gerais dos sócios, é um dos direitos primordiais dos accionistas. Trata-se de um direito de suma importância em virtude de os accionistas poderem exprimir através deles a sua vontade com impacto nas decisões e na vida e rumo da sociedade.

[45] Artigo 185.º do Código Comercial.

Em regra, o número de votos correspondem proporcionalmente ao número de acções dos accionistas, isto é a cada acção corresponde um voto ou a determinados grupos de acções, por exemplo cada grupo de 5, 10, 50, 100 e até 1000 acções corresponde um voto. Também é possível que os estatutos determinem que a cada accionista detentor de acções de determinadas categorias tem direito a um voto, tendo por base a contagem de votantes e não de votos. No entanto, a limitação do número de votos não pode ter em consideração accionistas determinados mas sim dirigir-se a todas as acções ou a acções de uma ou mais a categorias[46].

No que respeita ao exercício do direito de voto, o mesmo pode ser exercido pessoalmente ou através de mandato. Esta última forma de exercício do direito de voto pode corresponder à representação legal de pessoas singulares ou colectivas que dela careçam[47] e ainda ao mandato colectivo.

Analisemos com mais atenção o mandato colectivo, na medida em que é uma forma de representação relativamente comum em São Tomé e Príncipe em virtude da sua insularidade e pelo facto da maioria dos seus investidores residirem no estrangeiro.

O Código Comercial prevê a possibilidade dos accionistas residentes no estrangeiro poderem reunir-se em conferência[48]. Para esse efeito é necessário que os referidos accionistas representem 25% do capital social e que a conferência esteja devidamente organizada, através da nomeação de um presidente.

Esta conferência tem como finalidade assegurar a representação dos accionistas residentes no estrangeiro na assembleia-geral anual obrigatória[49].

Compete à direcção remeter ao presidente da conferência os exemplares do relatório, contas e parecer, para que este proceda à sua distribuição aos accionistas residentes no estrangeiro, convoque a conferência e se corresponda com o presidente da direcção.

No âmbito da conferência é realizado: a) o exame e discussão do relatório e contas anuais, que a direcção apresentar, e do parecer sobre tais

[46] Artigo 183.º, § 3.º do Código Comercial.

[47] Referimo-nos nomeadamente aos menores, aos interditos, à herança indivisa, às sociedades comerciais, aos insolventes e ao Estado.

[48] Artigo 187.º do Código Comercial.

[49] Apesar da lei se referir somente à votação por mandato colectivo resultante da conferência para representação na assembleia-geral anual obrigatória, considera-se que essa possibilidade poderá ser extensível às assembleias-gerais extraordinárias desde que haja tempo suficiente para a realização dos actos preparatórios da conferência.

documentos emitido pelo conselho fiscal; e b) a nomeação de um ou mais accionistas que representem os residentes no estrangeiro na assembleia-geral ordinária em que for discutido aquele parecer.

Da referida conferência é lavrada uma acta de conferência que deve ser devidamente assinada por todos os accionistas presentes, as assinaturas reconhecidas por notário e no documento deve ser aposta a apostilha[50].

A possibilidade do accionista residente no estrangeiro se reunir em conferência com os restantes que se encontrem nas mesmas condições não invalida que o mesmo possa participar pessoalmente na assembleia-geral ou de mandar procurador especial que o represente[51].

Apesar de serem representados por mandato colectivo, os accionistas têm de assegurar que fazem prova da sua qualidade de accionistas e do seu direito ao voto.

j) Direito de instaurar acções de responsabilidade contra a administração

Os directores da sociedade têm vários deveres que devem cumprir, nomeadamente o dever de cuidado, que engloba o dever de realizar as funções de modo profissional e diligente, agir de acordo com a lei e os estatutos e o dever de lealdade, no sentido de agir de acordo com o interesse da sociedade e sem procurar obter qualquer vantagem para si ou para terceiros em detrimento da sociedade e de não concorrer com a mesma.

Nesse sentido, os directores respondem civil e, eventualmente, criminalmente, pela inexecução do mandato, pela violação dos estatutos e da lei.

Os accionistas têm o direito de instaurar acções de responsabilidade civil ou penal contra os directores que violem os seus deveres, nomeadamente em virtude da prática dos seguintes actos:

a) Colocação da sociedade numa situação de insolvência decorrente da ocultação de informação, da falta de veracidade da informação ou do prejuízo de credores ou da sociedade;
b) Violação de normas fiscais, laborais, segurança social, etc.;
c) Recurso a informação privilegiada da sociedade para seu próprio benefício;

[50] São Tomé e Príncipe aderiu à "Convenção relativa à Supressão da Exigência da Legalização dos Actos Públicos Estrangeiros" ("Convenção de Haia") por via da Resolução da Assembleia Nacional n.º 25/VIII/007, de 18 de Abril.

[51] Artigo 187.º, § 5.º do Código Comercial.

d) Violação do dever de sigilo sobre a actividade da empresa;
e) Negociar por conta própria uma oportunidade de negócio da sociedade.

3. Activismo accionista: principais manifestações e limites jurídicos

A realidade societária santomense, sobretudo no que respeita às sociedades anónimas, é escassa e regista poucos desenvolvimentos. Tal resulta do facto da sociedade por quotas ser a forma societária mais comum em São Tomé e Príncipe[52]. Nessa medida, *prima facie*, entendemos que não se poderá falar de um efectivo e real activismo accionista, em virtude da sua inexistência prática. Aliás, numa estrutura económica, empresarial e social tão exígua e numa vivência societária "de proximidade", fará sentido falar-se num activismo accionista?

É que tal activismo pressupõe não só uma dinâmica económica e social, como inclusivamente pessoal que São Tomé e Príncipe não tem. Na verdade, a nosso ver, nas mais das vezes tais activismos redundam em duas situações: situações de conflitos de tipo familiar ou de afinidades sociais; ou, nas sociedades, porventura, mais complexas, entre accionistas nacionais e estrangeiros.

A nosso ver, tais dissociações de propósito não seriam idóneas para criar ou motivar movimentações generalizadas de activismo. Tais manifestações tipicamente resultariam apenas de situações de conflitos latentes ou aparentes que tenderiam a resolver-se uma vez alinhados os interesses das partes dissonantes. Ou seja, acreditamos que a maturidade do mercado santomense ainda não permite que se fale em activismo accionista.

No entanto, sempre poderemos abordar o activismo accionista numa perspectiva especulativa, i.e., de forma geral e abstracta, sobretudo tendo em vista a possibilidade de no futuro virem a ser constituídas mais sociedades anónimas em São Tomé e Príncipe[53].

Em primeiro lugar, considera-se que numa jurisdição como a santomense onde vigora legislação antiquada e desfasada da realidade societária,

[52] A este respeito vide o capítulo 1.3 do presente artigo denominado "Breves factos sobre as sociedades em São Tomé e Príncipe".

[53] *Idem*, parte final do capítulo 1.3 do presente artigo sobre as oportunidades de negócio em São Tomé e Príncipe.

os estatutos assumem uma importância fulcral na defesa dos interesses dos accionistas e da sociedade.

Assim, um certo activismo pode nascer de um natural exercício mais intensificado dos direitos que a lei e os estatutos consagram ou podem mais concretizar em matérias essenciais, como: a) maior intervenção na assembleia-geral; b) maior debate na eleição dos membros dos órgãos sociais, aprovação dos resultados e distribuição de dividendos, alterações estatuárias, entre outras; c) convocação de assembleias pelos accionistas.

Em segundo lugar, a celebração de acordos parassociais, que a par dos estatutos, têm um papel de suma importância podem revelar-se como um instrumento importante para uma intervenção mais activista na sociedade.

Por último, consideramos ainda que a própria sociedade deve implementar formas de comunicação flexível e facilitada entre os accionistas e a direcção, de modo a incentivar a apresentação de propostas sobre a vida e o futuro da sociedade.

4. Transacções entre partes relacionadas

Os problemas suscitados pelas transacções entre partes relacionadas têm sido uma preocupação do legislador e da doutrina há várias décadas. Nesse sentido, durante a vigência do Código Comercial e ainda durante a época colonial, foi sendo aprovada legislação avulsa que visava acautelar alguns dos riscos associados às transacções entre partes relacionadas[54]. No entanto, o legislador não regulou a adopção de soluções ou mecanismos concretos para o controlo efectivo das transacções entre partes relacionadas, remetendo para os órgãos da sociedade a vigilância e controlo das mesmas[55] (aliás, o legislador vai mais longe afirmando que compete aos accionistas a defesa dos seus interesses individuais e colectivos).

Antes de analisarmos em concreto as transacções entre partes relacionadas admissíveis no ordenamento jurídico santomense cumpre questionar: o que é exactamente uma "parte relacionada"? E, consequentemente, o que são "transacções com partes relacionadas"?

[54] Nomeadamente o Decreto-lei n.º 49381, de 15 de Novembro de 1969, o Decreto-lei n.º 648/70, de 28 de Dezembro e o Decreto-Lei n.º 1/71, de 6 de Janeiro.

[55] Neste sentido, vide o parágrafo 3 do preâmbulo do Decreto-Lei n.º 1/71, de 6 de Janeiro.

Não existe uma noção legal para o conceito de "parte relacionada" no ordenamento jurídico de São Tomé e Príncipe. A *Organização para a Cooperação e para o Desenvolvimento Económico* ("OCDE") recorre a uma definição ampla de parte relacionada que abrange entidades que controlam, ou estão sob controlo comum de uma empresa, de accionistas com posição de relevo na sociedade, incluindo os respectivos familiares e administradores[56]. Poder-se-á ainda afirmar que as partes relacionadas são entidades ou pessoas que, em virtude da sua qualidade ou condição, sempre podem ter acesso privilegiado a informação relativa à sociedade.

Uma vez que da legislação em vigor em São Tomé e Príncipe não resulta qualquer definição de parte relacionada, é necessário procedermos a uma interpretação sistemática da mesma para realizar essa conceptualização. Assim, com base nos tipos legais, é possível considerar como partes relacionadas as seguintes entidades:

a) Membros do conselho fiscal, administradores e directores da sociedade[57];
b) Beneficiários de vantagens particulares da sociedade[58];
c) Membros do conselho fiscal, administradores, directores e sócios de uma sociedade que tenha uma relação de domínio ou dependência com a sociedade[59];
d) Cônjuges, parentes e afins até ao terceiro grau inclusive[60];
e) Pessoas que exerçam funções em empresas concorrentes[61];
f) Accionista que detenha uma posição de relevo na sociedade, por exemplo correspondente a mais de 20% do capital social[62].

[56] OCDE, *Os Princípios da OCDE sobre o Governo das Sociedades*, 2004, 55. Disponível em https://www.oecd.org/daf/ca/corporategovernanceprinciples/33931148.pdf. Última consulta: 25 de Julho de 2017. Note-se que São Tomé e Príncipe não é membro da OCDE, pelo que os referidos princípios não lhe são (directamente) aplicáveis. Recorremos tão-somente aos mesmos no sentido de obter uma definição uniformizadora e generalizadamente aceite pela doutrina e pela comunidade internacional.

[57] Artigo 2.º do Decreto-lei n.º 49381, de 15 de Novembro de 1969.

[58] *Idem.*

[59] *Idem.*

[60] *Idem.*

[61] *Idem.*

[62] Alínea c) do artigo 1.º do Decreto-Lei n.º 1/71, de 6 de Janeiro.

Para efeitos das alíneas anteriores entende-se que uma sociedade está sob uma relação de domínio quando[63]:

a) Outra sociedade detenha uma participação social que assegure a maioria dos votos nas assembleias-gerais;
b) Se encontre sob a influência dominante de outra, em consequência de especiais vínculos contratuais.

No que respeita às transacções em concreto, isto é, à transmissão de acções, cumpre desde logo referir que o controlo das mesmas é bastante dificultado pelo facto de serem legalmente admissíveis em São Tomé e Príncipe as acções ao portador. A sua transmissão efectua-se por via da tradição do título e não carece da intervenção da sociedade emitente. As acções ao portador que não estão registadas num sistema informático centralizado e cujo controlo de titularidade e de transmissibilidade é praticamente impossível.

Em termos gerais e no que concerne às transacções entre partes relacionadas o Código só proíbe expressamente que os directores negoceiem por conta própria, directa ou indirectamente, com a sociedade. Este dever resulta do dever de lealdade dos directores e visa a protecção da sociedade perante os poderes de gestão do director e a sua posição de beneficiário privilegiado de informação sobre o estado da sociedade.

A legislação avulsa, em específico o Decreto-Lei n.º 1/71, de 6 de Janeiro, impôs um procedimento que visa assegurar algum controlo prévio das transmissões de acções para determinadas entidades que se encontram numa posição privilegiada.

Analisemos em concreto esse regime: em primeiro lugar, o referido diploma aplica-se às situações de venda de lotes de acções, por negociação particular, ou outros contratos que operem transferência de propriedade ou atribuição do direito de voto a pessoa diferente do proprietário, em que[64]: a) a operação seja efectuada por um membro da administração ou do conselho fiscal na qualidade de vendedor ou transferente; ou b) que a entidade adquirente seja interessada numa empresa concorrente; ou c) nos

[63] Artigo 39.º do Decreto-lei n.º 49381, de 15 de Novembro de 1969.

[64] Em termos de âmbito subjectivo o diploma aplica-se "às sociedades anónimas cujo capital tenha sido total ou parcialmente constituído mediante subscrição pública, ou seja igual ou superior a 100.000.000$00", nos termos do artigo 1.º do Decreto-Lei n.º 1/71, de 6 de Janeiro.

casos em que o adquirente já seja accionista da sociedade e com a concretização da aquisição os seus votos excedam 20% do capital social.

Em termos de procedimento está previsto que uma das partes interessadas e envolvidas na transmissão das acções deve pedir o consentimento ao conselho da administração da sociedade, juntando para o efeito o(s) projecto(s) de contrato(s)[65].

O consentimento da sociedade é dado por maioria de dois terços de votos do número de membros estabelecido para a composição do conselho de administração, após parecer favorável do conselho fiscal[66].

O consentimento deve ser recusado em determinadas situações expressamente previstas no diploma[67], entre elas:

a) Caso o administrador ou o membro do conselho fiscal interessado obtenha por esse contrato um preço ou uma contrapartida que exceda em mais de 10% o preço médio de realização na Bolsa[68] nos três meses anteriores ao contrato;
b) Caso a aquisição por entidade interessada em empresa concorrente possa provocar alteração no funcionamento normal da concorrência entre empresas;
c) Caso a entidade que já é accionista permita a uma entidade ou grupo o domínio efectivo da sociedade;
d) Caso sejam recusadas ou falsamente prestadas as informações pedidas pelo conselho de administração a qualquer das partes.

A falta de consentimento da sociedade comporta a nulidade dos contratos celebrados depois da mesma e a ineficácia dos contratos celebrados antes, quer em relação à sociedade, quer em relação a terceiros[69].

[65] Artigo 2.º do Decreto-Lei n.º 1/71, de 6 de Janeiro.

[66] Artigo 3.º do Decreto-Lei n.º 1/71, de 6 de Janeiro.

[67] Artigo 4.º do Decreto-Lei n.º 1/71, de 6 de Janeiro.

[68] Apesar de a legislação fazer referência a uma bolsa de valores, deve-se esclarecer que tal nunca foi efectivamente instalada em São Tomé e Príncipe, devendo-se por isso entender a referência à bolsa como feita ao mercado (não regulado) em geral.

[69] Artigo 6.º, n.º 1 do Decreto-Lei n.º 1/71, de 6 de Janeiro.

5. Conclusões

Face aos argumentos acima apresentados não restam dúvidas que as normas de organização e funcionamento das sociedades anónimas em São Tomé não acompanham as modernas considerações sobre *corporate governance*. Com efeito, o governo das sociedades, o seu enquadramento e a sua existência, resulta da combinação do contexto económico onde se inserem as sociedades e do seu enquadramento legal e regulamentar.

Considerando a pouca evolução do enquadramento das sociedades anónimas e dadas as escassas alterações de que a legislação societária santomense foi alvo, podemos caracterizá-la como tendo por base um modelo tradicional. Ou seja, um modelo que coloca o acento tónico e soberano nos accionistas visto serem eles a espinha-dorsal não apenas da estrutura de capital mas também da gestão e controlo da sociedade.

No entanto, a realidade societária santomense – com escassez de sociedades anónimas e a tríade de exiguidades acima apontadas (económica, empresarial e social) – não requer um modelo de governo das sociedades mais complexo ou mais vasto. Actualmente não vislumbramos essa necessidade.

As questões em torno de *corporate governance* e da protecção dos accionistas (e o activismo destes) nasce essencialmente de questões de captura (ou da necessidade de evitá-la) da sociedade pela gestão: a célebre relação de agência[70]. Ora, em São Tomé e Príncipe, os accionistas são eles próprios os "gestores" da sociedade, isto é compete-lhes as funções de administração e direcção e organização da mesa da assembleia-geral. Em resumo: todos os accionistas gerem a sociedade. Esta gestão acaba por se assemelhar à administração em sentido amplo[71] das sociedades por quotas.

Acresce a isto que as sociedades anónimas têm um forte pendor familiar ou, ainda que os seus elementos não estejam ligados por um vínculo familiar, são pessoas conhecidas ou do mesmo círculo social ou empresarial, tendo em conta a reduzida densidade populacional do país.

[70] Para mais desenvolvimentos sobre a relação de agência vide Barry M. Mitnick, "*Origin of the Theory of Agency: An Account By One of the Theory's Originators*", University of Pittsburgh, 10 de Outubro de 2007, disponível em https://papers.ssrn.com/sol3/papers.cfm?abstract_id=1020378

[71] Para mais desenvolvimentos sobre a diferença entre a administração em sentido restrito e em sentido amplo vide Ricardo Candeias, "*Os Gerentes e os Actos de Mero Expediente*", *in* Revista da Ordem dos Advogados, disponível em https://portal.oa.pt/upl/%257B2118c1fd-365d-49ae-bb20-c560217171e0%257D.pdf

Colocadas estas duas premissas não vislumbramos, nesse contexto, um activismo accionista. No que concerne à fiscalização, o que sucede é que se verifica uma fiscalização por parte de determinados accionistas relativamente a actos de gestão praticados por outros accionistas. No entanto, as decisões sobre o rumo da sociedade, sobre as opções de investimento ou as actividades da sociedade são decididas em sede de assembleia-geral por todos os accionistas, inclusive por aqueles que fazem parte do conselho fiscal.

Nesse sentido, voltamos mais uma vez à conclusão que os accionistas acumulam em si a função de gestão e de fiscalização dos seus próprios actos e decisões. Tendo em conta essa centralização de poderes de gestão e fiscalização nos (mesmos/todos) accionistas também não fará sentido falar em activismo societário. Isto é, tendo em conta as sociedades anónimas existentes em São Tomé e Príncipe não há accionistas que não detenham poderes de gestão e fiscalização e que, por isso, reivindiquem junto dos órgãos da administração quaisquer pretensões.

CAPÍTULO 15

ACIONISTAS E GOVERNAÇÃO DE SOCIEDADES EM TIMOR-LESTE*

Bernardo Correia Barradas

1. Nota introdutória

Compete-nos chamar a atenção, neste ponto e antes de entrarmos na matéria objeto deste capítulo, para as particularidades do ordenamento jurídico timorense. Ao contrário dos restantes países e jurisdições lusófonos (Portugal, Brasil, Angola, Cabo-Verde, Moçambique, Guiné-Bissau, São Tomé e Príncipe e Macau[1]) que dispõem de um acervo a nível legislativo, jurisprudencial e doutrinário longo, ininterrupto e sedimentado, a República Democrática de Timor-Leste é, para todos os efeitos, um país (e uma jurisdição) com *apenas* 20 anos de vida.

* ACRÓNIMOS:

CRC	Código do Registo Comercial, aprovado pelo Decreto-Lei n.º 7/2006, de 1 de março
CSC	Código das Sociedades Comerciais de Portugal, aprovado pelo Decreto-Lei n.º 262/86, de 2 de setembro, conforme alterado
LSoC	Lei sobre Sociedades Comerciais, aprovada pela Lei n.º 4/2004, de 21 de abril
NLSC	Nova Lei das Sociedades Comerciais, aprovada pela Lei n.º 10/2017, de 17 de maio
ONU	Organização das Nações Unidas
RDTL	República Democrática de Timor-Leste
SERVE	Serviço de Registo e Verificação Empresarial
UNTAET	United Nations Transitional Administration in East Timor

[1] E, recentemente, Guiné Equatorial, país ao qual não fazemos referência por não dispormos de um conhecimento bastante sobre o respetivo quadro legal.

O período de ocupação indonésia, que durou de 7 de dezembro de 1975 a 30 de agosto de 1999, representou um corte absoluto com o *status quo* antecedente, do Timor Português, a nível administrativo, jurídico e até linguístico, e, o processo de independência, que culimou no referendo de 1999 e nos sangrentos episódios que o seguiram, marca um novo corte com o passado. Timor-Leste, sob administração da ONU até 2002, adota o Português e o Tétum como línguas oficiais (proibidas durante a período indonésio) abandona (não totalmente, como veremos infra) o sistema legal indonésio vigente e inicia a construção de um novo sistema, civilista e com grande proximidade com os restantes países lusófonos, sobretudo com Portugal.

Não obstante a proximidade entre os sistemas timorense e português e a grande quantidade de magistrados, advogados e juristas formados em Portugal[2] que exercem a sua atividade em Timor-Leste, as especificidades locais recomendam que evitemos recorrer diretamente à doutrina e jurisprudência portuguesa[3] para suprir as lacunas que, como veremos, existem no ordenamento Timorense.

Uma das especificidades timorenses, ainda que muitas vezes esquecida ou, propositadamente ignorada, é a aplicabilidade subsidiária da legislação indonésia vigente em Timor-Leste a 25 de outubro de 1999, desde que a mesma cumpra cumulativamente os seguintes requisitos: (i) era aplicada e vigorava *de facto* no território que é agora Timor-Leste[4] antes do dia 25 de outubro de 1999, (ii) não se mostre contrária à Constituição e aos princípios nela consignados, e (iii) não tenha sido revogada por norma (timorense) posterior[5].

Esta matéria, merecedora de um estudo amplo e aprofundado que, infelizmente, não cabe no presente trabalho, acarreta sérias implicações no que concerne ao exame, análise, interpretação e aplicação de normas jurídicas de qualquer área do Direito em Timor-Leste, uma vez que, tais ações apenas são passíveis de serem realizadas corretamente mediante uma análise prévia da legislação indonésia que cumpra os requisitos atrás referidos.

[2] Bem como no Brasil, Cabo Verde, Macau e Moçambique.

[3] Ou de outros países lusófonos.

[4] Enquanto província indonésia (ainda que controlada pelos militares) a designação oficial do território era Timur Timur, sendo muitas vezes utilizada a abreviatura Tim Tim, um termo hoje considerado desrespeitoso no país.

[5] Lei n.º 2/2002, de 7 de agosto e Lei n.º 10/2003, de 10 de dezembro.

Tal análise, devido aos constrangimentos a nível linguístico, de acesso à informação, de diferenciação entre os sistemas ou, mesmo, de impossibilidade prática de aferir sobre a aplicação efetiva no território timorense no período pré 1999, raramente é efetuada e a legislação indonésia acaba por, na prática, não ser aplicada em Timor-Leste salvo raras exceções. Nada impede, contudo, e por isso entendemos útil a presente nota, que um juiz, um acionista ou um advogado recorram, num futuro litígio perante os tribunais timorenses, a legislação anterior a 1999. Tal já ocorreu em outras áreas do direito e essa legislação, ou normas em concreto, acabaram por ser incorporadas no acervo local.

Aproveitamos ainda, conforme já o fizemos na obra desta mesma coleção relativa à Governação de Bancos[6], para fazer notar que, apesar de o presente capítulo se inserir, com honra, na obra "*Acionistas e Governação de Sociedades nos Sistemas Jurídicos Lusófonos*", o ordenamento timorense ainda se encontrar, ao nível linguístico mas não só, longe de se poder considerar "*lusófono,*" embora se trate de um ordenamento ainda em fase embrionária e em constante evolução.

Por fim, de assinalar neste capítulo a ausência do ponto relativo ao ativismo acionista. Tal fica a dever-se à insipiência deste fenómeno no ordenamento timorense e à ausência do respetivo tratamento jurisprudencial e doutrinário, o que leva a que as (poucas) disposições legais não se encontrem ainda testadas, nem, *de facto*, existam manifestações de ativismo acionista e uma verificação empírica aos seus limites jurídicos e práticos.

2. Fontes específicas sobre acionistas e governação

A principal fonte legal sobre acionistas e governação societária (na realidade, a única fonte específica sobre esta matéria) é a Nova Lei das Sociedades Comerciais (doravante "NLSC") aprovada pela Lei n.º 10/2017, de 17 de maio, a qual, como o título exibe, veio revogar e substituir a Lei n.º 4/2004, de 21 de abril sobre Sociedades Comerciais e comumente referenciada como Lei sobre Sociedades Comerciais (doravante "LSoC").

[6] Paulo Câmara et al., "*A Governação de Bancos nos Sistemas Jurídicos Lusófonos*", Coleção Governance Lab, Almedina, 2016.

De referir que, quer a NLSC, quer a LSoC, seguem de muito perto o Código das Sociedades Comerciais português, contudo, atualmente com uma diferença significativa que é a eliminação dos tipos societários em nome coletivo e em comandita, anteriormente admitidas na LSoC (artigo 1.º, n.º 1), permitindo agora a NLSC, no seu artigo 1.º, n.º 1, apenas as sociedades por quotas e as sociedades anónimas[7].

Esta modificação fica a dever-se ao facto de o regime aplicável aos tipos societários em nome coletivo e em comandita nunca ter sido compreendido em Timor-Leste e, mais significativamente, não ter sido utilizado. De acordo com dados não oficiais[8] do Serviço de Registo e Verificação Empresarial, ou SERVE, cerca de 99% das sociedades registadas em Timor-Leste são sociedades por quotas, na sua maioria unipessoais – sendo que este tipo societário, na ausência de um regime próprio, é também usado para a constituição de filiais por empresas estrangeiras.

No que concerne ao registo comercial, é de referir que Timor-Leste, com a criação do SERVE por via do Decreto-Lei n.º 35/2012, de 18 de julho, teve, durante um período de aproximadamente cinco anos, um regime duplicado e de enorme complexidade. Ao SERVE foram conferidas algumas das competências anteriormente atribuídas à Direção Nacional dos Registos e Notariado, ou DNRN[9], no que respeita ao registo comercial, no entanto, não houve uma eficaz passagem dos registos constantes da DNRN para o SERVE, o que significou que muitas sociedades comerciais – máxime aquelas que não procederam ao processo de re-registo em 2012[10] – mantiveram o seu registo na DNRN, ou, acabaram com registos duplicados. Também a nível de regras aplicáveis ao registo comercial Timor-Leste se encontrava, até há pouco tempo, com um quadro legal desajustado da realidade do país e o registo comercial nacional *fraturado entre dois sistemas organizativos e normativos distintos*[11]. O Código do Registo Comercial anterior, aprovado pelo Decreto-Lei n.º 7/2006, de 1 de março, um diploma praticamente

[7] De notar que, com a ausência de um regime jurídico das sociedades de advogados no ordenamento timorense, estas agora, impossibilitadas de recorrer ao tipo de sociedade em nome coletivo, devem constituir-se como sociedades por quotas ou sociedades anónimas, numa peculiaridade do regime local.

[8] Mas perfeitamente validados pela própria experiência do autor deste capítulo.

[9] A DNRN manteve competência no que concerne ao registo de entidades sem fim lucrativo.

[10] Um processo que implica um novo registo, por parte de todas as sociedades, junto do SERVE e da autoridade tributária.

[11] Passagem em itálico foi retirada do preâmbulo do Decreto-Lei n.º 16/2017, de 17 de maio.

idêntico ao seu congénere português, para além de ter sido apenas parcialmente substituído pelo diploma que estabeleceu o SERVE, previa o registo de entidades cujo regime substantivo nunca foi criado (como os Estabelecimentos Individuais de Responsabilidade Limitada e os Agrupamentos Complementares de Empresas), fazia referência a valores mobiliários inexistentes no ordenamento nacional e apresentava-se demasiado complexo para a realidade do país.

Estas dificuldades foram – espera-se – ultrapassadas com a aprovação do Decreto-Lei n.º 16/2017, de 17 de maio, que veio estabelecer o novo regime do registo comercial, revogando as normas constantes dos Decretos-Lei n.os 7/2006 e 35/2012.

3. Direitos dos acionistas

3.1. Direitos fundamentais

As disposições fundamentais quanto aos direitos conferidos aos sócios / acionistas[12] constam da seção III do capítulo I da NLSC (relações dos sócios com a sociedade), particularmente nos seus artigos 21.º, 22.º e 23.º.

O artigo 22.º elenca, no seu n.º 1, os direitos cardeais dos sócios, no n.º 2 deste artigo encontramos a proibição de estipulação pela qual algum sócio deva receber retribuição certa do seu capital e, no n.º 3, uma manifestação do princípio do direito à igualdade abaixo tratado, com a proibição de concessão a algum sócio em particular de um direito especial à informação.

Este artigo 22.º, com inusitadas alterações semânticas e gramaticais[13] e a adição do já referido n.º 3, assemelha-se ao artigo 21.º do Código das Sociedades Comerciais português, estabelecendo como direitos dos sócios: (i) quinhoar nos lucros; (ii) eleger os órgãos de administração e fiscali-

[12] Atendendo à predominância de Sociedades por Quotas em Timor-Leste, e à quase ausência de Sociedades Anónimas (e a maioria das que existem são, na realidade, sociedades unipessoais ou filiais de sociedades estrangeiras, com 3 acionistas dos quais 2 são puramente nominais e titulares de uma só ação), iremos adotar neste capítulo o termo "sócio", como significando indistintamente sócio e acionista, salvo referência expressa em contrário.

[13] Na maioria das vezes tal deve-se à vontade dos técnicos e juristas de evitar o mal-afamado "*copy-paste*", no entanto, alterar uma redação jurídica, que (idealmente) foi devidamente pensada e trabalhada, apenas por questões meramente formais leva, muitas das vezes, a uma pior e mais pobre redação.

zação, tomar-lhes as contas e exercer as ações de responsabilidade; (iii) obter informações sobre a vida da sociedade; e (iv) participar nas deliberações sociais.

De notar, no entanto, uma alteração significativa entre as duas disposições; enquanto que o diploma português estabelece ser direito dos sócios "*ser designado para os órgãos de administração e de fiscalização da sociedade, nos termos da lei e do contrato*" (artigo 21.º n.º 1 alínea d), a NLSC, na alínea b) do n.º 1 do seu artigo 22.º confere aos sócios o direito a "*eleger os órgão de administração e fiscalização (...)*" numa alteração de redação que se afigura desnecessária e desavisada, atendendo a que a capacidade de eleger os órgão de administração já deriva do disposto na alínea d) "*participar nas deliberações sociais*" (equivalente à alínea c do n.º 1 do artigo 21.º do diploma luso) bem como das normas respeitantes à competência da assembleia geral, esta redação acaba por eliminar a consagração específica do direito eletivo passivo, sem que se afigurem razões para tal.

O direito a obter informações sobre a vida da sociedade, ou direito à informação, consagrado na alínea c) do n.º 1 do artigo 22.º da NLSC, encontra-se regulado no artigo 43.º, tendo ainda manifestações nos artigos 44.º (comunicação da sociedade aos sócios), 45.º (exame judicial à sociedade), artigo 54.º (aviso convocatório), 87.º (livros obrigatórios) e 236.º (direito à informação antes da assembleia geral), entre outros, sendo que, a sua violação por parte dos membros dos órgãos sociais, pode dar origem a responsabilidade destes para com a sociedade e os sócios. Este direito e as suas manifestações é tratado *infra* de forma detalhada no ponto 4.1. i) "*deveres e direitos de informação*".

No que respeita ao direito a participar nas deliberações sociais, o mesmo manifesta-se sobretudo no direito de voto, consagrado nos artigos 189.º e 258.º, respeitantes a sociedades por quotas e sociedades anónimas, respetivamente. Nos termos do artigo 189.º, a cada quota de capital corresponde um voto, reportado à percentagem que o valor nominal da quota representa no capital social, não sendo contadas as abstenções para efeitos de determinação de maiorias. No que concerne a sociedades anónimas, a cada ação corresponde um voto, podendo contudo os estatutos exigir a posse de um certo número de ações, desde que sejam abrangidas todas as ações da sociedade e caiba um mínimo de um voto a cada mil dólares[14] de capital,

[14] Dólares dos Estados Unidos da América, a moeda oficial em Timor-Leste.

sendo que, nos termos do artigo 256.º, n.º 1, todos os acionistas com direito a pelo menos um voto têm direito a estar presentes, discutir e votar em assembleia geral.

Por fim, o artigo 23.º trata dos direitos especiais, uma norma que é inspirada no artigo 24.º da lei portuguesa, embora simplifique o seu conteúdo. Dispõe esta norma que os direitos especiais de algum sócio apenas podem ser criados por estipulação nos estatutos da sociedade (n.º 1), sendo que, estes direitos não podem ser modificados sem o consentimento do respetivo titular, salvo estipulação expressa em contrário nos estatutos (n.º 2).

Quanto à transmissão dos direitos especiais nas sociedades por quotas, (artigo 24.º n.º 3 do diploma português), encontramos o seu regime no artigo 187.º da NLSC, dispondo este que os direitos especiais de natureza patrimonial são transmissíveis com a respetiva quota, salvo se do ato constitutivo ou dos estatutos resultar que foram estabelecidos *intuitu personae*, sendo que estes, juntamente com os direitos especiais não patrimoniais, não se transmitem com a quota. No que toca às sociedades anónimas, e em consonância com o regime português, os direitos especiais transmitem-se com as ações a que são inerentes (artigo 223.º, n.º 2).

De notar, ainda, que os artigos 21.º e 23.º da NLSC correspondem, *ipsis verbis*, respetivamente aos artigos 23.º e 13.º da, agora revogada, LSoC, já o artigo 22.º da NLSC (Direitos dos sócios), corresponde ao artigo 24.º da LSoC com uma alteração a salientar: enquanto que a LSoC proibia (artigo 24.º, n.º 2) toda a estipulação pela qual algum sócio deva receber retribuição certa do seu capital ou *indústria*[15,16], a NLSC (artigo 22.º, n.º 2) eliminou o termo *indústria*. Tal deve-se à alteração efetuada, entre outros, aos artigos 7.º (artigo 7.º da LSoC, forma e conteúdo mínimo do ato constitutivo), 24.º (artigo 25.º da LSoC, obrigações dos sócios) e 25.º (artigo 26.º da LSoC, participação nos lucros e nas perdas), tendo-se eliminado a possibilidade de contribuições com indústria, *i.e.*, excluindo-se assim a existência de sócios de indústria.

O artigo 24.º, n.º 1, dispõe agora que a contribuição para a sociedade, à qual os sócios estão obrigados, só se pode realizar através de bens susce-

[15] Sublinhado nosso.

[16] A redação da lei é: "*É proibida toda a estipulação pela qual algum sócio deva receber retribuição certa do seu capital.*", o que julgamos ser uma tentativa (infeliz) de alterar ou ajustar a terminologia usada em Portugal, cremos que a intenção do legislador é a de proibir a concessão de uma *importância certa em retribuição* do seu capital.

tíveis de penhora, adotando uma redação em linha com o regime português (artigo 20.º alínea a), e abandonando a anterior redação, que referia apenas capital (ou indústria).

A proibição da existência de sócios de indústria deve-se à eliminação, acima referida, dos tipos de sociedade em nome coletivo, de sociedade em comandita simples e de sociedade em comandita por ações, permitindo-se agora apenas as sociedades por quotas e sociedades anónimas, tipos nos quais não são admitidas contribuições em indústria (202.º e 277.º no diploma português).

O atual artigo 21.º estabelece o princípio do direito à igualdade de tratamento, um princípio também consagrado na legislação portuguesa, nomeadamente enquanto princípio do igual tratamento dos acionistas, previsto nos artigos 321.º e 344.º do Código das Sociedades Comerciais, e, em relação aos obrigacionistas, no n.º 9 do artigo 355.º.

Diz-nos este artigo da NLSC que, "*sendo idênticas as situações relevantes, todos os sócios devem ser igualmente tratados pela sociedade*". Não obstante a relativa infelicidade da redação, a intenção do legislador afigura-se clara, dispondo assim um princípio geral de igualdade de tratamento.

3.2. Outros direitos

Passamos agora em revista, de forma resumida, tendo em vista complementar o ponto anterior e dar uma visão abrangente dos direitos dos acionistas no ordenamento timorense, um conjunto de outros direitos relevantes, para além dos fundamentais a que se referem os artigos 21.º a 23.º, consagrados em outras disposições da NLSC.

i) Acordos parassociais

Os acordos parassociais são admitidos por via do artigo 35.º, conferindo-lhes a lei efeitos jurídicos válidos e vinculantes entre os intervenientes, não podendo, contudo, servir de base para impugnação de atos da sociedade ou dos sócios para com a sociedade.

Os acordos parassociais podem respeitar ao exercício do direito de voto mas não à conduta dos intervenientes ou de terceiros no exercício de funções de administração ou fiscalização (n.º 2), sendo nulos os acordos parassociais pelos quais um sócio se obrigue a votar, nos termos do n.º 3: (i) seguindo sempre as instruções da sociedade ou de um dos seus órgãos; (ii) aprovando sempre as propostas feitas pelos órgãos sociais; ou (iii) exercendo o direito de voto ou abstendo-se de o exercer em contrapartida de vantagens especiais. De salientar, em relação às condutas previstas em (i) e (ii), que a inclusão do advérbio *sempre* indica que as mesmas podem ser admitidas se numa base ocasional ou específica, por exemplo, será válido um acordo parassocial em que os sócios se comprometam a aprovar determinada proposta da administração ou a seguir as instruções da sociedade em determinada matéria.

ii) Direitos de preferência

Os sócios, por via do disposto no artigo 174.º, gozam de direito de preferência na subscrição dos aumentos de capital social em sociedades por quotas, cabendo igual direito em situações de subscrição de obrigações convertíveis nos termos do artigo 247.º e de aumentos de capital em sociedades anónimas (artigos 275.º e 276.º). O direito de preferência conferido nas três situações pode ser, por força da aplicação do n.º 4 do artigo 275.º, suprimido ou limitado por deliberação da assembleia geral tomada pela maioria necessária à alteração de estatutos[17], sendo que, no caso de direito de preferência na subscrição de obrigações convertíveis, os acionistas que puderem beneficiar[18] com a supressão ou limitação do direito de preferência estão, nos termos do artigo 247.º, n.º 2, impedidos de tomar parte na votação nem as suas ações são contabilizadas para efeitos de quórum de reunião ou maioria exigida.

Também em caso de transmissão de quota (artigo 179.º) os sócios (caso a sociedade não o exerça) gozam de direito de preferência na proporção das respetivas quotas em casos de transmissão de quotas entre vivos. No entanto, quanto a esta matéria, a redação da norma levanta dúvidas em relação ao seu alcance. Diz-nos o n.º 1 que a sociedade, e caso esta o não exerça, os sócios, têm direito de preferência *salvo disposição em contrário nos estatutos*, determinando os números 2 a 7 os condicionalismos, limitações e proce-

[17] Para sociedades por quotas, pelo menos dois terços do capital social (artigo 191.º a), quanto a sociedades anónimas, essa maioria corresponde a dois terços do capital presente ou representado (artigo 259.º, n.º 3).
[18] Não esclarece a lei qual o âmbito e alcance destes benefícios.

dimentos a aplicar (situação líquida da sociedade por efeito da aquisição, invalidade das transmissões sem notificação, prazos para exercício, avaliação da quota a ser transmitida), para, posteriormente, o n.º 7 referir não serem permitidas <u>outras limitações</u>[19], por via dos estatutos, à transmissão de quotas entre vivos. Da leitura das duas disposições (números 1 e 7 do artigo 179.º) podemos depreender ser permitido a eliminação do direito de preferência na transmissão de quotas entre vivos, por via do n.º 1, contudo, e caso a mesma seja permitida, não podem ser estabelecidas quaisquer limitações para além das constantes dos números 2 a 7.

As ações das sociedades constituídas por subscrição pública são sempre livremente transmissíveis, nos termos do artigo 216.º, já em relação às restantes sociedades anónimas não constituídas por subscrição pública são admitidas restrições por disposição estatutária, nos termos do artigo 231.º.

4. Transações entre partes relacionadas

Devido à inexistência[20] de tratamento desta matéria, quer jurisprudencialmente quer doutrinariamente, em Timor-Leste, remetemos a concretização do conceito de *partes relacionadas*, atualmente ausente do quadro jurídico nacional, para a doutrina e melhores práticas internacionais, mormente o Regulamento (EU) n.º 632/2012 da Comissão, de 19 de julho de 2010, os G20/OECD *Principles of Corporate Governance*[21], e, no que respeita à doutrina portuguesa, entre outros, Coutinho de Abreu[22], José Ferreira Gomes[23] e Paulo Câmara[24],[25].

Seguindo Coutinho de Abreu, autor que descreve as partes relacionadas como "*sujeitos que se ligam (direta ou indiretamente) a uma sociedade por relações*

[19] Sublinhado nosso.

[20] Tanto quanto é do nosso conhecimento na presente data.

[21] Princípio V.A.6.

[22] Coutinho de Abreu, "*Negócios entre sociedades e partes relacionadas (administradores, sócios) – sumário às vezes desenvolvido*", in "*Direito das Sociedades em Revista*", ano 5, vo. 9, março de 2013.

[23] José Ferreira Gomes, "*Conflitos de Interesses no Direito Societário e Financeiro – Um Balanço a Partir da Crise Financeira*", Almedina, 2010.

[24] Paulo Câmara, "*Manual de Direito dos Valores Mobiliários*", 3.ª ed., Almedina, 2016.

[25] Também sobre esta matéria, o interessante trabalho de Bernardo Correia da Silva, "*Negócios com partes relacionadas: Mecanismos de Limitação e o Interesse da Sociedade*", Dissertação de Mestrado em Direito e Gestão, Faculdade de Direito da Universidade Católica Portuguesa, Escola do Porto, 2017.

de organicidade (os administradores, designadamente) ou de socialidade (os sócios, em especial os que exercem ou podem exercer influência significativa no funcionamento da sociedade)" [26], e atendendo ao panorama timorense, em que a larga maioria das sociedades comerciais são entidades com menos de dez sócios ou acionistas, dos quais normalmente entre um a três se ocupam da gestão da mesma, somos levados a concluir que, em Timor, praticamente todos os atores societários serão *partes relacionadas*.

4.1. Controlo e fiscalização preventivos

A nível de ferramentas de controlo e fiscalização preventivos dos sócios à realização de transações com partes relacionadas[27], a lei prevê três tipos distintos: (i) deveres / direitos de informação, (ii) aprovação de negócios, e (iii) impedimento de voto.

i) Deveres e direitos de informação

Como já vimos *supra* no Ponto 3.1, aos sócios é conferido, via artigo 22.º, n.º 1, alínea c), o direito a *"obter informações sobre a vida da sociedade"*, um direito que é concretizado no artigo 43.º da NLSC, o qual dispõe, nomeadamente, que qualquer sócio pode requerer, nos termos da alínea g) do n.º 1, por escrito, *"à administração, informação escrita sobre a gestão da sociedade, nomeadamente sobre qualquer operação social em particular"* [28] e, nos termos da alínea h) do mesmo número, pode também *"requerer cópia de deliberações ou lançamentos nos livros"*.

Adicionalmente ao conjunto de direitos estabelecidos no n.º 1 deste artigo 43.º (os quais, para além dos referidos no parágrafo anterior incluem ainda a consulta dos livros, registos de presença, documentos que devam ser patentes aos sócios antes das assembleias gerais e solicitar aos órgãos sociais quaisquer informações pertinentes aos assuntos constantes da ordem de trabalhos antes de se proceder à votação) estabelece ainda este artigo,

[26] Coutinho de Abreu, ob. cit. P. 13.

[27] Num conceito lato do termo, conforme explanado *supra*.

[28] Esta concretização do direito à informação pode ser, de acordo com o n.º 2 deste artigo 43.º, subordinado à titularidade de uma certa percentagem do capital social, a qual não pode ser superior a 5%.

no seu n.º 3, uma norma de responsabilidade dos sócios, dispondo que, qualquer sócio que utilize informação obtida ao abrigo dos direitos à informação constantes deste artigo 43.º, em prejuízo da sociedade, responde pelos danos a esta causados.

Os números 4 e 5 do artigo 43.º estabelecem a possibilidade de, a pedido do sócio a quem seja recusada informação, a prestação da mesma poder ser decretada em tribunal, o qual, após ouvir ambas as partes, decide sem mais provas num prazo máximo de 10 dias; determinam ainda a responsabilidade dos administradores por prejuízos causados em caso de recusa não fundamentada de prestação de informação (n.º 4 *in fine*); e, a possibilidade de, o sócio a quem tenha sido prestada informação falsa, incompleta ou manifestamente não elucidativa[29], requerer ao tribunal exame judicial à sociedade (n.º 5).

O artigo 44.º, respeitante às comunicações da sociedade aos sócios, e uma concretização do direito à informação, determina que todos os atos da sociedade de que os sócios devam ter conhecimento pessoal, devem ser comunicados a estes, por escrito e através de meio que permita prova de receção (n.º 1), permitindo o n.º 2 a utilização de correio eletrónico em relação aos sócios que tenham comunicado previamente à sociedade o seu consentimento para a utilização de meios eletrónicos para a comunicação de atos, informações e documentos respeitantes à sociedade. O n.º 3 deste artigo dispõe que, quando não seja possível a comunicação a todos os sócios, devem ser publicados os anúncios nos termos do artigo 162.º, n.º 2 respeitante à publicação de atos sociais.

De notar, em relação a estes artigos 44.º e 45.º, que os mesmos se afastam significativamente dos artigos correspondentes na lei portuguesa (214.º e 215.º do CSC) apresentando algumas carências, mormente, não se encontra previsto, no diploma timorense, a possibilidade de inspeção dos bens sociais, a possibilidade de regulação do direito à informação em sede de contrato de sociedade ou, os fundamentos sobre os quais pode ser recusada a consulta ou inspeção (artigo 214.º n.ºs 2 e 5 e artigo 215.º, n.º 1, do diploma português), adicionalmente, a lei timorense não impõe que a consulta de escrituração, livros ou documentos seja feita pessoalmente pelo sócio respetivo.

[29] Pela redação e inserção sistemática deste número, depreende-se que esta falsidade, incompletude ou insuficiência, a serem determinadas em sede de exame judicial, podem ocorrer após a determinação do tribunal para prestação de informação ou, derivarem de informação prestada independentemente de ordem do tribunal.

Nos termos do artigo 61.º da NLSC, a violação, pela sociedade, do direito de informação de um sócio, é causa de anulabilidade de uma deliberação tomada em assembleia geral.

Este direito à informação encontra-se ainda expressamente previsto no artigo 236.º, que regulamenta o direito à informação antes da assembleia geral em sociedades anónimas, e enuncia o conjunto de documentação e informação que deve ser colocada à disposição dos sócios (neste caso, acionistas), na sede da sociedade, durante o horário normal de trabalho, desde a data de expedição ou publicação dos avisos convocatórios, sendo esse conjunto:

"*Artigo 236.º*

Direito à informação antes da assembleia geral

(...)

a) Todos os documentos que constituam suporte indispensável à tomada de quaisquer deliberações sobre matéria incluída na ordem de trabalhos;

b) O texto das propostas que a administração ou o conselho fiscal ou o fiscal único tenham decidido apresentar à assembleia;

c) O texto das propostas que quaisquer acionistas tenham entregue na sociedade, nomeadamente quando por eles tenha sido requerida a reunião da assembleia;

d) A identificação completa e um curriculum das pessoas que a administração tenha proposto para o exercício de cargos sociais."

Estas provisões destinam-se, como veremos *infra*, a permitir aos sócios uma fiscalização efetiva da vida da sociedade, podendo, no limite, implicar a responsabilidade dos membros dos órgãos sociais (e de sócios com influência relevante), quer por violação direta deste direito à informação, quer pelo conhecimento que os sócios adquiram de ações ou omissões culposas que causem danos à sociedade ou aos credores.

ii) Aprovação de negócios

Dispõe o artigo 42.º da NLSC que a aquisição e alienação de bens a sócios[30] titulares de uma participação superior a 1% do capital social, excetuando aquelas transações que tenham por objeto bens de consumo e se

[30] De notar ser a lei omissa quanto a serviços.

integram na normal atividade da sociedade, só podem ser realizadas a título oneroso, depois de previamente aprovadas por deliberação dos sócios, estando o sócio a quem os bens hajam de ser adquiridos ou alienados impedido de votar, e, esta deliberação, deve ser precedida da verificação do valor dos bens nos termos do artigo 30.º, o qual dispõe sobre a verificação do valor da realização em espécie.

Os contratos relativos a alienações e aquisições a sócios devem, sob pena de nulidade, constar de documento escrito e ser inscritos no livro de registo de ónus, encargos e garantias.

No que concerne às sociedades por quotas unipessoais, o artigo 200.º estabelece que, qualquer negócio jurídico celebrado, diretamente ou por interposta pessoa, entre a sociedade e o sócio deve constar sempre de documento escrito, se outra forma mais solene não for exigida, e ser, sob pena de nulidade, necessário, útil ou conveniente à prossecução do objeto da sociedade, devendo ainda ser objeto de relatório prévio a elaborar por um auditor de contas sem relação com a sociedade e registado no livro de ónus, encargos e garantias para ser eficaz.

No que respeita às sociedades anónimas e aos negócios entre a administração e a sociedade, a lei é taxativa, dispondo a NLSC no seu artigo 266.º:

> “***Artigo 266.º***
> ***Negócios com a sociedade***
>
> *São nulos os contratos celebrados entre a sociedade e os seus administradores, diretamente ou por interposta pessoa, salvo os casos de autorização especial concedida expressamente por deliberação do conselho de administração, com o parecer favorável do conselho fiscal ou do fiscal único.*”

De notar que a lei é omissa em relação aos negócios com a sociedade celebrados por administradores de sociedades por quotas, já em relação a acionistas, na falta de referência expressa em contrário, presume-se aplicável, quer a sociedades por quotas, quer a sociedades anónimas, o disposto no artigo 42.º da NLSC.

iii) Impedimento de voto

Dispõe o artigo 51.º da NLSC que um sócio não pode votar, nem pessoalmente nem por meio de representante, nem representar outro sócio numa votação, sempre que, em relação à matéria objeto da deliberação, se encontre em conflito de interesses com a sociedade, sendo esta norma aplicável às deliberações dos conselhos de administração das sociedades anónimas por via o número 7 do artigo 273.º.

De notar, de forma semelhante ao referido para a aprovação de negócios no ponto anterior, que a lei é omissa em relação aos impedimentos aplicáveis aos administradores de sociedades por quotas, já em relação a acionistas, na falta de referência expressa em contrário, presume-se aplicável, quer a sociedades por quotas, quer a sociedades anónimas, o disposto no artigo 51.º da NLSC.

4.2. Fiscalização e controlo sucessivos

As ferramentas de fiscalização e controlo sucessivos desdobram-se no (i) conjunto de deveres fundamentais que impedem sobre administradores, gerentes e representante legal da sociedade e, (ii) no mecanismo de responsabilidade civil societária.

i) Deveres fundamentais

A lei timorense não dispõe de um preceito equivalente ao artigo 64.º do CSC português (deveres fundamentais), dificultando assim uma correta concretização desses mesmos deveres fundamentais. O n.º 2 do artigo 67.º da NLSC[31], uma disposição que regula a "competência da administração", estabelece que:

> "2. *Os administradores de uma sociedade devem agir sempre no interesse da sociedade e empregar nessa atuação a diligência de um gestor criterioso e ordenado.*".

Esta redação, infelizmente muito aquém da abrangência do artigo 64.º do diploma português, estabelece assim os deveres de *atuação no interesse da sociedade* e, *atuação com a diligência de um gestor criterioso e ordenado*, sendo que estes deveres não se encontram concretizados e testados pela jurisprudência e doutrina, carecendo assim de ser testados na prática e materializados em obrigações concretas e específicas.

[31] Que corresponde, *ipsis verbis*, ao n.º 2 do artigo 62.º da LSoC.

De forma a completarmos o conjunto de deveres fundamentais que impedem sobre os titulares dos órgãos sociais, devemos assim olhar para outras disposições da lei, no sentido de obtermos um quadro mais abrangente e detalhado, o qual releva para efeitos de determinação da responsabilidade desses mesmos titulares.

O dever de atuação no interesse da sociedade é também aplicável ao representante legal – uma figura original estabelecida pela NLSC para dar resposta ao facto de uma parte significativa das sociedades estabelecidas em Timor-Leste ser de capitais estrangeiros e muitos dos sócios não se encontrarem no país – nos termos do n.º 5 do artigo 47.º, estando ainda o representante legal sujeito às instruções que lhe sejam dadas pelo órgão de administração.

Os administradores e o secretário da sociedade são, nos termos do artigo 19.º da NLSC, solidariamente responsáveis para com a sociedade em caso de falsidade, inexatidão ou deficiência no processo constitutivo, respondendo ainda os primeiros, ao abrigo dos artigos 43.º e 45.º, por violação do dever de informação e, em sede de exame judicial à sociedade, por irregularidades na vida da sociedade – não clarificando contudo a lei (artigo 45.º) de que irregularidades se tratam. O enquadramento da atividade dos membros dos órgão de fiscalização depreende-se do n.º 3 do artigo 76.º da NLSC, o qual dispõe deverem estes agir no interesse da sociedade, dos credores e do público em geral, e empregar a diligência de um fiscal rigoroso e imparcial.

É de salientar a proibição de concorrência, disposta no artigo 267.º – a qual apenas é aplicável a administrações de sociedades anónimas – quanto às sociedades por quotas, esta proibição infere-se da alínea b), do n.º 6 do artigo 198.º, a qual dispõe que se considera uma violação grave dos deveres de administrador[32], entre outras "*o exercício, por conta própria ou alheia, de atividade concorrente com a da sociedade, salvo prévio consentimento dos sócios.*"

Por fim, de notar o disposto no artigo 292.º da NLSC, aplicável a sociedades em relação de domínio, o qual estabelece que os membros do órgão de administração da sociedade diretora devem adotar, relativamente às sociedades sob o seu controlo, a diligência exigida por lei quanto à administração da sua própria sociedade. Diligência, que como vimos atrás, se limita

[32] Curiosamente, e ao contrário do que foi feito em relação a sociedades anónimas, este dever (de não concorrência) não se encontra expressamente previsto na lei.

ao disposto no n.º 2 do artigo 67.º da NLSC, *i.e.*, a diligência de um gestor criterioso e ordenado.

ii) Responsabilidade dos titulares dos órgãos sociais

A responsabilidade dos titulares dos órgãos sociais[33] (e dos sócios) encontra-se essencialmente regulada nos artigos 78.º a 86.º da NLSC.

Nos termos do artigo 78.º, os administradores respondem solidariamente para com a sociedade pelos danos que lhe causaram por atos ou omissões praticados em violação dos deveres legais ou estatutários, sendo esta responsabilidade afastada nos seguintes casos: (i) ser provado que procederam sem culpa; (ii) o administrador em causa provar que atuou em termos informados, livre de qualquer interesse pessoal e segundo critérios de racionalidade empresarial; (iii) caso o administrador não tenha participado na deliberação ou tenha votado vencido, e não participe na execução da mesma; e (iv) caso o ato ou omissão assentar em deliberação ou proposta de deliberação dos sócios.

É nula a cláusula que determine a exclusão ou limite da responsabilidade dos administradores, sendo que, a sociedade apenas pode renunciar ao direito à indemnização ou transigir sobre o mesmo mediante deliberação expressa dos sócios, sem que, uma minoria de, pelo menos 10% do capital não votar em sentido contrário e se o dano não constituir uma diminuição significativa da garantia dos credores da sociedade.

A ação de responsabilidade é proposta pela sociedade (artigo 80.º) carecendo neste caso de deliberação tomada por maioria simples e ser proposta no prazo de três meses dessa deliberação, implicando a destituição dos administradores visados, ou, proposta por sócio (artigo 81.º) que represente um mínimo de 10% do capital social, caso a sociedade não tiver já intentado a respetiva ação. De notar que, ao contrário da lei portuguesa (artigo 77.º do CSC), a NLSC não permite que a ação seja proposta por um conjunto de sócios, representando, no caso de Timor-Leste 10% do capital social, desprotegendo-se assim, de uma forma que julgamos grave, os direitos dos sócios minoritários.

[33] Designação não totalmente correta, uma vez que esta seção V do capítulo I da NLSC abrange, igualmente, a responsabilidade de sócios, os quais não são, necessariamente, titulares de órgãos sociais.

Os administradores respondem ainda, de acordo com o disposto nos artigos 82.º e 83.º, para com os credores da sociedade, quando pela inobservância de uma disposição legal ou estatutária destinada, principal ou exclusivamente à proteção destes, o património social se torne insuficiente para a satisfação dos respetivos créditos, e, nos termos gerais, para com os sócios e terceiros, pelos danos que a estes diretamente causem no exercício das suas funções.

As disposições constantes dos artigos 78.º a 83.º, abordados nos parágrafos precedentes, são aplicáveis, com as necessárias adaptações, aos gerentes e procuradores da sociedade. Quanto aos membros do conselho fiscal, fiscal único, secretário da sociedade e representante legal, para além de lhes ser aplicável igualmente o disposto nos artigos 78.º a 83.º, respondem ainda solidariamente com os administradores, nos termos do n.º 2 do artigo 84.º, pelos atos ou omissões daqueles, quando o dano não se produzisse se tivessem cumprido com a diligência devida em virtude das suas funções.

Relativamente ao exercício de influência de sócios sobre a administração, cumpre observar o disposto no artigo 85.º, o qual determina que os sócios que, por si ou conjuntamente com outros a quem estejam ligados por acordos parassociais, tenham, por força dos estatutos ou do número de votos de que dispõem, o direito de designar administrador, eleger administrador ou membro do órgão de fiscalização ou, tendo o poder de destituir ou fazer destituir administrador ou membro do órgão de fiscalização, pode, em determinadas circunstâncias, responder solidariamente com o respetivo membro de órgão de administração ou fiscalização, caso este membro, por ato ou omissão, incorra em responsabilidade, nos termos da NLSC, para com a sociedade ou os sócios.

5. Legislação aplicável à governação de sociedades

Para facilidade de consulta, enumeramos *infra*, de forma exaustiva, a lista de diplomas legais aplicáveis, direta e indiretamente, à Governação de Sociedades Comerciais em Timor-Leste, acompanhada dos respetivos links para os sítios na internet[34].

[34] Esta lista tem caráter meramente informativo e não dispensa a consulta dos originais em Jornal da República.

a) Legislação da UNTAET

Regulamento n.º 2000/4 sobre o Registo de Negócios
http://mj.gov.tl/jornal/lawsTL/UNTAET-Law/index-e.htm

Regulamento n.º 2002/4 sobre a substituição do Regulamento n.º 2000/4 sobre o Registo de Negócios
http://mj.gov.tl/jornal/lawsTL/UNTAET-Law/index-e.htm

b) Leis do Parlamento Nacional

Lei n.º 4/2004, de 21 de abril, sobre Sociedades Comerciais
http://www.mj.gov.tl/jornal/public/docs/2002_2005/leis_parlamento_nacional/4_2004.pdf

Lei n.º 10/2017, de 17 de maio, que aprova a Nova Lei das Sociedades Comerciais
http://www.mj.gov.tl/jornal/public/docs/2017/serie_1/SERIE_I_NO_19.pdf

c) Decretos-Lei

Decreto-Lei n.º 7/2006, de 1 de março, que aprova o Código do Registo Comercial
http://www.mj.gov.tl/jornal/public/docs/2006/serie_1/serie1_no5.pdf

Decreto-Lei n.º 35/2012, de 18 de julho, que cria o Serviço de Registo e Verificação Empresarial (SERVE)
http://www.mj.gov.tl/jornal/public/docs/2012/serie_1/serie1_no25a.pdf

Decreto-Lei n.º 16/2017, de 17 de maio, que estabelece o regime do registo comercial
http://www.mj.gov.tl/jornal/public/docs/2017/serie_1/SERIE_I_NO_19.pdf

APRESENTAÇÃO DOS AUTORES

Paulo Câmara

Professor Convidado da Faculdade de Direito da Universidade Católica Portuguesa. Advogado e Managing Partner da Sérvulo & Associados. Coordenador do Governance Lab. Presidente do FinTech Forum da Legalink. Membro da CAM – Comissão de Acompanhamento e Monitorização do Código do Instituto Português de Corporate Governance. Presidente da Mesa da Assembleia Geral da Associação Portuguesa de Bancos e de diversas instituições financeiras. Membro da Comissão de Redação da Revista de Direito Financeiro e de Mercado de Capitais e membro da Comissão Científica da Revista Concorrência & Regulação.

No passado desempenhou funções como: Membro da Comissão de Revisão do Código do Mercado de Valores Mobiliários (1997-1999 e da Comissão de Revisão do Código de Valores Mobiliários (2019); Vice-Presidente do *Public Company Practice and Regulation Subcommittee* da *International Bar Association* (2011-2012); Membro da Comissão de Redação do Código de Corporate Governance do Instituto Português de Corporate Governance (2011-2013 – Portugal) e da AGMVM (2015 – Cabo Verde); Diretor da Comissão do Mercado de Valores Mobiliários (1998-2008); Assistente da Faculdade de Direito de Lisboa (1993-2006); Membro do *European Securities Committee* (2006-2008); Membro do *Steering Group on Corporate Governance* organizado pela OCDE (1999-2008). Autor de mais de meia centena de publicações na área do governo das sociedades, direito dos valores mobiliários e direito financeiro.

Ana Perestrelo de Oliveira

Doutora em Direito (2011) e Professora Associada da Faculdade de Direito da Universidade de Lisboa (FDL). Licenciatura em Direito, em 2005, na mesma Faculdade, onde tem, desde então, lecionado Direito Comercial, Direito das Sociedades, Direito dos Valores Mobiliários e Teoria Geral do Direito Civil, nos cursos de licenciatura e de mestrado. Advogada e jurisconsulta, sócia da Eduardo Paz Ferreira & Associados. Investigadora do Centro de Investigação de Direito Privado (FDL). Membro do conselho de redação da Revista de Direito das Sociedades e da Revista de Direito Financeiro e dos Mercados de Capitais, da comissão executiva do Código das Sociedades Comerciais anotado; foi membro da comissão coordenadora do conselho redatorial da Revista Concorrência & Regulação. Jurisconsulta e árbitra. Membro da lista de árbitros do Centro de Arbitragem Comercial da Associação Comercial de Lisboa (Câmara de Comércio e Indústria Portuguesa) e do Instituto de Arbitragem Comercial da Associação Comercial do Porto. Membro do *Governance Lab*. Membro da CAM – Comissão de Acompanhamento e Monitorização do Código de Governo das Sociedades, instituída por protocolo entre o Instituto Português de Corporate Governance e a AEM – Associação de Empresas Emitentes de Valores Cotados em Mercado. Tem integrado diversos grupos de trabalho encarregues da preparação de projetos legislativos, na área do direito da economia, societário e financeiro, em Portugal, Guiné, Cabo Verde e Angola. Autora de diversos artigos e monografias e oradora em conferências e cursos pós-graduados em especial nas áreas do direito comercial, societário e dos valores mobiliários, direito da economia e arbitragem.

Rui Cardona Ferreira

Mestre em Direito. Advogado. Sócio da Sérvulo & Associados desde 2014, onde passou a exercer a sua atividade profissional em 2006. Anteriormente, realizou o estágio profissional e exerceu advocacia na sociedade Morais Leitão, Galvão Teles, Soares da Silva & Associados e foi, entre 2005 e 2006, assessor jurídico do Secretário de Estado do Tesouro e Finanças.

Manuel Sequeira

Licenciado pela Faculdade de Direito da Universidade Nova de Lisboa em 2011. Frequentou o XVI Curso em Direito dos Valores Mobiliários no Instituto dos Valores Mobiliários em 2012. Concluiu o Mestrado Cientifico em Direito Comercial pela Faculdade de Direito da Universidade de Lisboa em 2015, tendo realizado uma dissertação na área do Direito dos Instrumentos Financeiros.

Advogado em PLMJ Advogados, S.P., R.L., integrando as Áreas de Prática de Private Equity e de Mercado de Capitais desde 2015, foi também nesse escritório que realizou o seu estágio profissional entre 2013 e 2015. É autor em publicações no âmbito do Direito Comercial, nomeadamente, em Direito dos Instrumentos Financeiros e Direito Bancário. É membro do Governance Lab desde março de 2016.

Abel Sequeira Ferreira

Licenciado em Direito e Mestre em Ciências Jurídicas (*pré-Bolonha*) pela Faculdade de Direito da Universidade de Lisboa.

Membro da Direção e Diretor Executivo da AEM – Associação de Empresas Emitentes de Valores Cotados em Mercado.

Membro do Conselho de Administração da European Issuers e da European IPO Task Force.

Membro da Comissão de Acompanhamento da Estrutura de Missão para a Capitalização das Empresas, do Conselho Consultivo da Comissão do Mercado de Valores Mobiliários e da Comissão Executiva de Acompanhamento e Monitorização do Código do IPCG.

Desempenhou cargos de Direção e Administração na BVLP – Bolsa de Valores de Lisboa e Porto, na Euronext Lisbon, na Interbolsa, na FESE – Federation of European Stock Exchanges, e na ECSDA - European Central Securities Depositories Association.

Doutorando na Escola de Direito da Universidade Católica Portuguesa, com investigação em curso na área do Governo das Sociedades.

Advogado, leciona em diversos cursos de pós-graduação em Faculdades de Direito e "Business Schools" portuguesas.

José Pedro Fazenda Martins

Licenciado e mestre em direito pela Faculdade de Direito da Universidade de Lisboa, onde também foi assistente. É advogado, integrando a Vieira de Almeida & Associados, SP RL, desde 2011, atualmente como sócio da área de prática de bancário e financeiro, com prática predominante em matéria de "equity" e regulação. Antes de integrar a VdA foi Diretor do Departamento de Mercados, Emitentes e Informação Financeira da Comissão do Mercado dos Valores Mobiliários e membro do Comité de Direção do Colégio de Supervisores do Euronext. Ao longo da sua vida profissional tem transversalmente acompanhado todo o espetro de operações de mercado de capitais, incluindo é membro fundador do IVM (Instituto dos Valores Mobiliários). Tem sido convidado como orador em diversos conferências e cursos de pós-graduação na sua área de especialização, incluindo nas Faculdades de Direito das Universidades de Lisboa, Nova e Católica. Tem publicado essencialmente trabalhos no âmbito do direito das sociedades e do direito dos valores mobiliários, designadamente "Operações sobre Instrumentos Derivados, Imputação de Direitos de Voto e Contrapartida da Oferta Pública de Aquisição", em AAVV, Estudos em homenagem ao Professor Paulo Sendim (2012), "Efeitos da Aquisição Potestativa nos Ónus ou Encargos e no Bloqueio de Ações" (em coautoria, 2001), "Deveres dos Intermediários Financeiros, em especial, os Deveres para com os clientes e o Mercado" (Cadernos dos Valores Mobiliários, 1999), "Direitos Reais de Gozo e Garantia Sobre Valores Mobiliários", in Direito dos Valores Mobiliários (Lex, 1997).

Orlando Vogler Guiné

Licenciado e mestre em direito pela Faculdade de Direito da Universidade de Coimbra. É advogado, integrando a Vieira de Almeida & Associados, SP RL, desde 2006, atualmente como associado coordenador da área de prática de bancário e financeiro, onde tem trabalhado em diversos tipos de operações, incluindo financiamentos estruturados, obrigações hipotecárias, titularizações de créditos, emissões e aquisições de obrigações e de ações, incluindo através de ofertas públicas, instituições de investimento coletivo e derivados. É associado do IDET (Instituto do Direito das Empresas e do Trabalho) e da ADSR (Associação Direito das Sociedades em Revista) e é membro do GovernanceLab. Tem sido convidado como orador em diversos conferências e cursos de pós-graduação na sua área de especialização, incluindo nas Faculdades de Direito das Universidades de Lisboa, Coimbra e Católica. Tem publicado essencialmente no âmbito do direito das sociedades e do direito dos valores mobiliários, incluindo a sua tese de mestrado intitulada "Da Conduta (Defensiva) da Administração "Opada"" (Almedina, 2009), e a sua participação no Código de Governo das Sociedades Anotado (Almedina; GovernanceLab) e no Código das Sociedades Comerciais em Comentário (Almedina; coord. Prof Coutinho de Abreu).

Francisco da Cunha Ferreira

Licenciado em Direito pela Faculdade de Direito da Universidade de Lisboa, sócio da Uría Menéndez-Proença de Carvalho e membro do Governance Lab desde 2017.

Centra a sua atividade profissional no direito comercial, em particular na área de direito bancário e financeiro, fusões e aquisições e reestruturações.

Joana Torres Ereio

Licenciada em Direito pela Faculdade de Direito da Universidade de Coimbra, integrou a Uría Menéndez – Proença de Carvalho em 2007. Centra a sua atividade profissional no direito comercial prestando assessoria, em particular, em fusões e aquisições, operações de private equity, contratos comerciais, reestruturações societárias e temas de direito societário e governo corporativo. É associada do Instituto Português de Corporate Governance e membro do European Corporate Governance Institute.

Paulo Bandeira

Licenciado em Direito e Pós-graduado em Direito dos Valores Mobiliários pela Faculdade de Direito da Universidade de Lisboa.

Advogado – Sócio da SRS Advogados responsável pela área de Startups.

Presidente da Comissão de Startups e Venture Capital da Union Internacional des Avocats.

Tiago dos Santos Matias

Diretor do Departamento de Supervisão Contínua, na Comissão do Mercado de Valores Mobiliários (CMVM), foi Diretor Jurídico do Banif – Banco de Investimento, S.A., da Banif Gestão de Ativos – SGFIM, S.A., da Banif Capital – SCR, S.A., da Banif Açor Pensões – SGFP, S.A. e da Gamma – STC, S.A.; Diretor Jurídico Adjunto do Grupo Banif; Associado Sénior em PLMJ – Sociedade de Advogados RL; PMO e Diretor Jurídico do Banco CTT, S.A.. Membro do Governance Lab.

Licenciado em Direito e Pós-graduado em Direito Administrativo (FD-UCP), Especialização em Fiscalidade (ISCTE); Pós-graduado em Contabilidade (FE-UCP), Doutorando em Direito (FDUNL), tendo concluído o Programa para Alta Direção do ISGB.

Sofia Vale

Professora da Faculdade de Direito da Universidade Agostinho Neto e consultora no escritório MG Advogados. Ao longo do seu percurso profissional tem-se dedicado ao direito societário, reestruturação de empresas (M&A e corporate governance), financiamento de empresas (PPP/PFI), fiscalidade e arbitragem.

Erik Oioli

Bacharel em Direito pela Universidade de São Paulo (USP). Pós-graduação em Regulação do Mercado Financeiro e de Capitais, Fundação Getúlio Vargas FGV. Mestre e Doutor em Direito Comercial pela USP. Diretor acadêmico do departamento de Direito Societário do CEU Law School e professor dos cursos de LLM do Mercado Financeiro e de Capitais e de Direito Societário do Insper. Membro do Instituto de Direito Societário Aplicado – IDSA. Diretor executivo e membro do Conselho Editorial da *"Revista de Direito das Sociedades e dos Valores Mobiliários"*. Advogado em São Paulo.

Evandro Fernandes de Pontes

Bacharel em Direito (USP, 1996), Mestre em Direito Societário (USP, 2010), Doutor em Direito Societário (USP, 2013), Bacharel em Letras Clássicas e Vernáculas (USP, 2004), MBA em Gestão Empresarial (BSP, 2008), Visiting Scholar (UVa, 2001-2002), Diretor executivo do Instituto de Direito das Sociedades e dos Valores Mobiliários e membro do Conselho Editorial da *Revista de Direito das Sociedades e dos Valores Mobiliários*. Professor no Insper/SP. Advogado.

José Romeu Amaral

Doutorando e Mestre em Direito Comercial pela Universidade de São Paulo (USP). Mestre em Direito (LLM) pela Northwestern University (Chicago). Especialista em Direito Empresarial pelo Mackenzie e Especialista em Gestão Empresarial (MBA) pela UNICAMP. Membro do Instituto de Direito Societário Aplicado (IDSA). Diretor Executivo e membro do Conselho Editorial da Revista de Direito das Sociedades e dos Valores Mobiliários – RDSVM. Membro do Conselho do Movimento de Defesa da Advocacia. Professor do Insper.

Raquel Spencer Medina

Advogada e Consultora Jurídica em regime liberal independente, com experiência nas áreas de Direito Bancário, Direito Comercial, Direito das Comunicações, Direito dos Seguros, Direito Civil, Direito Laboral e Direito da Família.

No passado desempenhou as funções de técnica junto Banco de Cabo Verde, de Dezembro de 1987 a Julho de 2004, com as seguintes funções: Assistência Jurídica em todos os assuntos organizacionais; Organização de conflitos e representação do Banco em ações judiciais; Participação ativa na elaboração de estudos que apoiaram a elaboração das normas internas e diplomas legais; Directora dos Serviços Jurídicos do Banco de Cabo Verde, a partir de Dezembro de 1999 a Agosto de 2002; Coordenadora do Departamento Jurídico do Banco de Cabo Verde, a partir de Maio de 1992 a Novembro de 2002; Membro do júri na Auditoria do Mercado Imobiliário Valor, a partir de Junho de 1999 a 2001.

Telmo Ferreira

Licenciado em Direito, pela Faculdade de Direito da Universidade Eduardo Mondlane, Maputo, Moçambique (1999). Docente de Direito Empresarial, no curso de Gestão de Empresas, na Universidade A Politécnica, Maputo, Moçambique (1999 a 2000). Docente de Direito Comercial, no Curso de Ciências Jurídicas, na Universidade A Politécnica, Maputo, Moçambique (2000 a 2008). Docente de Direito das Obrigações, no Curso de Ciências Jurídicas, na Universidade A Politécnica, Maputo, Moçambique (2006). Advogado e sócio responsável pelo Departamento de Fusões e Aquisições, Mercado de Capitais e Fiscalidade, da CGA – Couto, Graça & Associados, Maputo, Mozambique (desde 2011). Managing Partner da CGA – Couto, Graça & Associados, Maputo, Moçambique (desde 2015). Presidente da Mesa de Assembleia Geral em diversas sociedades anónimas de direito moçambicano.

Kiluange Noronha Tiny

Advogado, admitido às Ordens dos Advogados de Portugal e de São Tomé e Príncipe. Licenciado pela Faculdade de Direito de Lisboa, em 2001. Iniciou a sua carreira na advocacia em 2001, tendo praticado a advocacia em várias sociedades de advogados de referência portugueses. É pós-graduado em Direito Fiscal (Faculdade de Direito de Lisboa), concluiu os Curso Avançado de Parcerias Público-privadas (2006), Curso Avançado em Estudos Políticos (2007), Curso de Regulação do Sector Energético (2009), todos da Universidade Católica Portuguesa. É fluente em português e inglês. Actualmente, é sócio-gerente da sociedade portuguesa Noronha Tiny Advogados e director-geral do escritório de direito angoano CFA.

Vanessa Matos Mendes

Licenciada pela Faculdade de Direito de Lisboa, em 2009, tendo iniciado a sua carreira nesse ano. Concluiu o seu estágio de advocacia na Noronha Tiny & Associados onde se mantém a exercer actividade e é *of counsel* do escritório de direito angolano CFA.

Tem uma pós-graduação em contratação pública pelo Centro de Investigação de Direito Europeu, Económico, Financeiro, e Fiscal da Faculdade de Direito de Lisboa.

Bernardo Correia Barradas

Licenciado em Direito pela Faculdade de Direito da Universidade de Lisboa (2007) onde frequentou ainda o curso de Pós-graduação em Direito Penal Especial (económico e financeiro). Concluiu o LL.M. Summer Course em Direito da União Europeia na Faculdade de Direito da Universidade Católica Portuguesa e encontra-se atualmente a realizar o Mestrado em Legal Tech no IE Law School em Madrid, Silicon Valley (Califórnia, Estados Unidos) e Radzyner Law Scool (Herzliya, Israel). É, desde 2016, consultor do Banco Mundial no Grupo de Desenvolvimento dos Sistemas de Pagamento sendo ainda, em Portugal, *of counsel* em PLMJ. Trabalhou durante 7 anos em Timor-Leste onde exerceu funções, entre outros, no Banco Central de Timor-Leste, Heineken Asia Pacific e na Presidência da República, como advogado e assessor jurídico.

ÍNDICE

PARTE II – ESTUDOS POR PAÍS